固圉齋珍藏名人墨迹

[illegible]敬題

吴錫祺　葉于敏　編

國家圖書館出版社

圖書在版編目（CIP）數據

固圉齋珍藏名人墨迹 / 吴錫祺, 葉于敏編. -- 北京: 國家圖書館出版社, 2018.6

（歷代名人日記手札）

ISBN 978-7-5013-5767-3

I. ①固… Ⅱ. ①吴… ②葉… Ⅲ. ①名人–書信集–中國–近現代②名人–手迹–中國–近現代 Ⅳ. ①K820.5

中國版本圖書館CIP數據核字（2015）第308764號

國家圖書館出版社
官方微信

書　名	固圉齋珍藏名人墨迹
著　者	吴錫祺　葉于敏　編
責任編輯	南江濤
封面設計	程言工作室
出　版	國家圖書館出版社（100034 北京市西城區文津街7號） （原書目文獻出版社　北京圖書館出版社）
發　行	（010）66114536　66126153　66151313　66175620 66121706（傳真）　66126156（門市部）
E-mail	nlcpress@nlc.cn（郵購）
Website	www.nlcpress.com→投稿中心
經　銷	新華書店
印　裝	北京金康利印刷有限公司
版　次	2018年6月第1版　2018年6月第1次印刷
開　本	889×1194（毫米）　1/16
印　張	27
字　數	100千字
書　號	ISBN 978-7-5013-5767-3
定　價	680.00圓

前言

父親辭世已二十餘載，他對我們的教誨永記不忘。他傳給我們的兩部吴氏家族史料——《吴氏族譜》和《松樓小品》是後世子孫的寶貴文化財富。

《吴氏族譜》共三十五卷，清咸豐年間刊本，記載著自明成化至清咸豐年間在吴江松陵定居的吴姓家族世代傳承的脈絡。此家譜得到吴江檔案局的重視，認爲是珍貴的檔案資料。《族譜》内容豐富，有歷代誥命、敕諭、傳記、墓誌銘、詩文、廷試等。二〇一一年我們對其進行了精心修復，並且完成了數字化，由私藏走向社會共享，提供給專家研究使用。如二〇一五年吴江方志辦編寫《吴江名門望族》就參考了《吴氏族譜》，概述了松陵吴氏家族從明朝全孝翁吴璋，『父子尚書』清廉名臣吴洪、吴山之始，文運昌盛，明清兩朝有進士十五人、舉人十八人的情況。先祖父寄荃公（吴洪十三世孫，諱燕紹）是清光緒二十年（一八九四）進士，曾編撰大型史料集《清代蒙藏回部典彙》（中華書局二〇〇六年出版）。先父玉年公（諱豐培）一生從事邊疆史地文獻收集及整理工作，編輯撰寫了三千萬字的資料，爲中華民族傳統文化的傳承做出了自己的貢獻。先輩們樹立的吴氏家風『忠孝共懿』，我們將傳承發揚。

《松樓小品》是我的伯曾祖父望雲公（諱仁傑）、曾祖父蓮衣公（諱恢傑）昆仲二人以祖宅『松樓』爲名的尺牘小品。内中珍藏有姻親、摯友、同鄉、同年、同仕宦的書信手迹。父親生前特別重視這份距今近二百年的前賢名宿墨迹，曾擬分編四册出版，分別是：名賢尺牘、良友遺箋、軍門手札和邮贈公（即花南公，諱治謨）

手澤、殉難傳及弄璋志喜。當時已經請人寫了題簽，但種種原因，終未能如願。

改革開放四十年以來，我國經濟突飛猛進地發展是全世界有目共睹的。在經濟發展的同時，科學、技術、文化的發展也必然隨之而來，文化的大發展是關係到民族生存的大事。中華優秀傳統文化傳承的特點是非常注重家風、家教。記得我們很小的時候就知道《孟母三遷》《岳母刺字》等故事，先輩們告訴我們做人的基本德行、怎樣與人相處、爲人的底綫是什麼。習近平同志在二〇一五年春節團拜會上説：『不論時代發生多大變化，不論生活格局發生多大變化，我們都要重視家庭建設，注重家庭、注重家教、注重家風』，使『千千萬萬家庭成爲國家發展、民族進步、社會和諧的重要基點』。進一步闡明了好的人文社會環境的重要性。有鑒於此，我們與國家圖書館出版社商洽，並得到了熱情回應和大力支持，決定出版《固圉齋珍藏名人墨迹》。『固圉齋』之由來，父親《自述》言：『余自大學卒業後，便有志於我國邊疆研究。目睹舊政府之腐敗，任外敵之侵奪，既不能投筆從戎，争回國土，亦當奮筆疾書，將祖國邊疆歷史真相用史料説明之，俾有志者採用，故取名固圉，以言志耳。』『圉』乃疆域之意，可知父親青年時已胸懷大志，可謂家國情懷與文化鄉愁兼而有之。除《松樓小品》四册外，另外加入了祖父寄荃公和父親玉年公親朋、摯友的書札數十件。研讀這一批文人學者的書札手迹，可以欣賞寫信人各具風格的書法，瞭解他們切磋探討學問之思考、文人之間的情誼以及雙方不經意之間流露出的日常生活信息。這些不但有重要的史料參考價值，也可以作爲博聞欣賞的藝術品。父親一生先後在北京

大學、輔仁大學、中國大學執教，最長的是在中央民族大學從事圖書館工作。他爲人謙和，生性淡泊、交遊廣泛，將師友之間來往信函悉數收藏，可惜政治運動中被抄没及自毁者甚多，現僅留存部分『文革』之後的信函。在這批信函中，我要特别提及父親與劉蕙孫伯伯之間的書信。二人之交有『四同』之説，即同學、同事、同庚、同鄉（劉伯伯籍貫江蘇）。劉伯伯遠在福建師範大學執教，百忙之中不忘給老友通信。直到晚年，他雙目幾近於盲，仍摸索著寫信，往往字、行重疊，我們稱之爲『天書』。父親常唤我們同讀信件，猜字解意，並及時復函，實如顧廷龍老先生所言『書牘者所以通情愫，商學術，傳見聞，道闊契者也』。劉伯伯可以説是常常憑感覺寫作，手的運動完全聽從於心，與視覺無關。後來，他的來信不得不抓人代筆，但每次落款還是親自簽寫。從信函逸筆草草的重疊點畫中，我們看到了高齡學者之間私誼的虔誠和激情，具有一種特殊的震撼力。

父親精心收藏著友人贈送的扇面數十幀。扇面雖小，文章卻大，文人相交、雅集趣事、一詩一畫、一字一印，雖衹有方圓半張紙，卻舒捲精華。不願私藏，此次一併影印，與同好共饗。這批扇面藝術性很高，我們將其置於父親友朋書札之前。爲了便於讀者查檢，我們在書後作了『人物介紹』，力求簡明扼要，大致按照生年排序，生年不詳者，統一放在後面，依照姓氏筆畫排列。

在編纂這些先賢墨迹的過程中，遇到不少的困難。首先是辨認書寫人是誰。由於信結尾的落款多是有名（或字、號）無姓，即使有鈐印也不一定清晰，常搞不清他們之間是什麼關係。有的人我們曾有耳聞，有的人卻聽

也没聽説過，加上他們在信中用文言文表達、生僻字及借代字頻出、書寫行草混雜等，都給我們做釋文帶來極大的難度。南江濤編輯特請蘇州博物館李軍博士協助解惑，通校全稿。我們又請上海『三山葉氏』三兄弟于曦、于暉、于春協助辨認，但仍有未解之字，衹能存疑，暫付闕如，留待專家、讀者指教。

書即將出版，傾注了我們對先輩們的懷念與崇敬。在這裏，我們要感謝復旦大學吴格教授多方面的指導；感謝國家圖書館出版社領導的大力支持，特别是南江濤先生精心策劃並編輯；感謝李軍博士精心校對，並撰寫了專門文章。我們還要感謝吴江縣（現爲蘇州市吴中區）原縣長、人大主任于孟達老先生、吴江方志專家沈昌華先生及吴江檔案局局長沈衛新先生對本書的熱情關懷。

謹以此書獻給父親、母親及列位祖先，作爲永久的紀念。

吴錫祺　葉于敏　丙申隆冬

目録

固圄齋友朋書札（致吴豐培）……二九七

人物介紹……四〇七

附録：吴江吴氏家族世系簡表……四一七

雪灘漁者小象

朴厂

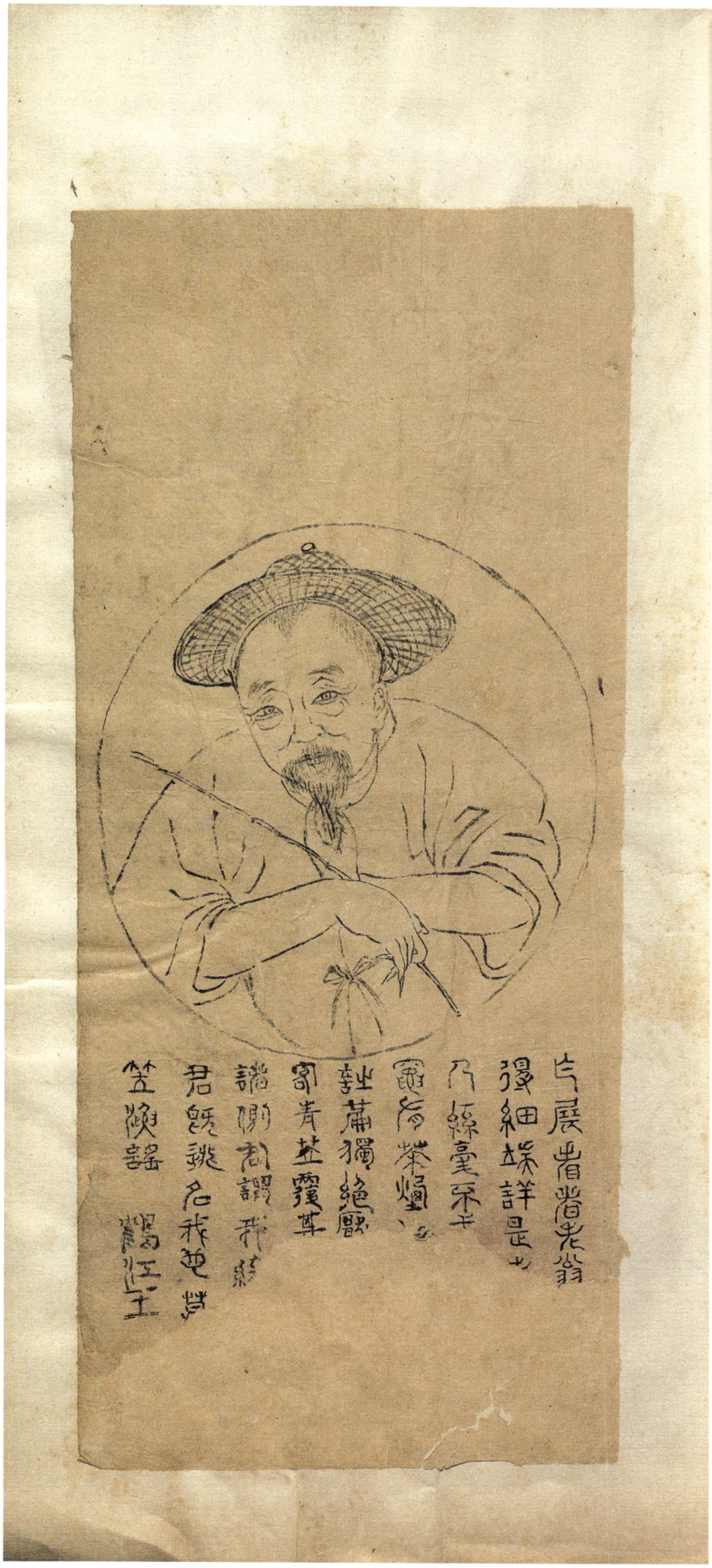

乍展看者老翁
得細端詳是□□
乃絲毫不□□□
竈有茶煙□□□
詩篇獨絕壓□□

客青苙覆其□□
諸側都謂我□□□
君既逃名我也□□□
笠漁謠　鶴江王

雪灘漁者（吴世美）

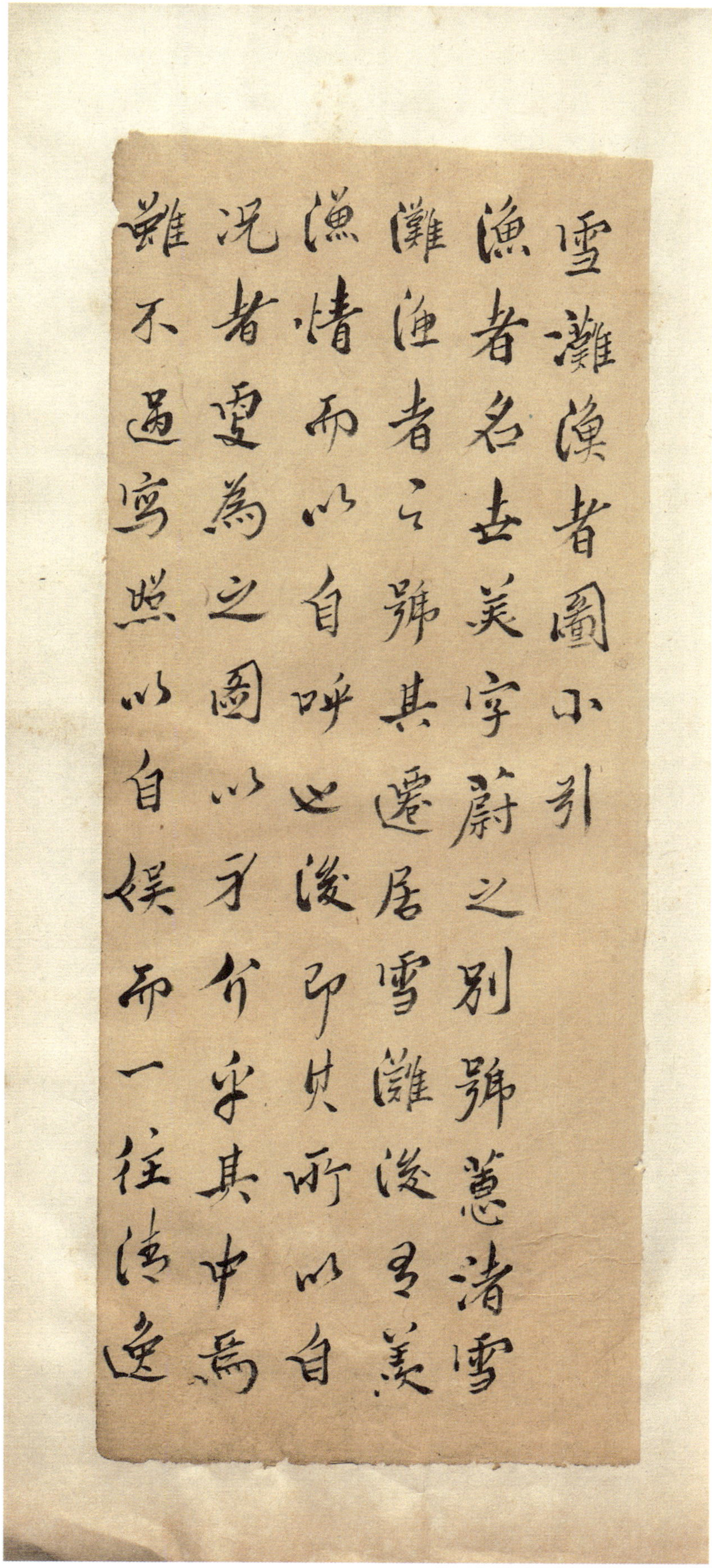

雪灘漁者圖小引

漁者名世美，字蔚之，别號蕙渚。雪灘漁者之號，其遷居雪灘後，有羡漁情，而以自呼也。後即其所以自況者，更爲之圖，以身介乎其中焉。雖不過寫照以自娱，而一往清逸

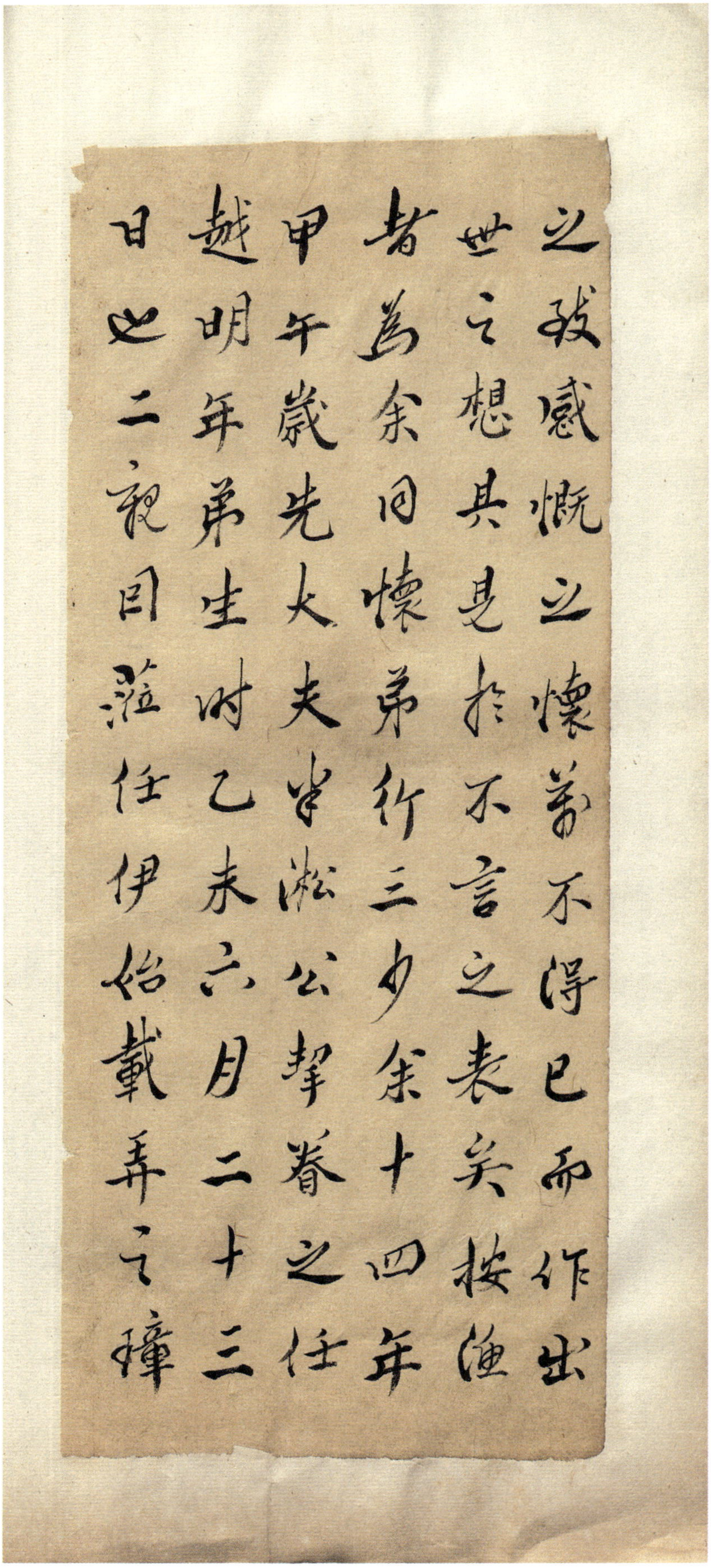

之致、感慨之懷，萬不得已而作出世之想，具見於不言之表矣。按漁者爲余同懷弟，行三，少余十四年。甲午歲，先大夫半淞公挈眷之任。越明年，弟生，時乙未六月二十三日也。二親因蒞任伊始，載弄之璋，

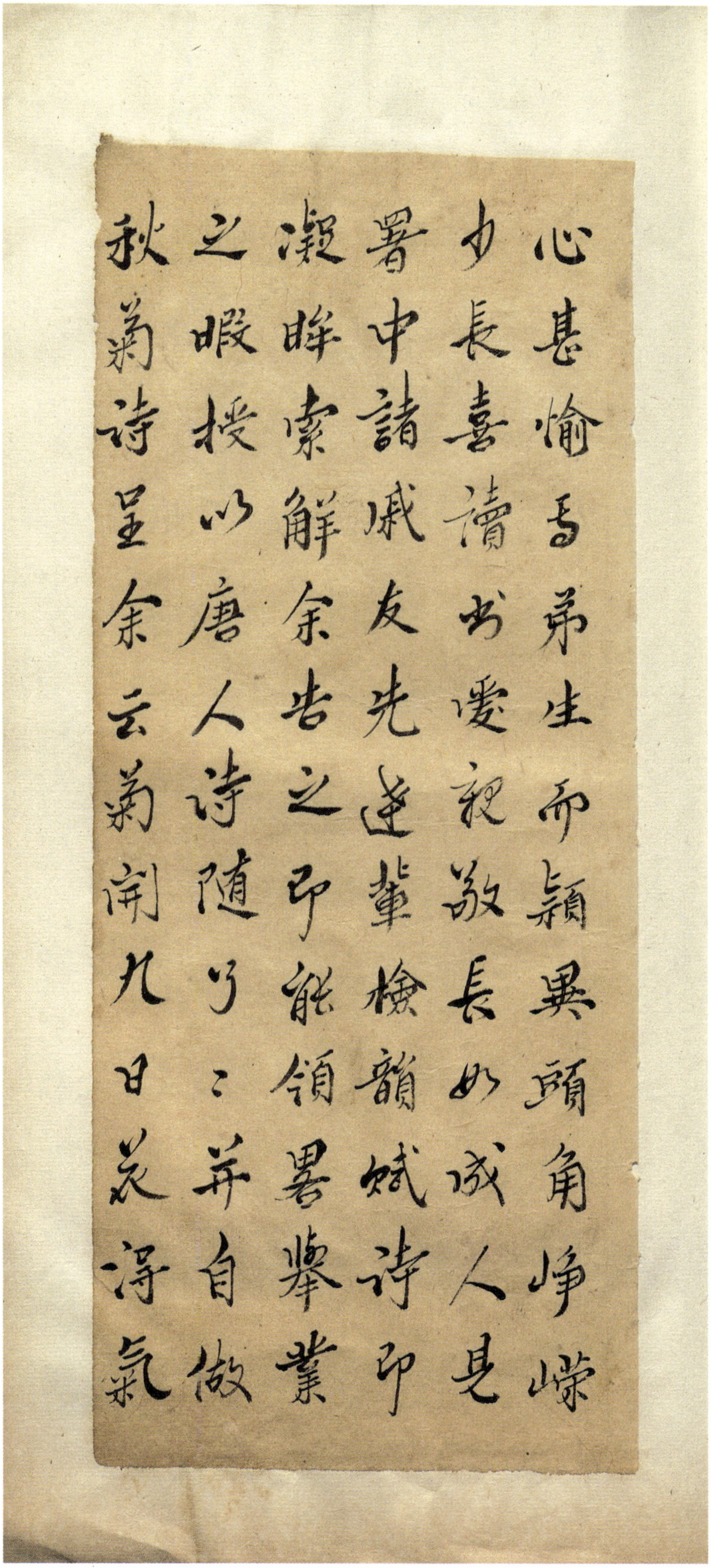

心甚愉焉。弟生而穎異，頭角峥嶸。少長，喜讀書，愛親敬長如成人。見署中諸戚友先達輩檢韻賦詩，即凝眸索解，余告之，即能領略。舉業之暇，授以唐人詩，隨了了。並自做秋菊詩呈余云：『菊開九月花，得氣

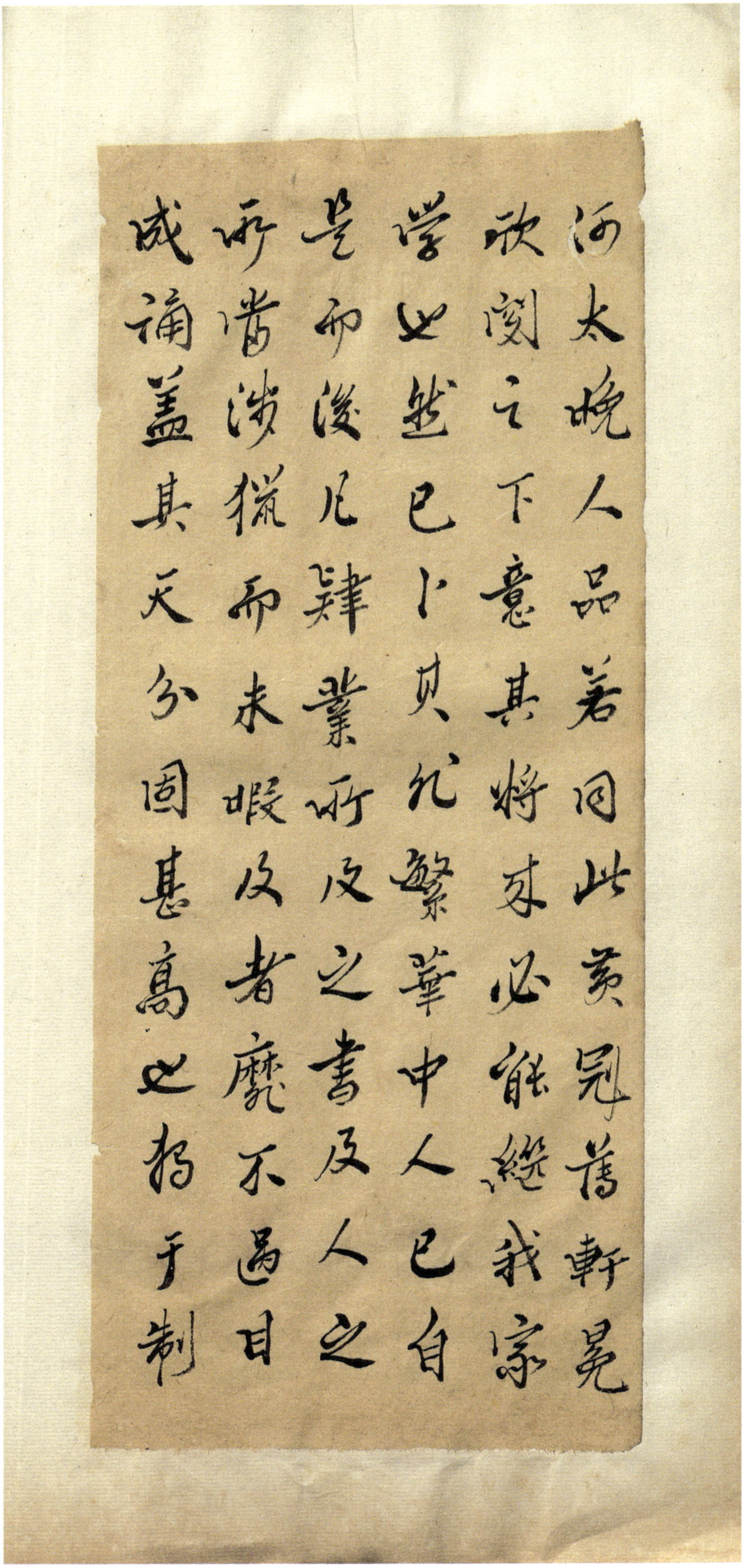

何太晚。人品若同此，黄冠薄軒冕。』欣閲之下，意其將來必能繼我家學也，然已卜其非繁華中人已。自是而後，凡肆業所及之書，及人之所當涉獵而未暇及者，靡不過目成誦，蓋其天分固甚高也。獨於制

藝，則浸淫乎國初諸先輩稿，不欲摹仿時派，故雖隨俗入試，而取法頗高。間獲微名，亦殊不屑，意縱進取有階，而裹足不往者屢矣，人或擬之趙凡夫云。生十四而孤，倚母成立，舉舉自好，至性過人。母氏終

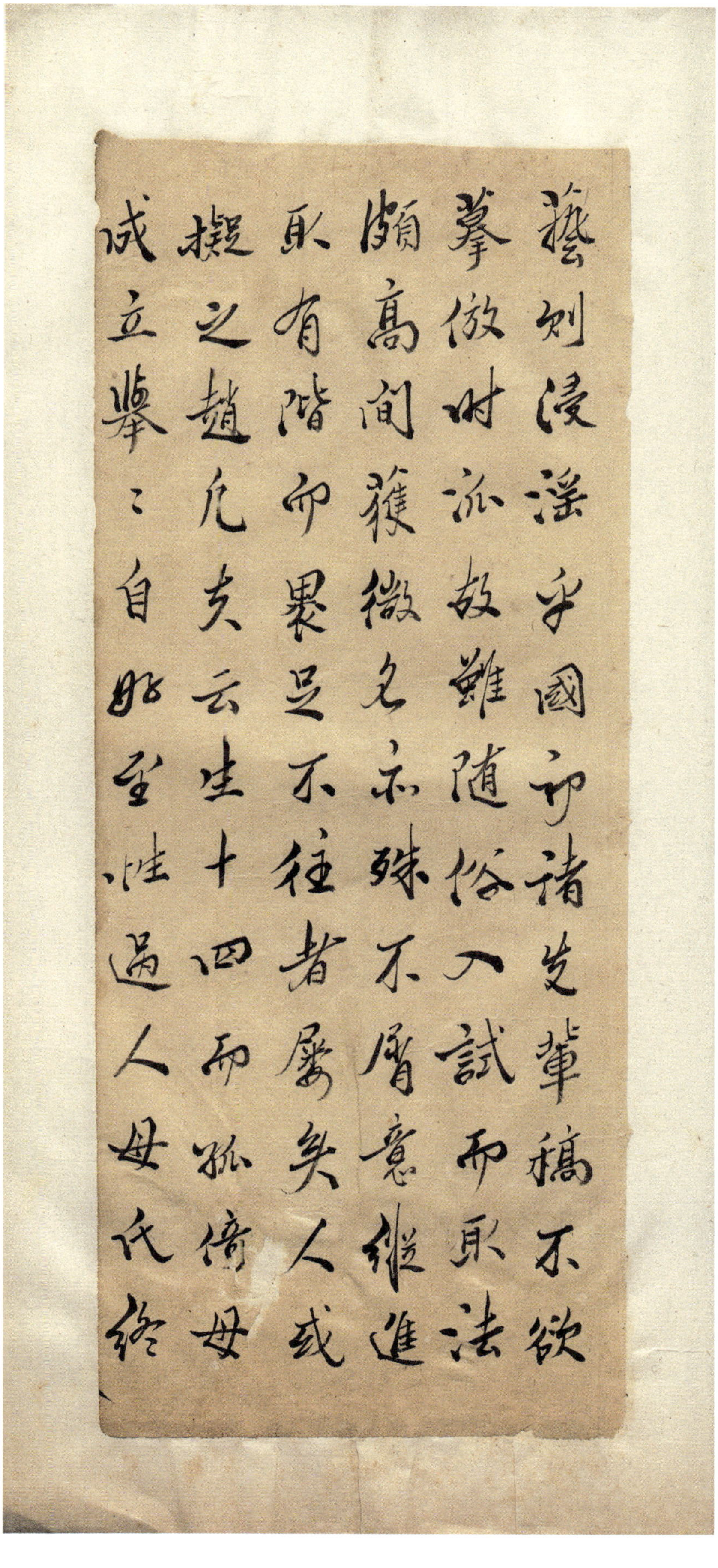

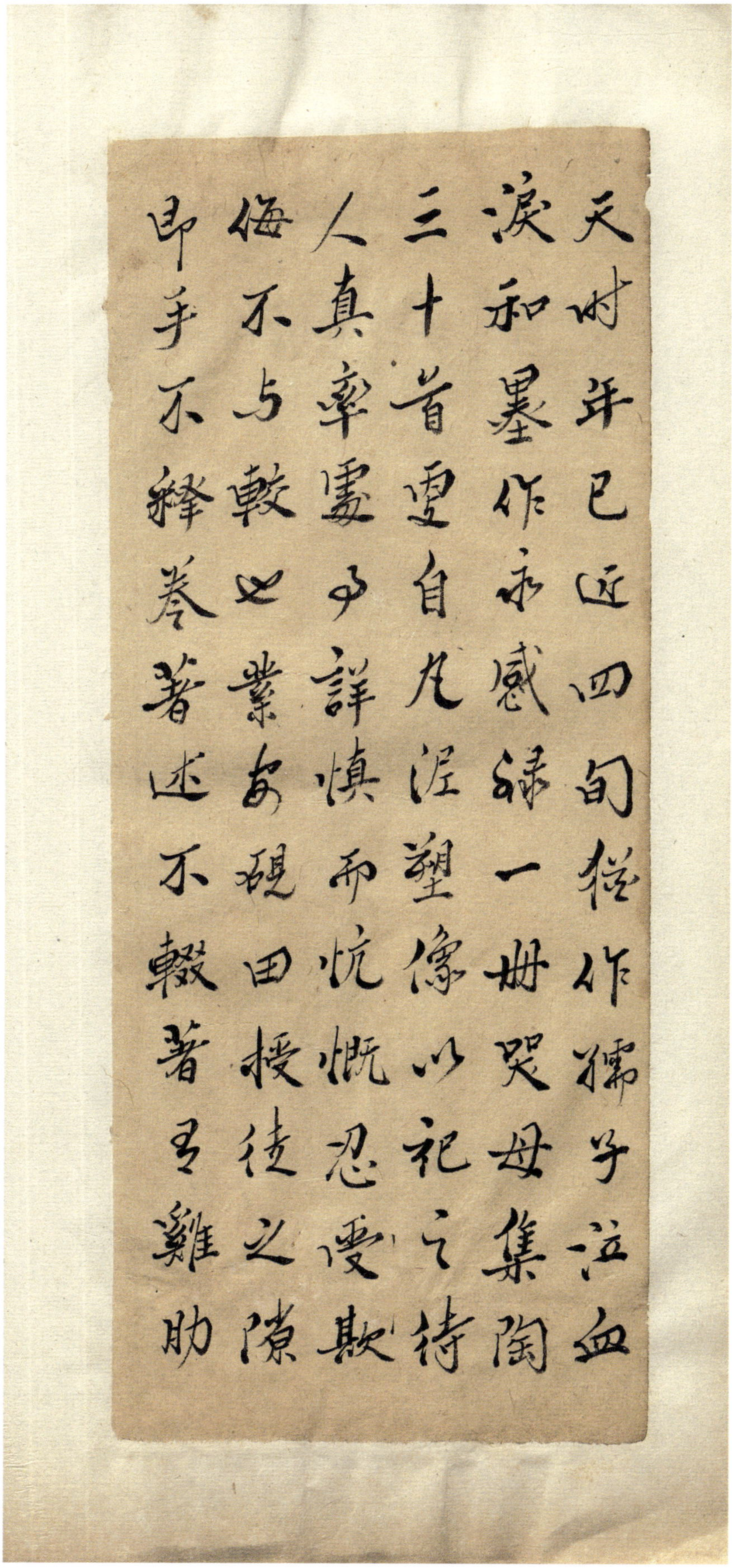

天時，年已近四旬，猶作孺子泣，血淚和墨，作《永感録》一册哭母，集陶三十首，更自丸泥塑像以祀之。待人真率，處事詳慎而忼慨，忍受欺侮，不與較也。業安硯田，授徒之隙，即手不釋卷，著述不輟。著有《鷄肋

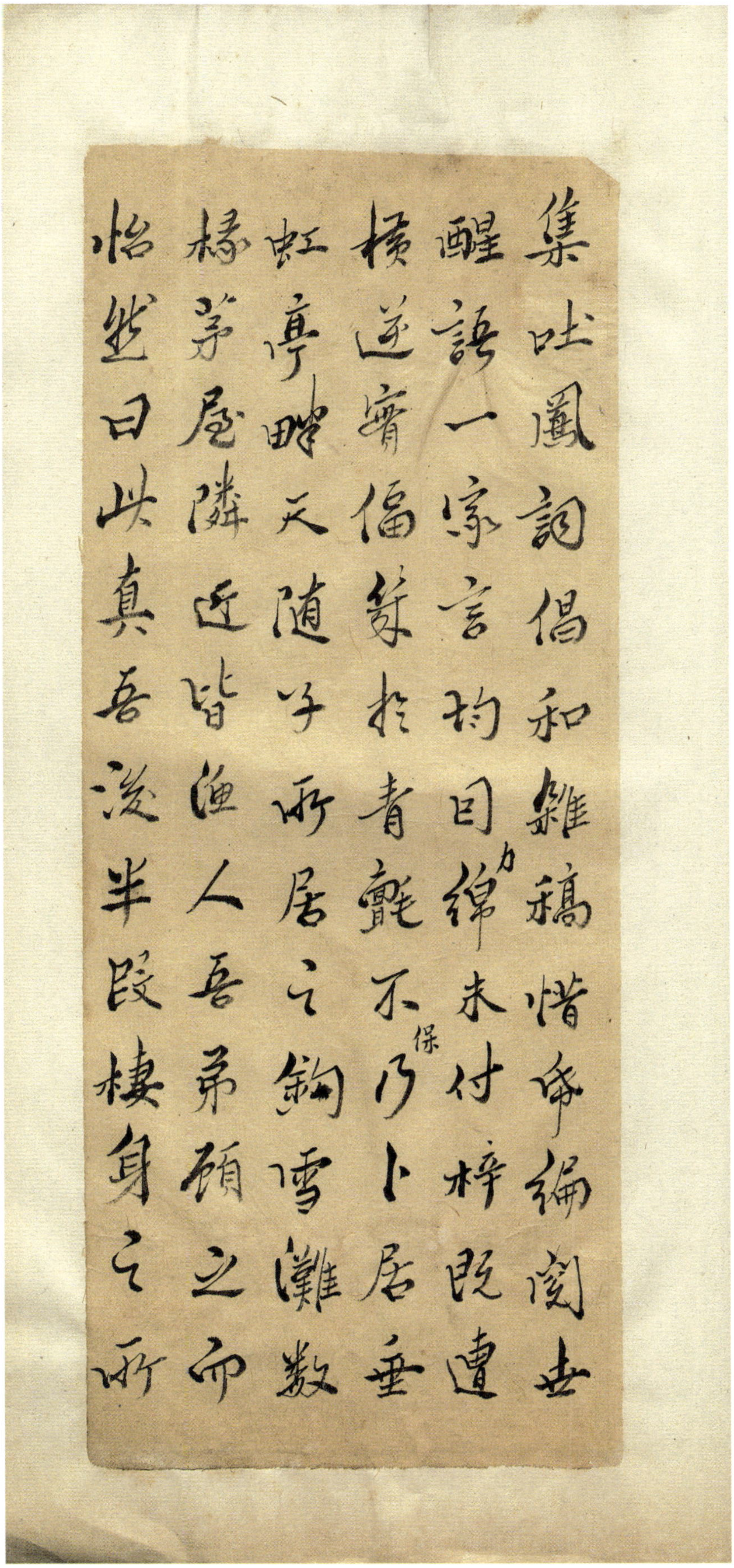

集》《吐鳳詞》《倡和雜稿》《惜紙編》《閲世醒語》《一家言》，均因力綿未付梓。既遭橫逆實逼，幾於青氈不保。乃卜居垂虹亭畔，夫隨子所居之釣雪灘，數椽茅屋，鄰近皆漁人，吾弟顧之而怡然曰：此真吾後半段棲身之所

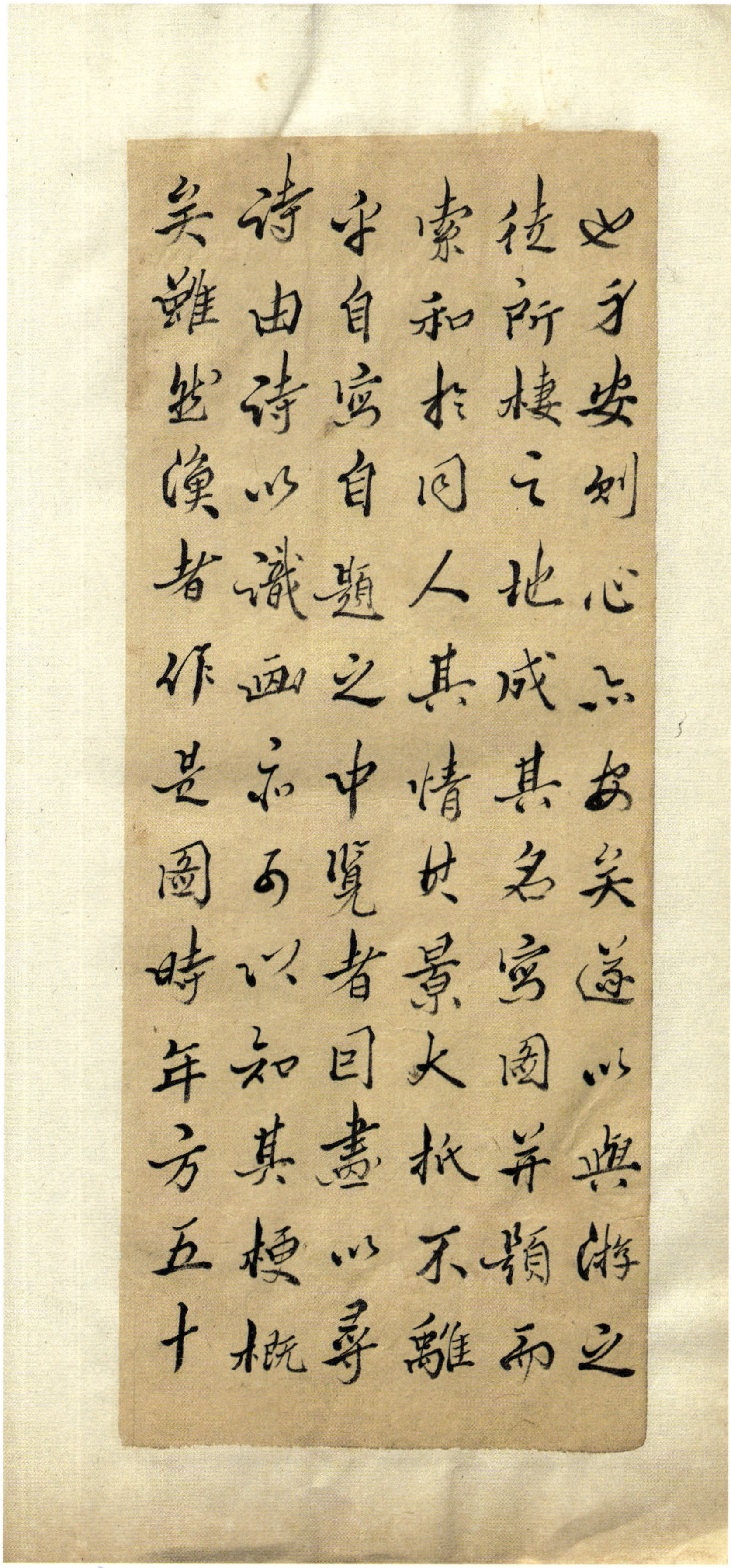

也，身安則心亦安矣。遂以與游之徒所棲之地成其名。寫圖並題，而索和於同人。其情其景，大抵不離乎自寫自題之中。覽者因畫以尋詩，由詩以識畫，亦可以知其梗概矣。雖然，漁者作是圖時年方五十

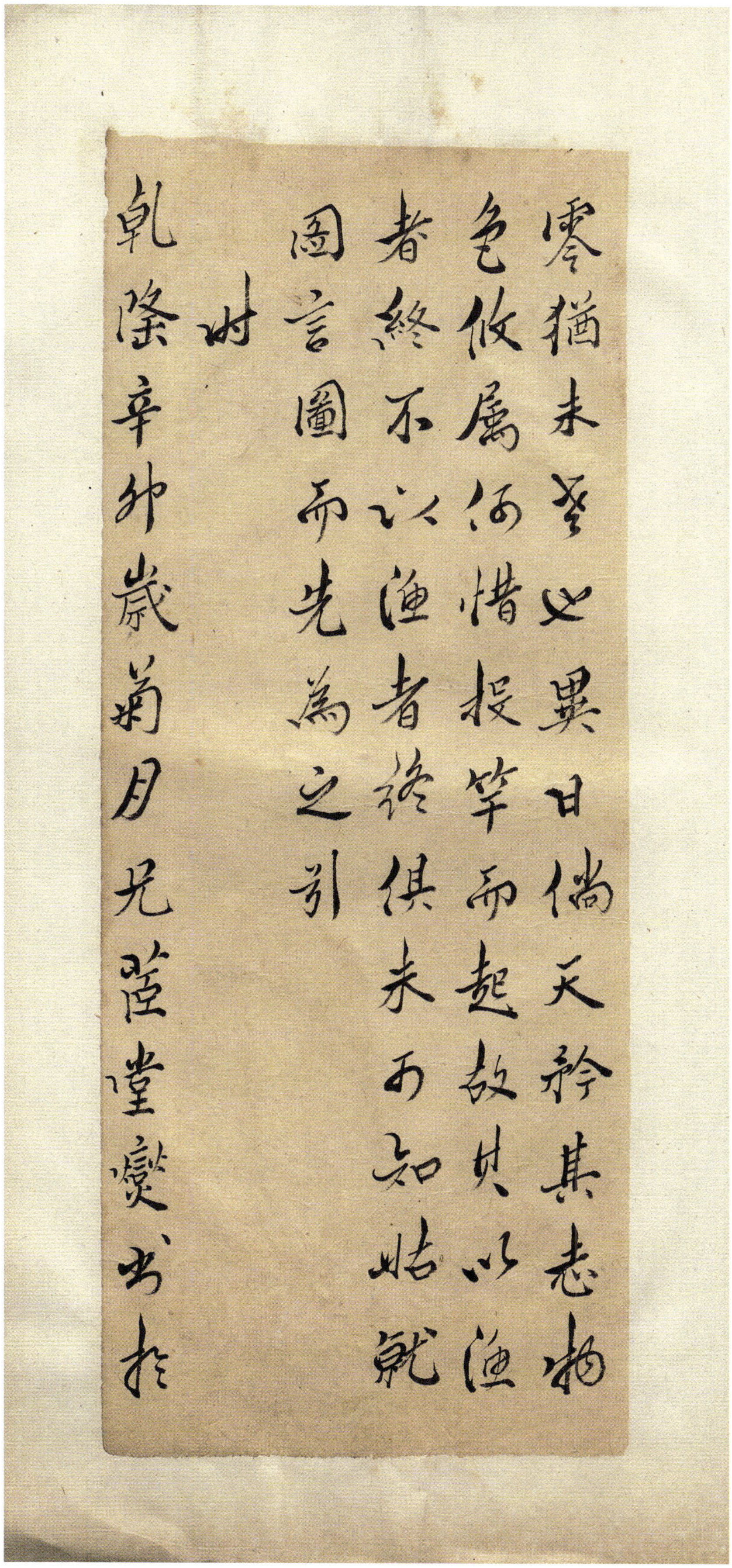

零，猶未老也。異日倘天矜其志，物色攸屬，何惜投竿而起，故其以漁者終，不以漁者終，俱未可知。姑就圖言圖，而先爲之引，時乾隆辛卯歲菊月，兄莒堂夔書於

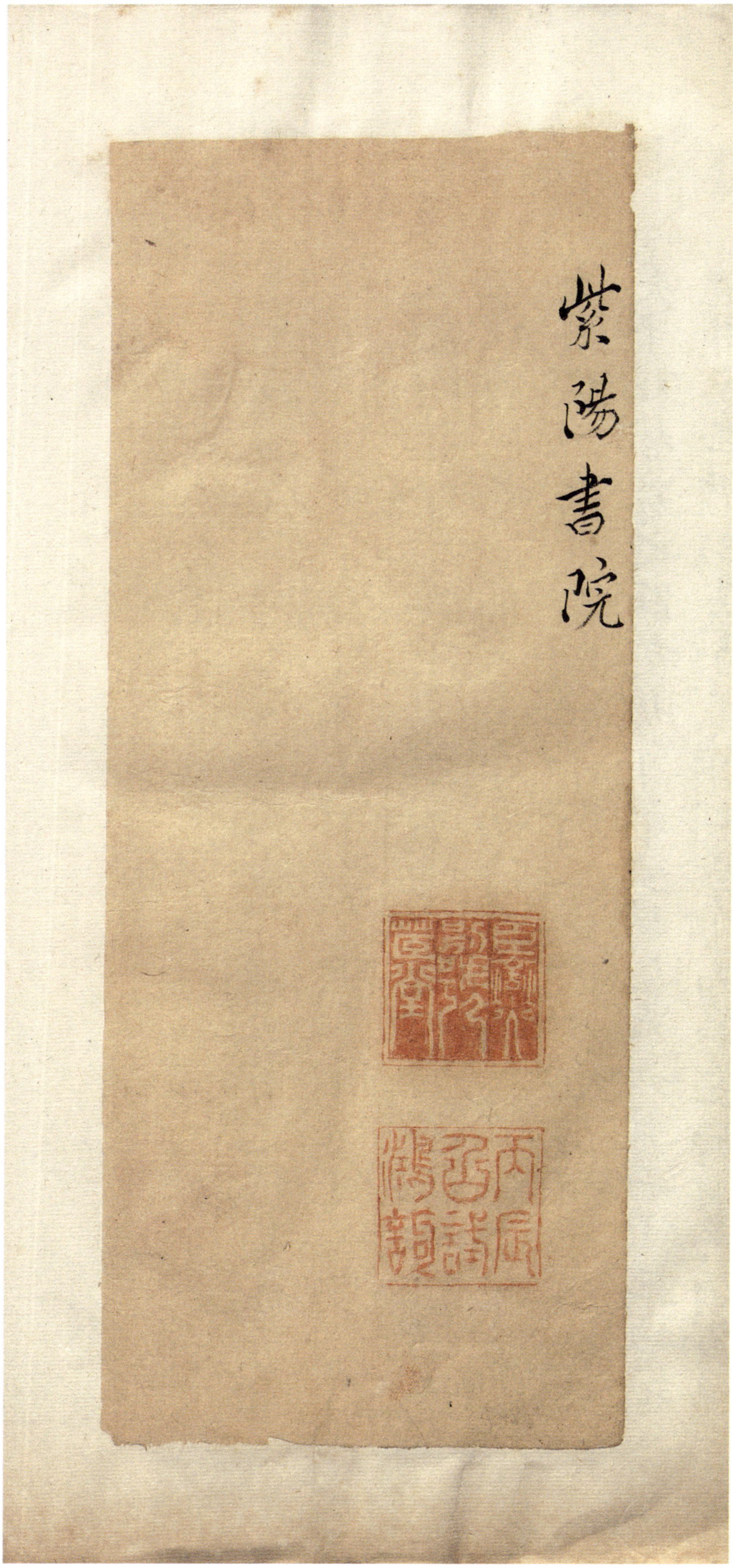

紫陽書院。

鈐印白文『臣夔别號茝堂』、朱文『丙辰召試鴻詞』。

雪灘漁者圖小引

漁者名三辰字蔚之又字蒽渚雪灘漁者之號其遷居雪灘後有羨漁情而因以自呼也後即其所以自況者更為之圖以身介乎其中焉雖不過寫照以自娛而一往清逸之致感慨之懷萬不得已而作出世之想具見於不言之表矣按漁者為余同胞弟行三少余十四歲甲午歲先大夫半淞挈眷之任越明年弟生時乙未六月二十三日也親因蒞任伊始載弄之璋心甚愉焉弟生而穎異頭角崢嶸少長喜讀書愛親敬長如成人見署中諸戚友先達輩檢韻賦詩即凝睇索解余告之即能領畧舉業之暇授以唐人詩隨了了并自做秋菊詩呈余云菊生九月花得氣

何太晚人品若同此黄冠薄軒冕欣聞之下意其將來必能繼我家學也然已卜其非繁華中人矣自是而後凡肆業所及之書及人之所當涉獵而未暇及者靡不過目成誦蓋其天分固甚高也獨於制藝則浸淫乎國初諸先輩不欲摹倣時派故雖隨俗入試而取法頗高間獲微名亦殊不屑意綴進取有階而裹足不往者屢矣人或擬之趙凡夫云生十四而孤倚母成立怡怡自好至性過人母氏終天時年已近四旬猶作孺子泣血淚和墨作永感錄一冊哭母集陶三十首更自丸泥塑像以祀之待人真率處事詳慎而慷慨忍欺受侮不與較也業安硯田授徒之隙即手不釋卷著述不輟著有雞肋集吐鳳詞唱和雜稿惜

紙編閲世醒語一家言均因力棉未付梓既遭横逆實逼幾於青氊不保乃卜居垂虹亭畔天隨子所居釣雪灘數椽茅屋鄰近皆漁人吾弟顧之而怡然曰此真吾後半叚棲身之所也身安則心亦安矣遂以與游之徒所棲之地成其名寫圖并題而索和於同人其情其景大抵不離乎自寫自圖之中覽者因畫以尋詩由詩以識畫亦可以知其梗概矣雖然漁者作是圖時年五十零猶未老也異日倘天秘其志物色攸屬何惜投竿而起故以漁者終不以漁者終俱未可知姑就圖言圖而先為之引

乾隆辛卯歲菊月兄蓮堂爕書於紫陽書院

松樓小品

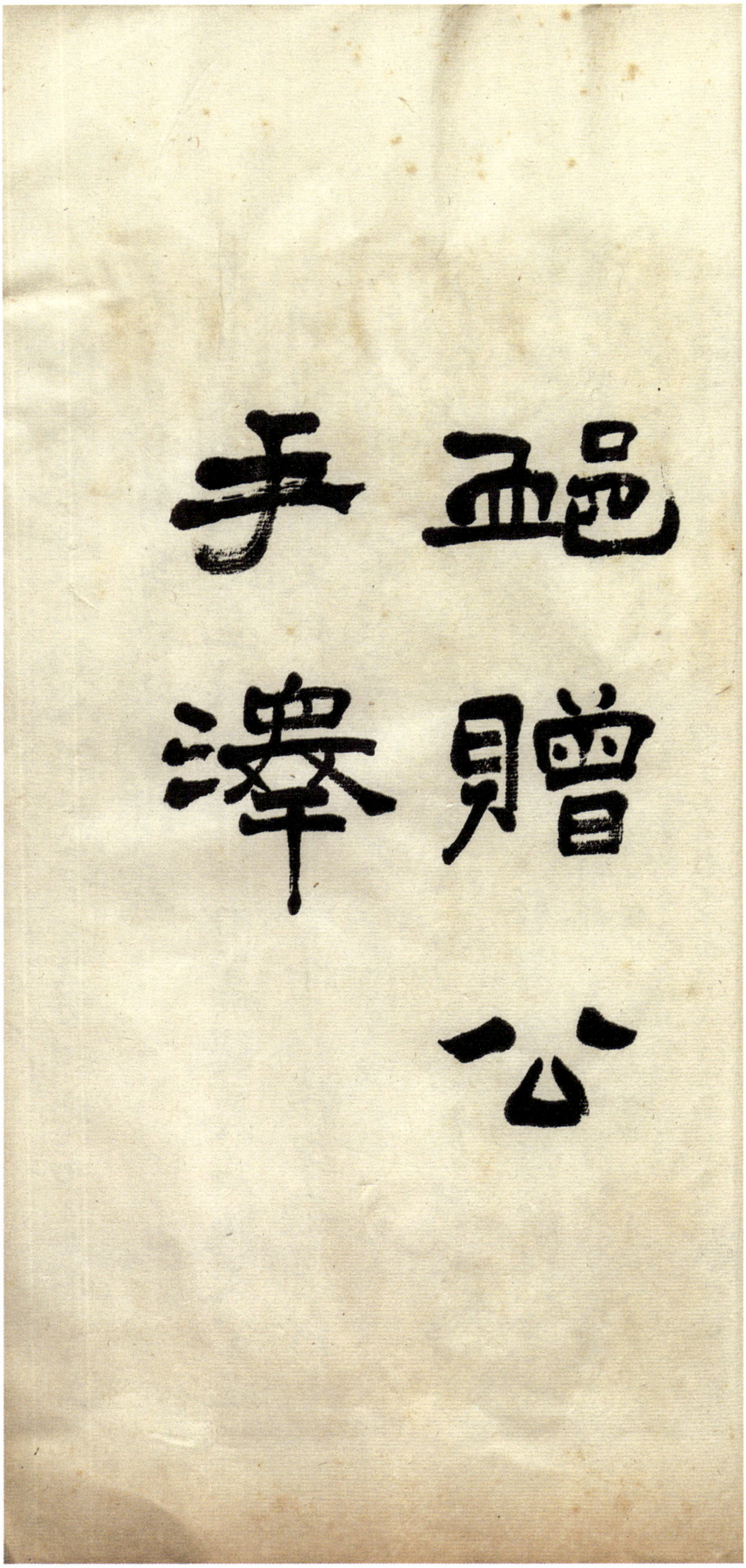
邮贈公
手澤

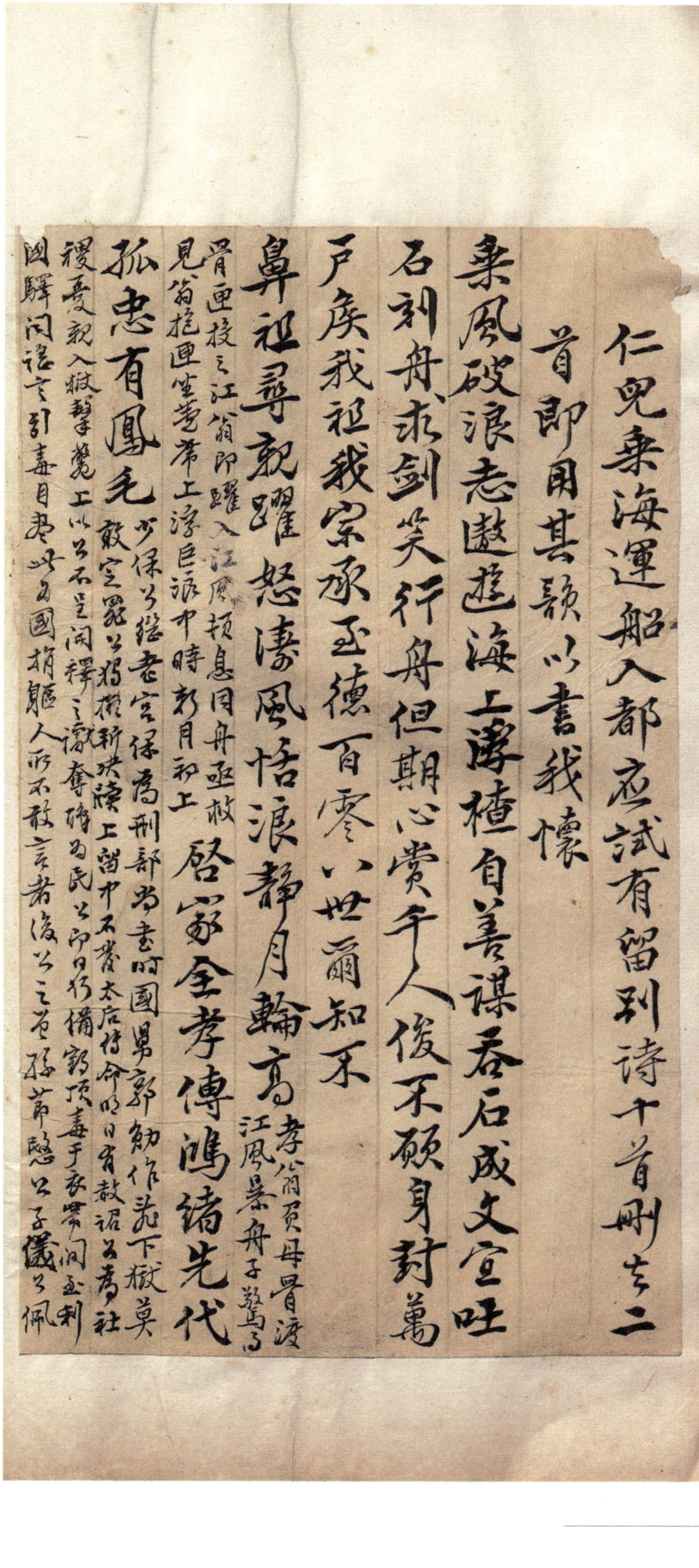

仁兒乘海運船入都應試有留别詩十首删去二首即用其韻以書我懷

乘風破浪志遨遊，海上浮槎自善謀。吞石成文宜吐石，刻舟求劍笑行舟。但期心賞千人俊，不願身封萬户侯。我祖我宗承至德，百零八世爾知不。

鼻祖尋親躍怒濤，風恬浪静月輪高（考翁負母骨渡江，風暴，舟子驚，將骨匣投之江。翁即躍入江，風頓息。同舟亟救，見翁抱匣坐蘆席上，浮巨浪中，時新月初上）。啓家全孝傳鴻緒，先代孤忠有鳳毛（少保公繼老宫保爲刑部尚書，時國舅郭勛作亂下獄，莫敢定罪，公獨擬斬决。牘上，留中不發。太后傳命，明日有赦詔。公爲社稷憂，親入獄擊斃。上以公不呈開釋之讞，奪職爲民。公即日行，備鶴頂毒於衣帶間，至利國驛聞讒言引毒自盡。此爲國捐軀，人不所敢言者。後公之曾孫節愍公、子儀公、佩

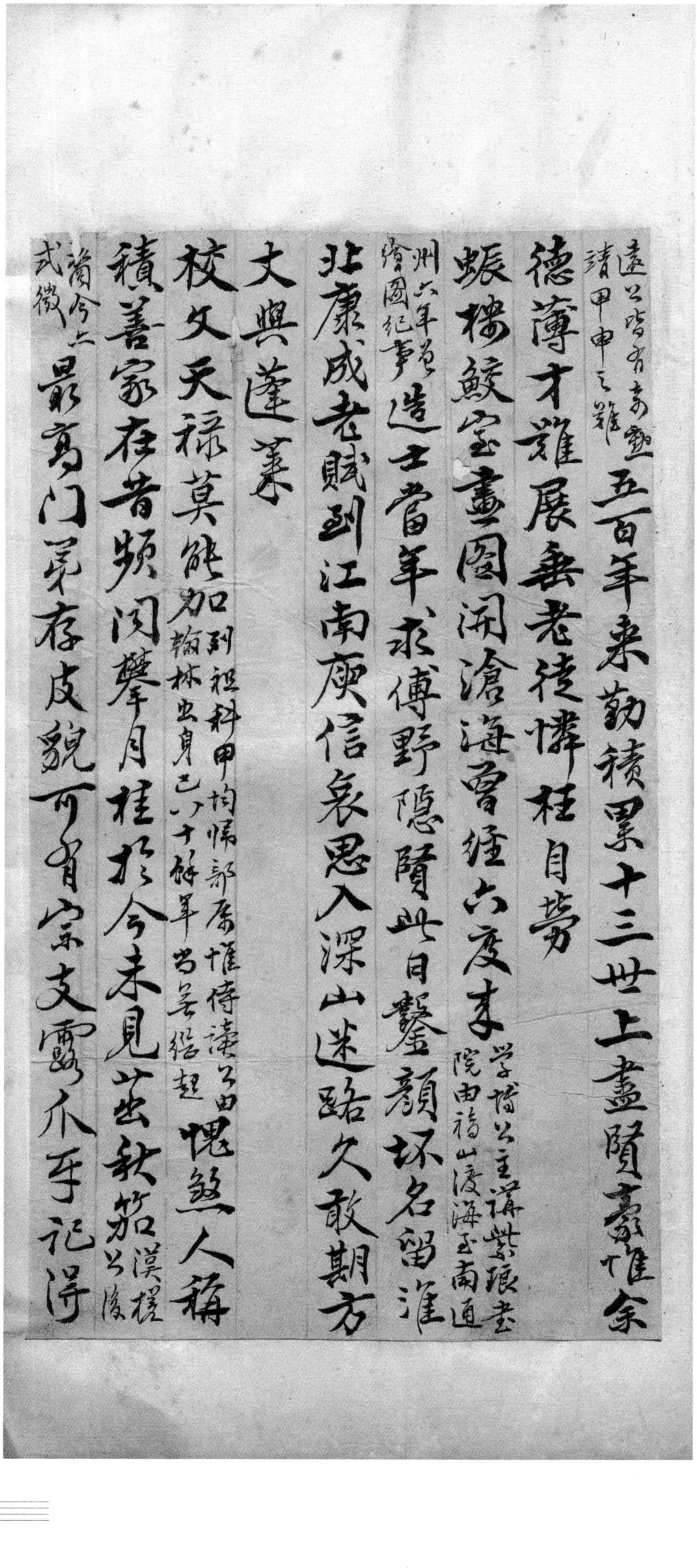

遠公，皆有奇勳靖甲申之難）。五百年來勤積累，十三世上盡賢豪。惟余德薄才難展，垂老徒憐枉自勞。蜃樓鮫室畫圖開，滄海曾經六度來（學博公主講紫琅書院，由福山渡海至南通州，六年曾繪圖紀事）。造士當年求傅野，隱賢此日鑿顏壞。名留淮北康成老，賦到江南庾信哀。思入深山迷路久，敢期方丈與蓬萊。校文天祿莫能加（列祖科甲，均歸部屬，惟侍讀公由翰林出身，已八十餘年，尚無繼起），愧煞人稱積善家。在昔頻聞攀月桂，於今未見茁秋笳（漢槎公後裔今亦式微）。最高門第存皮貌，可有宗支露爪牙。記得

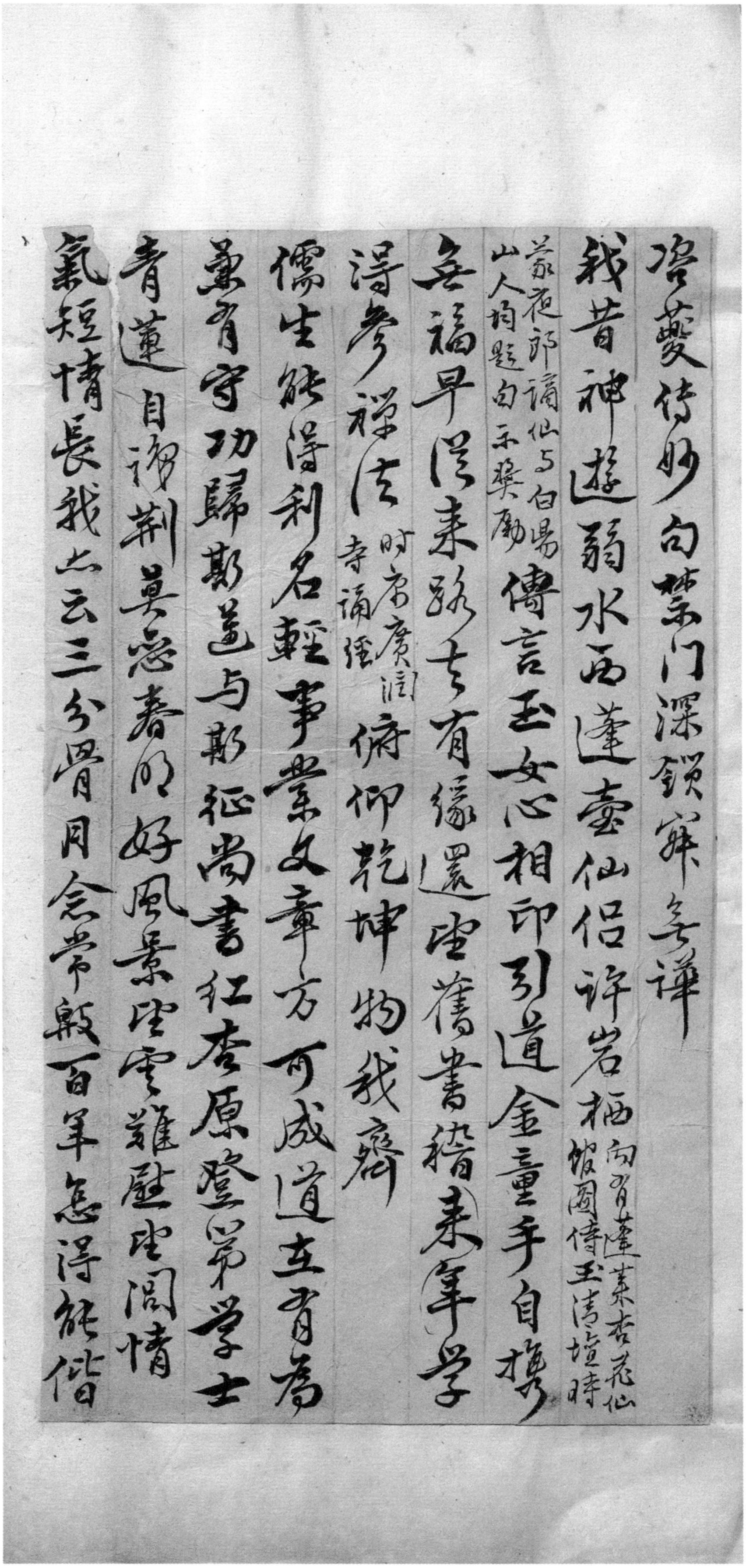

咨夔傳妙句，禁門深鎖寂無譁。

我昔神遊弱水西，蓬壺仙侶許巖栖（向有蓬萊杏花仙館圖侍玉清壇時，蒙夜郎謫仙與白昜山人均題句示獎勵）。傳言玉女心相印，引道金童手自携。無福早從來路去，有緣還望舊書稽。年來學得參禪法（時寓廣潤寺誦經），俯仰乾坤物我齊。

儒生能得利名輕，事業文章方可成。道在有爲兼有守，功歸斯邁與斯征。尚書紅杏原登第，學士青蓮自識荆。莫戀春明好風景，望雲難慰望閭情。氣短情長我亦云，三分骨肉念常殷。百年怎得能偕

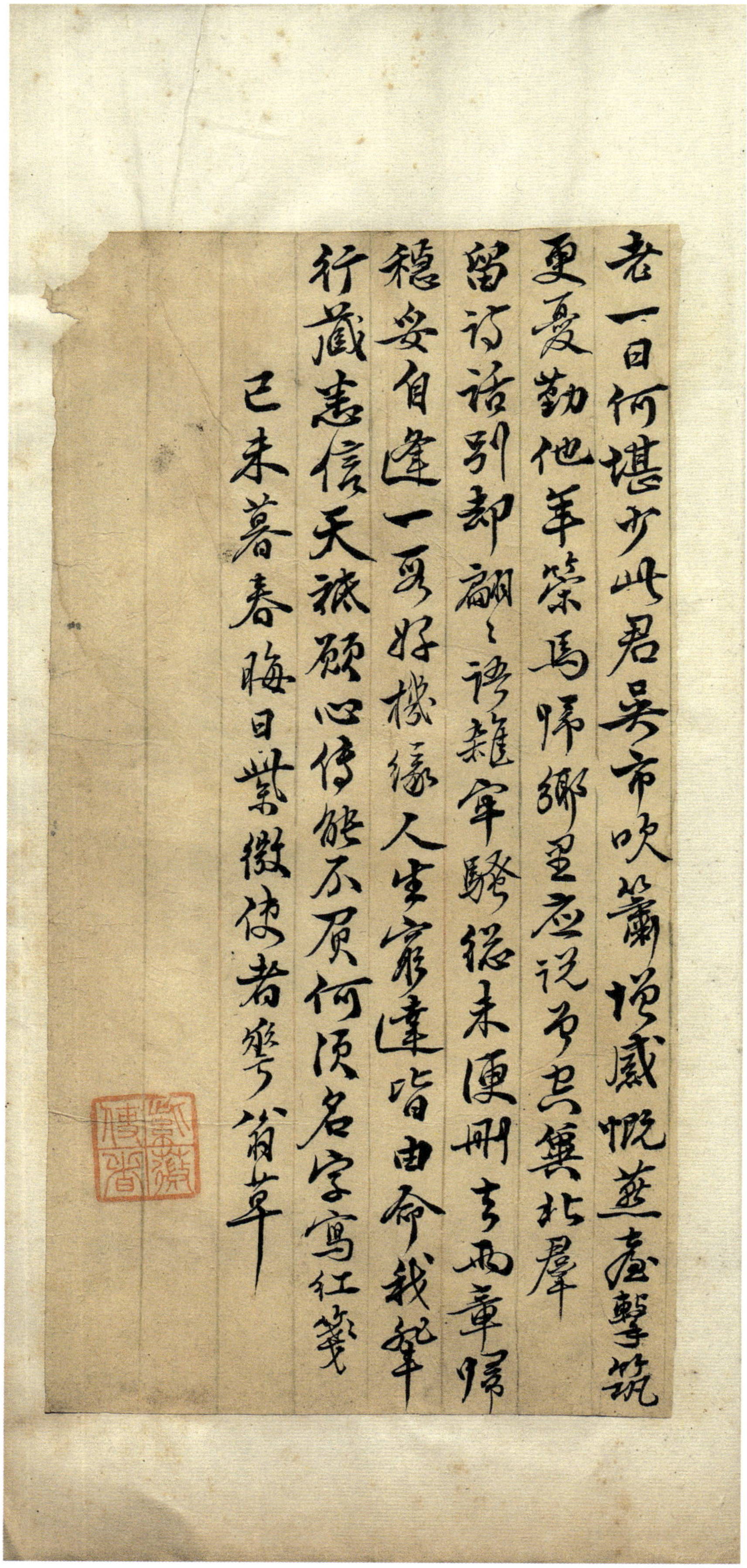

老，一日何堪少此君。吴市吹簫增感慨，燕臺擊筑更憂勤。他年策馬歸鄉里，應説曾空冀北群。

留詩話別却翩翩，語雜牢騷總未便。删去兩章歸穩妥，自逢一段好機緣。人生窮達皆由命，我輩行藏悉信天。祇願心傳能不負，何須名字寫紅箋。

己未暮春晦日紫微使者華翁草。

鈐印朱文『紫薇使者』。

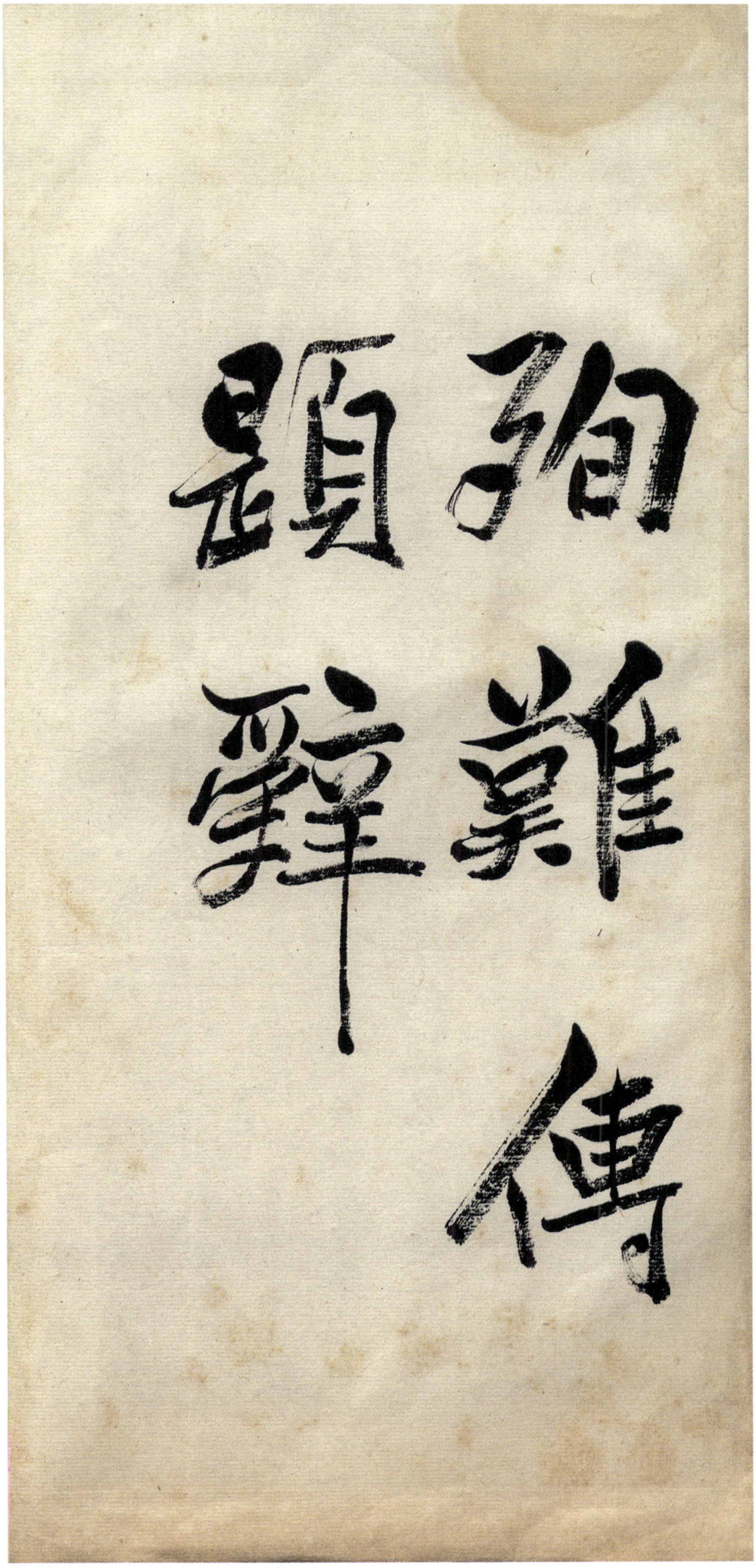

殉難傳
題辭

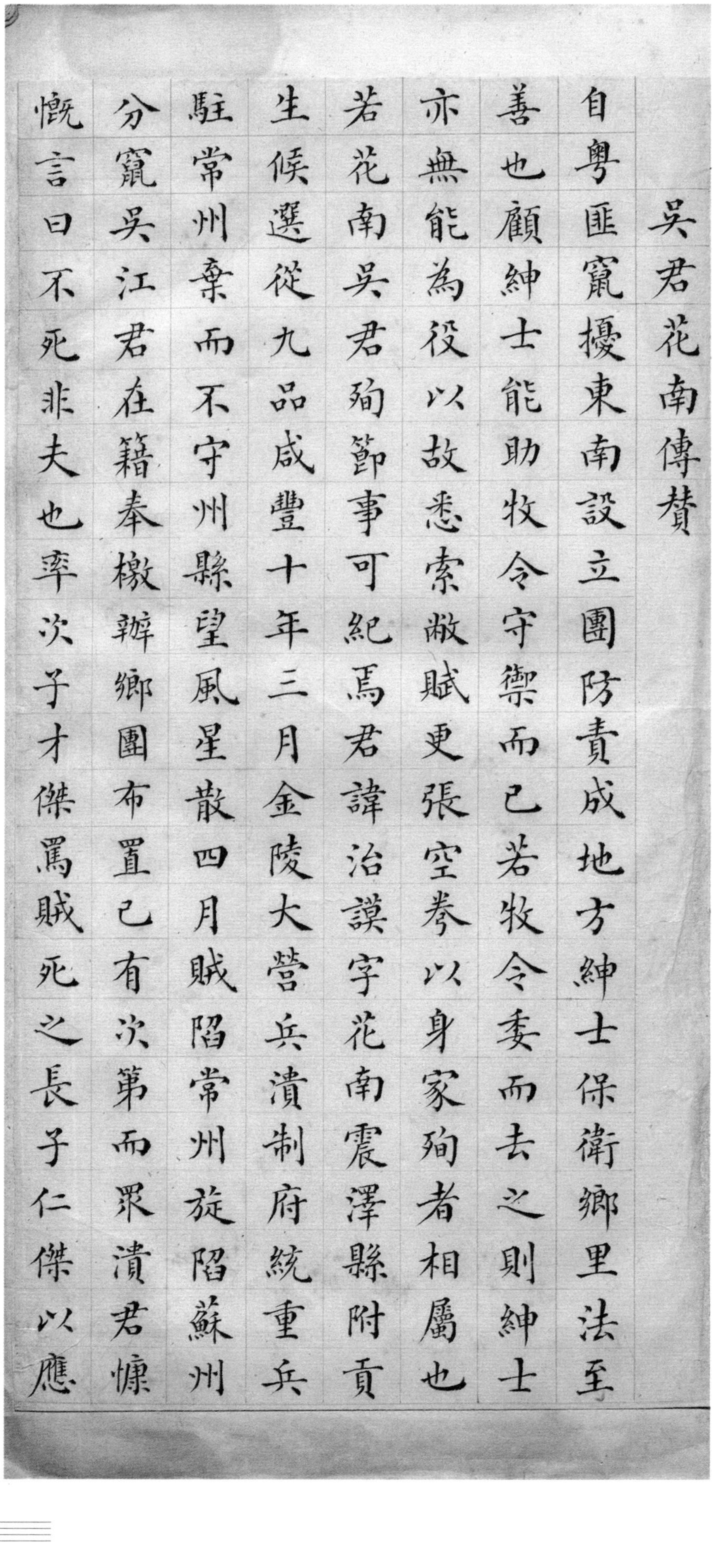

吴君花南傳贊

自粤匪竄擾東南設立團防責成地方紳士保衛鄉里法至善也顧紳士能助牧令守禦而已若牧令委而去之則紳士亦無能為役以故悉索敝賦更張空拳以身家殉者相屬也若花南吴君殉節事可紀焉君諱治謨字花南震澤縣附貢生候選從九品咸豐十年三月金陵大營兵潰制府統重兵駐常州棄而不守州縣望風星散四月賊陷常州旋陷蘇州分竄吴江君在籍奉檄辦鄉團布置已有次第而眾潰君慷慨言曰不死非夫也率次子才傑罵賊死之長子仁傑以應

吴君花南傳贊

吴君花南傳贊

自粤匪竄擾東南，設立團防，責成地方紳士保衛鄉里，法至善也。顧紳士能助牧令，守禦而已。若牧令委而去之，則紳士亦無能爲役。以故悉索敝賦，更張空拳，以身家殉者，相屬也。若花南吴君殉節事，可紀焉。君諱治謨，字花南。震澤縣附貢生，候選從九品。咸豐十年三月，金陵大營兵潰，制府統重兵駐常州，棄而不守。州縣望風星散。四月，賊陷常州，旋陷蘇州，分竄吴江。君在籍奉檄辦鄉團，布置已有次第而衆潰。君慷慨言曰：不死非夫也。率次子才傑，罵賊死之。長子仁傑，以應

試留京。其妻夏，投水死。事聞，得旨分别旌恤有差。昔望溪方氏有言曰：使天下忠臣義士、孝子悌弟、貞婦烈女，無罪而併命於水火盜賊之間，身死而名傳者，千百無十一焉，豈非造物之不能無憾哉。君見危授命，子媳從焉。仰荷恩綸，褒旌錫蔭，名垂竹帛，可以無憾。獨怪膺守土之責者，不能左提右挈，共濟時艱，而置身事外，不克收衆心成城之效，爲可歎也。令子仁傑，聯捷入翰林，雪涕屬爲一言。余忝列諫

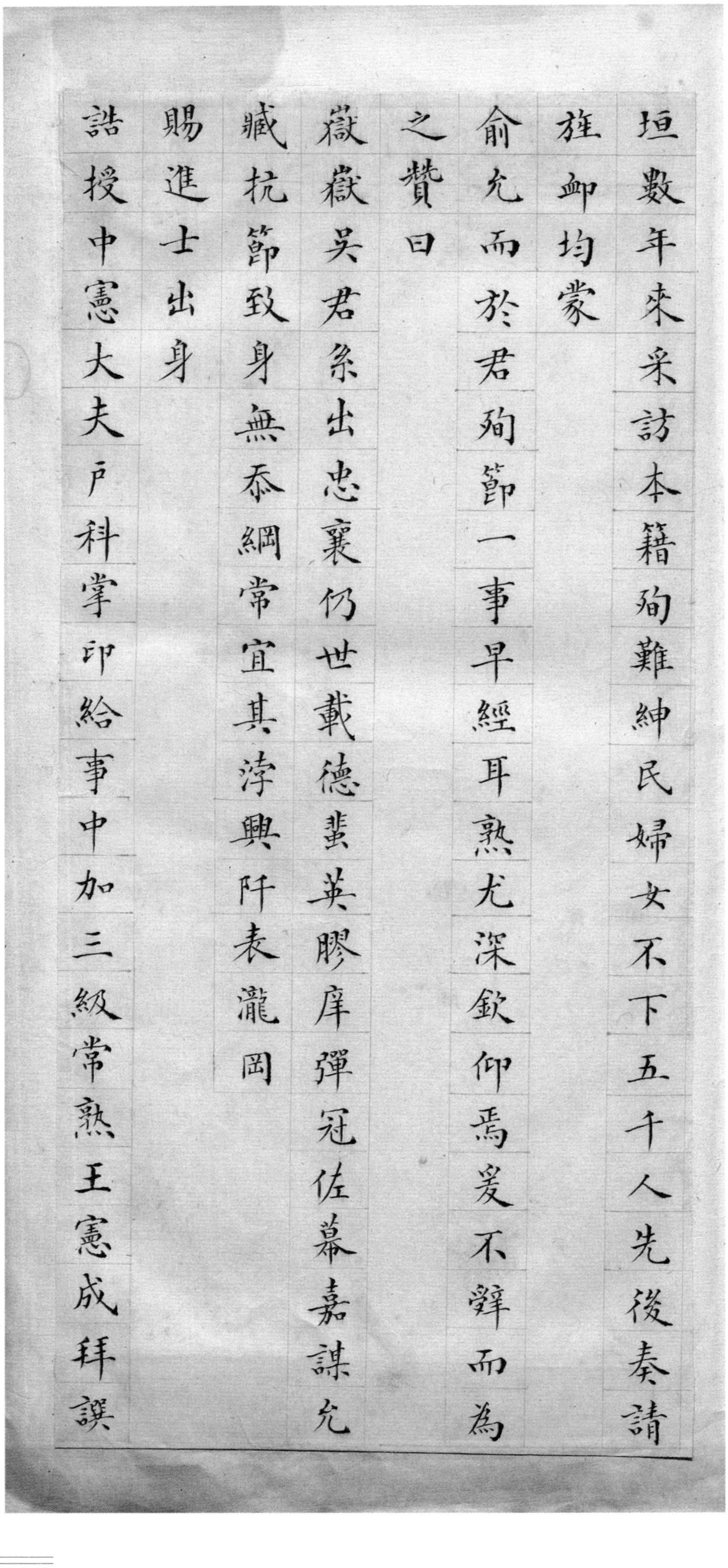

垣數年來采訪本籍殉難紳民婦女不下五千人先後奏請
旌卹均蒙
俞允而於君殉節一事早經耳熟尤深欽仰焉爰不辭而為
之贊曰
嶽嶽吴君系出忠襄仍世載德蜚英膠庠彈冠佐幕嘉謀允
臧抗節致身無忝綱常宜其浡興阡表瀧岡
賜進士出身
誥授中憲大夫户科掌印給事中加三級常熟王憲成拜譔

垣，數年來采訪本籍殉難紳民婦女，不下五千人，先後奉請旌卹，均蒙俞允，而於君殉節一事，早經耳熟，尤深欽仰焉。爰不辭而爲之贊曰：

嶽嶽吴君，系出忠襄。仍世載德，蜚英膠庠。彈冠佐幕，嘉謀允臧。抗節致身，無忝綱常。宜其浡興，阡表瀧岡。

賜進士出身誥授中憲大夫户科掌印給事中加三級常熟王憲成拜譔。

殉難吴君傳

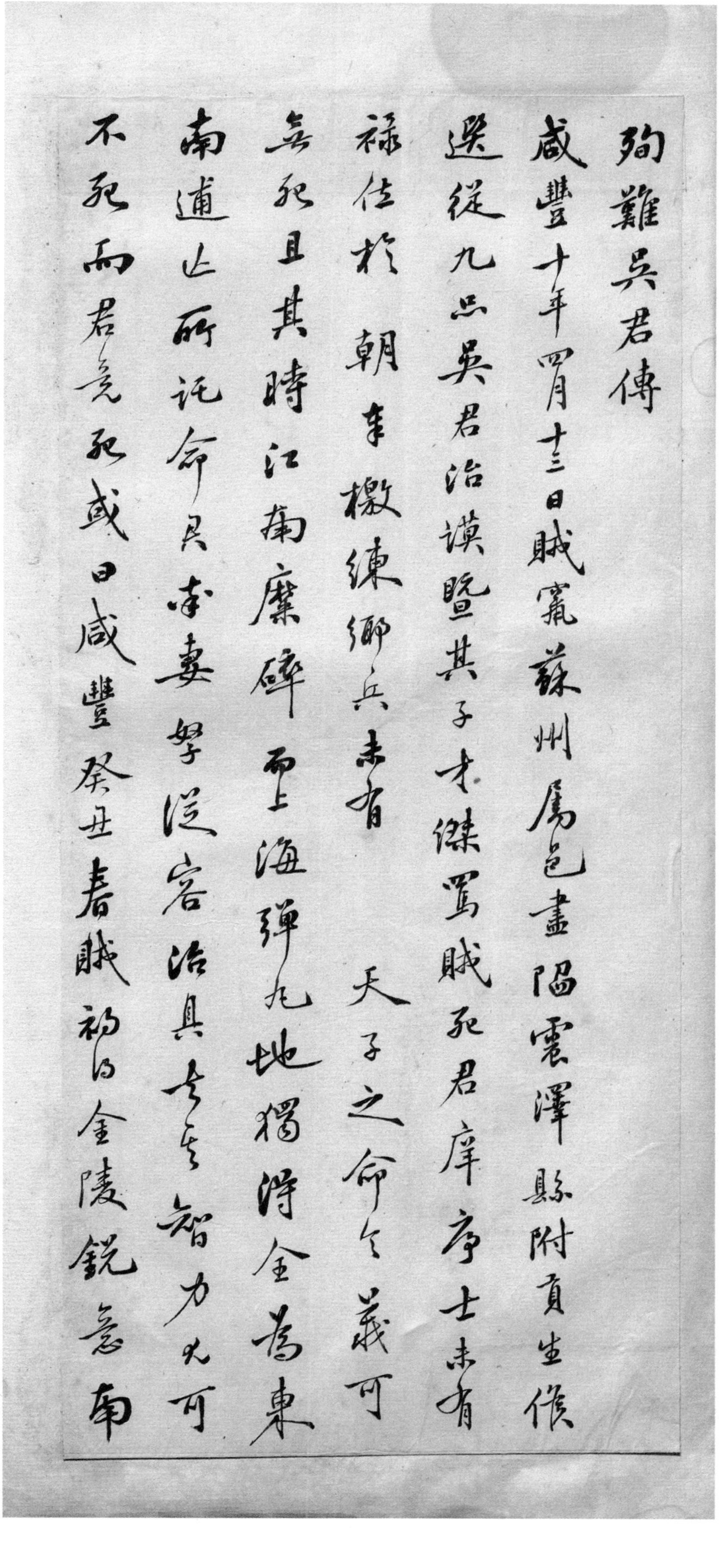

殉難吴君傳

咸豐十年四月十三日，賊竄蘇州，屬邑盡陷，震澤縣附貢生、候選從九品吴君治謨暨其子才傑駡賊死。君庠序士，未有禄位於朝。奉檄練鄉兵，未有天子之命令，義可無死，且其時江南縻碎，而上海彈丸地獨得全，爲東南逋亡所託命，君率妻孥從容治具去，其智力尤可不死，而君竟死。或曰，咸豐癸丑春，賊初得金陵，鋭意南

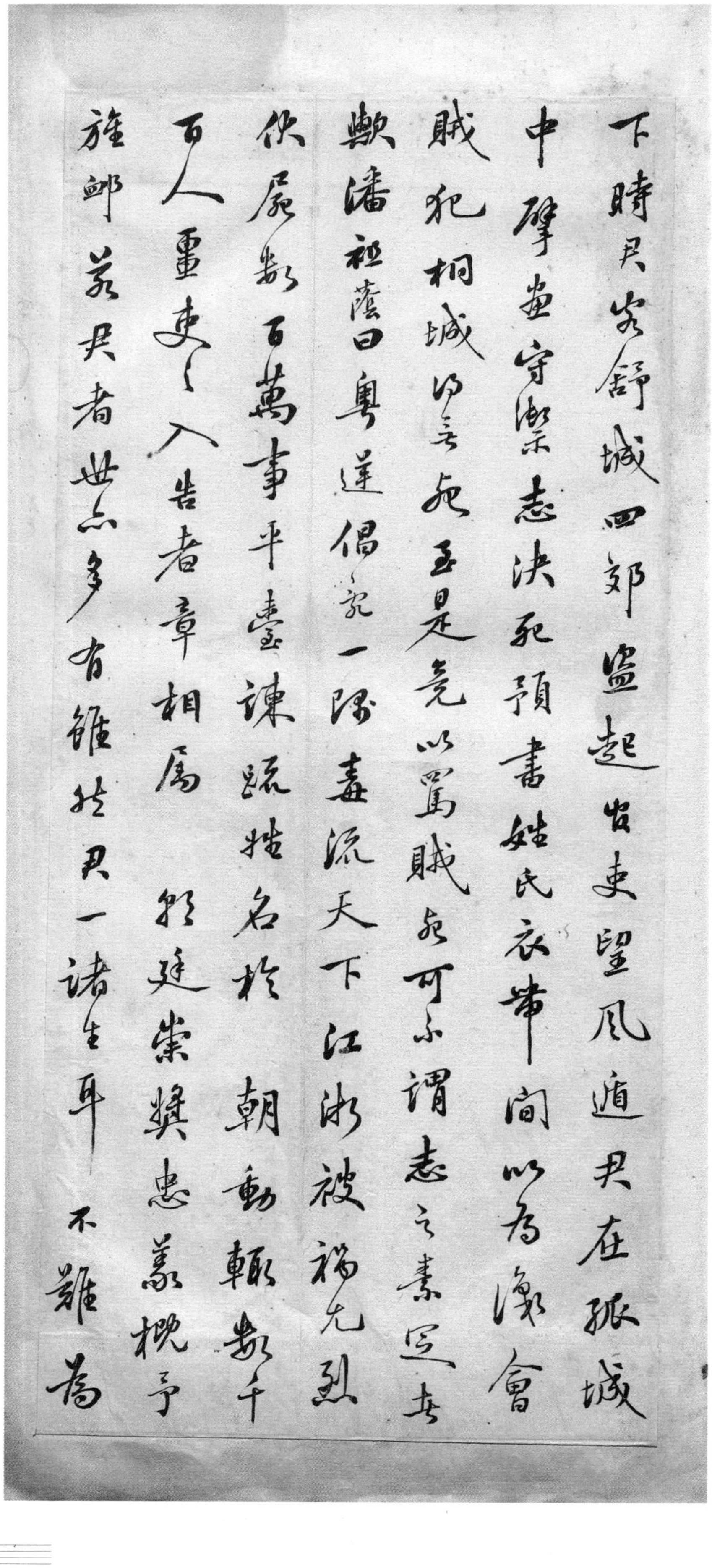

下，時君客舒城，四郊盜起，官吏望風遁，君在孤城中擘畫守禦，志决死，預書姓氏衣帶間以爲識。會賊犯桐城，得無死。至是竟以罵賊死，可不謂志之素定者歟。潘祖蔭曰：粤逆倡亂一隅，毒流天下，江浙被禍尤烈，伏屍數百萬。事平，臺諫疏姓名於朝，動輒數千百人，畺吏之入告者章相屬，朝廷崇獎忠義，概予旌卹。若君者，世亦多有。雖然，君一諸生耳，不難爲

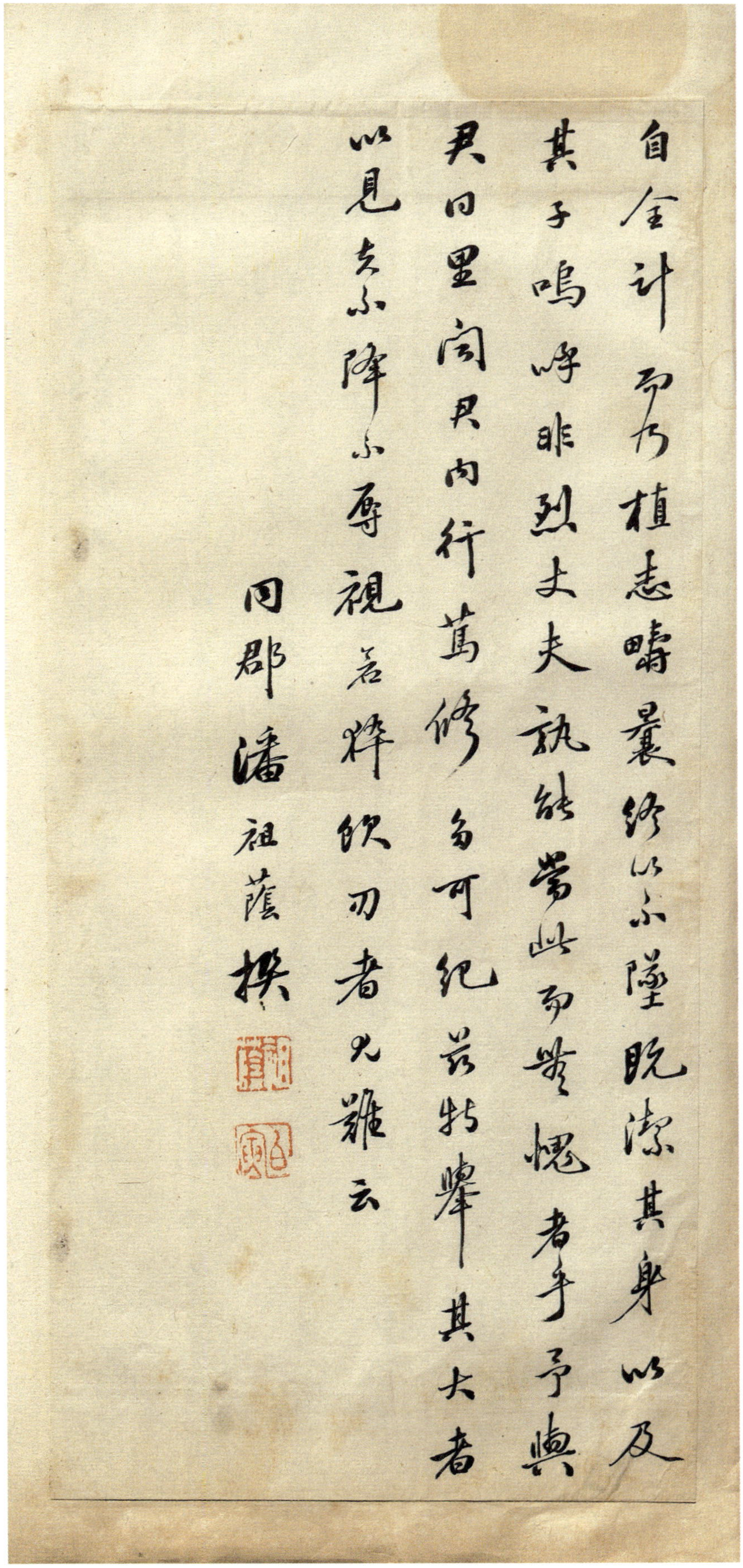

自全計，而乃植志疇曩，終以不墜，既潔其身，以及其子。嗚呼！非烈丈夫，孰能當此而無愧者乎。予與君同里，聞君內行篤修多可紀，茲特舉其大者，以見夫不降不辱，視若猝飲刃者尤難云。

同郡潘祖蔭撰。

鈐印白文『祖蔭』、朱文『伯寅』。

倭仁題辭

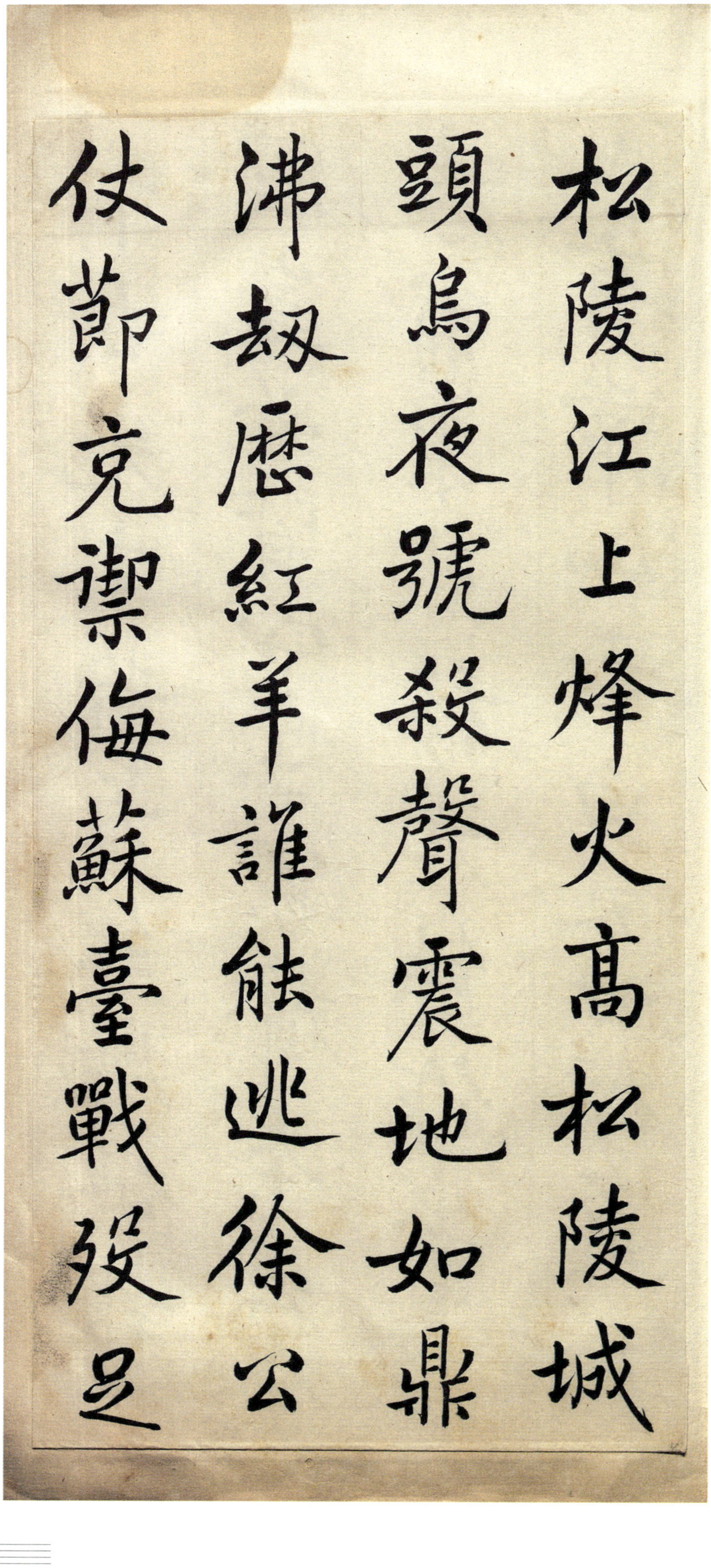
松陵江上烽火高松陵城
頭烏夜號殺聲震地如鼎
沸刼歷紅羊誰能逃徐公
仗節克禦侮蘇臺戰歿足

松陵江上烽火高，松陵城頭烏夜號。殺聲震地如鼎沸，劫歷紅羊誰能逃。徐公仗節克禦侮，蘇臺戰歿足

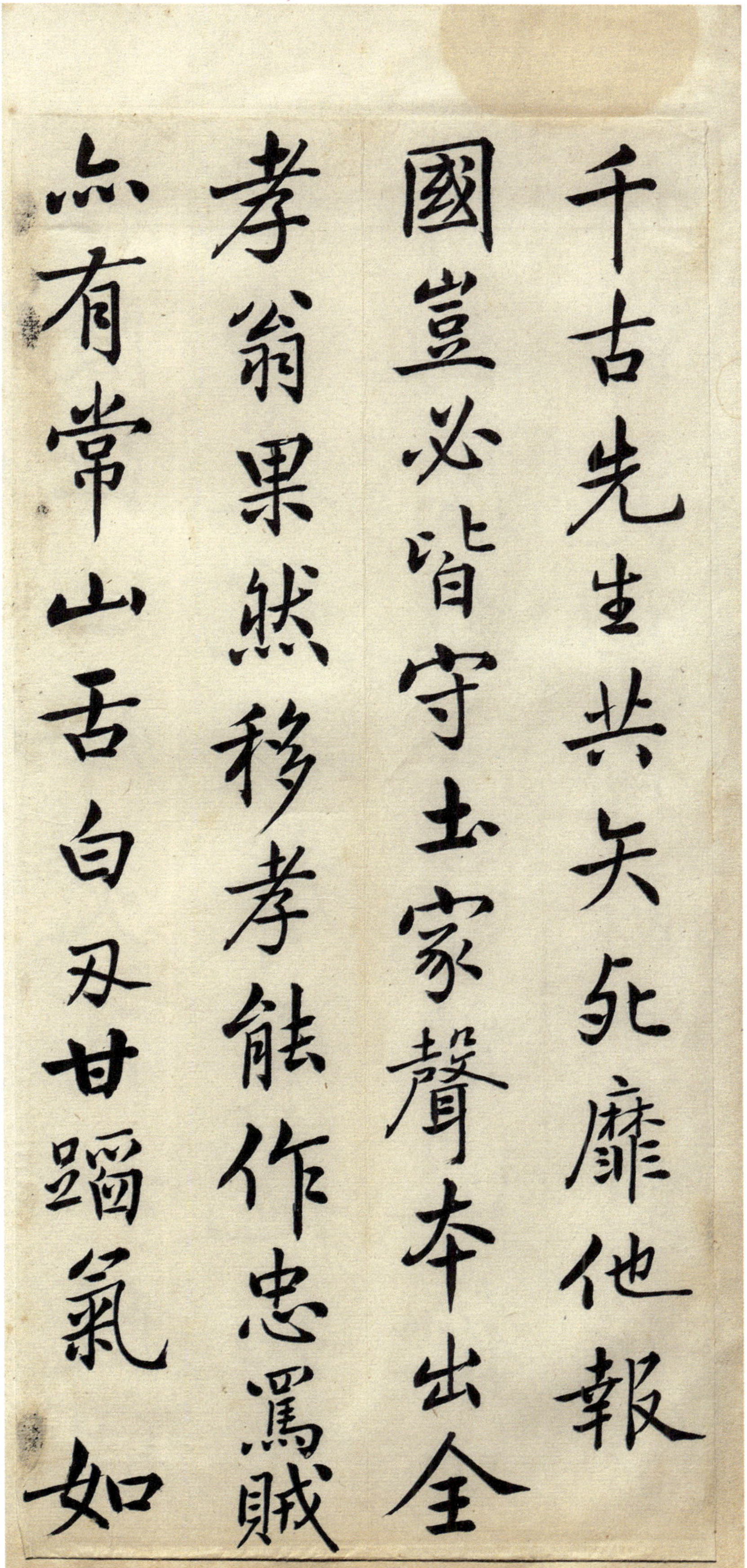

千古。先生共矢死靡他，報國豈必皆守土。

家聲本出全孝翁，果然移孝能作忠。

罵賊亦有常山舌，白刃甘蹈氣如

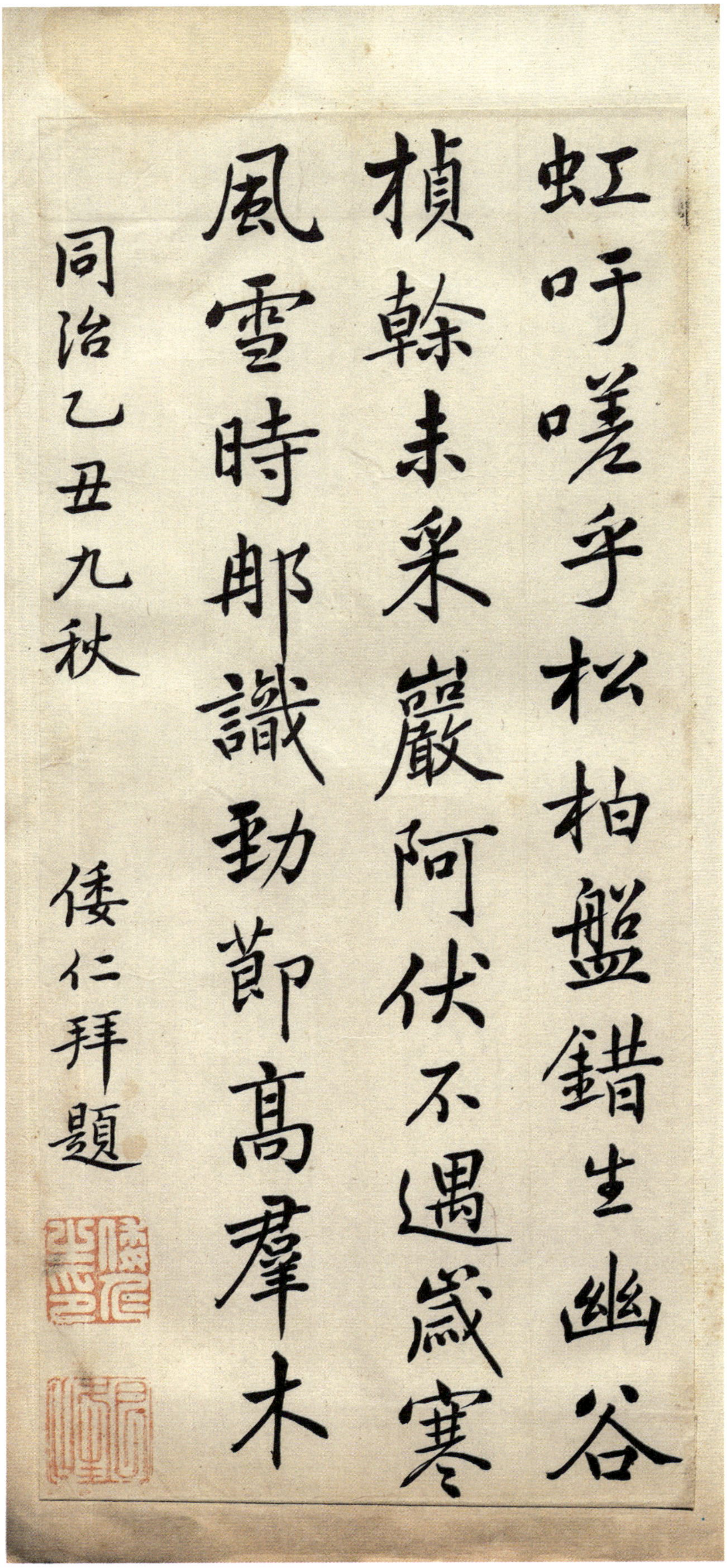

虹。

吁嗟乎！松柏盤錯生幽谷，楨幹未采巖阿伏。不遇歲寒風雪時，
那識勁節高群木。

同治乙丑九秋，倭仁拜題。

鈐印白文『倭仁之印』、朱文『艮峰』。

全慶題辭

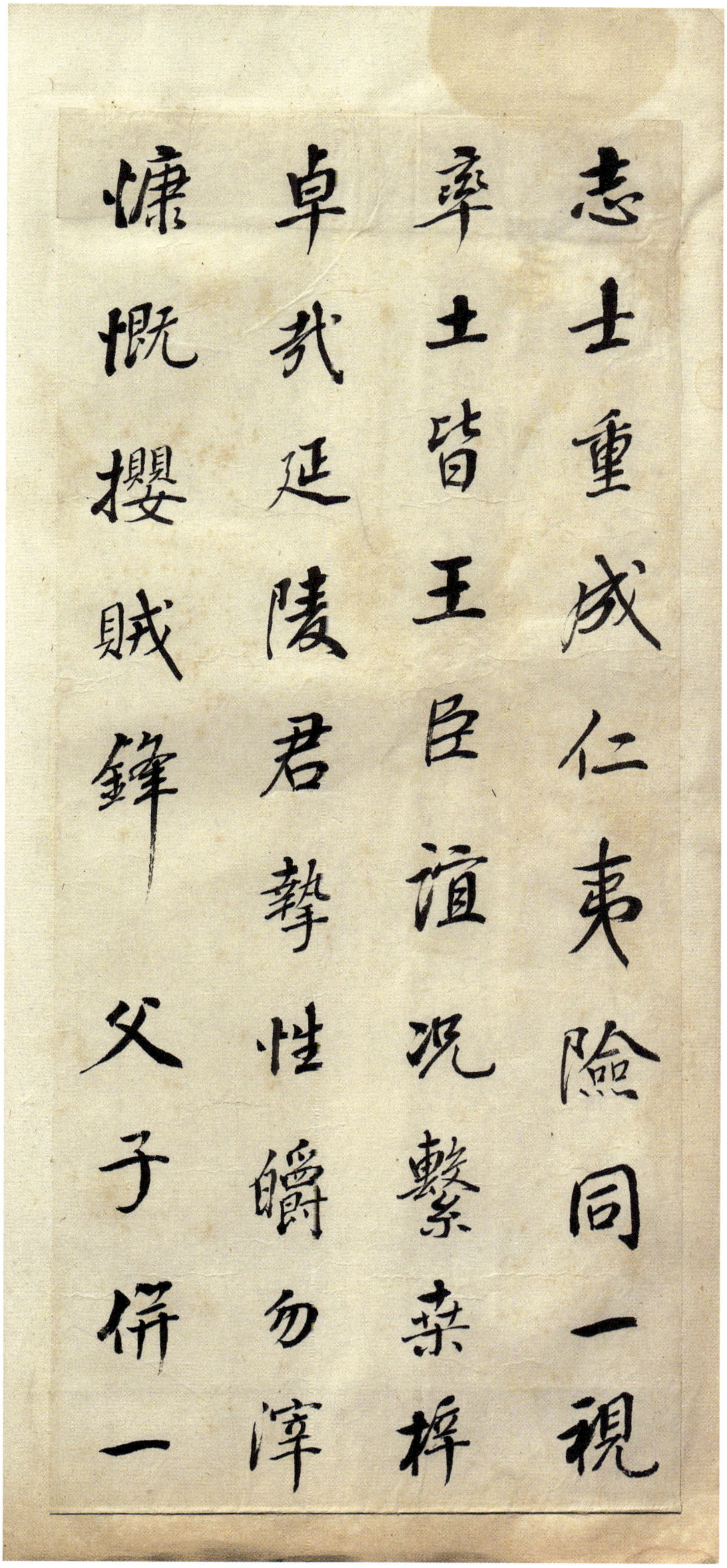

志士重成仁，夷險同一視。率土皆王臣，誼況繫桑梓。卓哉延陵君，摯性嚼勿滓。慷慨攖賊鋒，父子併一

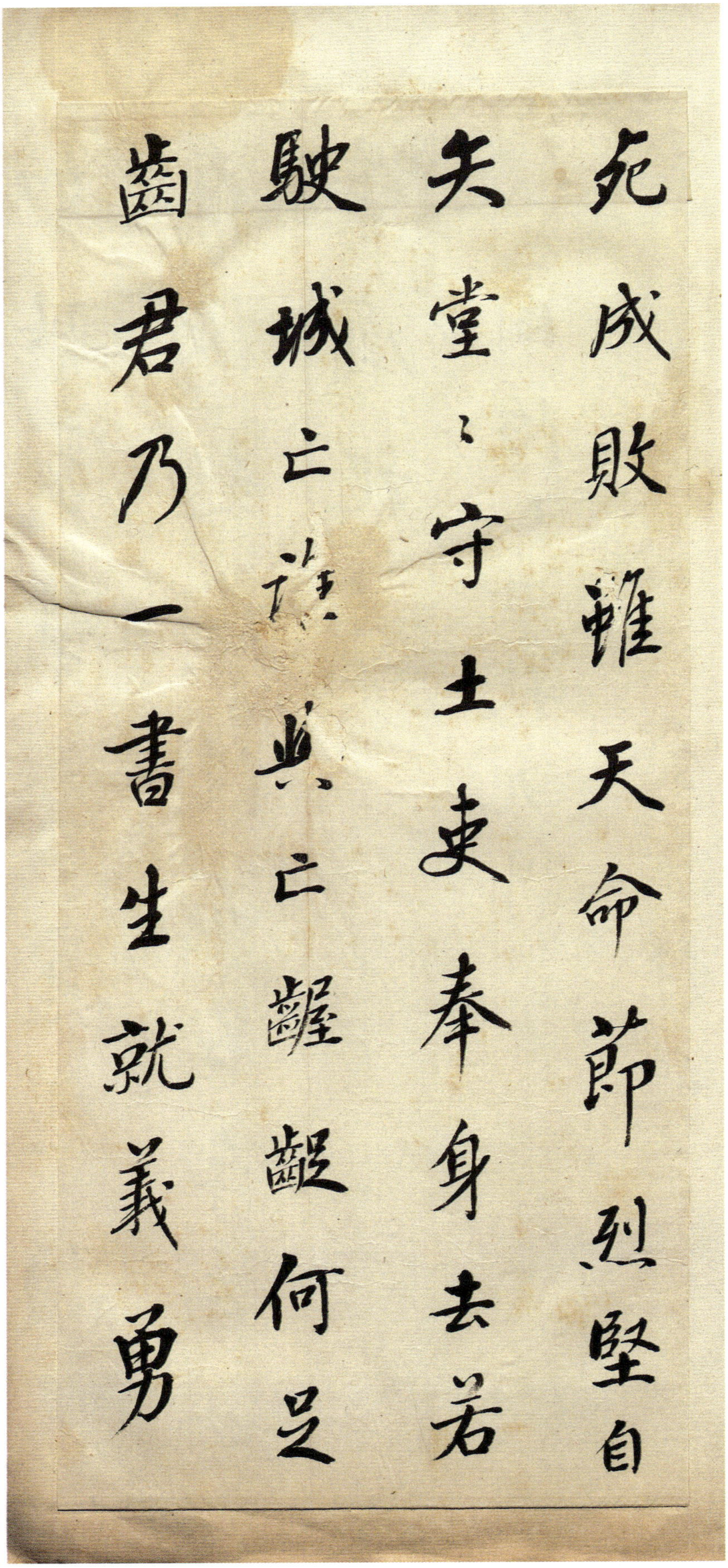

死。

成敗雖天命，節烈堅自矢。堂堂守土吏，奉身去若駛。

城亡誰與亡，齷齪何足齒。君乃一書生，就義勇

如此。

家聲承遺烈，顯揚在後起。身没而名存，百世崇

廟祀。

同治乙丑秋九月，全慶拜題。

鈐印白文『全慶之印』、朱文『小汀』。

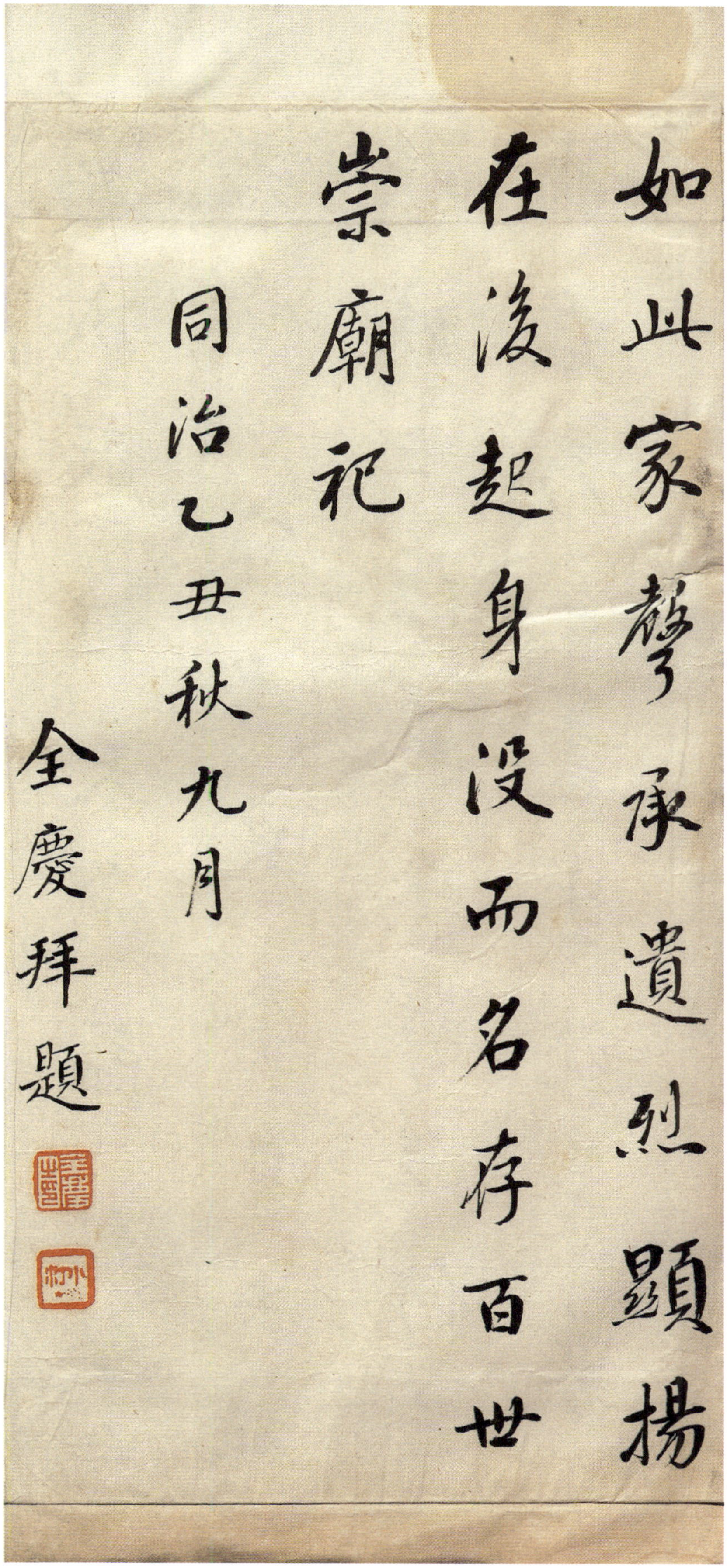

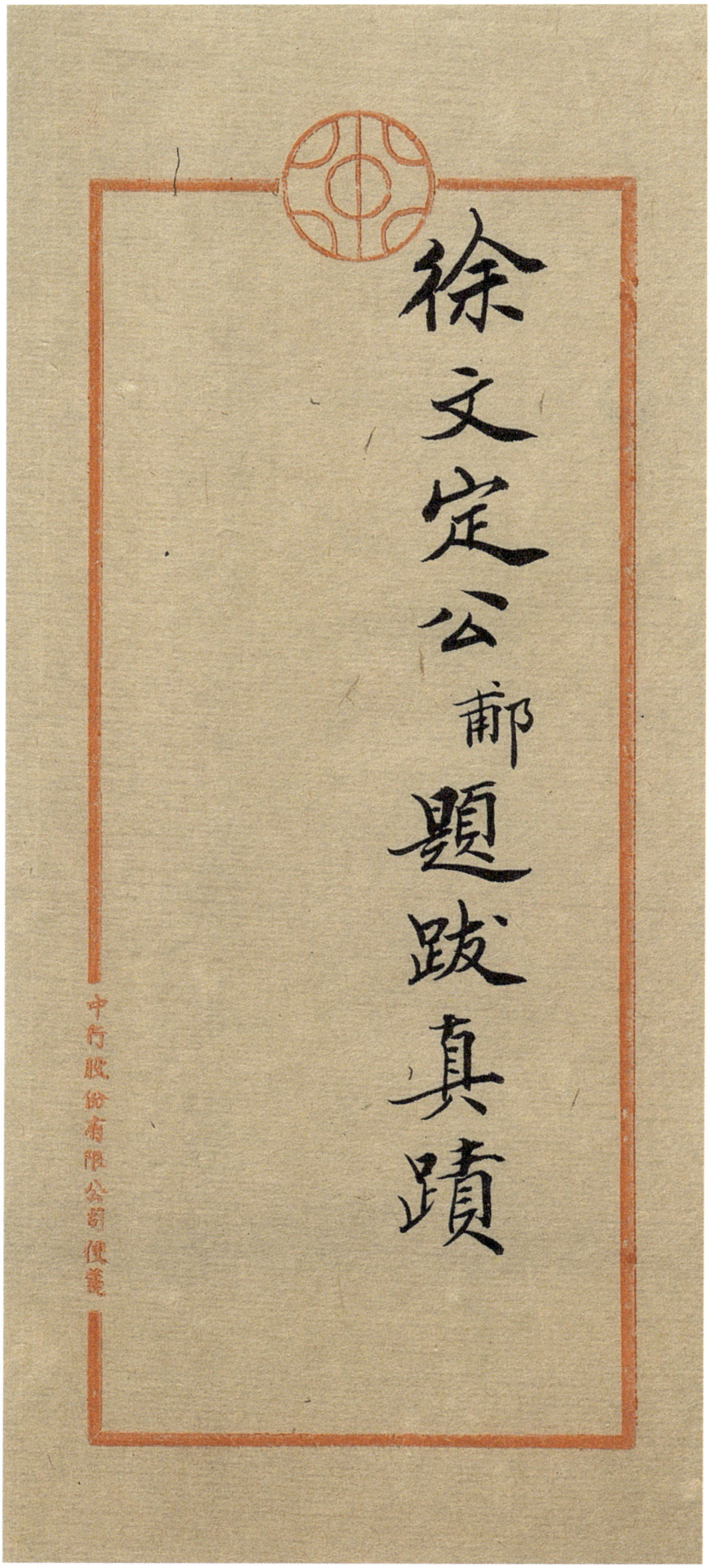
徐文定公郙題跋真蹟

中行股份有限公司便箋

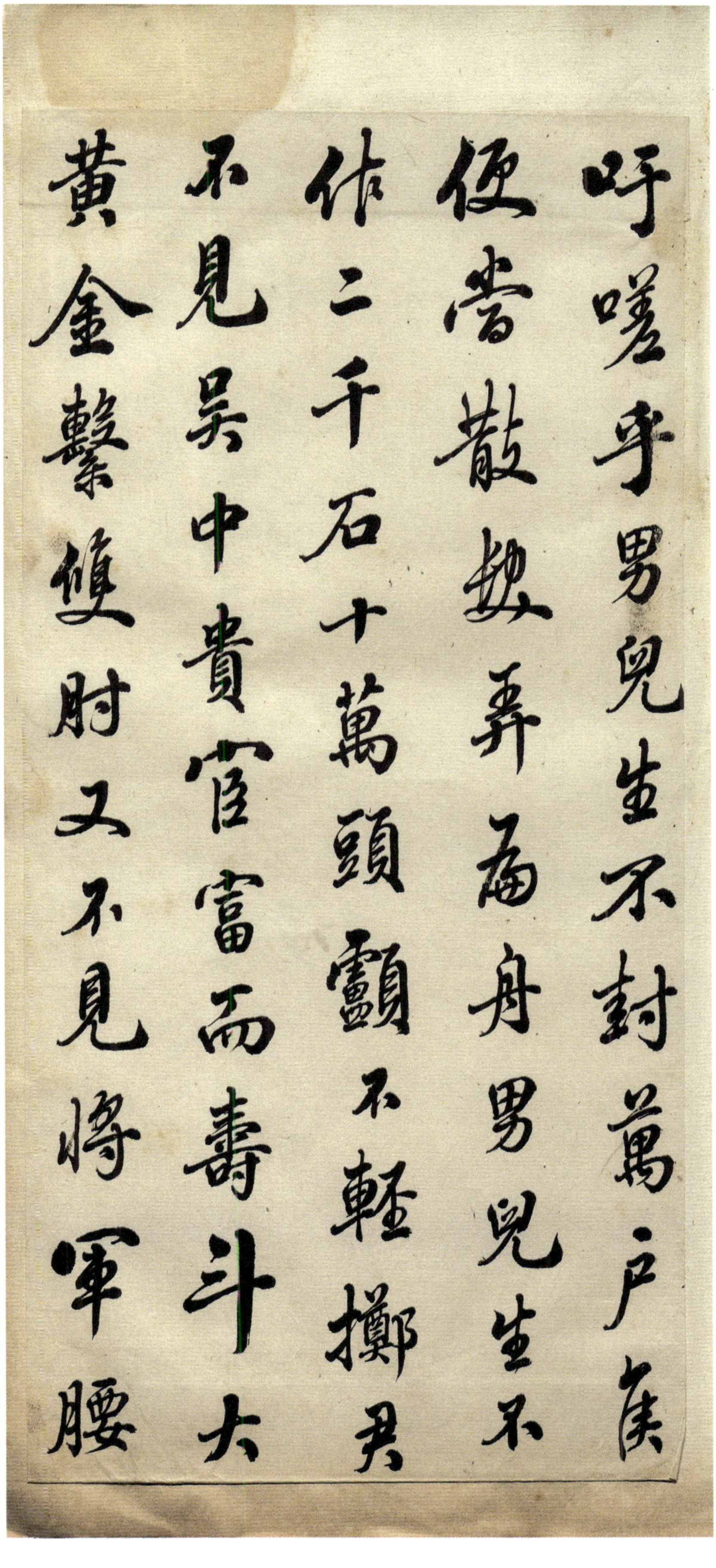

吁嗟乎！男兒生不封萬户侯，便當散髮弄扁舟。男兒生不作二千石，十萬頭顱不輕擲。君不見，吴中貴宦富而壽，斗大黃金繫雙肘。又不見，將軍腰

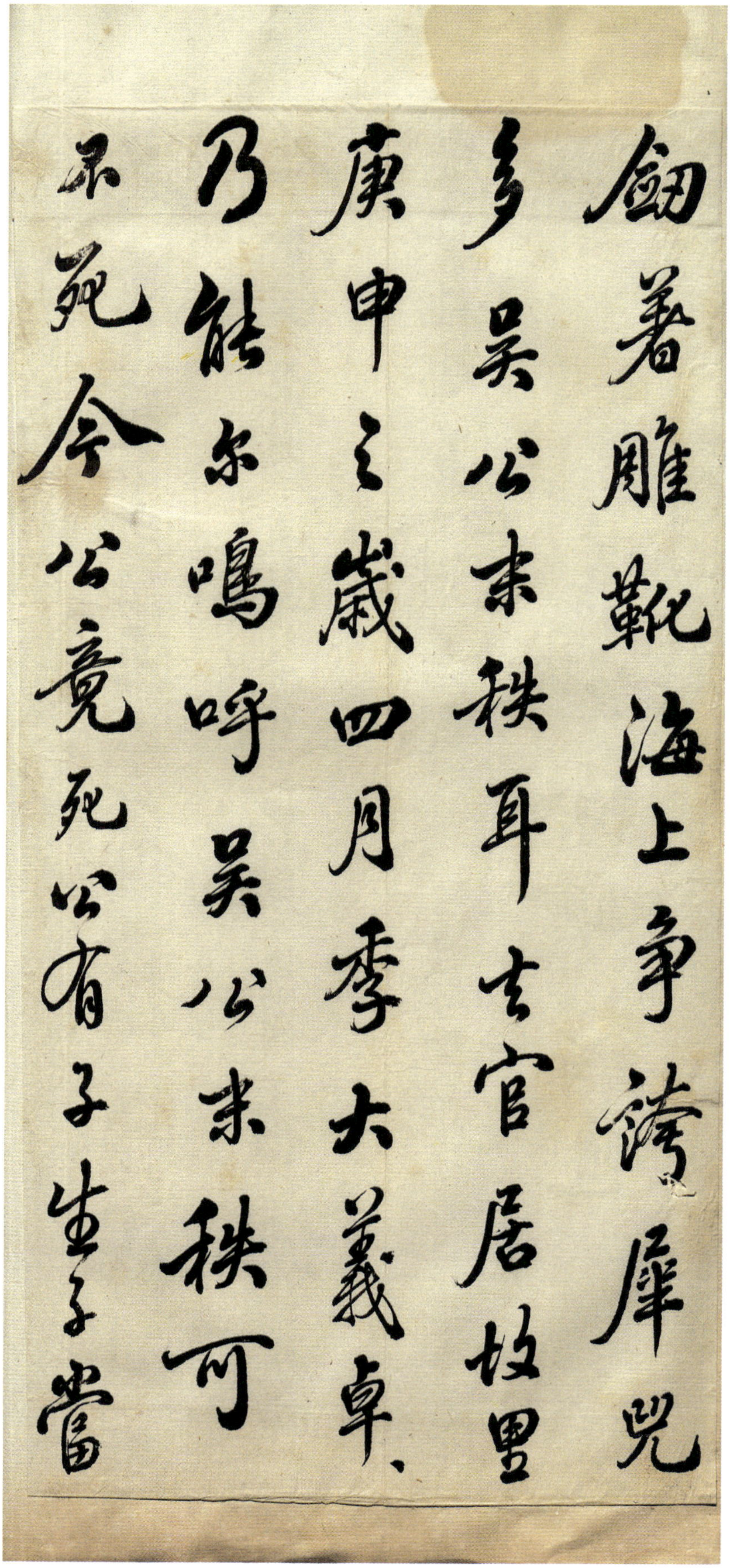

劍著雕靴，海上争誇犀兕多。吴公末秩耳，去官居故里。庚申之歲四月季，大義卓卓乃能爾。嗚呼吴公末秩可不死，今公竟死公有子。生子當

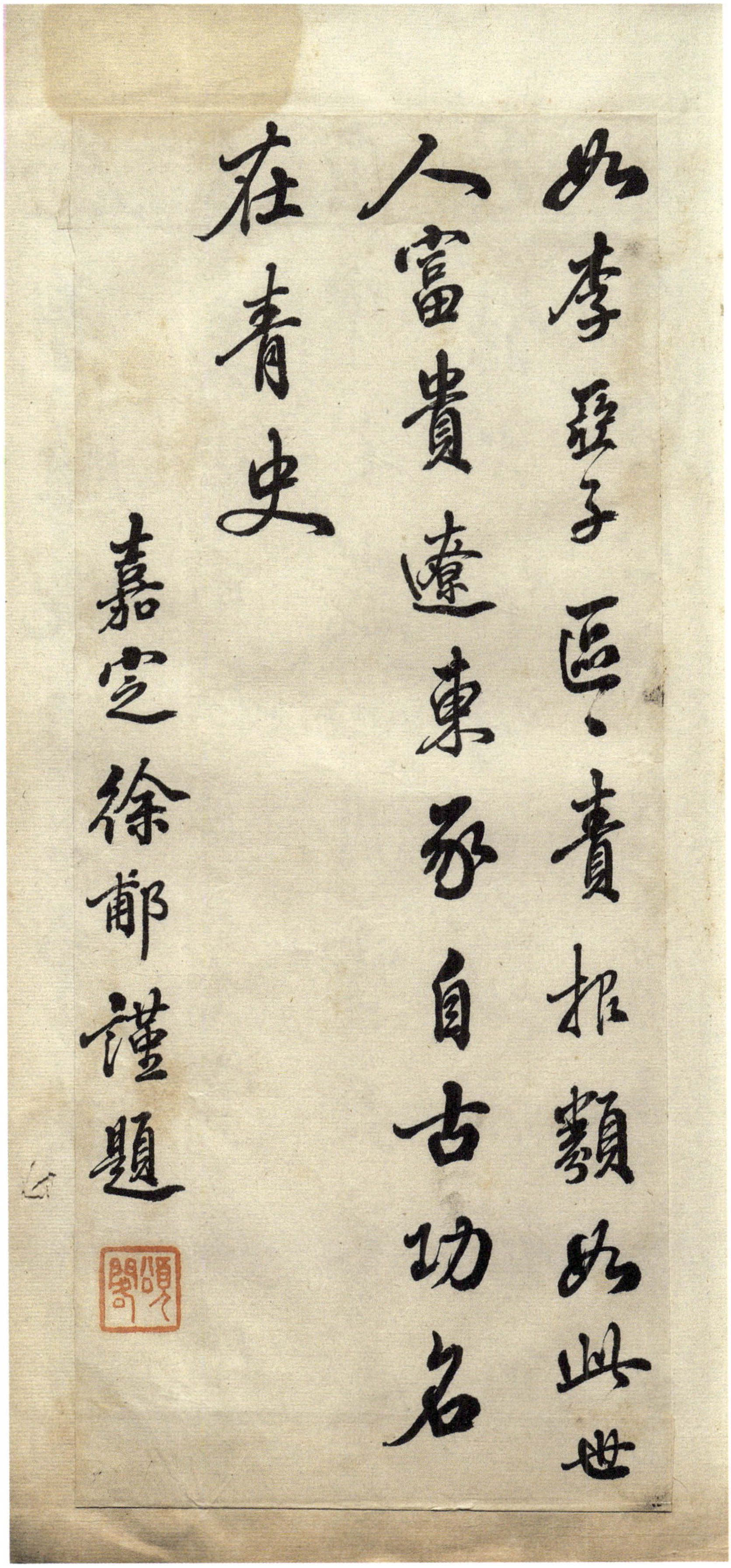

如李亞子，區區責報類如此。世人富貴遼東豕，自古功名在青史。

嘉定徐郙謹題。

鈐印朱文『頌閣』。

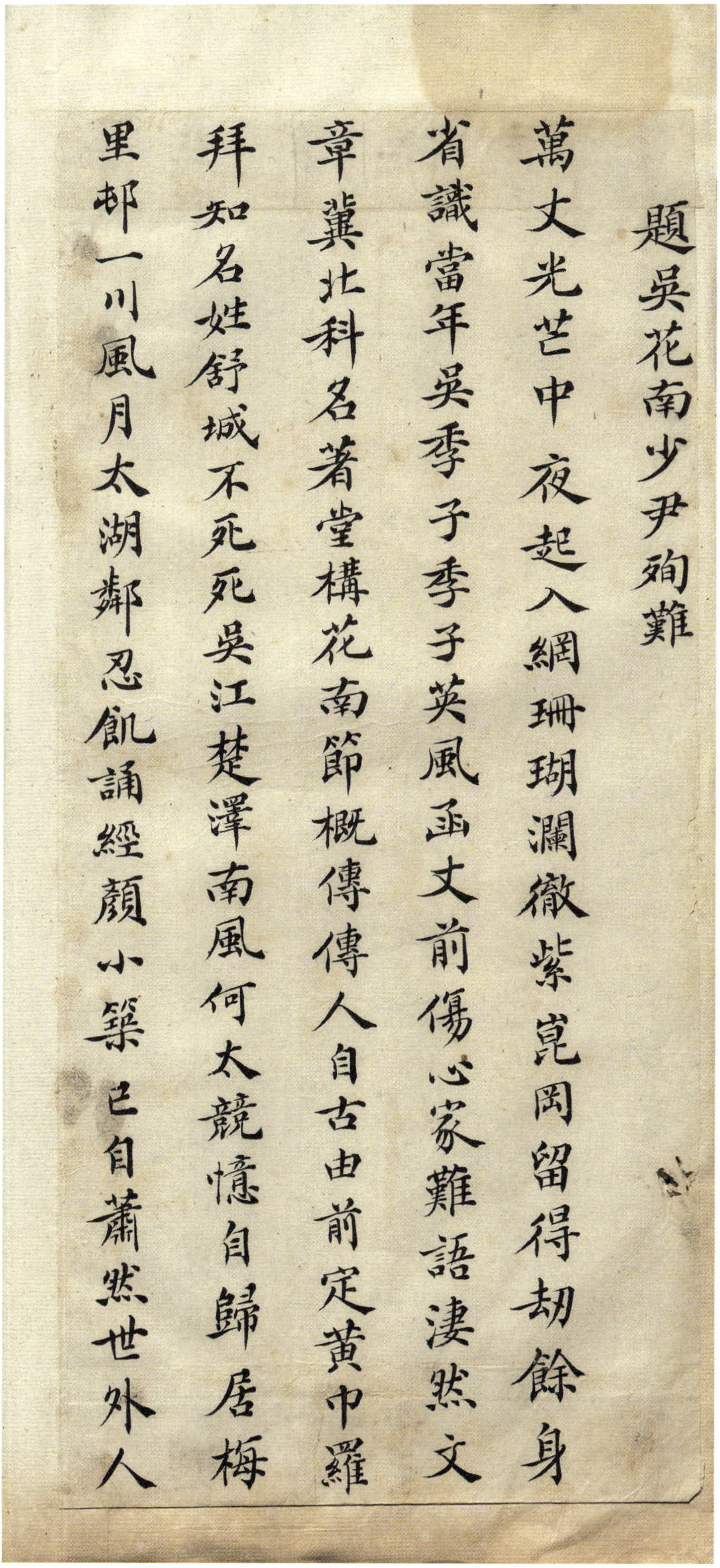

題吴花南少尹殉難

萬丈光芒中夜起入網珊瑚瀾徹紫崑岡留得刼餘身省識當年吴季子季子英風函丈前傷心家難語淒然文章冀北科名著堂構花南節概傳傳人自古由前定黄巾羅拜知名姓舒城不死死吴江楚澤南風何太競憶自歸居梅里邨一川風月太湖鄰忍飢誦經顏小築已自蕭然世外人

崔穆之題辭

題吴花南少尹殉難

萬丈光芒中夜起，入網珊瑚瀾徹紫。昆岡留得劫餘身，省識當年吴季子。季子英風函丈前，傷心家難語淒然。文章冀北科名著，堂構花南節概傳。傳人自古由前定，黄巾羅拜知名姓。舒城不死死吴江，楚澤南風何太競。憶自歸居梅里村，一川風月太湖鄰。忍饑誦經顔小築，已自蕭然世外人。

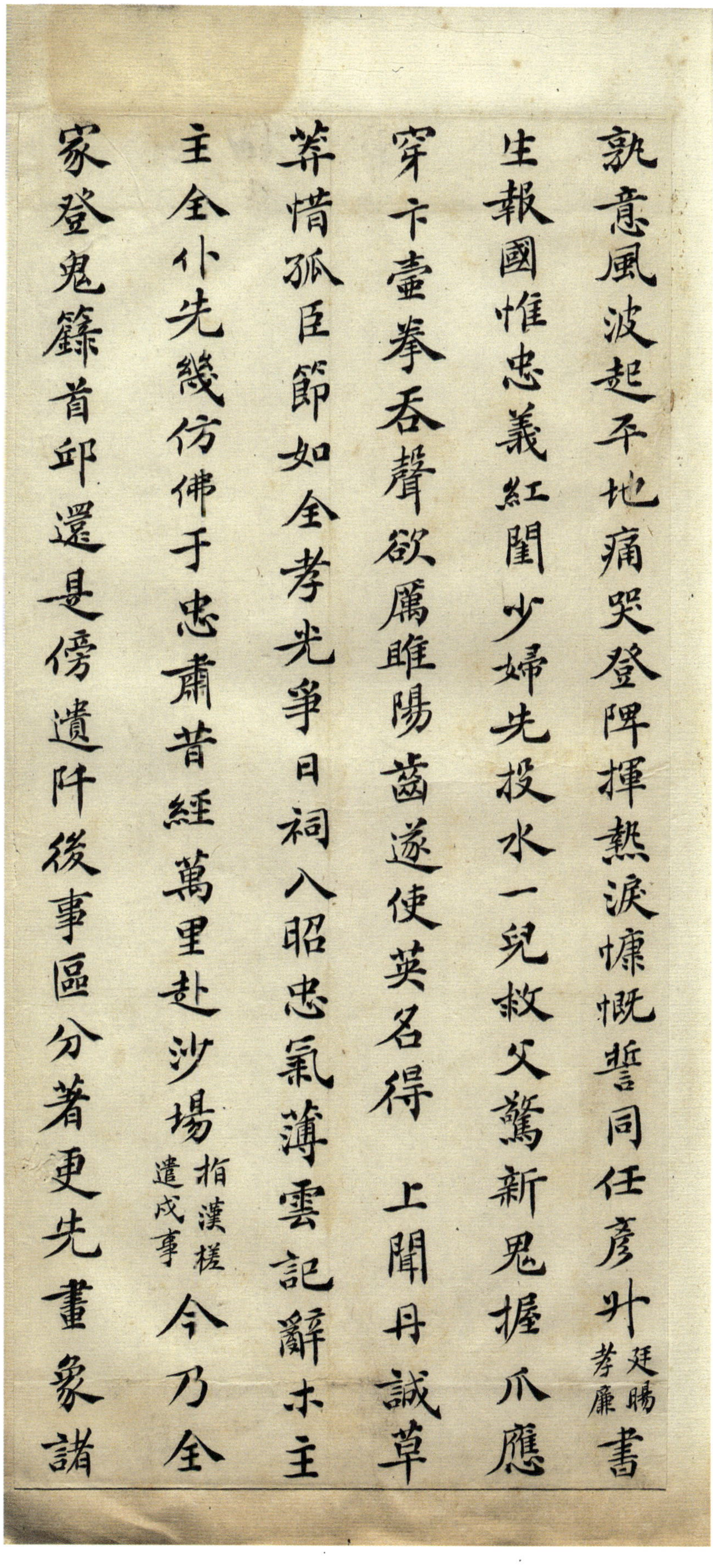

孰意風波起平地，痛哭登陴揮熱淚。慷慨誓同任彥升（廷暘孝廉），書生報國惟忠義。紅閨少婦先投水，一兒救父驚新鬼。握爪應穿卞壺拳，吞聲欲厲睢陽齒。遂使英名得上聞，丹誠草莽惜孤臣。節如全孝光爭日，祠入昭忠氣薄雲。記辭木主主全僕，先幾仿佛于忠肅。昔經萬里赴沙場（指漢槎遣戍事），今乃全家登鬼籙。首邱還是傍遺阡，後事區分著更先。畫象諸

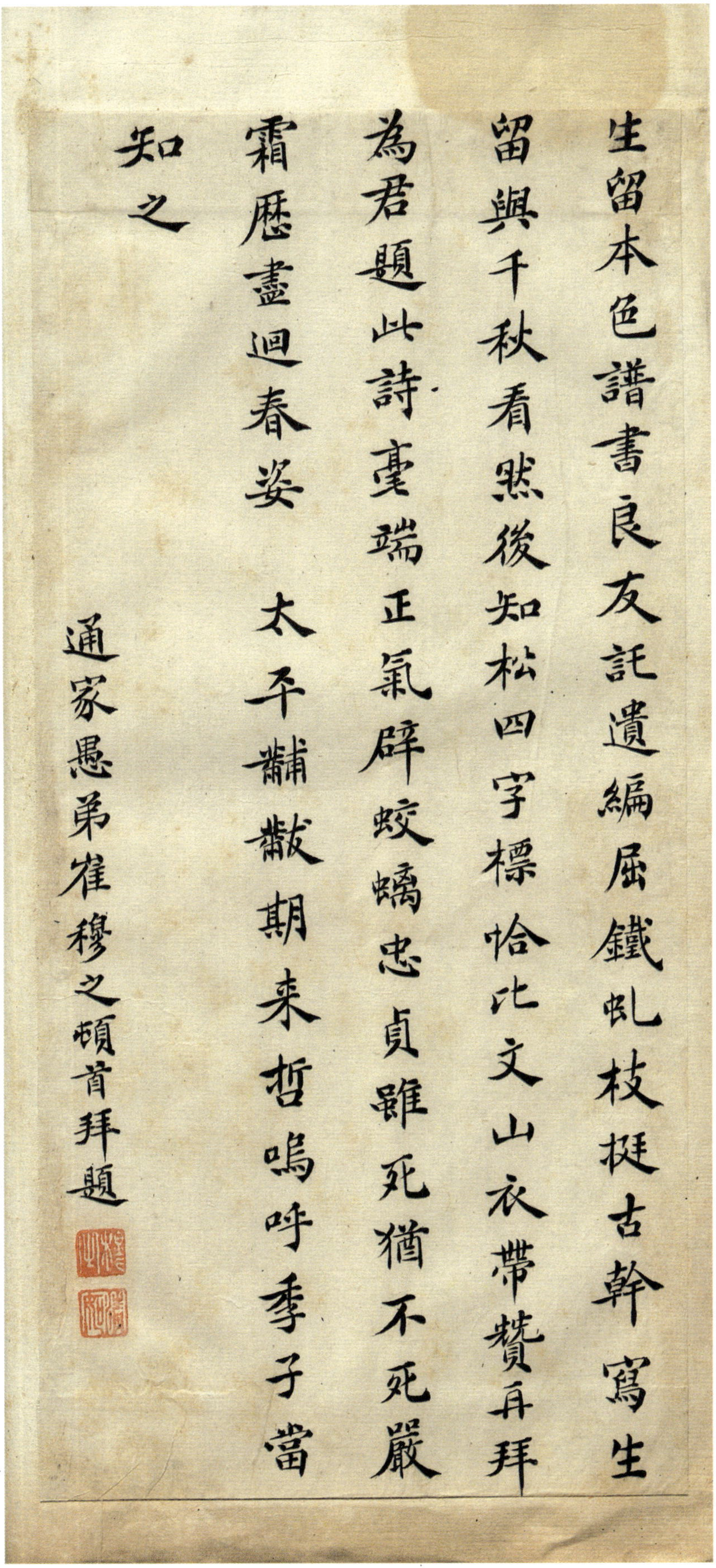

生留本色，譜書良友託遺編。
屈鐵虬枝挺古幹，寫生留與千秋看。然後知松四字標，恰比文山衣帶贊。
再拜爲君題此詩，毫端正氣辟蛟螭。忠貞雖死猶不死，嚴霜厲盡迴春姿。
太平黼黻期來哲，嗚呼季子當知之。
通家愚弟崔穆之頓首拜題。

鈐印白文『穆之』、朱文『清如』。

汪元方題辭

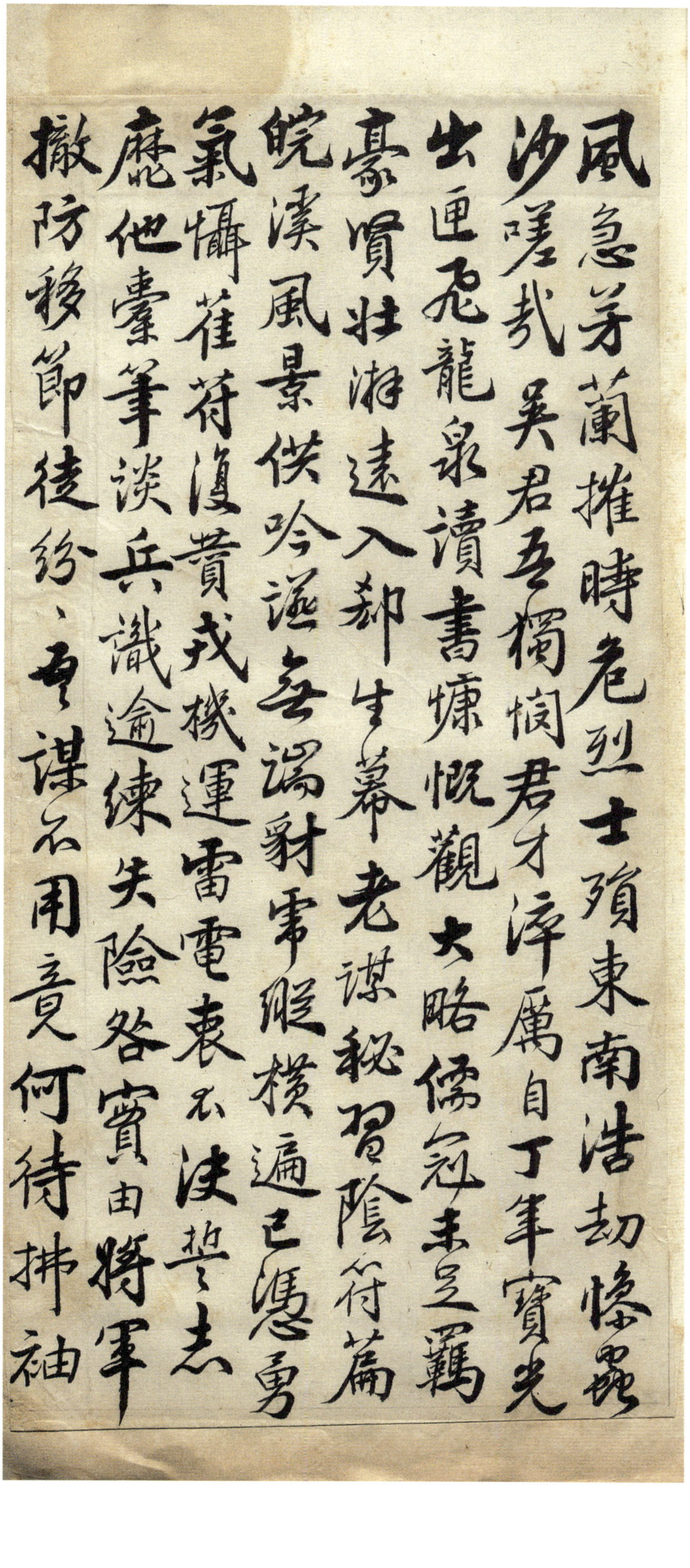

風急芳蘭摧，時危烈士殞。東南浩劫慘蟲沙，嗟哉吴君吾獨憫。君才淬厲自丁年，寶光出匣飛龍泉。讀書慷慨觀大略，儒冠未足羈豪賢。壯遊遠入郄生幕，老謀秘習陰符篇。皖溪風景供吟謳，無端豺虎縱横遍。已憑勇氣懾萑苻，復贊戎機運雷電。衷不決誓志靡他，槖筆談兵識逾練。失險咎實由將軍，撤防移節徒紛紛。吾謀不用竟何待，拂袖

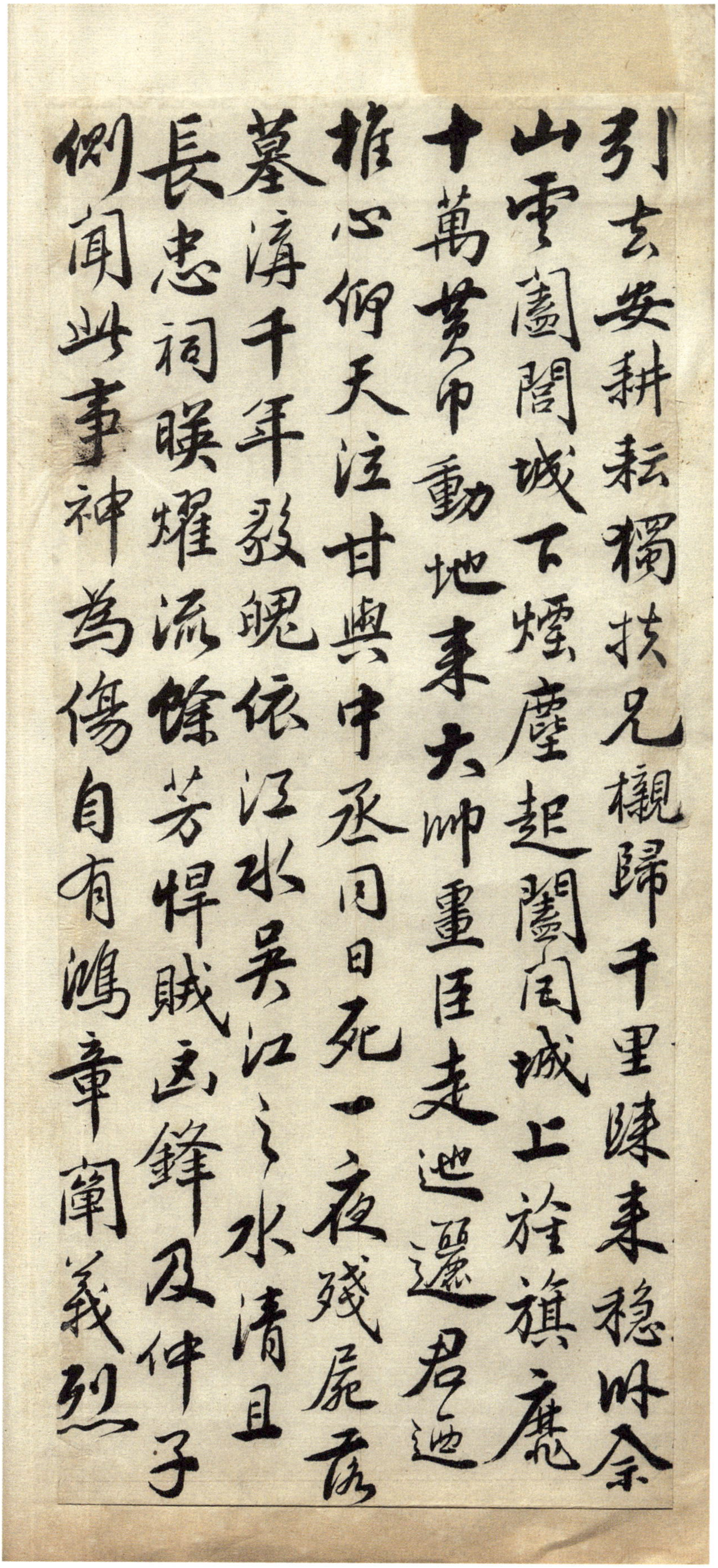

引去安耕耘。獨扶兄櫬歸千里，歸來穩臥佘山雲。闔閭城下烟塵起，闔
閭城上旌旗靡。十萬黃巾動地來，大帥畺臣走迆邐。君乃椎心仰天泣，
甘與中丞同日死。一夜殘屍落墓溝，千年毅魄依江水。吴江之水清且長，
忠祠映燿流餘芳。悍賊凶鋒及仲子，側聞此事神爲傷。自有鴻章闡義烈，

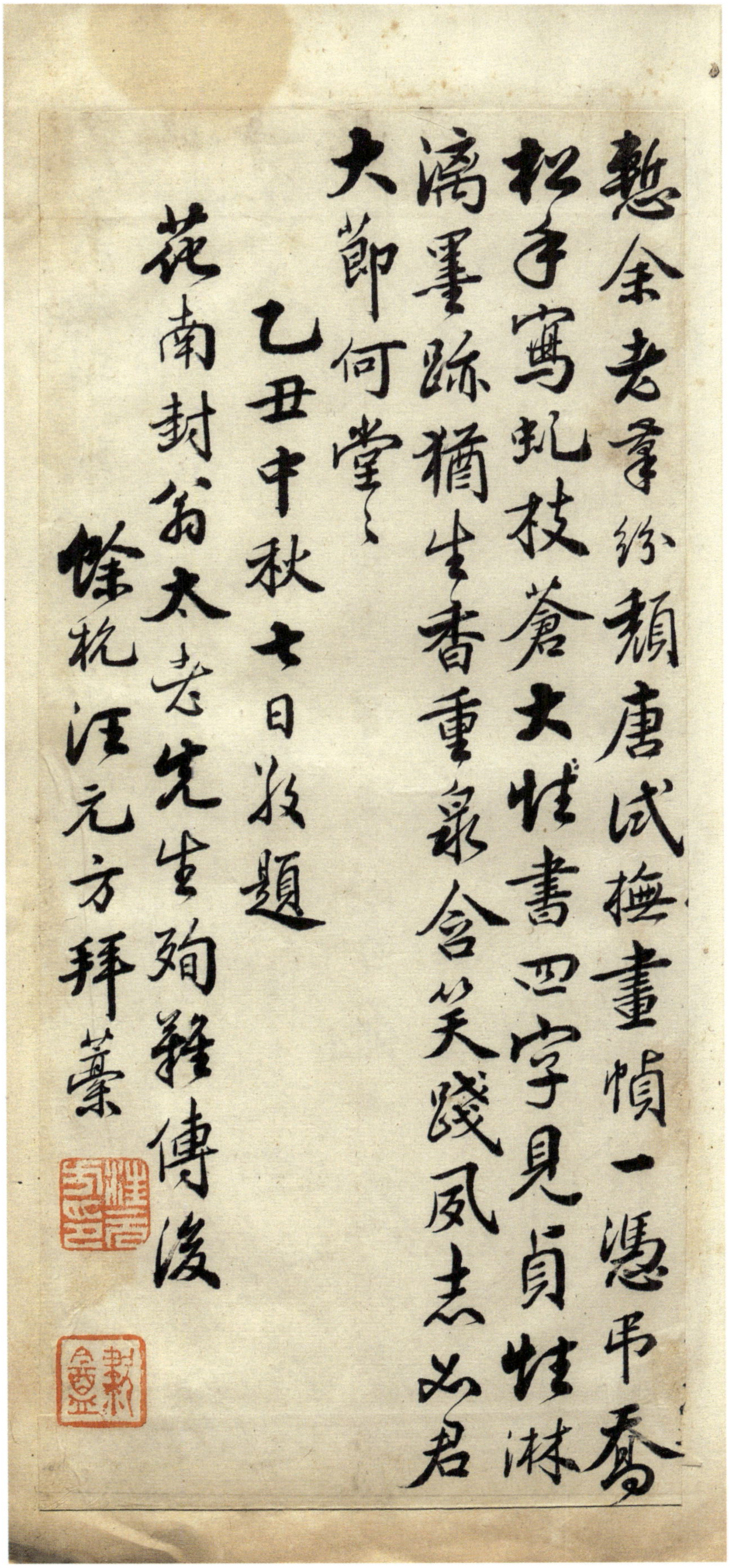

慙餘老筆紛頹唐。試撫畫幀一憑弔，喬松手寫虬枝蒼。大書四字見貞性，淋漓墨迹猶生香。重泉含笑踐夙志，如君大節何堂堂。

乙丑中秋七日敬題。

花南封翁太老先生殉難傳後，

餘杭汪元方拜稿。

鈐印白文『汪元方印』、朱文『觳盦』。

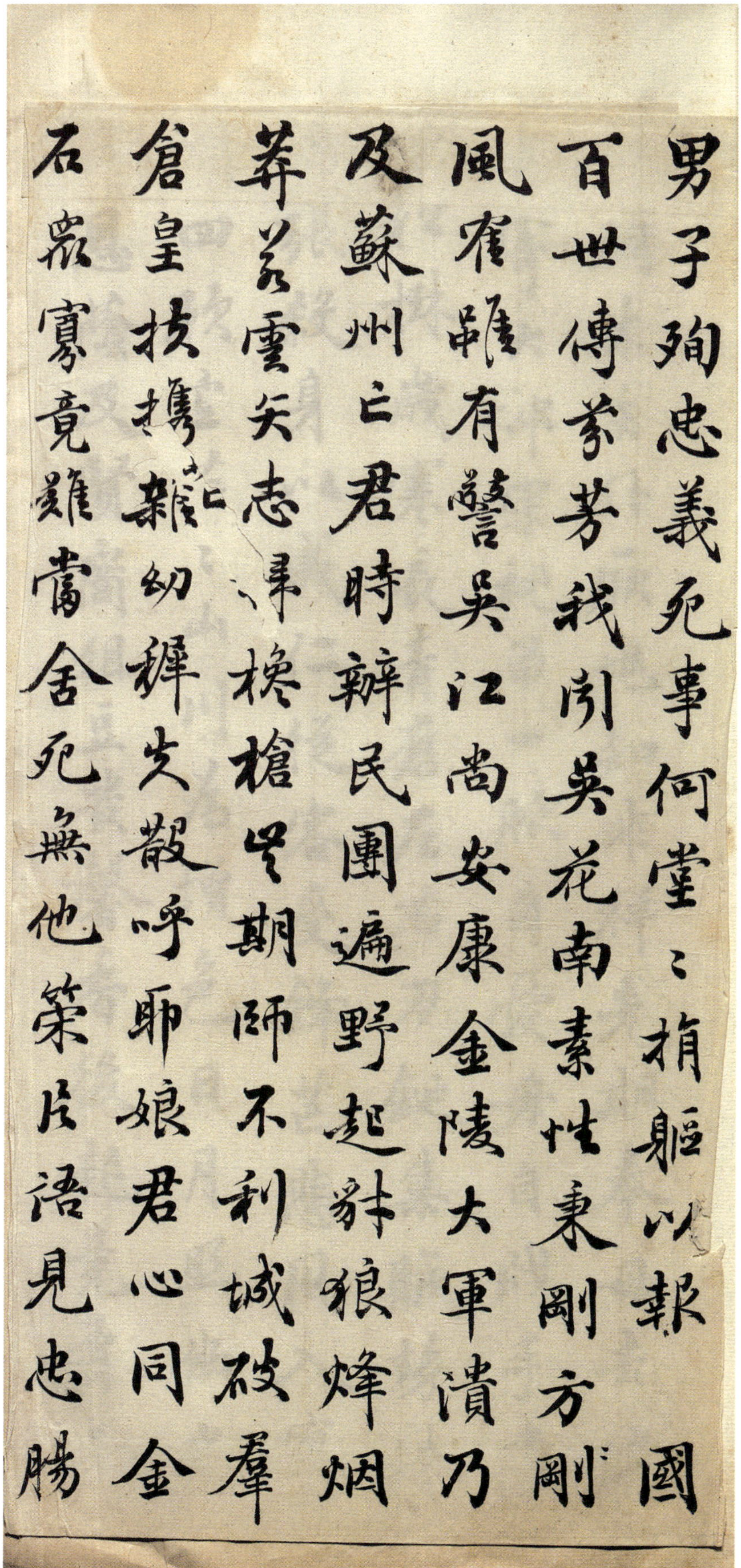

瑞常題辭

男子殉忠義，死事何堂堂。捐軀以報國，百世傳芬芳。我聞吴花南，素性秉剛方。風鶴雖有警，吴江尚安康。金陵大軍潰，乃及蘇州亡。君時辦民團，遍野起豺狼。烽烟莽若雲，矢志掃攙槍。豈期師不利，城破群倉皇。扶携雜幼稚，失散呼耶娘。君心同金石，衆寡竟難當。舍死無他策，片語見忠腸。

拜祠木主仆，厥兆知非祥。先期奉母去，作書寄大郎。宗祧留一脈，自愛毋自戕。手畫四松樹，歲寒長青蒼。左右刀鋋集，賊勢殊鴟張。殺身以成仁，從容受鋒芒。悲風入寥闊，四顧空茫茫。山川爲增色，日月照幽光。恩蔭及賢裔，俎豆發馨香。後起竟有人，

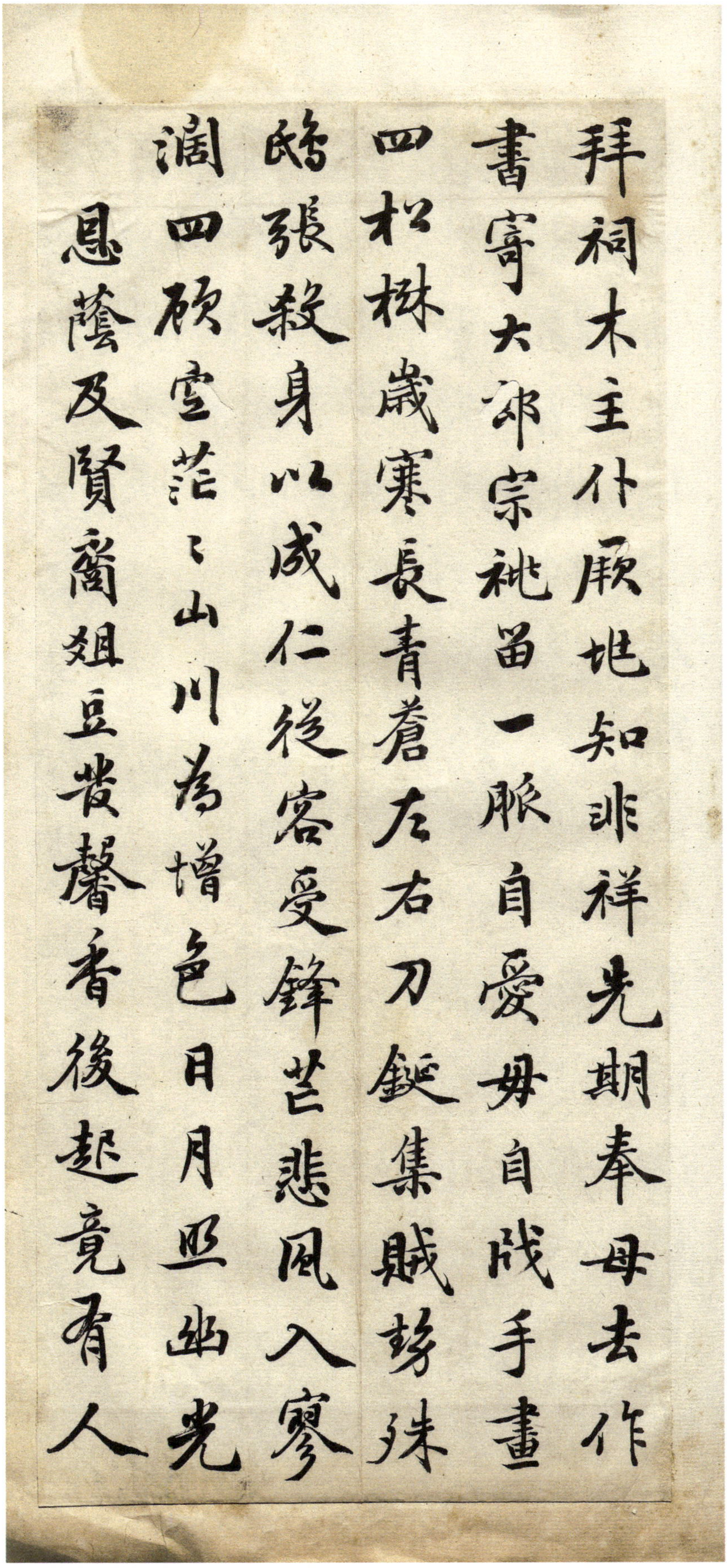

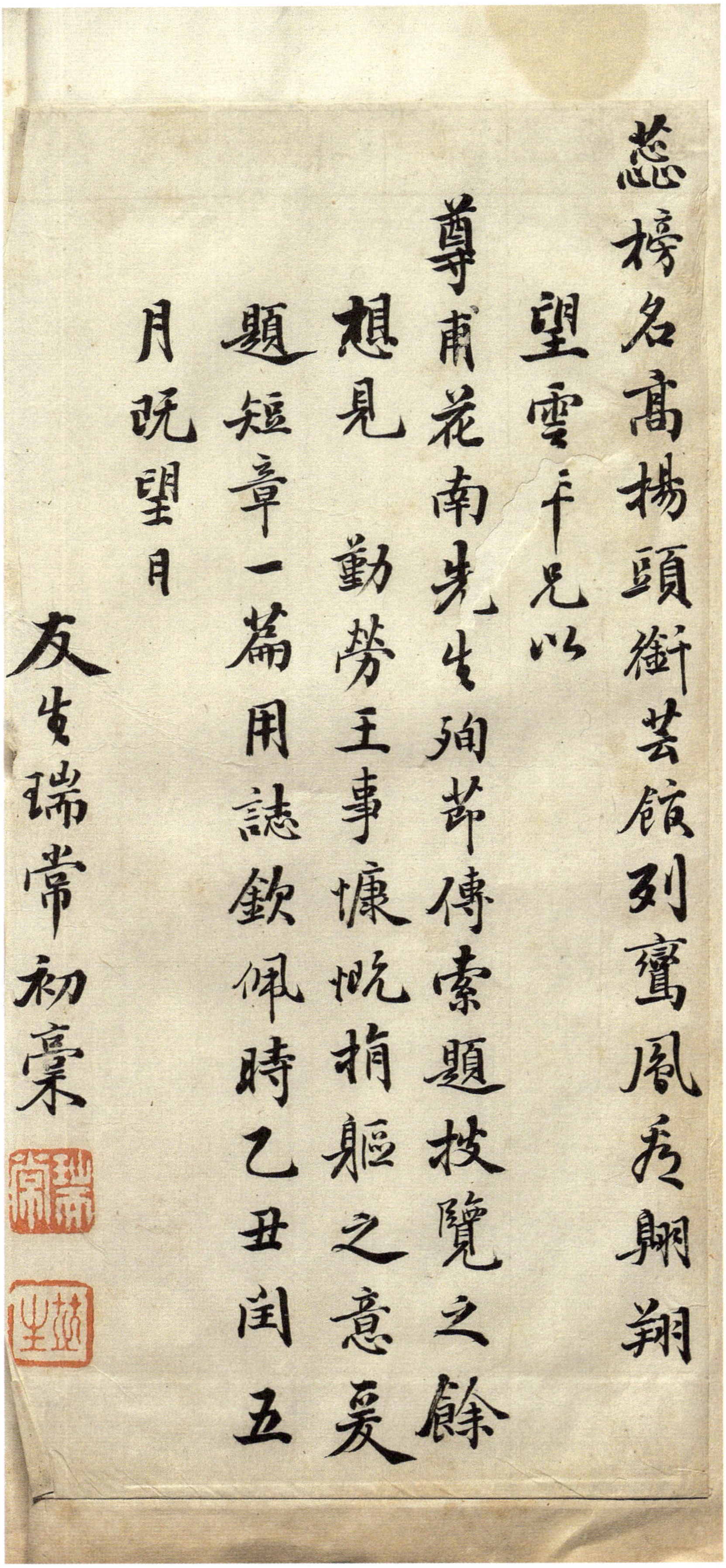

蕊榜名高揚頭銜芸館列鸞鳳看翺翔
望雲年兄以
尊甫花南先生殉節傳索題披覽之餘
想見勤勞王事慷慨捐軀之意爰
題短章一篇用誌欽佩時乙丑閏五
月既望日
友生瑞常初稿

蕊榜名高揚。頭銜芸館列，鸞鳳看翺翔。

望雲年兄以尊甫花南先生殉節傳索題，披覽之餘，想見勤勞王事，慷慨捐軀之意，爰題短章一篇，用誌欽佩。時乙丑閏五月既望日。

友生瑞常初稿。

鈐印白文『瑞常』、朱文『芷生』。

卞寶第題辭

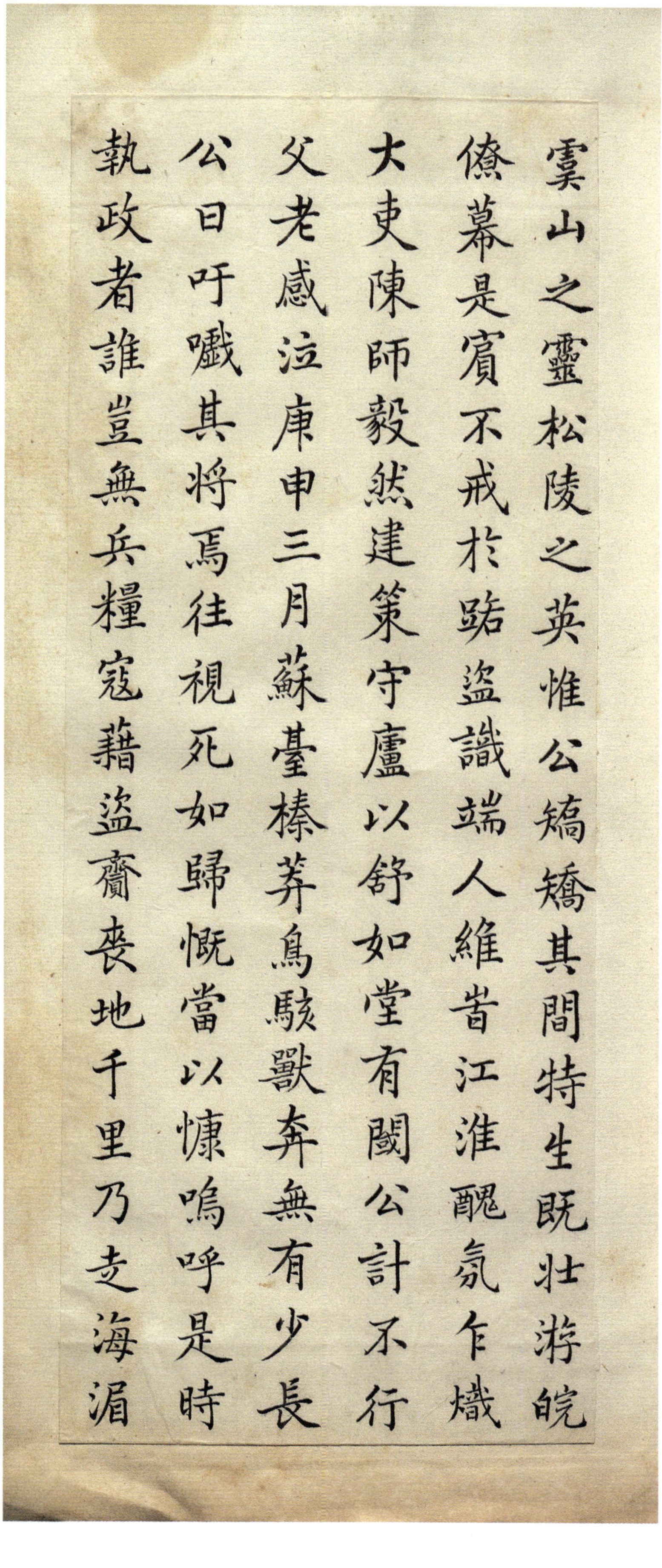

虞山之靈，松陵之英，惟公矯矯，其間特生。既壯游皖，僚幕是賓。不戒於路，盜識端人。維時江淮，醜氛乍熾。大吏陳師，毅然建策。守廬以舒，如堂有閾。公計不行，父老感泣。庚申三月，蘇臺榛莽。鳥駭獸奔，無有少長。公曰吁嚱，其將焉往。視死如歸，慨當以慷。嗚呼是時，執政者誰。豈無兵糧，寇藉盜齎。喪地千里，乃走海湄。

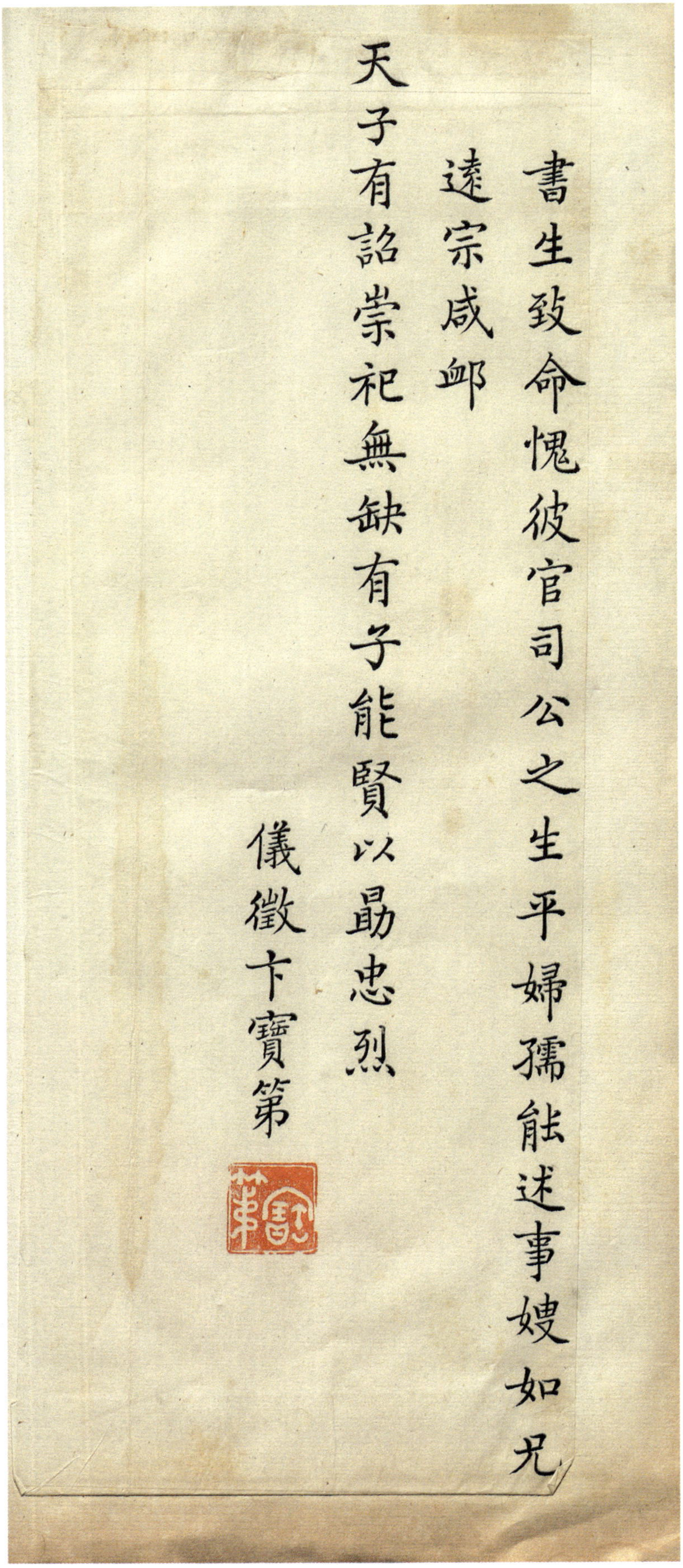

書生致命愧彼官司公之生平婦孺能述事嫂如兄
遠宗咸卹
天子有詔崇祀無缺有子能賢以勖忠烈
儀徵卞寶第

書生致命，愧彼官司。公之生平，婦孺能述。事嫂如兄，遠宗咸恤。天子有詔，崇祀無缺。有子能賢，以勖忠烈。

儀徵卞寶第。

鈐印白文『寶第』。

譚廷襄題辭

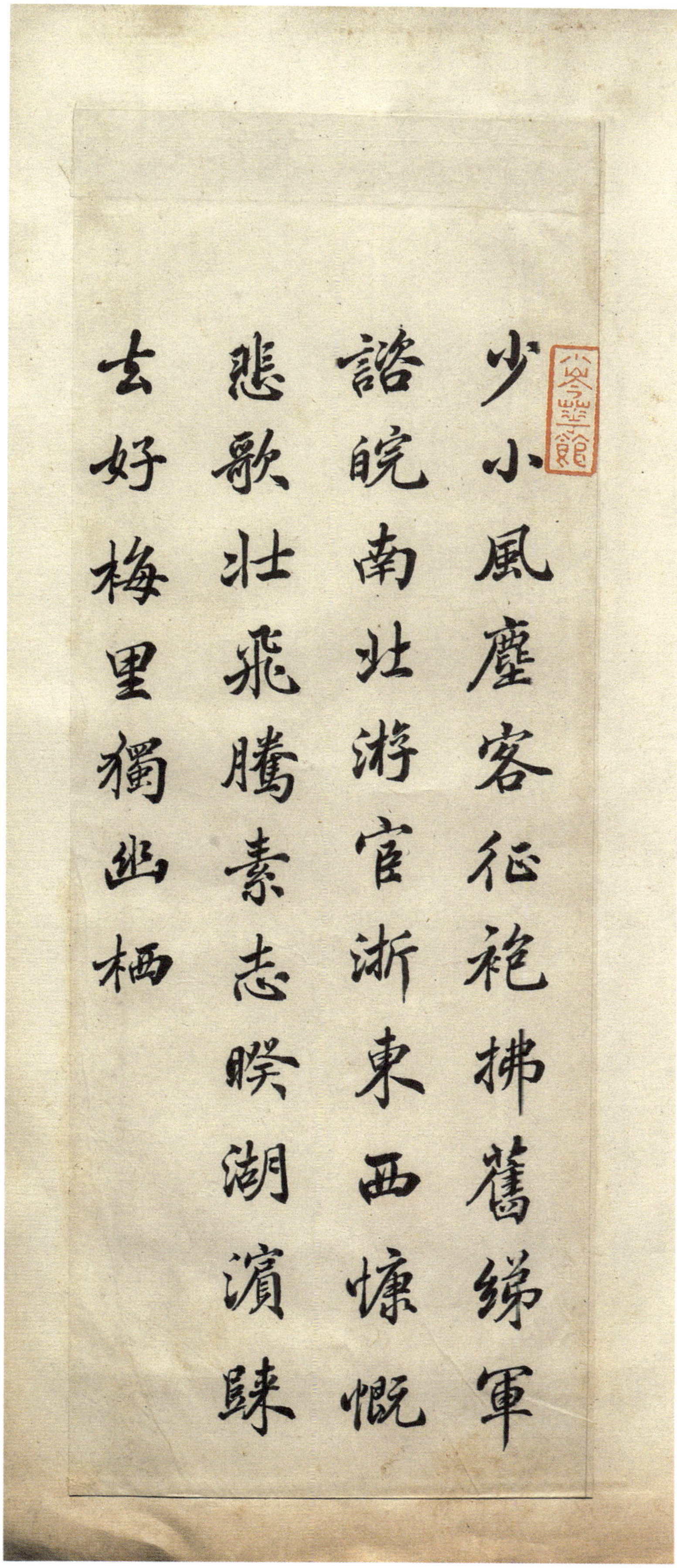

少小風塵客，征袍拂舊綈。軍諮皖南北，游宦浙東西。慷慨悲歌壯，飛騰素志睽。湖濱歸去好，梅里獨幽栖。

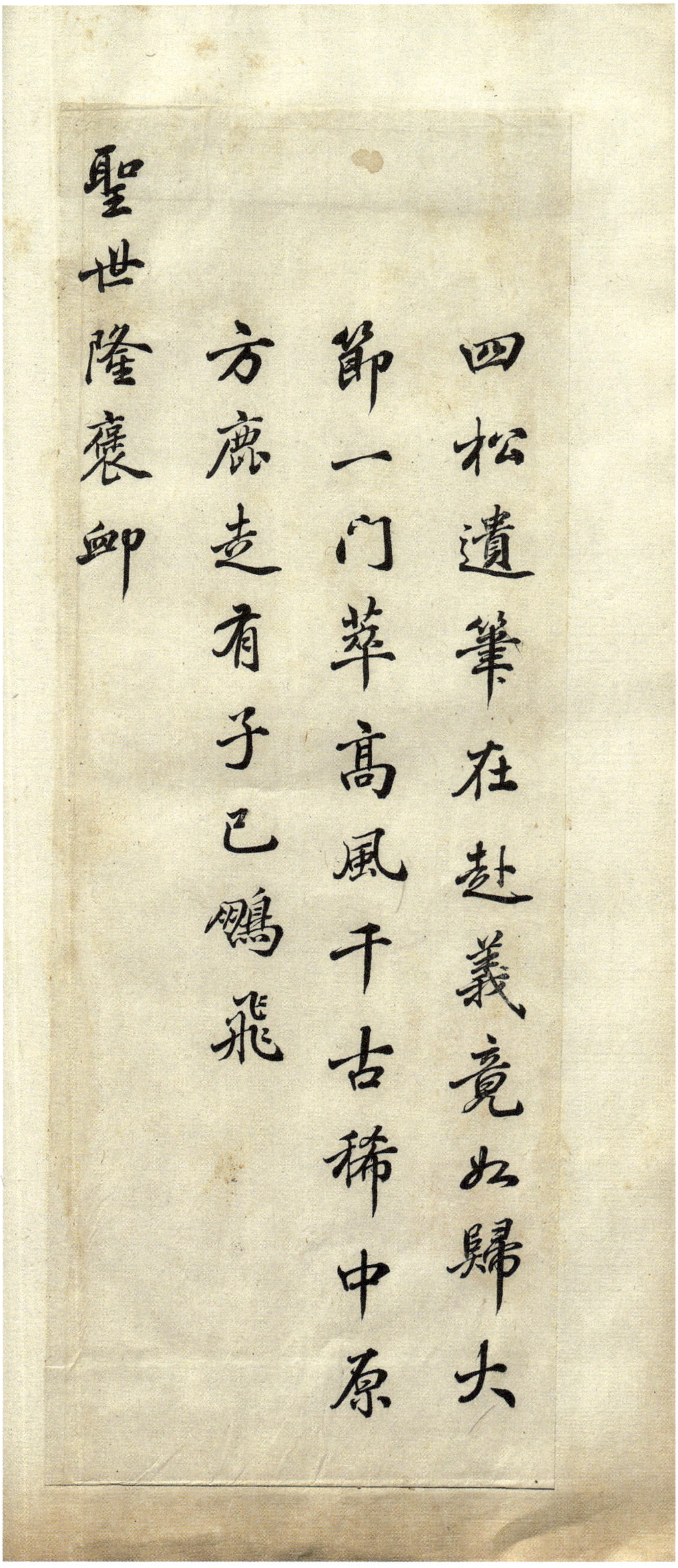

四松遺筆在，赴義竟如歸。大節一門萃，高風千古稀。中原方鹿走，有子已鵬飛。聖世隆褒卹，

恩綸下紫微。

通家愚弟竹崖譚廷襄拜題。

鈐印白文『臣印廷襄』、朱文『平安居士』。

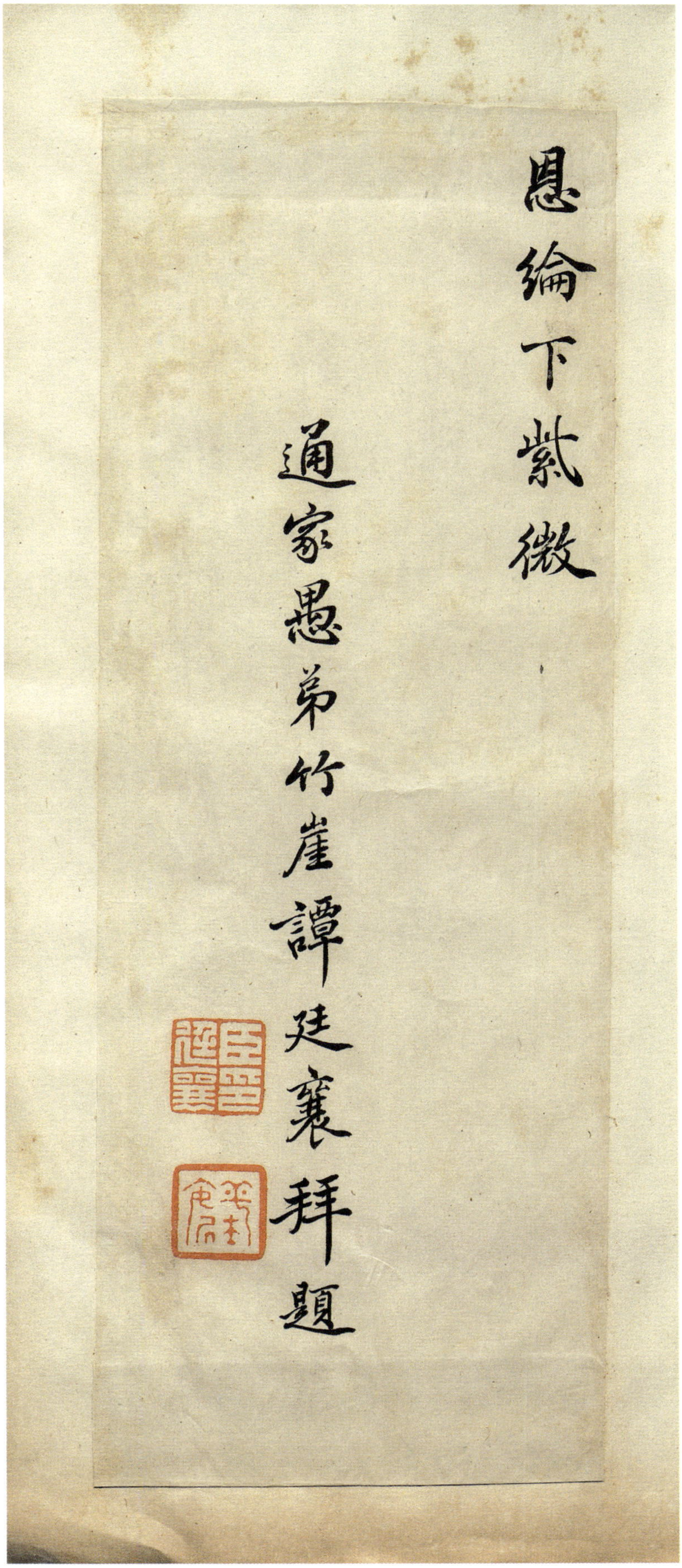

松樓小品

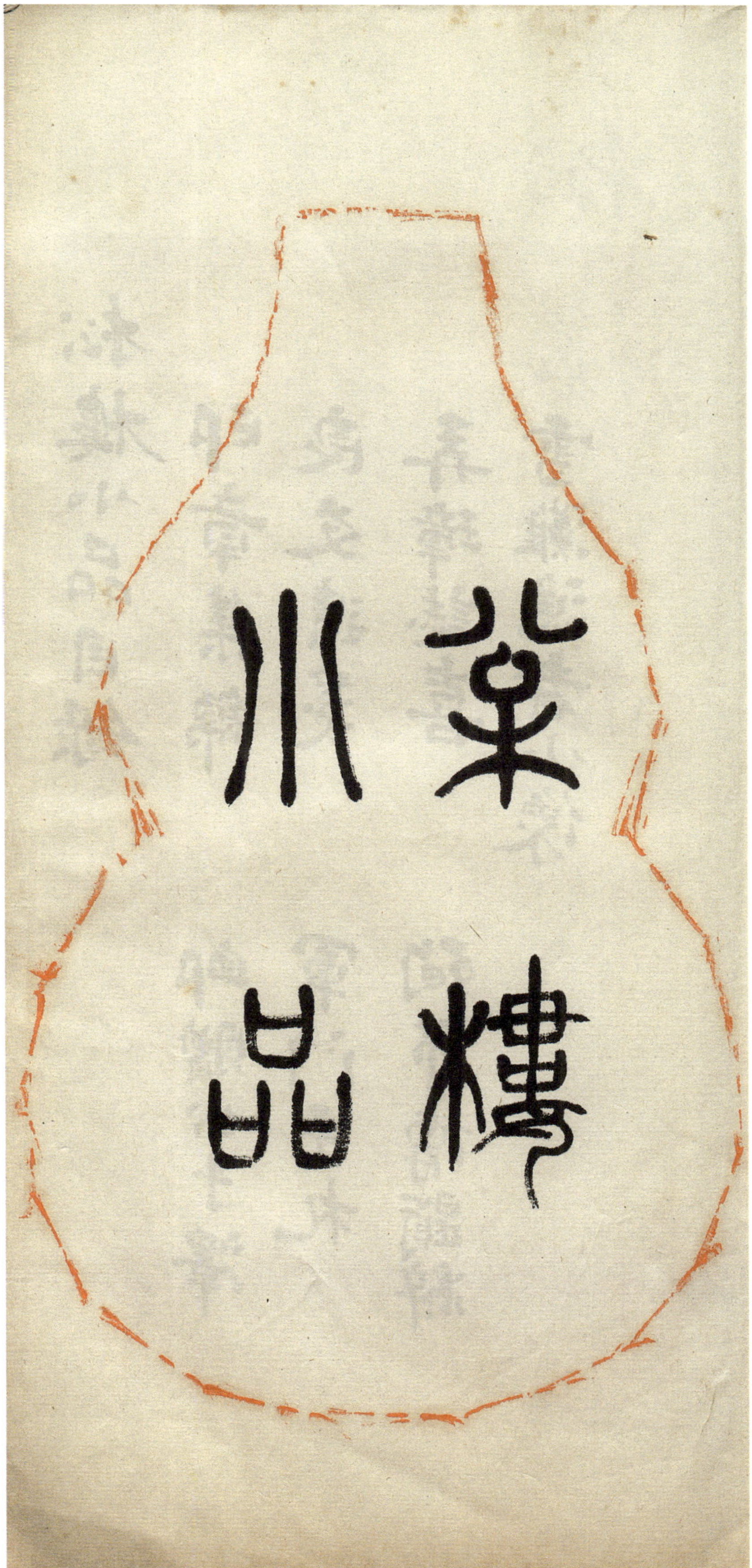

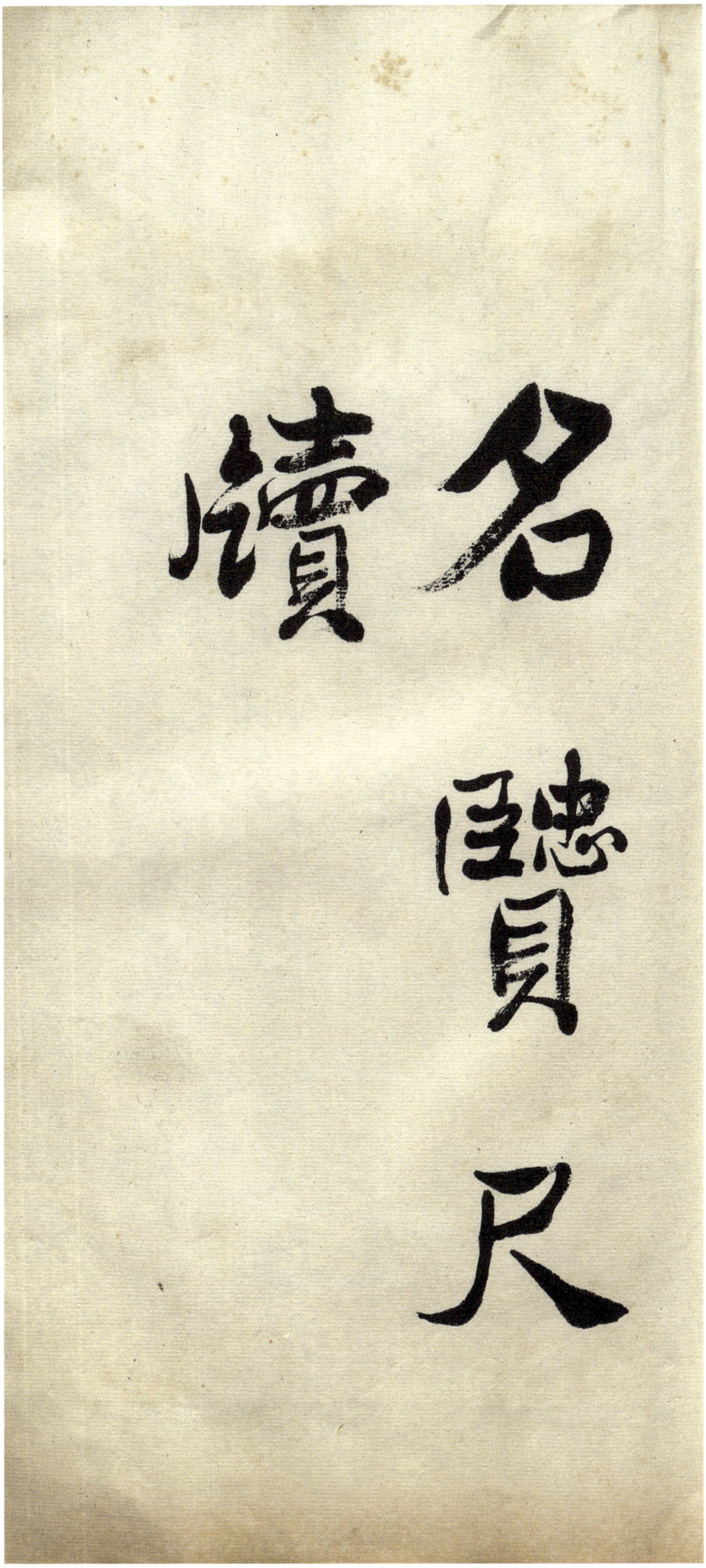

名賢尺牘

張曜

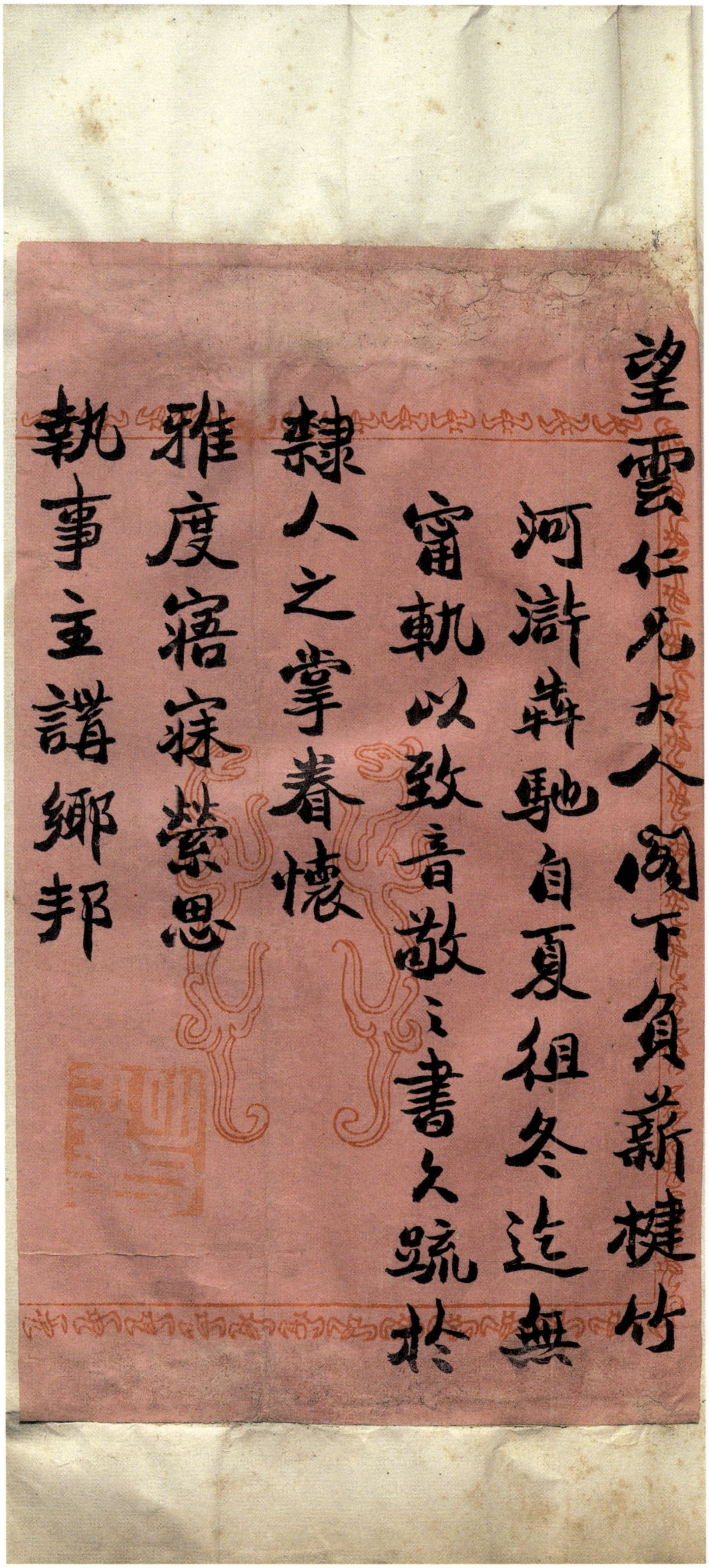

望雲仁兄大人閣下：

負薪楗竹，河澌奔馳，自夏徂冬，迄無寧軌，以致音敬之書，久疏於隸人之掌。眷懷雅度，寤寐縈思。執事主講鄉邦，

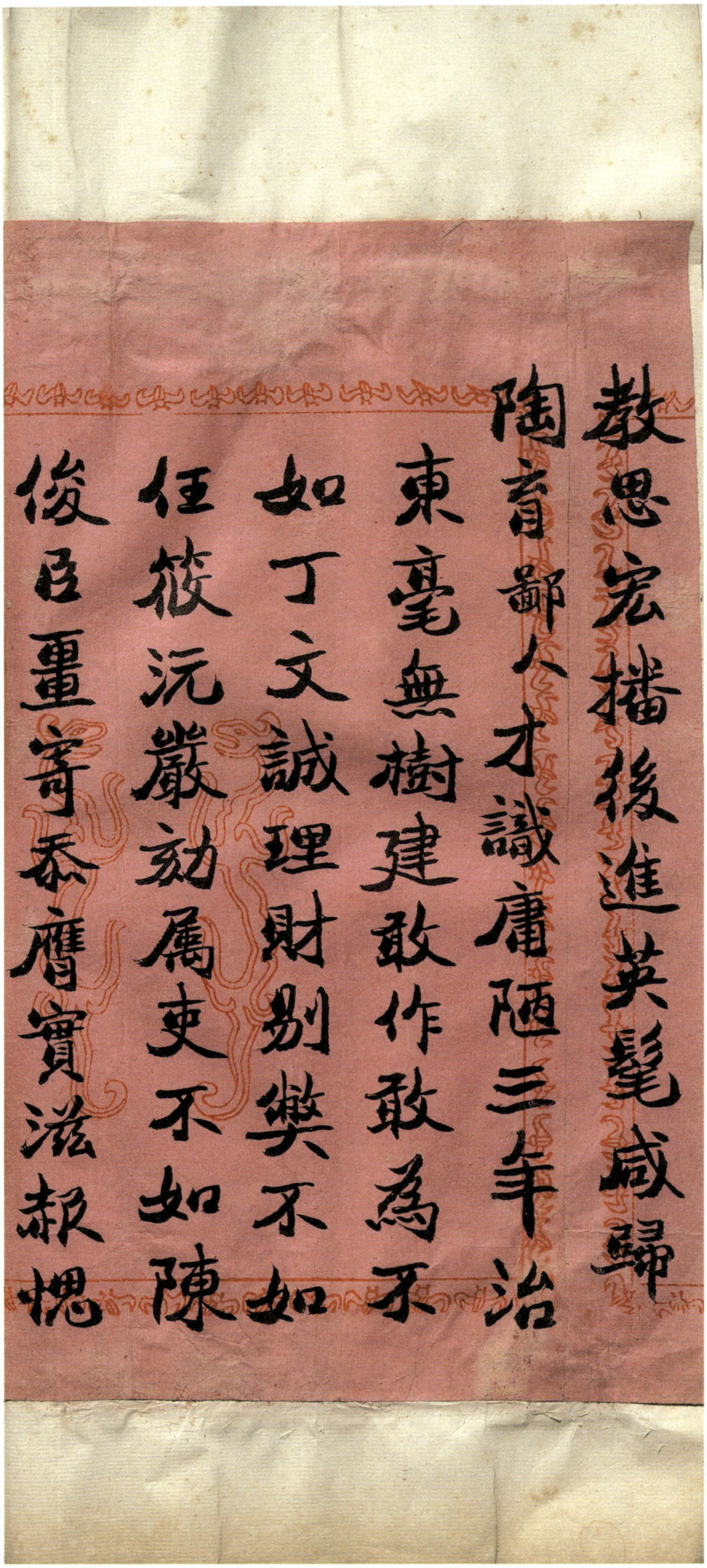

教思宏播，後進英髦，咸歸陶育。鄙人才識庸陋，三年治東，毫無樹建。敢作敢爲，不如丁文誠。理財剔弊，不如任筱沅。嚴劾屬吏，不如陳俊臣。亹寄忝膺，實滋赧愧，

以視閣下之造就人才，蔚爲國選者，其可以道里計耶。方今吴越大水，滿目流離，執事概念嗷鴻，力求振濟，其於還定安集之方，固已

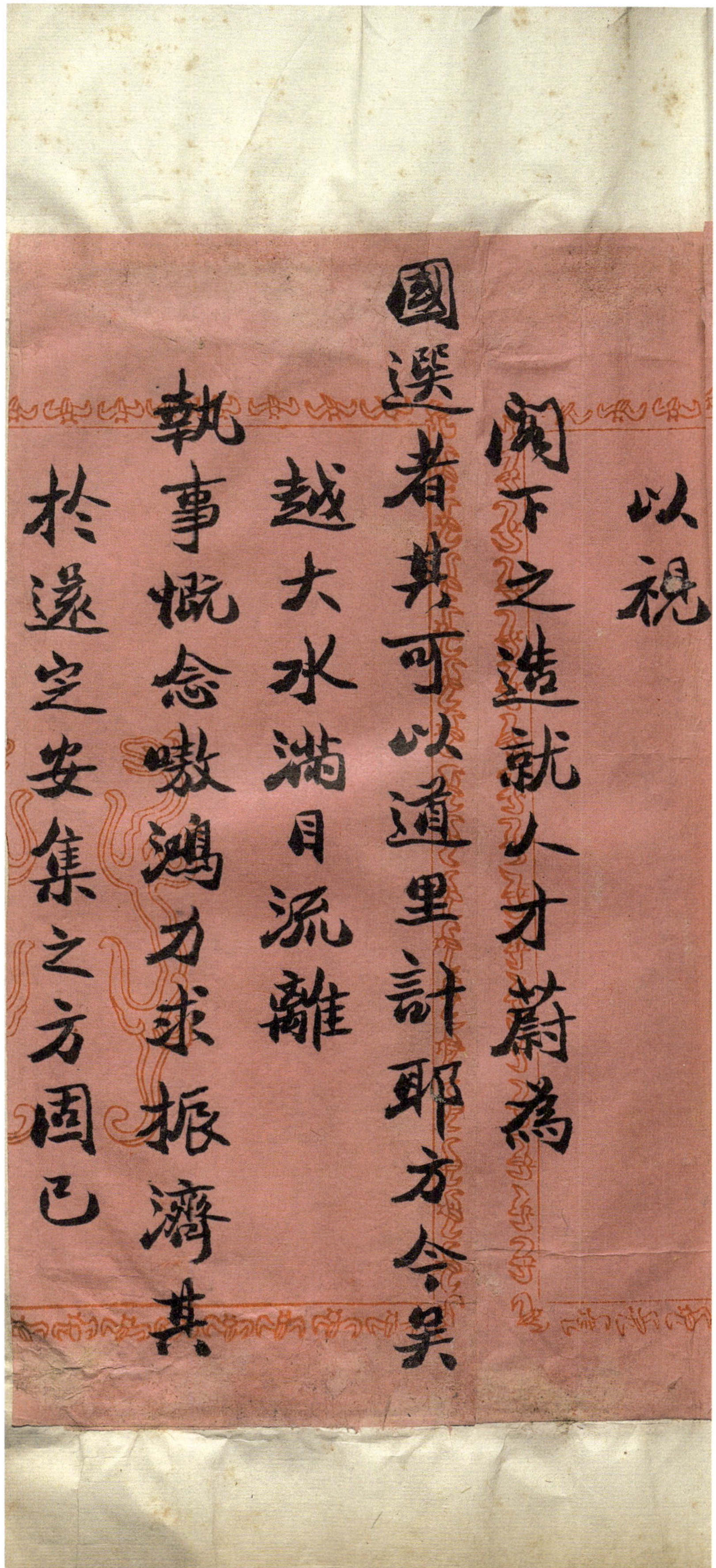

以視
閣下之造就人才蔚爲
國選者其可以道里計耶方今吴
越大水滿目流離
執事慨念嗷鴻力求振濟其
於還定安集之方固已

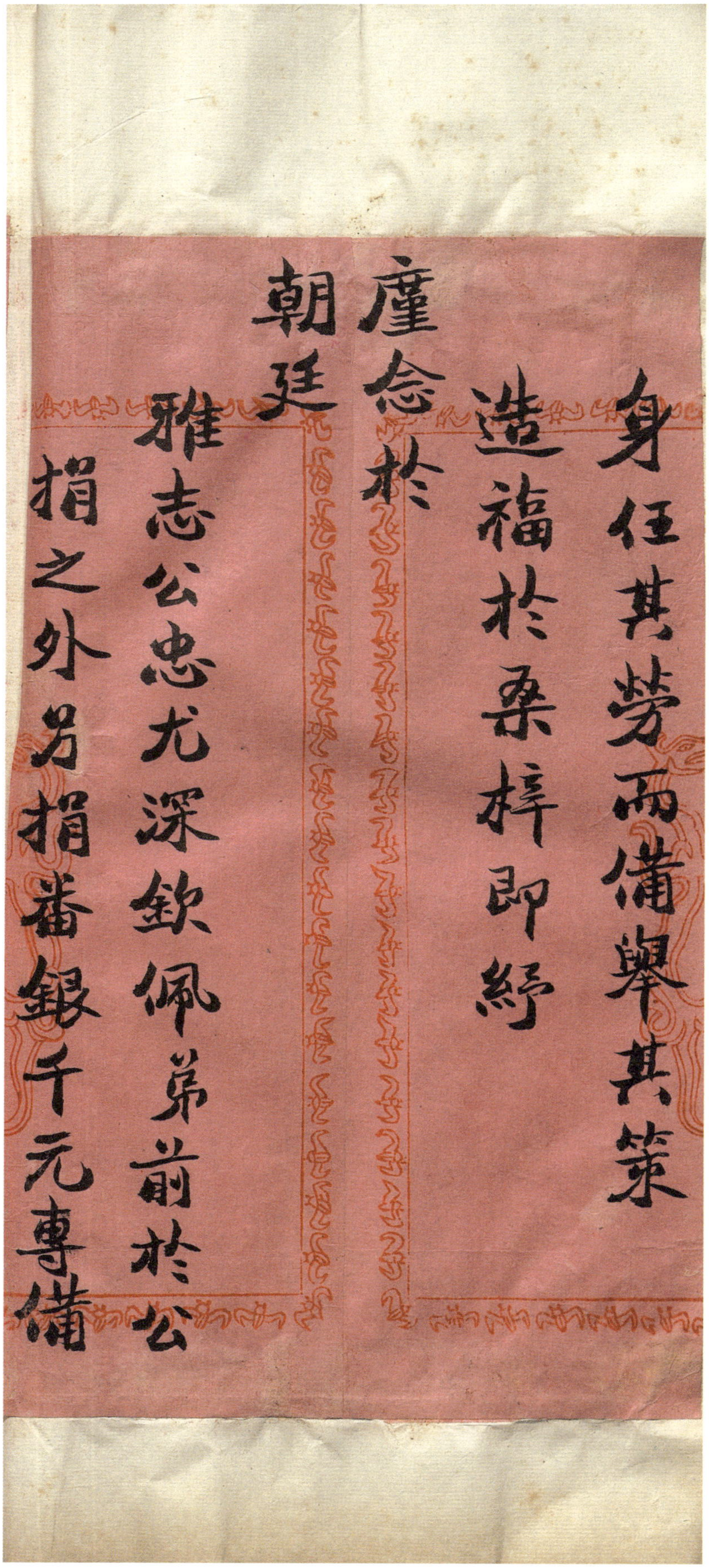
身任其勞而備舉其策
造福於桑梓即紓
廑念於
朝廷
雅志公忠尤深欽佩弟前於公
捐之外另捐番銀千元專備

身任其勞而備舉其策。造福於桑梓，即紓廑念於朝廷。雅志公忠，尤深欽佩。弟前於公捐之外，另捐番銀千元，專備

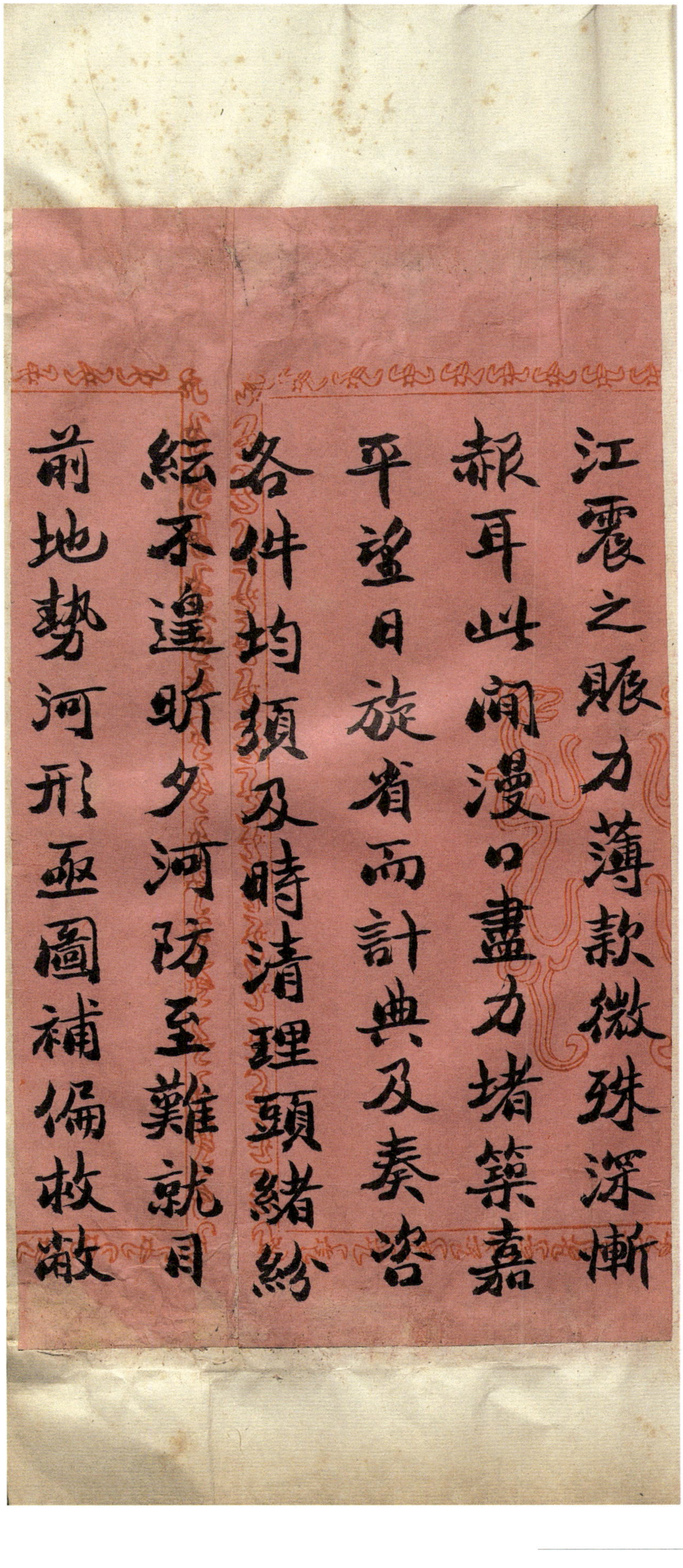
江震之賑力薄款微殊深慚
赧耳此間漫口盡力堵築嘉
平望日旋省而計典及奏諮
各件均須及時清理頭緒紛
紜不遑昕夕河防至難就目
前地勢河形亟圖補偏救敝

江震之賑，力薄款微，殊深慚赧耳。此間漫口，盡力堵築。嘉平望日旋省，而計典及奏諮各件均須及時清理，頭緒紛紜，不遑昕夕。河防至難，就目前地勢河形，亟圖補偏救敝

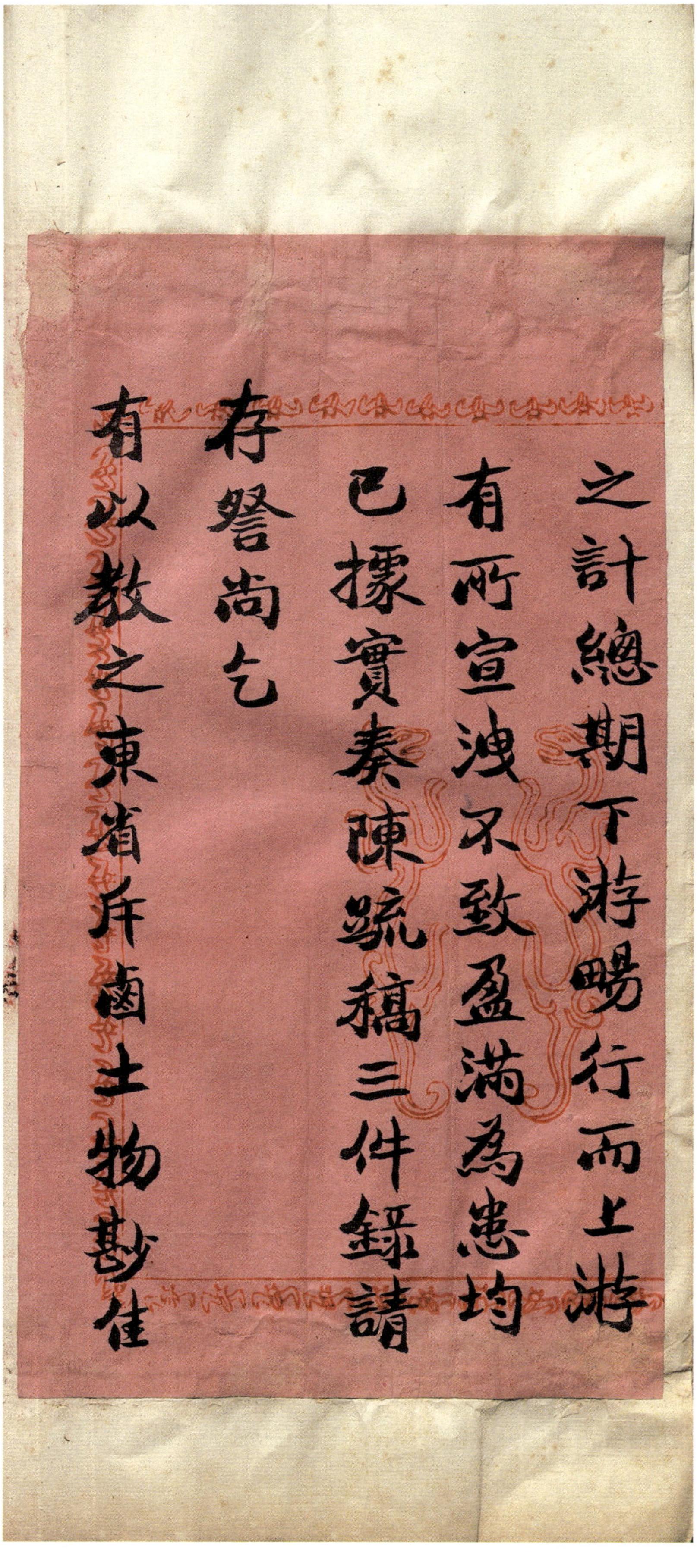
之計總期下游暢行而上游
有所宣洩不致盈滿爲患均
已據實奏陳疏稿三件録請
存詧尚乞
有以教之東省斥鹵土物尠佳

之計，總期下游暢行，而上游有所宣洩，不致盈滿爲患。均已據實奏陳，疏稿三件，録請存詧。尚乞有以教之。東省斥鹵，土物尠佳，

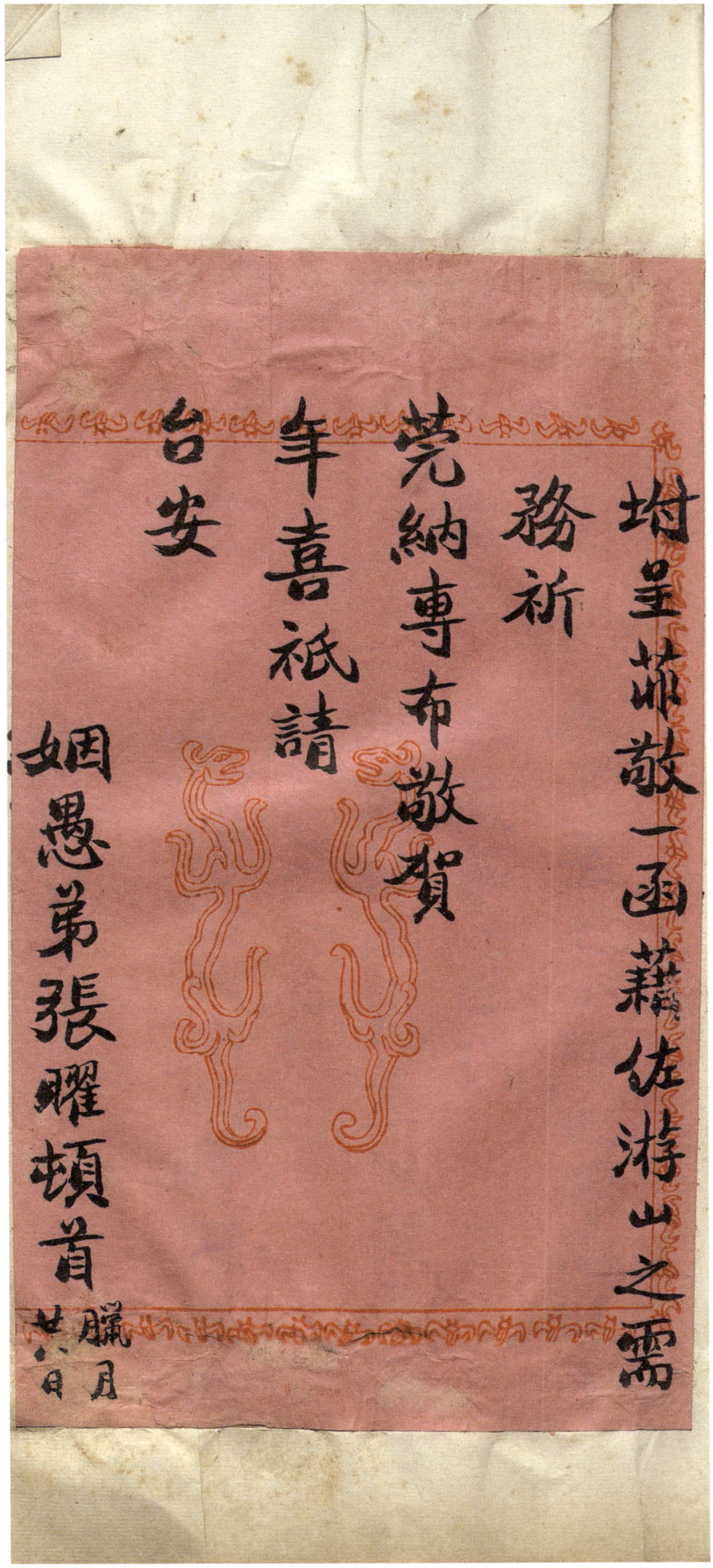

坿呈菲敬一函藉佐游山之需
務祈
莞納專布敬賀
年喜祇請
台安
姻愚弟張曜頓首
臘月廿八日

附呈菲敬一函，藉佐游山之需，務祈莞納。專布，敬賀年喜，
祇請
台安

姻愚弟張曜頓首
臘月廿八日

張佩綸

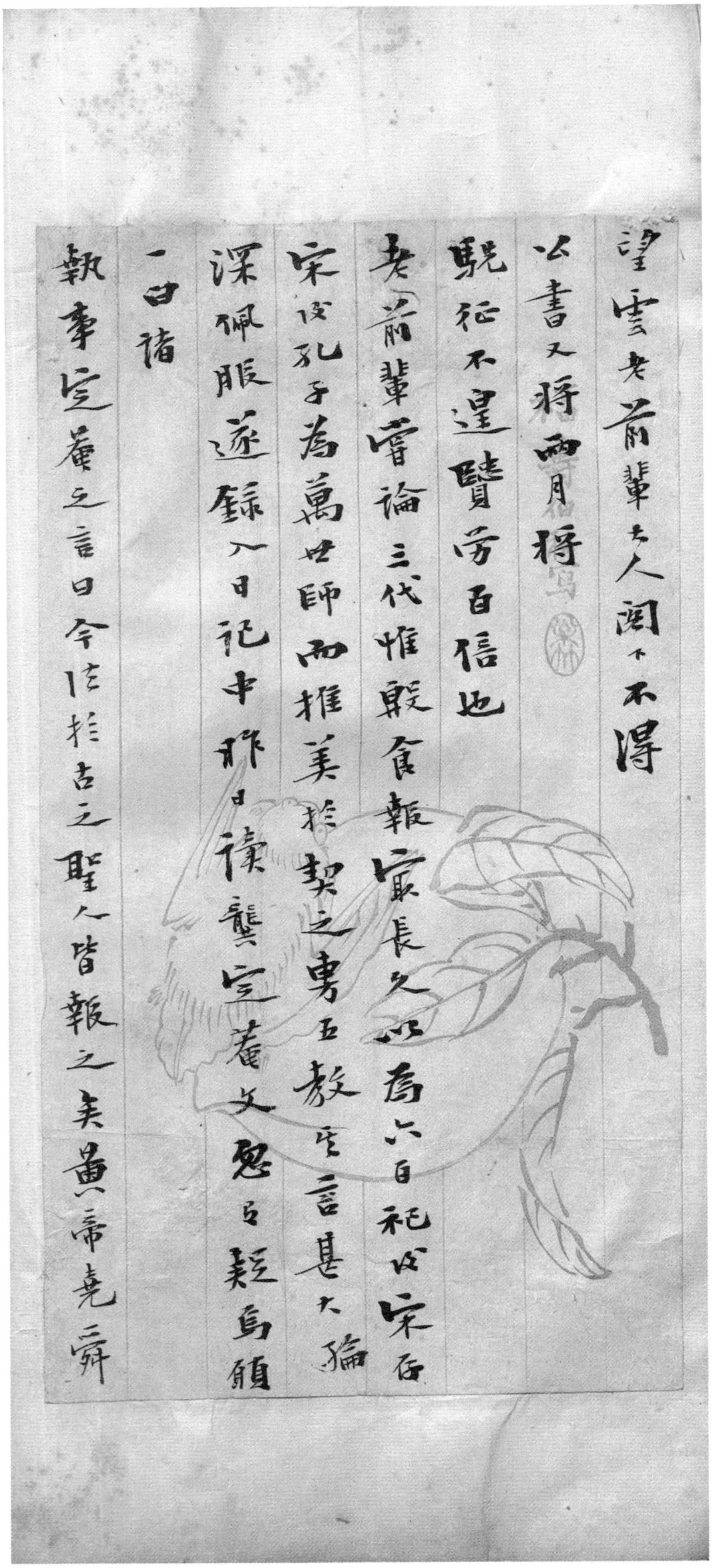

望雲老前輩大人閣下：

不得公書，又將兩月，將駪征不遑，賢勞百倍也。老前輩嘗論三代惟殷食報最長久，以爲六百祀後宋存，宋後孔子爲萬世師，而推美於契之㽦五教。其言甚大，綸深佩服，遂録入日記中。昨日讀龔定菴文，忽有疑焉，願一白諸執事。定菴之言曰：今法於古之聖人，皆報之矣。黄帝、堯舜、

禹湯則於歷代帝王廟，文王則於傳心殿，武王則於帝王廟，孔子則於學，后稷則於壇，皋陶、伯益、伊尹、周公則於帝王廟之東西兩廡，獨契無祀。議者爲之説曰：契當祀矣。無祀之處。稷、契之孫皆有天下，商周之王坐於堂，反令其祖配於廡，不便。是故祀稷於壇，則不復於廡。契則闕之。其言如此，因創爲兩議，一請帝王廟兩廡增稷、契，一以孔子褒五世，而契爲孔子太祖，當升契於崇聖祠。侍以爲契甹教之功不朽，曾何假馨食爲報，但子孫享牢醴，而其身闕如，於情殊

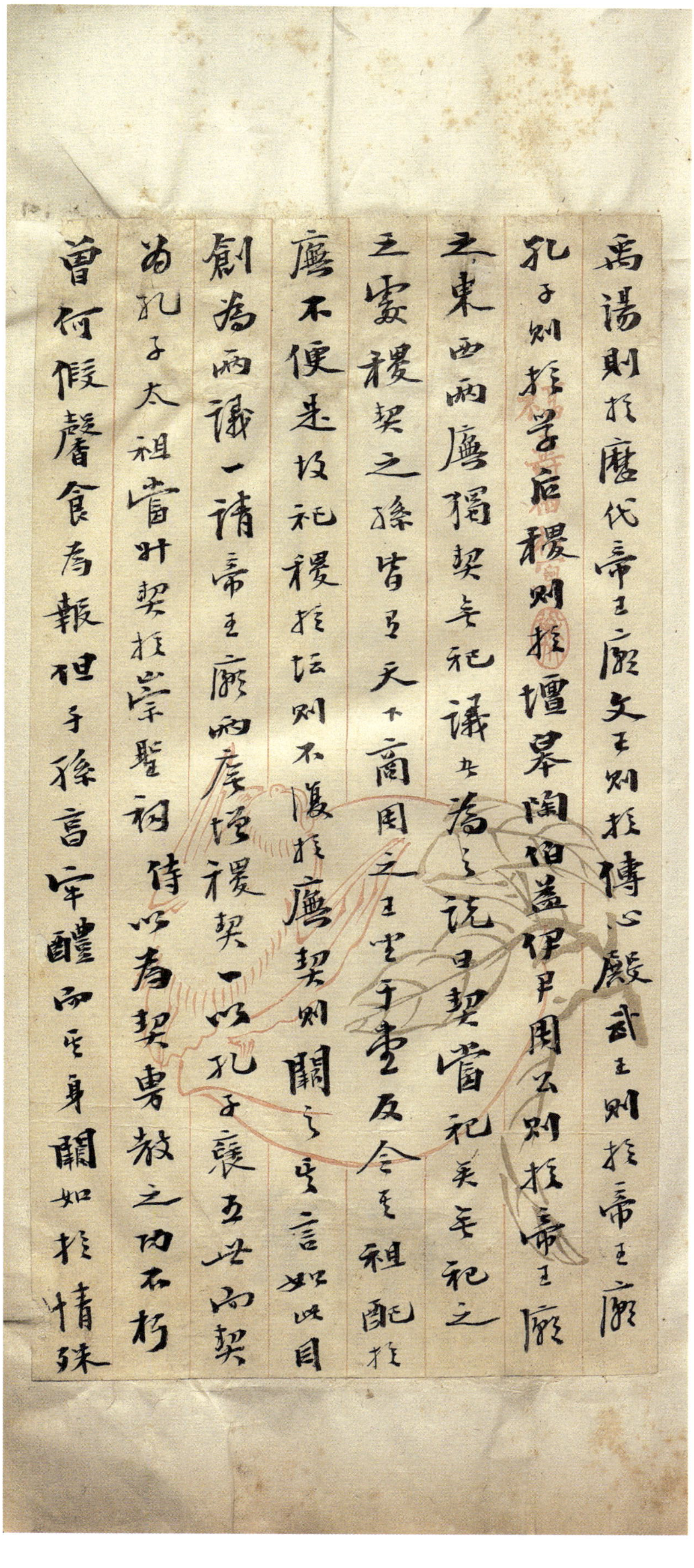

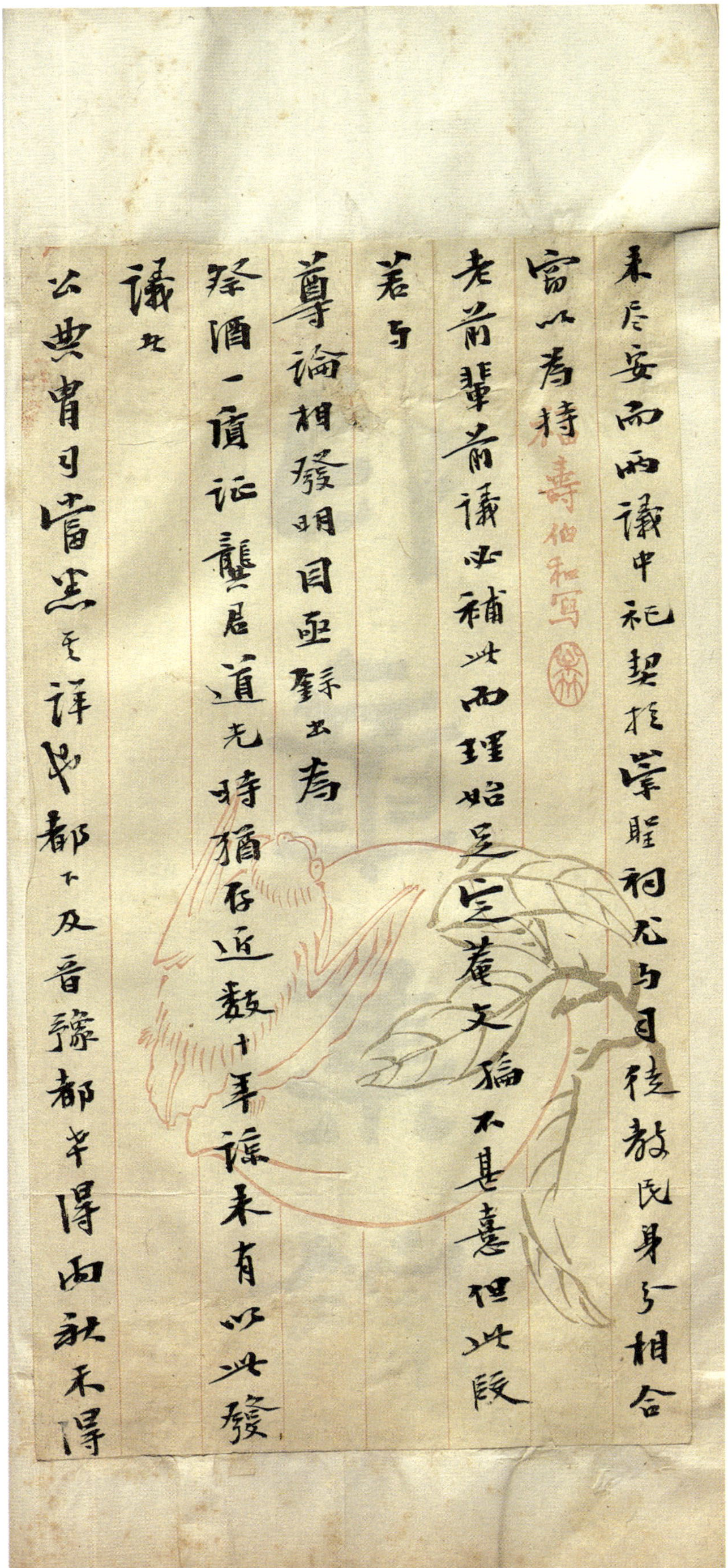

未盡安。而兩議中祀契於崇聖祠，尤與司徒教民身份相合。竊以爲持老前輩前議，必補此而理始足。定庵文綸不甚憙，但此段若與尊論相發明，因亟録出，爲祭酒一質證。龔君道光時猶存，近數十年諒未有以此發議者。公典冑司，當悉其詳也，都下及晉、豫都幸得雨，秋禾得

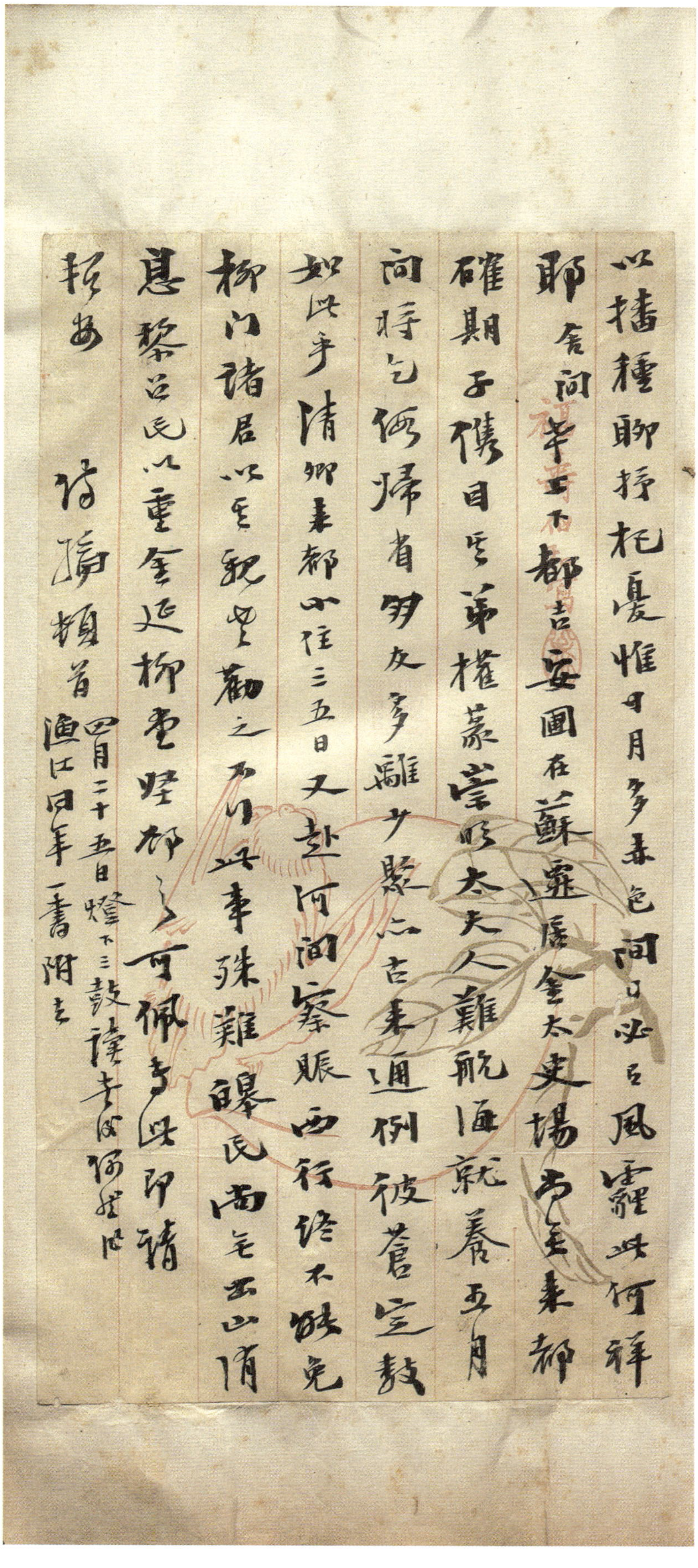

以播種，聊抒杞憂。惟日月多赤色，間日必有風霾，此何祥耶？舍間幸上下都吉。安圃在蘇，遷居金太史場，尚無來都確期，子儁因其弟權篆崇明，太夫人難航海就養，五月間將乞假歸省。朋友多離少聚，亦古來通例，彼蒼定教如此乎。清卿來都，小住三五日，又赴河間察賑，西行終不能免，柳門諸君以其親老，勸之不行，此事殊難。皞民尚無出山消息。黎召民以重金延柳堂，堅卻之，可佩。專此，即請

韜安

侍綸頓首

四月二十五日燈下三鼓讀書後偶然作

漁江同年一書附去

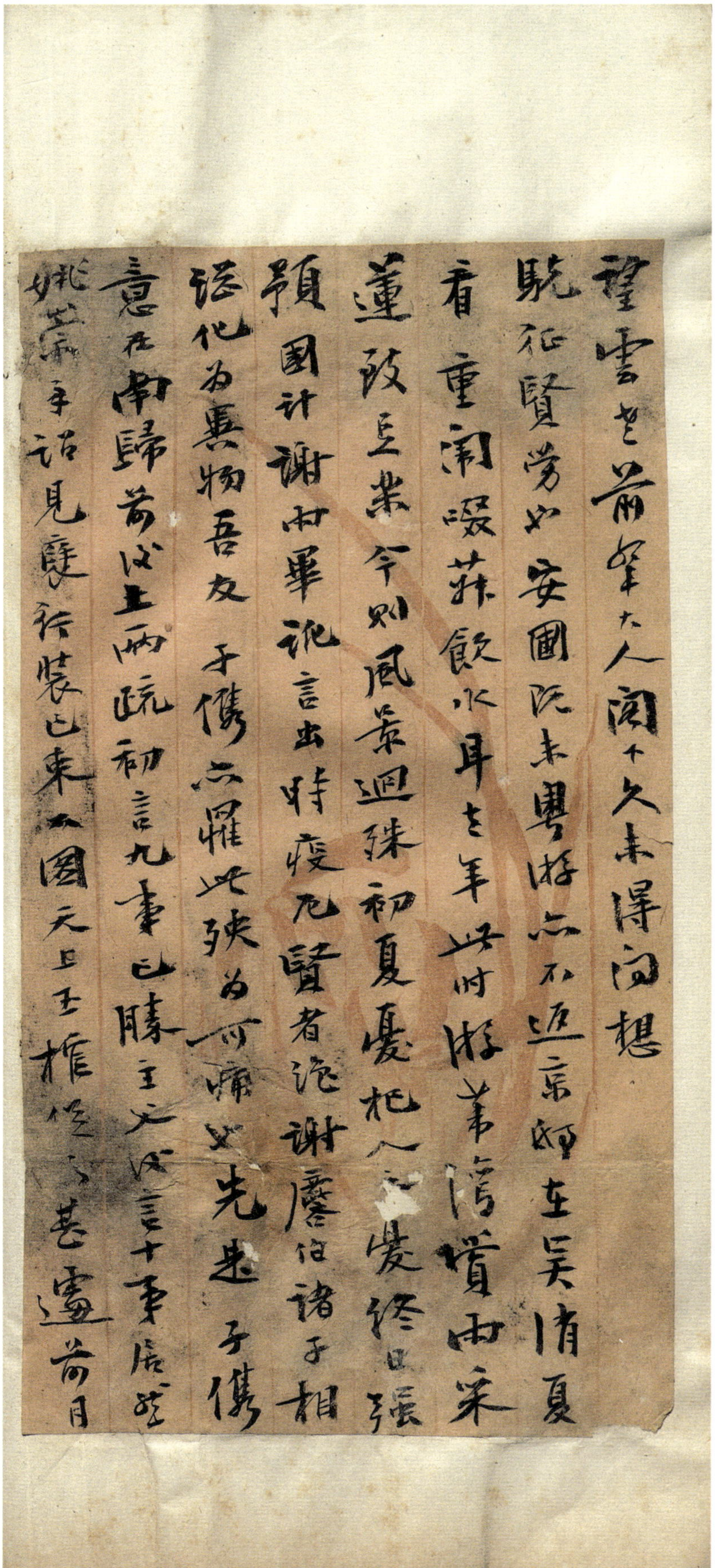

張佩綸

望雲老前輩大人閣下：

久未得問，想駪征賢勞也。安圃既未粵遊，亦不返京邸，在吴消夏，看重闈啜菽飲水耳。去年此時，遊葦灣，賞雨采蓮，致足樂，今則風景迥殊。初夏憂杞人之憂，終日强預國計。謝雨畢，訛言出，時疫厄，賢者絶謝，廖伯諸子相繼化爲異物。吾友子儁亦罹此殃，爲可痛也。先是，子儁意在南歸，前後上兩疏。初言九事，已勝主父，後言十事，居然姚崇，奉詔見褒。行裝已束，不圖天上玉棺，促之甚遽。前月

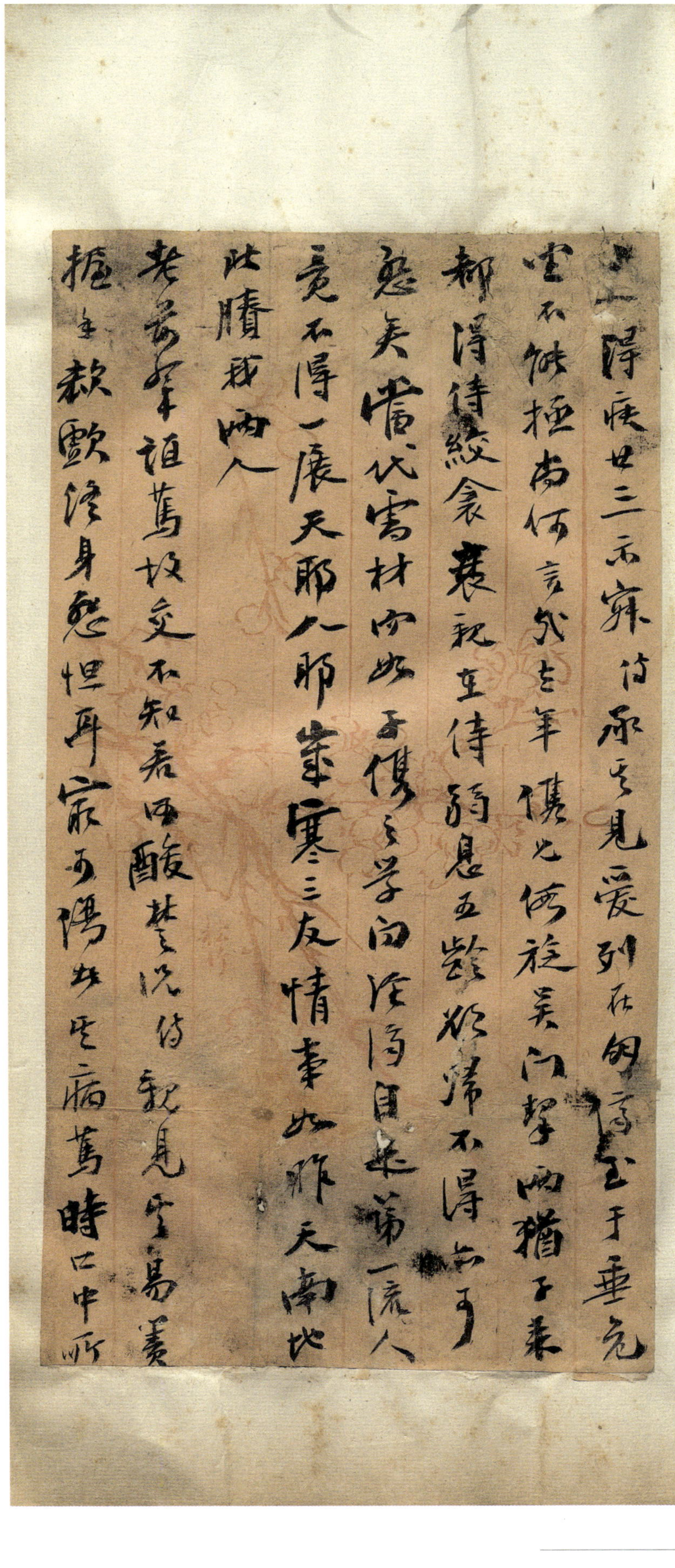

□一得疾，廿三示寂。侍承其見愛，列在朋儕，至於垂危，坐不能拯，尚何言哉！去年儁兄假旋吴門，挈兩猶子來都，得侍絞衾，衰親在侍，弱息五齡，欲歸不得，亦可悲矣。當代需材，而如子儁之學問經濟，自是第一流人，竟不得一展，天耶人耶。歲寒三友，情事如昨，天南地北，賸我兩人。老前輩誼篤故交，不知若何酸楚，況侍親見其易簀，握手欷歔，終身悲怛耳。最可傷者，其病篤時口中所

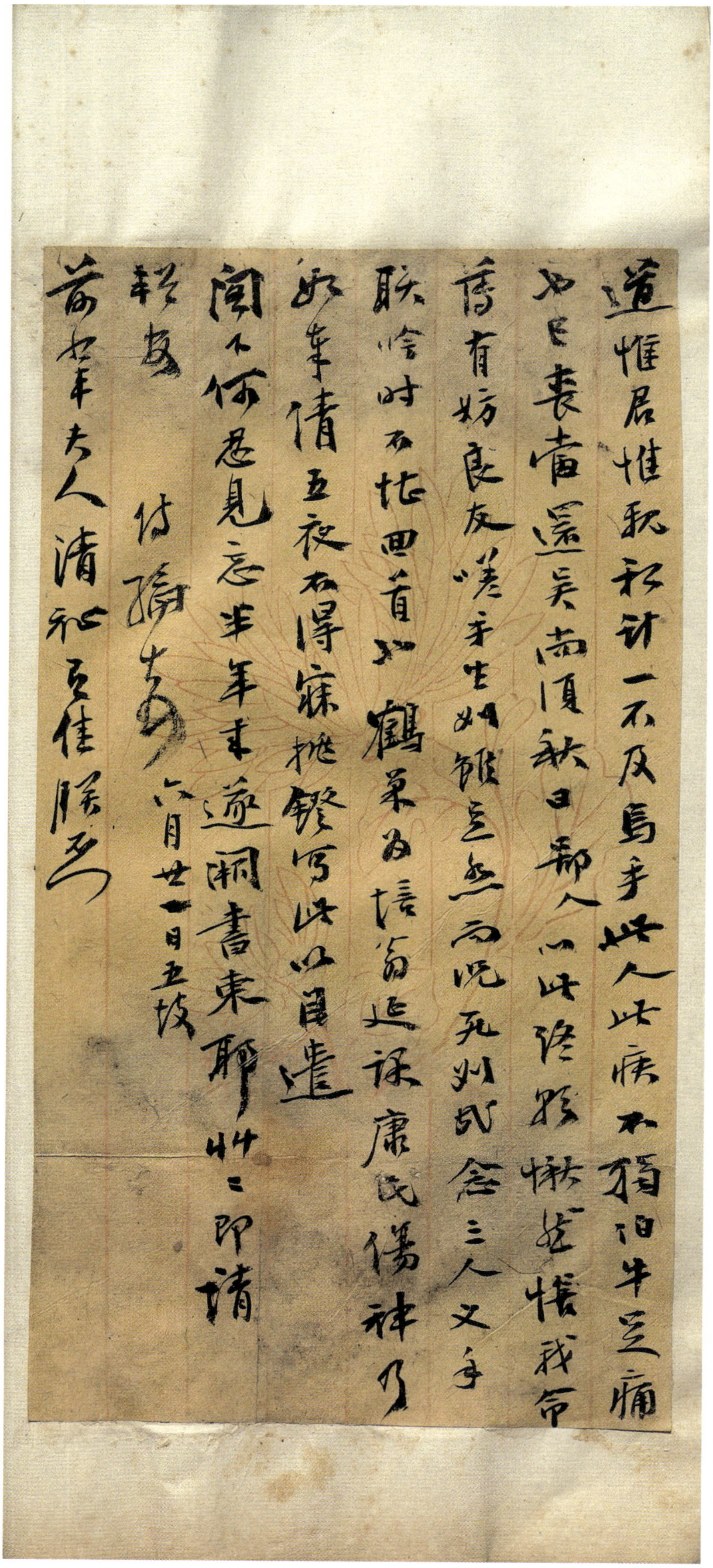

道，惟君惟親，私計一不及。烏乎，此人此疾，不獨伯牛足痛也已。喪當還吴，尚須秋日。鄙人以此，終朝愀然，悵我命薄，有妨良友。嗟乎！生別雖足悲，而況死別哉。念三人叉手聯吟時，不堪回首也。鶴巢爲培翁延課康民，傷神乃如奉倩。五夜不得寐，挑燈寫此以自遣。閣下何忍見忘，半年來遂闕書柬耶，草草，即請

軺安

侍綸頓首

六月廿一日五鼓

前輩夫人清祉，有佳朕否。

費延釐

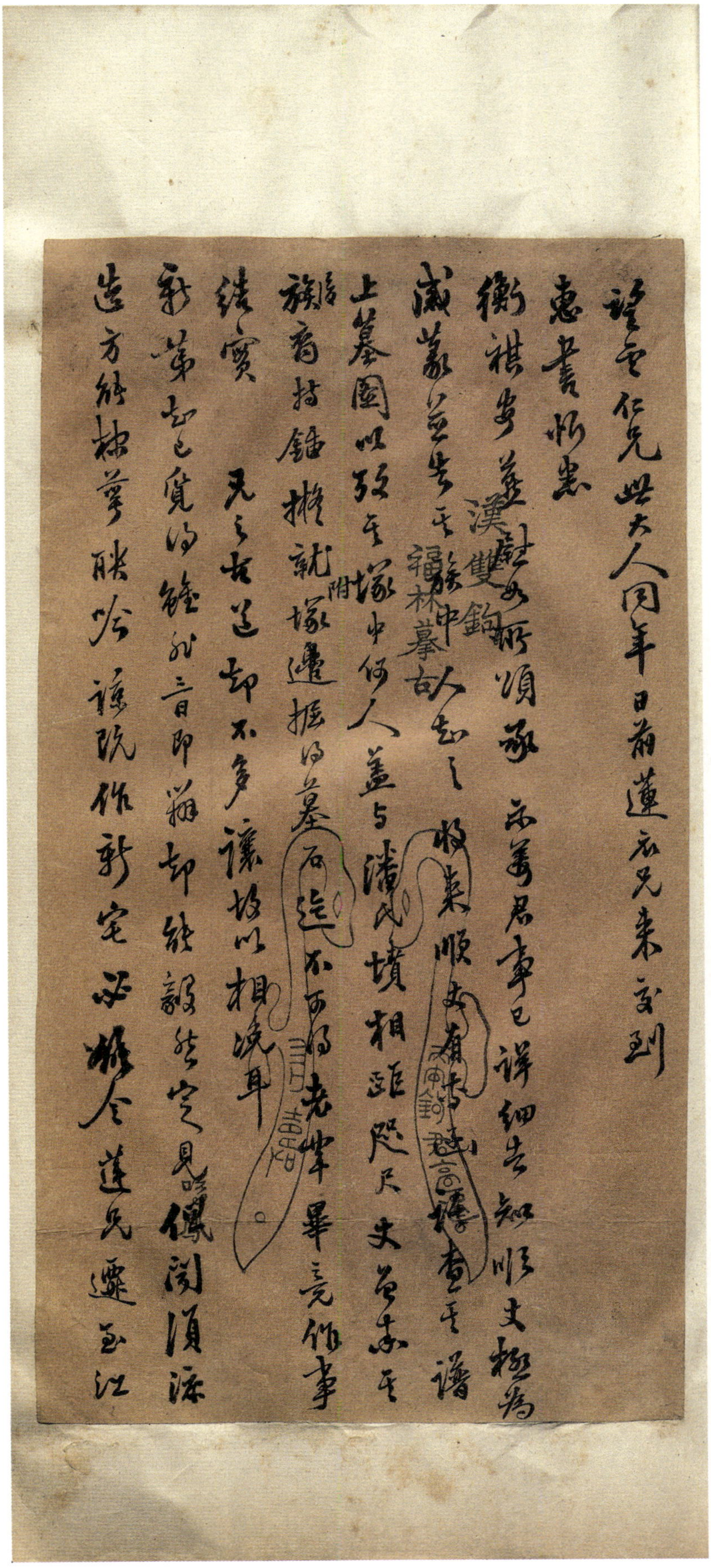

望雲仁兄世大人同年：

日前蓮衣兄來，交到惠書，忻悉衡祺安燕，慰如所頌。承示姜君事，已詳細告知順丈，極爲感篆，並告其族中人知之，將來順丈有專函託查其譜上墓圖，以考其塚中何人，蓋與潘氏墳相距咫尺。丈曾奉其族後裔持鍤，擬就附冢邊掘得墓石，迄不可得。老輩畢竟做事結實，兄之古道却不多讓，故以相浼耳。

新第知已覓得，雖非三日即辦，卻能毅然定見，但聞須添造，方能棣萼聯吟。諒既作新宅，必欲令蓮兄遷至江

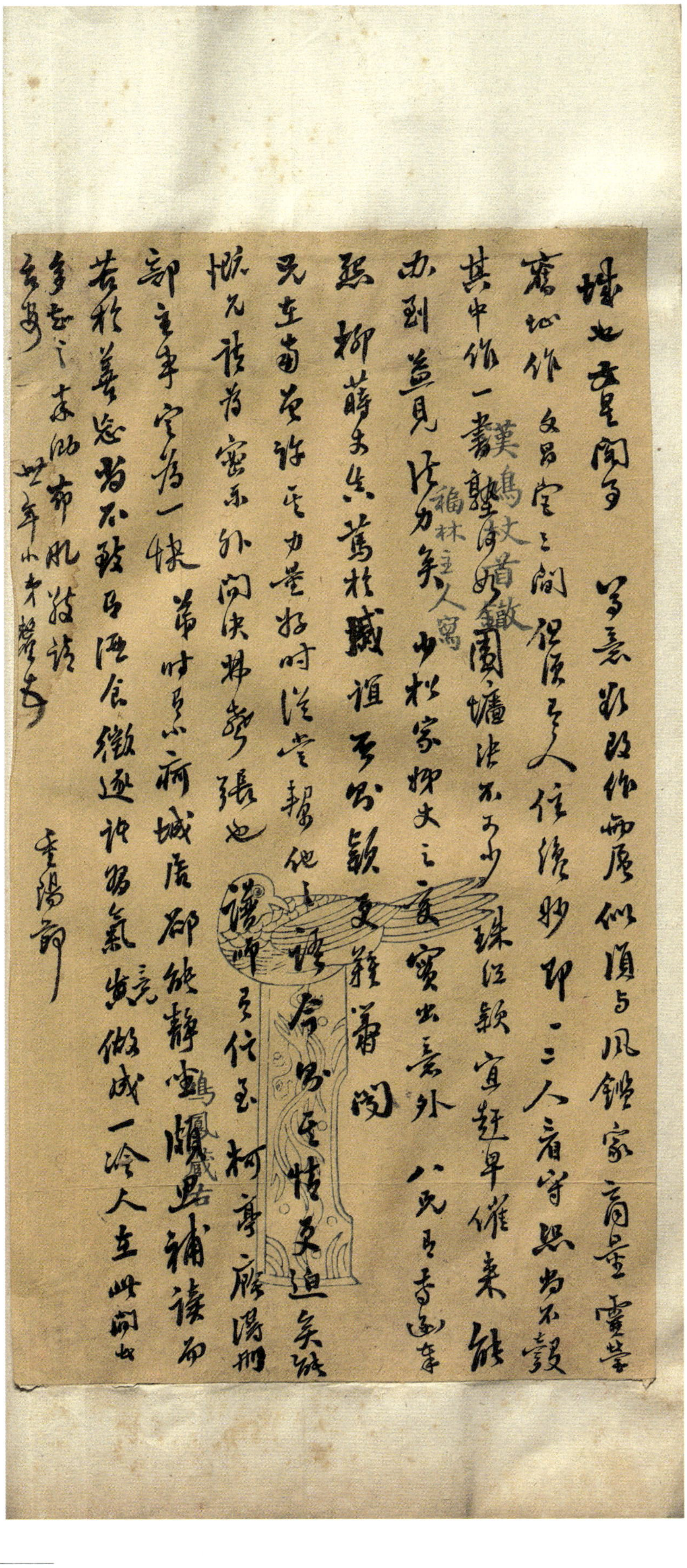

城也。文星閣事，尊意欲改作兩層，似須與風鑑家商量。靈營舊址作文昌宮三間，但須有人住纔妙，即一二人看守，恐尚不夠，其中作一書塾如何？圍墻決不可少。珠紅款宜趕早催來，能辦到益見法力矣。少松家姊丈之變實出意外，八兄有專函奉慰。柳蒔丈真篤於戚誼，否則款更難籌。聞兄在南，曾許其力量好時，從常幫他之語。今則其情更迫矣，能慨允，請爲密示，外間決弗聲張也。譜師有信至。柯亭廕得刑部主事，定爲一快。弟時有小疴，城居郤能靜坐，頗思補讀而苦於善忘，尚不致有酒食徵逐諸習氣，竟做成一冷人，在此間者多知之。奉泐布此，敬請

台安

世年小弟鼇頓首

重陽節

張人駿

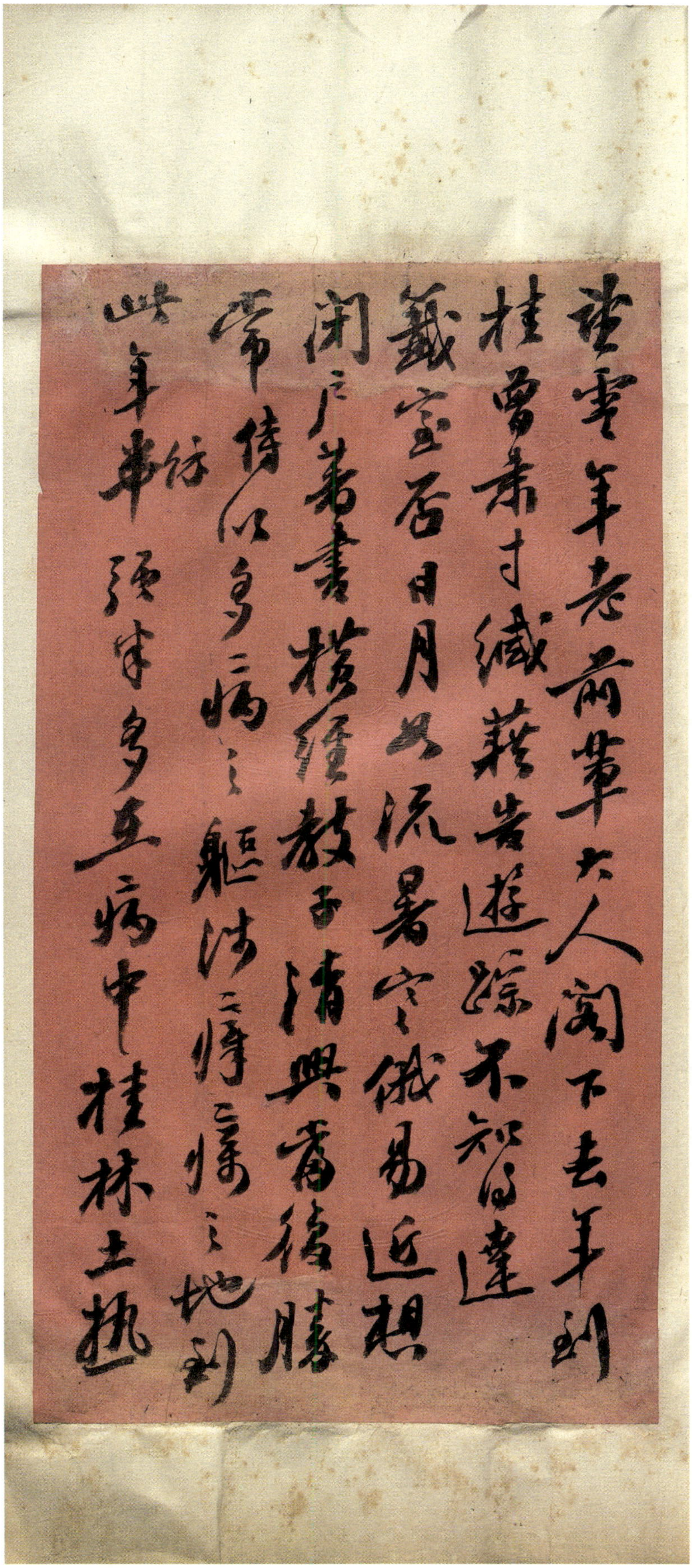

望雲年老前輩大人閣下：

去年到桂，曾肅寸緘，藉告遊蹤，不知得達籤室否？日月如流，暑寒俄易，近想閉户著書，横經教子，清興當復勝常。侍以多病之軀，涉瘴癘之地，到此年餘，强半多在病中。桂林土熱

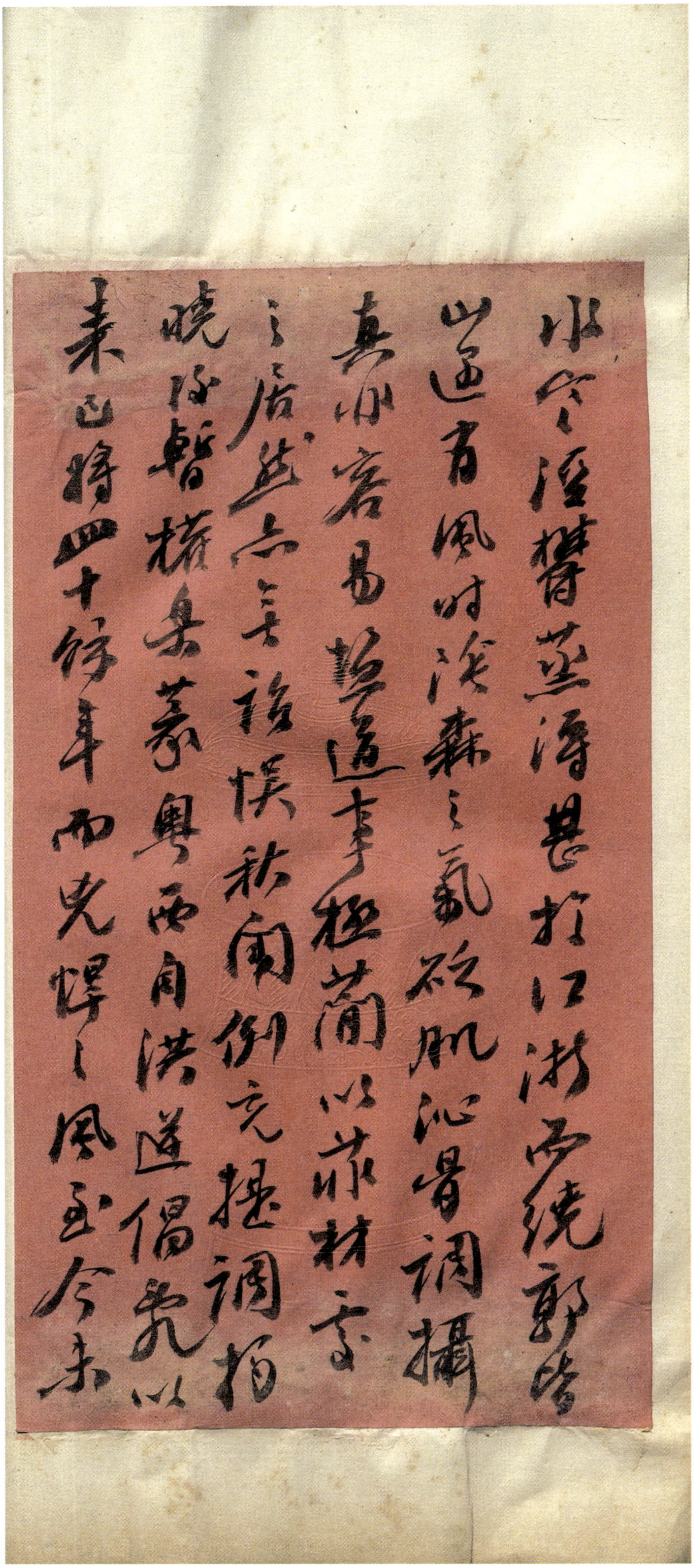

水寒，濕鬱蒸溽，甚於江浙，而繞郭皆山，遇有風時，陰森之氣，砭肌沁骨，調攝真非容易。鹽道事極簡，以菲材處之，居然亦無貽悮。秋闈例充提調，揭曉後暫權臬篆。粵西自洪逆倡亂以來，已將四十餘年，而凶悍之風，至今未

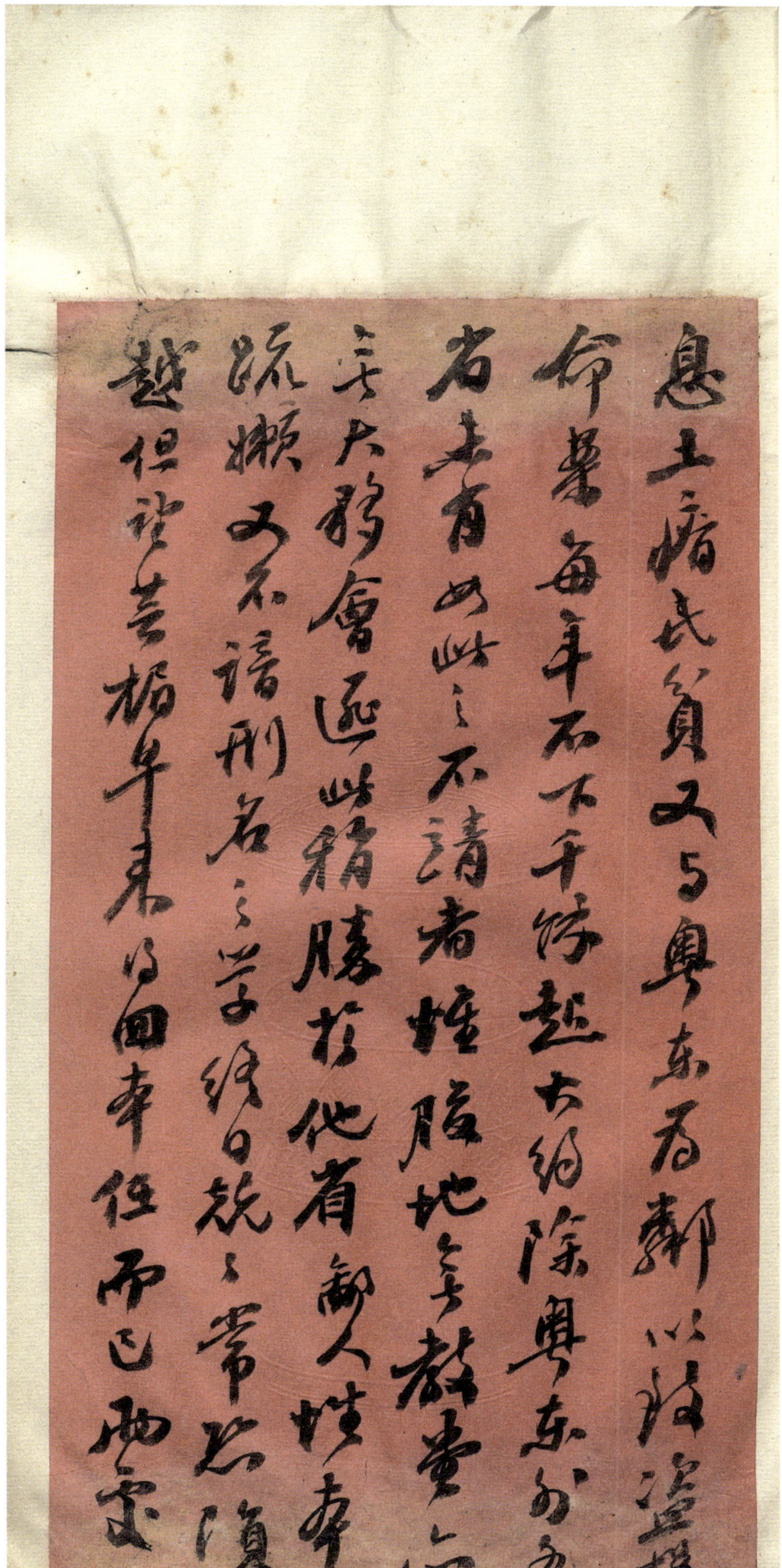

息，土瘠民貧。又與粵東爲鄰，以致盜拐命案每年不下千餘起，大約除粵東外，各省未有如此之不靖者。惟腹地無教堂，亦無大夥會匪，此稍勝於他省。鄙人性本疏懶，又不諳刑名之學，終日兢兢，常恐隕越，但望芸楣早來，得回本任而已。兩處

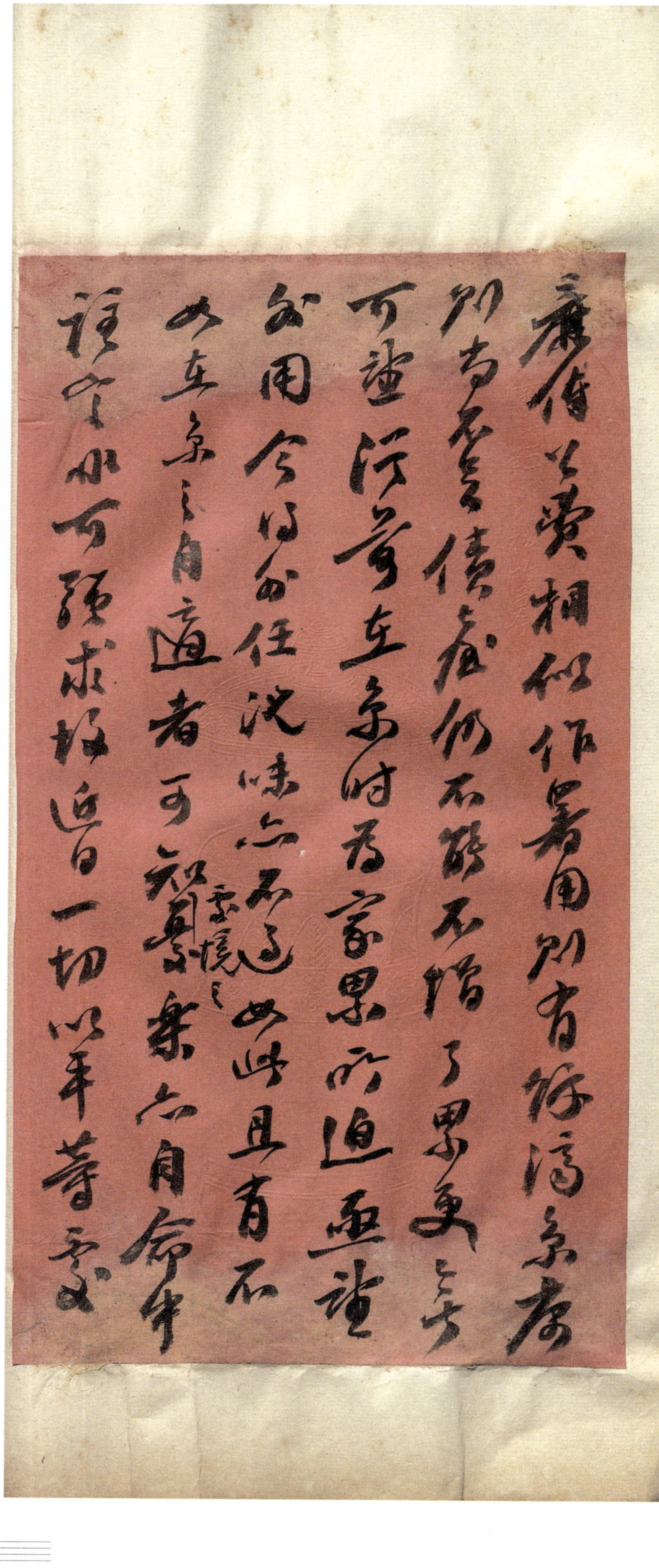

廉俸公費相似，作署用則有餘，濟京寓則尚不足，債臺仍不能不增，了累更無可望。從前在京時爲家累所迫，亟望外用，今得外任，況味亦不過如此，且有不如在京之自適者。可知處境之憂樂，亦自命中注定，非可强求，故近日一切以平等處

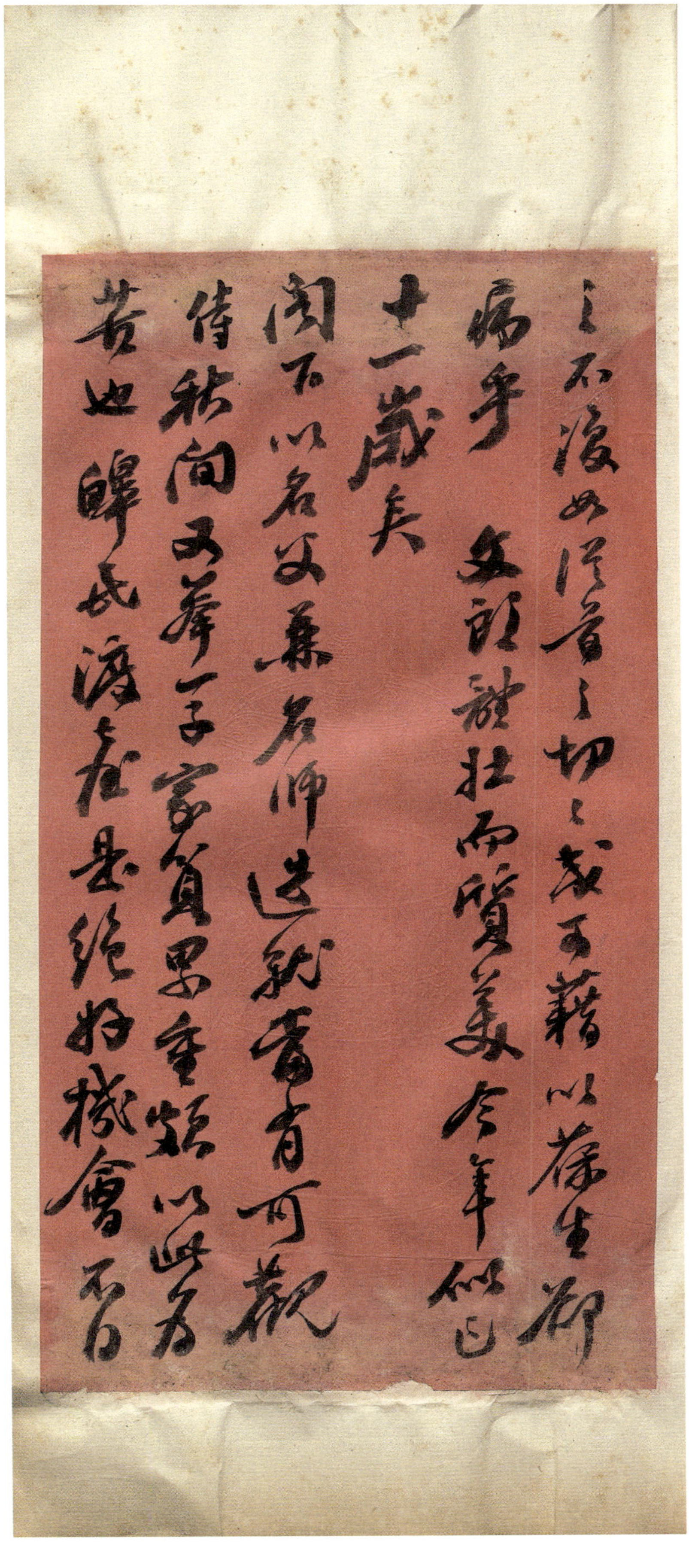

之，不復如從前之切切，或可藉以葆生卻病乎。文郎體壯而質美，今年似已十一歲矣。閣下以名父兼名師，造就當有可觀。侍秋間又舉一子，家貧累重，頗以此爲苦也。皞民渡臺是絶好機會，

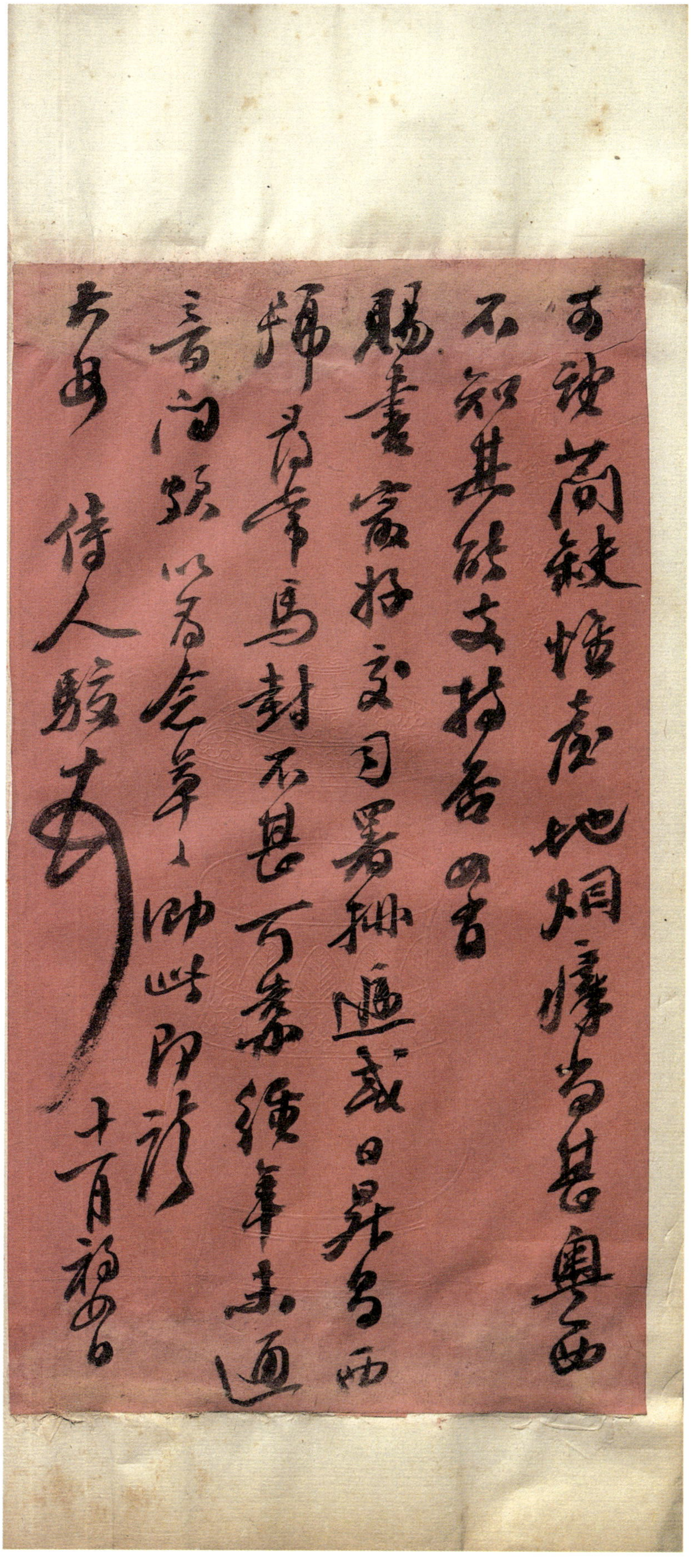

不日可望簡缺，惟臺地烟瘴尚甚粵西，不知其能支持否？如有賜書，最好交司署排遞，或日昇昌西號，尋常馬封不甚可靠。經年未通音問，頗以爲念。草草泐此，即請

大安

侍人駿頓首

十一月初四日

龐鴻文

夫子姑丈大人鈞前：

自去年春間奉達一書，遂以試事匆匆，竟未一叩起居，疏忽之罪，誠無解於長者之前。迨歸自粵西，展讀七月中手書，具悉種種，即欲布陳近狀，而應酬冗迫，又值歲事峥嶸，迄未能握管。迨過元宵節後，傳聞劉侍御恩溥奏請於仲春大考，更不得不暫置他務，以温舊業。近雖無信，而日日臨場，亦殊苦耳。

鴻文濫隨槎使，甚是惶愧。馳驛之時，加意約束下人。入闈閱文，晝夜不敢憚勞，幸無大過。粵西應酬，素來極簡，此次又堅辭在省聽鼓諸公之高義，合之兩楚諸年長投贈，未及雙竿，回京後諸從減省，適賸《春秋》《毛詩》各一部耳。望輕資淺，得此已屬非分，未嘗以爲淡薄也。夥計人極樸誠，惟係北地本色，不以二三場爲事，而

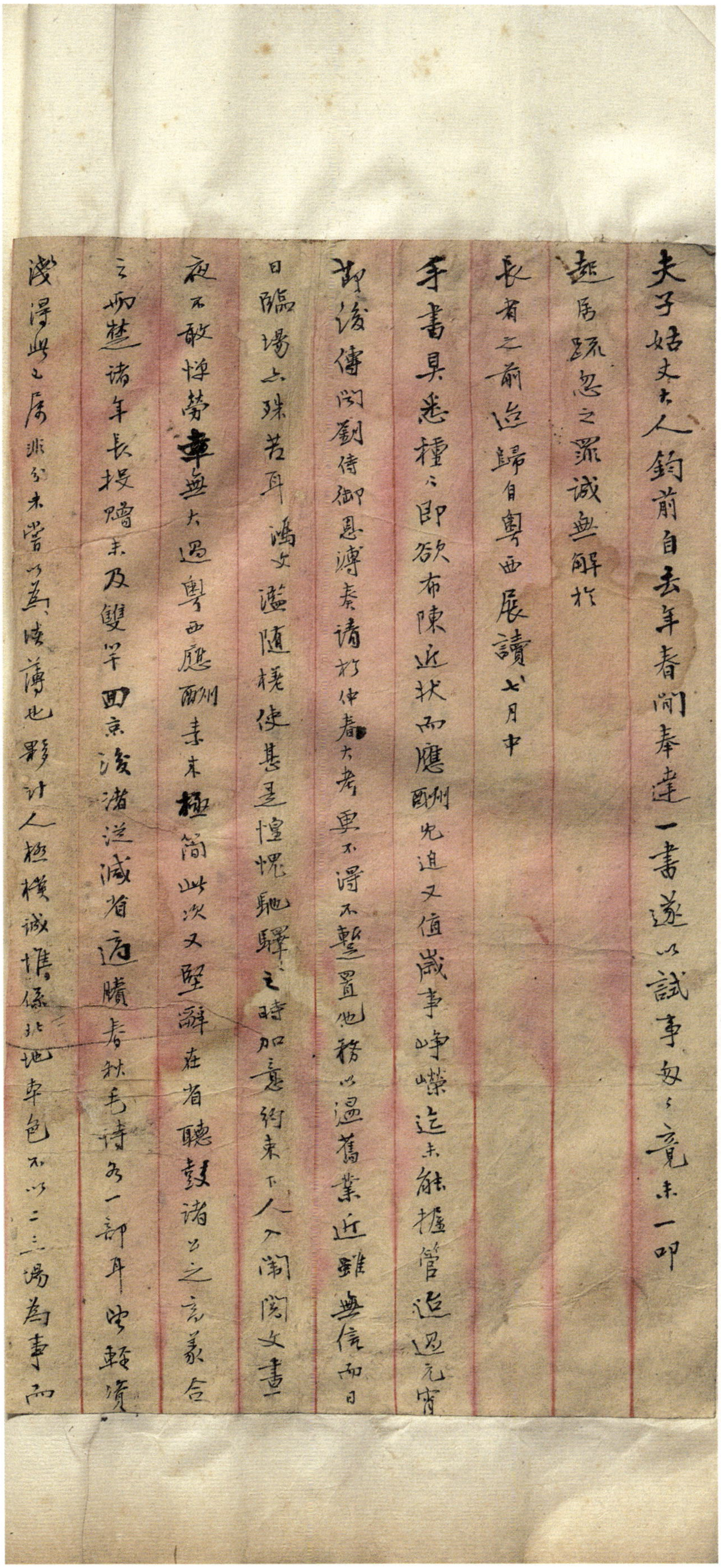
夫子姑丈大人鈞前自去年春間奉達一書遂以試事匆匆竟未一叩
起居疏忽之罪誠無解於
長者之前迨歸自粵西展讀七月中
手書具悉種種即欲布陳近狀而應酬冗迫又值歲事峥嶸迄未能握管迨過元宵
節後傳聞劉侍御恩溥奏請於仲春大考更不得不暫置他務以温舊業近雖無信而日
日臨場亦殊苦耳　鴻文濫隨槎使甚是惶愧馳驛之時加意約束下人入闈閱文晝
夜不敢憚勞幸無大過粵西應酬素來極簡此次又堅辭在省聽鼓諸公之高義合
之兩楚諸年長投贈未及雙竿回京後諸從減省適賸春秋毛詩各一部耳望輕資
淺得此已屬非分未嘗以爲淡薄也夥計人極樸誠惟係北地本色不以二三場爲事而

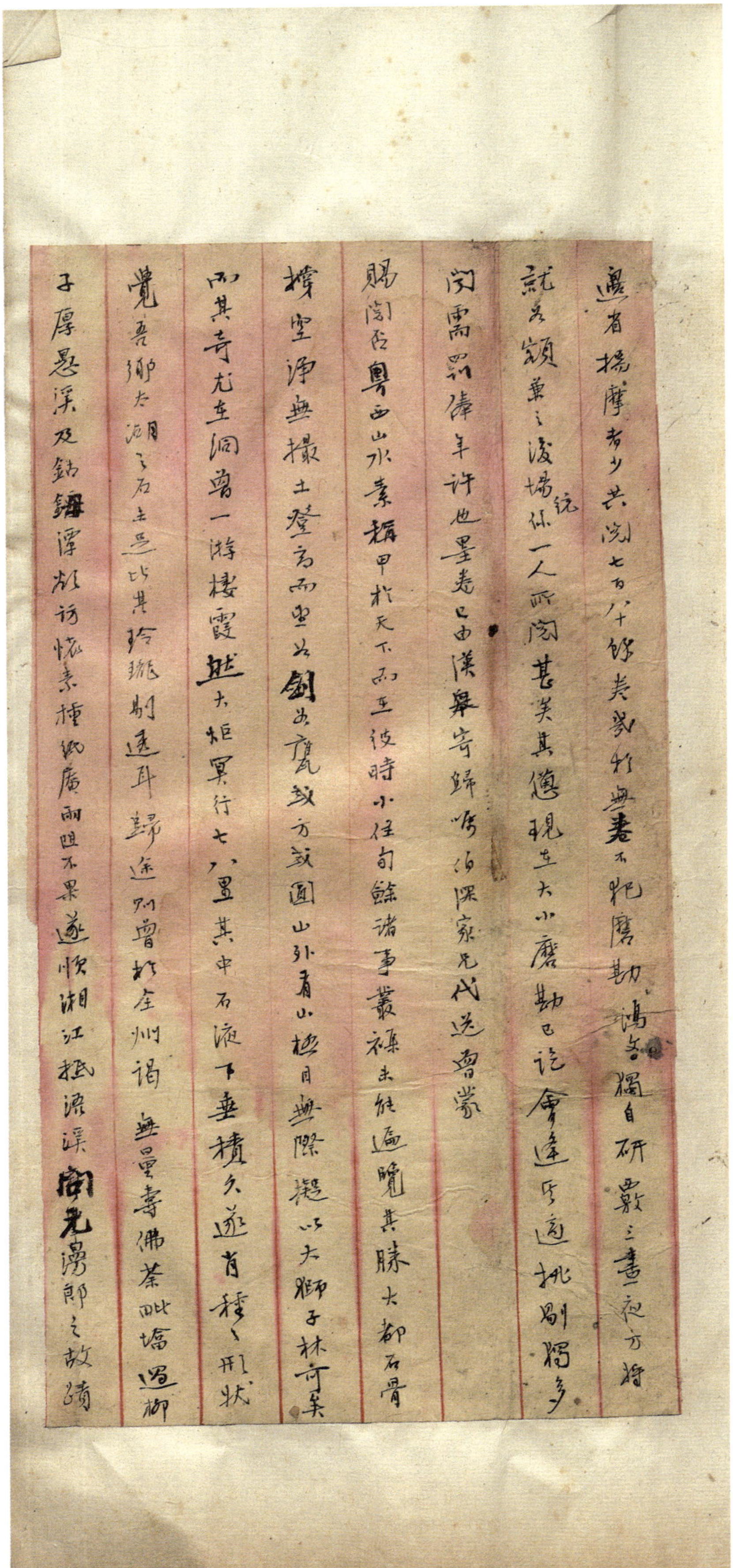
邊省揣摩者少共閱七百八十餘卷幾於無卷不犯磨勘鴻文獨自研覈三晝夜方將
就如額兼之後場統係一人所閱甚矣其憊現在大小磨勘已訖會逢其適挑剔獨多
閱需罰俸年許也墨卷已由漢皋寄歸囑伯深家兄代送曾蒙
賜閱否粵西山水素稱甲於天下而在彼時小住旬餘諸事叢褋未能遍覽其勝大都石骨
撐空淨無撮土登高而望如劍如甕或方或圓山外有山極目無際擬以大獅子林可矣
而其奇尤在洞曾一游棲霞燃大炬冥行七八里其中石液下垂積久遂肖種種形狀
覺吾鄉太湖之石未足比其玲瓏剔透耳歸途則曾於全州謁無量壽佛荼毗墖過柳
子厚愚溪及鈷鉧潭欲訪懷素種紙庵雨阻不果遂順湘江抵浯溪問無漫郎之故蹟

邊省揣摩者少。共閲七百八十餘卷，幾於無卷不犯磨勘。鴻文獨自研覈三晝夜，方將就如額，兼之後場統係一人所閲，甚矣其憊。現在大小磨勘已訖，會逢其適挑剔獨多，聞需罰俸年許也。墨卷已由漢皋寄歸，囑伯深家兄代送，曾蒙賜閲否。粵西山水素稱甲於天下，而在彼時小住旬餘，諸事叢褋，未能遍覽其勝。大都石骨撑空，净無撮土，登高而望，如劍如甕，或方或圓，山外有山，極目無際，擬以大獅子林可矣。而其奇尤在洞，曾一游棲霞，燃火炬冥行七八里，其中石液下垂，積久遂肖種種形狀，覺吾鄉太湖之石，未足比其玲瓏剔透耳。歸途則曾於全州謁無量壽佛荼毗墖，過柳子厚愚溪及鈷鉧潭。欲訪懷素種紙庵，雨阻不果。遂順湘江抵浯溪，問無漫郎之故蹟，

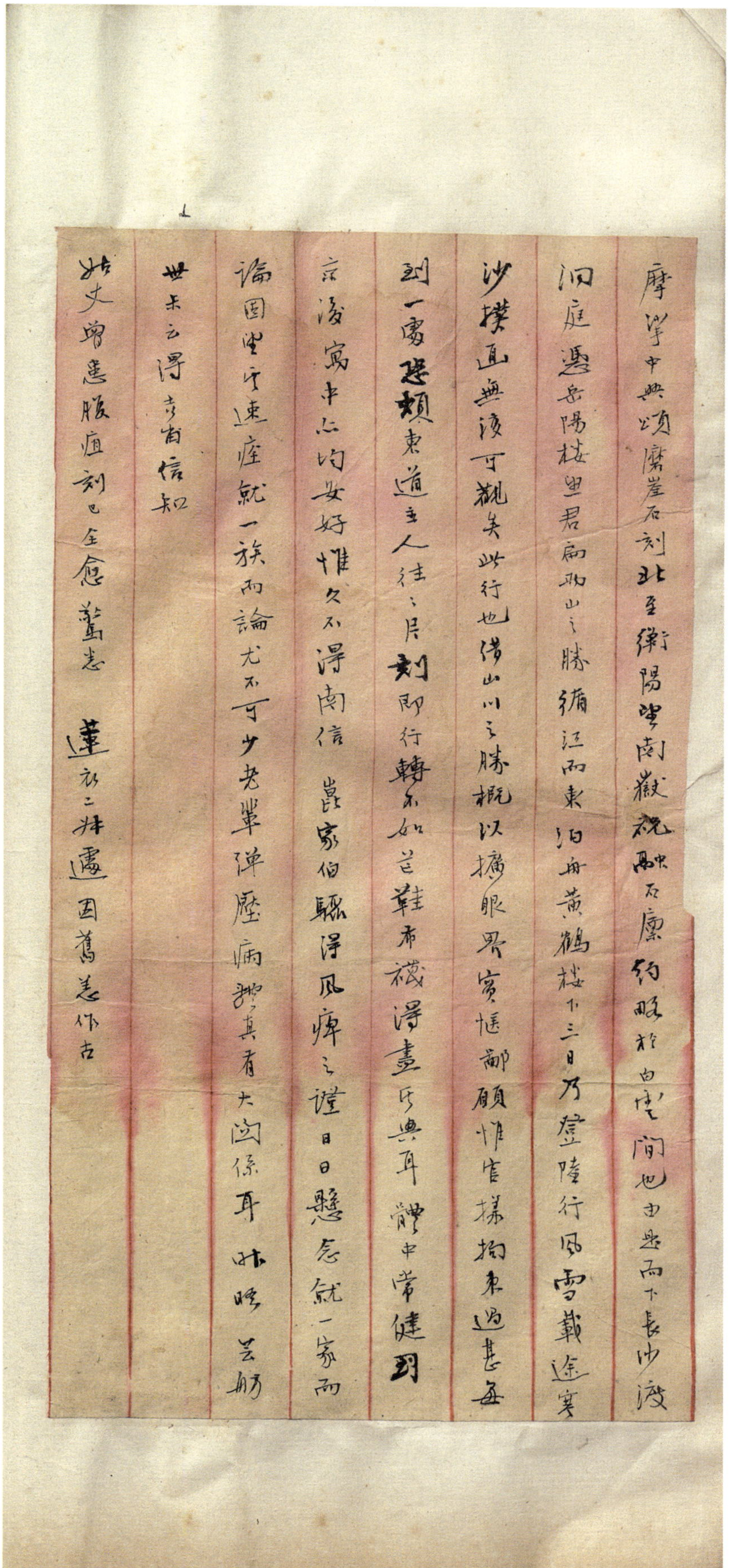

摩挲《中興頌》摩崖石刻。北至衡陽，望南嶽祝融石廩，約略於白雲間也，由是而下長沙，渡洞庭，憑岳陽樓望君、扁兩山之勝。循江而東，泊舟黃鶴樓下，三日乃登陸行。風雪載途，寒沙撲面，無復可觀矣。此行也，借山川之勝概以擴眼界，實愜鄙願。惟官樣拘束過甚，每到一處恐煩東道主人，往往片刻即行，轉不如芒鞋布襪得盡其興耳。體中常健，到京後寓中亦均安好，惟久不得南信。崑家伯驟得風痹之證，日日懸念。就一家而論，固望其速痊。就一族而論，尤不可少老輩彈壓，病體真有大關係耳。昨晤芸舫世叔，云得吉甫信，知姑丈曾患腹疽，刻已全愈。驚悉蓮衣二叔遽因舊恙作古，

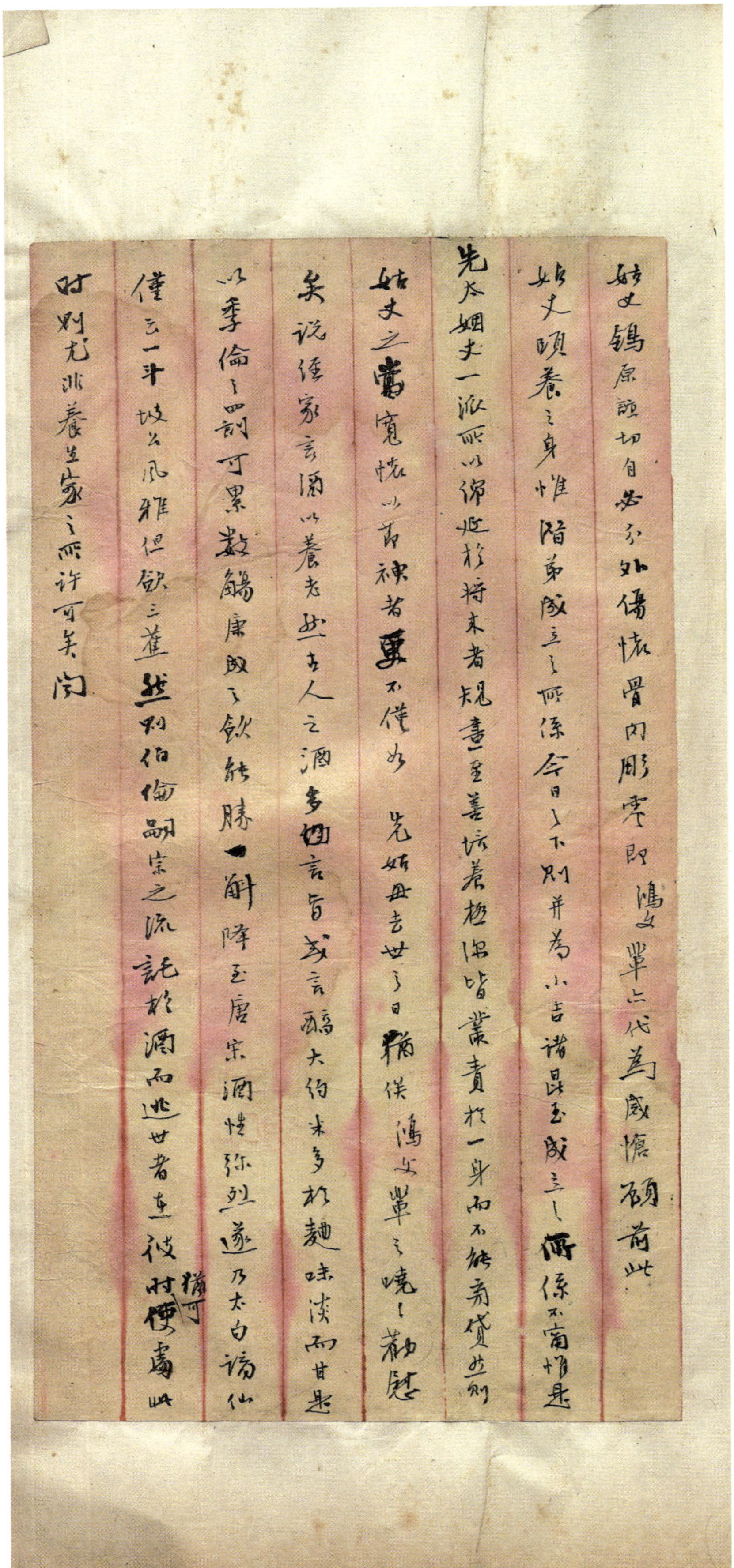

姑丈鴿原誼切，自必分外傷懷，骨肉彫零，即鴻文輩亦代爲感愴。顧前此姑丈頤養之身，惟潛弟成立之所係。今日之下，則並爲小吉諸昆玉成立之所係。不寧惟是，先太姻丈一派所以綿延於將來者，規畫至善，培養極深，皆叢責於一身而不能旁貸。然則姑丈之當寬懷以節神者，更不僅如先姑母去世之日，猶俟鴻文輩之嘵嘵勸慰矣。説經家言，酒以養老。然古人之酒，多言旨，或言醇，大約米多於麯，味淡而甘，是以季倫之罰可累數觴，康成之飲能勝一斛。降至唐宋，酒性彌烈，遂乃太白謫仙，僅云一斗，坡公風雅，但飲三蕉。然則伯倫、嗣宗之流，托於酒而逃世者，在彼時猶可使，處此時，則尤非養生家之所許可矣。聞

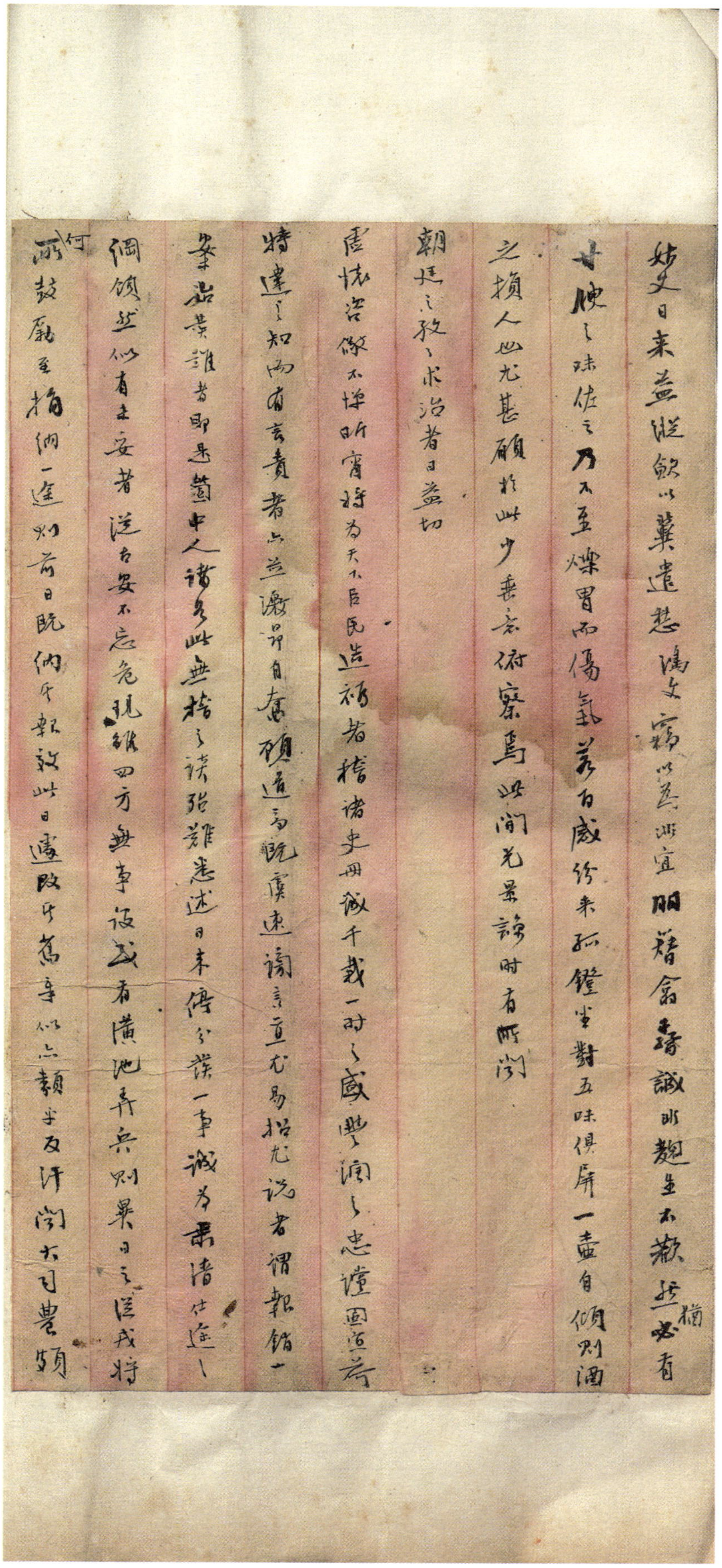

姑丈日來益縱飲以冀遣愁，鴻文竊以爲非宜。朋簪翕萃，誠非麯生不歡，然猶必有甘腴之味佐之，乃不至爍胃而傷氣。若百感紛來，孤燈坐對，五味俱屏，一壺自傾，則酒之損人也尤甚，願於此少垂意俯察焉。此間光景，諒時有所聞，朝廷之孜孜求治者日益切，虛懷諮儆，不憚旰宵，將爲天下臣民造福者，稽諸史册，誠千載一時之盛。豐潤之忠讜，固宜荷特達之知，而有言責者亦並激昂自奮。顧道高既虞速謗，言直尤易招尤。説者謂報銷一案，始發難者即是個中人。諸如此無稽之談，殆難悉述。日來停分發一事，誠爲肅清仕途之綱領，然似有未妥者。從古安不忘危，現雖四方無事，設或有潢池弄兵，則異日之從戎，將何所鼓勵。至捐納一途，則前日既納其報效，此日遽改其舊章，似亦類乎反訏，聞大司農頗

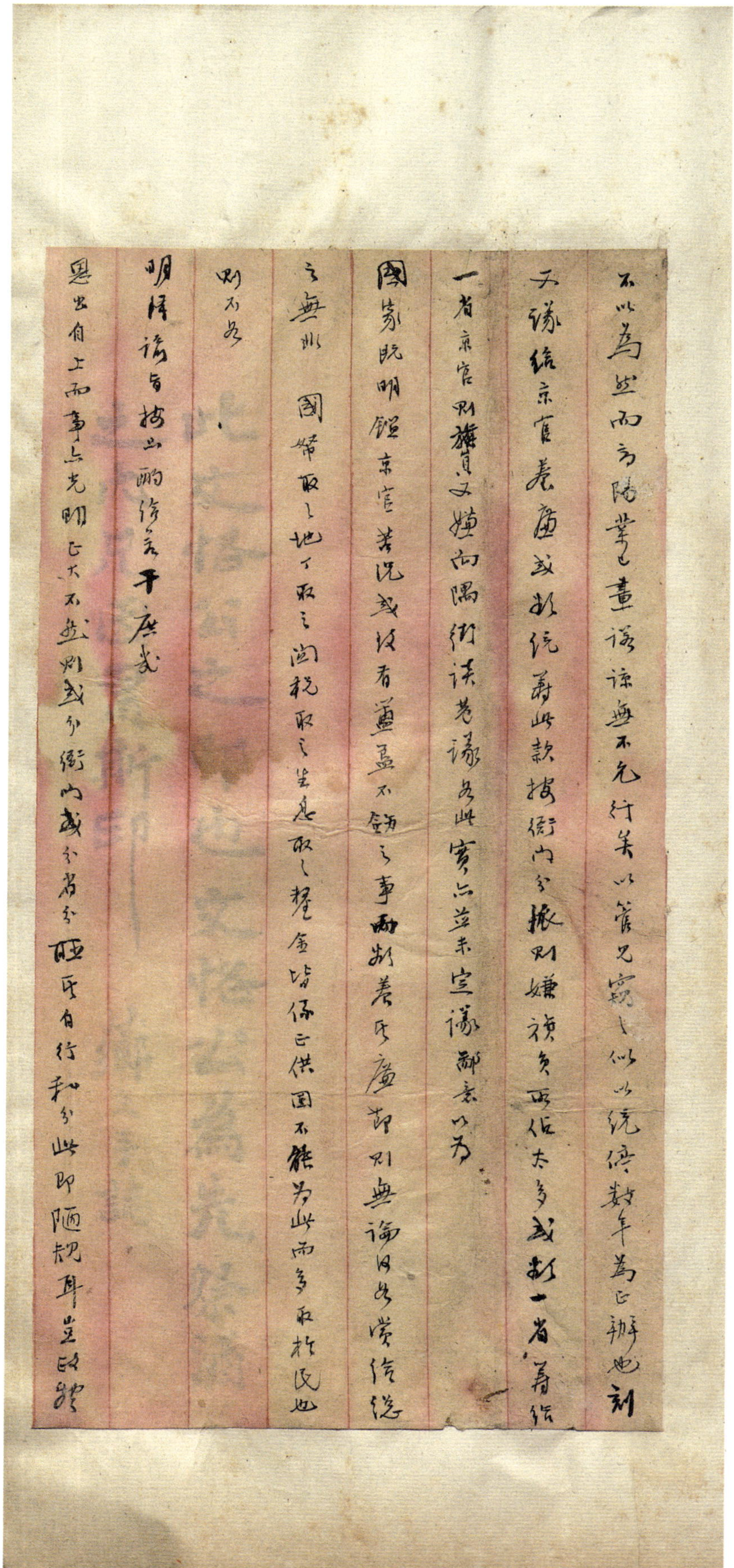

不以爲然，而高陽業已畫諾，諒無不允行矣。以管見窺之，似以統停數年爲正辦也。刻又議給京官養廉，或欲統籌此款。按衙門分派，則嫌旗員所占太多，或欲一省籌給一省京官，則旗員又嫌向隅。街談巷議如此，實亦並未定議。鄙意以爲，國家既明鑒京官苦況，或致有簠簋不飭之事，而欲養其廉節，則無論何如賞給，總之無非國帑，取之地丁，取之關税，取之生息，取之釐金，皆係正供。固不能爲此而多取於民也。則不如明降諭旨，按品酌給若干，庶幾恩出自上，而事亦光明正大。不然則或分衙門，或分省分，聽其自行私分，此即陋規耳，豈政體

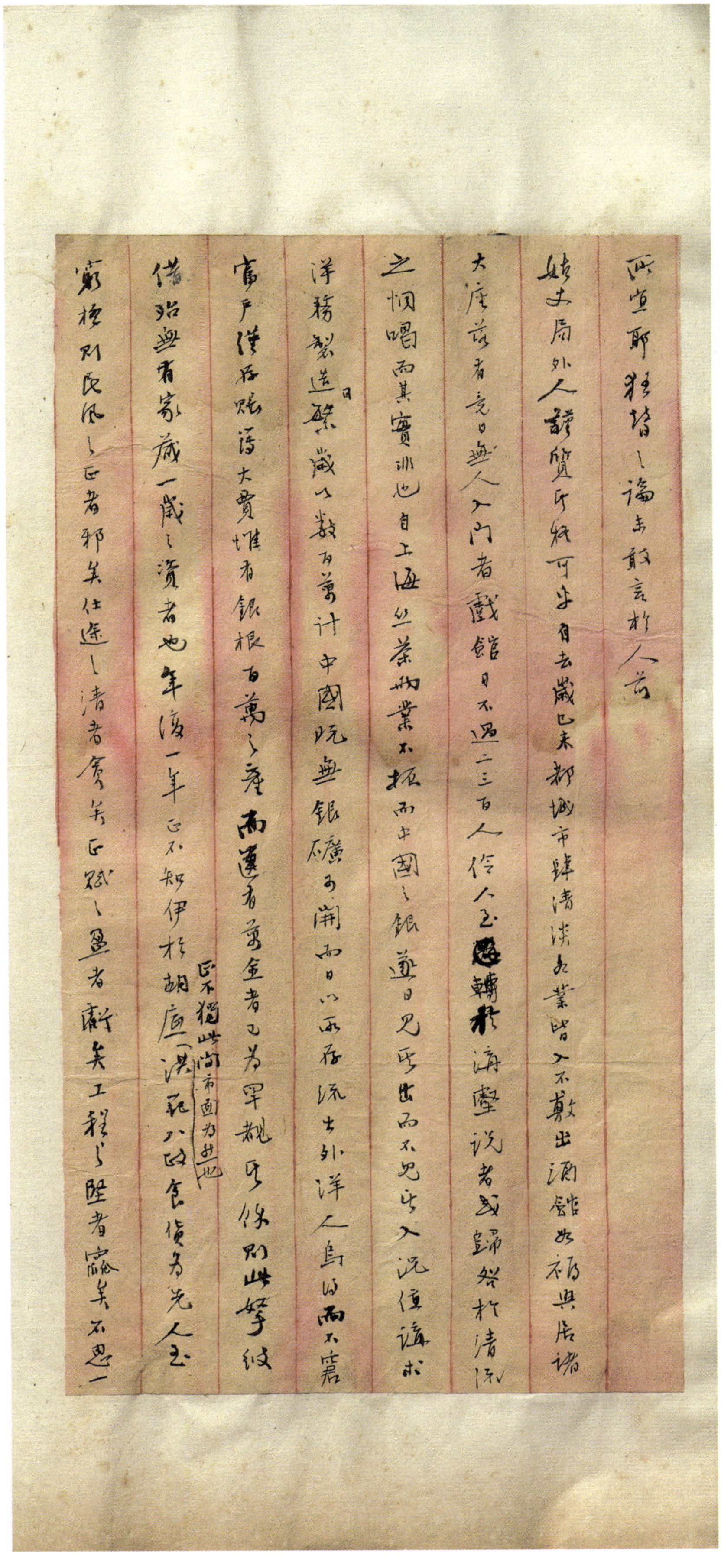

所宜耶。狂瞽之論，未敢言於人前。姑丈局外人，謹質其疑，可乎。自去歲已來，都城市肆清淡，各業皆入不敷出，酒館如福興居諸大座落，有竟日無人入門者，戲館日不過二三百人，伶人至轉於溝壑。說者或歸咎於清流之恫喝，而其實非也。自上海絲、茶兩業不振，而中國之銀遂日見其出，而不見其入。況值講求洋務，製造日繁，歲以數百萬計。中國既無銀礦可開，而日以所存流出外洋，人烏得而不窘。富户僅存賬簿，大賈惟有銀根百萬之産，而簁有萬金者已爲罕覯。其餘則此挐彼借，殆無有家藏一歲之資者也。年復一年，正不知伊於胡底，正不獨此間市面爲然也。洪範八政，食貨爲先。人至窮極，則民風之正者邪矣，仕途之清者貪矣，正賦之盈者虧矣，工程之堅者窳矣。不思一

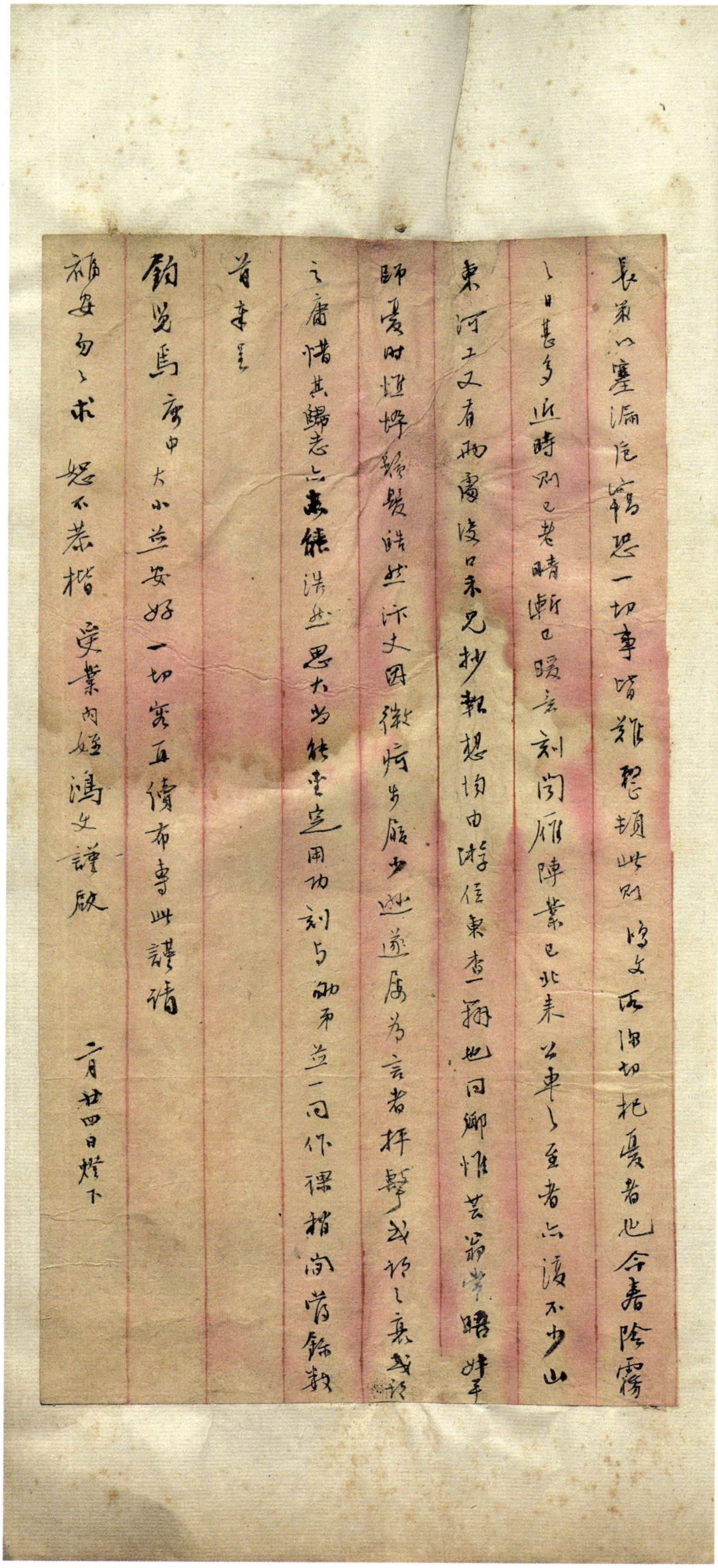

長策以塞漏卮，竊恐一切事皆難整頓，此則鴻文所深切杞憂者也。今春陰霧之日甚多，近時則已老晴，漸已暖意，刻聞雁陣業已北來，公車之至者亦復不少。山東河工，又有兩處决口，未見抄報，想均由游位東查辦也。同鄉惟芸翁常晤，叔平師憂時憔悴，鬢髮皓然，汴丈因微疴步履少遜，遂屢爲言者抨擊。或謂之衰，或謂之庸，惜其歸志亦未能浩然。思大尚能坐定用功，刻與劬弟並一同作課，稍閒當録數首奉呈鈞覽焉，寓中大小並安好，一切容再續布。專此，謹請福安　匆匆求恕不恭楷。

受業内侄鴻文謹啓

二月廿四日燈下

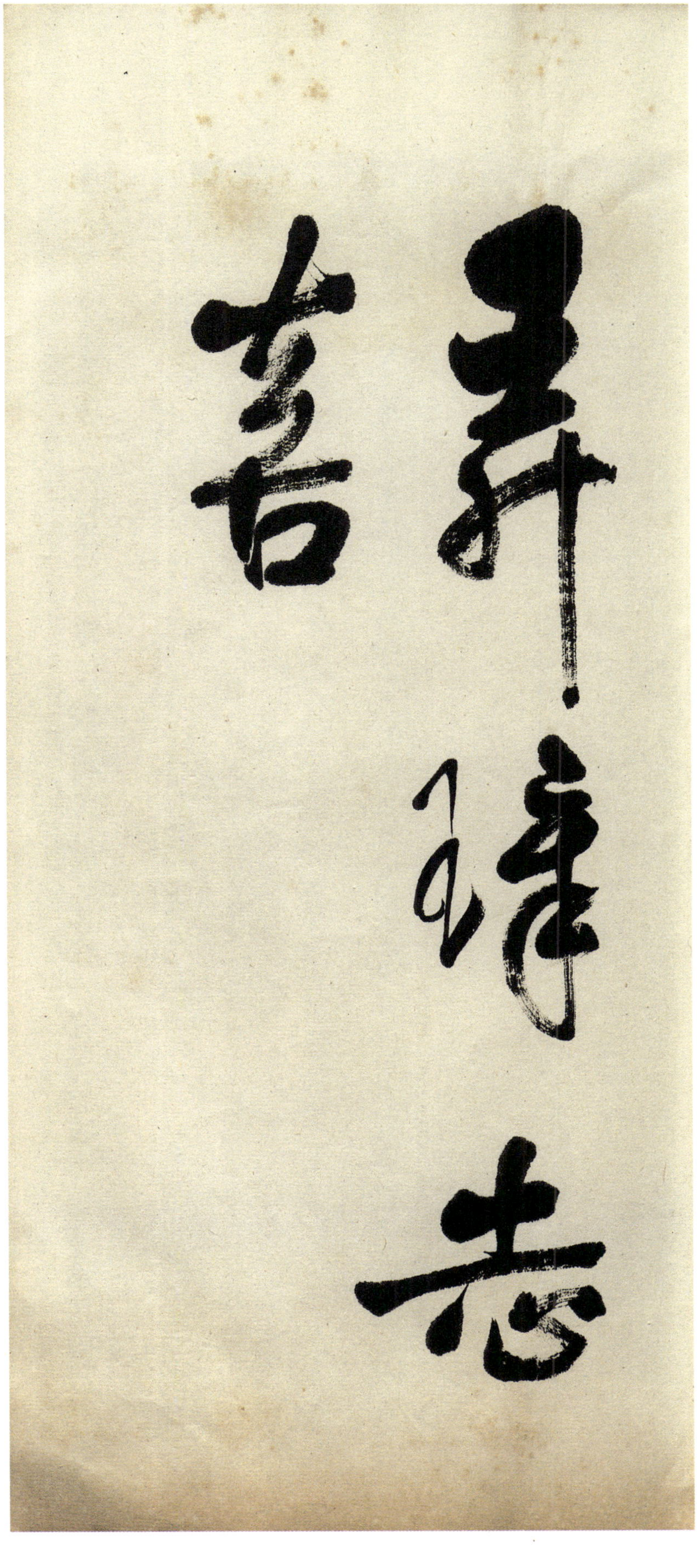
壽詩志
喜

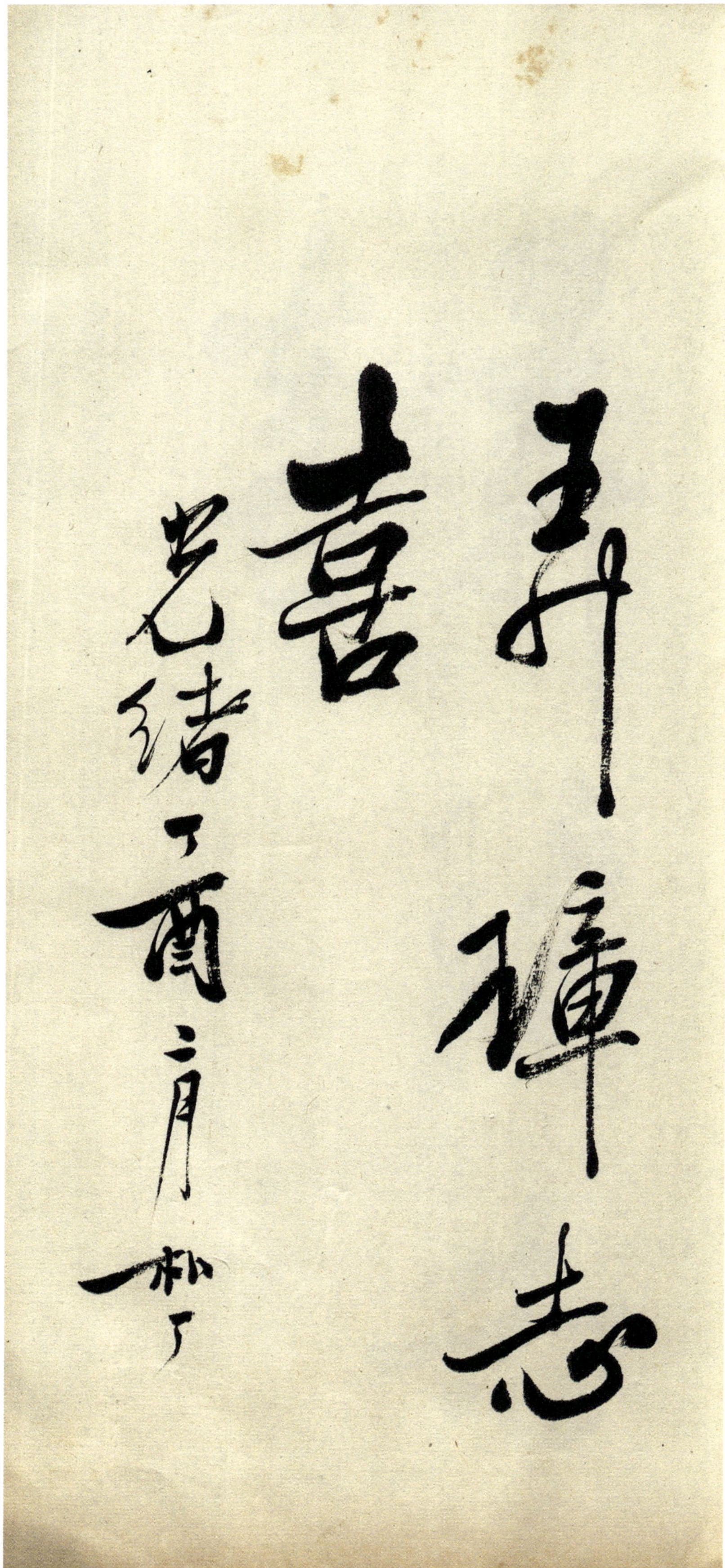

弄璋志喜　光緒丁酉二月

朴厂

莊人寶辭

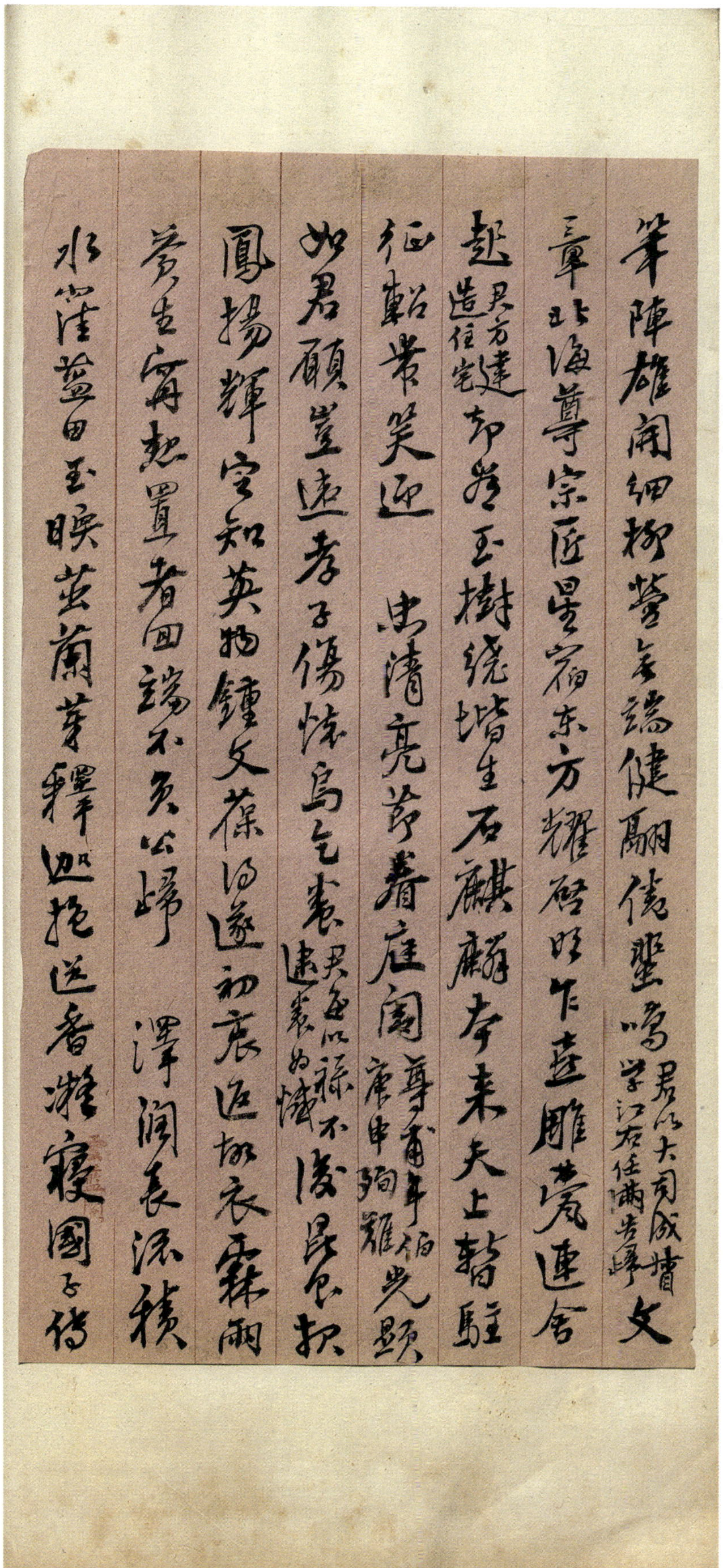

筆陣雄開細柳營，無端健翮倦蜚鳴（君以大司成督學江右任滿告歸）。文章北海尊宗匠，星宿東方耀啓明。乍喜雕甍連舍起（君方建造住宅），却看玉樹繞階生。石麒麟本來天上，暫駐征軺帶笑迎。忠清亮節眷庭闈（尊甫年伯庚申殉難），光顯如君願豈違。孝子傷懷烏乞養（君每以禄不逮養爲憾），後昆食報鳳揚輝。定知英物鍾文葆，得遂初衷返故衣。霖雨蒼生寧恝置，者回端不負公歸。澤潤長流積水窪，藍田玉暎茁蘭芽。釋迦抱送香凝寢，國子傳

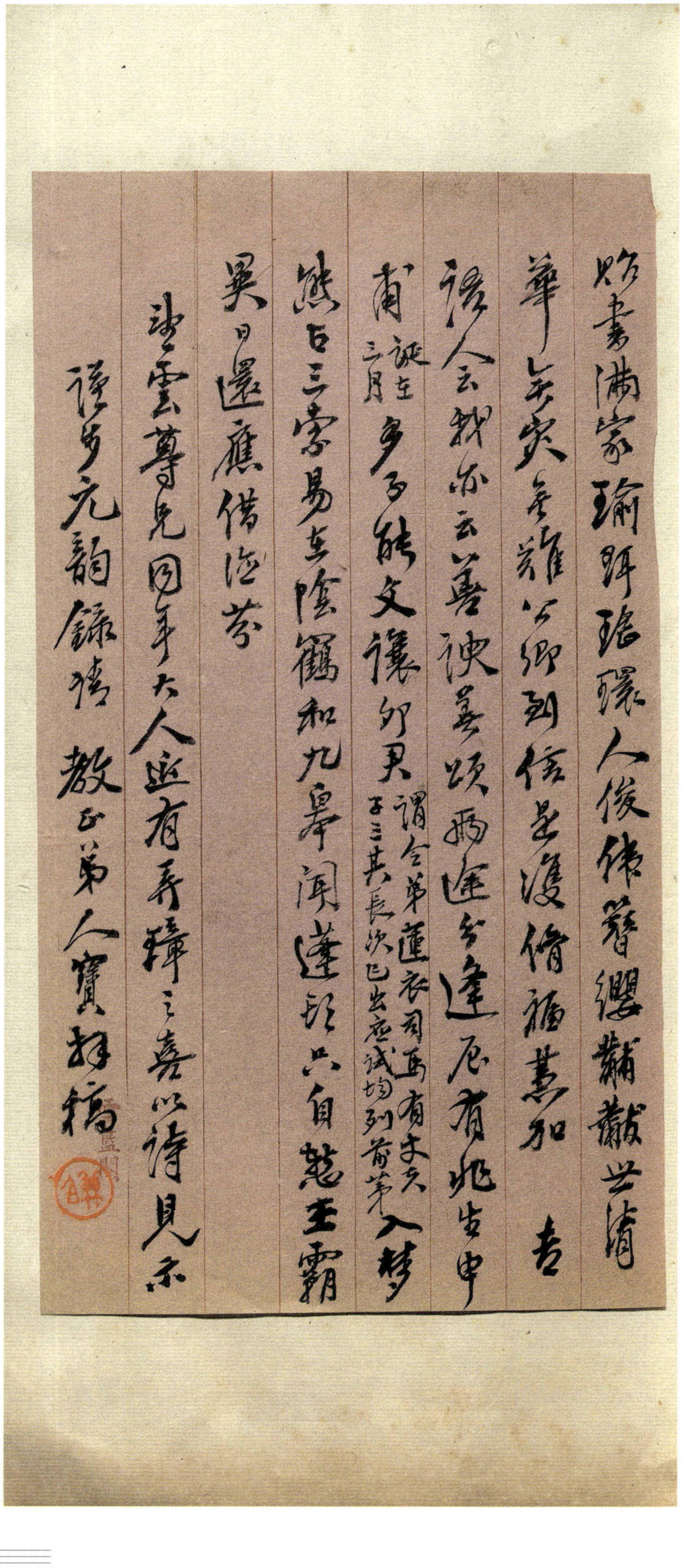

貽書滿家。瑜珥琅環人俊偉，簪纓黼黻世清華。無灾無難公卿到，信是雙修福慧加。

吉語人云我亦云，善謏善頌兩途分。逢辰有兆生申甫（誕在三月），多子能文讓卯君（謂令弟蓮衣司馬有丈夫子三，其長次已出應試，均列前茅）。入夢熊占三索易，在陰鶴和九皋聞。蓬頭只自慚王霸，異日還應借德芬。

望雲尊兄同年大人近有弄璋之喜，以詩見示，謹步元韵，録請教正。弟人寶拜稿。

王樹人賀辭

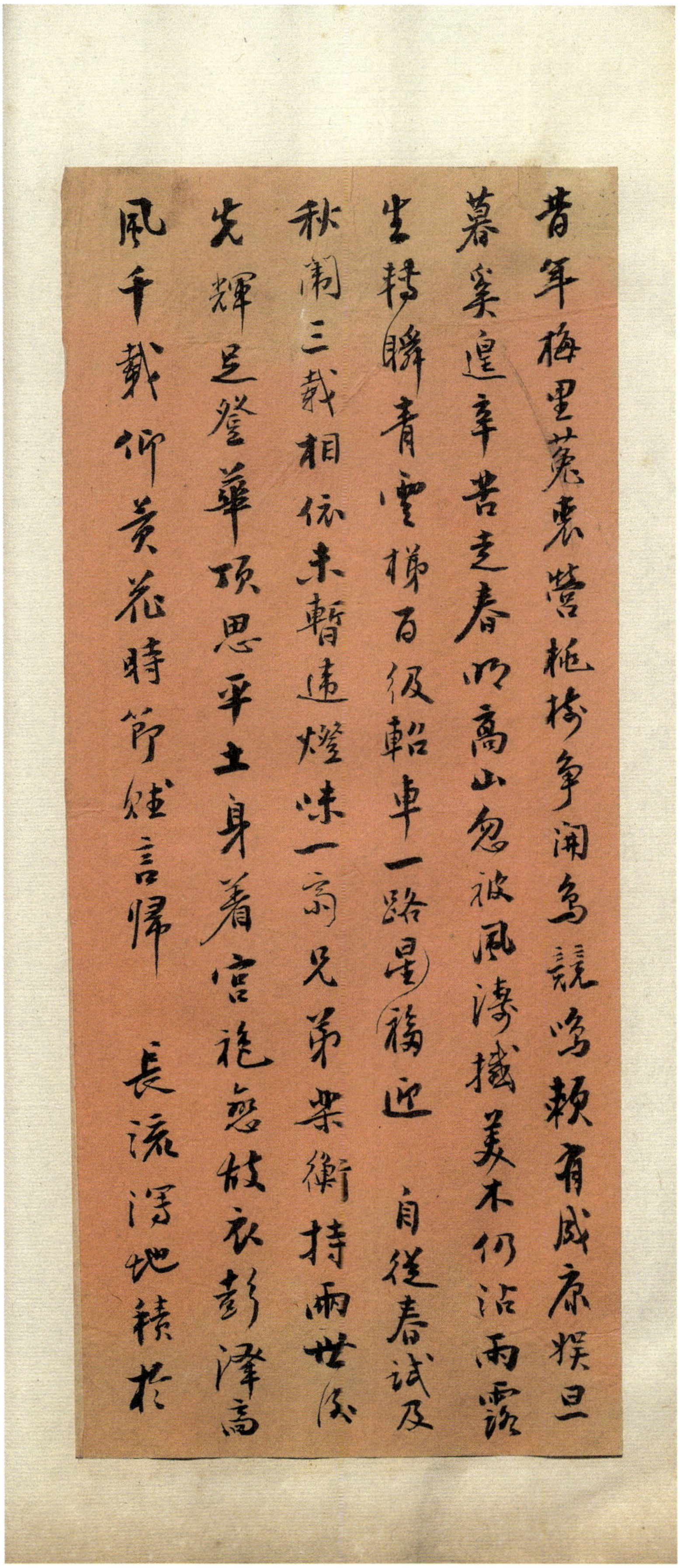

昔年梅里苑裘營，桃樹争開鳥競鳴。賴有成康娱旦暮，奚違辛苦走春明。高山忽被風濤撼，美木仍沾雨露生。轉瞬青雲梯百級，軺車一路福星迎。自從春試及秋闈，三載相依未暫違。燈味一齋兄弟樂，衡持兩世後先輝。足登華頂思平土，身著宮袍戀故衣。彭澤高風千載仰，黃花時節賦言歸。長流瀉地積於

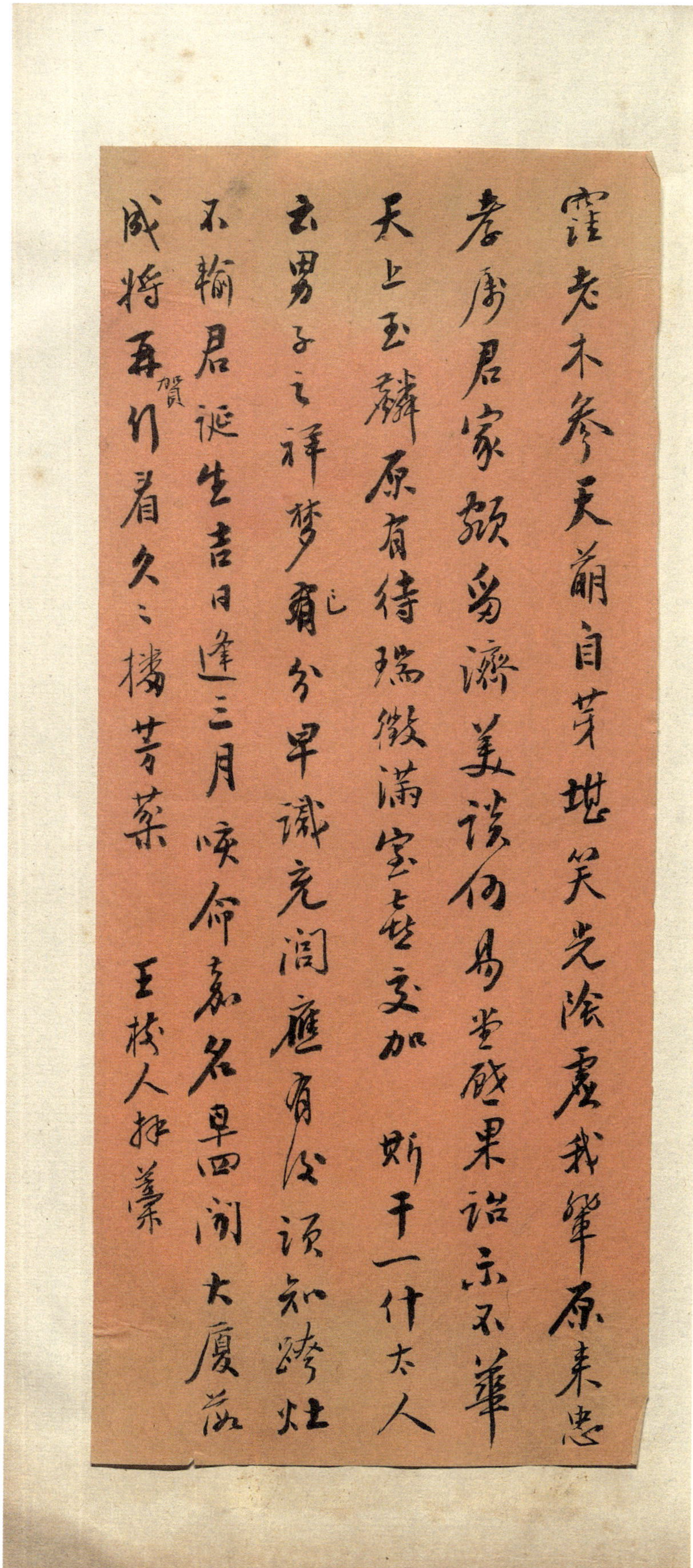

窪，老木參天萌自芽。堪笑光陰虛我輩，原來忠孝屬君家。額豸濟美談何易，堂啓果詒示不華。天上玉麟原有待，瑞徵滿室喜交加。

斯干一什太人云，男子之祥夢已分。早識充閭應有後，須知跨灶不輸君。誕生吉日逢三月，咳命嘉名早四聞。大厦落成將再賀，行看久久樓芳菜。

王樹人拜稿。

姚錫爵賀辭

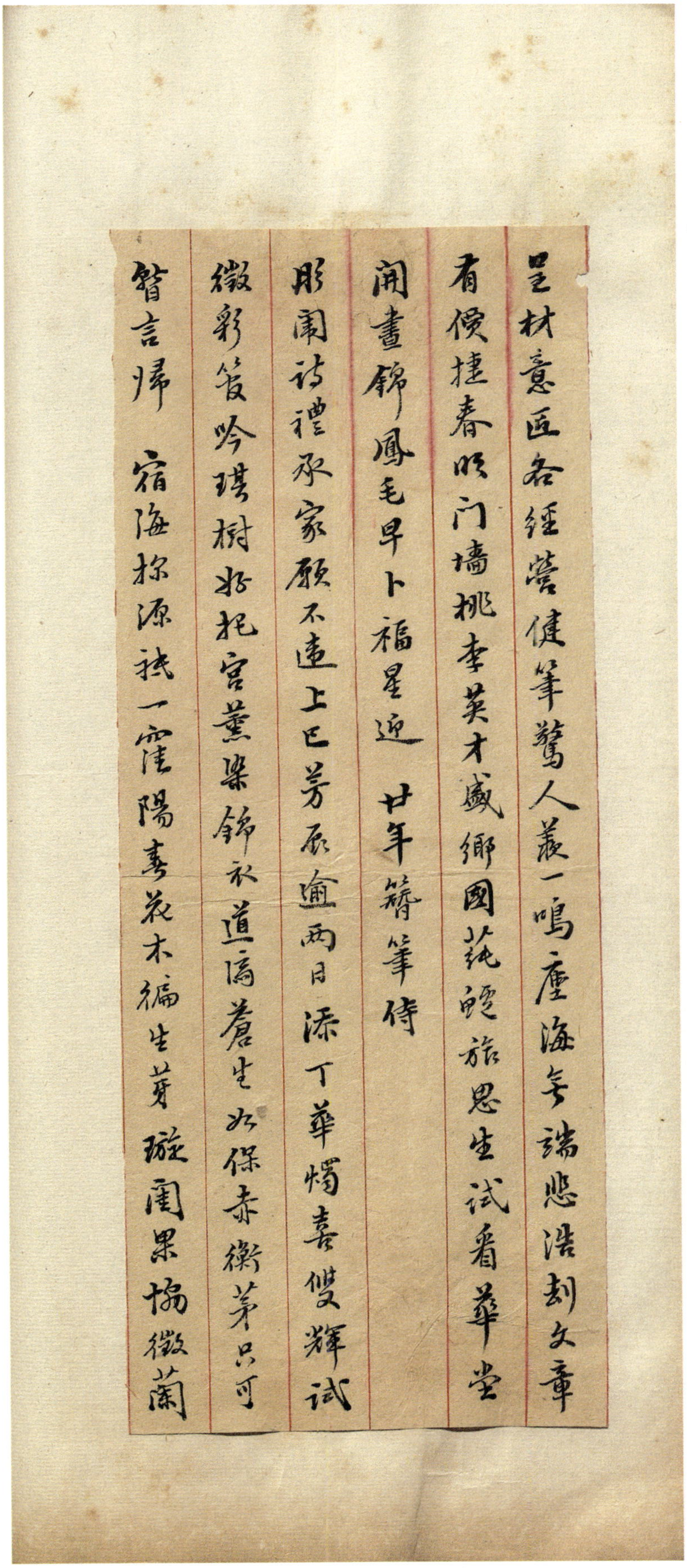

呈材意匠各經營，健筆驚人羡一鳴。塵海無端悲浩劫，文章有價捷春明。門墻桃李英才盛，鄉國蒓鱸旅思生。試看華堂開畫錦，鳳毛早卜福星迎。廿年簪筆侍彤闈，詩禮承家願不違。上巳芳辰逾兩日，添丁華燭喜雙輝。試徵彩管吟琪樹，好托宮薰染錦衣。道濟蒼生如保赤，衡茅只可暫言歸。宿海探源祇一窪，陽春花木偏生芽。璇閨果協徵蘭

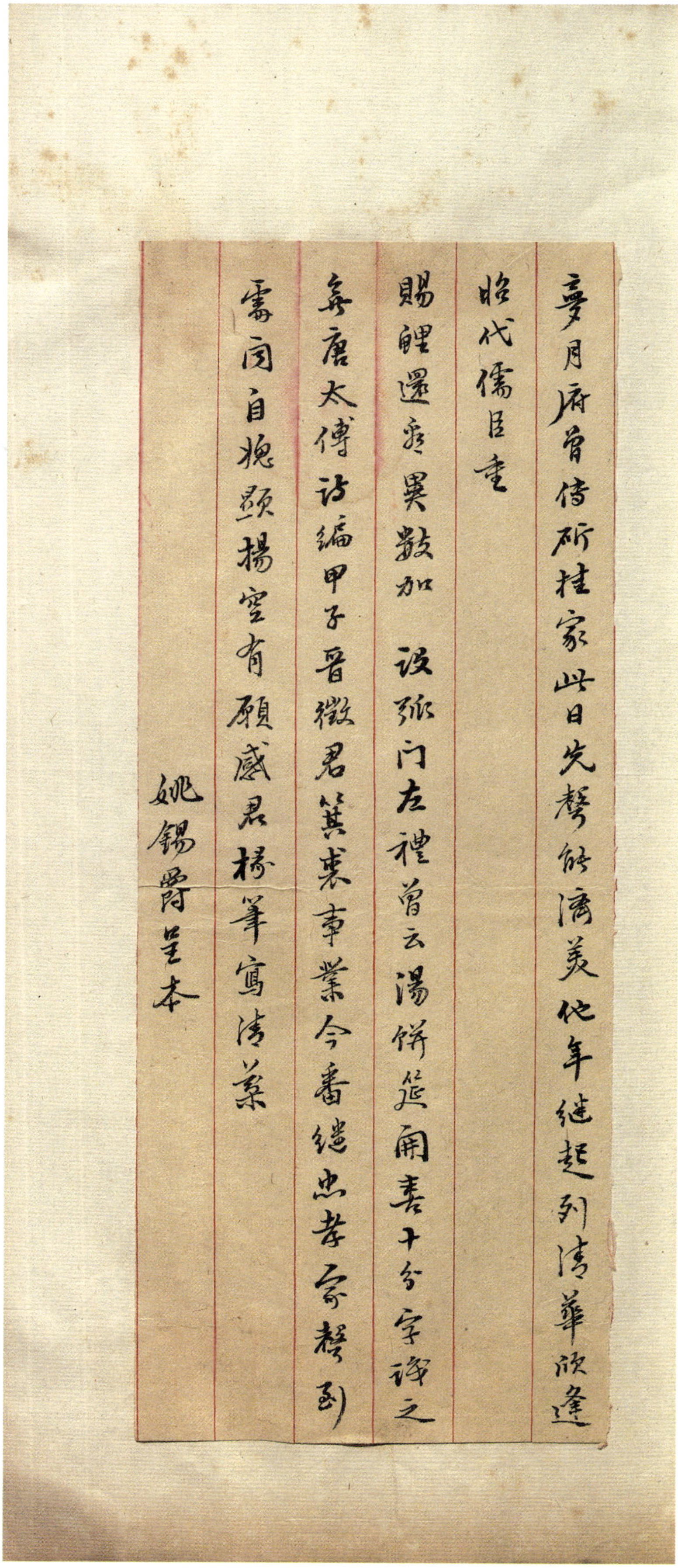

夢，月府曾傳斫桂家。此日先聲能濟美，他年繼起列清華。欣逢昭代儒臣重，賜鯉還看異數加。

設弧門左禮曾云，湯餅筵開喜十分。字識之無唐太傅，詩編甲子晉徵君。箕裘事業今番繼，忠孝家聲到處聞。自愧顯揚空有願，感君椽筆寫清棻。

姚錫爵呈本。

錢錫庚賀辭

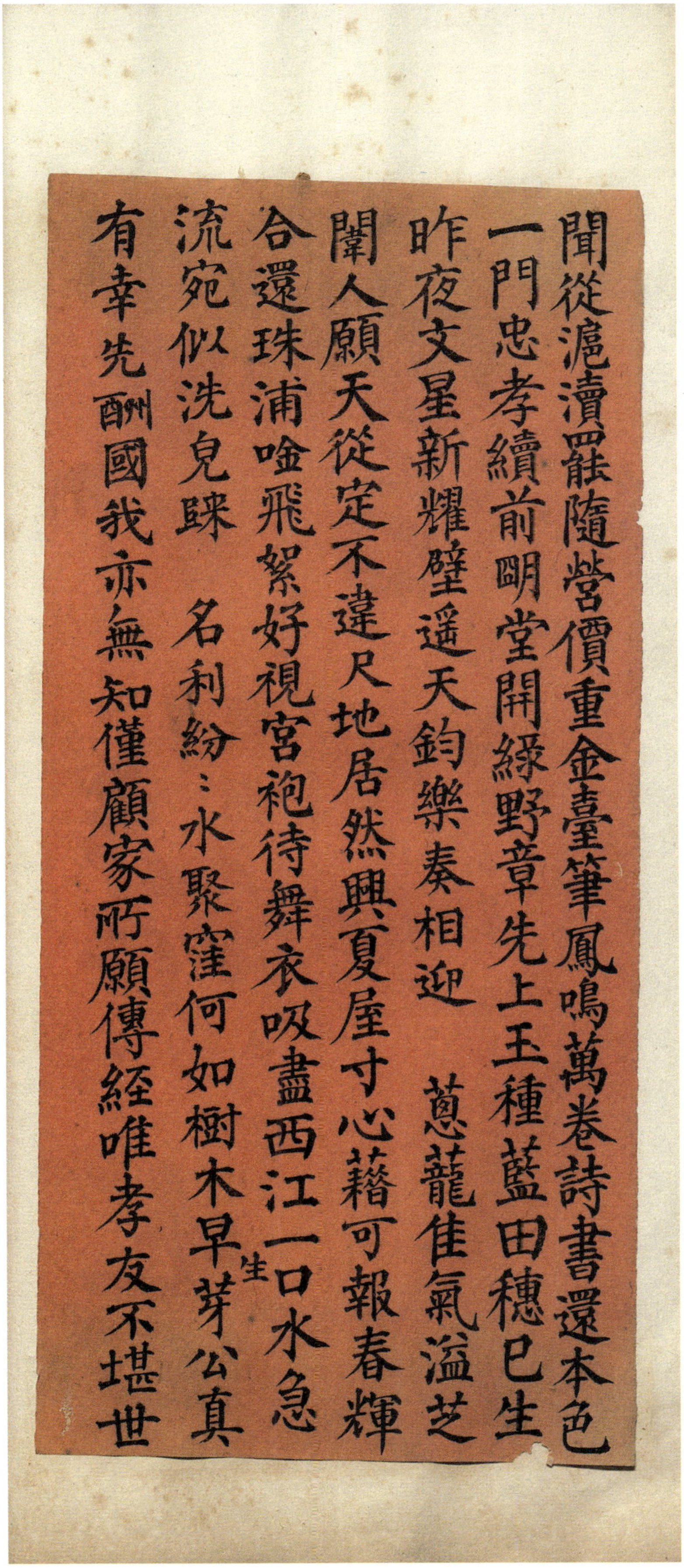

聞從滬瀆罷隨營，價重金臺筆鳳鳴。萬卷詩書還本色，一門忠孝續前明。堂開緑野章先上，玉種藍田穗已生。昨夜文星新躍壁，遥天鈞樂奏相迎。蔥蘢佳氣溢芝闈，人願天從定不違。尺地居然興夏屋，寸心藉可報春輝。合還珠浦唫飛絮，好視宮袍待舞衣。吸盡西江一口水，急流宛似洗貌歸。名利紛紛水聚窪，何如樹木早生芽。公真有幸先酬國，我亦無知僅顧家。所願傳經唯孝友，不堪世

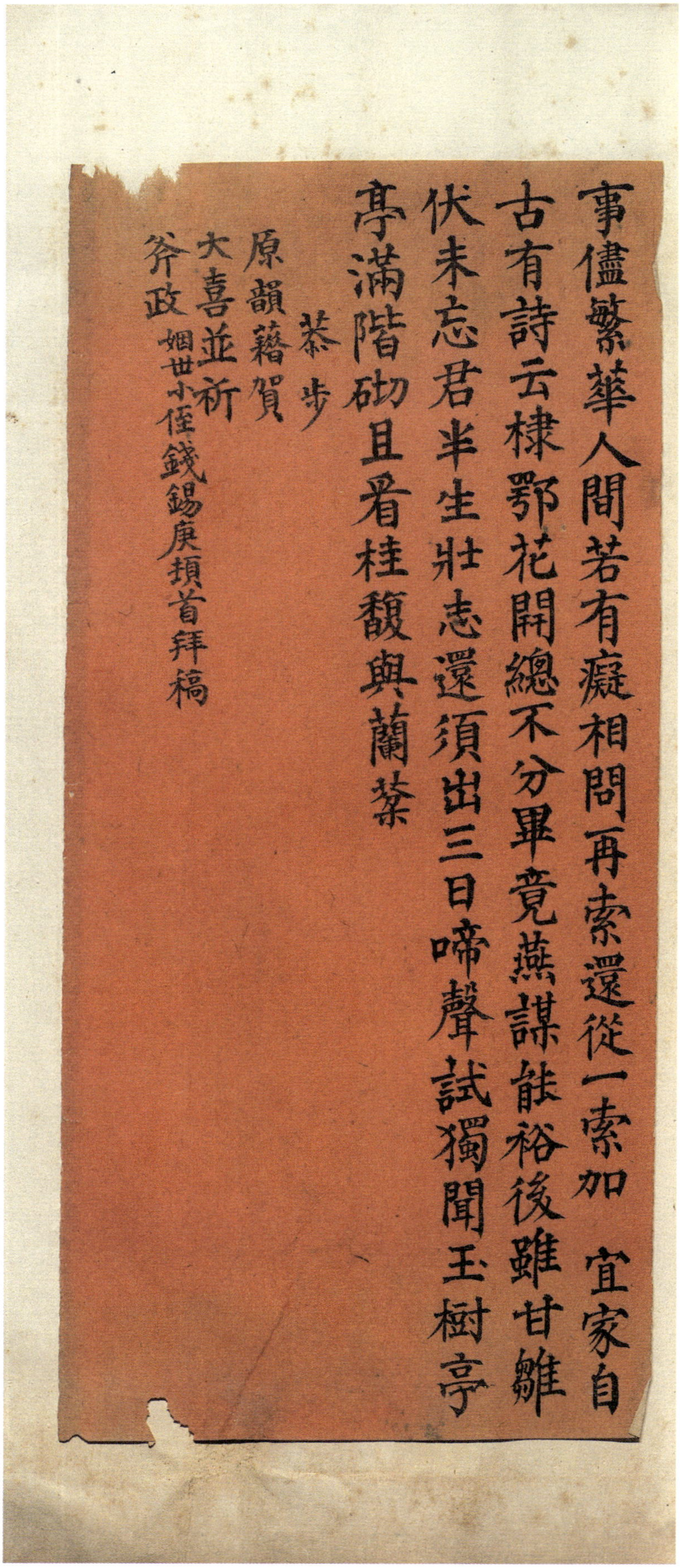

事儘繁華。人間若有癡相問，再索還從一索加。

宜家自古有詩云，棣鄂花開總不分。畢竟燕謀能裕後，雖甘雛伏未忘君。半生壯志還須出，三日啼聲試獨聞。玉樹亭亭滿階砌，且看桂馥與蘭荼。

恭步　原韻，藉賀大喜，並祈

斧政

姻世小侄 錢錫庚頓首拜稿。

張佩綸手札

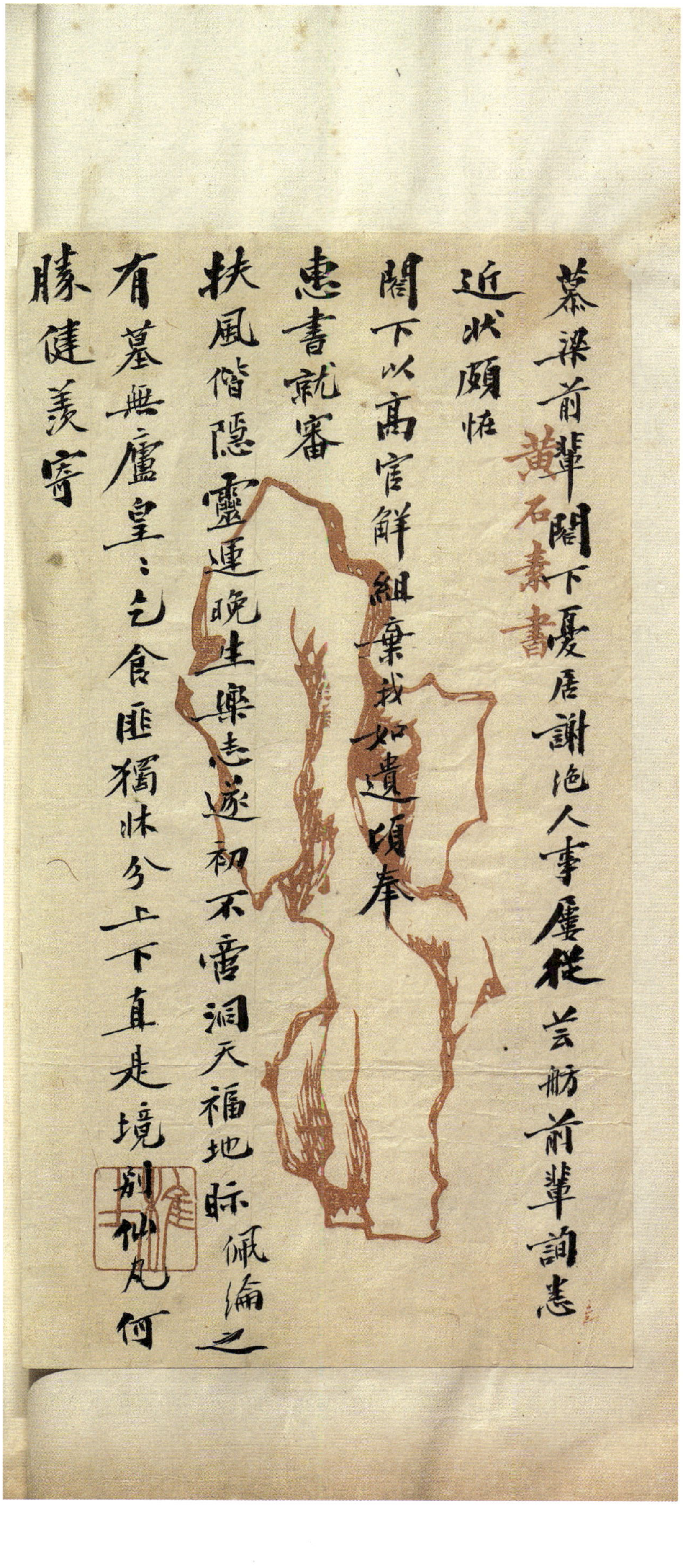
慕梁前輩閣下憂居謝絶人事屢從芸舫前輩詢悉
近狀頗怪
閣下以高官解組棄我如遺頃奉
惠書就審
扶風偕隱靈運晚生樂志遂初不啻洞天福地睎佩綸之
有墓無廬皇皇乞食匪獨牀分上下直是境別仙凡何
勝健羨寄

黃石素書

慕梁前輩閣下：

憂居謝絶人事，屢從芸舫前輩詢悉近狀，頗怪閣下以高官解組，棄我如遺。頃奉惠書，就審扶風偕隱，靈運晚生，樂志遂初，不啻洞天福地，睎佩綸之有墓無廬，皇皇乞食，匪獨牀分上下，直是境別仙凡，何勝健羨。寄

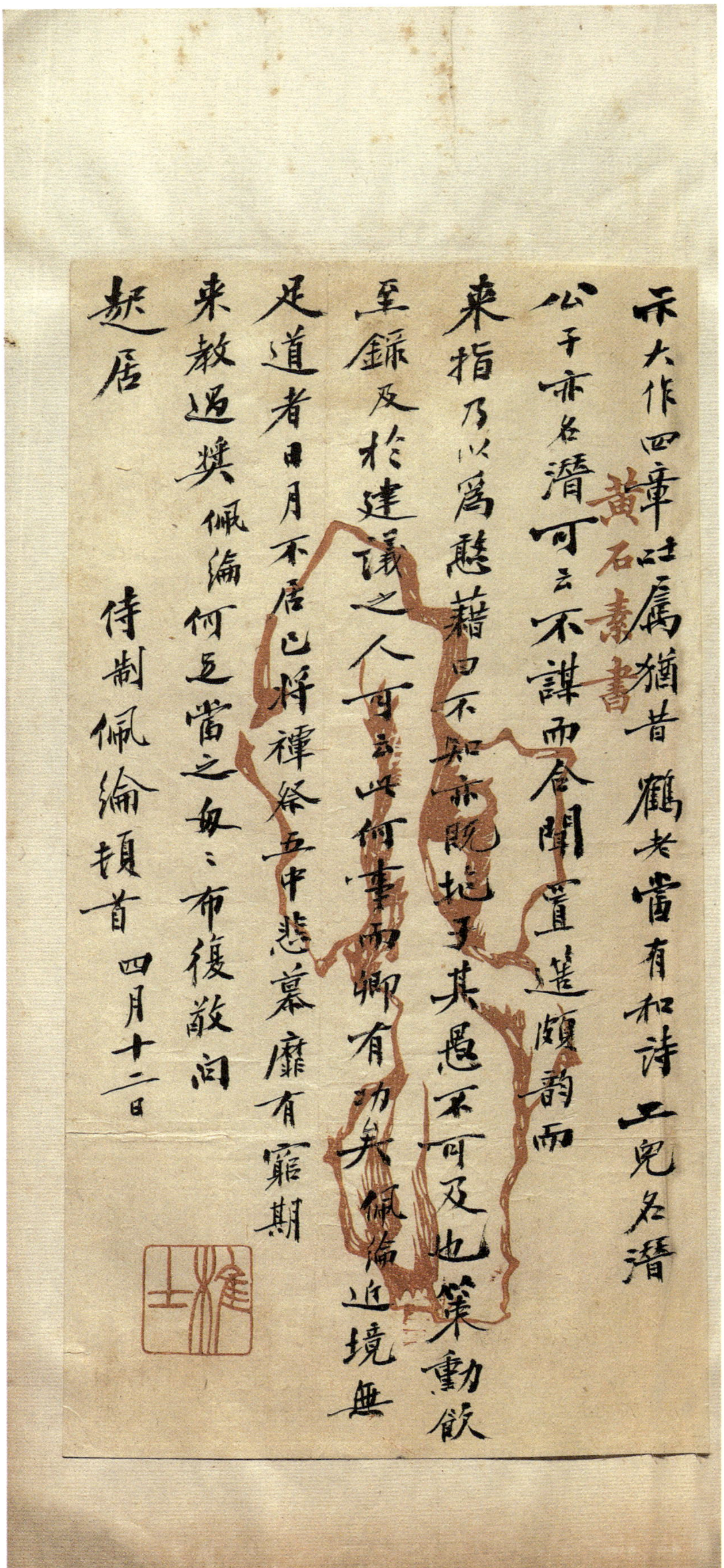

示大作四章，吐屬猶昔，鶴老當有和詩。二兒名潛，公子亦名潛，可云不謀而合。聞置箎頗韻，而來指乃以爲憨，藉曰不知，亦既抱子，其愚不可及也。策勳歆至録及於建議之人，可云此何事，而卿有功矣。佩綸近境，無足道者，日月不居，已將禫祭，五中悲慕，靡有窮期，來教過奬，佩綸何足當之。匆匆布復，敬問起居。

侍制佩綸頓首

四月十二日

費延釐手札

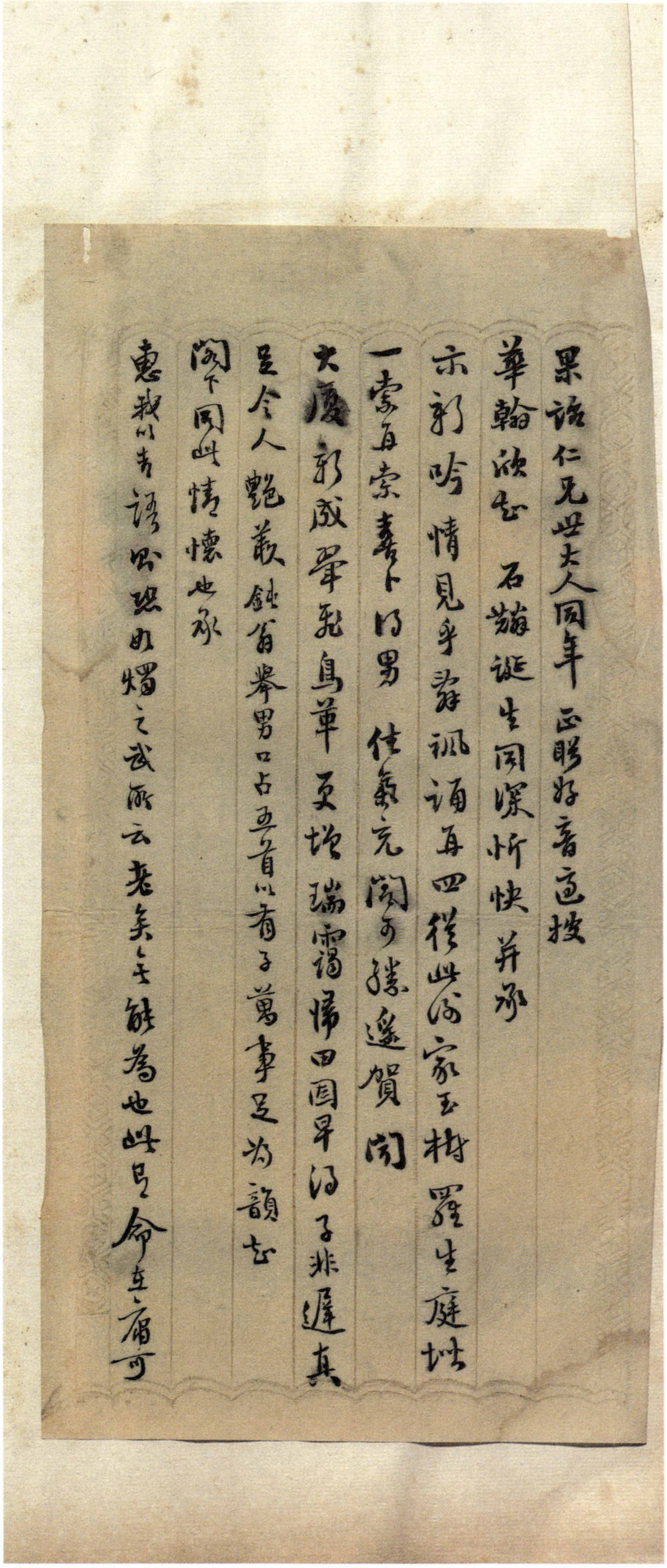

果詒仁兄世大人同年：

正盼好音，適披華翰，欣知石麟誕生，同深忻快。並承示新吟，情見乎辭，諷誦再四，從此謝家玉樹，羅生庭階，一索再索，喜卜得男，佳氣充閭，可勝遥賀。聞大厦新成，翬飛鳥革，更增瑞靄，歸田固早，得子非遲，真足令人艷羨。鈍翁舉男，口占五首，以『有子萬事足』爲韵，知閣下同此情懷也，承惠我以吉語，則恐如燭之武所云，老矣無能爲也。此有命在，庸可

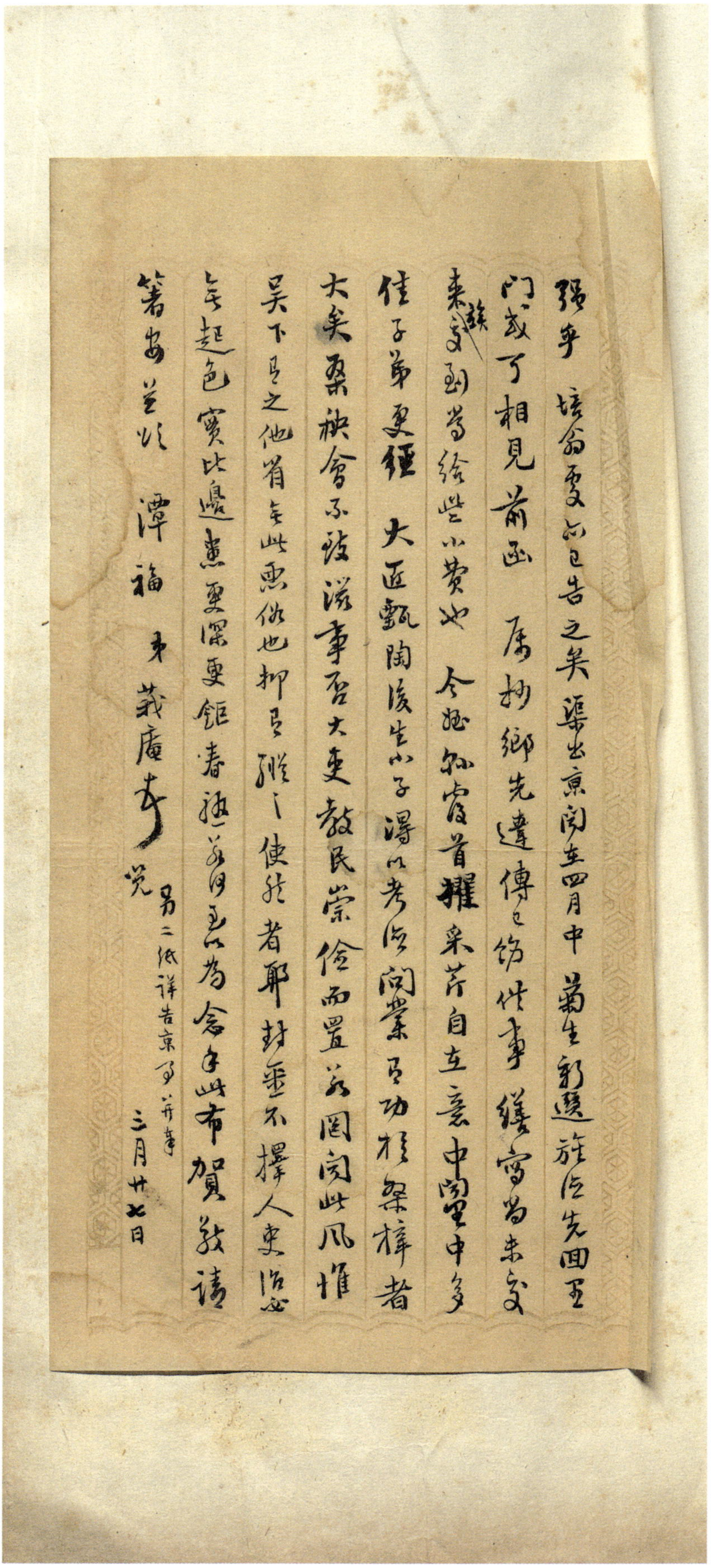

强乎。培翁處亦已告之矣，渠出京聞在四月中。菊生新選旌德，先回里門，或可相見。前函屬抄鄉先達傳，已飭供事繕寫，尚未交來。竢交到，當給些小費也。令侄縣處首擢采芹，自在意中。閭里中多佳子弟，更經大匠甄陶，後生小子得以考德問業，有功於桑梓者大矣。桑秧會不致滋事否？大吏教民崇儉，而置若罔聞，此風惟吴下有之，他省無此惡俗也，抑有縱之使能者耶。封畺不擇人，吏治必無起色，實比邊患更深更鉅。春熟若何？至以爲念。奉此布賀，敬請

箸安，並頌

潭福

弟莪庵頓首

另二紙詳告京事，並奉覽。

三月廿七日

松樓小品

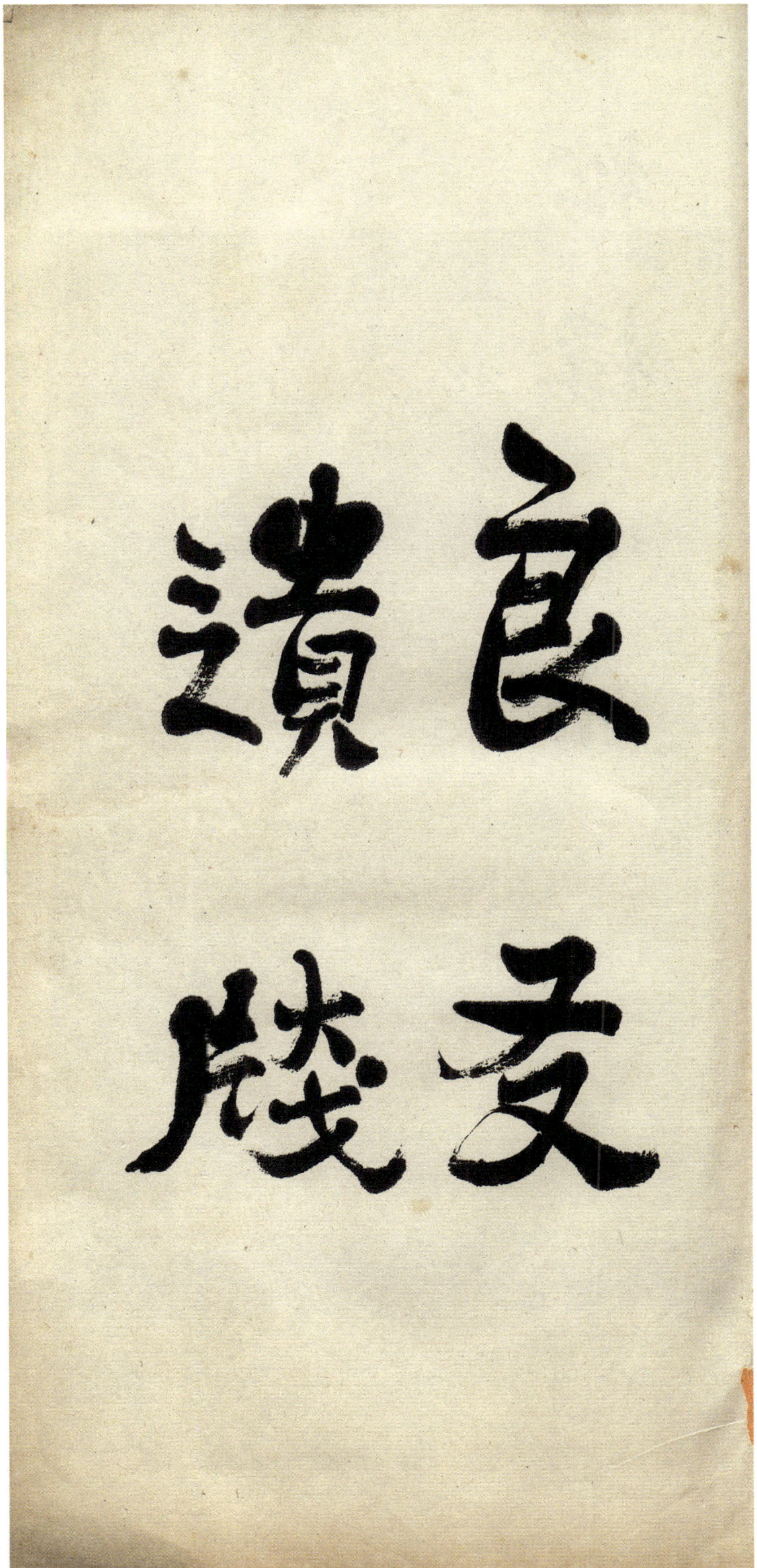

殷兆鏞

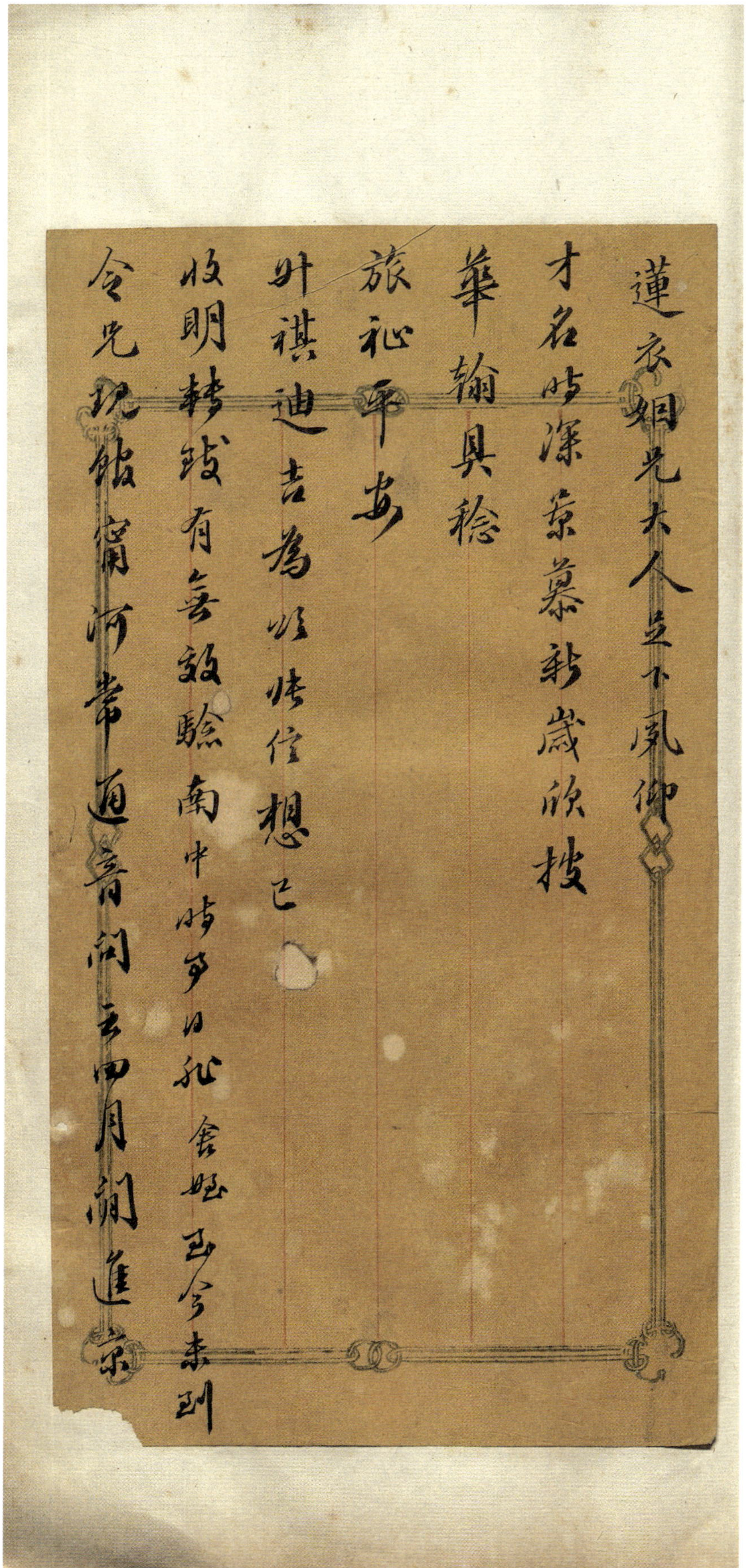

蓮衣姻兄大人足下：

夙仰才名，時深景慕。新歲欣披華翰，具稔旅祉平安，升祺迪吉爲頌。

張信想已收明，轉致有無效驗。南中時事日非。舍侄至今未到。令兄現館寧河，常通音問，云四月間進京。

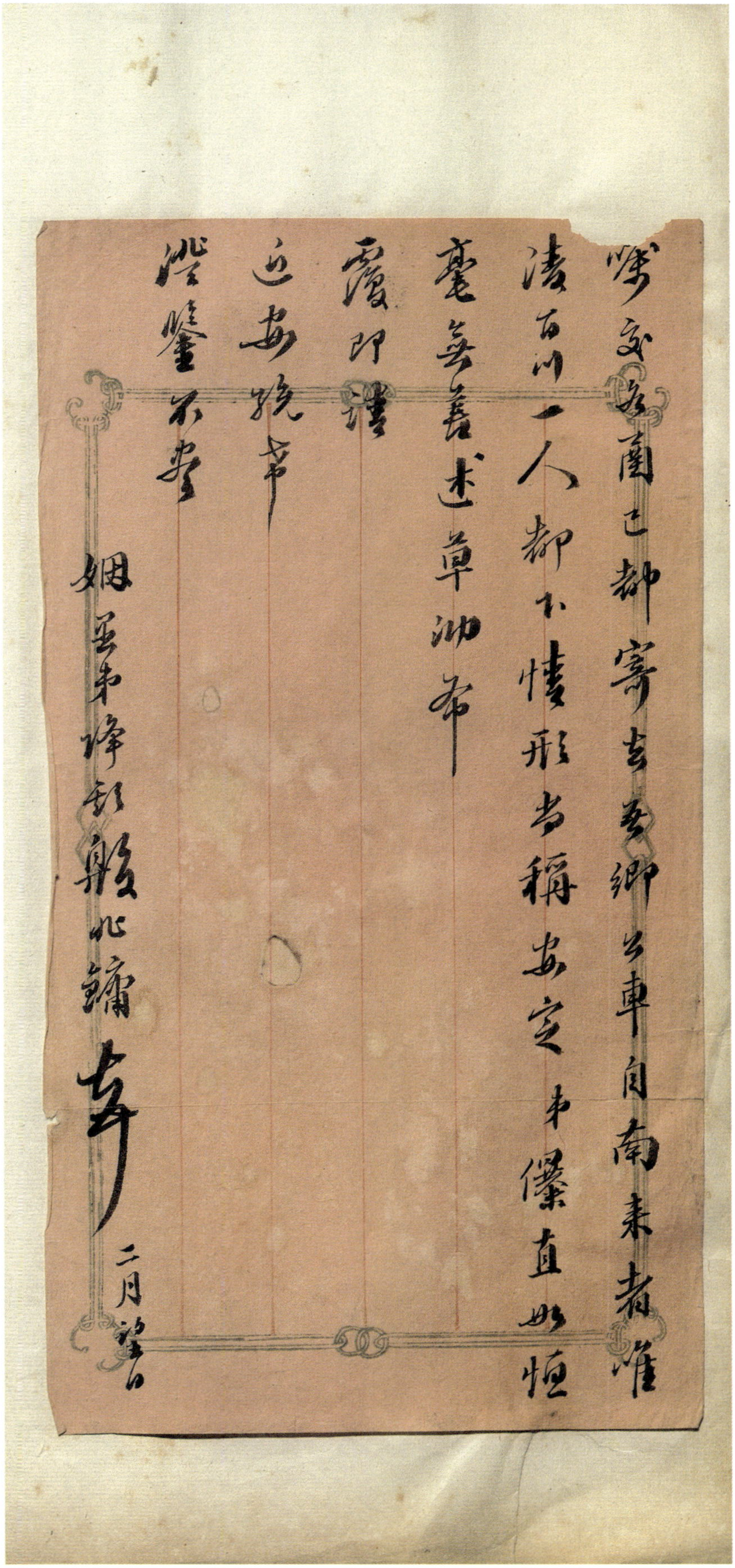

囑交各函，已都寄去。吾鄉公車自南來者，唯凌百川一人。都下情形，尚稱安定。弟儤直如恒，毫無善述。草泐布覆，即請近安，統希澄鑒，不盡。

姻愚弟降期殷兆鏞頓首

二月望日

費延釐

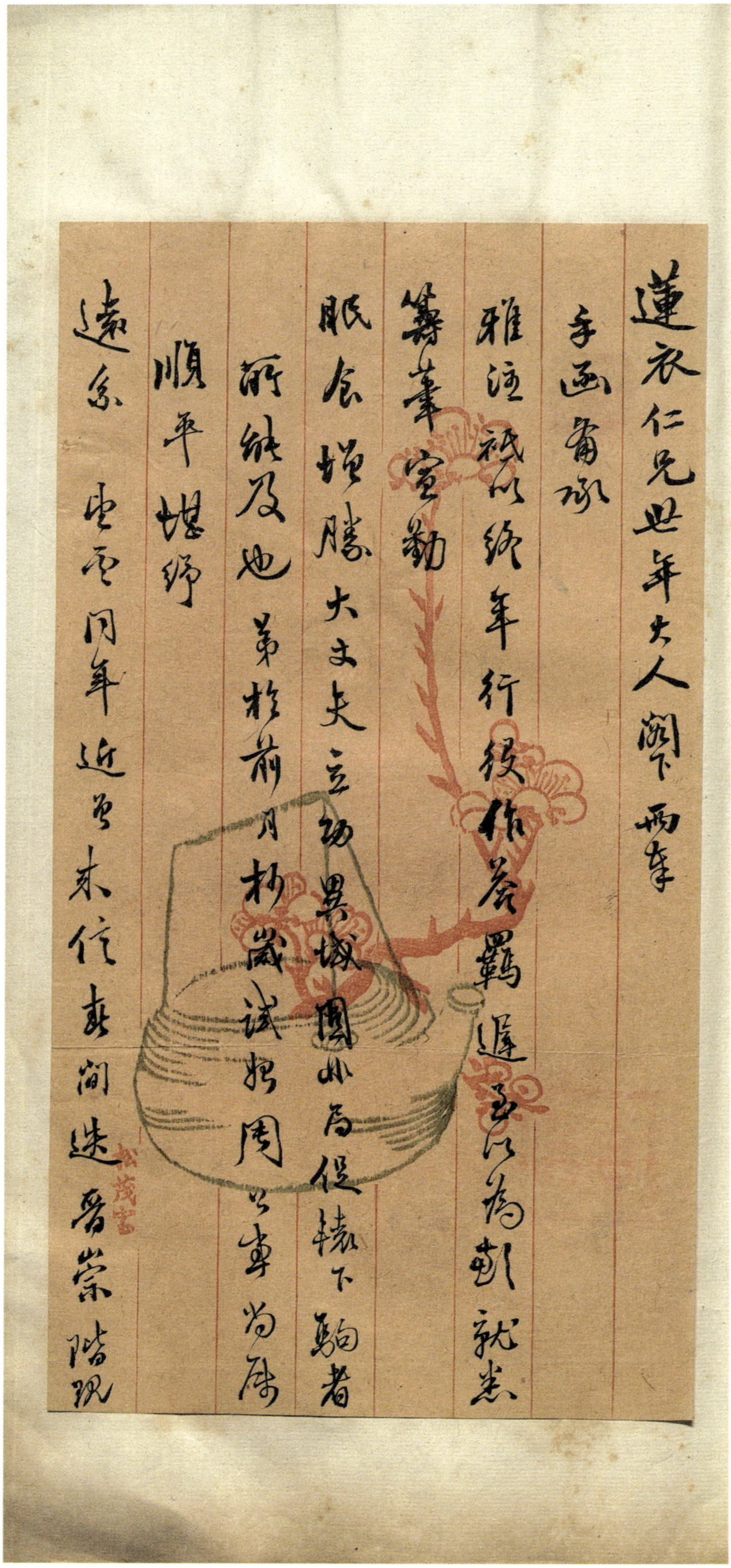

蓮衣仁兄世年大人閣下：

兩奉手函，備承雅注。祇以終年行役，作答羈遲，至以爲歉。就悉籌筆宣勤，眠食增勝，大丈夫立功異域，固非局促轅下駒者所能及也。弟於前月杪歲試始周，公事尚屬順平，堪紓遠繫。望雲同年近曾來信，春間迭晉崇階，現

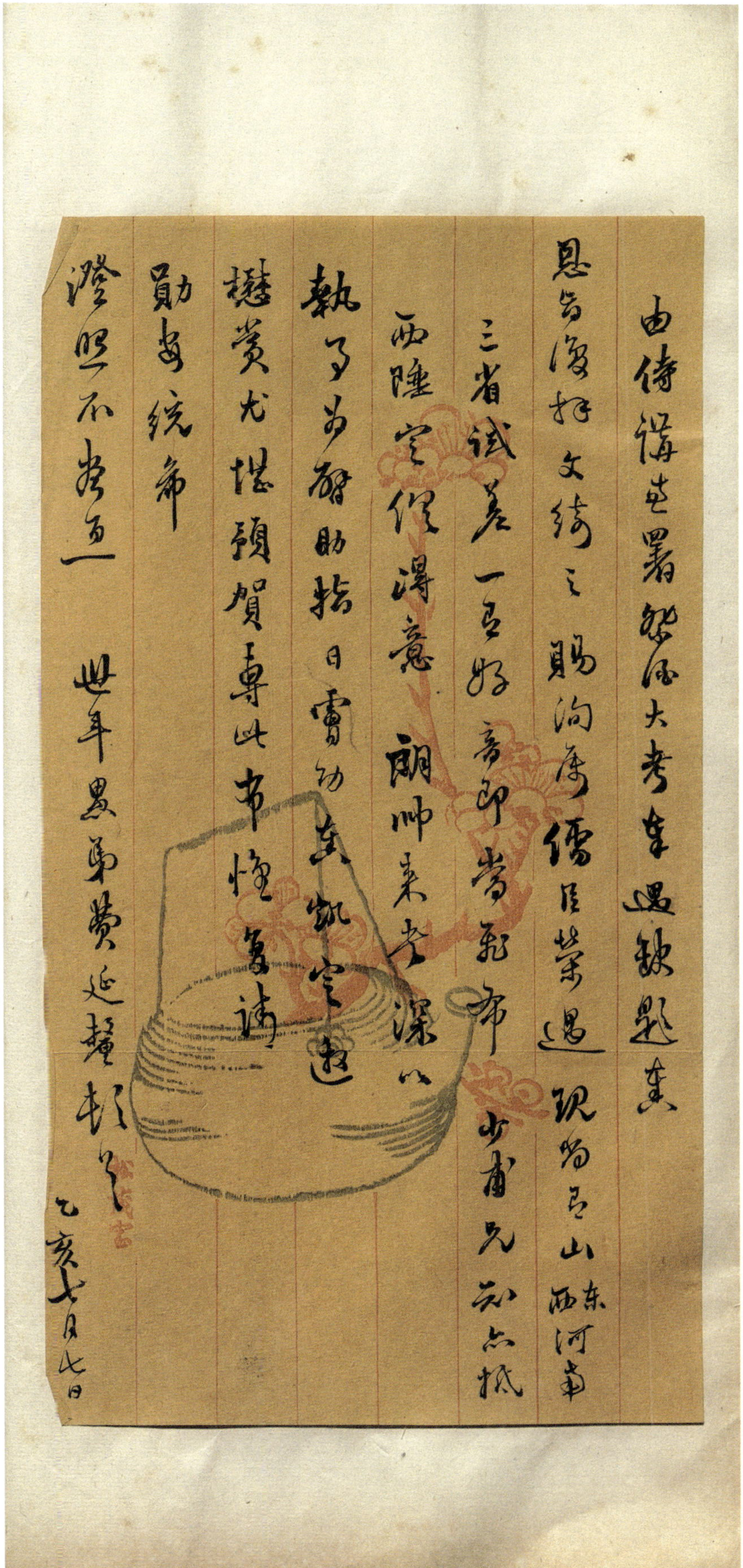

由侍講兼署祭酒，大考奉遇缺題奏，恩旨復拜文綺之賜，洵屬儒臣榮遇。現尚有山東、山西、河南三省試差，一有好音，即當飛布。少甫兄知亦抵西陲，定俱得意。朗帥來書，深以執事爲臂助。指日膚功奏凱，定邀懋賞，尤堪預賀。專此布惟，復請

勛安。統希澄照，不盡百一。

世年愚弟費延釐頓首

乙亥七月七日

費延釐

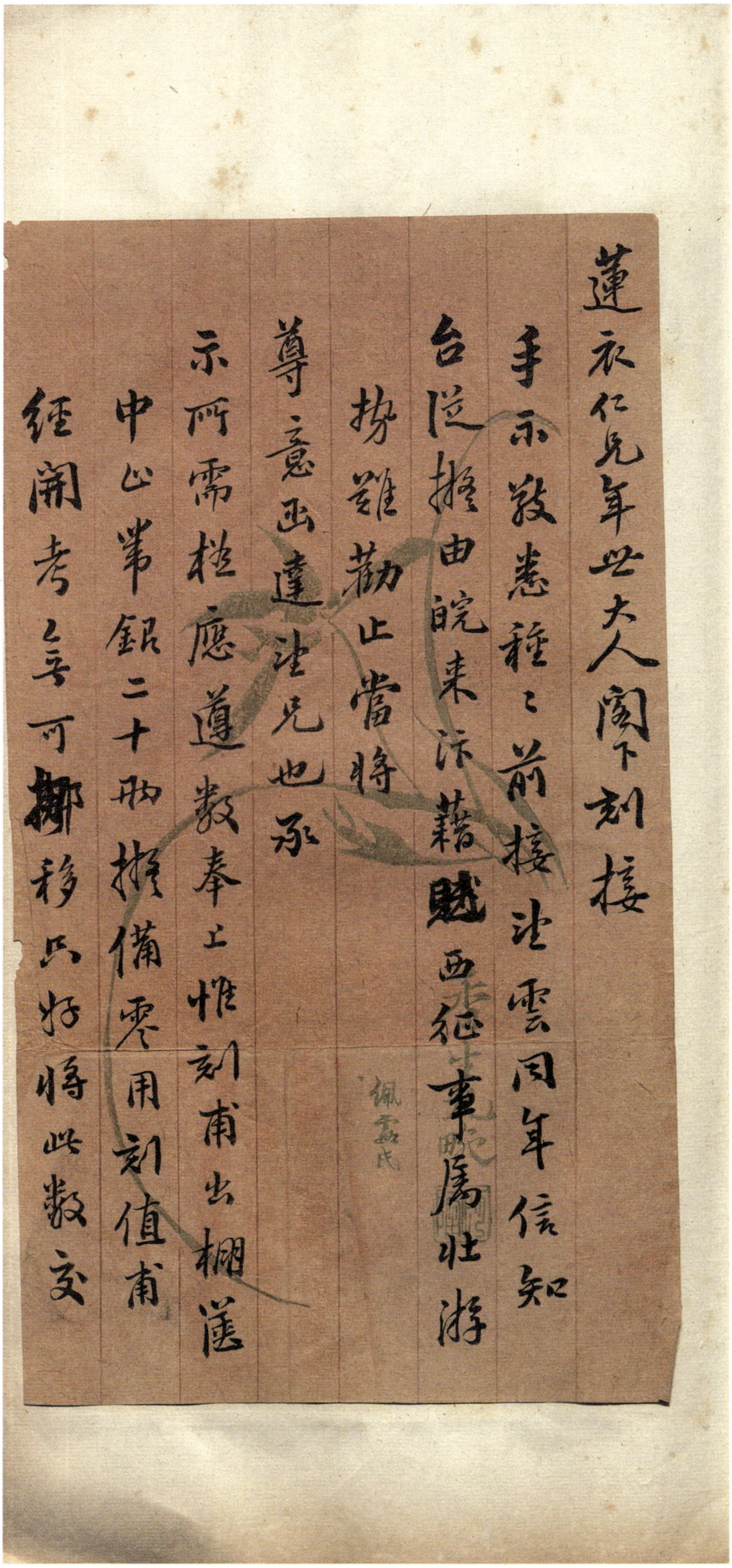
蓮
衣仁兄年世大人閣下刻接
手示敬悉種種前接望雲同年信知
台從擬由皖來汴藉賦西征事屬壯遊
勢難勸止當將
尊意函達望兄也承
示所需極應遵數奉上惟刻甫出棚篋
中止帶銀二十兩擬備零用刻值甫
經開考無可挪移祇好將此數交

蓮衣仁兄年世大人閣下：

刻接手示，敬悉種種。前接望雲同年信，知台從擬由皖來汴，藉賦西征。事屬壯遊，勢難勸止，當將尊意函達望兄也。承示所需，極應遵數奉上。惟刻甫出棚，篋中止帶銀二十兩擬備零用，刻值甫經開考，無可挪移，祇好將此數交

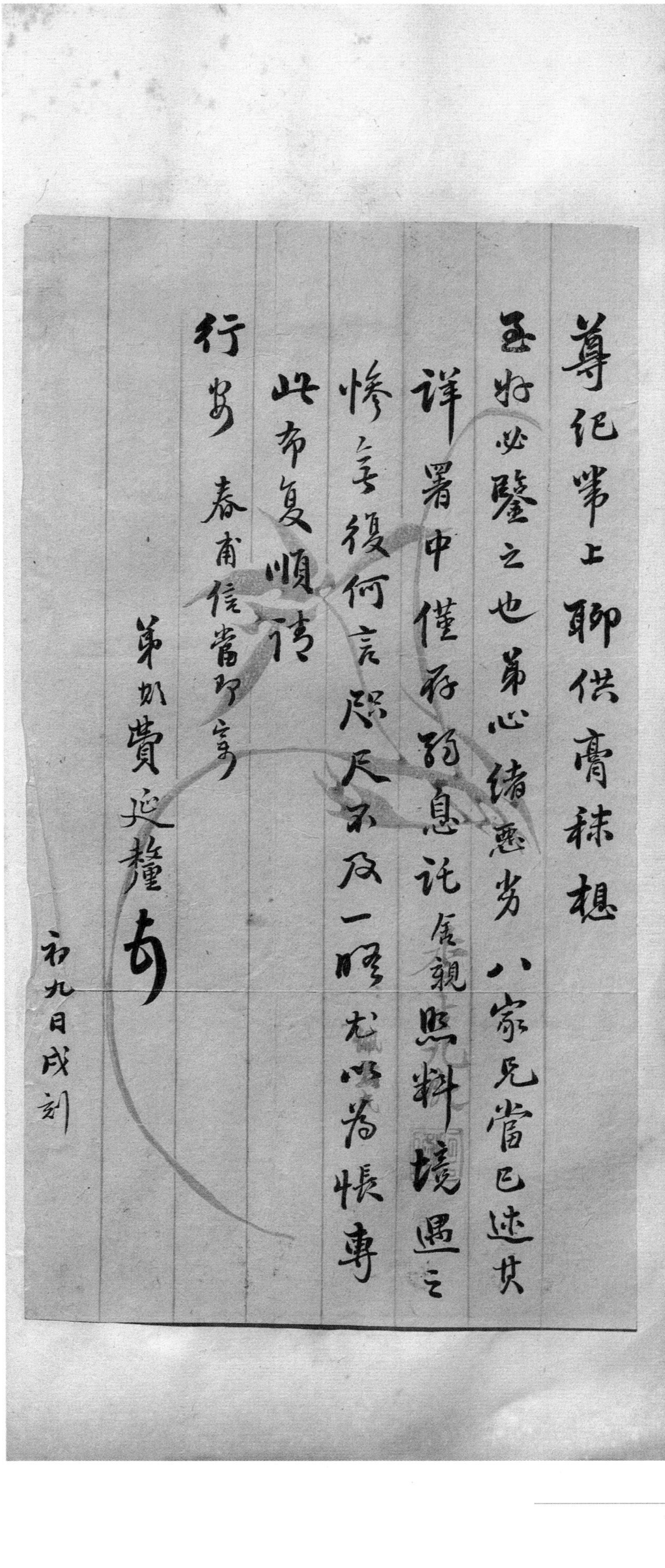

尊紀帶上，聊供膏秣。想至好必鑒之也。弟心緒惡劣，八家兄當已述其詳。署中僅存弱息，託舍親照料，境遇之慘，無復何言。咫尺不及一晤，尤以爲悵。專此布復，順請

行安

春甫信當即寄。

弟期費延釐頓首

初九日戌刻

陸迺普

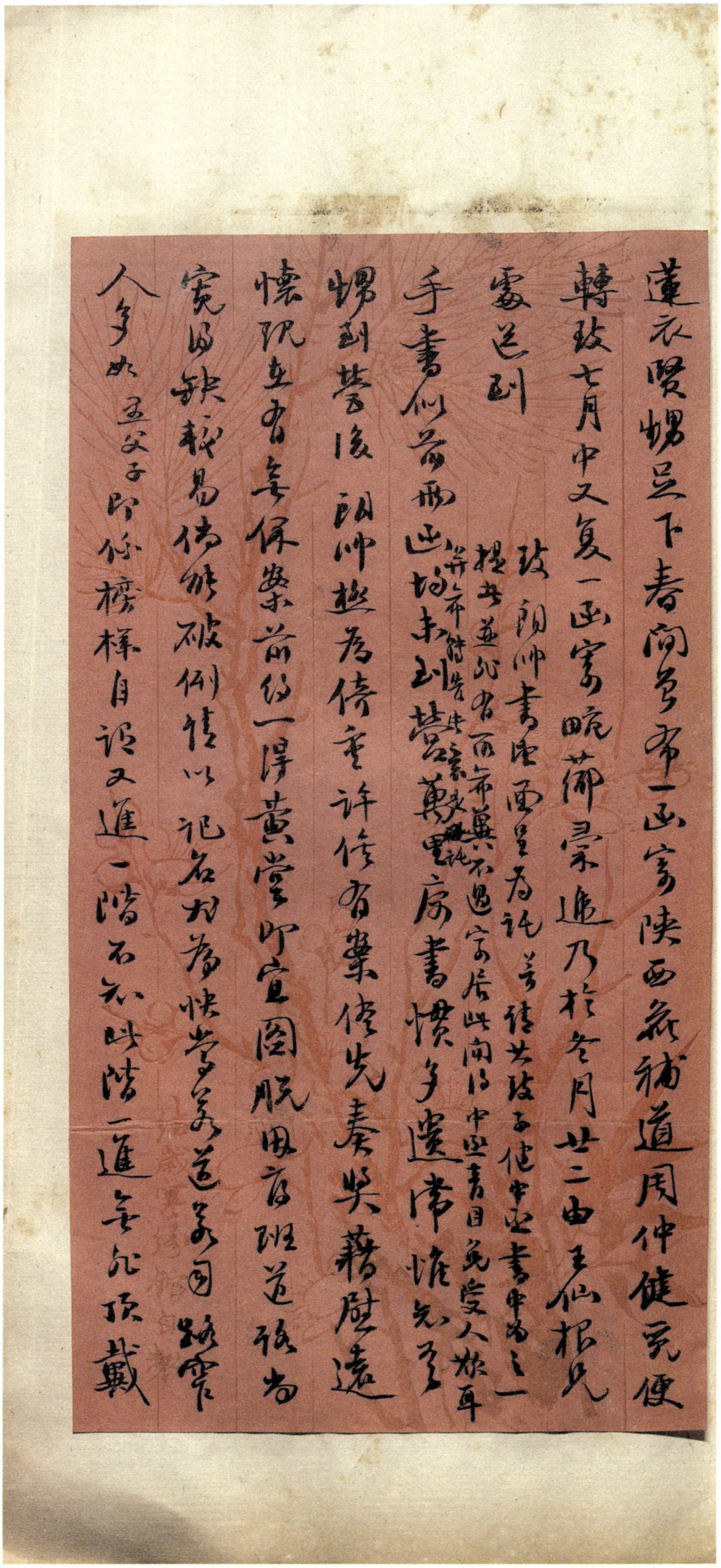

蓮衣賢甥足下：

春間曾布一函，寄陝西候補道周仲健覓便轉致，七月中又復一函，寄畹薌彙遞。乃於冬月廿二由王仙根兄處送到（致郎帥書望面呈，爲託普請其致子健中丞書中爲之一提者，並非有所希冀，不過寄居此間，得中丞青目，免受人欺耳，並希轉告此意是託）手書，似前兩函均未到營。萬里寓書，慣多遺滯。惟知吾甥到營後，朗帥極爲倚重，評俟有案，儘先奏獎，藉慰遠懷。現在有無保案？前信一得黄堂，即宜圖脱，因官班道路尚寬，得缺較易，倘能破例，請以記名，尤爲快當。若道若司，路窄人多，如愚父子即係榜樣。自謂又進一階，不知此階一進，無非頂戴

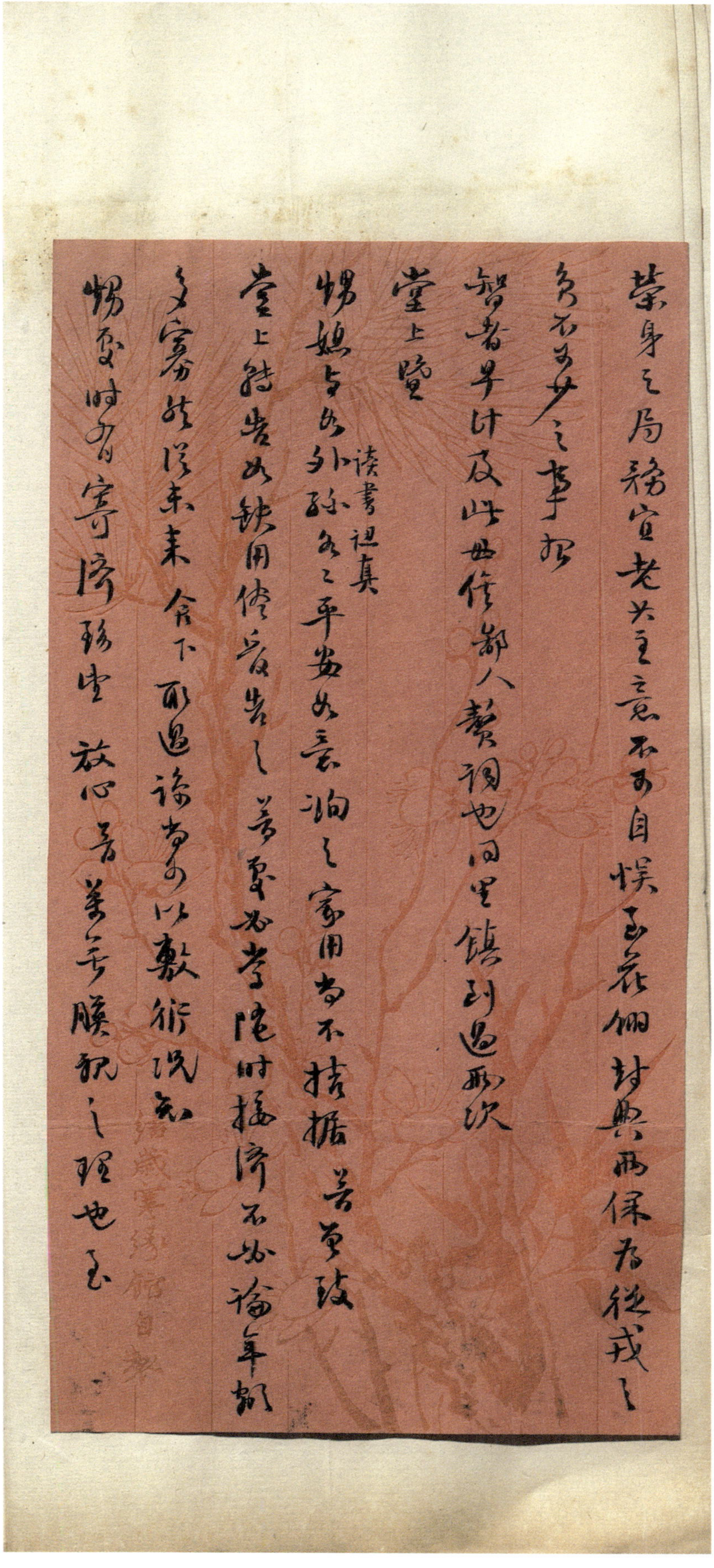

榮身之局，務宜老其主意，不可自悮。至花翎、封典兩保，爲從戎之員不可少之事，想智者早計及此。毋俟鄙人贅詞也。同里鎮到過兩次，堂上暨甥媳與各外孫（讀書認真），各各平安如意。詢之家用，尚不拮据。普曾致堂上轉告，如缺用儘管告之，普處必當隨時接濟，不必論年額多寡，然從未來舍下取過，諒尚可以敷衍。況知甥處時有寄濟，務望放心，普萬無膜視之理也。至

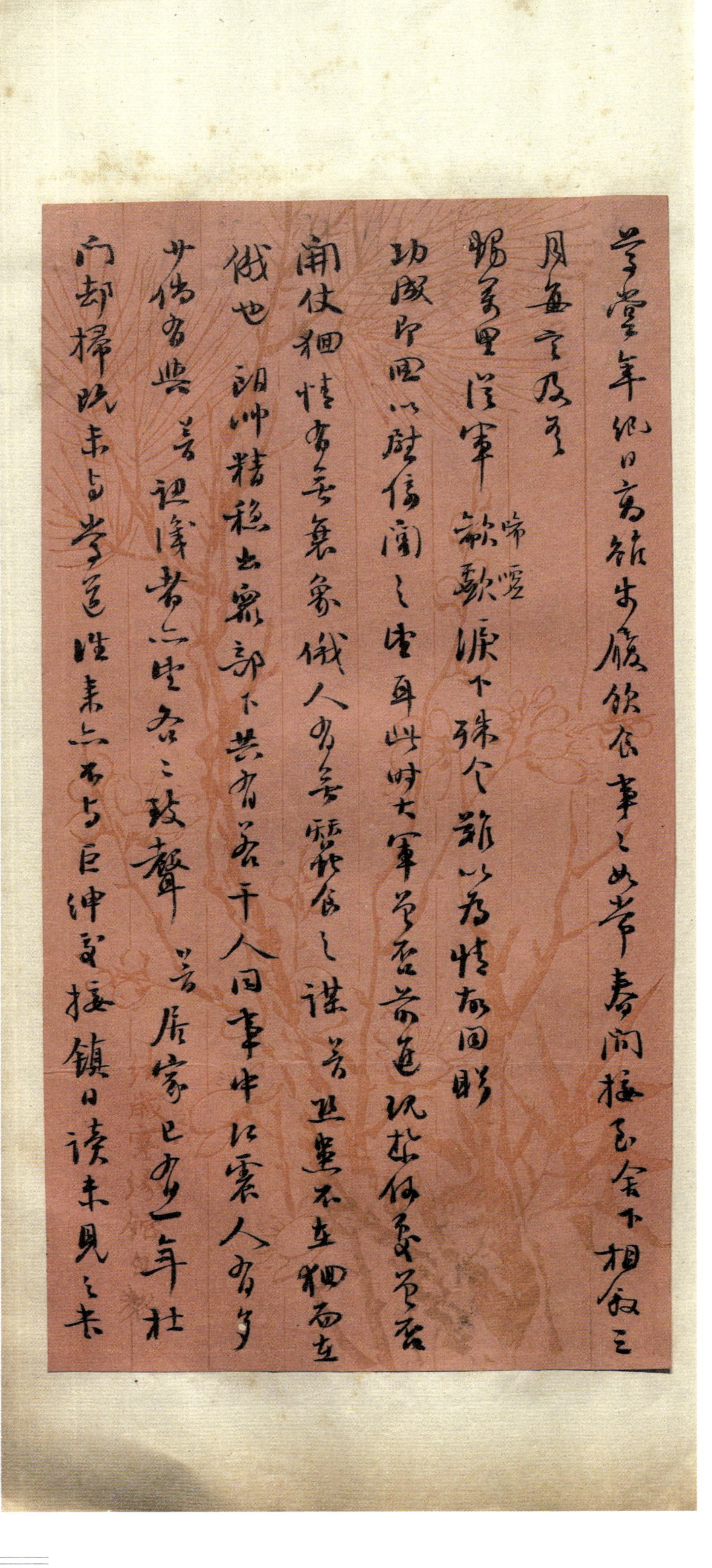

尊堂年紀日高，雖步履飲食，事事如常，春間接至舍下相敘三月，每言及吾甥萬里從軍，唏噓淚下，殊令難以爲情。故同盼功成即回，以慰倚閭之望耳。此時大軍曾否前進，現扎何處？曾否開仗？回情有無衰象？俄人有無蠶食之謀？普恐患不在回而在俄也。朗帥精穩出衆，部下共有若干人，同事中江震人有多少？倘有與普認識者，亦望各各致聲。普居家已有一年，杜門却掃，既未與當道往來，亦不與巨紳交接，鎮日讀未見之書，

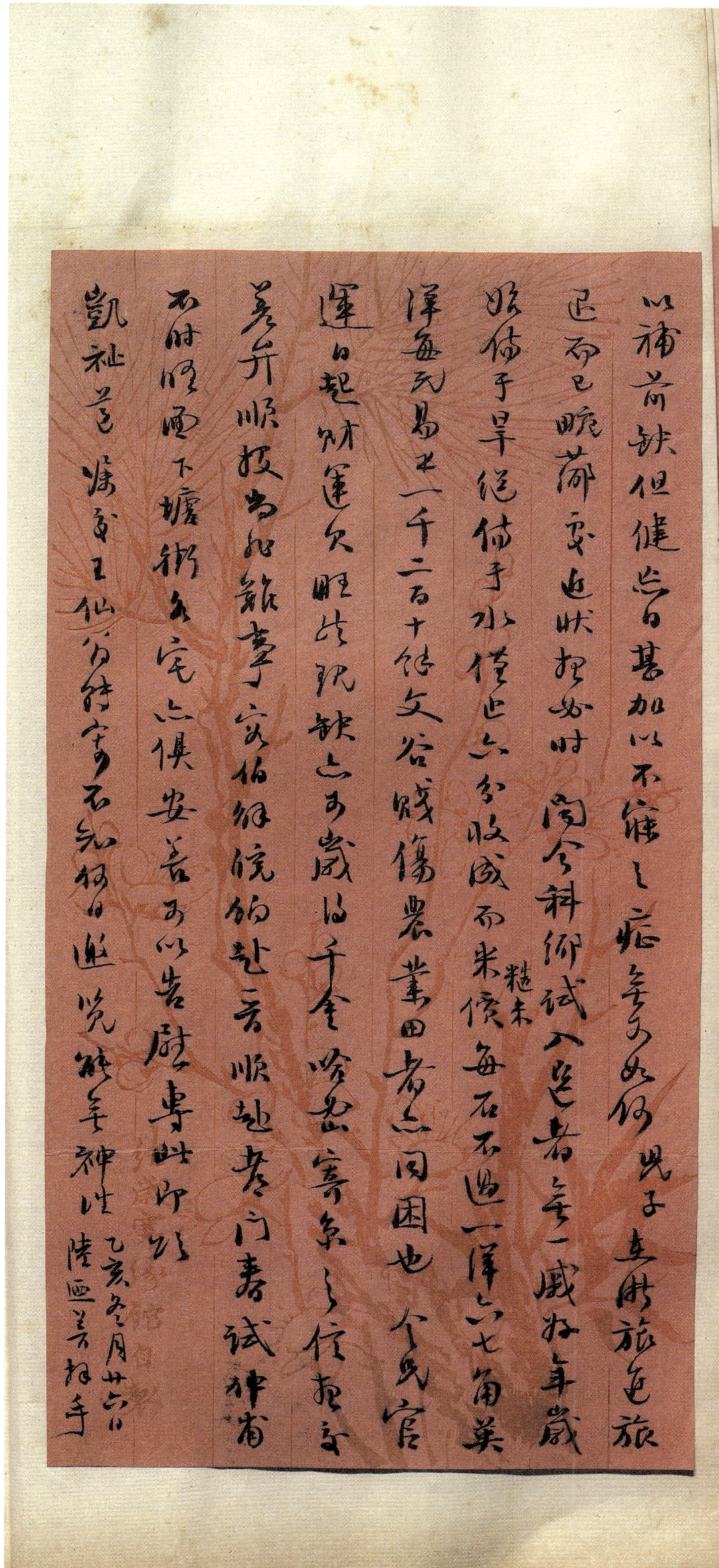

以補前缺，但健忘日甚，加以不寐之症，無可如何。兒子在浙，旅進旅退而已，畹薌處近狀，想必時聞。今科鄉試，入選者無一戚好。年歲始傷於旱，繼傷於水，僅止六分收成，而米（糙米）價每石不過一洋六七角，英洋每元易錢一千二百十餘文，穀賤傷農，業田者亦同困也。令兄官運日起，財運欠旺，然現缺亦可歲得千金。哈密寄京之信，想交差弁順投，尚非難事。容伯解皖餉赴晉，順赴都門春試。仲甫不時晤面。下塘街各宅亦俱安善，可以告慰。專此，即頌

凱祉

遵囑交王仙翁轉寄，不知何日邀覽，能無神往。

乙亥冬月廿六日

陸廼普拜手

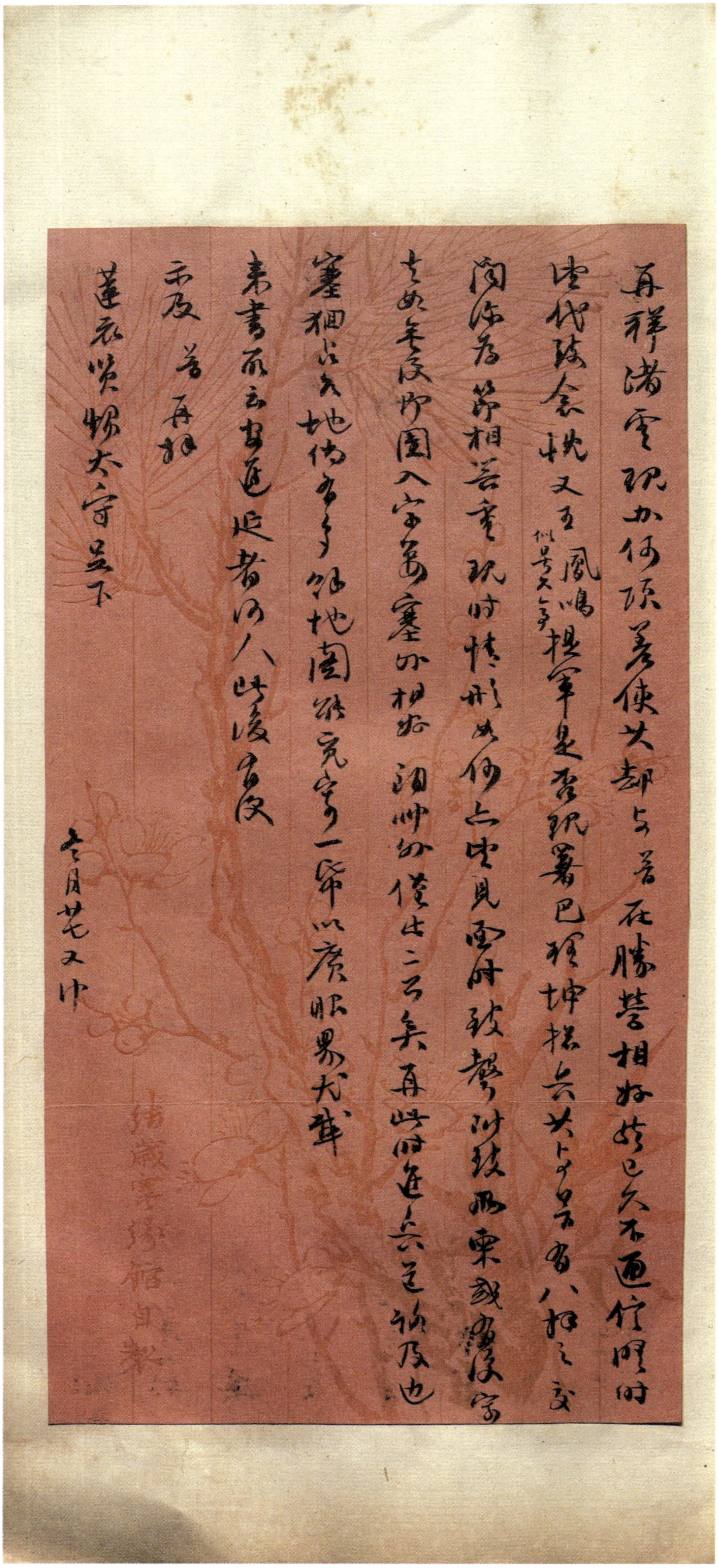

再，祥渚雲現辦何項差使？其却與普在勝營相好，然已久不通信，晤時望代致念忱，又王鳳鳴（似號大亭）提軍，是否現署巴理坤總兵？其與普有八拜之交，聞深爲節相器重，現時情形如何？亦望見面時致聲。附致兩束，或有便寄去，如無便即團入字簍。塞外相好，朗帥外僅此二公矣。再，此時進兵道路，及邊塞回占各地，倘有多餘地圖，能覓寄一紙，以廣眼界，尤感。

來書所云安進延者何人？此復，有便示及。普再拜。

蓮衣賢甥太守足下

冬月廿七又泐

任蘭生

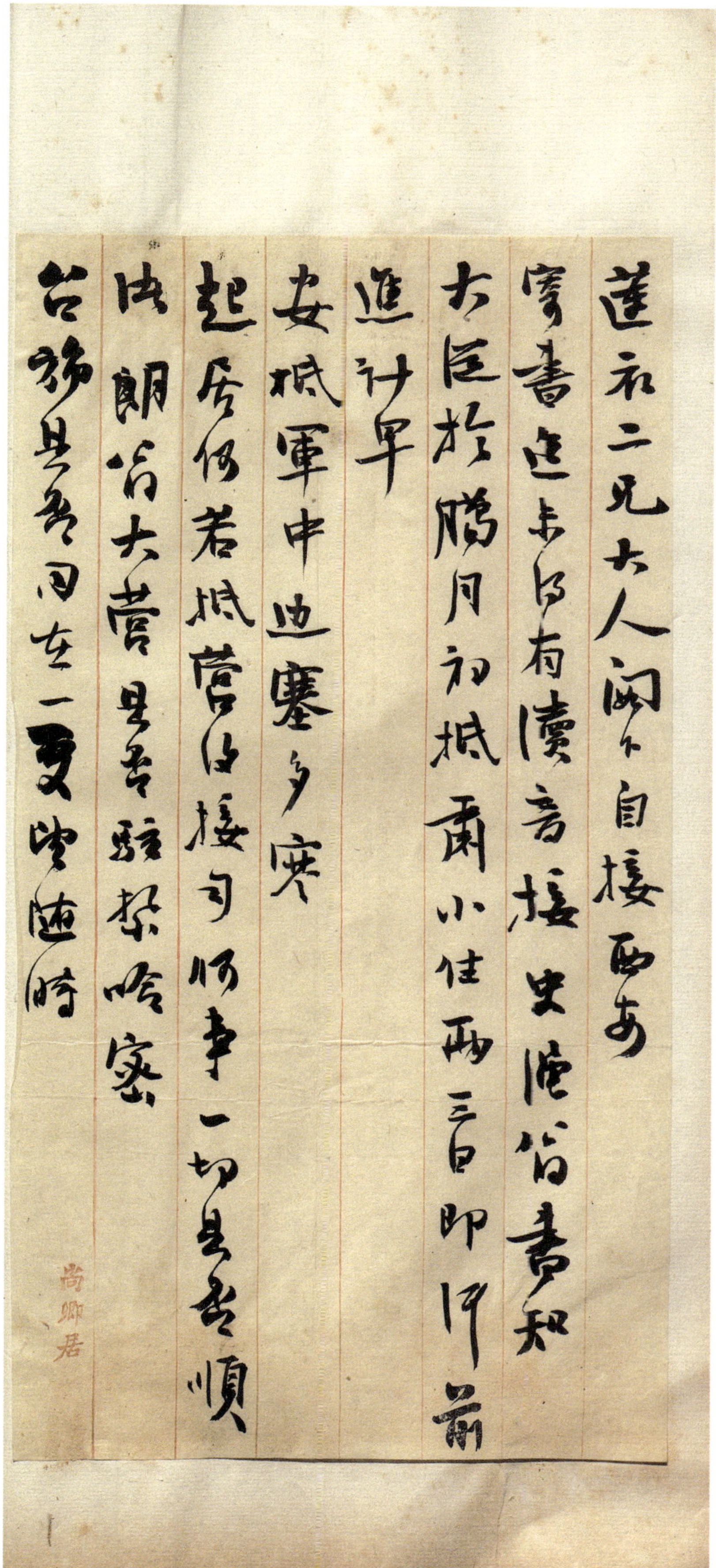

蓮衣二兄大人閣下：

自接西安寄書，迄未得有續音，接史澠翁書，知大從於臘月初抵肅，小住兩三日即行前進，計早安抵軍中。邊塞多寒，起居何若，抵營後接司何事？一切是否順緒？朗翁大營是否駐扎哈密，台務是否同在一處，望隨時

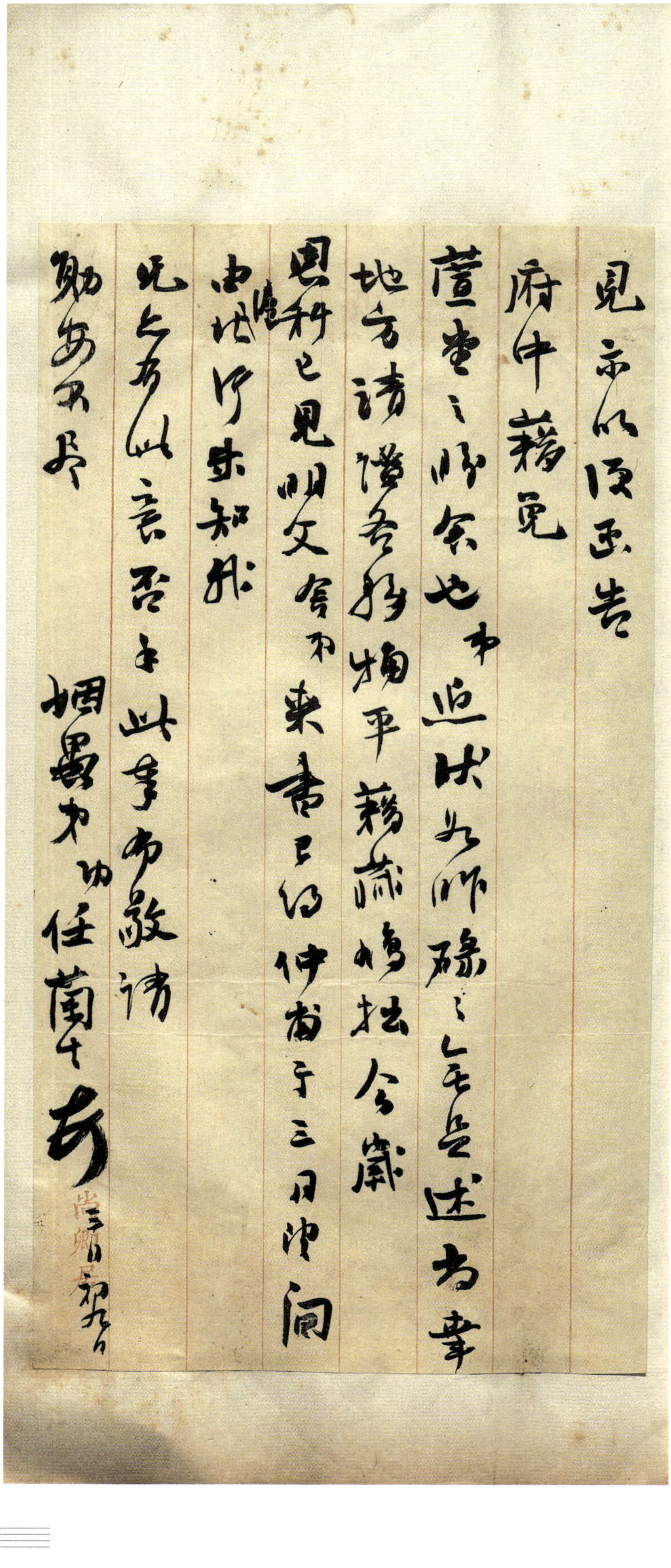

見示，以便函告府中，藉免萱堂之盼念也。弟近狀如昨，碌碌無足述，尚幸地方清謐，各務粗平，藉藏鳩拙。今歲恩科已見明文，舍弟來書，已約仲甫於三月望間由滬北行，未知我兄亦有此意否？專此奉布，敬請

勛安不盡

姻愚弟功任蘭生頓首

三月初九日

任蘭生

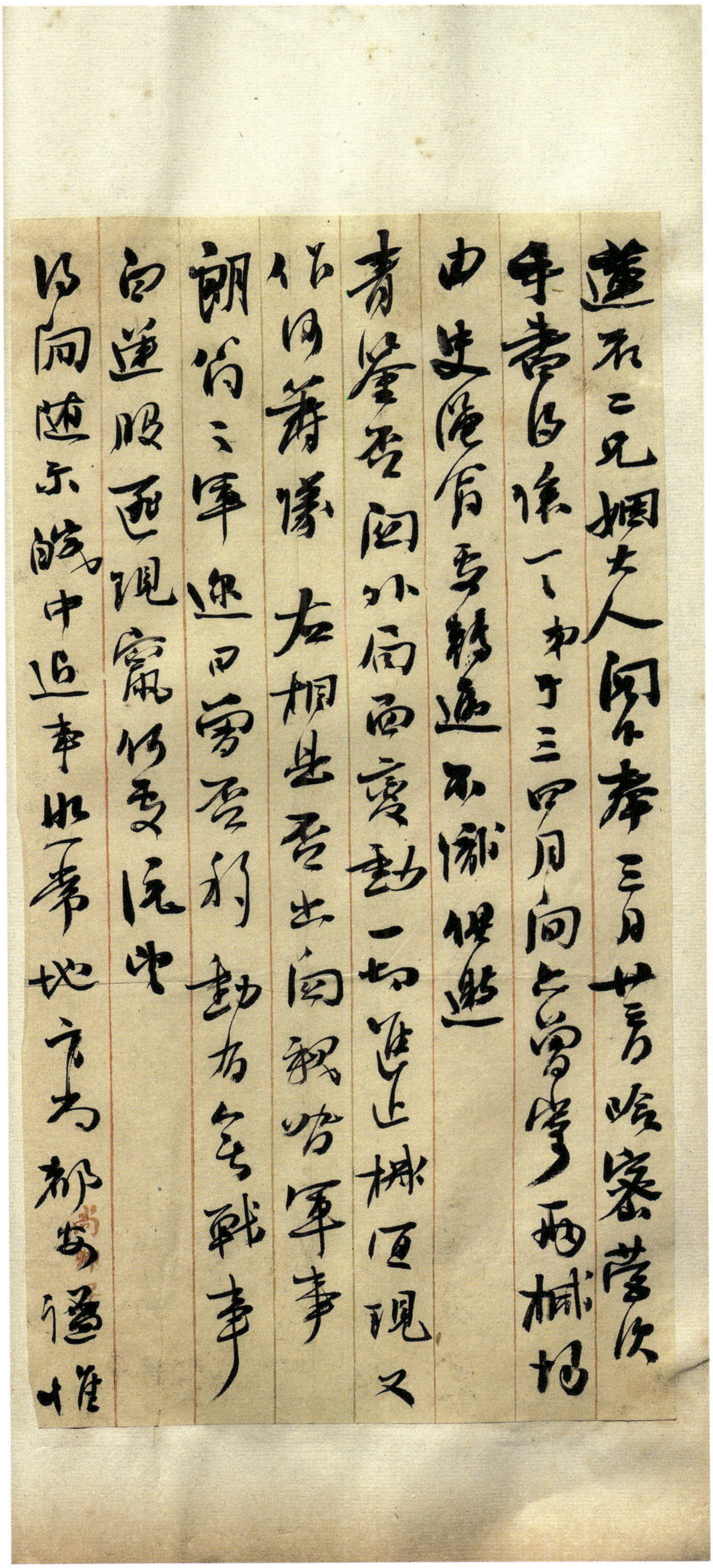

蓮衣二兄姻大人閣下：

奉三月廿三日哈密營次手書，得信一一弟於三四月間亦曾寄兩緘，均由史滙翁處轉遞，不識俱邀青鑒否？關外局面變動，一切進止機宜，現又作何籌議，左相是否出關，親督軍事，朗翁之軍邇日曾否移動，有無戰事，白蓮股匪現竄何處？統望得閒隨示。皖中近事照常，地方尚都安謐，惟

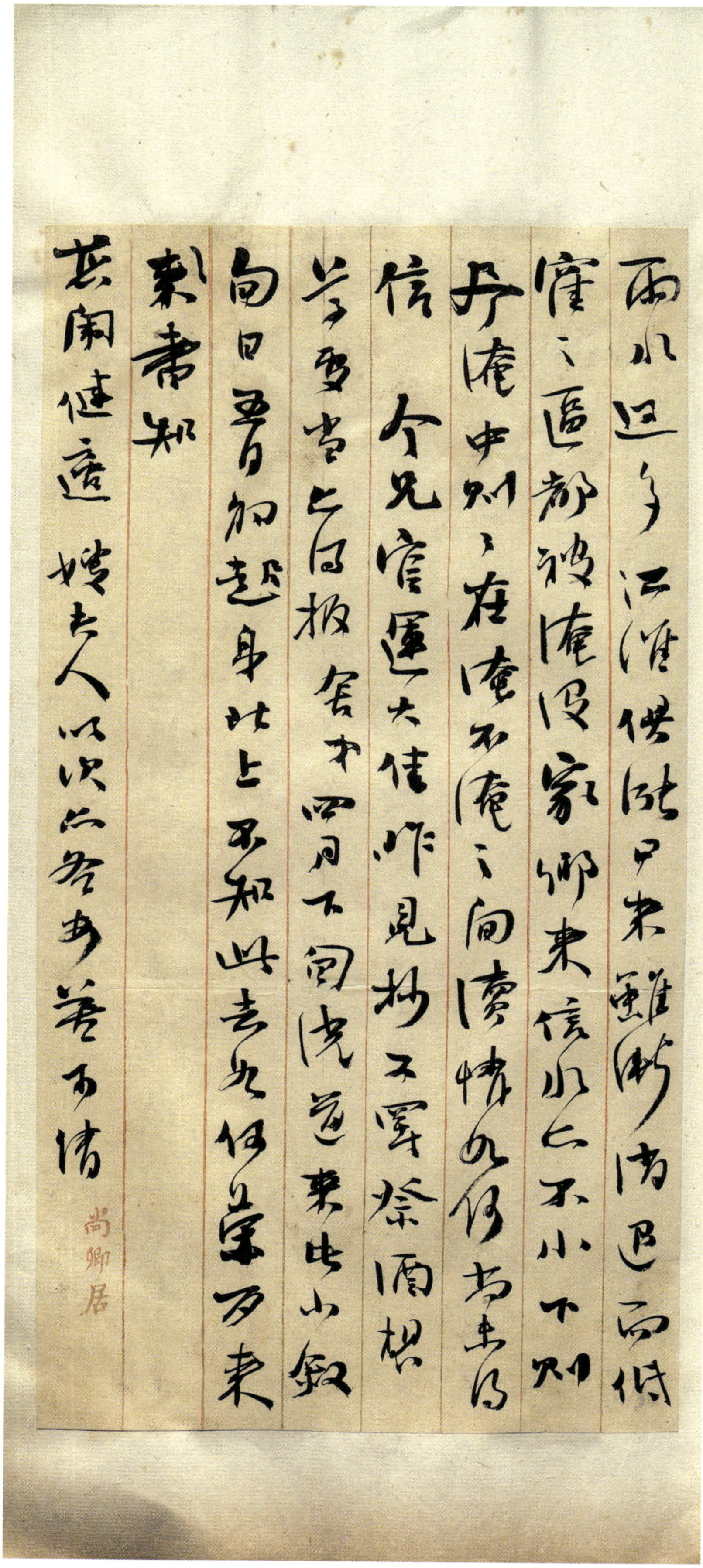

雨水過多，江淮俱漲，日來雖漸消退，而低窪之區都被淹没。
家鄉來信水亦不小，下則盡淹，中則則在淹不淹之間，瀆情如何？
尚未得信，令兄官運大佳，昨見抄，又署祭酒。想尊處當亦得報，
舍弟四月下旬繞道來此小敘旬日，五月初起身北上，不知此去
如何，榮百來書，知慈闈健適，嫂夫人以次亦各安善，可請

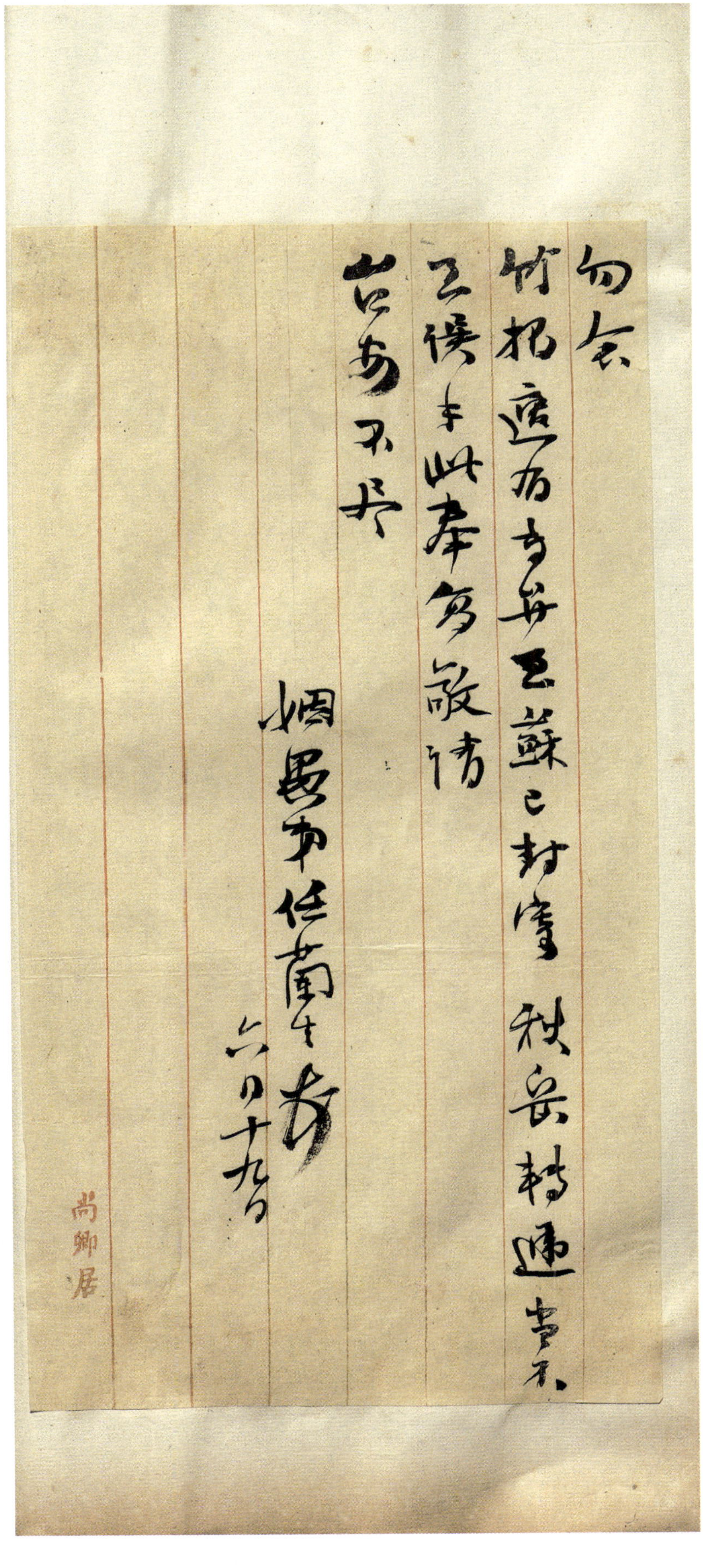

勿念。

竹報適有專弁至蘇，已封寄秋岳轉遞，當不至誤，專此奉復，敬請

台安不盡

姻愚弟任蘭生頓首

六月十九日

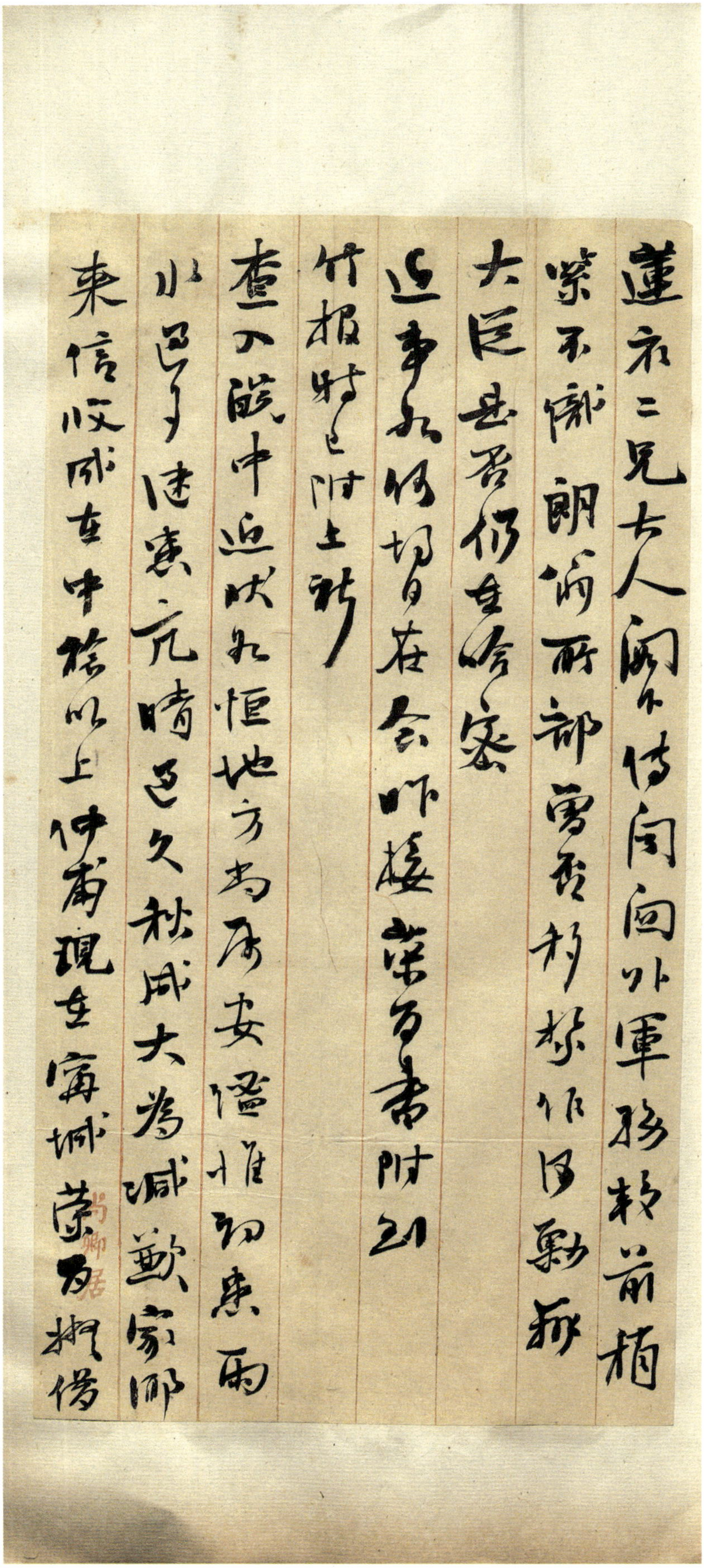

任蘭生

蓮衣二兄大人閣下：

傳聞關外軍務較前稍緊，不識朗翁所部曾否移紮，作何剿辦，大從是否仍在哈密，近事如何，均日在念。昨接榮百書，附到竹報，特已附上，祈查入。皖中近狀如恒，地方尚屬安謐，惟初患雨水過多，繼患亢晴過久，秋成大爲減歉。家鄉來信，收成在中稔以上。仲甫現在寧城，榮百擬借

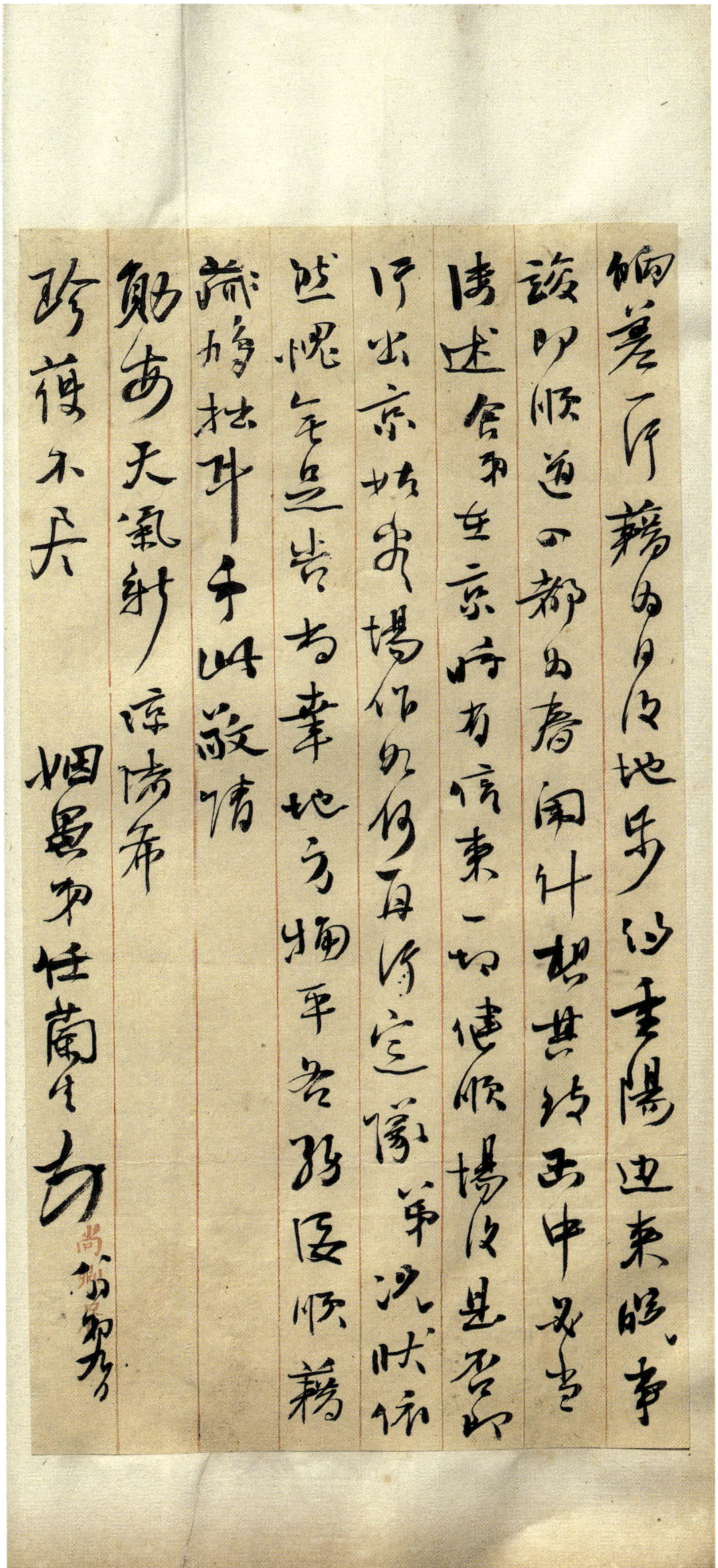

餉差一行，藉爲日後地步。約重陽邊來皖，事竣即順道入都，爲春闈計。想其致函中，必當縷述。舍弟在京，時有信來，一切健順。場後是否即行出京，姑看場作如何，再行定議，弟況狀依然，愧無足告，尚幸地方粗平，各務綏順，藉藏鳩拙耳。手此，敬請

勛安。天氣漸凉，諸希珍護不盡。

姻愚弟任蘭生頓首

八月初九日

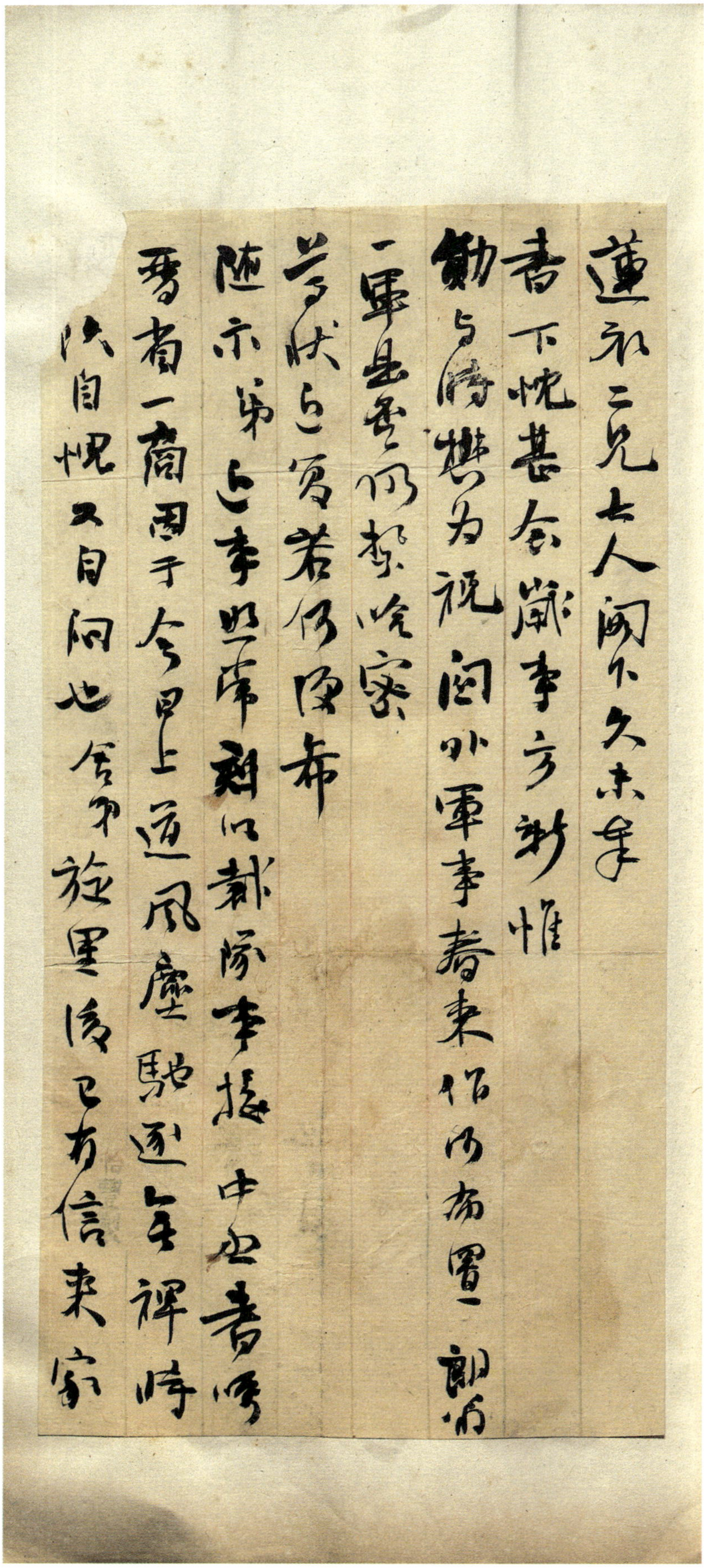

任蘭生

蓮衣二兄大人閣下：

久未奉書，下忱甚念，歲事方新，惟勛與時懋爲祝。關外軍事，春來作何布置，朗翁一軍是否仍紮哈密，尊狀近復若何？便希隨示。弟近事照常，刻以裁隊事，接中丞書，囑晉省一商，因於今日上道。風塵馳逐，無裨時□，既自愧，又自慁也。舍弟旋里後已有信來，家

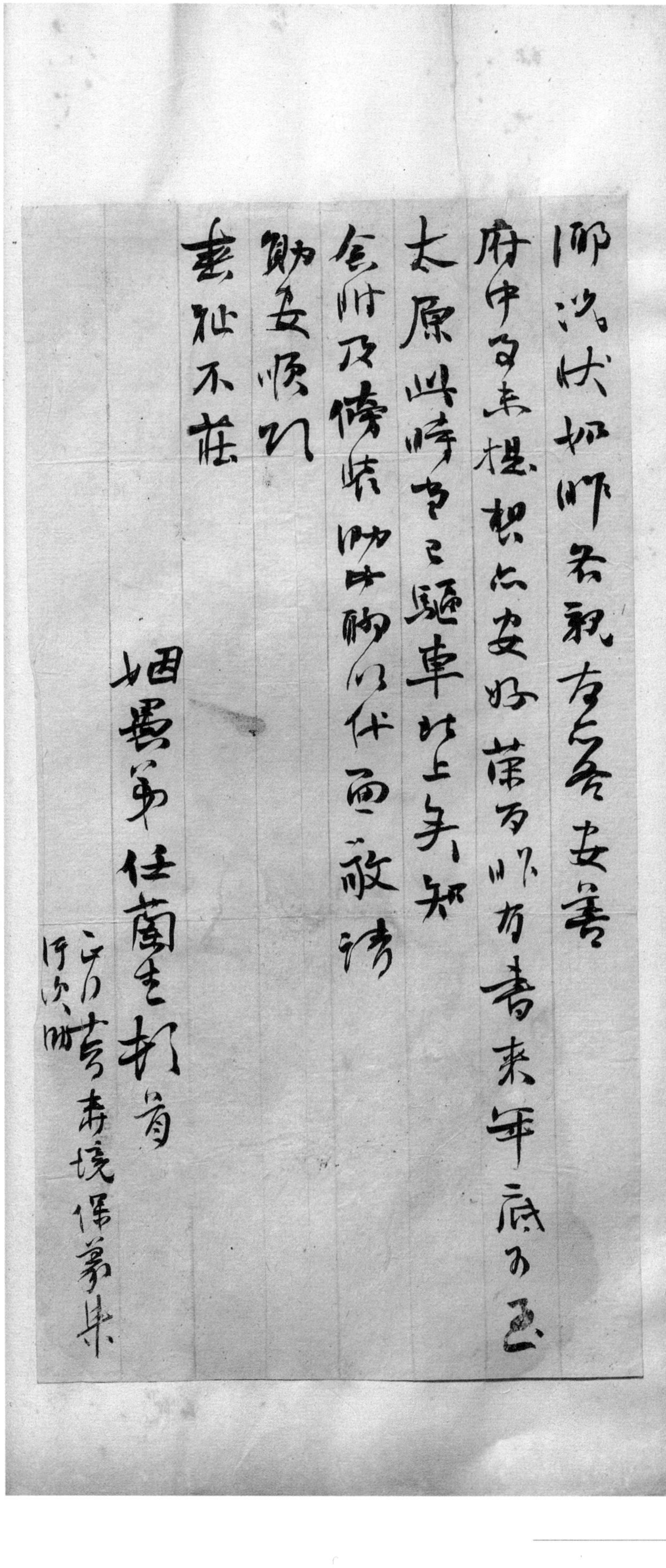

鄉況狀如昨，各親友亦各安善，府中事未提，想亦安好，榮百昨有書來，年底可至太原，此時當已驅車北上矣。知念附及，傍裝泐此，

聊以代面。敬請

勛安，順頌

春祉。不莊。

姻愚弟任蘭生頓首

正月十六日壽境保義集行次泐

任艾生

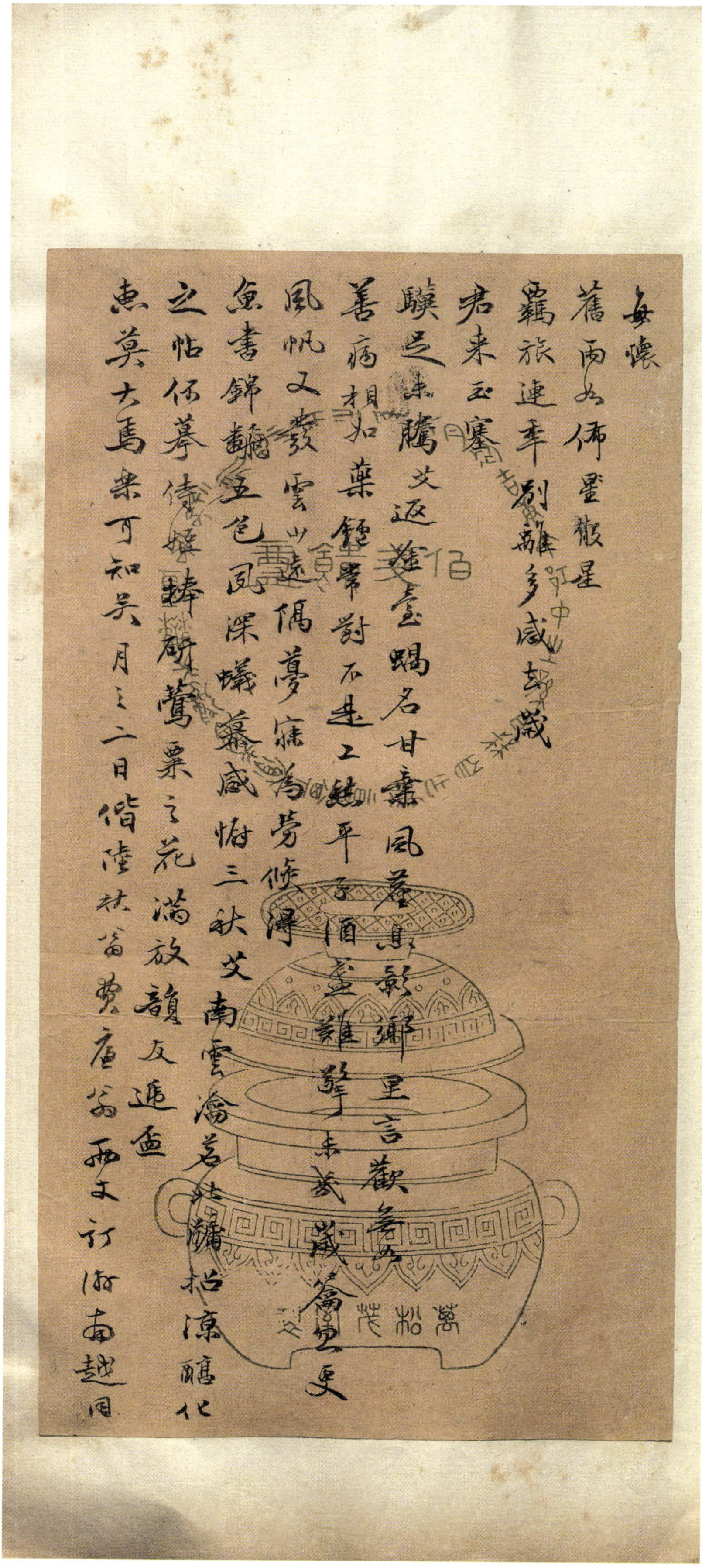

每懷舊雨，如布散星，羈旅連年，别離多感。去歲君來玉塞，驥足未騰，艾返金臺，蝸名甘棄，風塵息影，鄉里言歡。無如善病相如，藥鑪常對。不是工愁平子，酒盞難擎。未幾歲籥忽更，風帆又發，雲山遠隔，夢寐爲勞。倏得魚書，錦翻五色，夙深蟻慕，感慰三秋。艾南雲瀹茗，北牖招凉。醇化之帖偶摹，侍姬捧研。鶯粟之花滿放，韻友遞盃。惠莫大焉，樂可知矣。月之二日，偕陸秋翁、費廉翁兩丈，新游南越，同

泛西泠。循蘇白之堤，謁岳子之墓。六橋烟柳，燕語春深。九里雲松，虬枝霜老。葛仙嶺畔，錬井猶存。蘇小墳前，香車久渺。雲栖徑裏，竹列龍孫。月印潭邊，餌吞魚子。泉逢冷處，峰忽飛來。幽不勝探，情何能已。於是復乘畫舫，徑渡錢塘。兩岸青巒，千層碧浪。入桐廬之勝，恍眩吟眸。登富春之山，獨開生面。釣臺兀立，徒羨一竿。瀑布飛只，如懸匹練。坡高嶺峻，草屐幾穿。碣斷碑殘，蘚痕半蝕。摩挲難遍，搜索不窮。十八灘蛟浪無驚，三百里螺峰相接，已幾幾乎目不給瞬，樂而忘歸已。而況翠謔紅諧，名姝翻曲，江鰣石首，鮮味堆盤，觥籌横飛，老少雜坐，洵可謂湖山佳麗，千載一時者矣。然而游不容荒，樂何可極。飄然出岫，雲本無心。倦矣還巢，鳥猶知止。奈歸途之甫就，覺餘興之未銷。

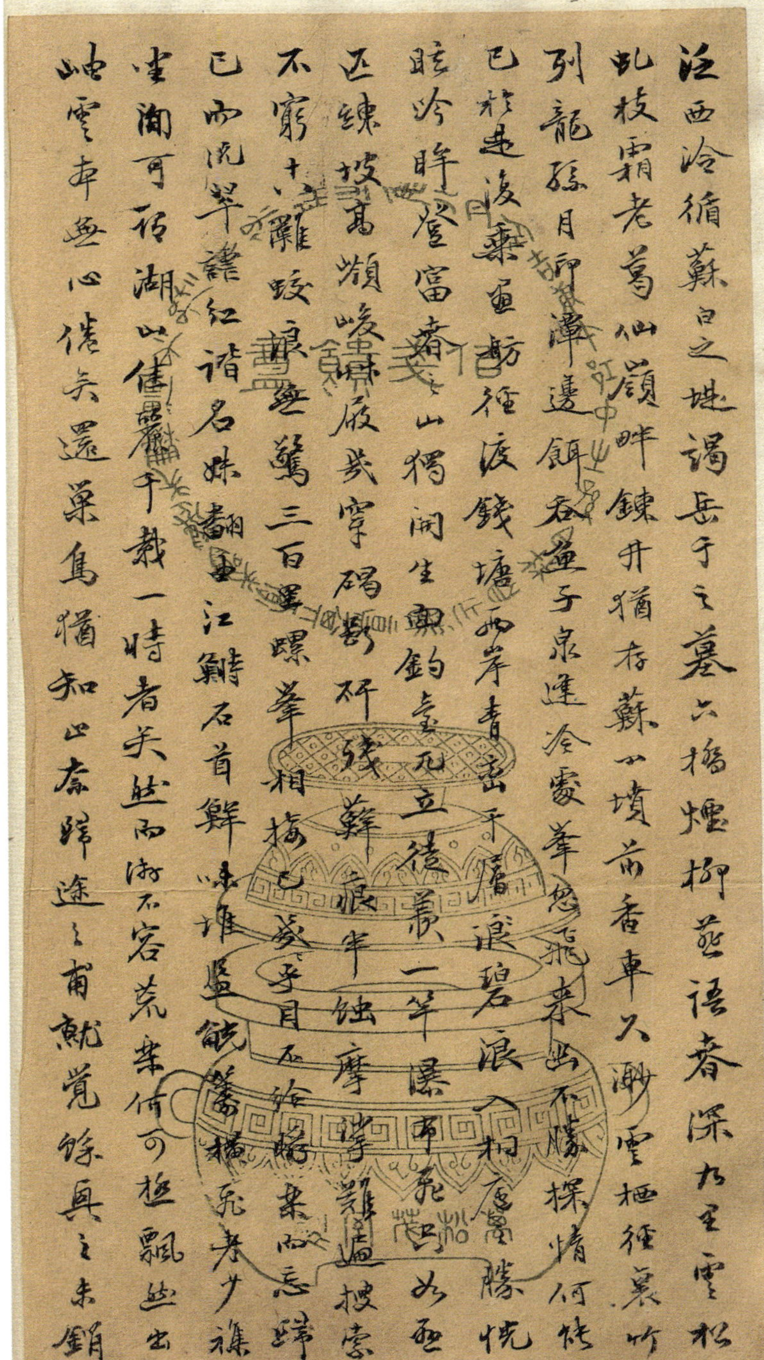

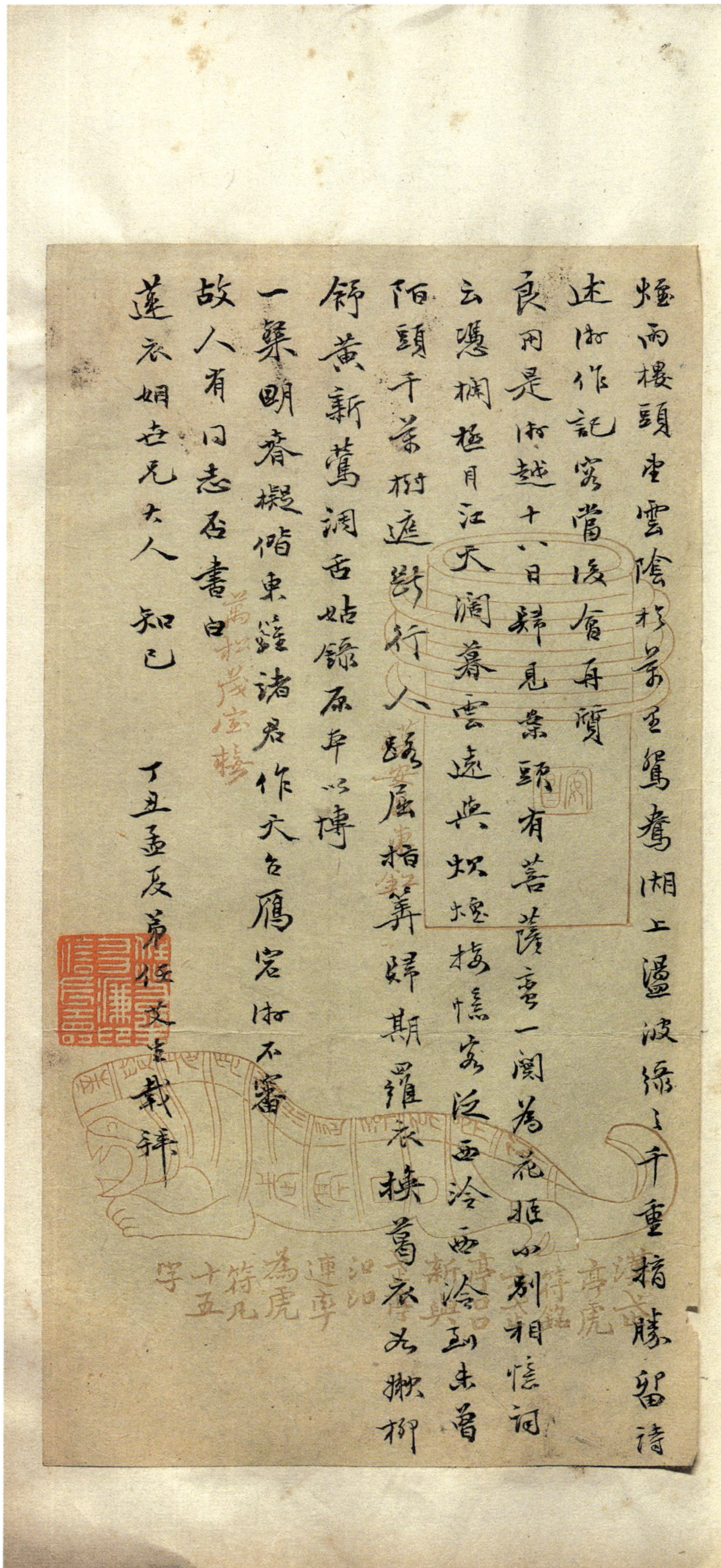

烟雨樓頭，望雲陰於萬里。鴛鴦湖上，蕩波緑之千重。摘勝留詩，述游作記，容當後會，再質良朋。是游越十八日，歸見案頭有《菩薩蠻》一闋，爲花姬小别相憶詞，云：『憑欄極目江天闊，暮雲遠與炊烟接。憶客泛西泠，西泠到未曾。陌頭千萬樹，遮斷行人路。屈指算歸期，羅衣换葛衣。』如嫩柳舒黄，新鶯調舌。姑録原本，以博一粲。明春擬偕東籬諸君，作天台、雁宕游。不審故人有同志否？書白

蓮衣姻世兄大人知己

丁丑孟夏弟任艾生載拜

任艾生

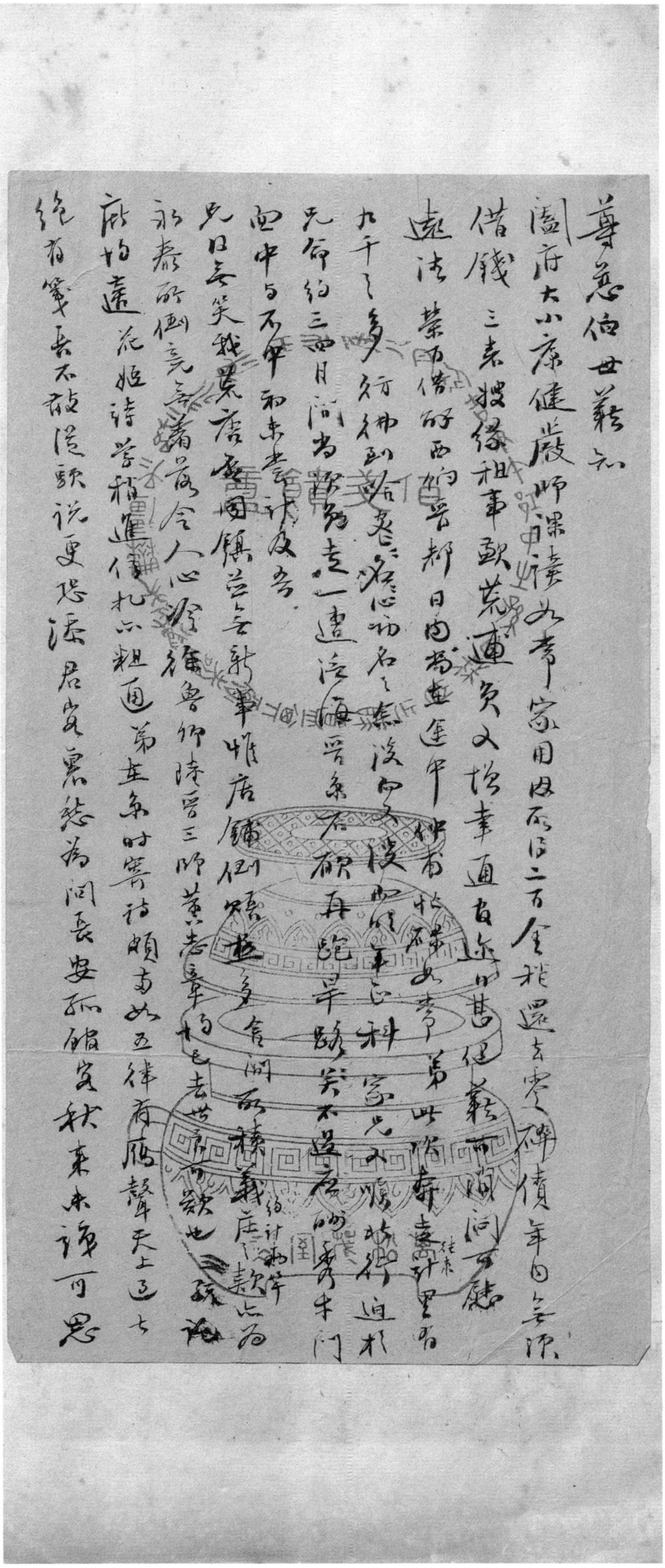

尊慈伯母，藉知闔府大小康健，嚴師課讀如常。家用因取得二百金，稍還去零碎債，年内無須借錢。三表嫂緣租事歉荒，逋負又增。幸通官邇日甚健，藉可消悶，可慰遠注。榮百借解西餉晉都，日内尚在途中。仲甫忙碌如常。弟此次奔走往來，計里有九千之多，仿佛到哈密。功名之念淡而又淡，而明年正科，家兄又囑北行。迫於兄命，約三四月間尚須勉走一遭，泛海晉京，不願再跑旱路，不過應酬秀才門面，中與不中，初未嘗計及。吾兄得無笑我荒唐否？同鎮並無新事，惟店鋪倒賬極多。舍間所積義莊之款（約計兩千），亦爲永泰所倒，竟無著落，令人心冷。徐魯卿、陸晉三師，黄志章，均已去世，良可嘆也。統託庇均適。花姬詩學稍進，信札亦粗通，弟在京時寄詩頗多。如五律有『雁聲天上過』，七絕有：『箋長不敢從頭説，更恐添君客裏愁』。『爲問長安孤館客，秋來未識可思

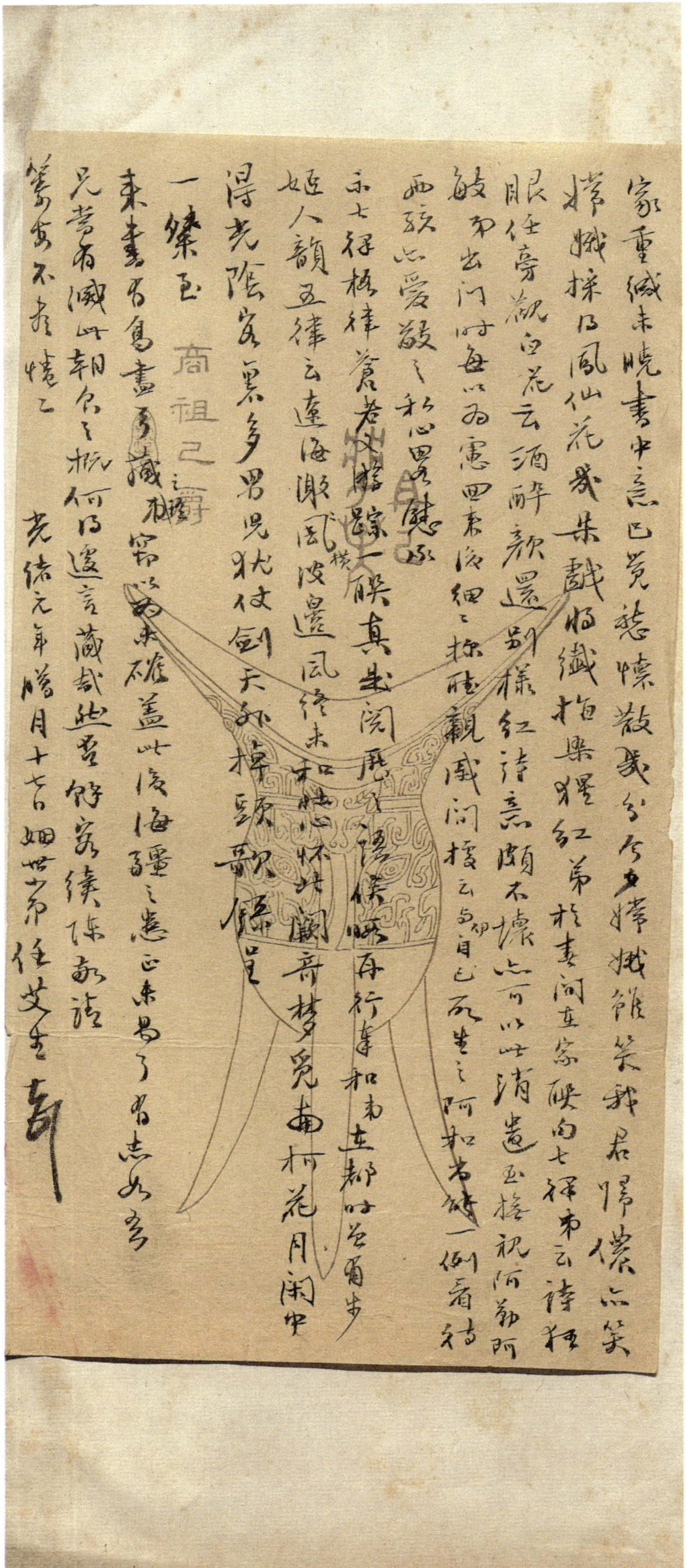

家』。『重緘未曉書中意，已覺愁懷散幾分』。『今夕嫦娥雖笑我，君歸儂亦笑嫦娥』。『采得鳳仙花幾朵，戲將纖指染猩紅』。弟於春間在家聯句七律，弟云：『詩狂眼任旁觀白』，花云：『酒醉顔還別樣紅』。詩意頗不壞，亦可以此消遣。至撫視阿勒、阿敏，弟出門時每以爲慮，回來後細細探聽親戚間，據云與伊自己所生之阿和，尚能一例看待，兩孩亦愛敬之，私心略慰。承示七律，格律蒼老。又『游踪』一聯，真是閲歷之語，俟暇再行奉和。弟在都時曾有步姬人韻五律云：『遼海激横波，邊風終未和。壯心懷北闕，奇夢覓南柯。花月閑中得，光陰客裏多。男兒猶仗劍，天外掉頭歌。』録呈一粲。至來書有『鳥盡弓藏』之語，弟竊以爲未確，蓋此後海疆之患，正未曷了，有志如吾兄，當有滅此朝食之概，何得遽言藏哉！然否？餘容續陳，敬請

籌安，不盡惓惓。

光緒元年臘月十七日姻世小弟任艾生頓首

費壽康

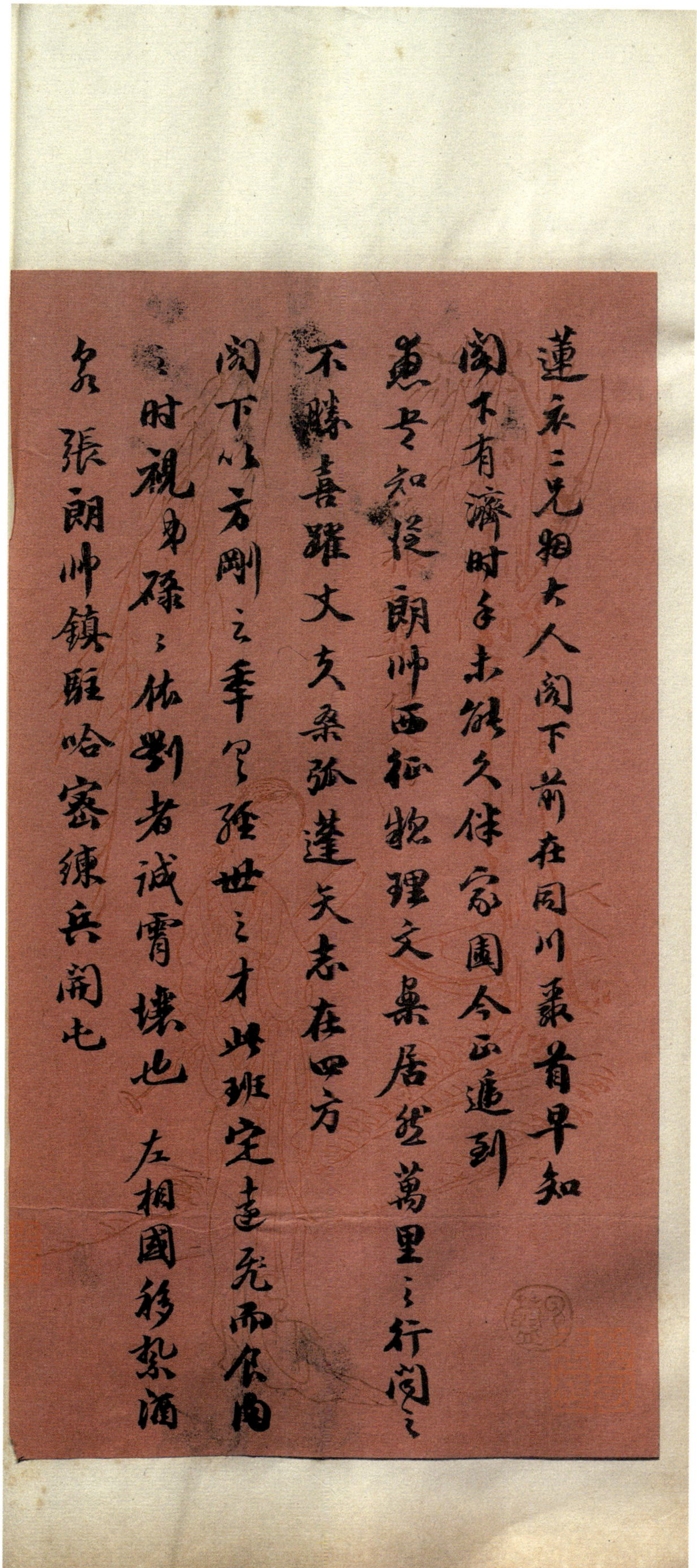

蓮衣二兄姻大人閣下：

前在同川聚首，早知閣下有濟時手，未能久伴家園，今正遞到惠書，知從朗帥西征，總理文案，居然萬里之行，聞之不勝喜躍。丈夫桑弧蓬矢，志在四方，閣下以方剛之年，具經世之才。此班定遠飛而食肉之時。視弟碌碌依劉者，誠霄壤也。左相國移扎酒泉，張朗帥鎮駐哈密，練兵開屯，

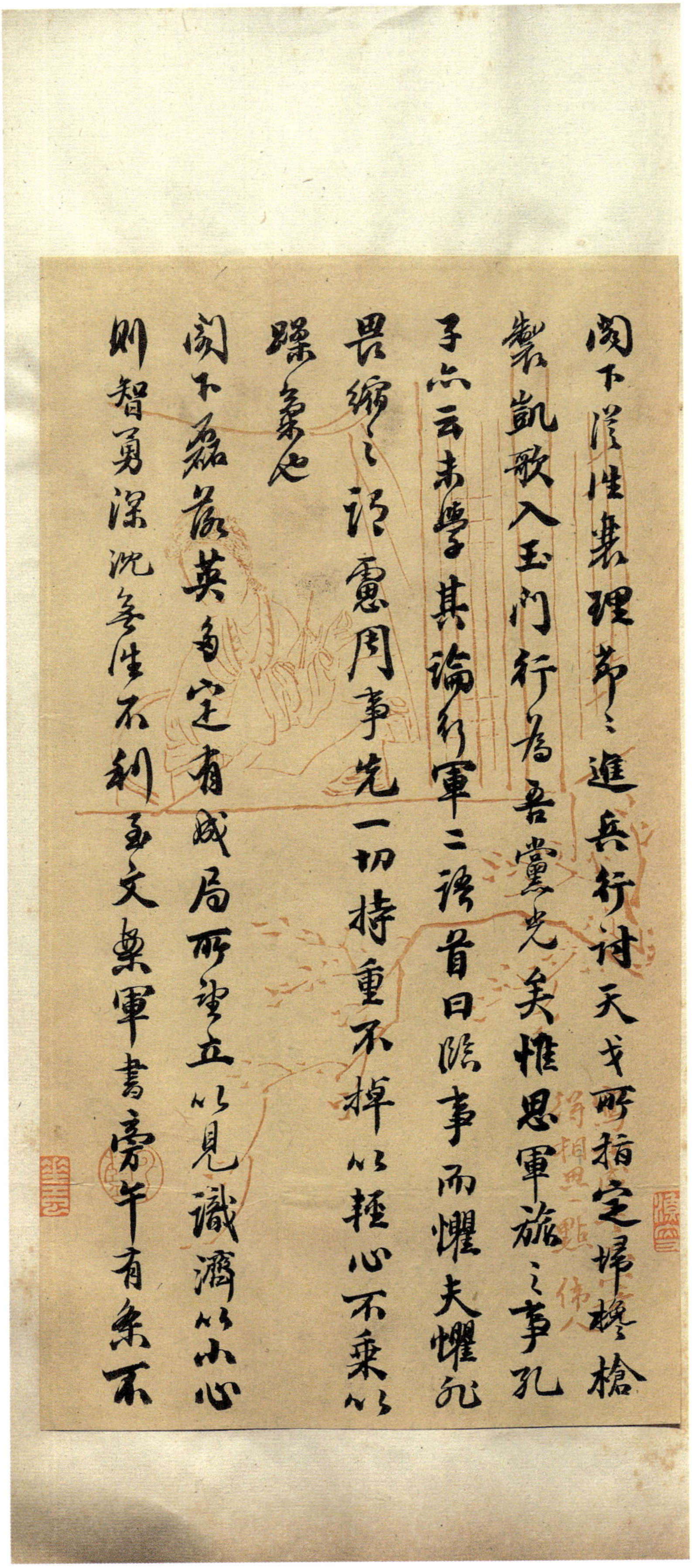

閣下從往襄理，節節進兵行討，天戈所指，定掃欃槍，製凱歌，入玉門，行爲吾黨光矣。惟思軍旅之事，孔子亦云未學，其論行軍二語，首曰『臨事而懼』，夫懼非畏縮之謂，慮周事先，一切持重，不掉以輕心，不乘以躁氣也。閣下磊落英多，定有成局。所望立以見識，濟以小心，則智勇深沉，無往不利，至文案軍書旁午，有條不

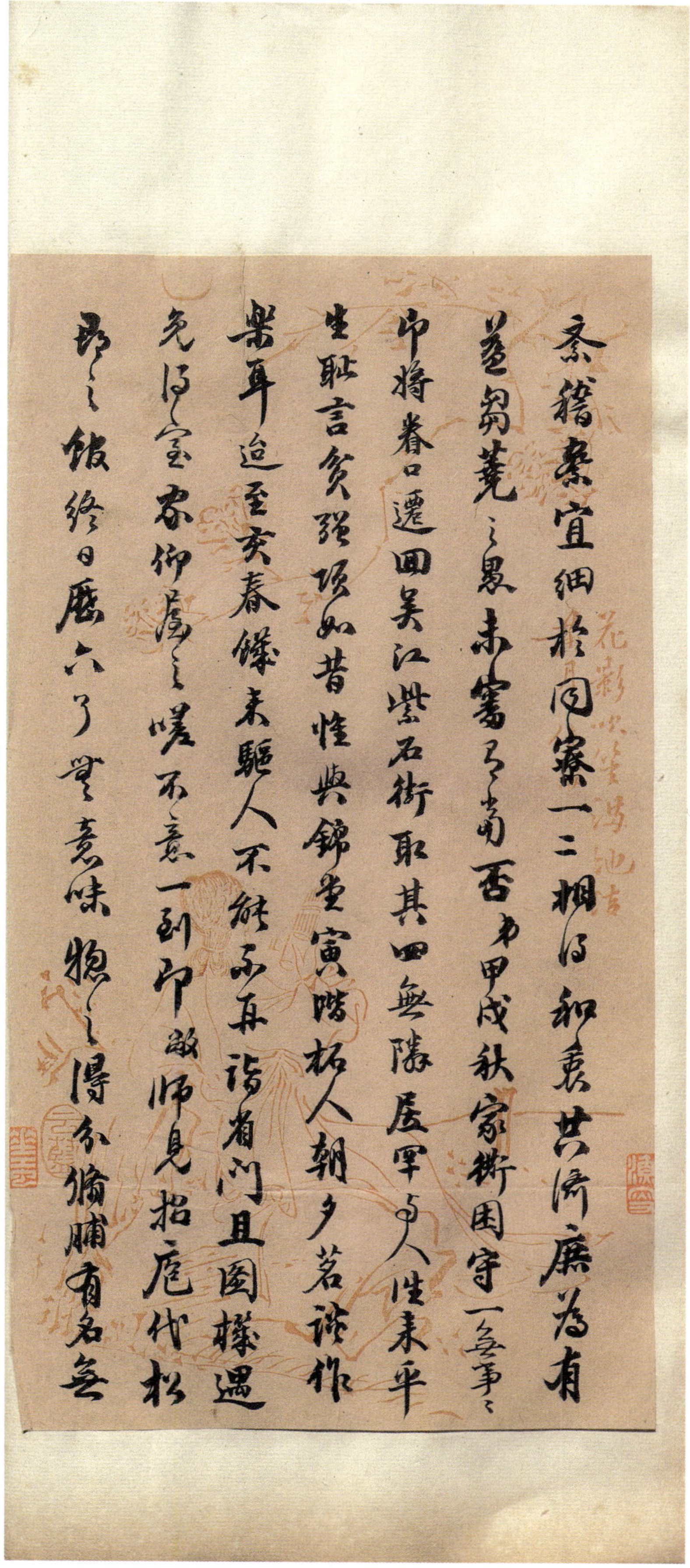

紊，稽察宜細，於同寮一二相得，和衷共濟，庶爲有益。芻蕘之愚，未審有當否？弟甲戌秋家衖困守，一無事事，即將眷口遷回吴江紫石街，取其四無鄰居，罕與人往來。平生恥言貧，强項如昔，惟與錦堂、寅階、柘人，朝夕茗談作樂耳。迨至亥春，飢來驅人，不能不再詣省門，且圖機遇，免得室家仰屋之嗟。不意一到，即敝師見招，庖代松郡之館，終日歷六，了無意味。總之得分脩脯，有名無

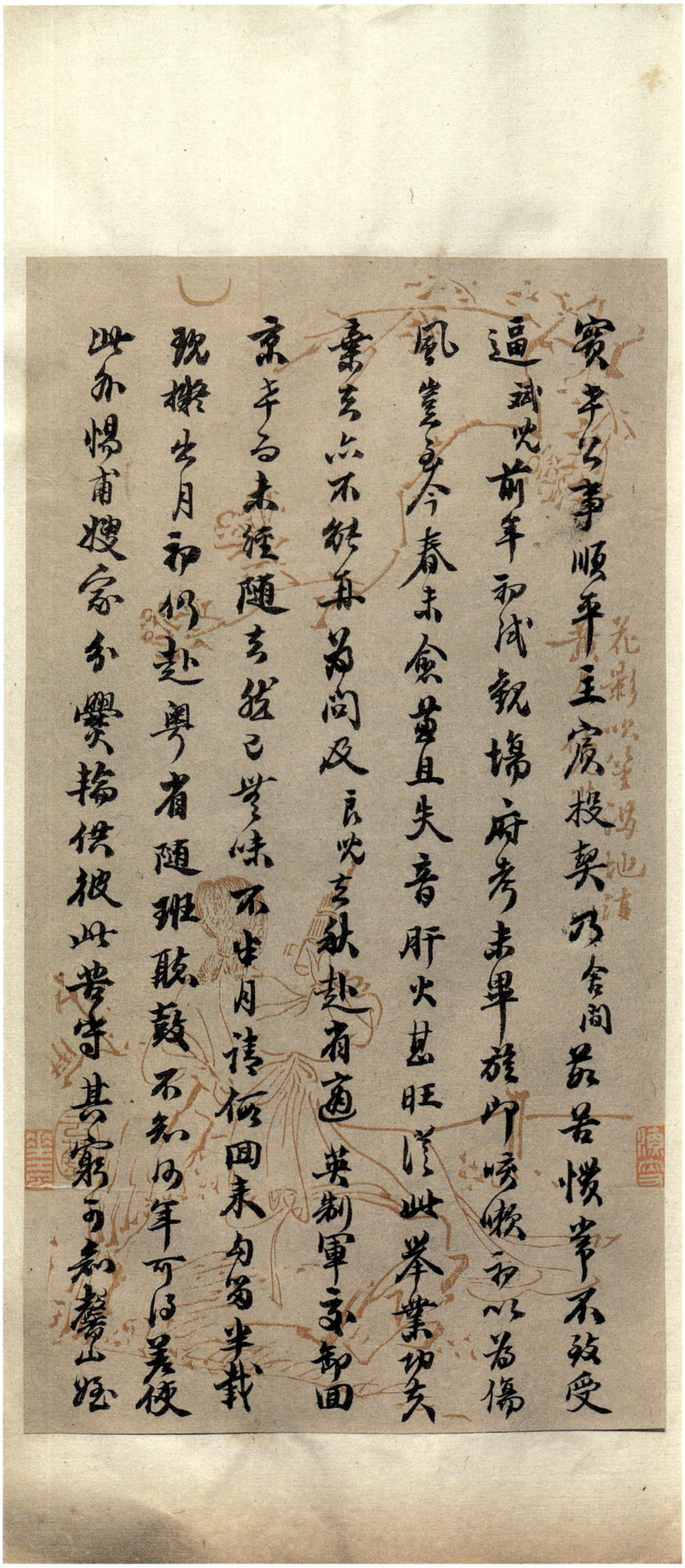

實，幸公事順平，主賓投契，乃舍間茹苦慣常，不致受逼。斌兒前年初試觀場，府考未畢，旋即咳嗽，初以爲傷風，豈至今春未愈，兼且失音，肝火甚旺，從此舉業功夫棄去，亦不能再爲問及。良兒去秋赴省，適英制軍交卸回京，幸而未經隨去，然已無味，不半月請假回來。勾留半載，現擬出月初仍赴粵省，隨班聽鼓，不知何年可得差使。此外惕甫嫂家分爨輪供，彼此苦守，其窮可知。馨山侄

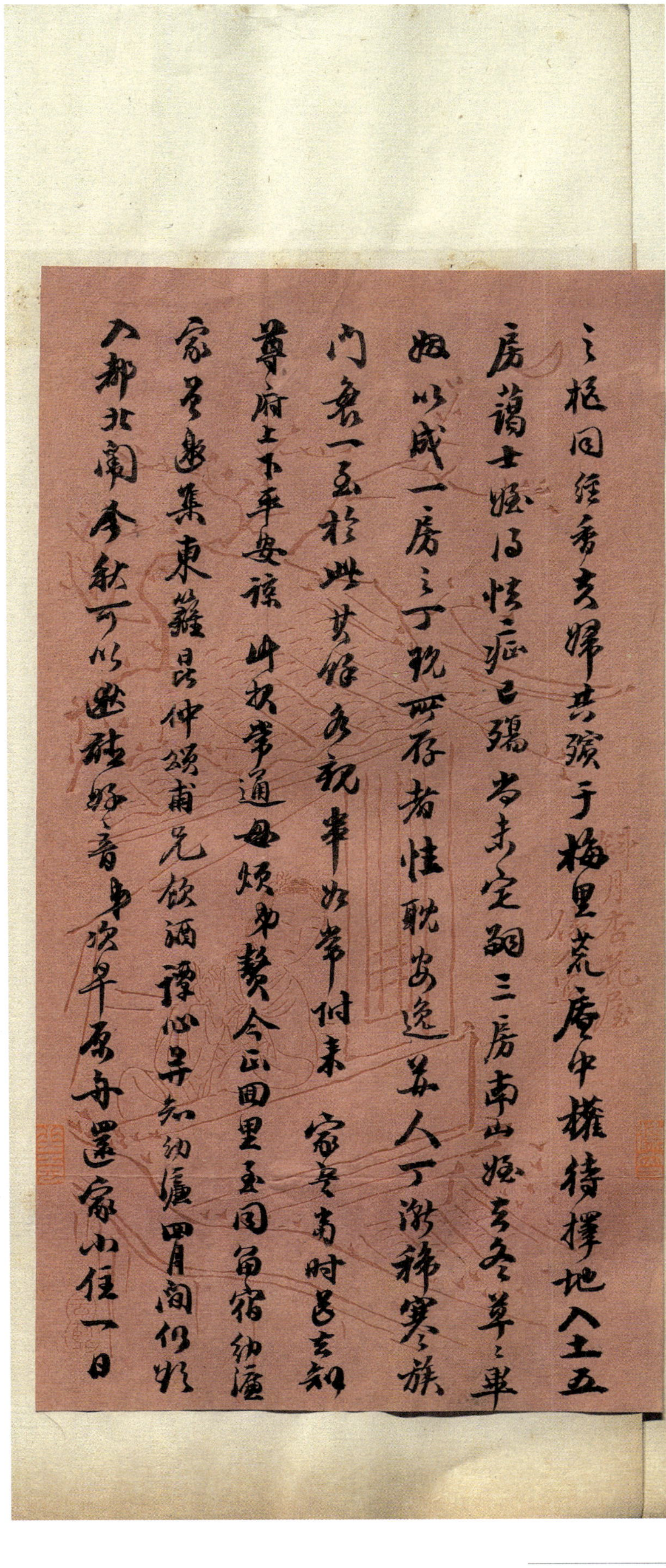

之柩，同經香夫婦共殯於梅里荒庵中，權待擇地入土。五房藹士侄得怯症已殤，尚未定嗣。三房南山侄去冬草草畢姻，以成一房之丁。現所存者性耽安逸，並人丁漸稀，寒族門衰，一至於此。其餘各親串如常。附來家書，當時送去，知尊府上下平安。諒此報常通，毋煩弟贅。今正回里，至同留宿幼濂家，曾邀集東籬昆仲、頌甫兄飲酒譚心，並知幼濂四月間仍欲入都，北闈今秋，可以遄聽好音。弟次早原舟還家，小住一日，

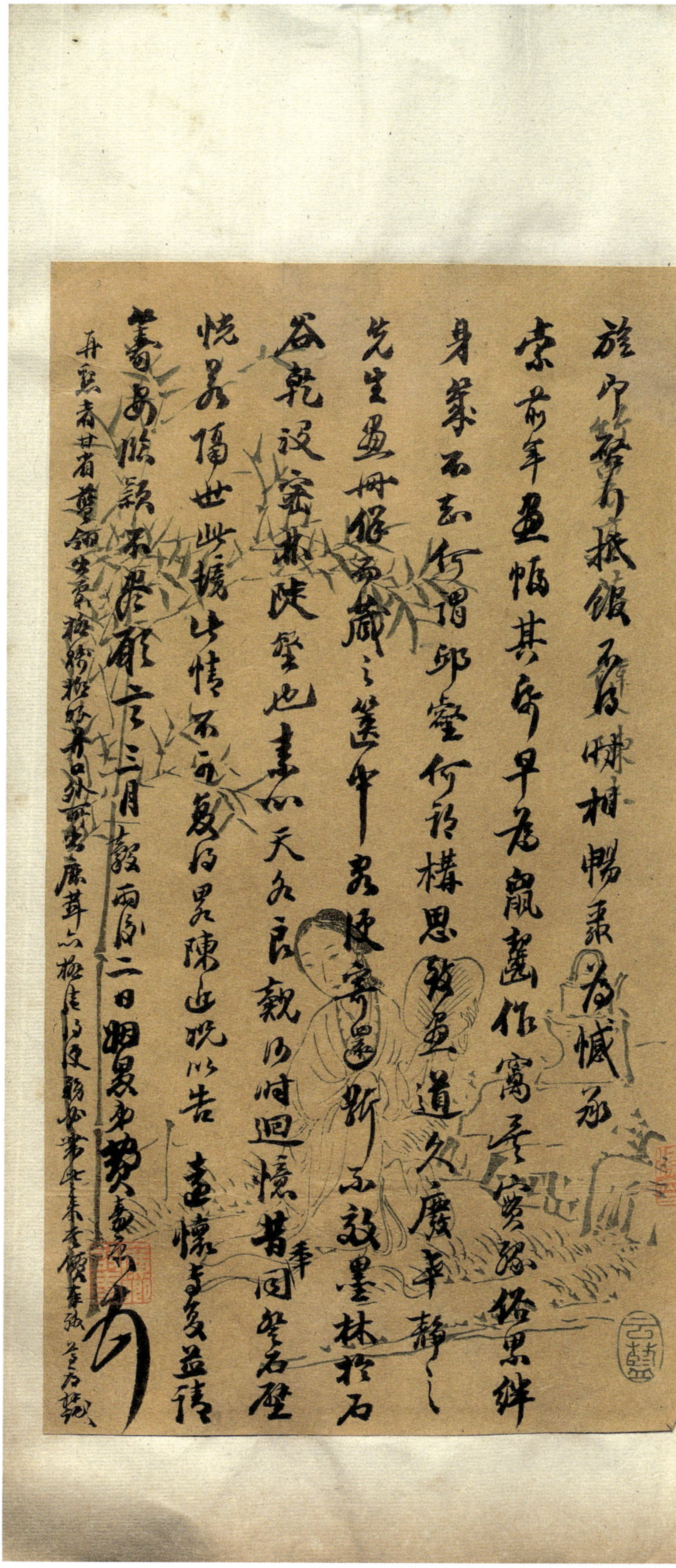

旋即啓行抵館，不得時相暢聚爲憾。承索前年畫幅，其紙早爲鼠齧作窩矣。實緣俗累絆身，幾不知何謂邱壑，何謂構思，致畫道久廢。幸静之先生畫册保而藏之篋中，容便寄還。斷不效墨林於石谷，乾没密林陡壑也。素心天如，良覿何時？回憶昔年，同登石壁，恍若隔世，此境此情，不可復得。略陳近況，以告遠懷。專復，並請

籌安，臨穎不盡願言。

三月穀雨後二日　姻愚弟費壽康頓首

再懇者，甘省藍翎出處，極賤極盼，並口外出鹿茸亦極佳，得便務必帶些來，其價奉繳尊卿，拜托拜托。

文清

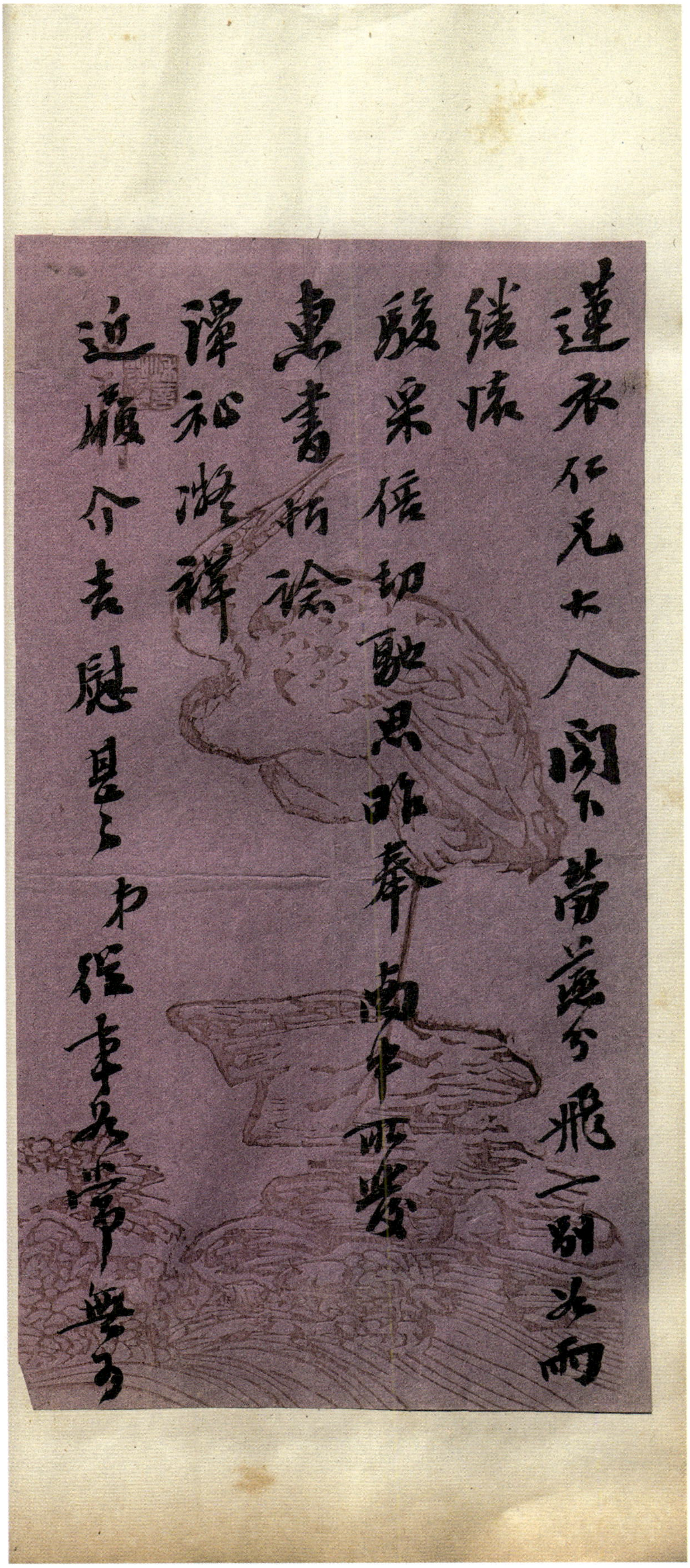
蓮衣仁兄大人閣下勞燕分飛一别如雨
綣懷
駿采倍切馳思昨奉南中所發
惠書忻諗
譚祉凝祥
近履介吉慰甚慰甚弟從事如常無可

蓮衣仁兄大人閣下：

勞燕分飛，一别如雨，綣懷駿采，倍切馳思。昨奉南中所發

惠書，忻諗譚祉凝祥，近履介吉，慰甚慰甚。弟從事如常，無可

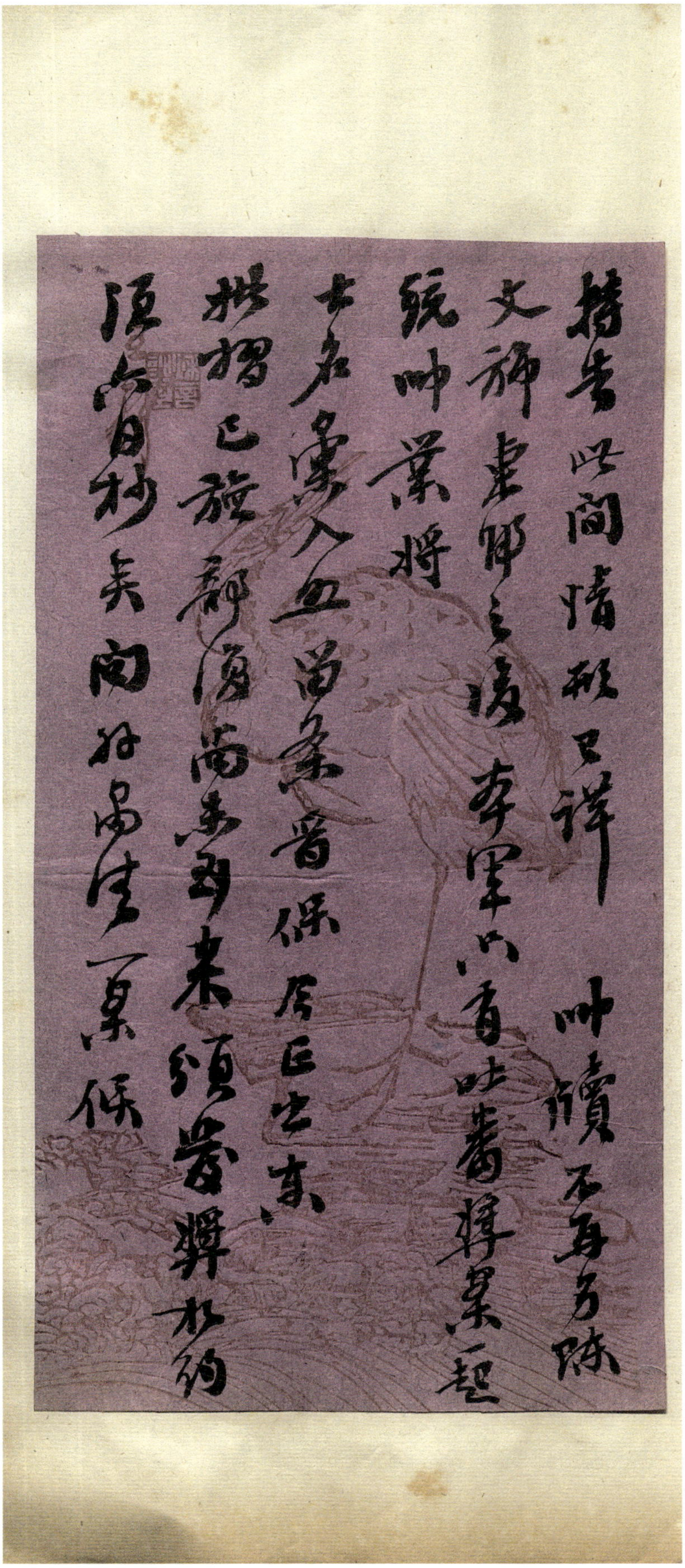

持告。此間情形，已詳帥牘，不再另陳。文旆東歸之後，本軍只有吐番獎案一起，統帥業將士名彙入，照留條晉保。今正出奏，批摺已旋，部復尚未到來。頒發獎札，約須六月杪矣。問孫禹清一案，候

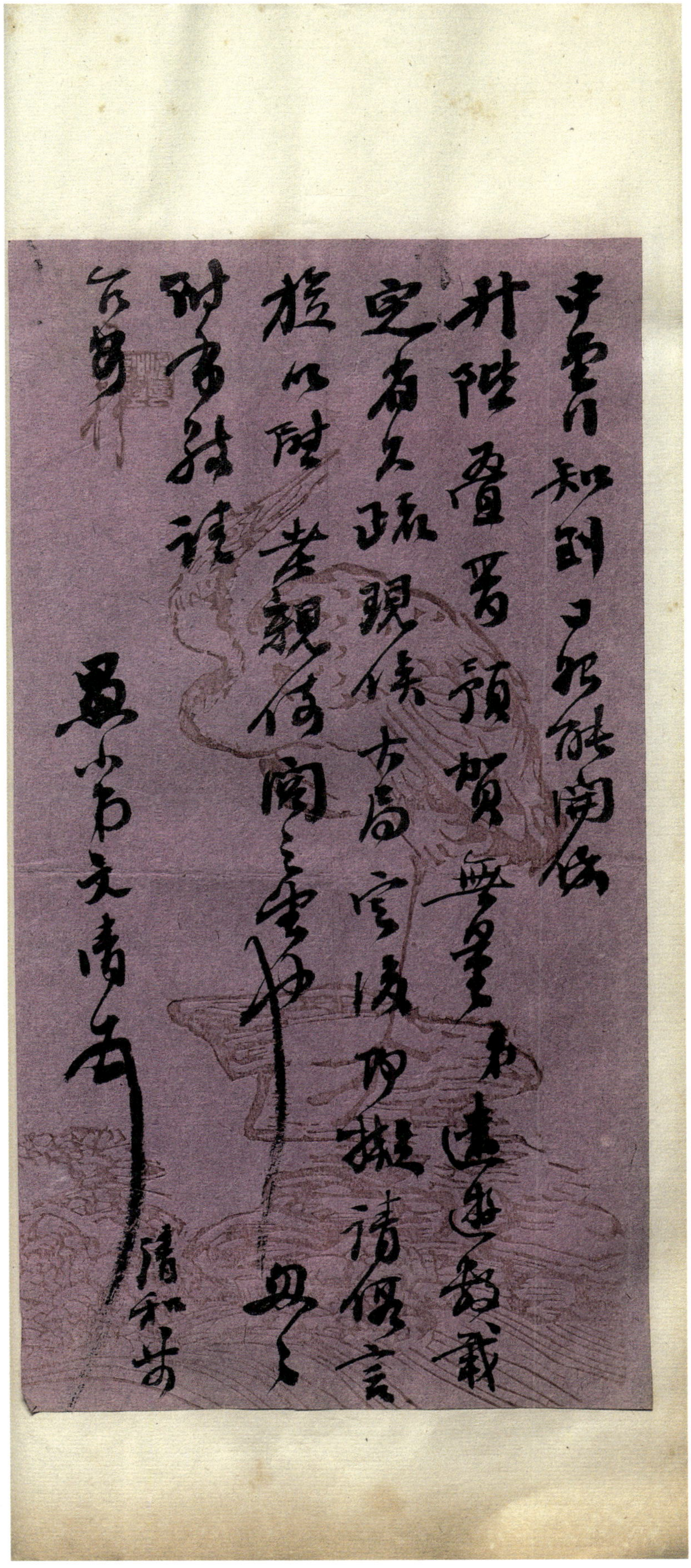

中堂行知到日始能開保。升階叠晋，預賀無量。弟遠游數載，定省久疏，現俟大局定後，即擬請假言旋，以慰老親倚閭之望也。匆匆附布，敬請

台安

愚小弟文清頓首

清和廿四

邵承裕

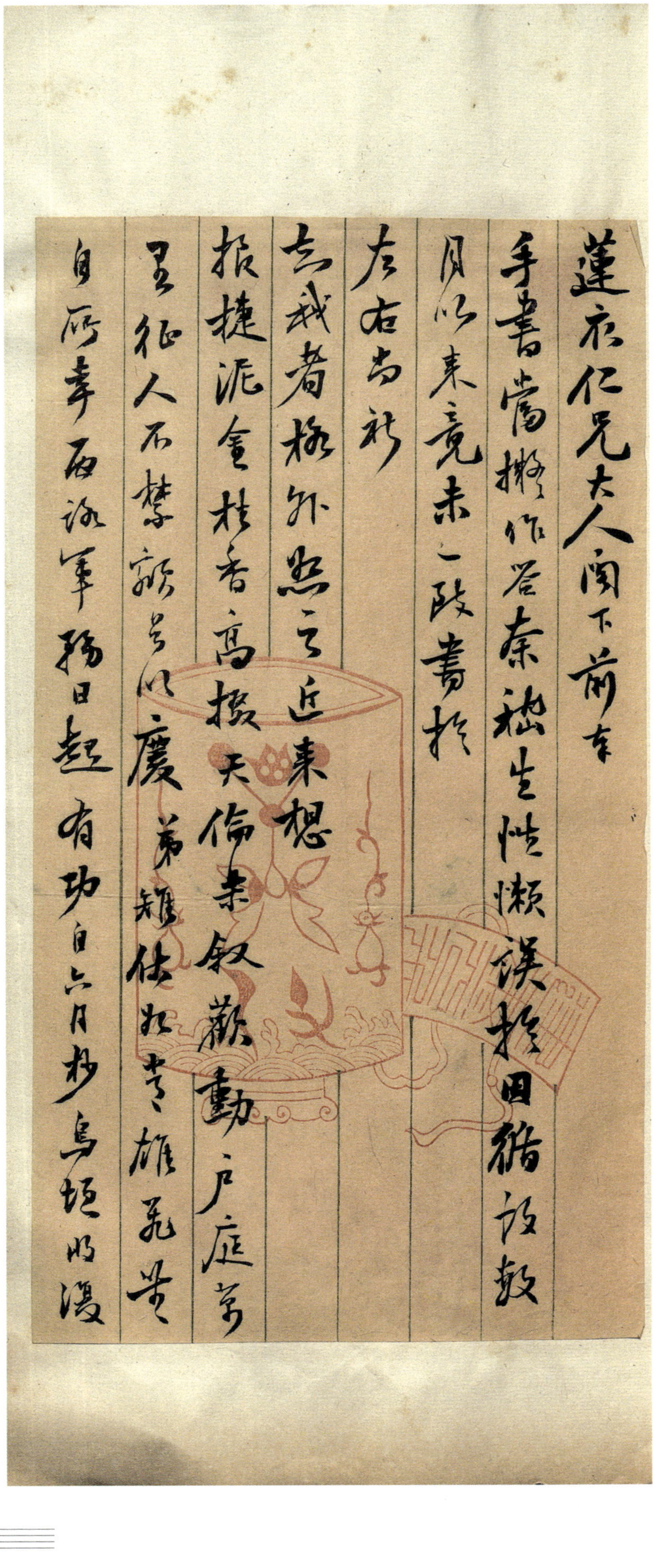

蓮衣仁兄大人閣下：

前奉手書，當擬作答，奈嵇生性懶，誤於因循，故數月以來，竟未一致書於左右。尚祈知我者格外恕之。近來想報捷泥金，桂香高擷，天倫樂敘，歡動户庭，萬里征人，不禁額首以慶。弟雉仕如常，雄飛無自，所幸西路軍務日起有功。自六月杪烏垣收復

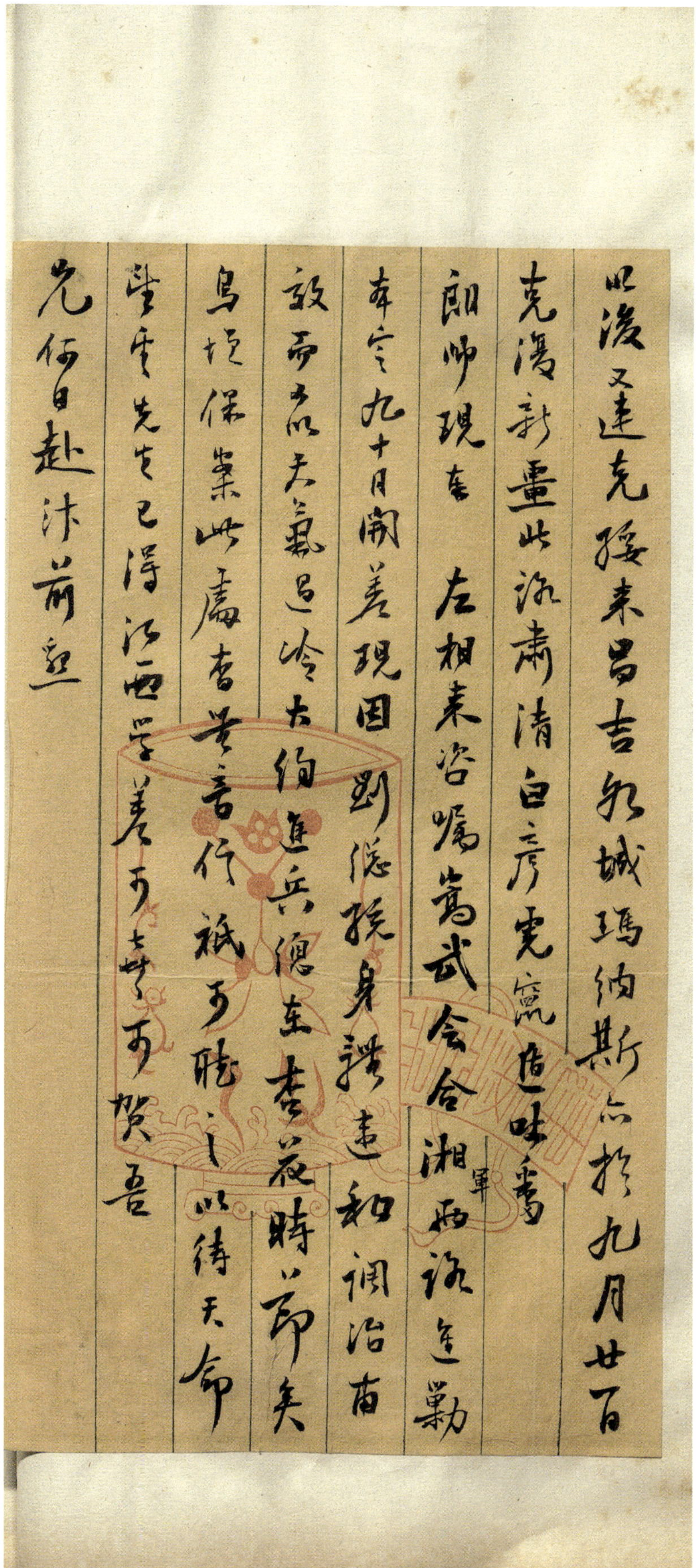

以後，又連克綏來、昌吉各城，瑪納斯亦於九月廿一日克復，新疆北路肅清，白彥虎竄遁吐番。朗帥現奉左相來咨，囑嵩武會合湘軍，兩路進剿。本定九十月開差，現因劉總統身體違和，調治甫效，而又以天氣過冷，大約進兵總在杏花時節矣。烏垣保案，此處杳無音信，祗可聽之，以待天命。望雲先生已得江西學差，可喜可賀。吾兄何日赴汴，前懇

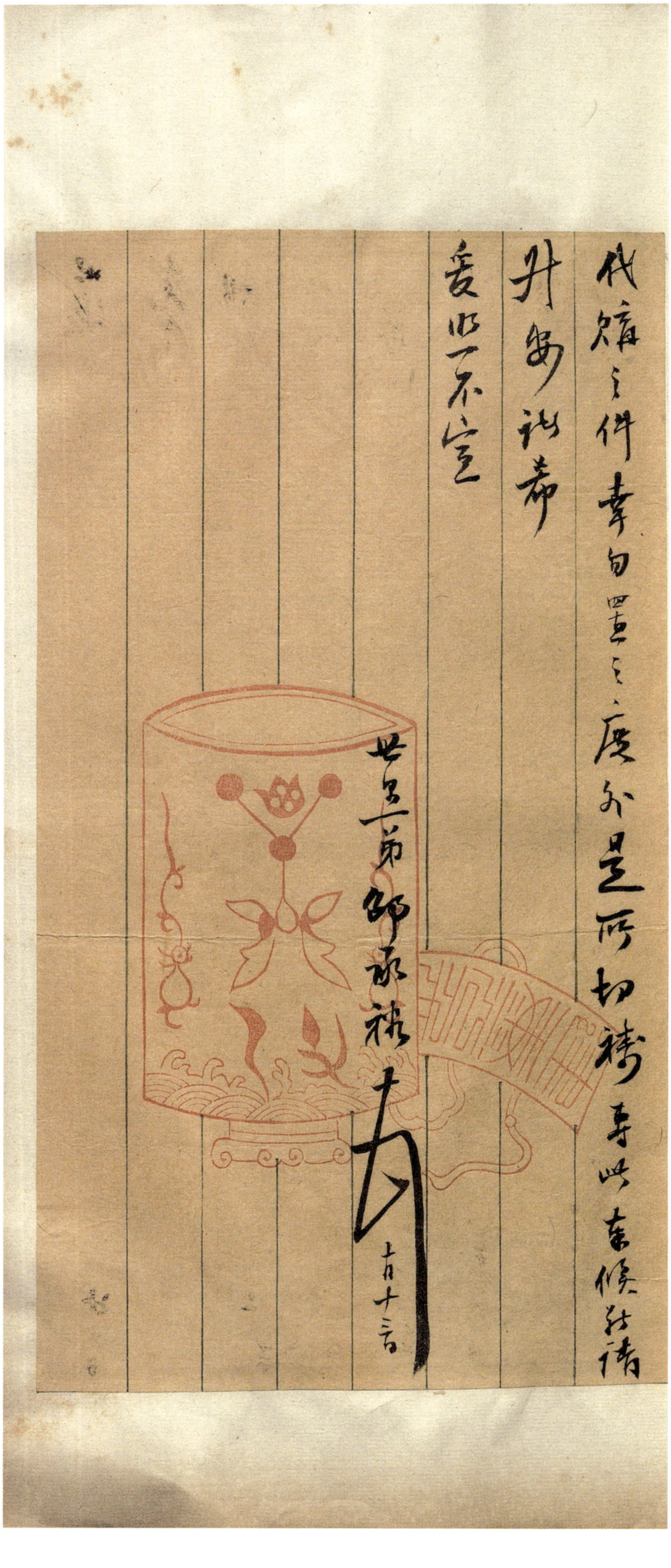

代購之件，幸勿置之度外，是所切禱。專此奉候，敬請

升安。諸希爰照，不宣。

世愚弟邵承裕頓首

十月十三日

孫金彪

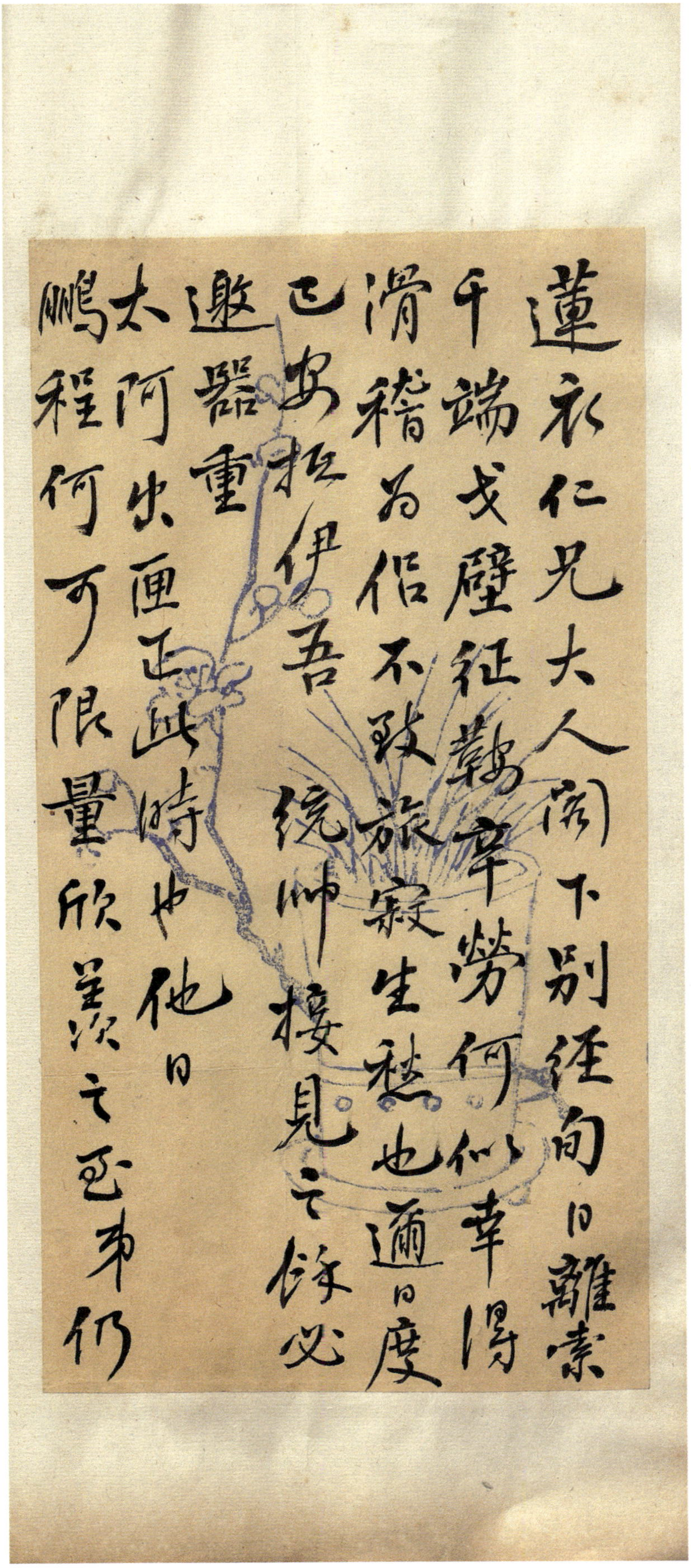

蓮衣仁兄大人閣下：

別經旬日，離索千端，戈壁征鞍，辛勞何似，幸得滑稽爲侣，不致旅寂生愁也。邇日度已安抵伊吾，統帥接見之餘，必邀器重，太阿出匣，正此時也。他日鵬程，何可限量，欣羡之至。弟仍

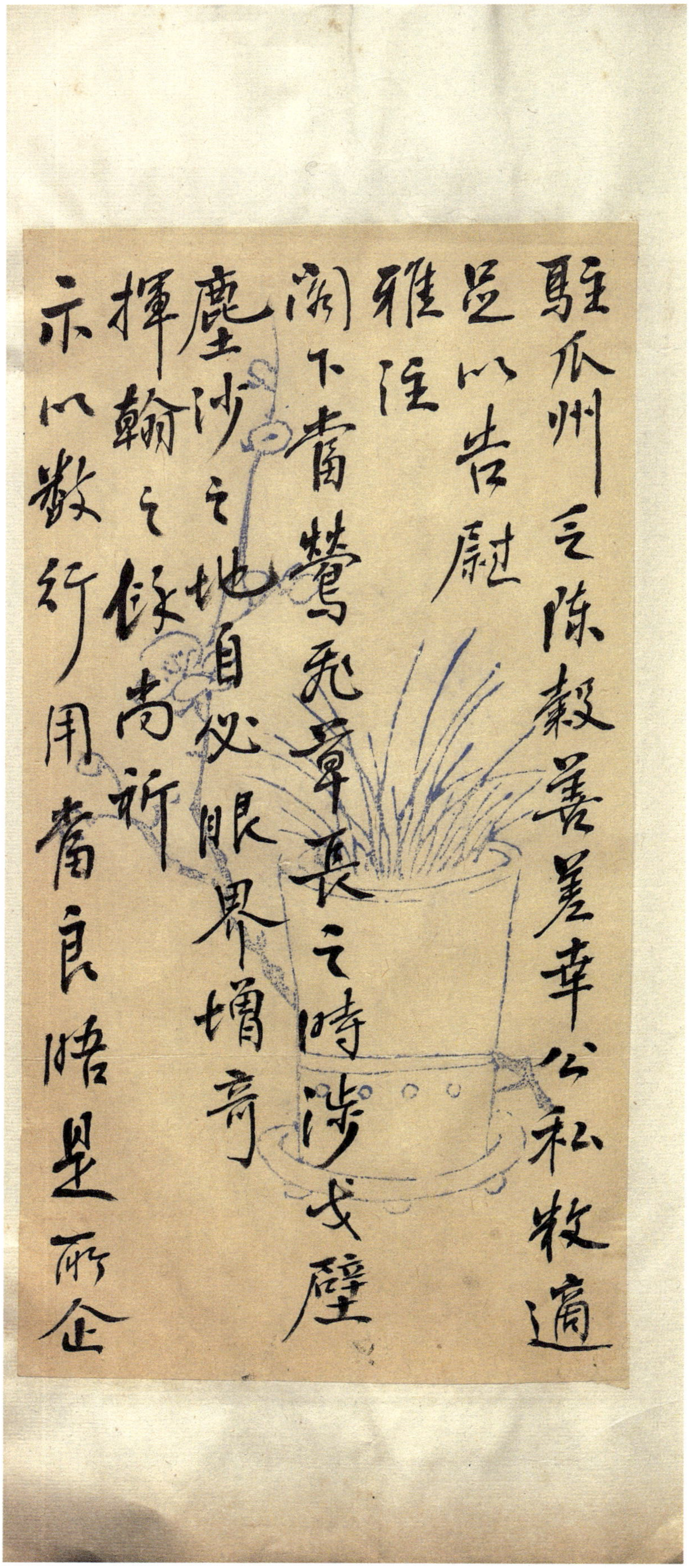

駐瓜州，乏陳穀善，差幸公私粄適，足以告慰雅注。閣下當鶯飛草長之時，涉戈壁塵沙之地，自必眼界增奇。揮翰之餘，尚祈示以數行，用當良晤，是所企

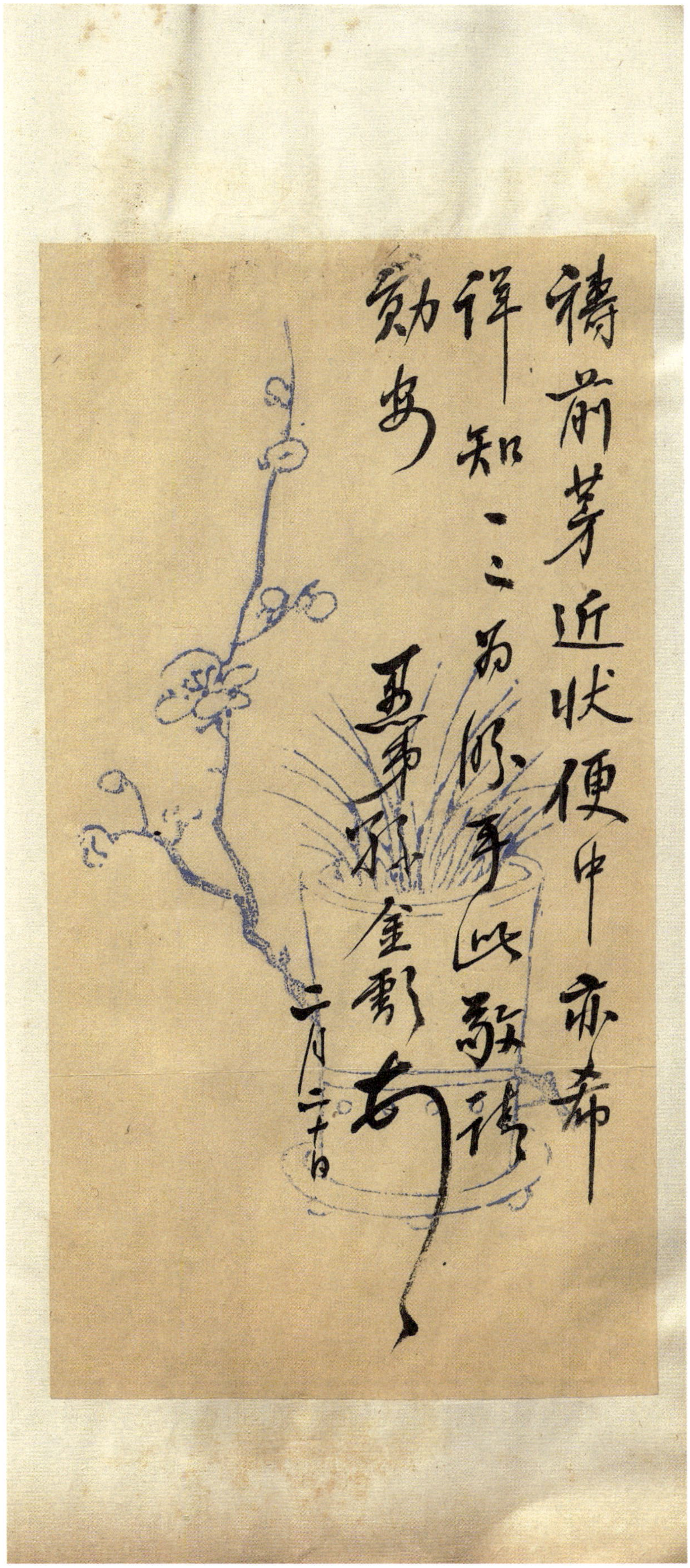

禱。前茅近狀，便中亦希詳知一二爲盼，手此，敬請

勛安

愚弟孫金彪頓首

二月二十日

王樹人

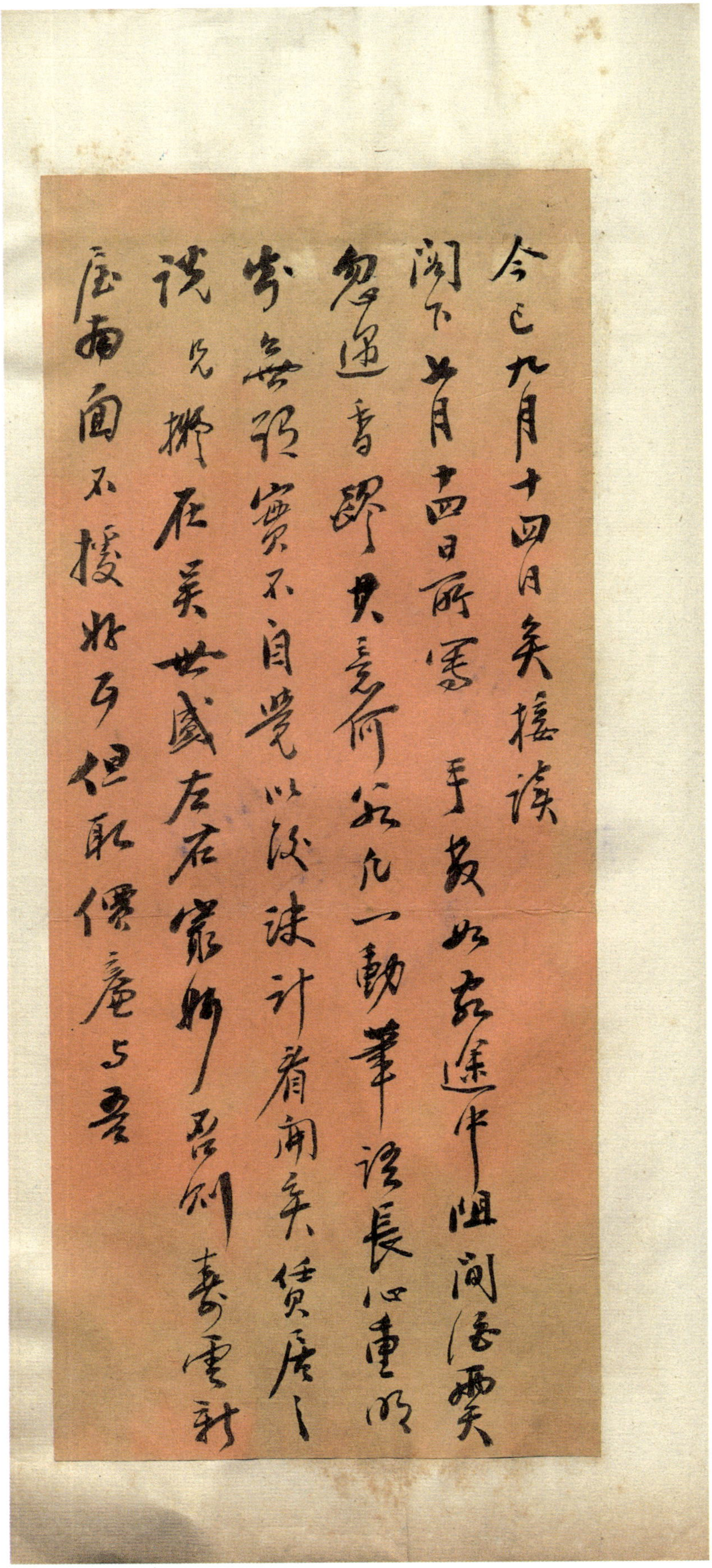

今已九月十四日矣，接讀閣下七月十四日所寫手教，如亂途中阻，問酒兩天，忽遇香醪，其意何若。凡一動筆，語長心重，明知無謂，實不自覺，以後決計看開矣。賃居之説，兄擬在吴世盛左右最妙，否則壽雲新屋南面，不據好歹，但取價廉，與吾

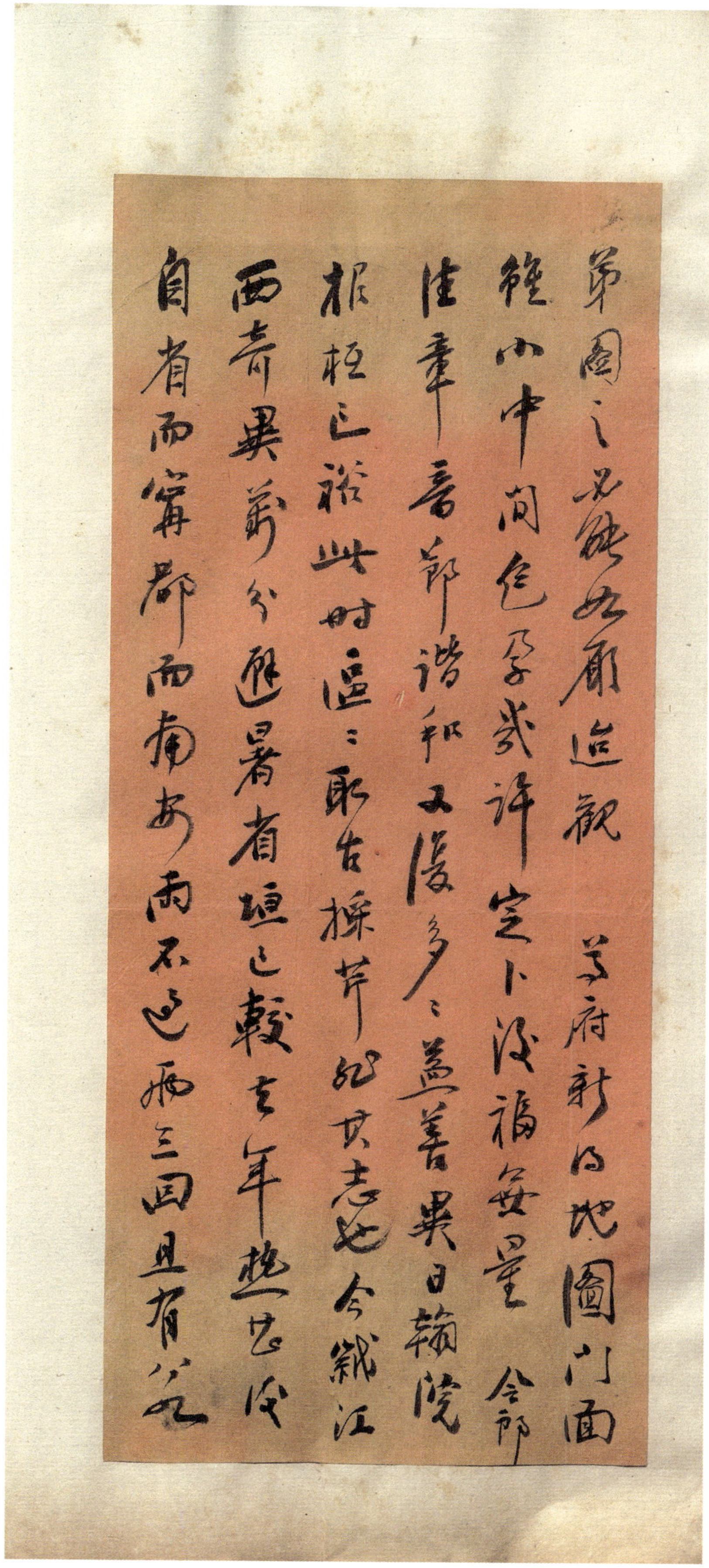

弟圖之，必能如願。逌觀尊府新得地圖，門面雖小，中間包孕幾許，定卜後福無量。令郎佳章，音節諧和，又復多多益善，異日翰院根柢已裕，此時區區取古採芹，非其志也。今歲江西奇異萬分，避暑省垣，已較去年熱甚。後自省而寧都而南安，雨不過兩三回，且有不如

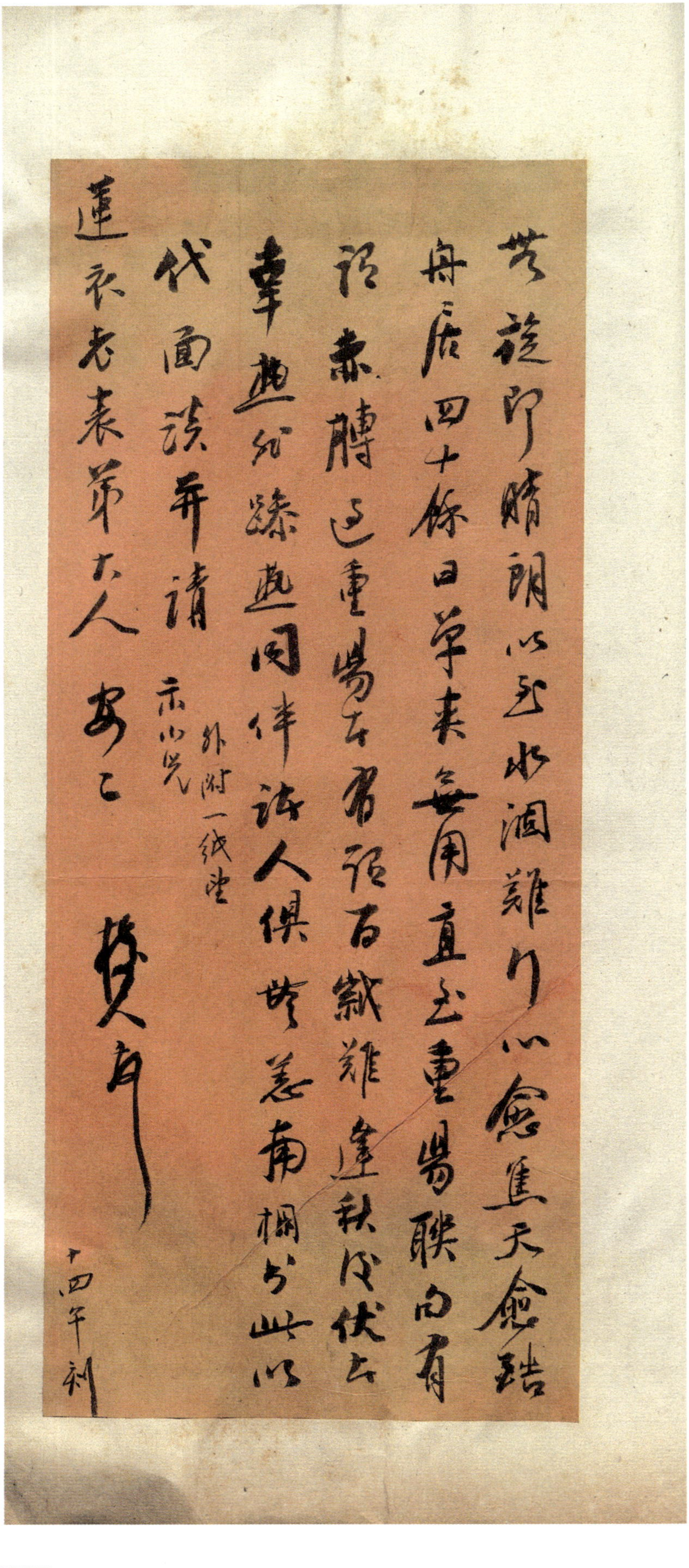

無，旋即晴朗，以至水涸難行。心愈焦，天愈酷。舟居四十餘日，單夾無用，直至重陽。聯句有謂『赤膊過重陽』者，有謂『百歲難逢秋後伏』者。幸熱非躁熱，同伴諸人俱無恙。南棚書此，以代面談，並請

蓮衣老表弟大人安安

外附一紙，望示小兒。

樹人頓首　十四年刻

蔣錫儀

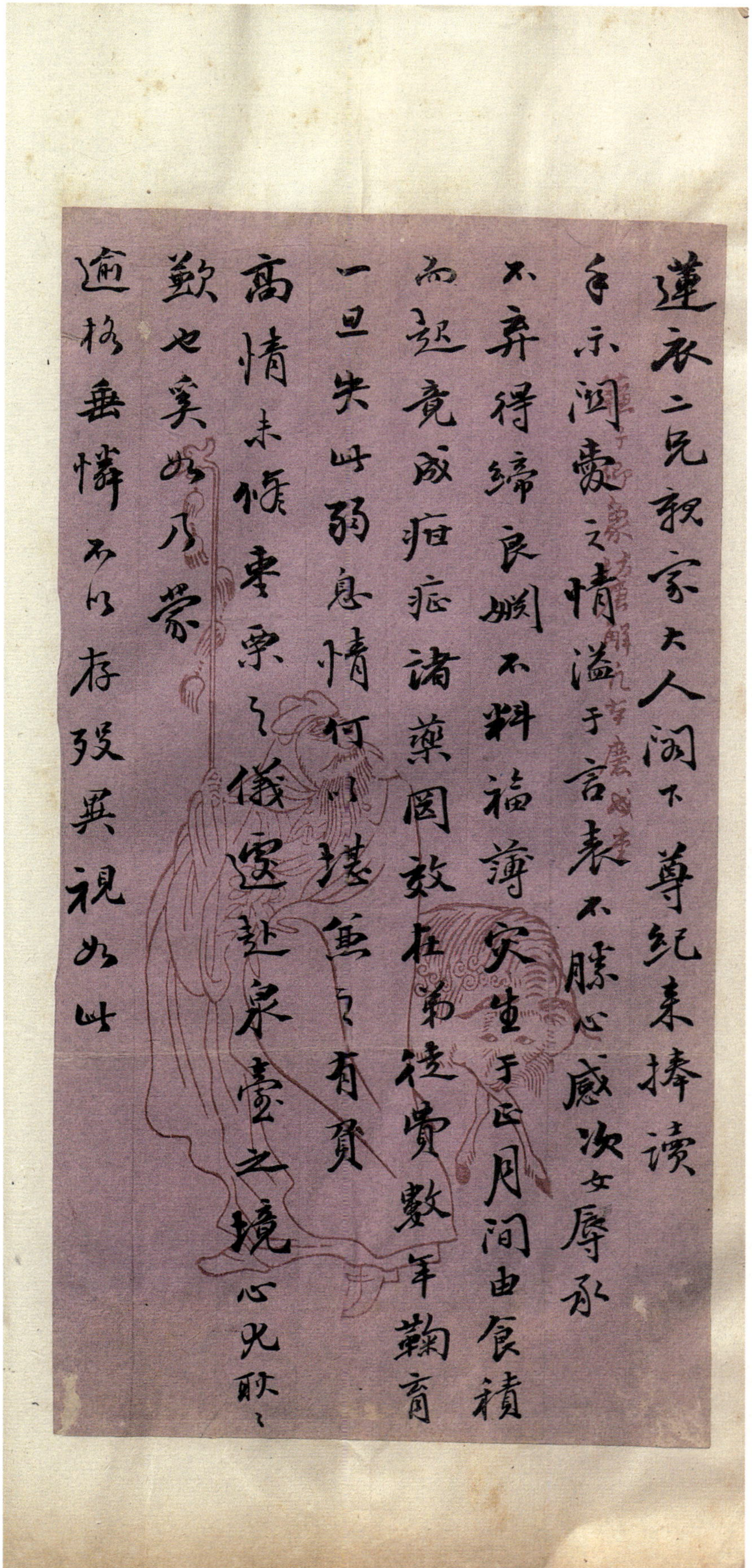

蓮衣二兄親家大人閣下：

尊紀來，捧讀手示，關愛之情，溢於言表，不勝心感。次女辱承不棄，得締良姻，不料福薄，灾生於正月間，由食積而起，竟成疳症。諸藥罔效。在弟徒費數年鞠育，一旦失此弱息，情何以堪。兼之有負高情，未修棗栗之儀，遽赴泉臺之境，心尤耿耿，歉也奚如。乃蒙逾格垂憐，不以存歿異視，如此

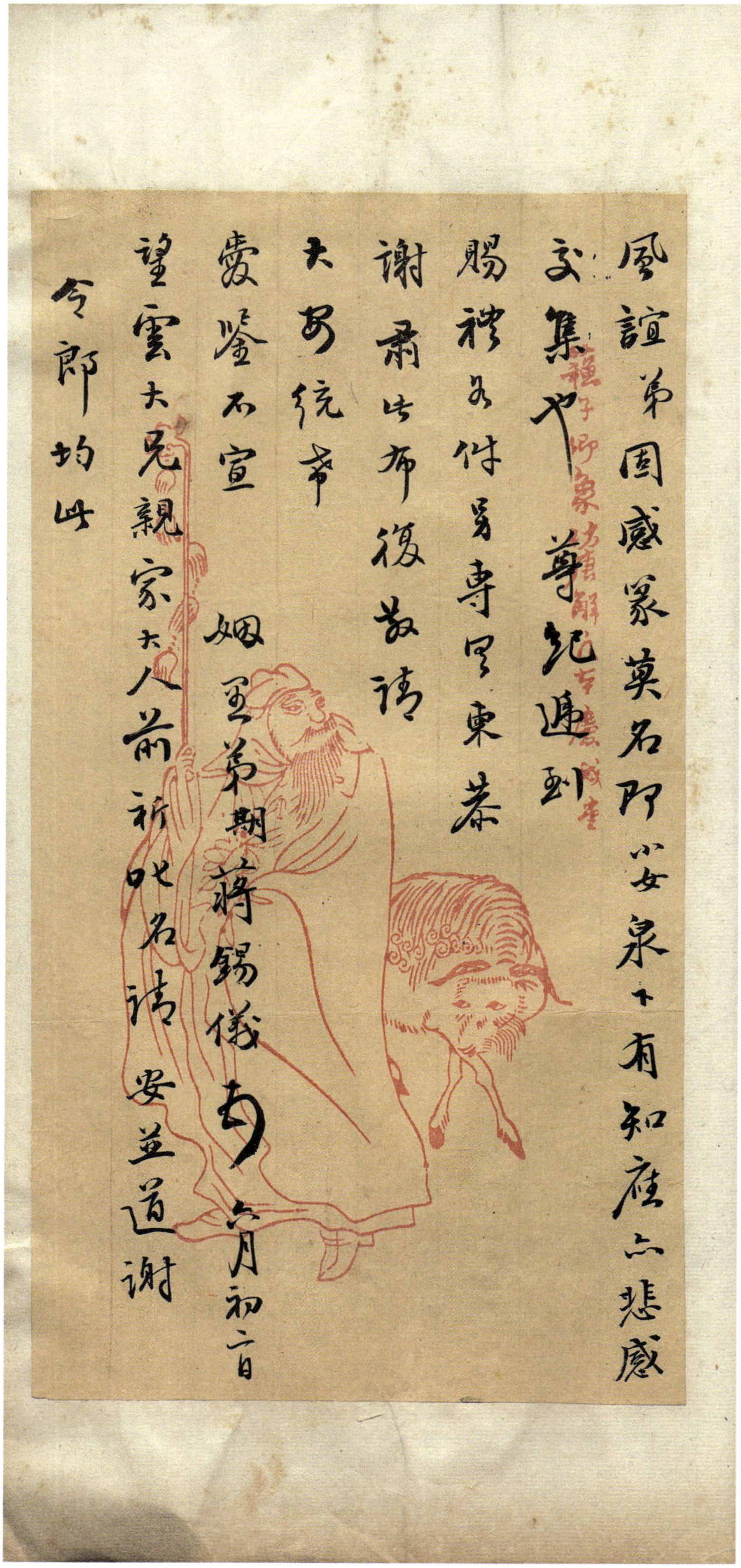

風誼，弟固感篆莫名，即小女泉下有知，應亦悲感交集也。尊紀遞到賜禮各件，另專具柬恭謝。肅此布復，敬請

大安。統希愛鑒，不宣。

姻愚弟期蔣錫儀頓首

六月初二日

望雲大兄親家大人前，祈叱名請安並道謝。令郎均此。

蔣錫儀

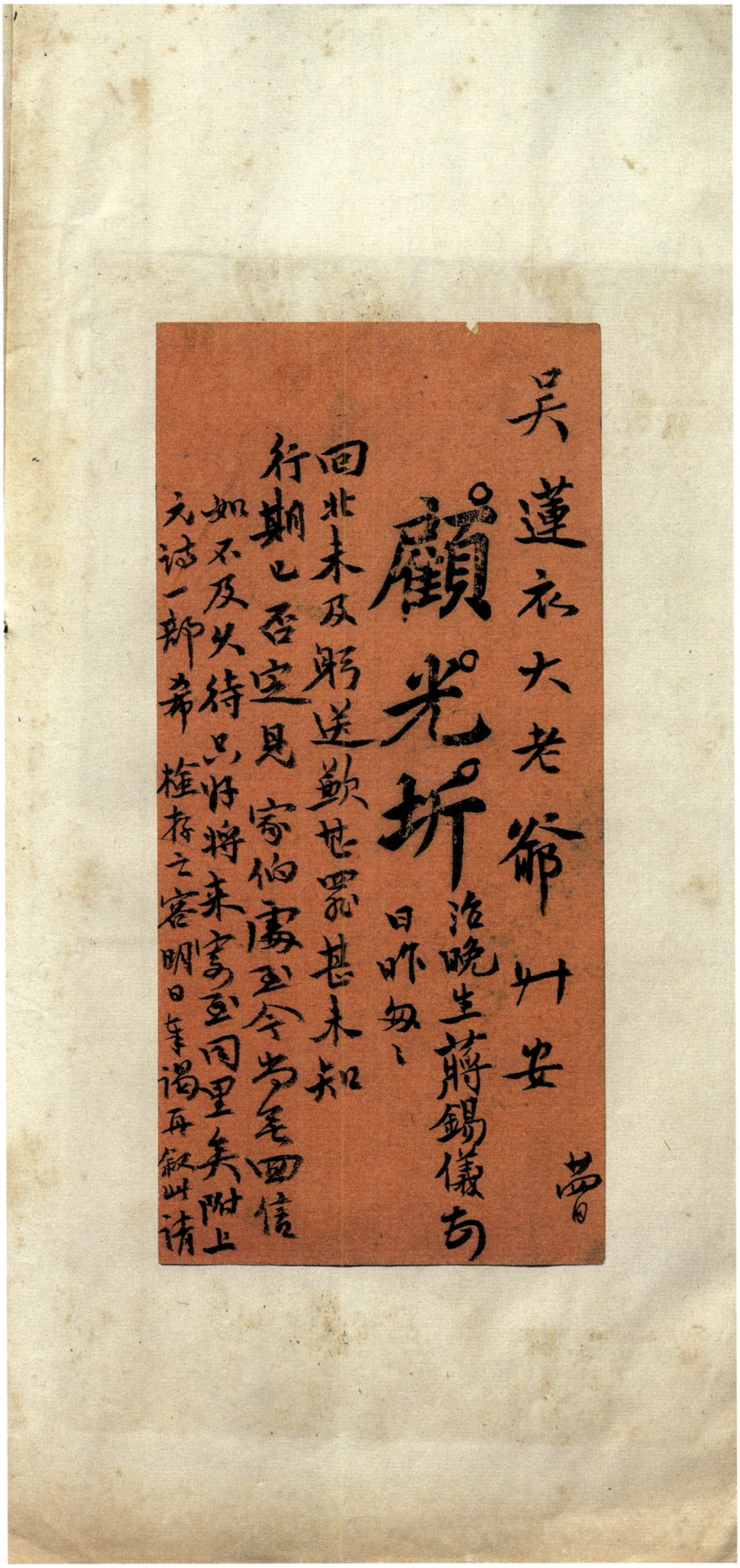
吳蓮衣大老爺升安

顧光圻

治晚生蔣錫儀頓首

日昨匆匆回北，未及躬送，歉甚罪甚。未知行期已否定見？家伯處至今尚無回信，如不及久待，只好將來寄至同里矣。附上元詩一部，希檢存之。容明日奉謁再敘，此請

日昨匆匆回北，未及躬送，歉甚罪甚。未知行期已否定見？家伯處至今尚無回信，如不及久待，只好將來寄至同里矣。附上元詩一部，希檢存之。

容明日奉謁再敘，此請

吳蓮衣大老爺升安

治晚生蔣錫儀頓首　廿四日

范家麒

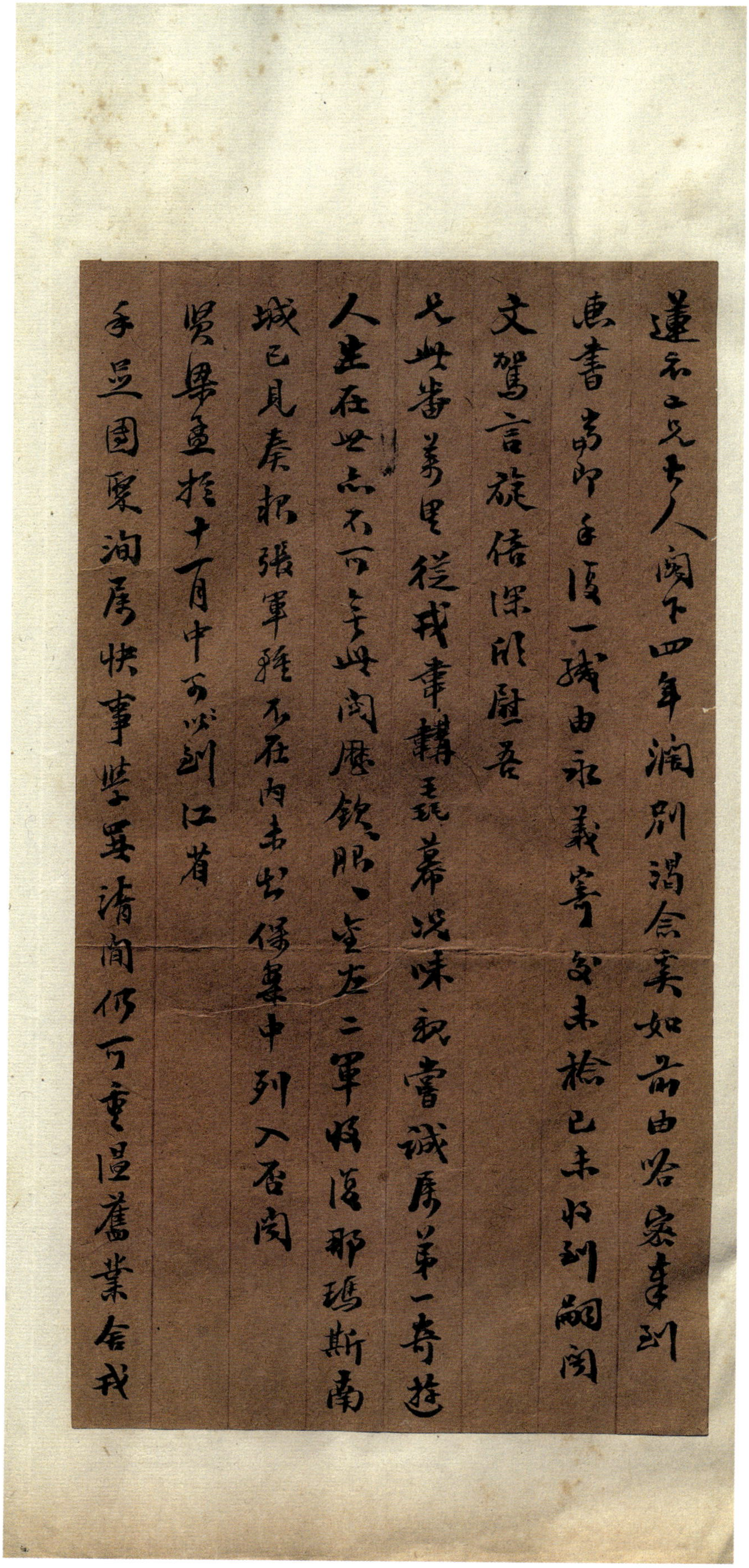

蓮衣二兄大人閣下：

四年闊別，渴念奚如，前由哈密奉到惠書，當即手復一緘，由永義寄交，未稔已未收到。嗣聞文駕言旋，倍深欣慰。吾兄此番萬里從戎，韋韝毳幕，況味親嘗，誠屬第一奇游。人生在世，亦不可無此閱歷，欽服欽服。金、左二軍收復瑪那斯南城，已見奏報。張軍雖不在内，未知保案中列入否？聞賢梁孟於十一月中可到江省，手足團聚，洵屬快事。學署清閑，仍可重温舊業。舍戎

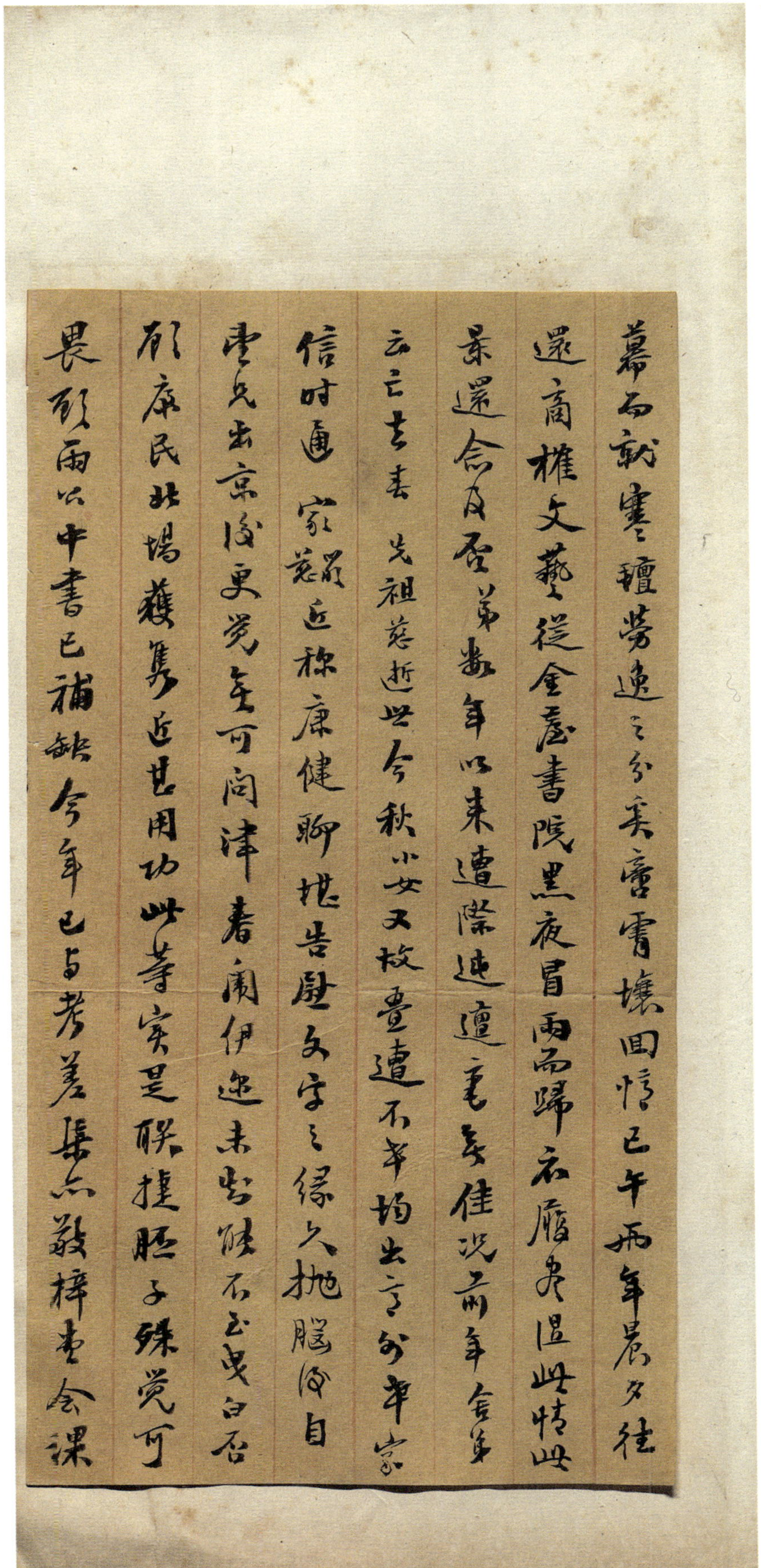

幕而就寒氈，勞逸之分，奚啻霄壤。回憶己午兩年，晨夕往來，商榷文藝，從金臺書院黑夜冒雨而歸，衣履盡濕，此情此景，還念及否？弟數年以來，遭際迍邅，毫無佳況。前年舍弟云亡，去春先祖慈逝世，今秋小女又故，叠遭不幸，均出意外。幸家信時通，家嚴家慈，近稱康健，聊堪告慰。文字之緣，久拋腦後，自望兄出京後，更覺無可問津。春闈伊邇，未知能不至曳白否？顧康民北場獲雋，近甚用功，此等實是聯捷胚子，殊覺可畏。顧雨公中書已補缺，今年已與考差，渠亦敬梓堂會課

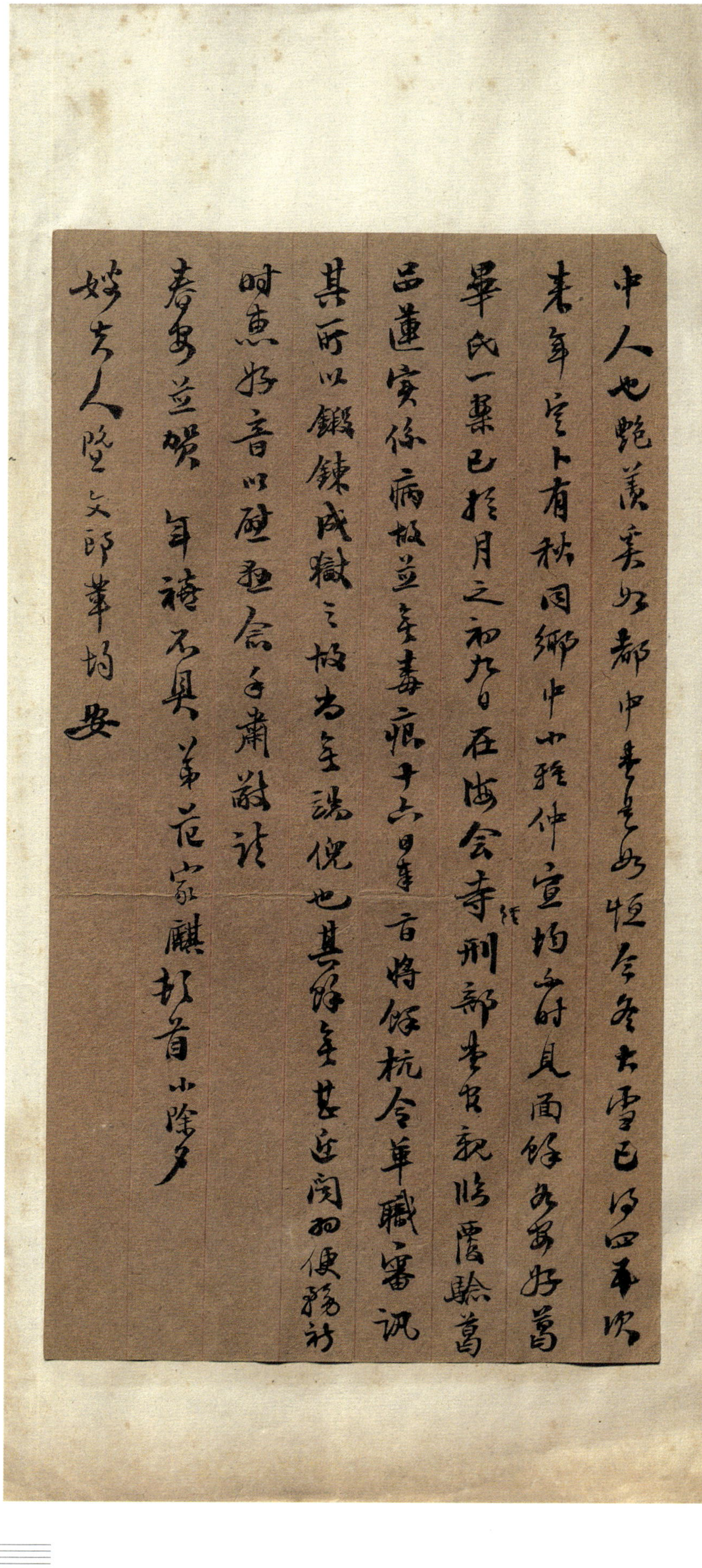

中人也，艷羡奚如。都中壹是如恒，今冬大雪已得四五次，來年定卜有秋。同鄉中小雅、仲宣，均不時見面，餘各安好。葛畢氏一案，已於月之初九日，在海會寺經刑部堂官親臨覆驗。葛品蓮實係病故，並無毒痕。十六日奉旨，將餘杭令革職審訊，其所以鍛煉成獄之故，尚無端倪也。其餘無甚近聞。有便，務祈時惠好音，以慰懸念。手肅，敬請

春安。並賀年禧，不具。

嫂夫人暨文郎輩均安

弟范家麒頓首

小除夕

吴恢傑致任艾生

友漁二兄大人如晤以其時考之
台駕想已旋里惟租辦賦未免勞神 南雲草廬
能常往否昨夜四鼓時夢与
閣下及東雛三人在亨後堂談心性之学大言不
慚各抒所見未竣
閣下入内久不出來 東雛如一縷烟而去 弟則悄然
獨坐看天色已晚向徐紀借鐙而錸行至厨房门
以聞
閣下大聲而呼曰蓮衣不要走快喫夜飯 弟与
閣下同進課花樓下行至石庫门檻亦高聲 亦呼曰
姨太太不必避至樓廳見 姨太太要揭簾進房似
來不及道各招呼一聲 姨太太身穿藍洋布罩
衫元色印花湖縐裙手執蒲扇扇方煖鍋火焰甚

友濂二兄大人如晤：

以其時考之，台駕想已旋里。催租辦賦，未免勞神，南雲草盧能常往否？昨夜四鼓時，夢與閣下及東籬三人，在亨復堂談心性之學，大言不慚，各抒所見，未幾閣下入内，久不出來，東籬如一縷烟而去，弟則悄然獨坐，看天色已晚，向徐紀借鐙而歸。行至厨房門口，聞閣下大聲而呼曰：蓮衣不要走。快吃夜飯。弟與閣下，同進課花樓下，行至石庫門檻，亦高聲而呼曰：姨太太不必避。至樓廳，見姨太太要揭簾進房，似來不及逐各招呼一聲。姨太太身穿藍洋布罩衫、元色印花湖縐裙，手持蒲扇，扇方暖鍋，火焰甚高。夜飯之擾與不擾，醒時忘記，夫暖鍋乃鼎鼐之物，或爲閣下後日和羹之兆。其式方，似勉勵得志後須要端方。火曰炎上，是鴻猷丕焕之象。姨太太從旁摇扇，是屬在下風，同沐天家雨露，吉兆無疑，可操券以卜，閣下其勉之。昔乾隆時，尹文端公有側室未受花誥，文端公親乞恩施，純廟許之，封爲一品夫人，至今傳爲佳話，安知閣下將來不步文端公後塵乎。我爲

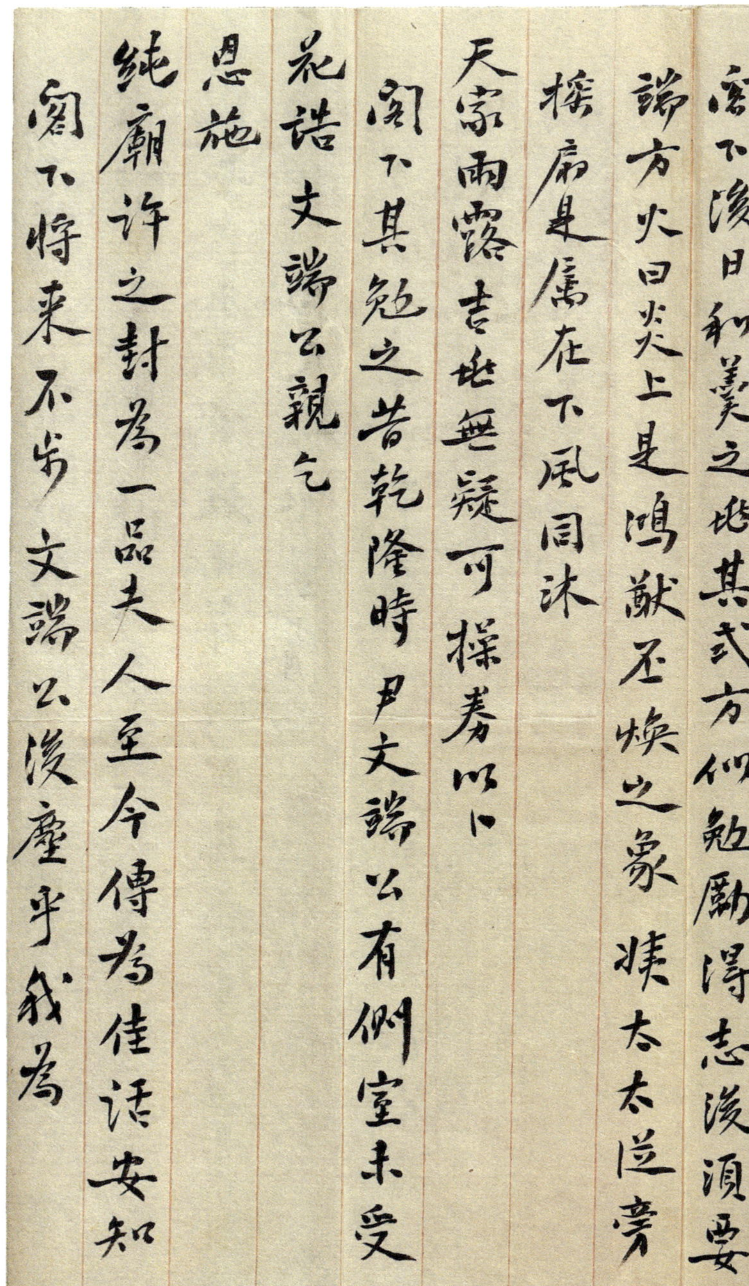
閣下後日和羹之兆其式方似勉勵得志後須要
端方火曰炎上是鴻猷丕煥之象姨太太從旁
搖扇是屬在下風同沐
天家雨露吉兆無疑可操券以卜
閣下其勉之昔乾隆時尹文端公有側室未受
花誥文端公親乞
恩施
純廟許之封為一品夫人至今傳為佳話安知
閣下將來不步文端公後塵乎我為

閣下賀并爲一品夫人賀即或命運不齊終身
作山中宰相而神仙眷屬嘯傲煙霞有林下
風亦自不凡況數十年後必有將事者重刻
詩徵 知夫人詠絮清才簪花妙格定邀入
選于是大書而特書曰華花卿 震澤任某之側
室則
諸葛大名竟爲裙帶拖起而垂宇宙也現在
閣下尚不肯認此恨其實不必强試思趙松雪
不過寫幾個爛趙字並無經濟文章流傳後
世而至今人猶艷稱之者不賴管夫人幾筆竹枝
之力乎 弟一病經年自分身爲異物迄交冬令各
病魔辭我而去我亦不再强留覺得上山捨身
亦易如拾芥心境静而且空向時營擾勞於富
貴功名已丢在九霄雲外笑東坡先生必至
老後始被春夢婆喚醒道力總嫌太淺日来
看書畧有分曉還事常存恐懼立論必取

閣下賀，並爲一品夫人賀。即或命運不齊，終身作山中宰相，而神仙眷屬，嘯傲烟霞，有林下風，亦自不凡。況數十年後，必有好事者重刻《詩徵》，如夫人咏絮清才，簪花妙格，定邀入選，於是大書而特書曰『華花卿，震澤任某某側室。』則諸葛大名竟爲裙帶拖起而垂宇宙也。現在閣下尚不肯認此帳，其實不必强試，思趙松雪不過寫幾個爛趙字，並無經濟文章流傳後世，而至今人猶艷稱之者，不賴管夫人幾筆竹枝之力乎。弟一病經年，自分身爲異物，迄交冬令，各病魔辭我而去，我亦不再强留，覺得上山擒虎，亦易如拾芥，心境静而且空，向時縈擾，勞於富貴功名，已丢在九霄雲外。笑東坡先生必至老後始被春夢婆喚醒，道力總嫌太淺。日來看書，略有分曉，遇事常存恐懼，立論必取和平，此三端是病後新得，用敢奉告。擬於臘月初自此動身歸里，到家時約在月半邊，届時望轉請如夫人親製糟魚、鮮肉暖鍋（倘已皤其腹則不必矣，此亦恪遵孔子忠恕之道），爲我接風，邀東籬作陪，以證夢境。我是癡人，言之有味。君非聾子，聽亦解頤。耑此，敬請

吟安，並頌如夫人坤福。

教小弟吴恢傑頓首謹上

十一月初三日肅

東籬亦夢中人，望將此信示知。其餘不必看，何則？衆人皆醒我獨夢，特夢人較醒人清楚耳。

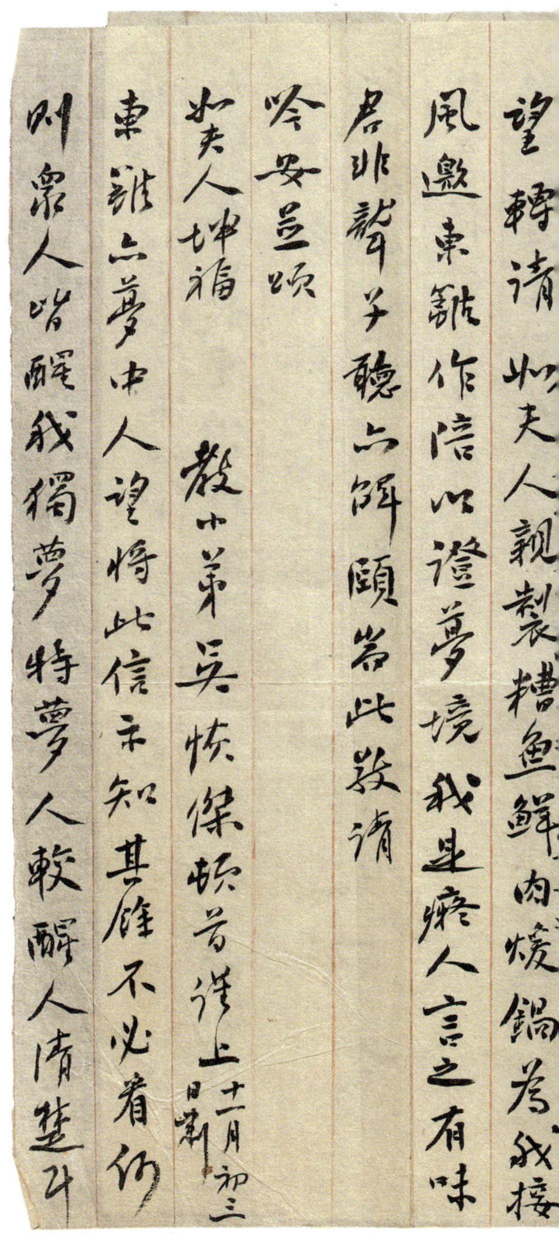
望轉請如夫人親製糟魚鮮肉煖鍋爲我接風邀東籬作陪以證夢境我是癡人言之有味君非聾子聽亦解頤耑此敬請
吟安並頌
如夫人坤福
教小弟吴恢傑頓首謹上 十一月初三日肅
東籬亦夢中人望將此信示知其餘不必看何則衆人皆醒我獨夢特夢人較醒人清楚耳

汪鳴鑾致曾孟璞

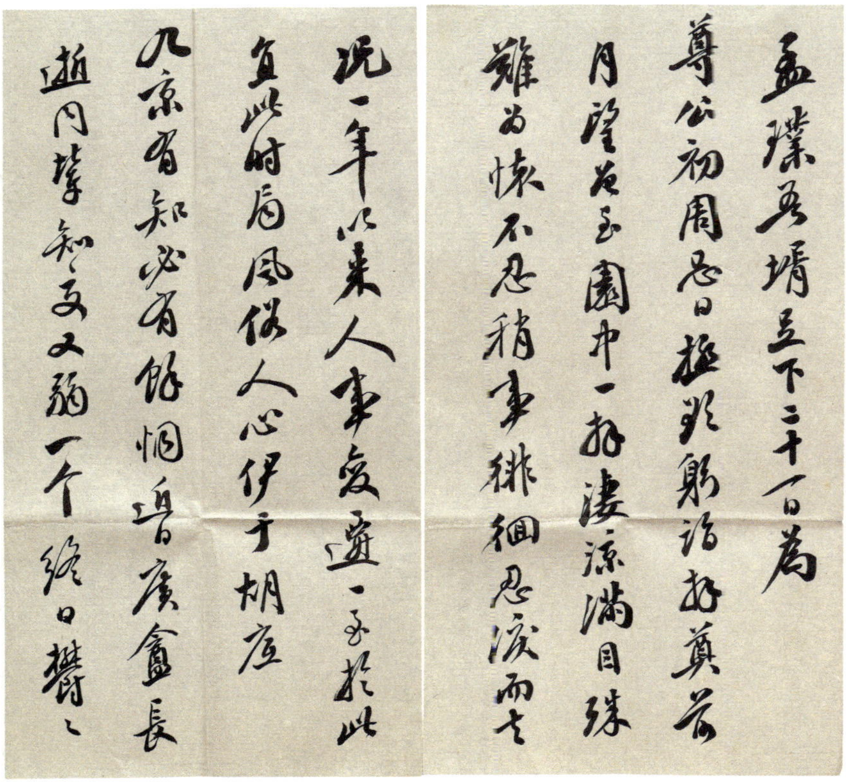

孟璞賢婿手啓

孟璞吾婿足下：

二十一日爲尊公初周忌日，極頊躬詣拜奠。前月望曾至園中一拜，凄涼滿目，殊難爲懷，不忍稍事徘徊，忍淚而去。況一年以來，人事變遷，一至於此。值此時局，風俗人心，伊於胡底，九京有知，必有餘恫。近日廣盦長逝，同輩知交，又弱一個，終日鬱鬱，

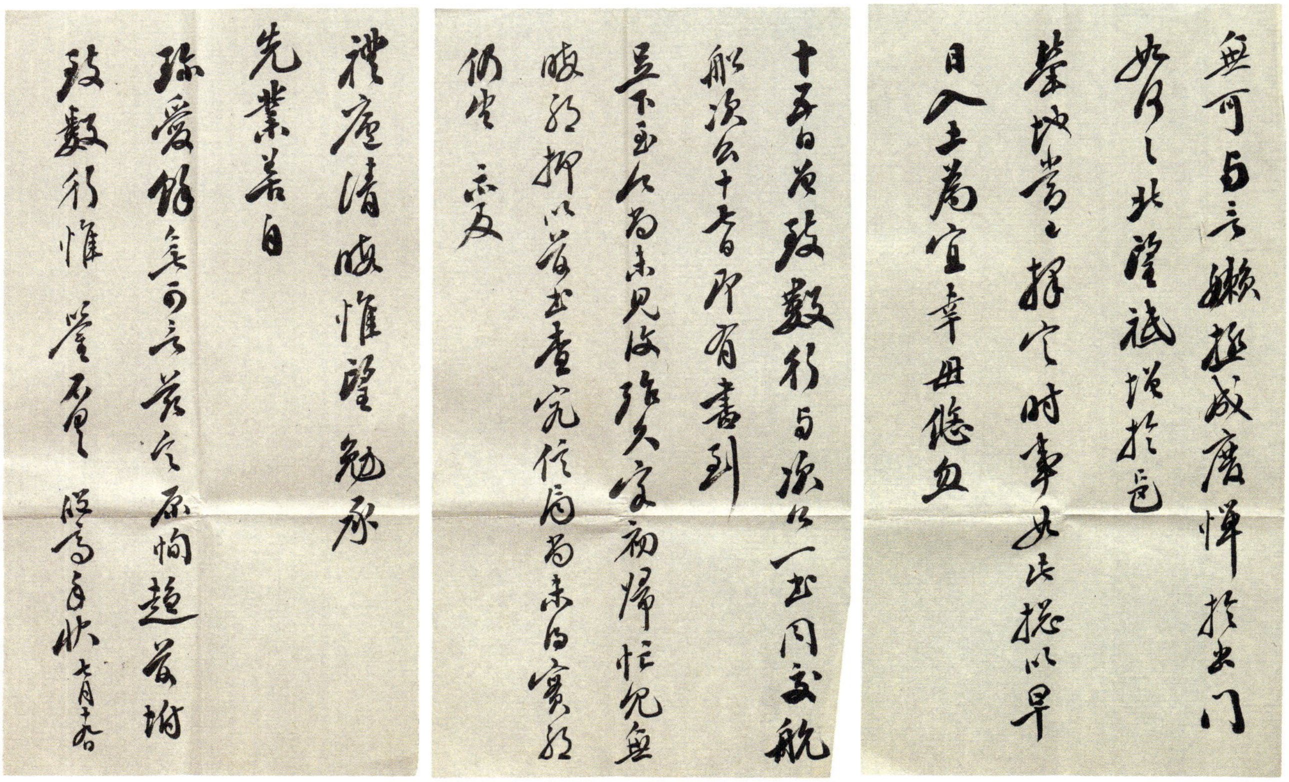

無可與言。懶極成廢，憚於出門，如何如何。北望祗增於邑。塋地當已擇定，時事如此，總以早日入土爲宜，幸毋悠忽。十五日曾致數行，與次公一書，同交航船。次公十七日即有書到，足下至今尚未見信，殆久客初歸，忙冗無暇然，抑以前書查究信局尚未得實然，仍望示及。禮廬清暇，惟望勉承先業，善自珍愛，餘無可言。茲令原恂趨前，附致數行，惟鑒不具。

郎亭手狀

七月十九日

松樓小品

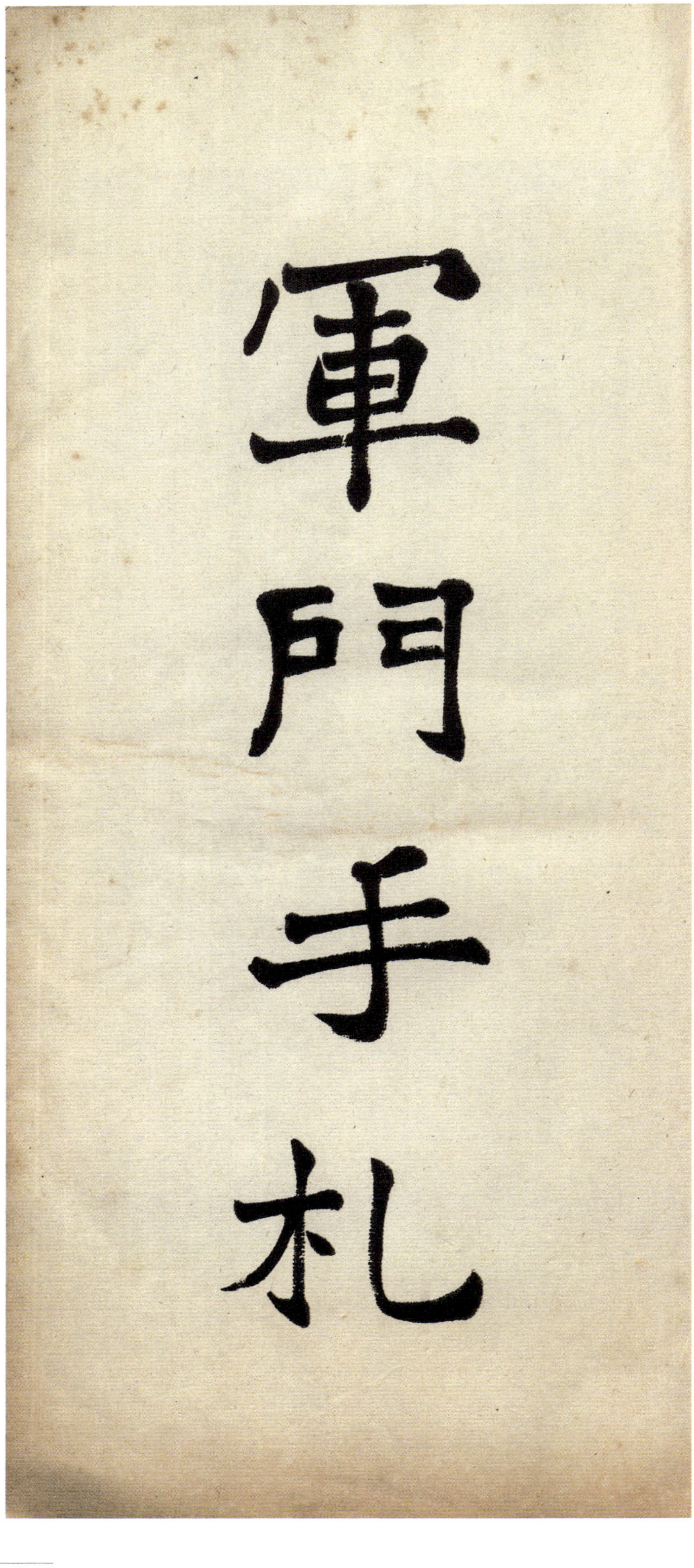
軍門手札

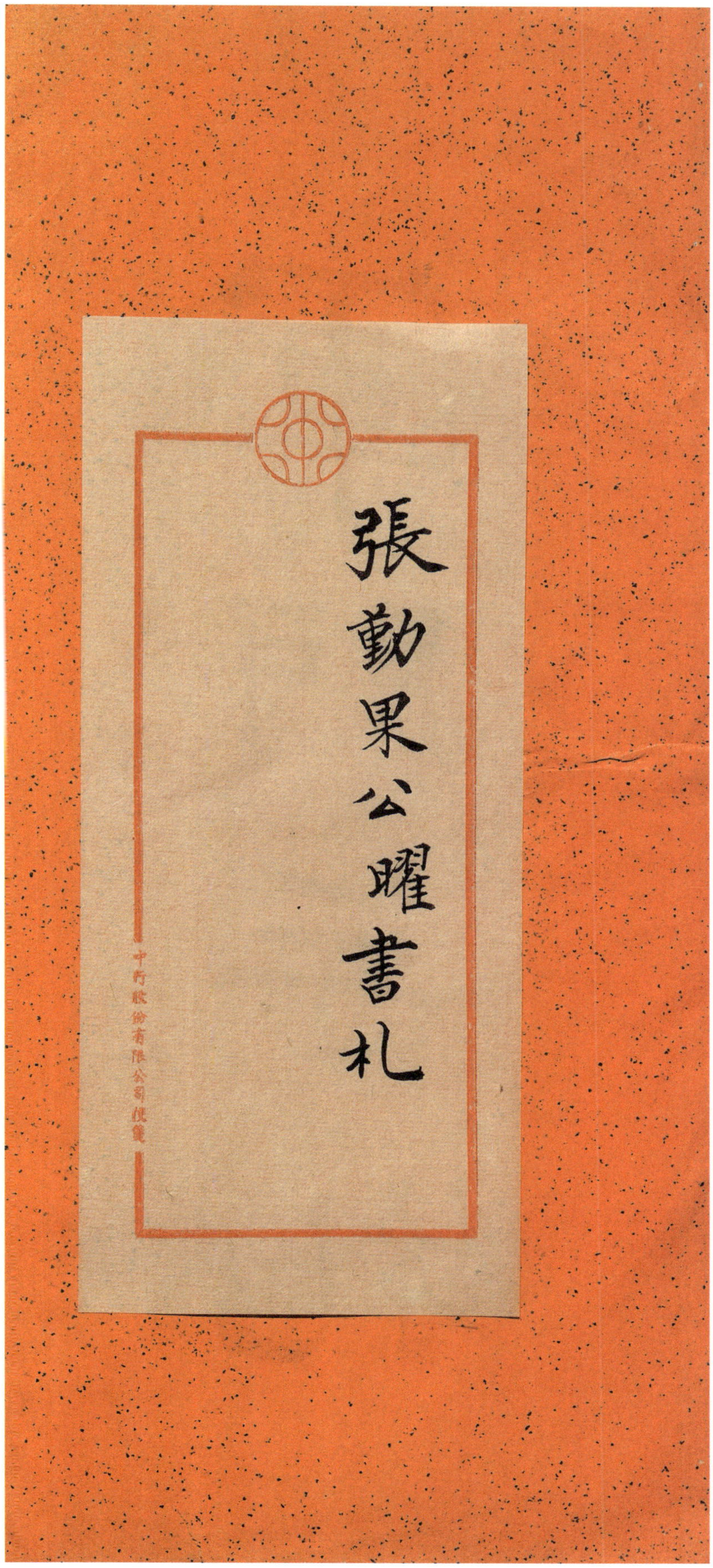

張勤果公曜書札

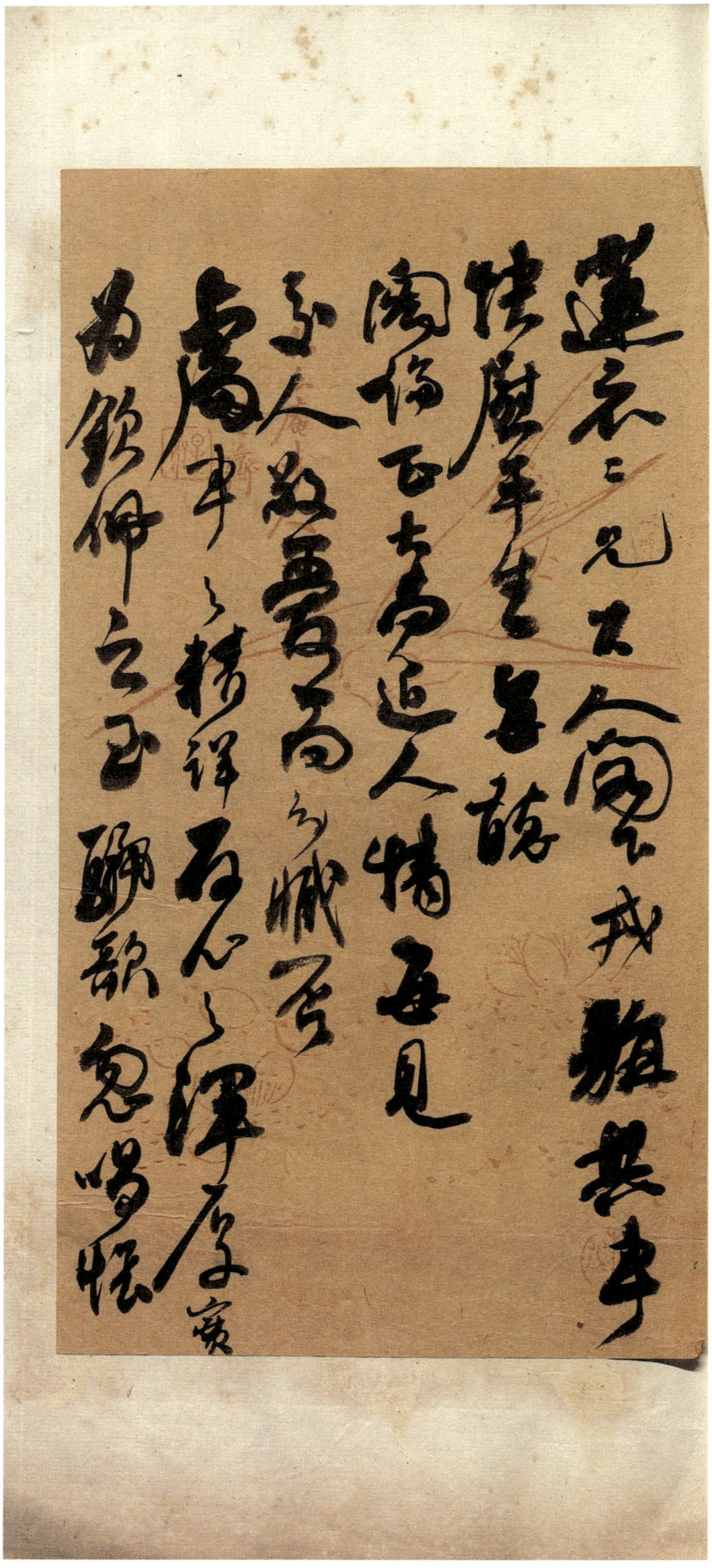

張曜

蓮衣二兄大人閣下：

戎旃共事，快慰平生。每聽閎論正大而近人情，每見交人敬愛而分臧否，處事之精詳，存心之渾厚，實爲欽佩之至。驪歌忽唱，悵

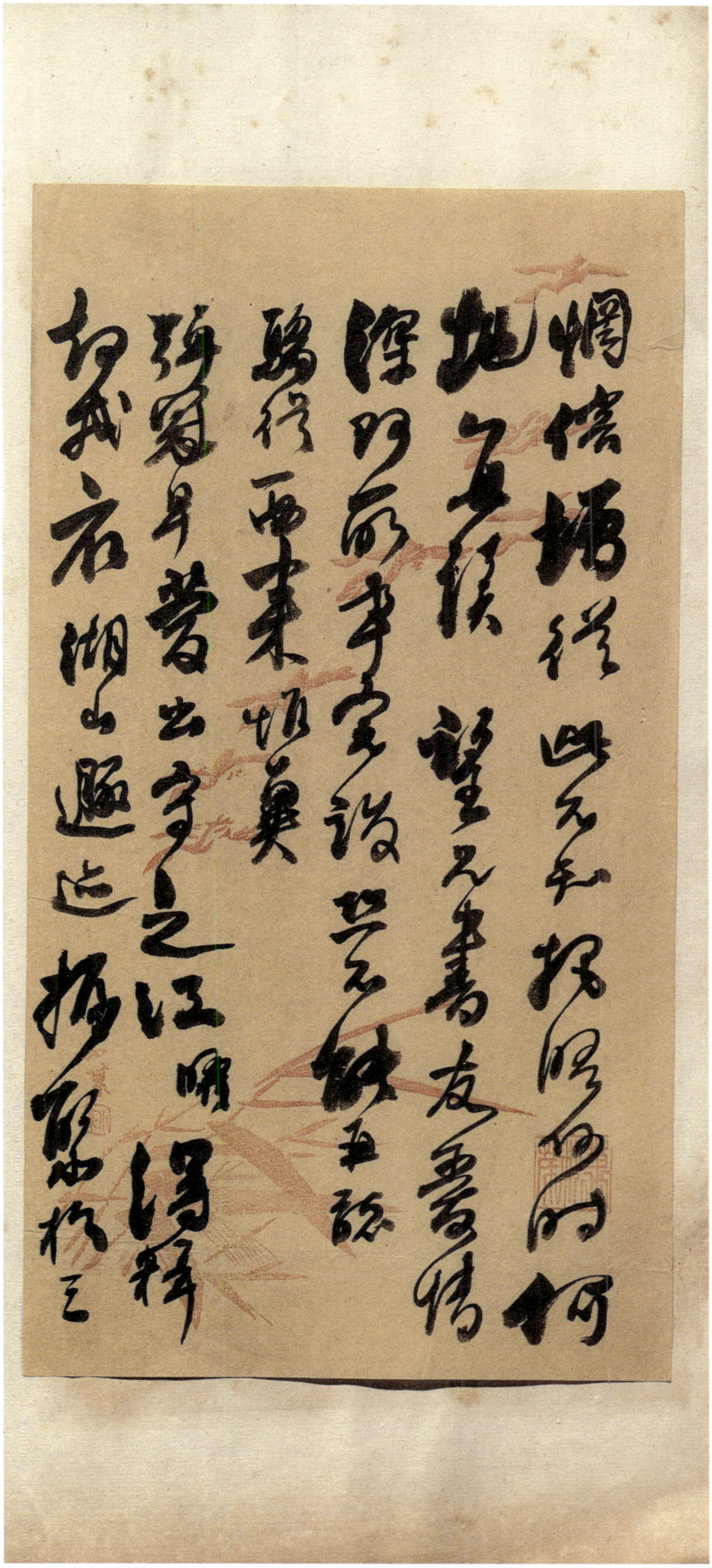

惘倍增，從此不知把晤何時何地。每讀望兄書，友愛情深，即所事完竣，恐不能再聽驪從西來。惟冀彈冠早慶，出守之江。曜得釋却戎衣，湖山遯迹，携聚於三

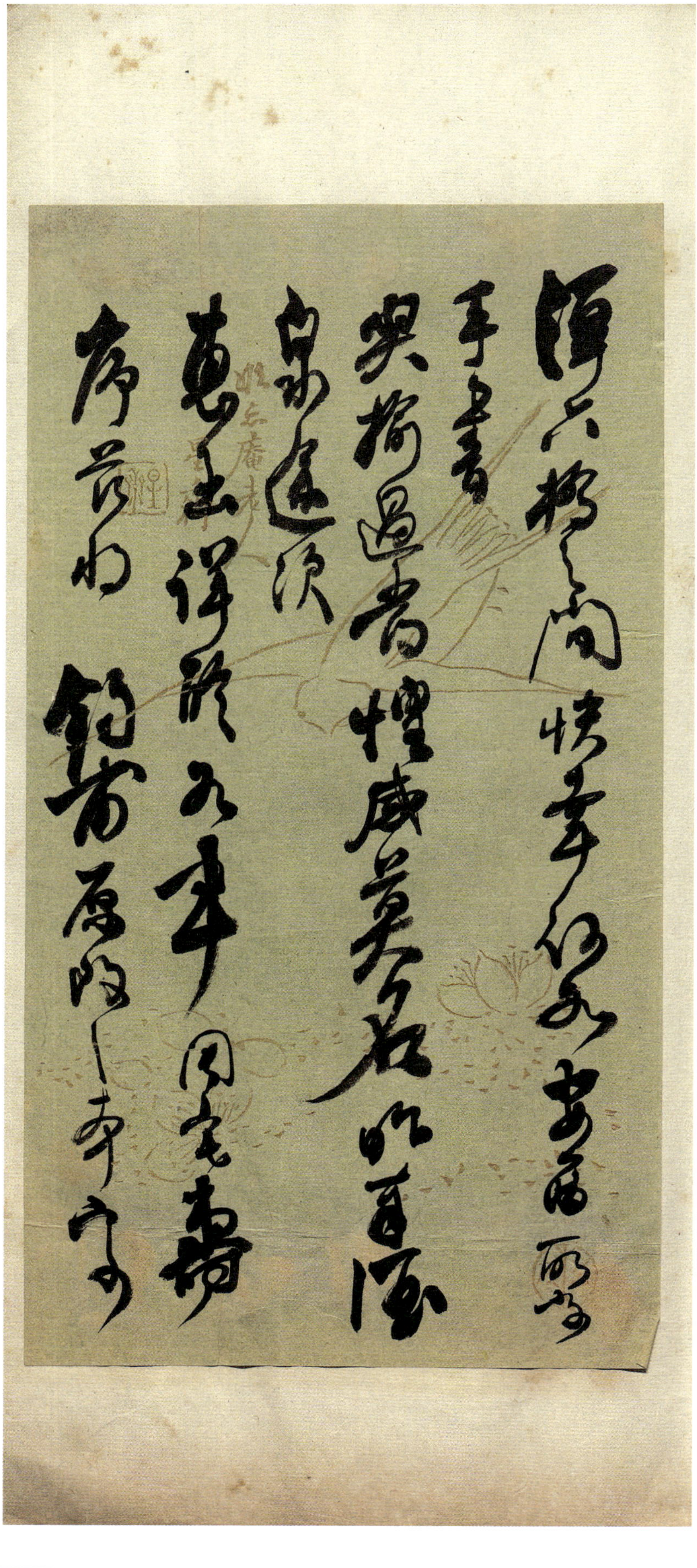

河六橋之間，快幸何如。安西所寫手書，獎揄過當，惶感莫名。昨奉酒泉途次惠書，詳聆各事。周宅壽序，茲將鈞甫原致之本寄

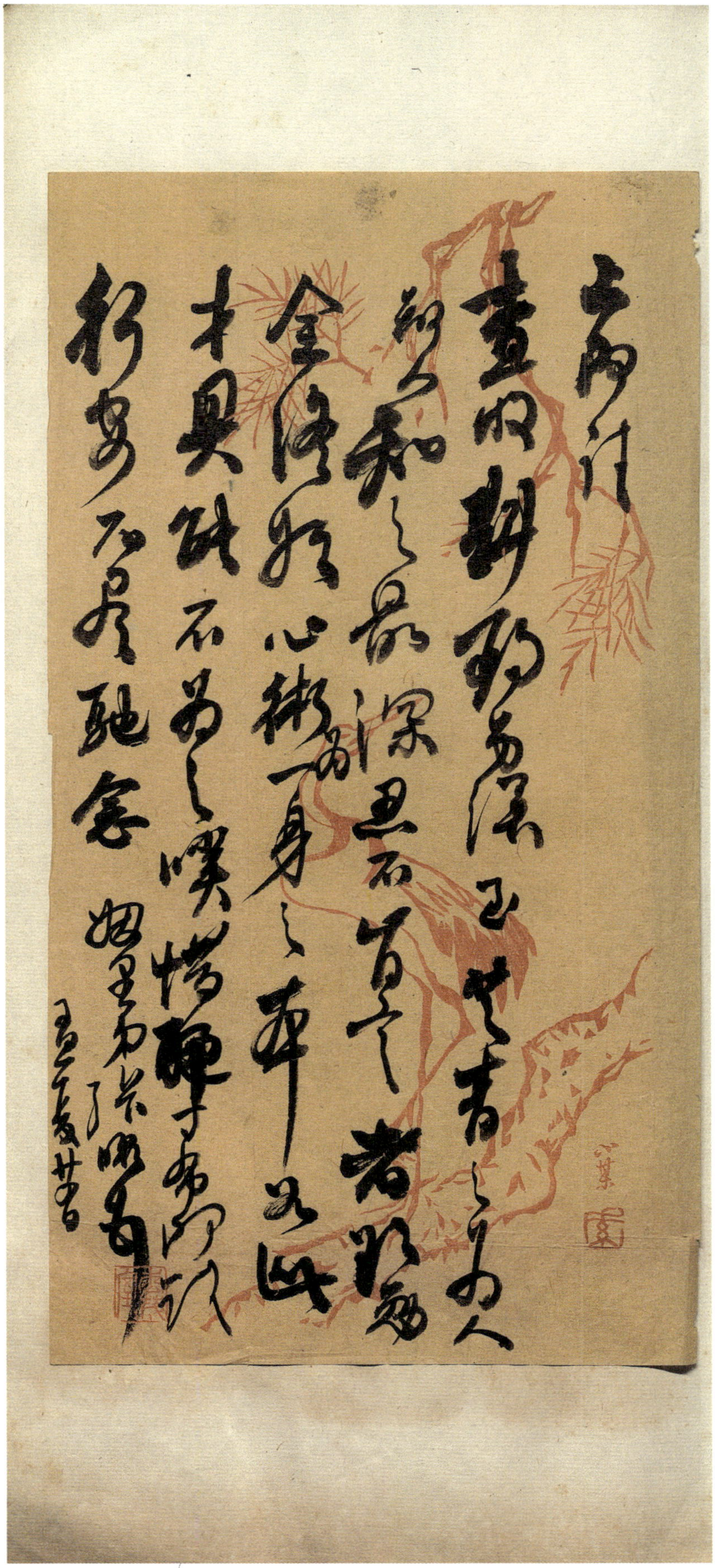

上，即請查收，斟酌另繕。至芝青之爲人，鄙人知之最深，
思不肯定者，欲勉全終始。心術爲一身之本，如此才具，
能不爲之嘆息耶。寸布，即請
行安，不盡馳念。

姻愚弟張曜頓首
孟夏廿四日

張曜

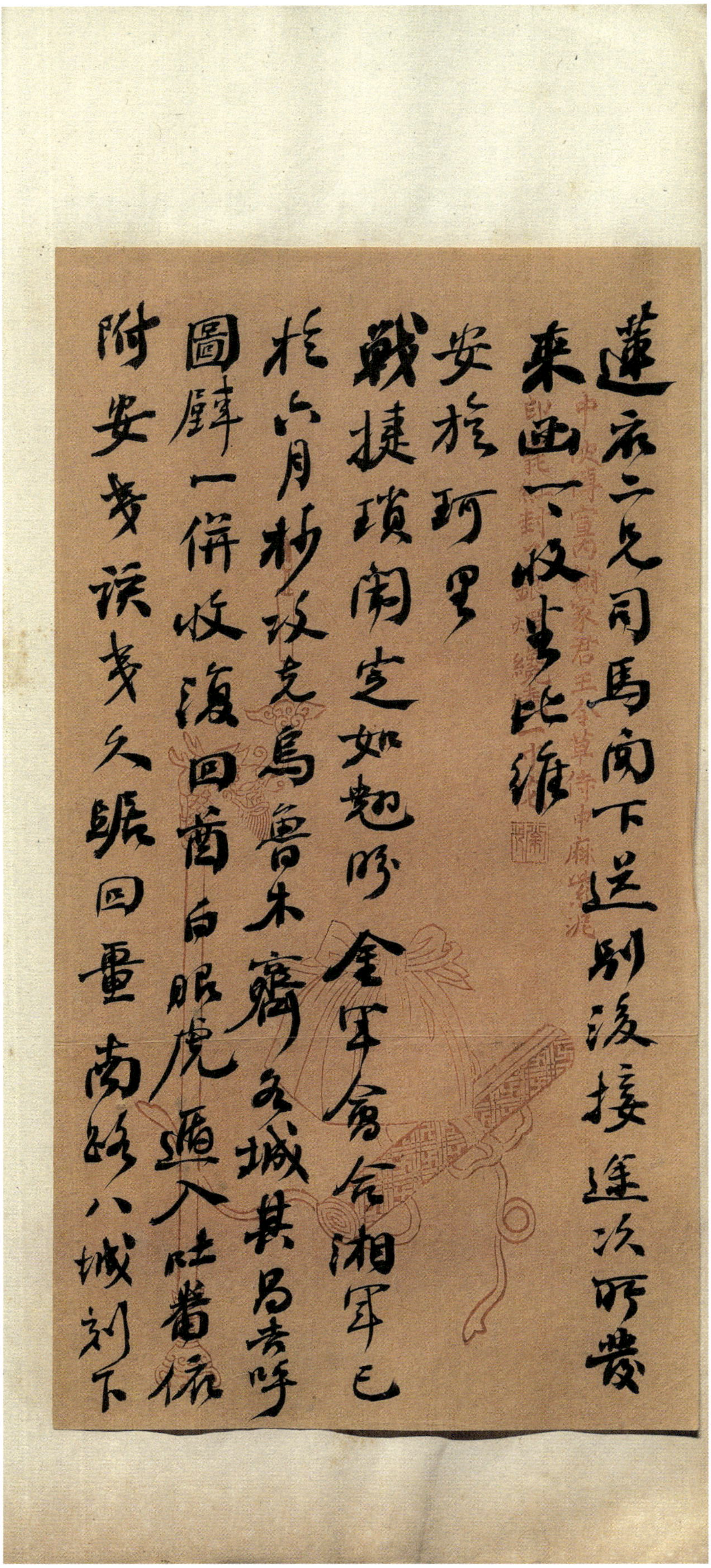

蓮衣二兄司馬閣下：

送別後接途次所發來函，一一收悉。比維安旋珂里，戰捷瑣聞，定如翹盼。金軍會合湘軍，已於六月杪攻克烏魯木齊各城，其昌吉、呼圖壁一併收復。回酋白眼虎遁入吐番，依附安夷。該夷久踞回疆南路八城，刻下

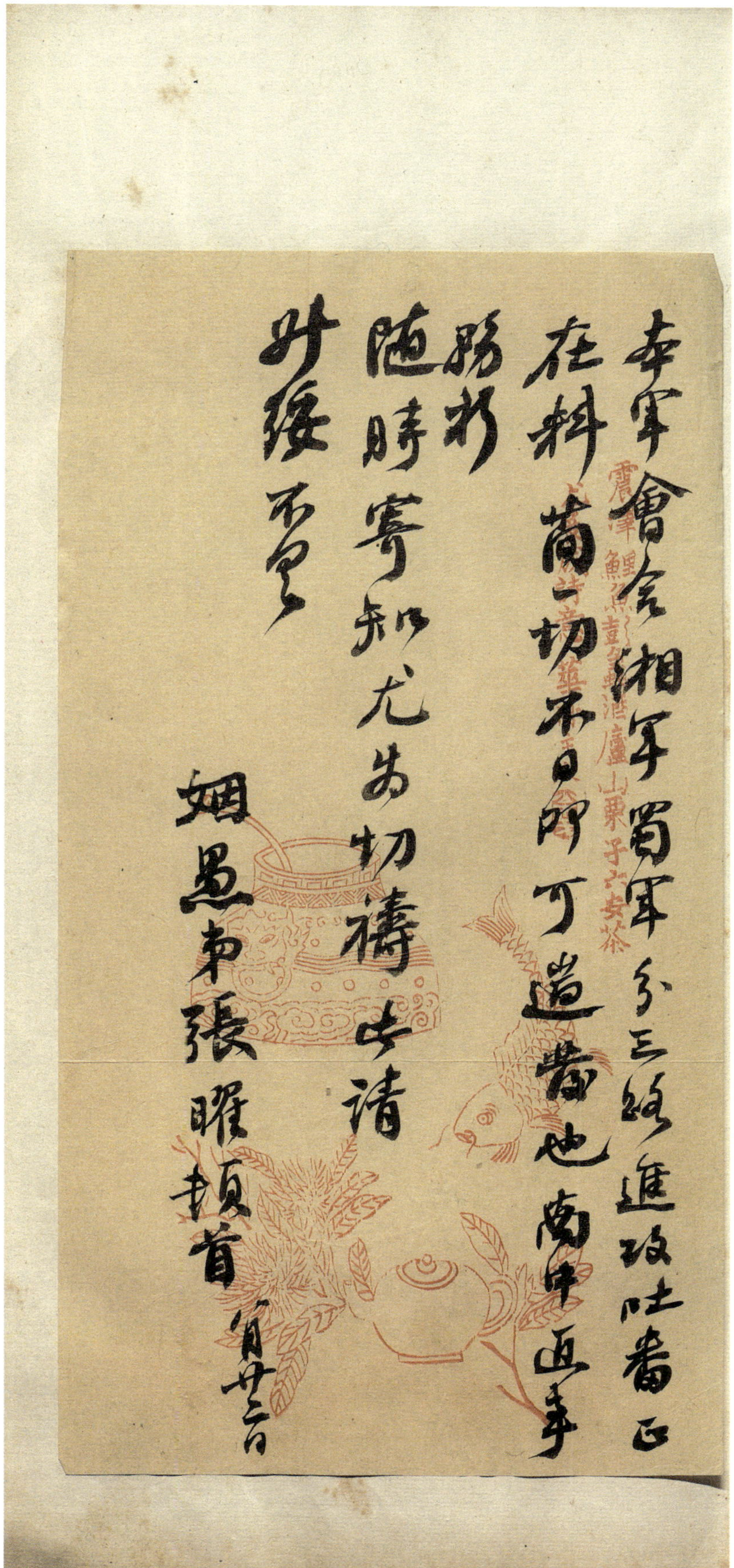

本軍會合湘軍、蜀軍，分三路進攻吐番。正在料簡一切，不日即可遄發也。南中近事，務祈隨時寄知，尤爲切禱。此請
升綏，不具。

姻愚弟張曜頓首

八月廿二日

張曜

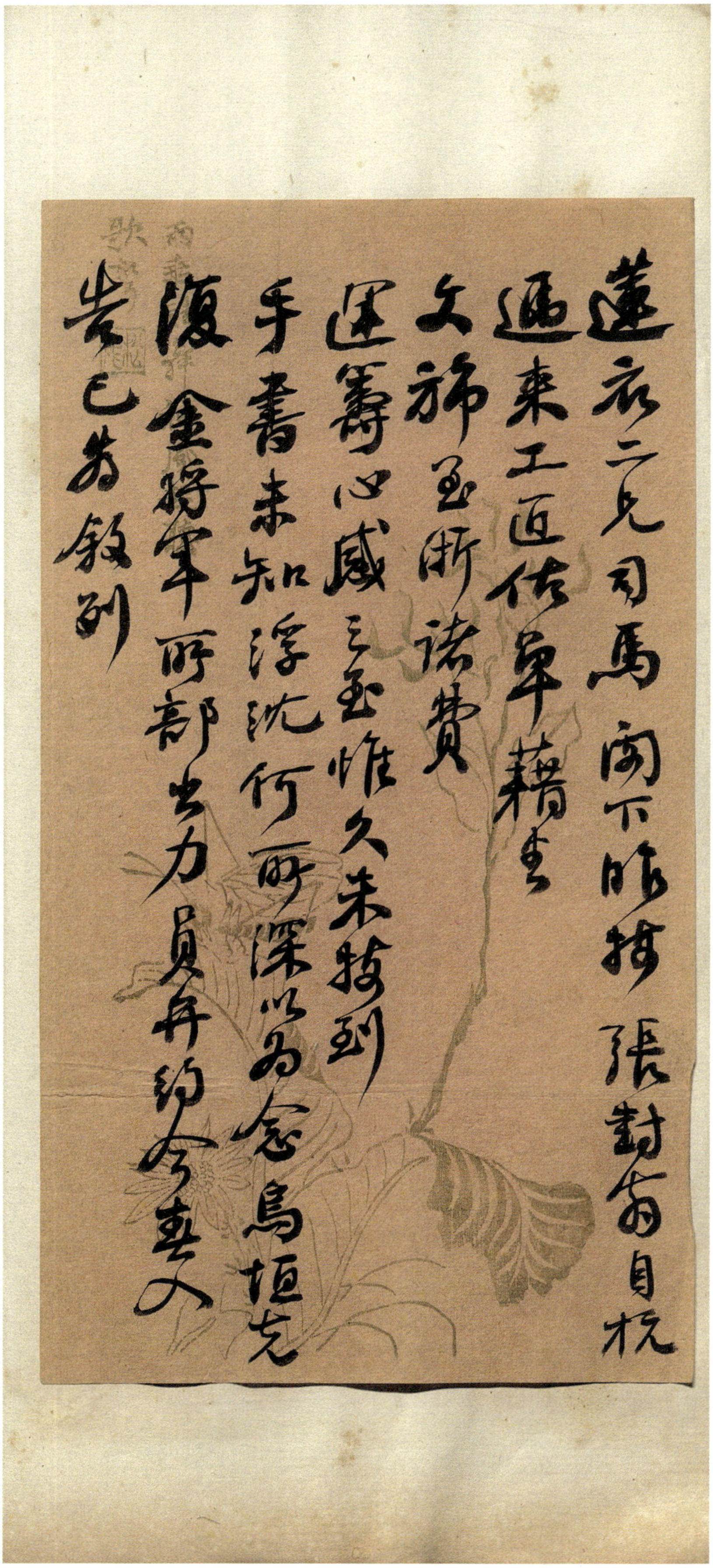

蓮衣二兄司馬閣下：

昨接張封翁自杭遞來工匠估單，藉悉文斾至浙，諸費運籌，心感之至。惟久未接到手書，未知浮沉何所，深以爲念。烏垣克復，金將軍所部出力員弁，約今春入告，已爲敘列

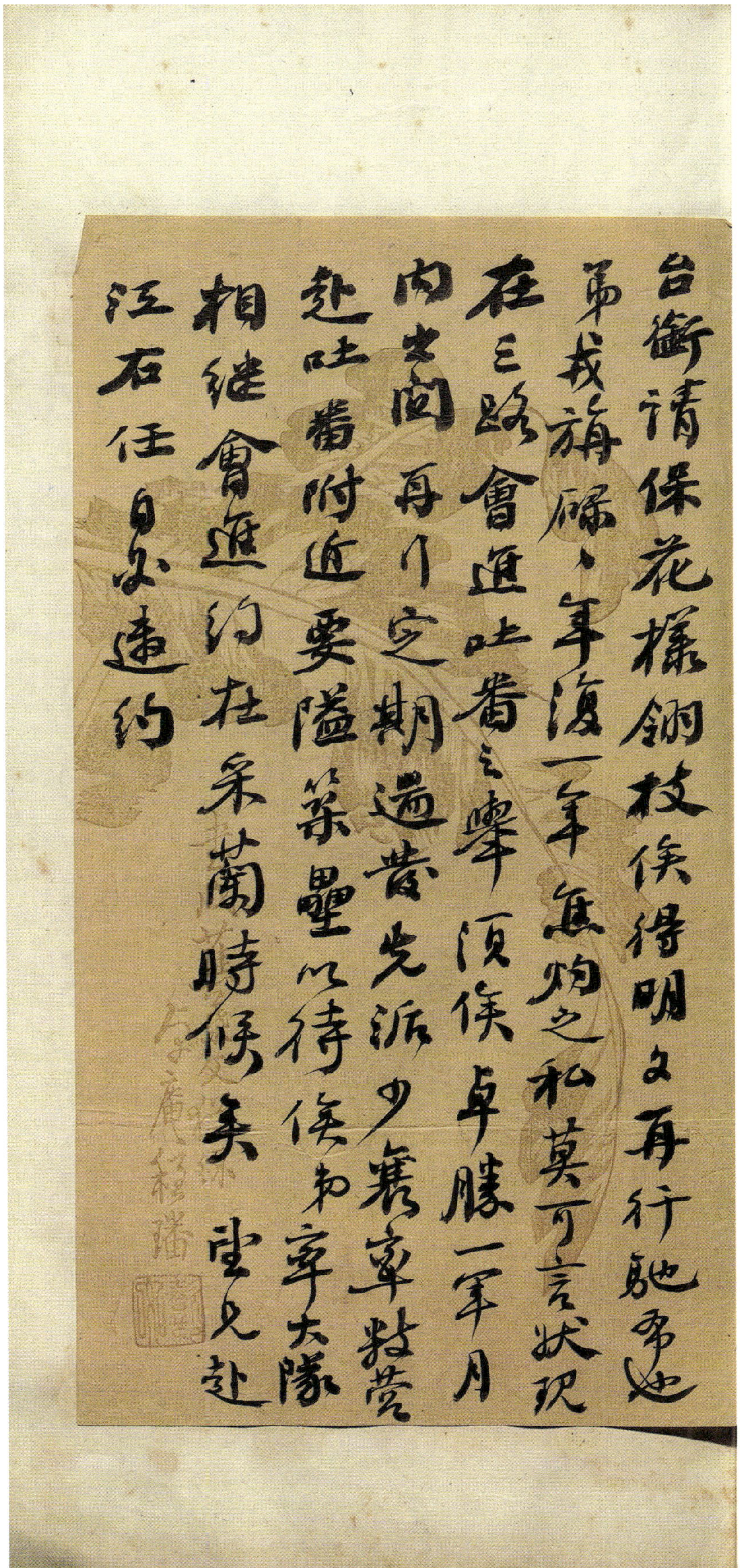
台銜請保花樣翎枝俟得明文再行馳布也
弟戎旃碌碌年復一年焦灼之私莫可言狀現
在三路會進吐番之舉須俟卓勝一軍月
內出關再行定期遄發先派少襄率數營
赴吐番附近要隘築壘以待俟弟率大隊
相繼會進約在采蘭時候矣 望兄赴
江右任自必邀約

台銜，請保花樣翎枝，俟得明文，再行馳布也。弟戎旃碌碌，年復一年，焦灼之私，莫可言狀。現在三路會進吐番之舉，須俟卓勝一軍月內出關，再行定期遄發。先派少襄率數營，赴吐番附近要隘，築壘以待。俟弟率大隊相繼會進，約在采蘭時候矣。望兄赴江右任，自必邀約

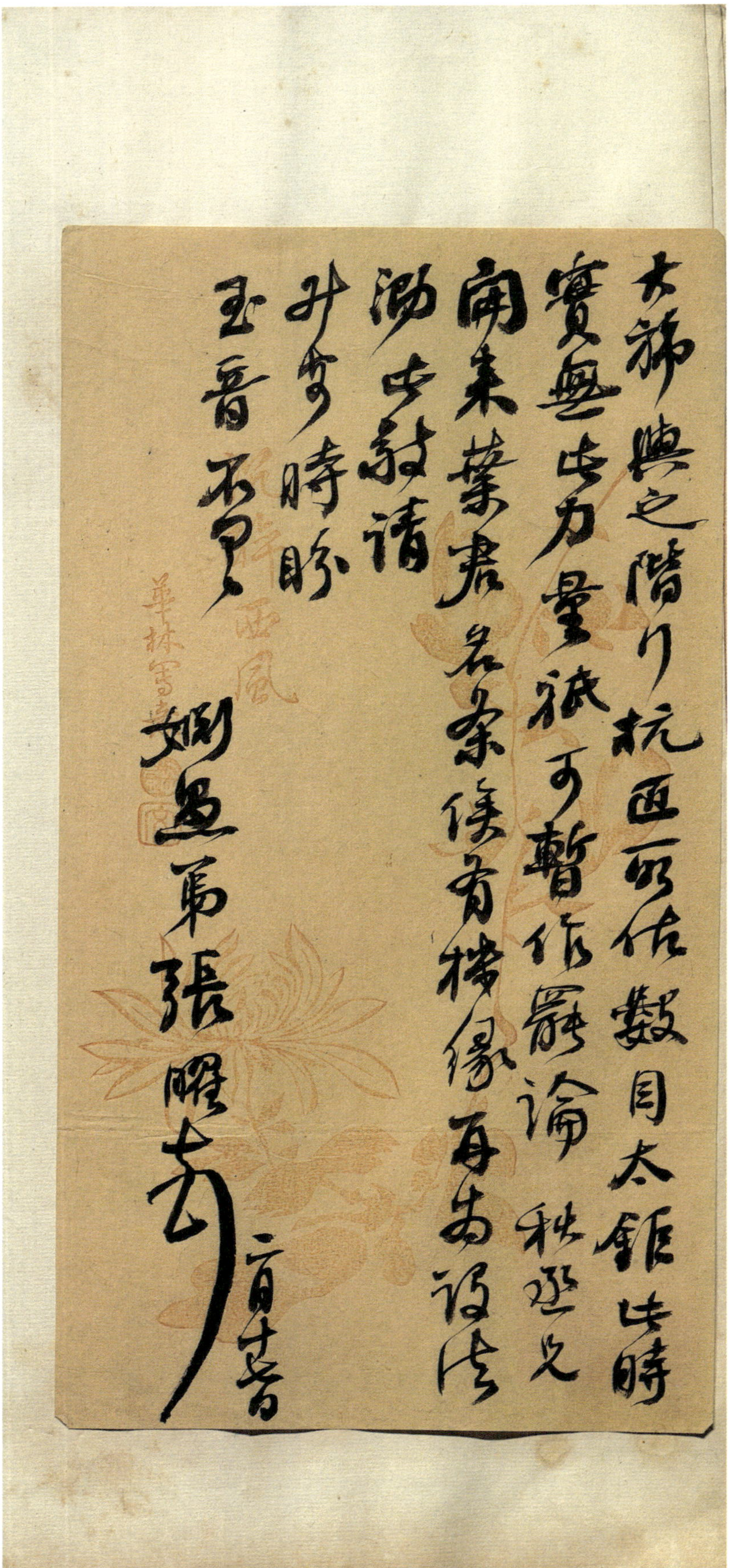

大旆，與之階行。杭匠所估數目太鉅，此時實無此力量，祇可暫作罷論。秋丞兄開來葉君名條，俟有機緣，再爲設法。泐此，敬請

升安。時盼玉音，不具。

媚愚弟張曜頓首

二月十七日

張曜

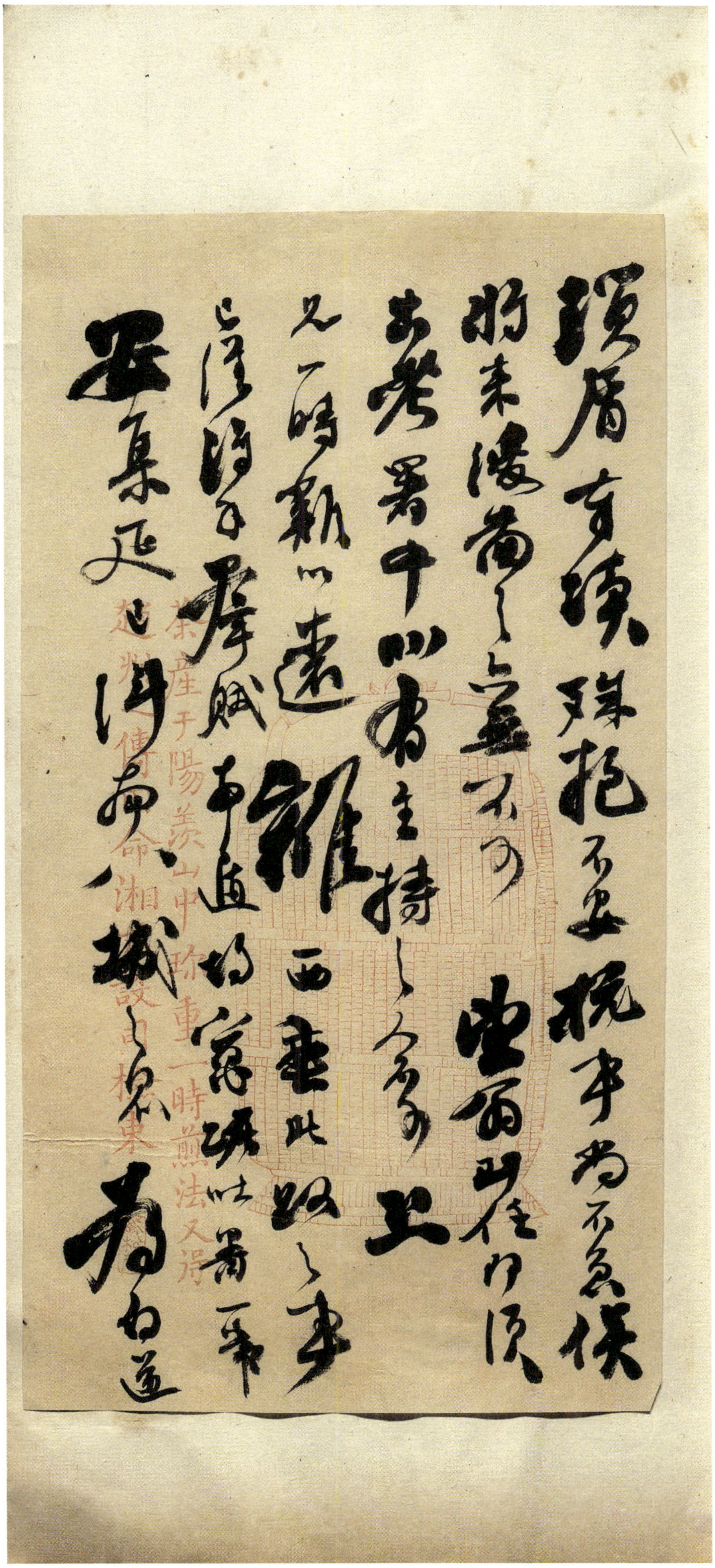

瑣屑奉讀，殊抱不安。杭事尚不急，俟將來緩圖之，亦無不可。望翁到任，即須出考，署中非有主持之人不可，恐兄一時難以遠離。西垂北路之事，已經得手，群賊南遁，均竄踞吐番一帶。安集延已糾南八城之衆，爲白蓮

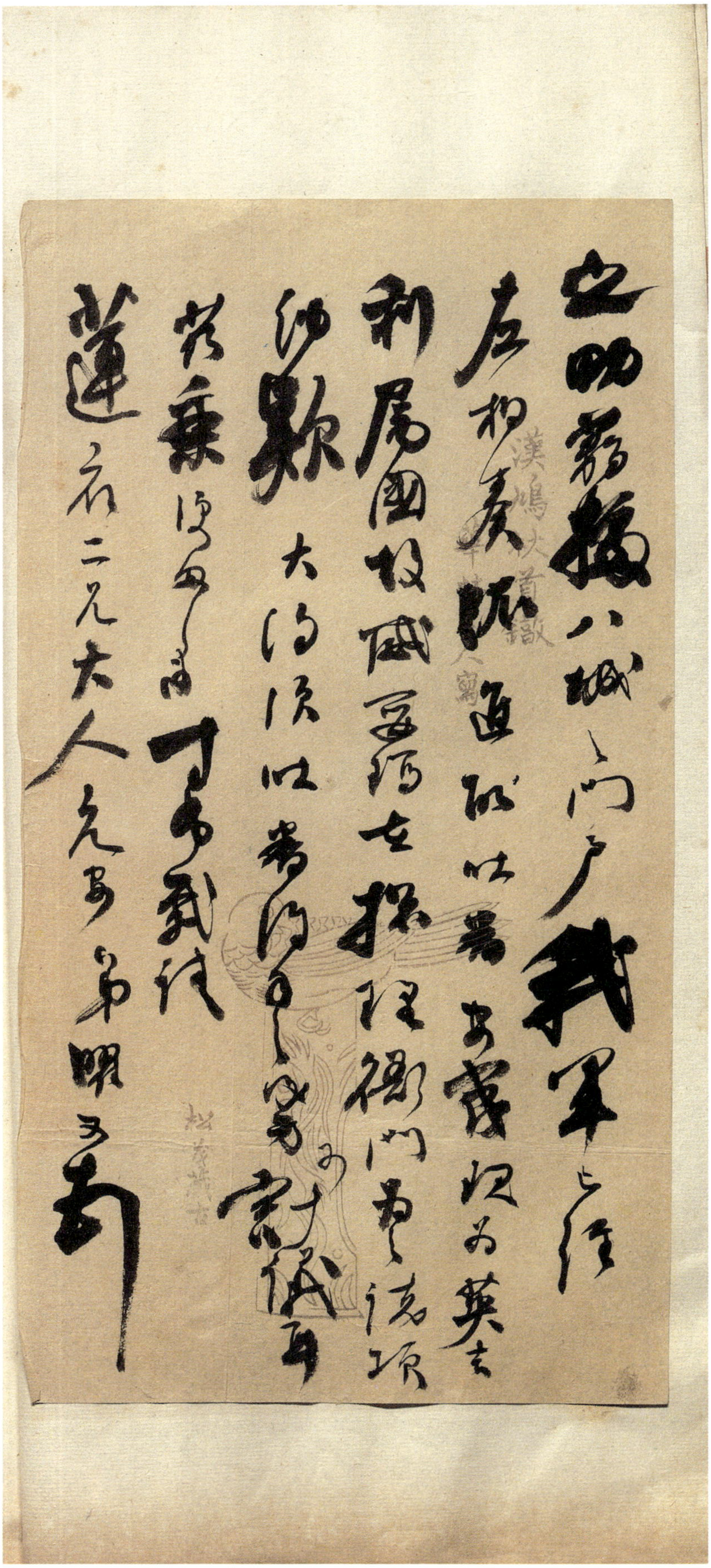

之助，藉據八城之門户。我軍已經左相奏派，進取吐番。安夷現爲英吉利屬國，故威妥瑪在總理衙門爲之説項納款。大約須吐番得手之後，方可計議耳。兹乘便匆匆肅寸布，載請

蓮衣二兄大人台安

弟曜又頓首

張曜

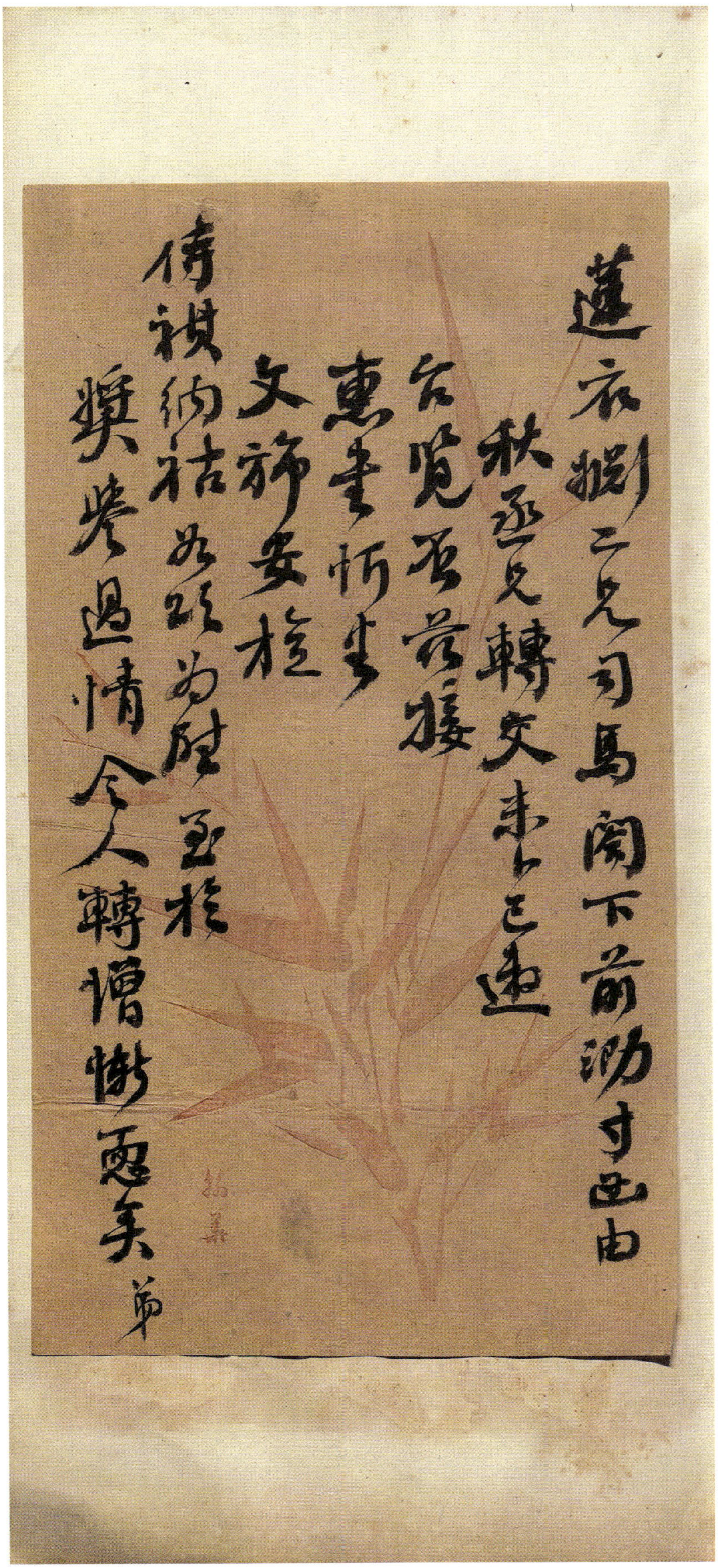

蓮衣媚二兄司馬閣下：

前泐寸函，由秋丞兄轉交，未卜已邀台覽否？茲接惠書，忻悉文旆安旋，侍祺納祜，如頌爲慰。至於獎譽過情，令人轉增慚恧矣。弟

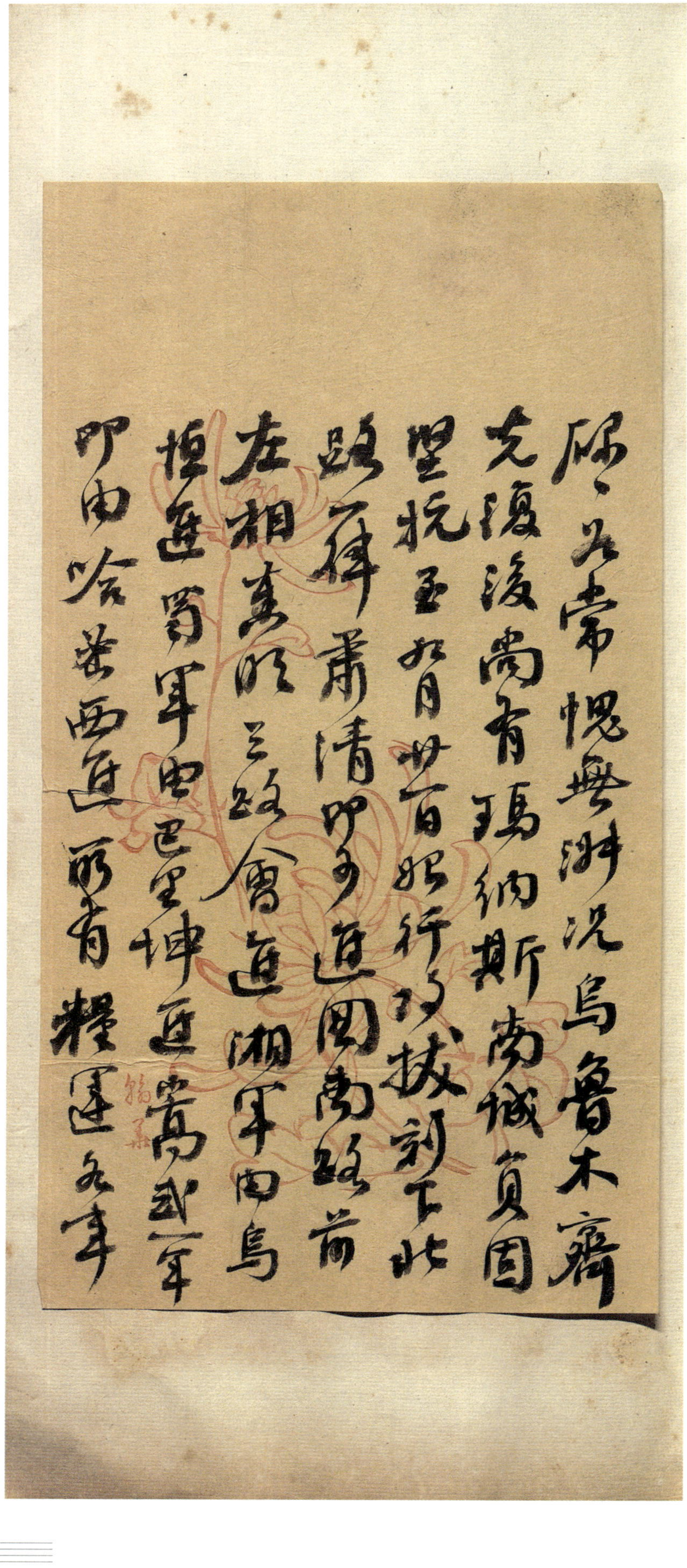

碌碌如常，愧無淑況。烏魯木齊克復後，尚有瑪納斯南城，負固堅抗，至九月廿一日始行攻拔。刻下北路一律肅清，即可進圍南路。前左相奏明三路會進，湘軍由烏垣進，蜀軍由巴里坤進，嵩武一軍即由哈密西進。所有糧運各事，均

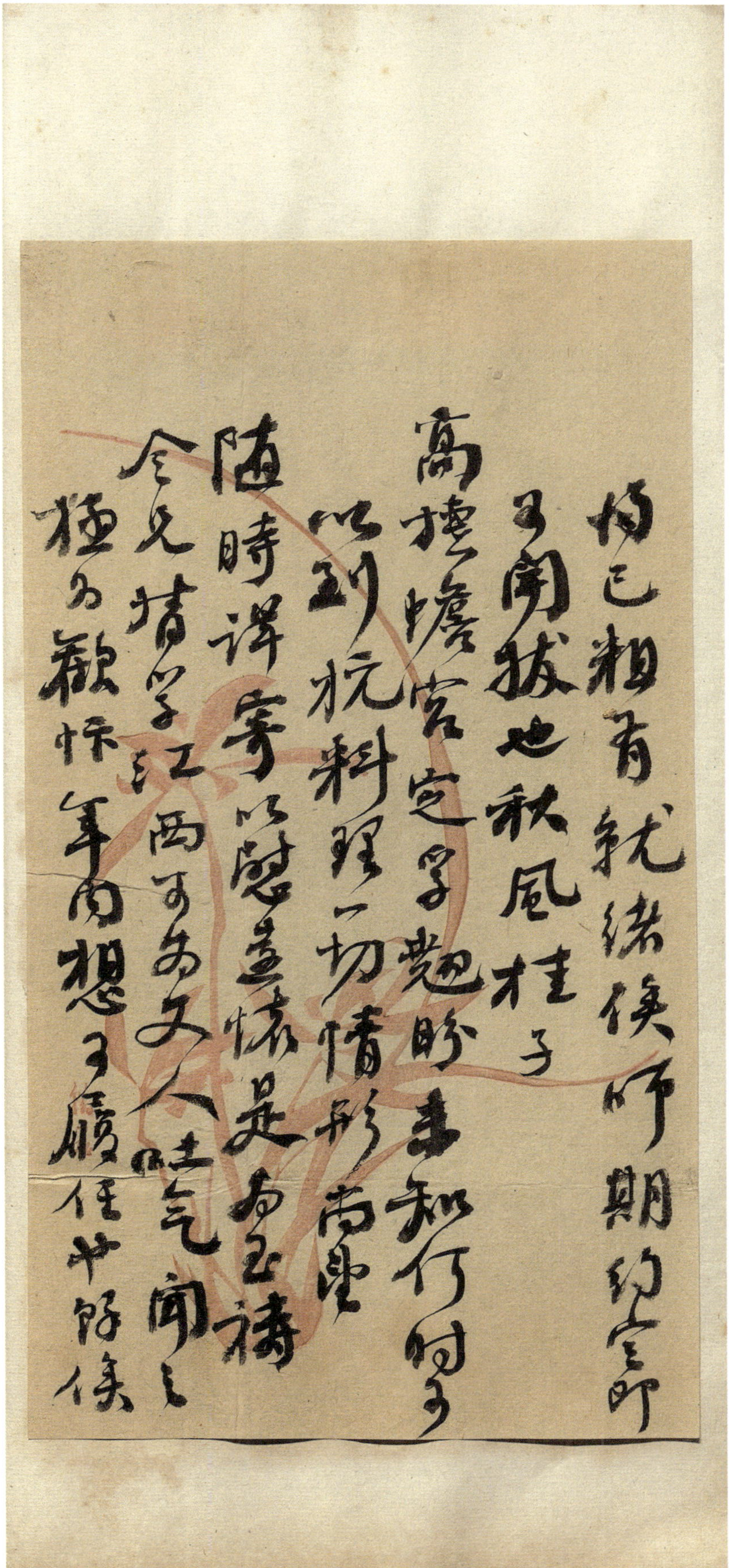

已粗有就緒，俟師期約定，即可開拔也。秋風桂子，高捷蟾宫，定孚翹盼，未知何時可以到杭料理。一切情形，尚望隨時詳寄，以慰遠懷，是爲至禱。令兄督學江西，可爲文人吐氣，聞之極爲歡忭，年内想可履任也。餘俟

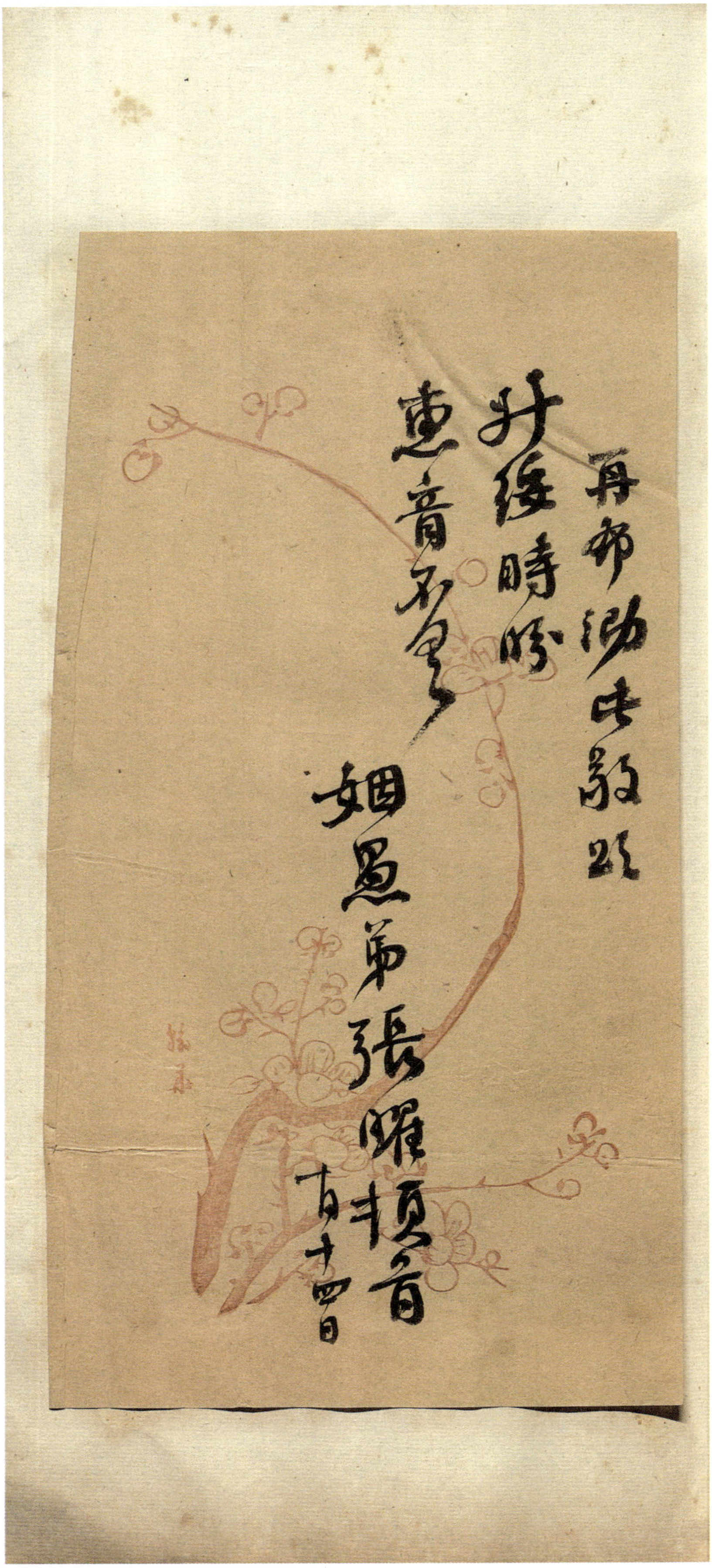

再布。泐此，敬頌
升綏。時盼惠音，不具。

姻愚弟張曜頓首
十月十四日

張曜

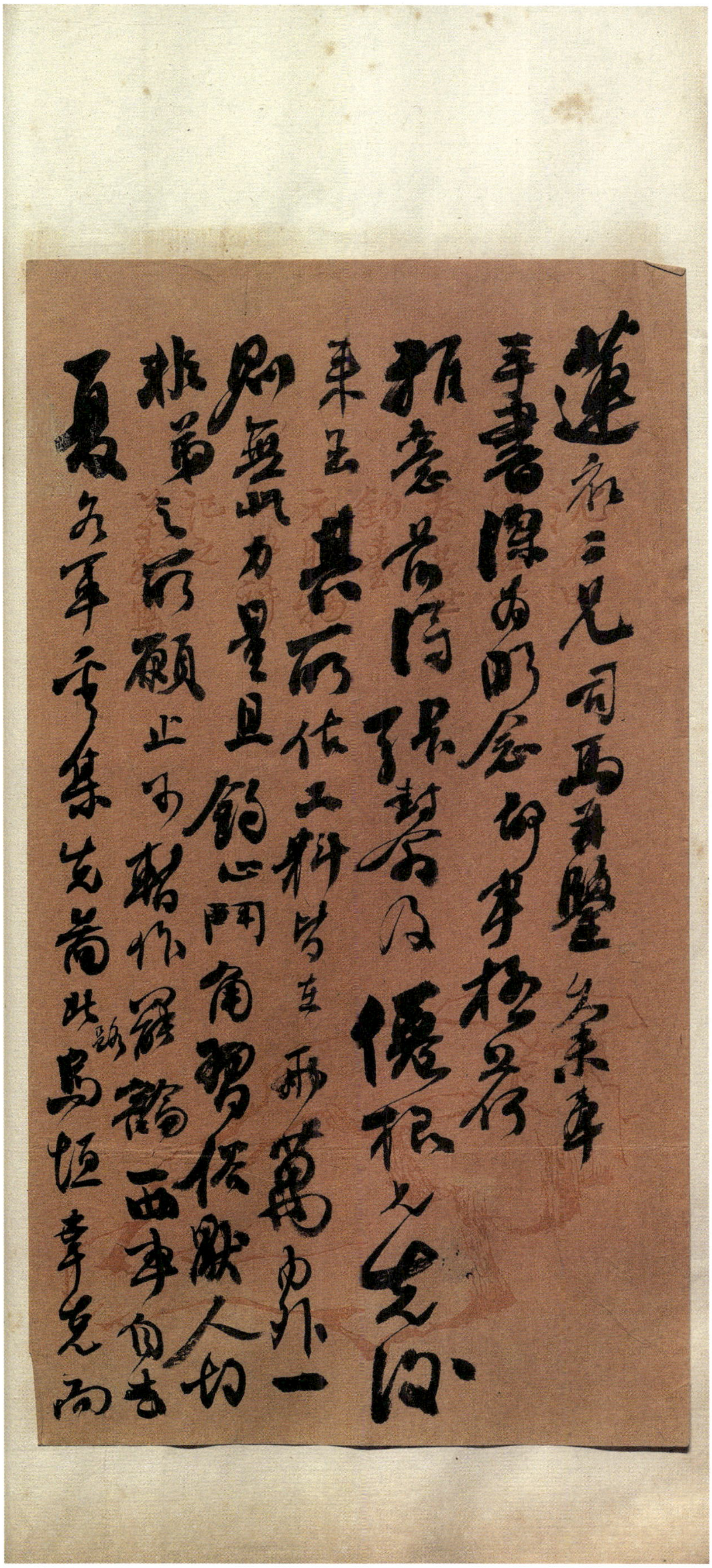

蓮衣二兄司馬再鑒：

久未奉手書，深爲盼念。鄙事極荷雅意。前得張封翁及僊根兄先後來函，其所估工料皆在兩萬内外，一則無此力量，且鈎心鬥角，習俗厭人，均非弟之所願，止可暫作罷論。西事自去夏各軍雲集，先圖北路，烏垣幸克，而

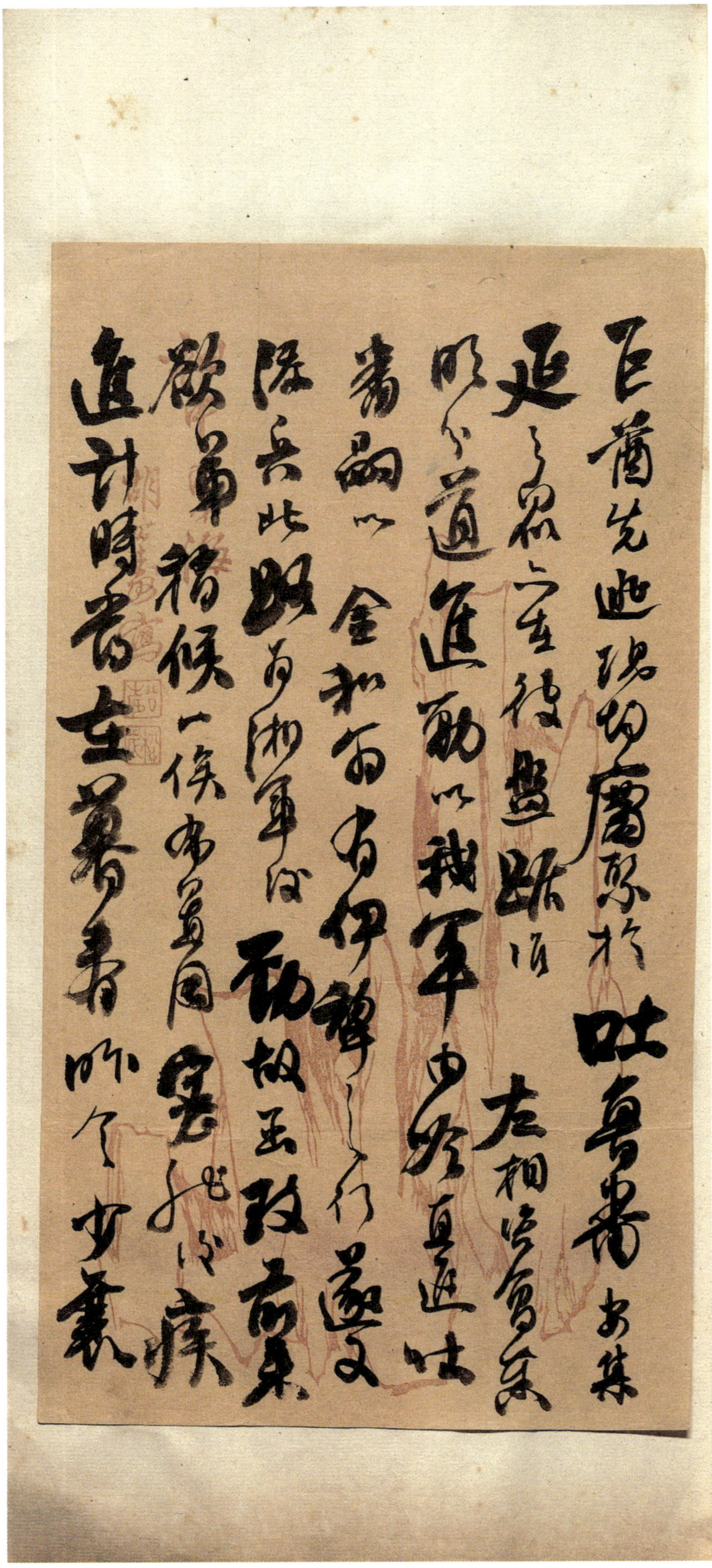

巨酋先逃。現均屭聚於吐魯番，安集延之衆亦在彼盤踞。俟左相咨會奏明，分道進剿，以我軍由哈直進吐番。嗣以金和翁有伊犁之行，遂又添兵北路，爲湘軍後勁，故函致前來，欲弟稍候。一俟布置周密，然後疾進，計時當在暮春。昨令少襄

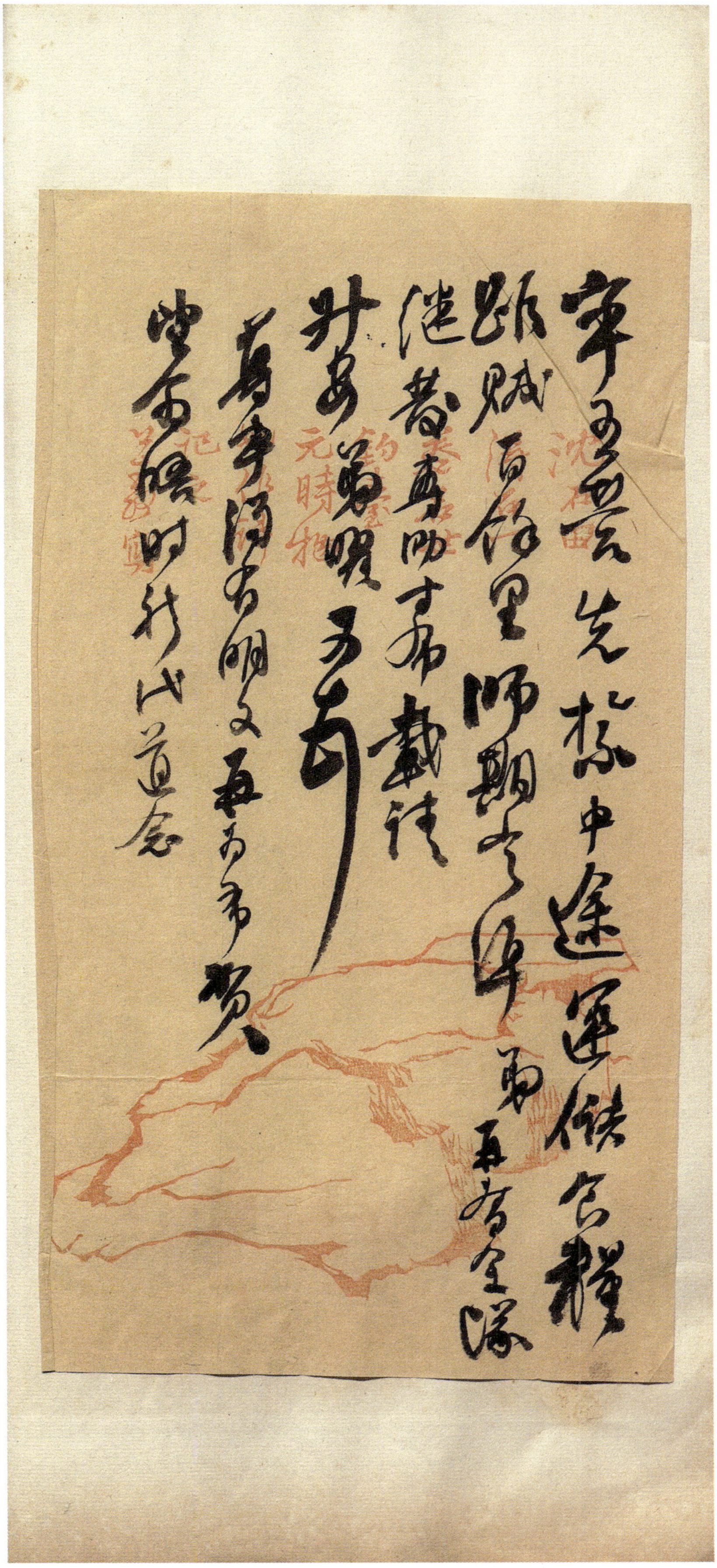

率五營，先紮中途，運儲食糧，距賊百餘里。師期定準，
弟再督全隊繼發。專泐寸布，載請
升安
弟曜又頓首
尊事得有明文，再爲布賀。望翁晤時，祈代道念。

忍饑誦經齋友朋書札

胡玉縉

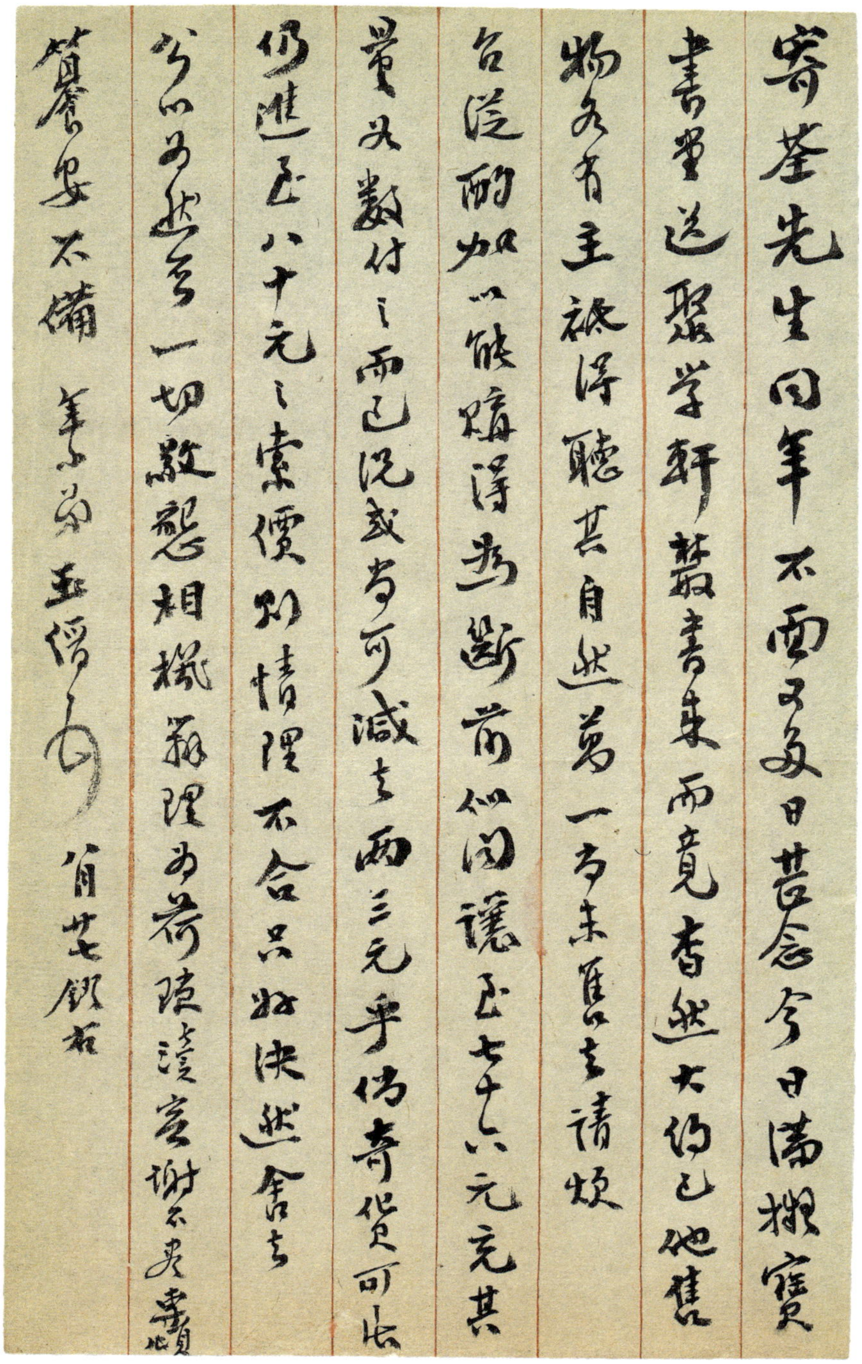

寄荃先生同年：

不面又多日，甚念。今日滿擬寶書堂送《聚學軒叢書》來，而竟杳然。大約已他售。物各有主，衹得聽其自然。萬一尚未售去，請煩台從酌加，以能購得爲斷。前似聞讓至七十六元，充其量如數付之而已，況或尚可減去兩三元乎。倘奇貨可居，仍進至八十元之索價，則情理不合，只好決然舍去。公以爲然否？一切敬懇相機辦理爲荷，瑣瀆容謝，不盡。

專頌

籑安不備

年小弟玉縉頓首

八月廿七燈右

章鈺

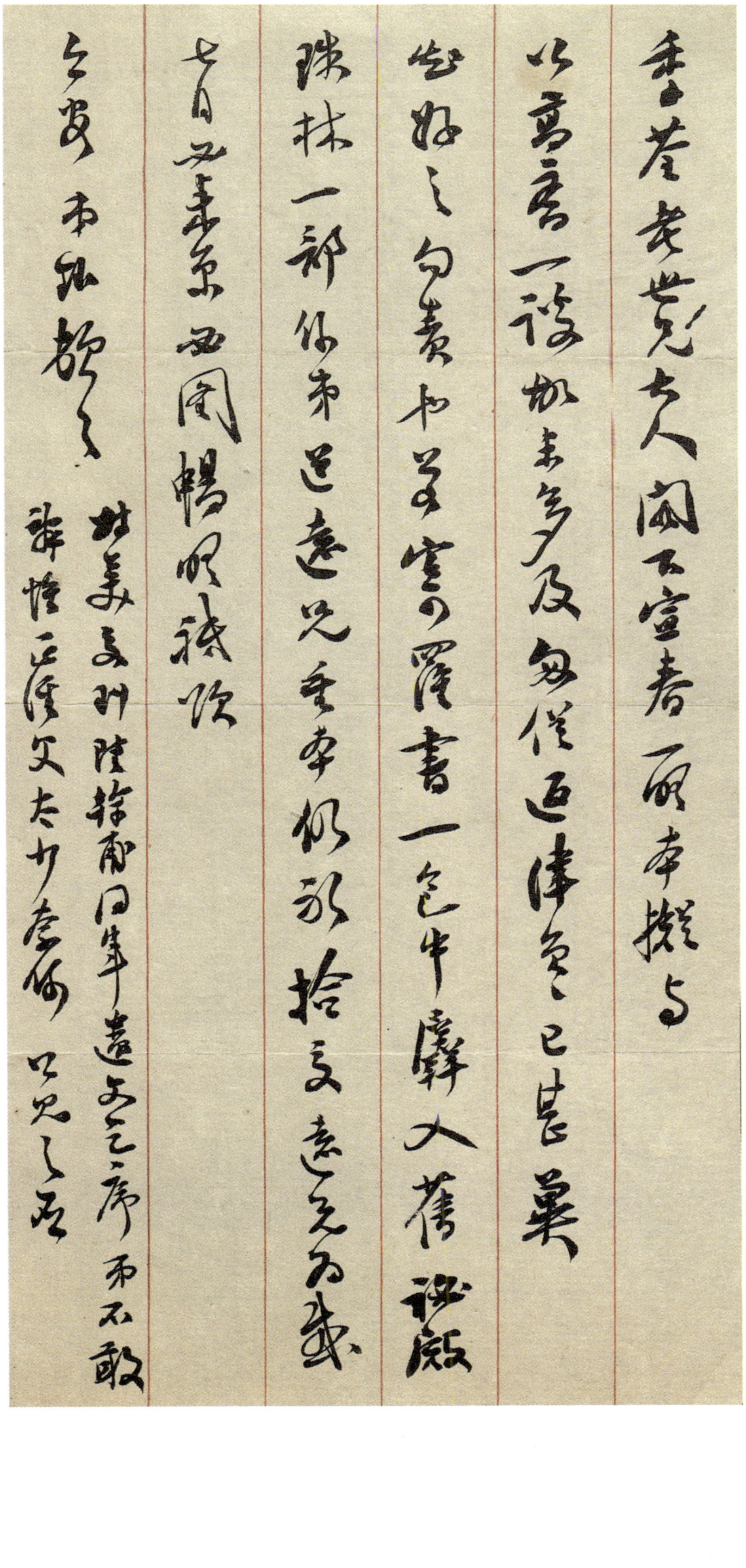

季荃老世兄大人閣下：

宣春一晤，本擬與公高齋一談，故未多及。匆促返津，負負已甚，冀知好之勿責也。尊寄羅書一包中，羼入舊《祕殿珠林》一部，係弟送遠兄重本，仍祈檢交遠兄爲感。七月必來京，必圖暢晤。祇頌

台安

弟鈺頓首

□美交到陸幹甫同年遺文乞序，弟不敢辭，惟正經文太少。奈何。公見之否。

金祖澤

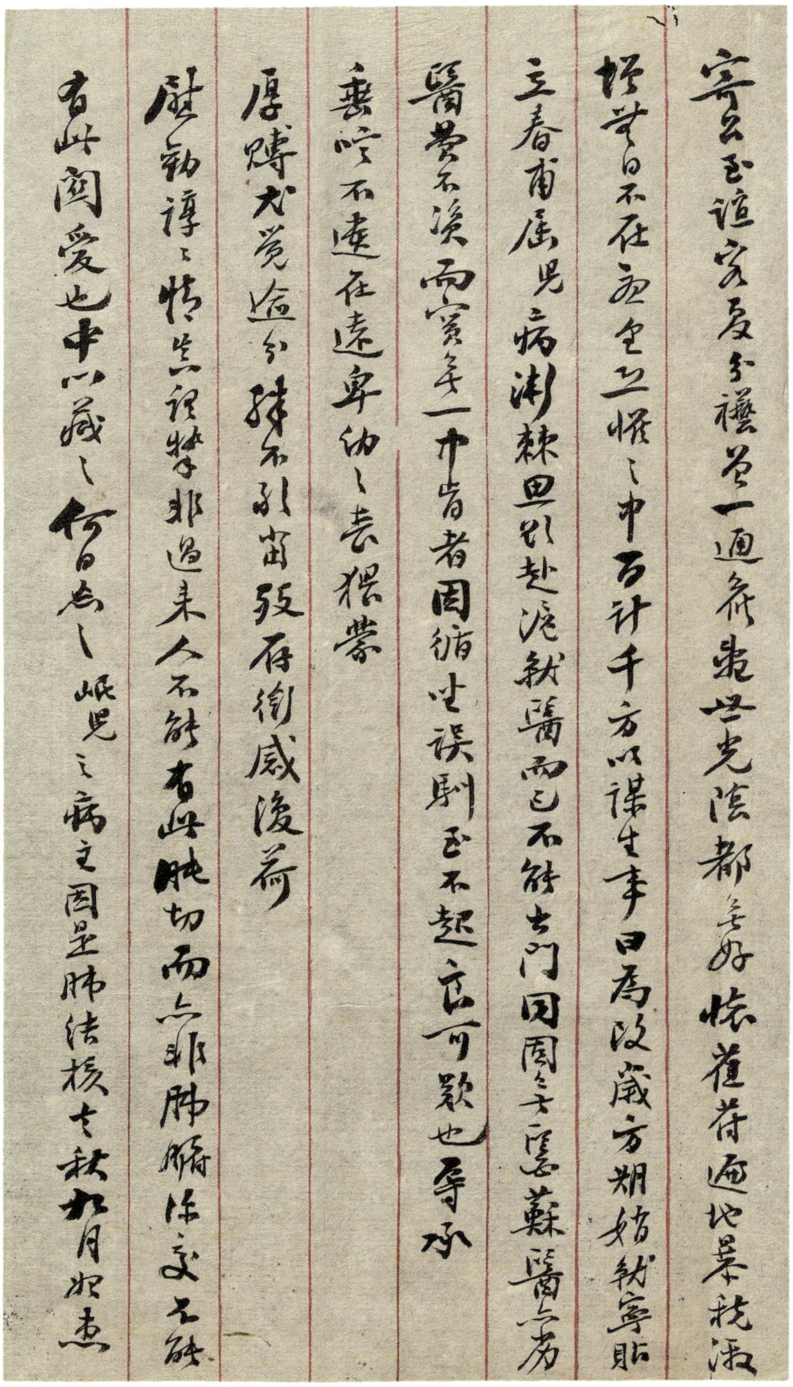

寄公至誼：

客夏分襼，曾一通候。亂世光陰，都無好懷。萑苻遍地，暴税激增，無日不在唐皇恐懼之中。百計千方，以謀生事，曰爲改歲，方期稍就寧貼。立春甫届，兒病漸棘，思欲赴滬就醫，而已不能出門。同周無醫，蘇醫亦劣，醫費不資，而實無一中肯者。因循坐誤，馴至不起，良可嘆也。辱承垂唁，不遺在遠，卑幼之喪，猥蒙厚賻，尤覺逾分，殊不敢當，歿存銜感。復荷慰勸諄諄，情真語摯，非過來人不能有此肫切，而亦非肺腑深交不能有此關愛也。中心藏之，何日忘之。岷兒之病，主因是肺結核。去秋九月，始患

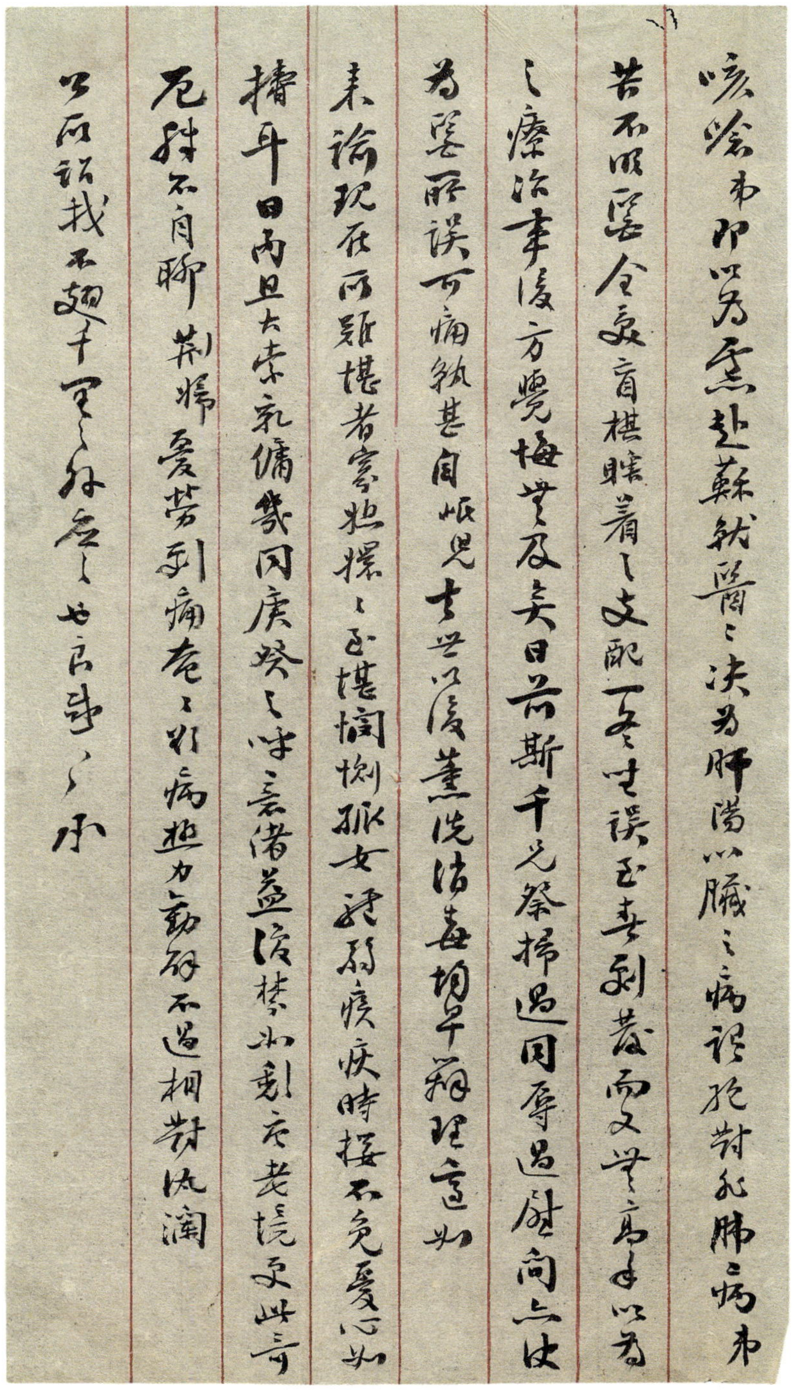

咳嗆，弟即以爲慮。赴蘇就醫，醫決爲肝陽心臟之病，謂絶對非肺病。弟苦不明醫，全受盲棋瞎著之支配，一冬坐誤，至春劇發，而又無高手以爲之療治。事後方覺，悔無及矣。日前斯千兄祭掃過同，辱過慰問，亦決爲醫所誤，可痛孰甚。自岷兒去世以後，熏洗消毒，均早辦理。適如來諭，現在所難堪者，寡媳嫘嫘，至堪憫惻，孤女體弱，疾疢時接，不免憂心如擣耳。日内且大索乳傭，幾同庚癸之呼。意緒益復棼如，頹唐老境，更此奇厄，殊不自聊。荆婦憂勞劇痛，奄奄欲病，極力勸解，不過相對汍瀾。公所詔我，不翅千里之外應之也。良感良感。承

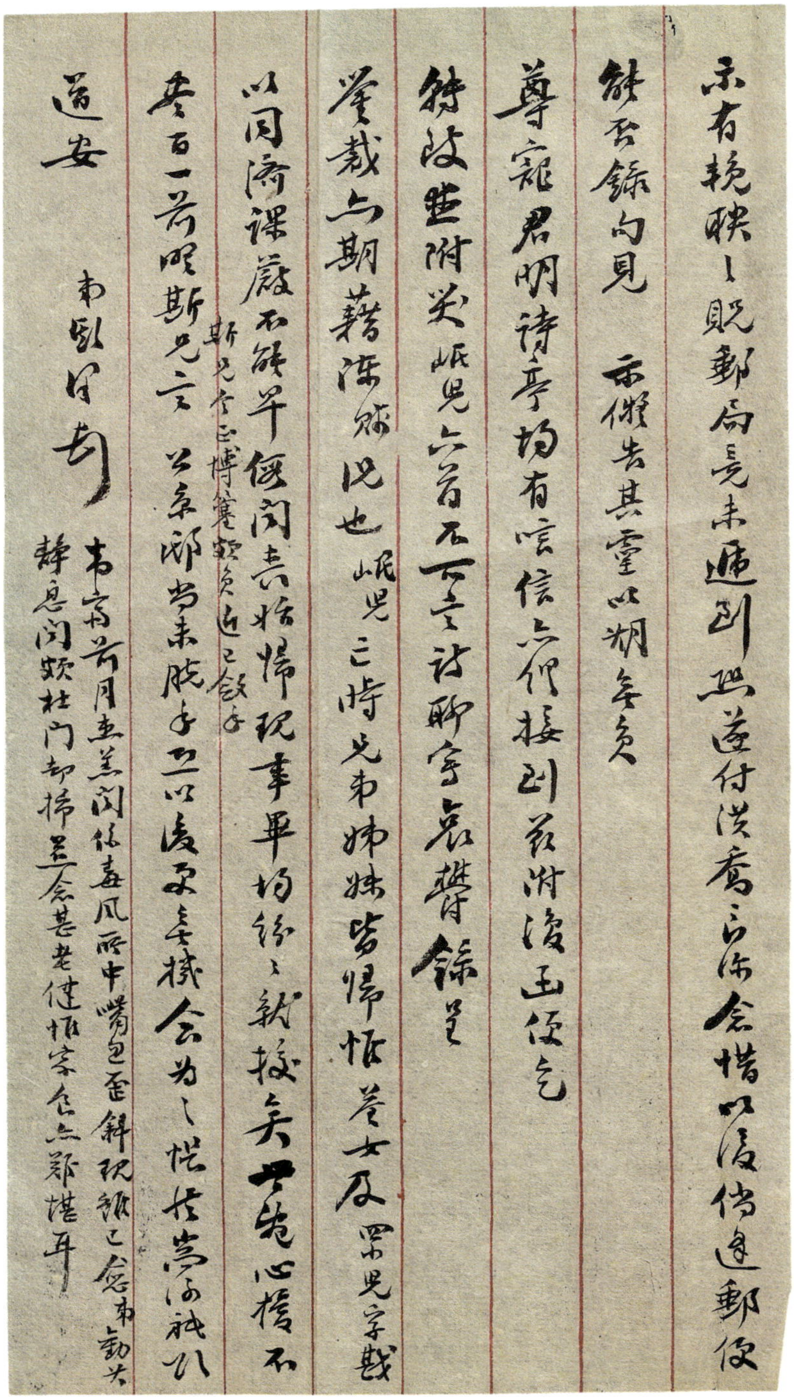

示有挽聯之貺，郵局竟未遞到，恐遂付洪喬，良深念惜。以後倘逢郵便，能否録句見示，擬告其靈，以期無負尊寵。君明、詩亭均有唁信，亦俱接到。兹附復函，便乞轉致，並附哭岷兒六首，不可言詩，聊寫哀鬱，録呈鑒裁，亦期藉陳賤況也。岷兒亡時，兄弟姐妹皆歸。惟荃女及四小兒字戡以同濟課嚴，不能早假，聞喪始歸。現事畢均紛紛就校矣。世亂心擾，不盡百一。前晤斯兄言（斯兄今正博簺頗負，近已斂手），公京邸尚未脱手，恐以後更無機會，爲之悵然。耑謝，祇頌

道安

弟期澤頓首

韋齋前月患恙，聞係毒風所中，嘴忽歪斜，現雖已愈，弟勸其静息，聞頗杜門却掃。慈念甚老健，惟索食亦難堪耳。

寄荃老友五旬華誕用前輩潘稼堂贈閻古古詩賦詩為祝即請

教正

神龍亢坤軸秦關兩漢開正人合天德似往無不利青史歲月邁興廢事

如烟埋之後道貞賦性自勁居世路艱匡原危哉澄清灣下士蒼惚怒

威鳳翔高遠吾友江海姿年屆六合事大隱藏住金門慷慨著平議清淺

歎蓮菜智行周十邨心似陵洞松柃不四時異為朋平生欲躡趾可攀韓悟

子祐生年四海甲兵敝偉人誕岂胡亞壘烽銷燧後業通里閭文士技天藝

垂觀外太平年共負雲霄志君家正中興明德光仍世哉哉 司成師史青油金

匱危隔長安門每時致契契 荀子孫後人惟孝友于弟哀樸梳果姿精

銳千將羈外和而內介與俗無牽皆卅撇天山雪使文遁秦隸銳志在功名岂

未遇殿陵萬里荒康莊絕幕馳羽轡歲時息征鞅高會勝臙祭其時子

挾牀非角征絲繫相將鉞外傳絹多學書計君家有河北愛我不我棄肩

隨廖遊行才顧存異孤雲鄉飲生允李贊至蔽劉宅吉祝仁飲醇

銘厚忘金昆玉友間高談時破沸爛漫晉宋諸俳奂無生涯三人成眾

寄荃老友五旬華誕用前輩潘稼堂贈閻古古韻賦詩爲祝即請教正

神龍負坤軸，秦開而漢閉。至人合天德，攸往無不利。青史歲月遒，興廢事如蝟。坦坦履道貞，賦性自勁勵。世路盡焦原，危哉澄清轡。下士蒼蠅聲，威鳳翔高遰。吾友江海姿，牟廬六合事。大隱住金門，慷慨著平議。清識觀蓬萊，智行周十地。心似後凋松，幹不四時異。爲溯平生歡，踪迹可髣髴。憶子初生年，四海甲兵敝。偉人挺曾胡，玉壘烽銷燧。復業遍里閭，文士談天藝。重睹升平年，共負雲霄志。君家正中興，明德光仍世。峨峨司成師，史書紬金匱。危涕長安門，憂時嘆契契。尊公磊落人，惟孝友於弟。瑰瑋棟梁姿，精鋭干將器。外合而内介，與俗無厓眦。草檄天山雲，結交遍秦魏。鋭志在功名，曾未通顯致。萬里若康莊，絶幕馳羽轡。歲時息征鞅，高會賸臘祭。其時子扶牀，丱角紅絲繫。相將就外傅，朝夕學書計。君家有阿兄，愛我不我棄。肩隨雁齒行，才顧群空冀。孤露恤餘生，凡事資翼蔽。割宅喜親仁，飲醇銘厚意。金昆玉友問，高談時破涕。爛漫晉宋譃，泮奐無厓澨。三人則成衆，君昆爲之帥。年少氣正盛，思患昧既濟。乾坤蘊百哀，猛進忘趨避。出手後得盧，壯士行何畏。同擷泮水芹，始識宫墻制。尋詩秣陵船，偕謁蔣山帝。人生小滄桑，盛極轉標季。君失靈椿蔭，維時敦牂歲。握手唁堊廬，寒柝淒戍衛。二難猶競爽，相依若肩臂。無改道三年，力學以畜智。忽焉弱一个，噩耗警餘痲。總角管鮑交，憑依失固柢。君悲脊令原，我痛枯魚肆。顔夭與跖壽，禀命亦偶值。相對黯無言，猶喜萱闈侍。自此掉名韁，驂靳

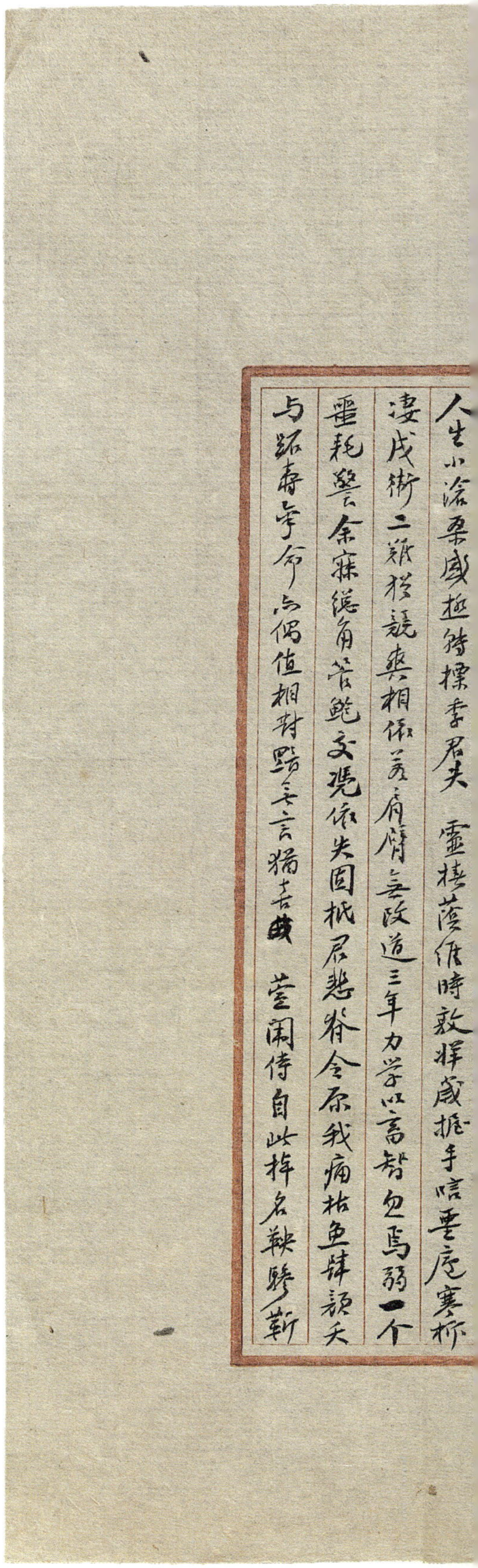
人生小滄桑盛極轉標季君失靈椿蔭維時敦牂歲握手唁堊廬寒柝
淒戍衛二難猶競爽相依若肩臂無改道三年力學以畜智忽焉弱一个
噩耗警餘痲總角管鮑交憑依失固柢君悲脊令原我痛枯魚肆顔夭
與跖壽禀命亦偶值相對黯無言猶喜萱闈侍自此掉名韁驂靳

怔联袂秋雨榜乌篷寒窗援襆被洒彼金与匡陈跡举掌示君既上第
磨我犹席帽沸郑攫化人語不讀时世賢托環洺空山畝田知希要刻
乃迥翰鱼蠢且争失势君辄悯我穷身世無一遂温语剧速宵烛跋
怔剌剌封禅有雄文时排云亭瘗以子证若雷破我心如悸每遇通德
坊门生识帖嫣嫣嫣　司成师清节谁堪僭中聖自消热襟觅人倫崎
琦珥萧琼環诗书络筏说城南文酒落蓬数君施翩忽忽识新年哲
人人冲遂世無蔡中郎豐碑缺贔屭一日三斩版寒晖下窆繐礼禦帝
河汾哀艸凄怆悯四愫君爱弟六籍罩心醉掌故题罗胸部居分泾渭
吴氏囊書囊抓撇浩無際書艸一夢遽新制池塘泼京来入中年约瞭
鱼龙戏茫茫百端集细慧益如佛帶勃此久居昌漾縱横氣人海楼土

堅匏盦

来风也陈赤栈十载阅郎潜貂裘尚可赏黄河远上词画壁旗亭妓
清向满三河郑向縣樗既杨袁維不逢是精駕堪税臣羽分當飢鳥
用庚虞禹叠翠眺居廣懸松祠氣薜数直作山游吊古心猶惴重镇昔
巖巖今也津雲雪峰兀松杏山绵延虛龍緩洋河十三葉曲跡少凋白骨號
武竞何存回溪傷垂翅興慕翠華皇圖子孫有緑娛遂令爱新社禁萋生

恒聯袂。秋雨榜烏篷，寒窗携襆被。緬彼金與焦，陳迹舉掌示。
君既上第膺，我猶席帽滯。難攫化人裾，不諳時世髻。抱璞泣空山，敢曰知希貴。矧乃涸轍魚，豫且等失勢。
君輒憫我窮，身世無一遂。温語劇連宵，燭跋恒刺刺。封禪有雄文，時非云亭瘞。以子誼若雲，尉我心如悸。
每過通德坊，門生議蚶蠣。皤皤司成師，清節誰堪擬。中聖自消愁，襟冕人倫峙。瑜珥兼瑶環，詩書紛談説。
城南文酒爇，墜歡君能嗣。忽忽識雞年，哲人亡沖邃。世無蔡中郎，豐碑缺贔屭。一日三斬版，寒輝下窆縋。
禮樂寂河汾，衰草淒垤坃。回憶君愛弟，六籍覃心醉。掌故熟羅胸，部居分涇渭。吴氏囊書囊，抓撓浩無際。
春草一夢蘧，難制池溏淚。哀樂入中年，幻眩魚龍戲。范范百端集，細慧煎如沸。鬱勃此久居，曷渫縱横氣。
人海捲土來，鳳池張赤幟。十載閟郎潛，貂裘尚可貰。黄河遠上詞，畫壁旗亭妓。清問滿三河，郊甸離擠既。
楊意縱不逢，星精駕堪稅。臣朔分當饑，焉用質虞芮。叠翠眺居庸，懸松捫乳蔕。散亘作山游，吊古心猶惴。
重鎮昔巖巖，今也陣雲霽。崒兀松杏山，綿延盧龍綴。渾河十三萬，蟲沙同日斃。虓武競何存，回溪傷垂翅。
興暴犖皇圖，子孫有餘愧。遂令愛新社，桀莠生壯□。山水自雄奇，何處著腥膩。天命一以改，盈虧理可識。
我謀適不用，鯢居從此逝。人間劇可哀，争光遍鬼魅。慢藏鄙塢驕，金彈韓嫣媚。咄咄鎬池君，白日去如駛。
七貴與三公，禍伏同關捩。一舉赤其族，患乃出所備。迷惘上蔡門，淒戾華亭唳。稷下競高談，萋斐炫文織。
翻雲覆雨場，安在識正誼。君固厭厭深，幡然學如蛻。哂兹赴焰蛾，邈矣層冰枻。恬静樂無爲，

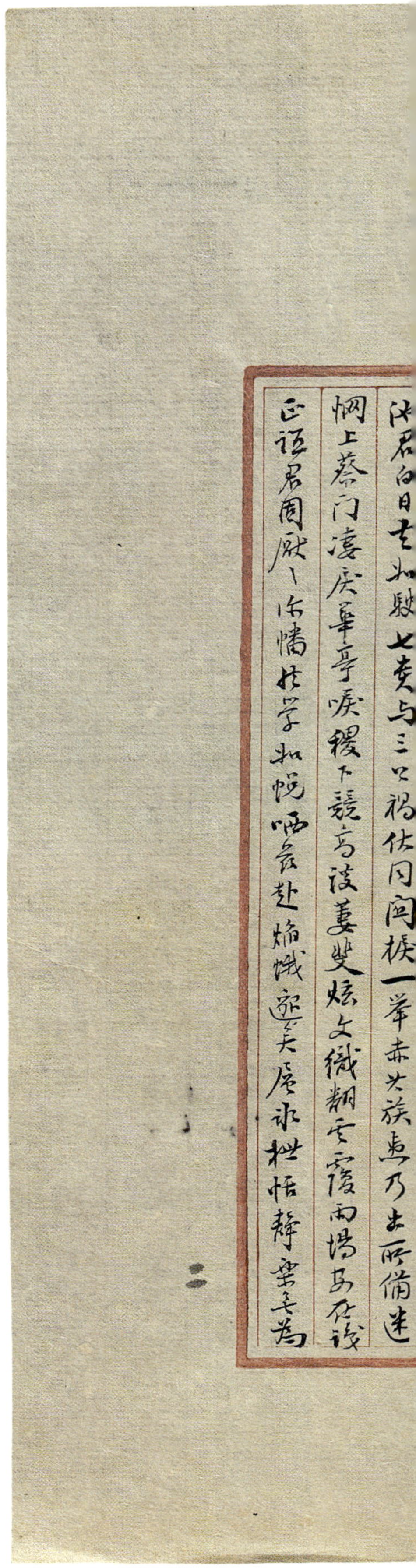
池君白日去如駛七貴与三公禍伏同關捩一舉赤其族患乃出所備迷
惘上蔡門淒戾華亭唳稷下競高談萋斐炫文織翻雲覆雨場安在識
正誼君固厭厭深幡然学如蛻哂茲赴焰蛾邈矣層冰枻恬靜樂無為

任道陈弘毅曰汝饮々何官府足脯糒啧穷与鸟栗羞为长孺叟东
海三生栗秦岱甚如碟沾眼觀钢聆清溪金仙读诵汉鼓郑雨忠爱
奎苏寄我自棠为我玉皇秀案吏蒼鹅出翟泉烽崖临派泗昌水白衣
冠声不讯声阅剑先生屋屋陈闭门谢稀使萧间落下吟清任振振鼻
落言心太平法门其不二其远偶悚人笺遁晓风骑自言十年来厥绪
无荒蹬落々刚直肠不忘天所畀炳烟失余光敢云抗绝诣聊以接我知
拯赎经与纬皆首古义精俭甚我腹笥欲以刊后昆莫识穷愁述时俗有
降污物质朴坚脆明清先正之万古真不替知耻勇近乎仁此言之厥款
卒读我三致欣冠基鹰满有寺睐其喻此情临宅宪挚美人於暹暮爱
志皆诗字君形々言逌於溼々如来试湫手栖根岑雄甚伏攖瞎五季然

坚匏盦

援年忽々圆南睡客友蒋径三々七阅窗山四荟药杉古心岁寒述苍
翠落甚允天心孤悚一洗晴周祝德年劝俾尔昌而燥往岁赢博偕蔺
玉今树置英冠自不凡绍闵垂昆裔五世讫通家之谊非虚细予与君家自册
广文丁为思姓氏季於今五世矣 奉名守青箱々为忘璘毛钝息壤俱在彼宇付枂杯记皇
援及今朝华笔谱张吹府侍剧萧间通门郭聆籍述德缅蓬罢知非矣

任道彌弘毅。

日復飲亡何，官厨足脯醢。嘖室與烏集，羞爲長裾曳。東海三生桑，泰岱其如礪。冷眼觀銅駝，清泪金仙漬。

龍漢劫難回，忠愛荃蓀寄。我自樂爲我，玉皇香案吏。蒼鵝出翟泉，烽塵暗淮泗。易水白衣冠，擊筑聲聞薊。

先生屋廬深，閉門謝驛使。蕭閒洛下吟，繙經輒擁鼻。葆兹心太平，法門其不二。望遠偶懷人，箋遞臨風騎。

自言十年來，厥緒無荒墜。落落剛直腸，不忘天所畀。炳燭矢餘光，敢云抗絶詣。聊以擴我知，探頤經與緯。

始省古義精，儉甚我腹笥。願以訓後昆，莫謂窮愁誌。時俗有隆污，物質殊堅脆。明清先正言，萬古真不替。

知恥近乎勇，此意足歔欷。卒讀我三嘆，冠蓋滿省寺。疇其喻此情，暗室電光掣。美人獨遲暮，憂患始識字。

君顧意逌然，温温如未試。湫乎栖枳鸞，雄甚伏櫪驥。五季俶擾年，忽忽罔南腄。密友蔣徑三，無悶商山四。

箭箹松古心，歲寒逾蒼翠。復其見天心，孤懷一凝睇。用視德年劭，俾爾昌而熾。往歲嬴博傷，蘭玉今樹置。

英器自不凡，紹聞垂昆裔。五世託通家，交誼非塵細（予與君家自兩廣文公爲異姓昆季於今五世矣）。幸名守青箱，無爲戀滿毳。

息壤俱在彼，寫付仍孫記。皇攬及今朝，華笙譜雅吹。府傳劇簫閒，迎門却駒讋。進德緬蘧賢，知非意彌鋭。春在杖履中，與物無疵癘。公度攝生方，餕餌何秘忌。無欲乃至剛，逃名忘榮悴。猥以蓬藁行，早脱樊籠累。美意祈延年，慎旃爲恎躓。倘徉下澤驢，毋趁奔車駟。今德式鄉閭，莼鱸秋風遲。

民國丁巳丑夏盟弟金祖澤拜草

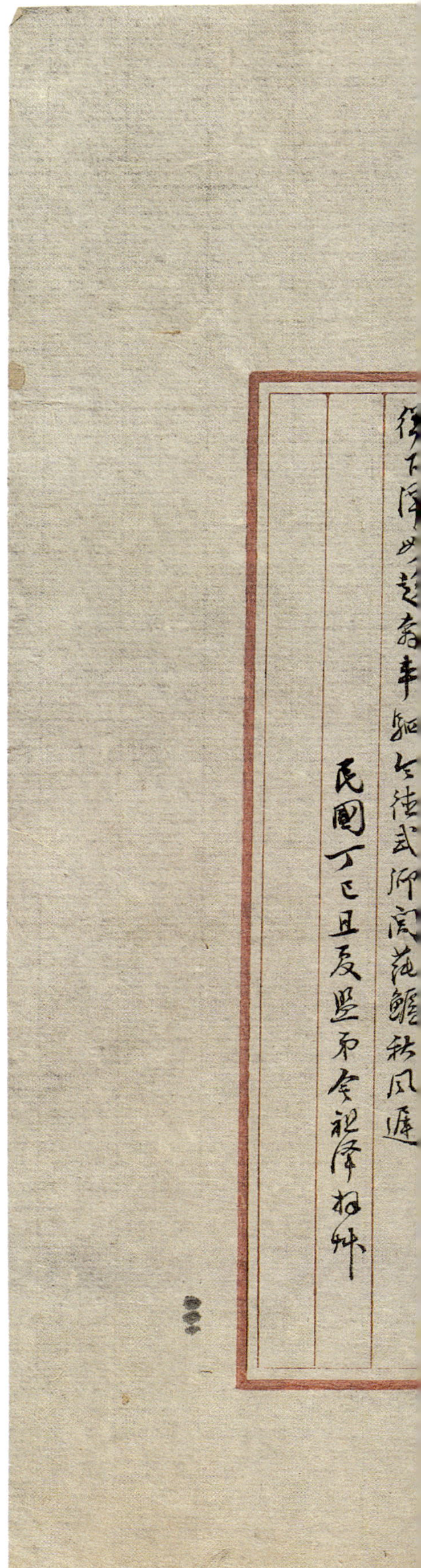

田洪都

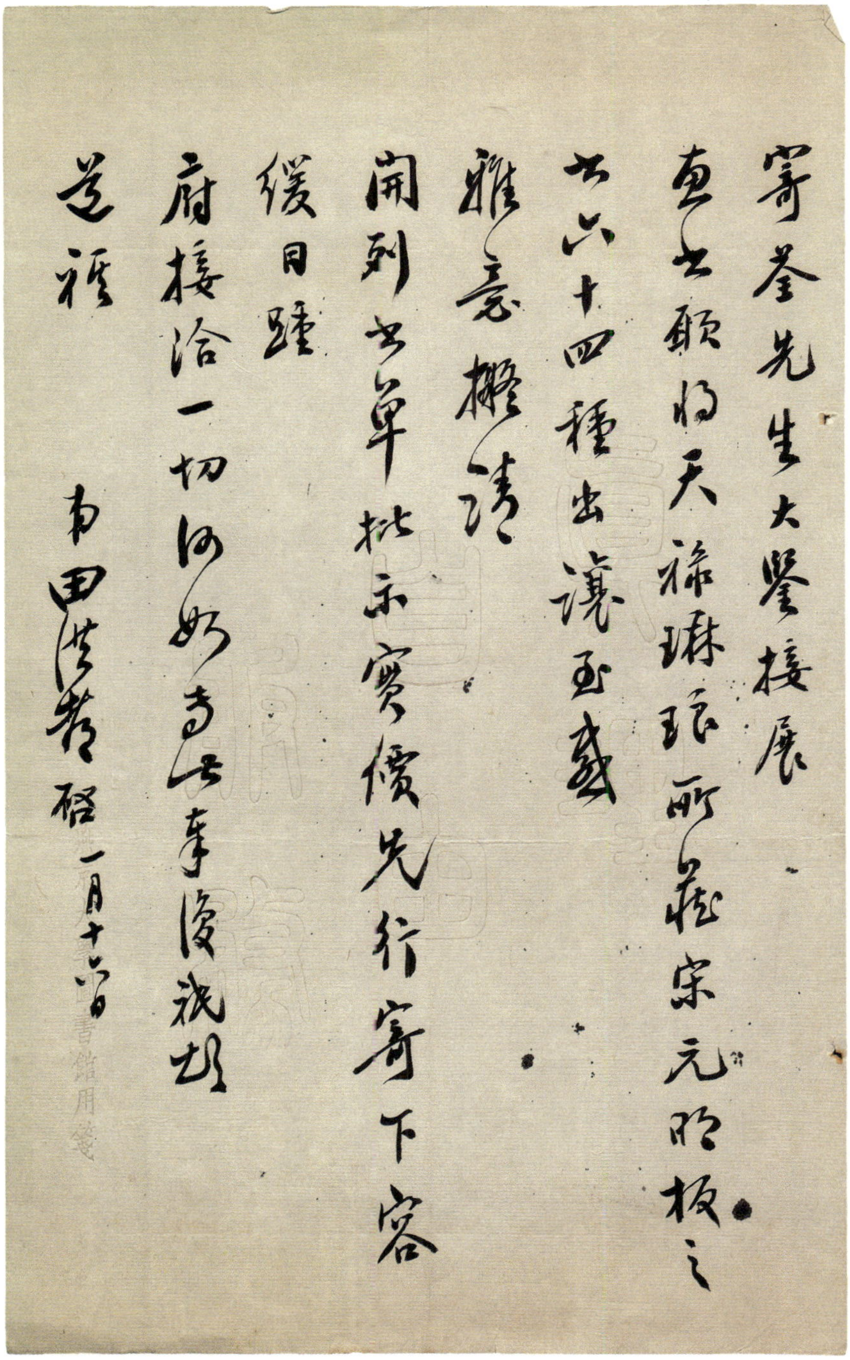

寄荃先生大鑒：

接展惠書，願將天禄琳琅所藏宋元明板之書六十四種出讓，至感雅意。擬請開列書單，批示實價，先行寄下，容緩日踵府，接洽一切，何如？專此奉復，祇頌

道祺

弟田洪都啓

一月十六日

吴燕厦

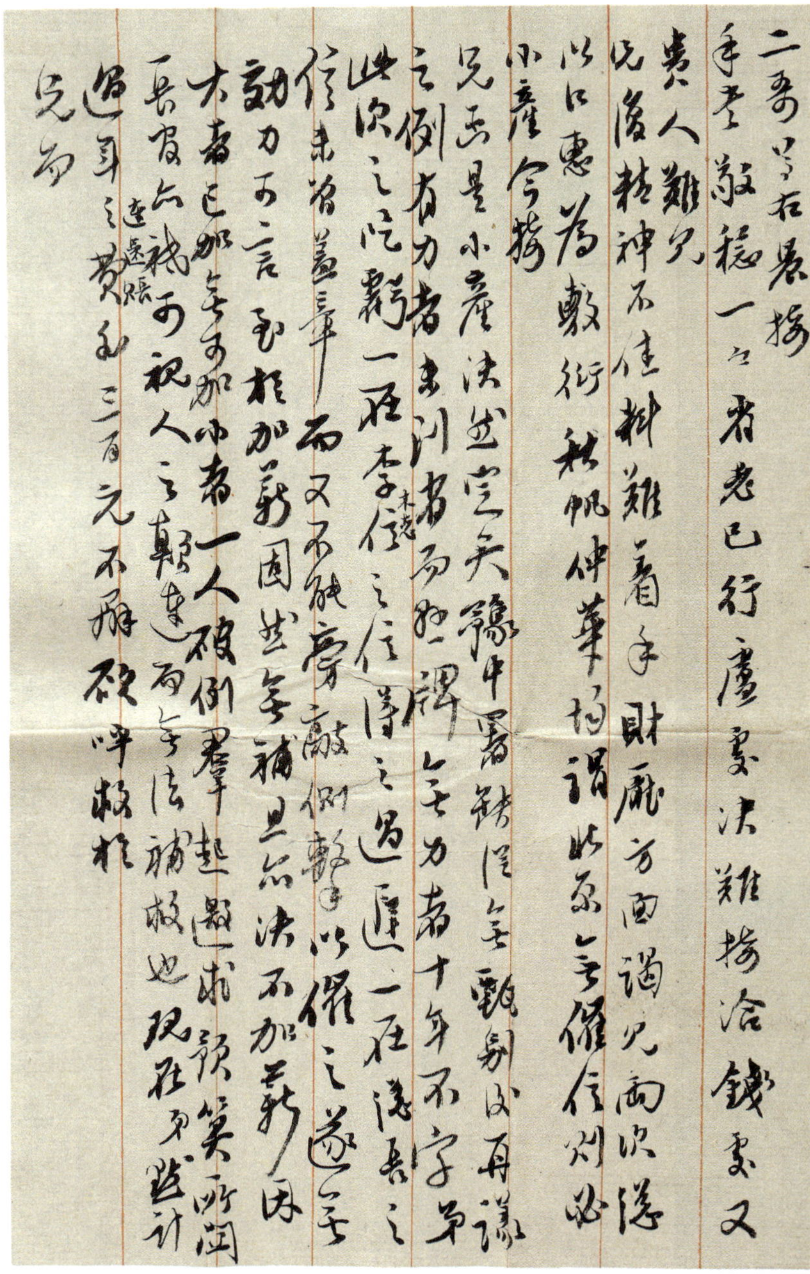

二哥尊右：

晨接手書，敬稔一一。省老已行，盧處決難接洽，錢處又貴人難見，兄復精神不佳，料難著手。財廳方面謁見兩次，總以口惠爲敷衍。秋帆、仲華均謂，北京無催信則必小産。今接兄函，是小産決然定矣。豫中署缺，從無甄别後再議之例。有力者未到省而懸牌，無力者十年不字。弟此次之吃虧，一在李信（木老）之信得之過遲，一在總長之信未曾蓋章，而又不能旁敲側擊以催之，遂無效力可言。至於加薪，固然無補，且亦決不加薪。因大者已加無可加，小者一人破例，群起邀求，預算所關，長官亦祇可視人之顛連而無法補救也。現在弟點計過年之費（連還賬），非三百元不辦，欲呼救於兄，而

吴燕厦

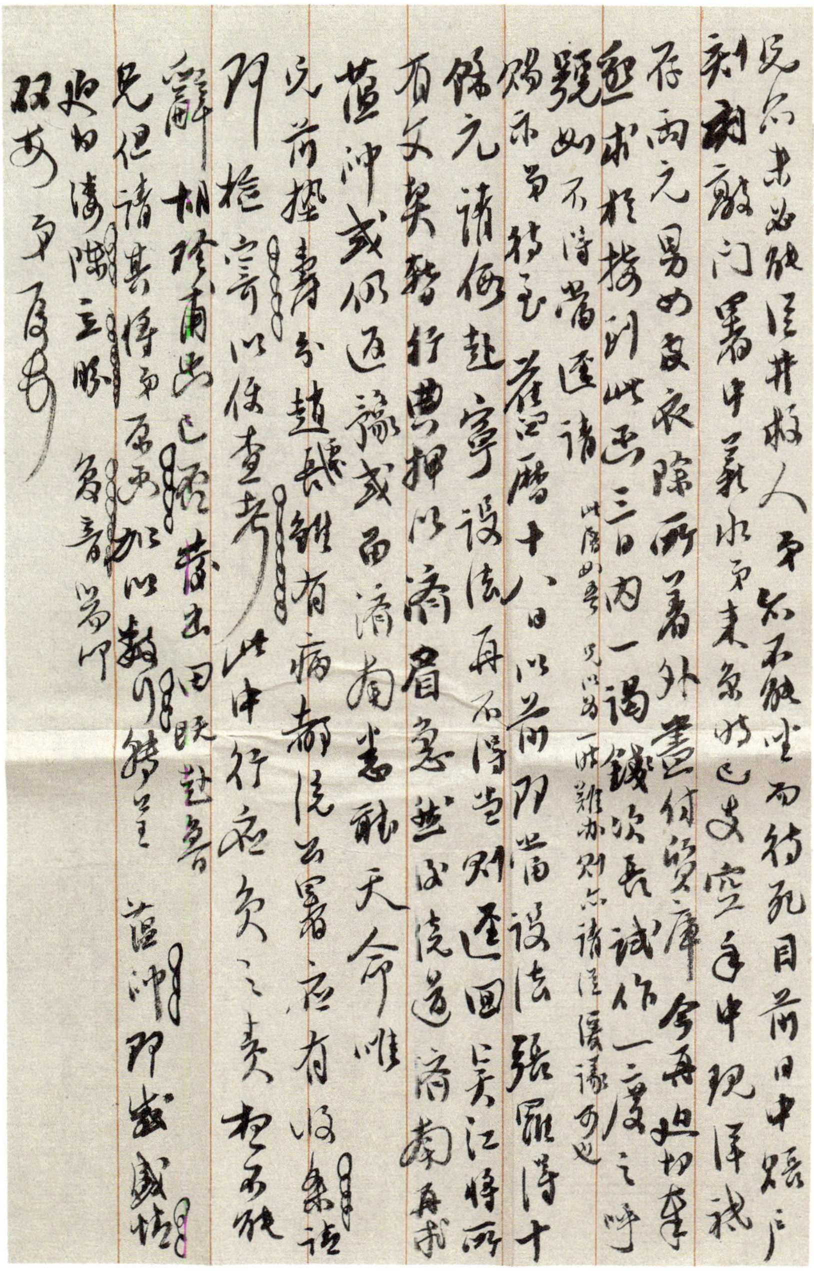

兄亦未必能從井救人，弟亦不能坐而待死。目前日中賬户刻刻敲門，署中薪水弟來京時已支空，手中現洋衹存兩元。男女皮衣除所著外，盡付質庫。今再迫切奉懇求，於接到此函三日內，一謁錢次長，試作一度之呼號。如不得，當逕請賜示（此層如吾兄以爲一時難辦，則亦請從緩議可也）。弟待至舊曆十八日以前，即當設法張羅得十餘元，請假赴寧設法。再不得當則徑回吴江，將所有文契暫行典押，以濟眉急。然後繞道濟南，再求蘊帥。或仍返豫，或留濟南，悉聽天命。唯兄前埶壽分，趙處長雖有病，都統公署應有收條。請即檢寄，以便查考。此中行應負之責，想不能辭。胡珍甫函已否發出，田既赴魯，兄但請其將弟原函加以數行，轉呈蘊帥，即感盛情。迫切縷陳，立盼復音。耑叩

雙安

弟厦頓首

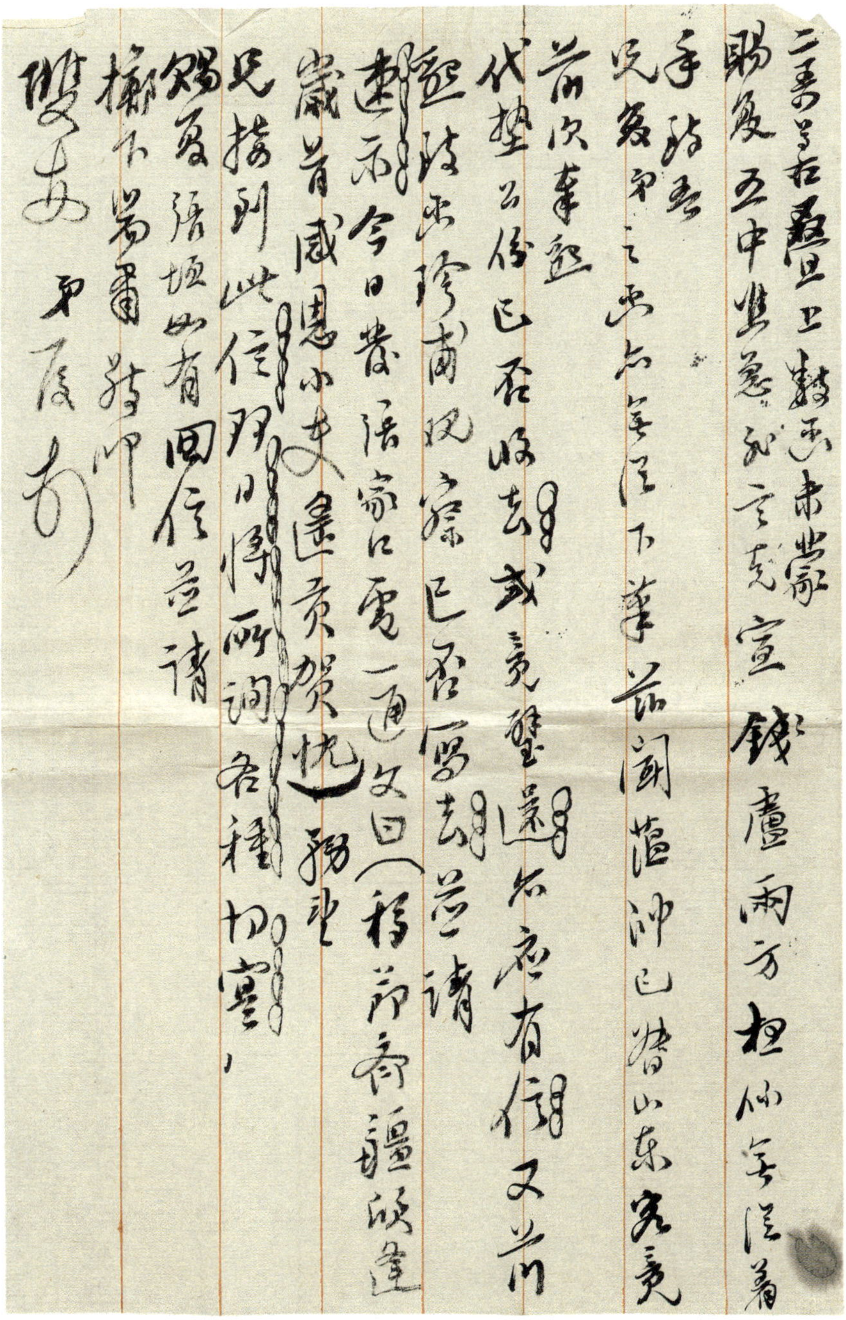

二哥尊右：

叠上數函，未蒙賜復。五中焦急，非言克宣。錢、盧兩方想係無從著手，致吾兄復弟之函亦無從下筆。兹聞藴帥已督山東，究竟前次奉懇代墊公份，已否收去，或竟璧還，亦應有信。又前懇致函珍甫觀察，已否寫去？並請速示。今日發張家口電一通，文曰『移節齊疆，欣逢歲首，感恩小吏，遥貢賀忱』。務望兄接到此信，即日將所詢各種，切實賜復。張垣如有回信，並請擲下。耑肅，敬叩

雙安

弟厦頓首

汪開祉

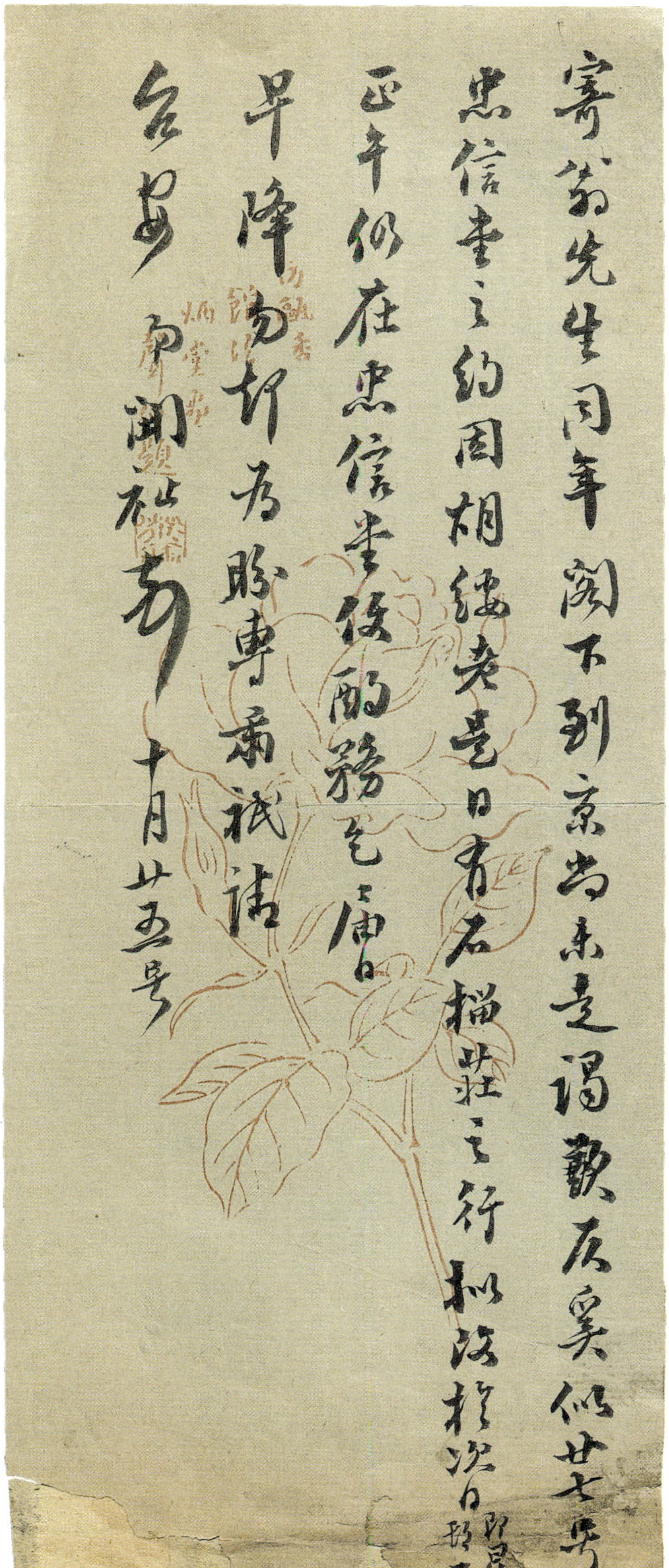

寄翁先生同年閣下：

到京尚未走謁，歉仄奚似。廿七號忠信堂之約，因胡纓老是日有石榴莊之行，擬改於次日（即星期一）正午，仍在忠信堂便酌。務乞屆日早降，勿却爲盼。專肅，

祗請

台安

弟開祉頓首

十月廿五號

袁福倫

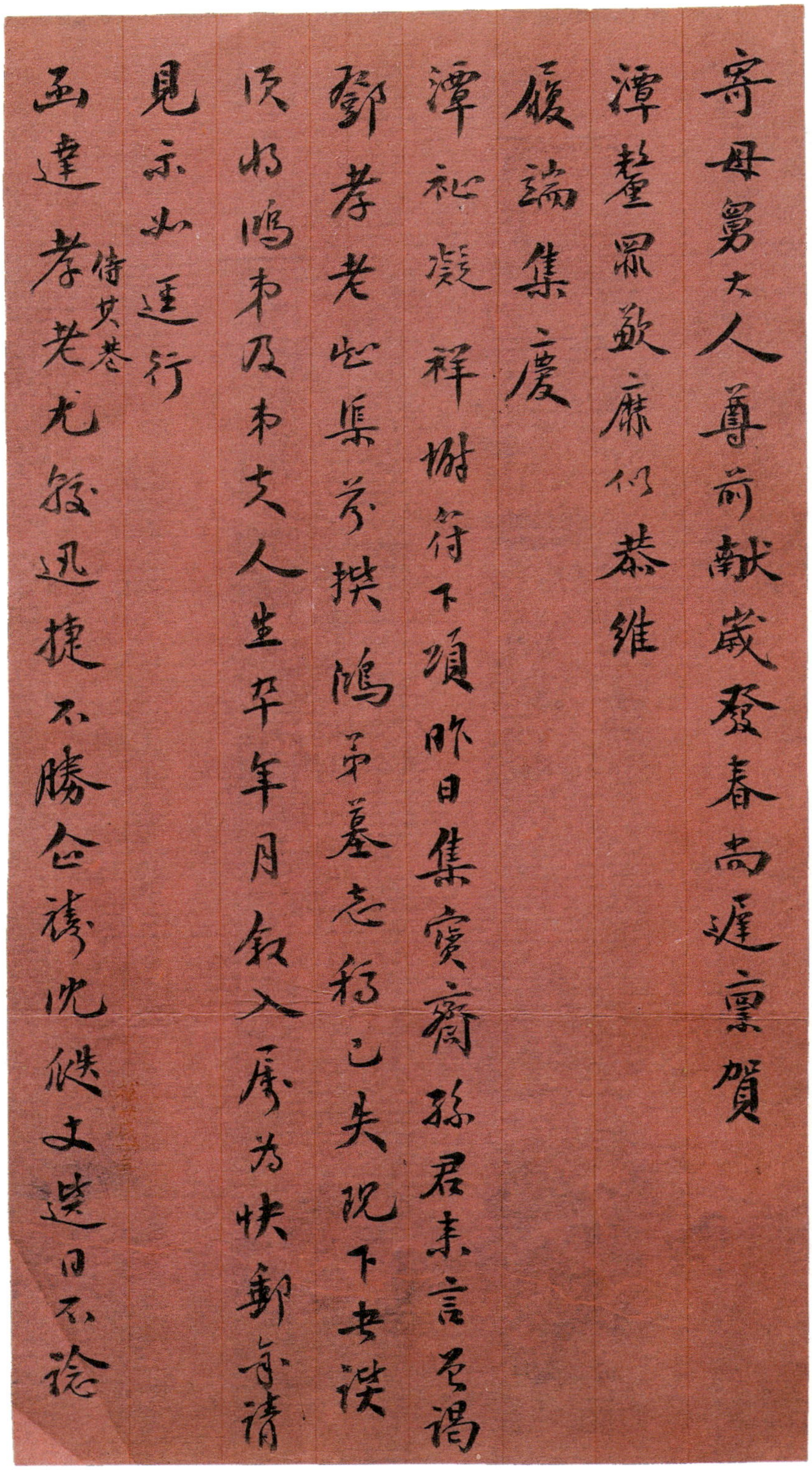

寄母舅大人尊前：

獻歲發春，尚遲禀賀潭鼇，罪歉靡似。恭維履端集慶，潭祉凝祥，坿符下頌。昨日集寶齋孫君來言，曾謁鄧孝老，知渠前撰鴻弟墓志稿已失。現下書讓，須將鴻弟及弟夫人生卒年月敘入。屬爲快郵禀請見示，如逕行函達孝老（侍其巷），尤較迅捷，不勝企禱。沈颴丈選日，不諗

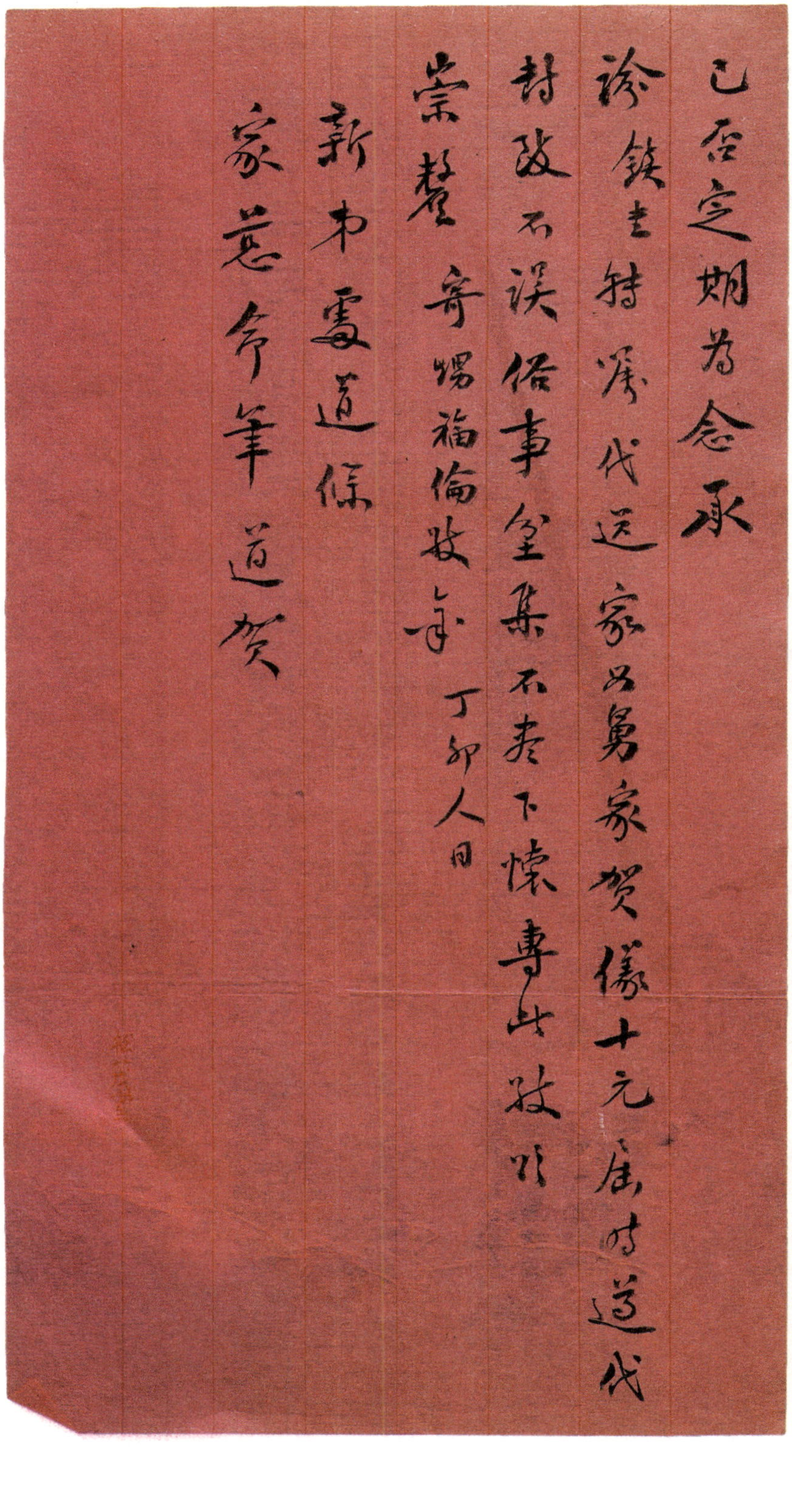

已否定期？爲念。承諭鎮圭轉囑，代送家母舅家賀儀十元，届時遵代封致不誤。俗事坌集，不盡下懷。專此，敬頌

崇釐

寄甥福倫敬稟

丁卯人日

新弟處道候。家慈命筆道賀。

馮恩崐

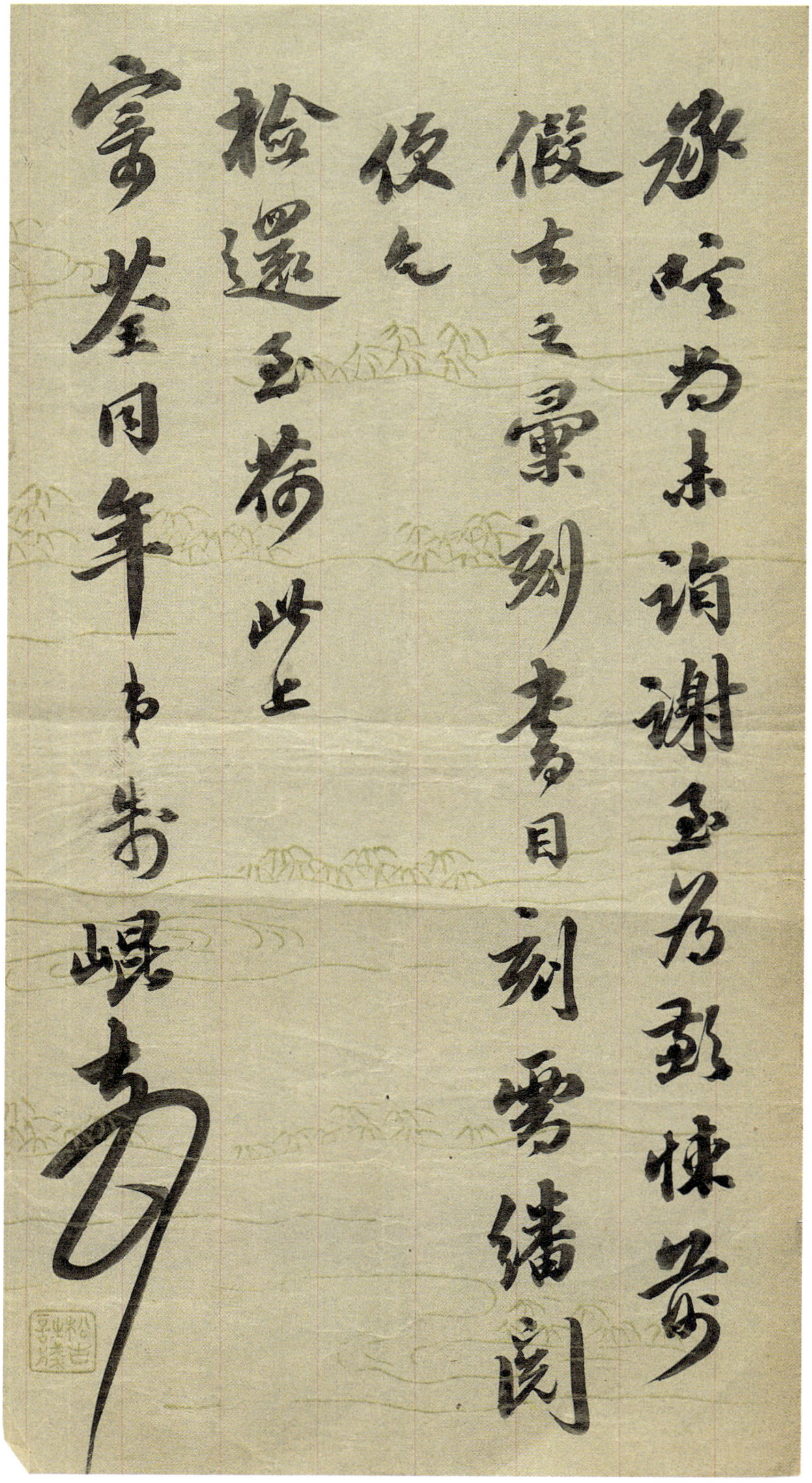

承啥尚未詣謝，至爲歉悚。前假去之《彙刻書目》，刻需繙閲，便乞檢還。至荷。此上

寄荃同年

弟制崐頓首

黎元熙

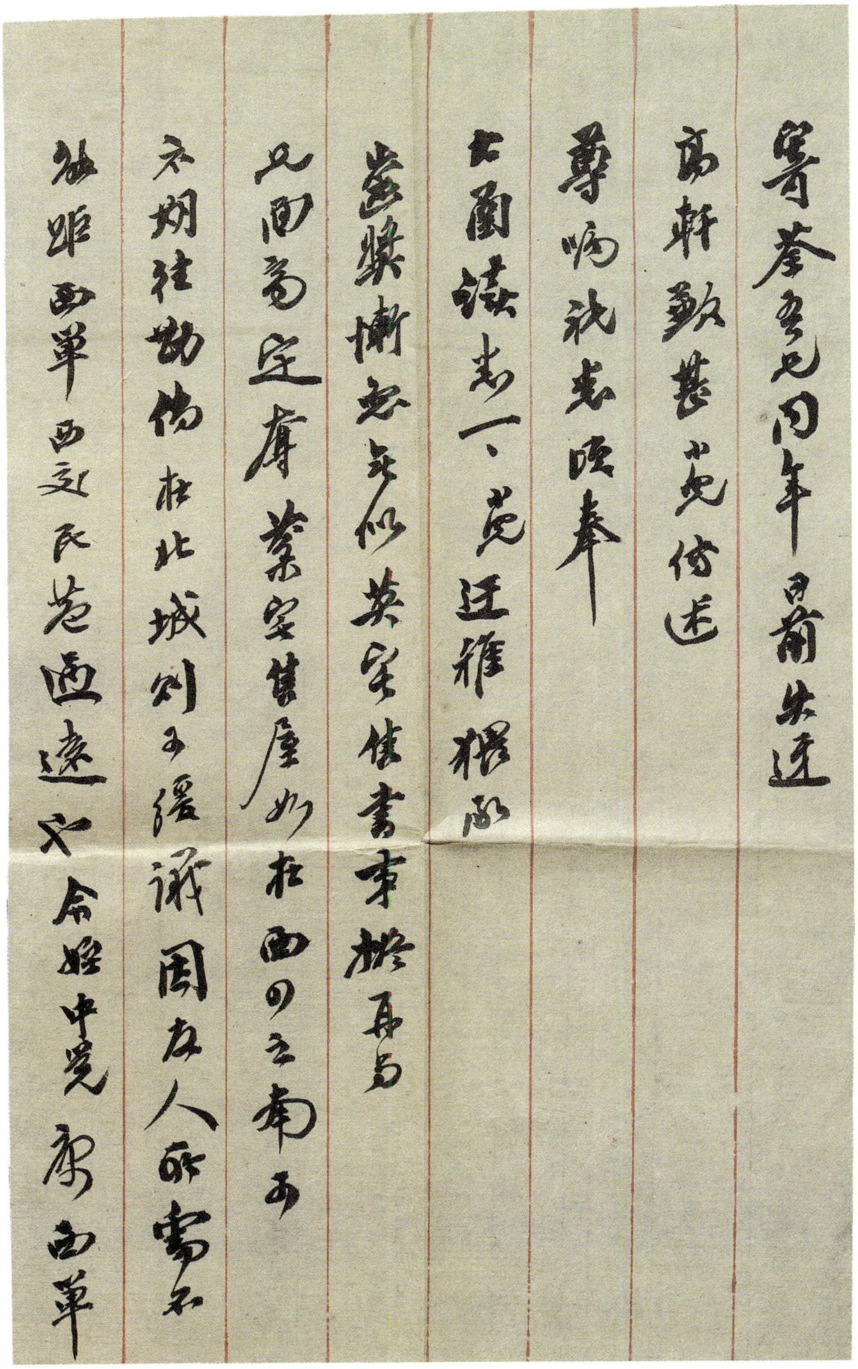

寄荃吾兄同年：

日前失迓高軒，歉甚。小兒傳述遵囑，祇悉。頃奉大函，讀悉一一。小兒迂稚，猥承齒獎，慚恧無似。英宅售書事，擬再與兄面商定奪。棻宅售屋，如在西四之南，可示期往勘。倘在北城，則可緩議，因友人所需不能距西單西交民巷過遠也。令侄中覺寓西單

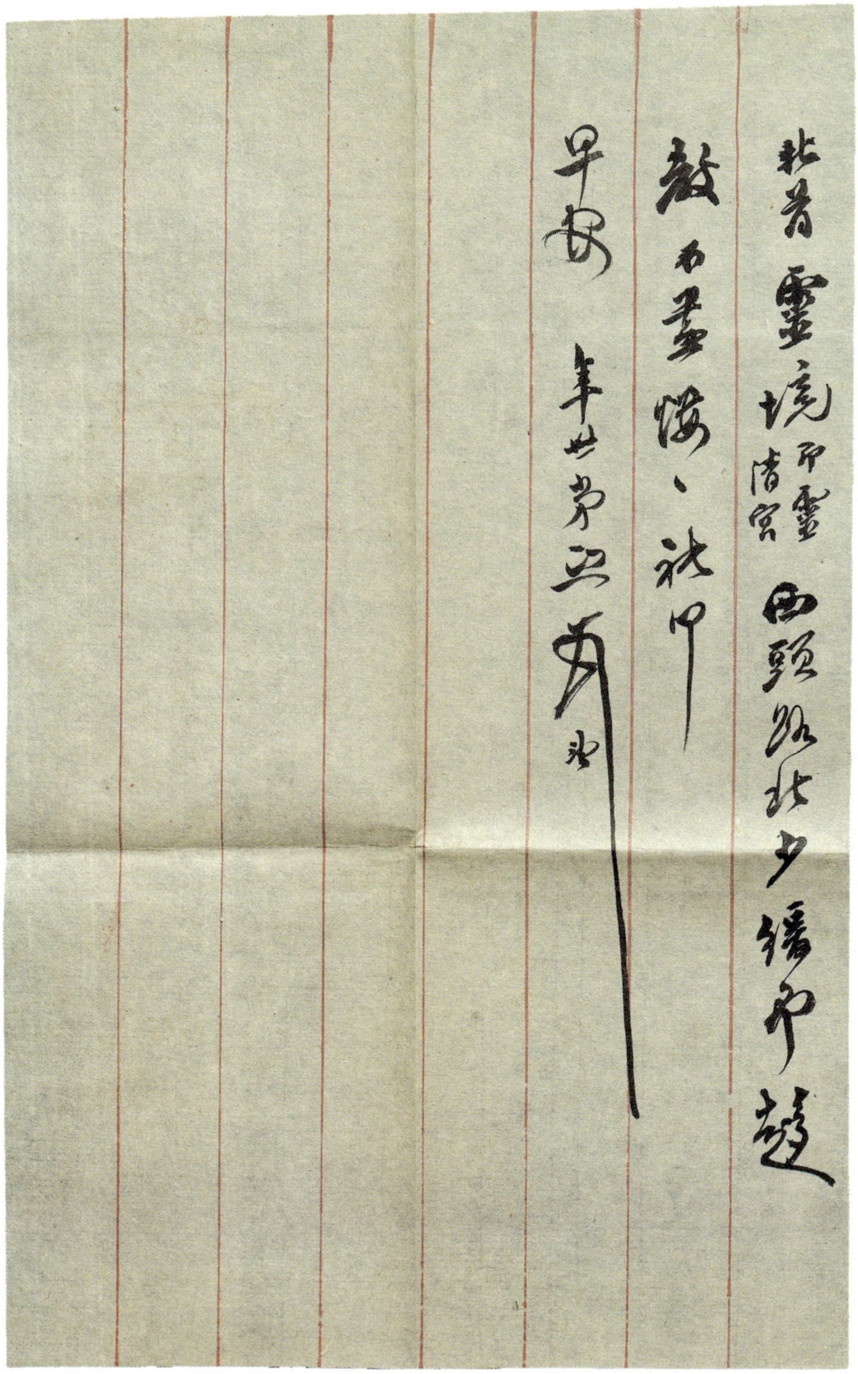

北首靈境（即靈清宮），西頭路北。少緩即趨教，不盡縷縷。

祇叩

早安

年世弟熙頓首

鴻益

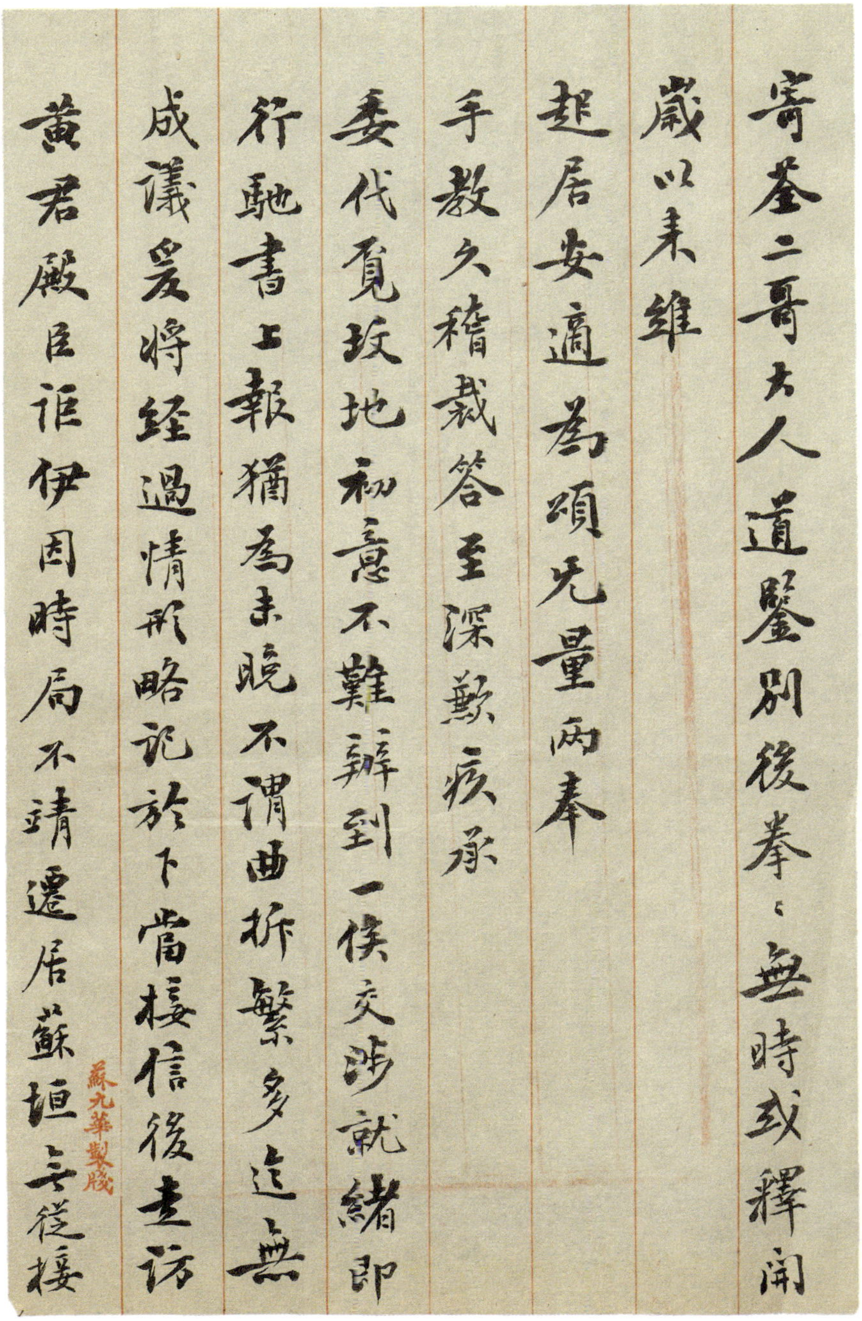

寄荃二哥大人道鑒：

別後拳拳，無時或釋，開歲以來，維起居安適，爲頌無量。兩奉手教，久稽裁答，至深歉疚。承委代覓墳地，初意不難辦到，一俟交涉就緒，即行馳書上報，猶爲未晚。不謂曲折繁多，迄無成議，爰將經過情形略記於下：當接信後，走訪黃君殿臣，詎伊因時局不靖，遷居蘇垣，無從接

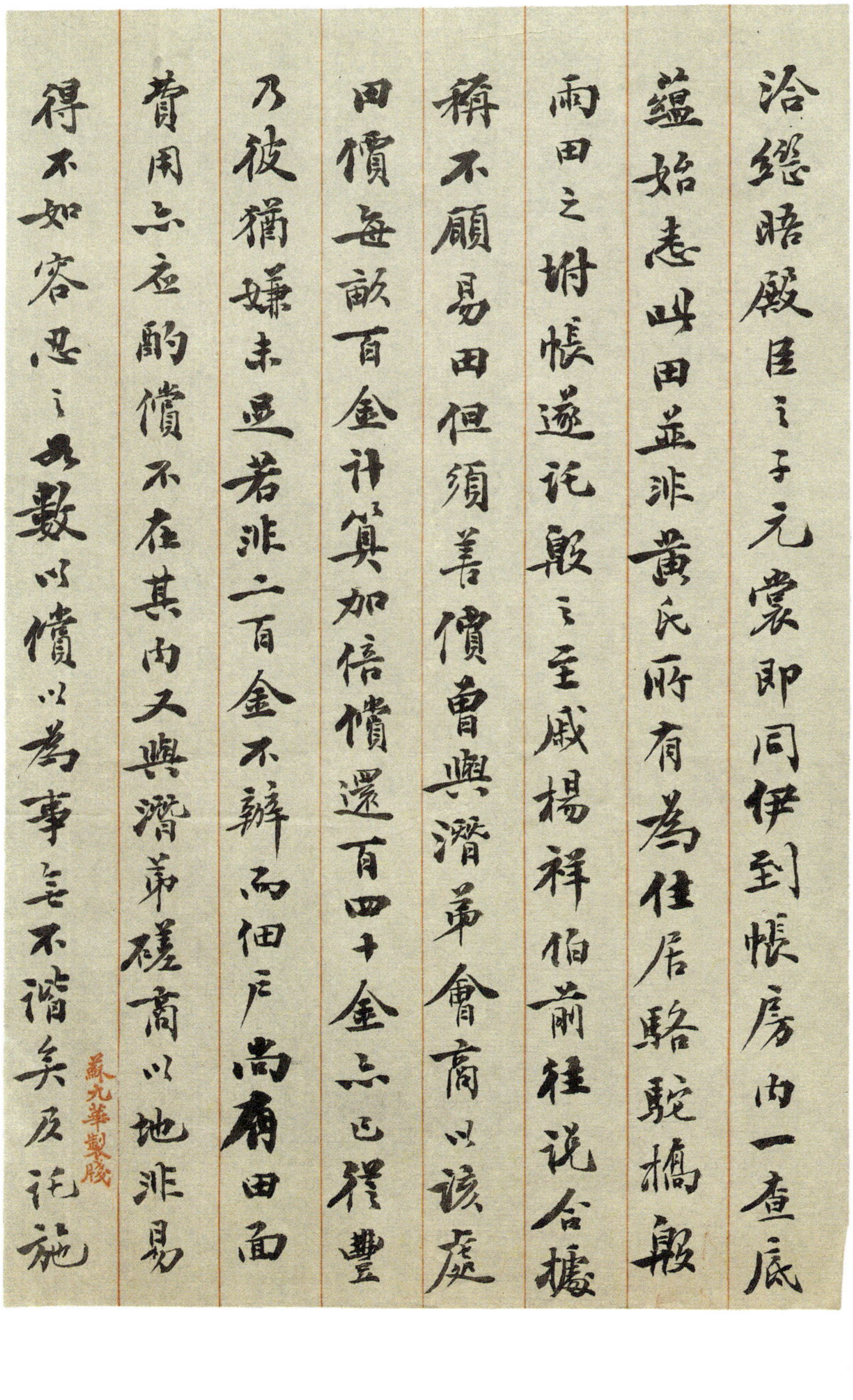

洽。繼晤殿臣之子元裳。即同伊到帳號内一查底蘊，始悉此田並非黄氏所有，爲住居駱駝橋殷雨田之附帳。遂託殷之至戚楊祥伯，前往説合。據稱不願易田，但須善價。曾與潛弟會商，以該處田價每畝百金計算，加倍償還百四十金，亦已從豐。乃彼猶嫌未足，若非二百金不辦，而佃户尚有田面費用亦應酌償，不在其内。又與潛弟磋商，以地非易得，不如容忍之，如數以償。以爲事無不諧矣，及託施

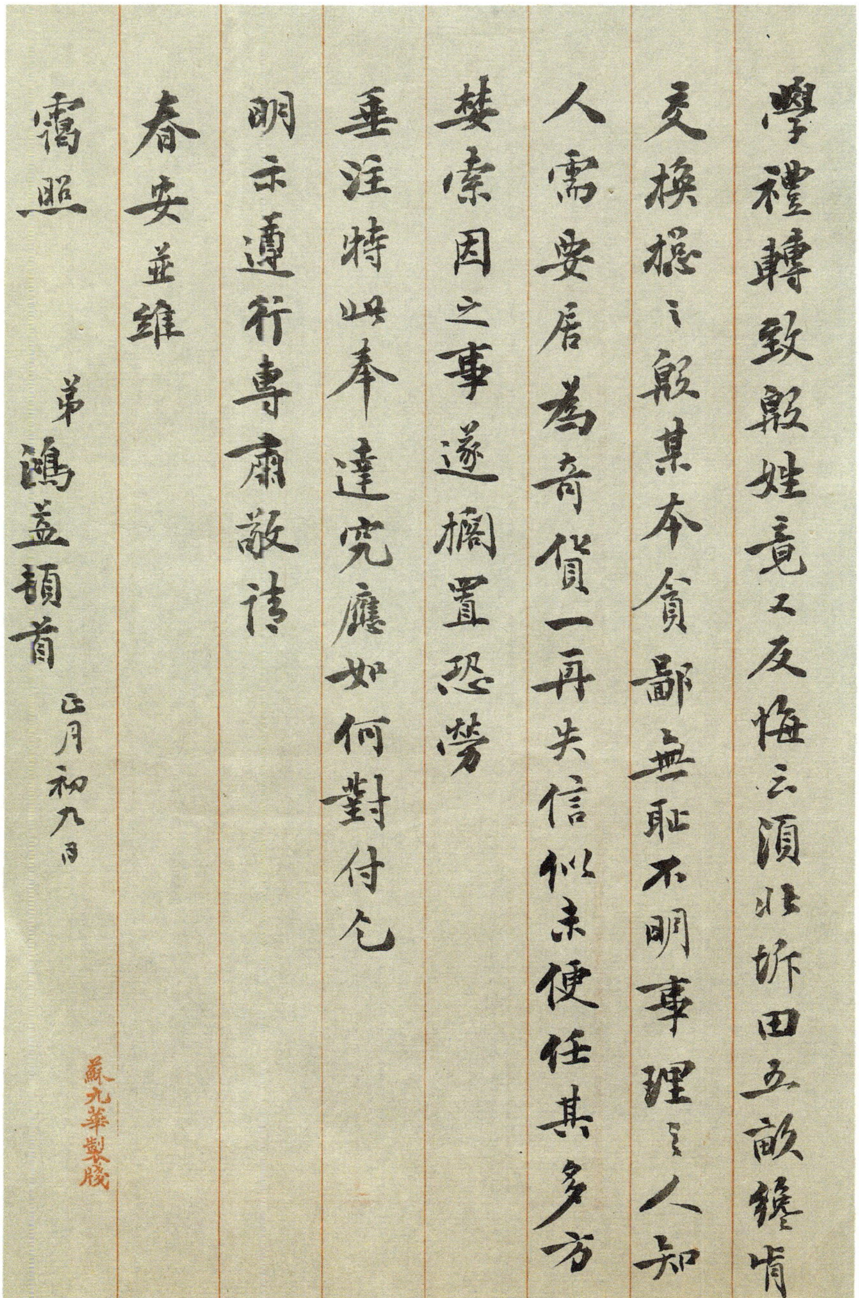

學禮轉致，殷姓竟又反悔，云須北圻田五畝，纔肯交換。總之殷某本貪鄙無恥、不明事理之人，知人需要，居爲奇貨，一再失信，似未便任其多方婪索，因之事遂擱置。恐勞垂注，特此奉達，究應如何對付，乞明示遵行。專肅，敬請春安，並維霱照。

弟鴻益頓首

正月初九日

繆禄保

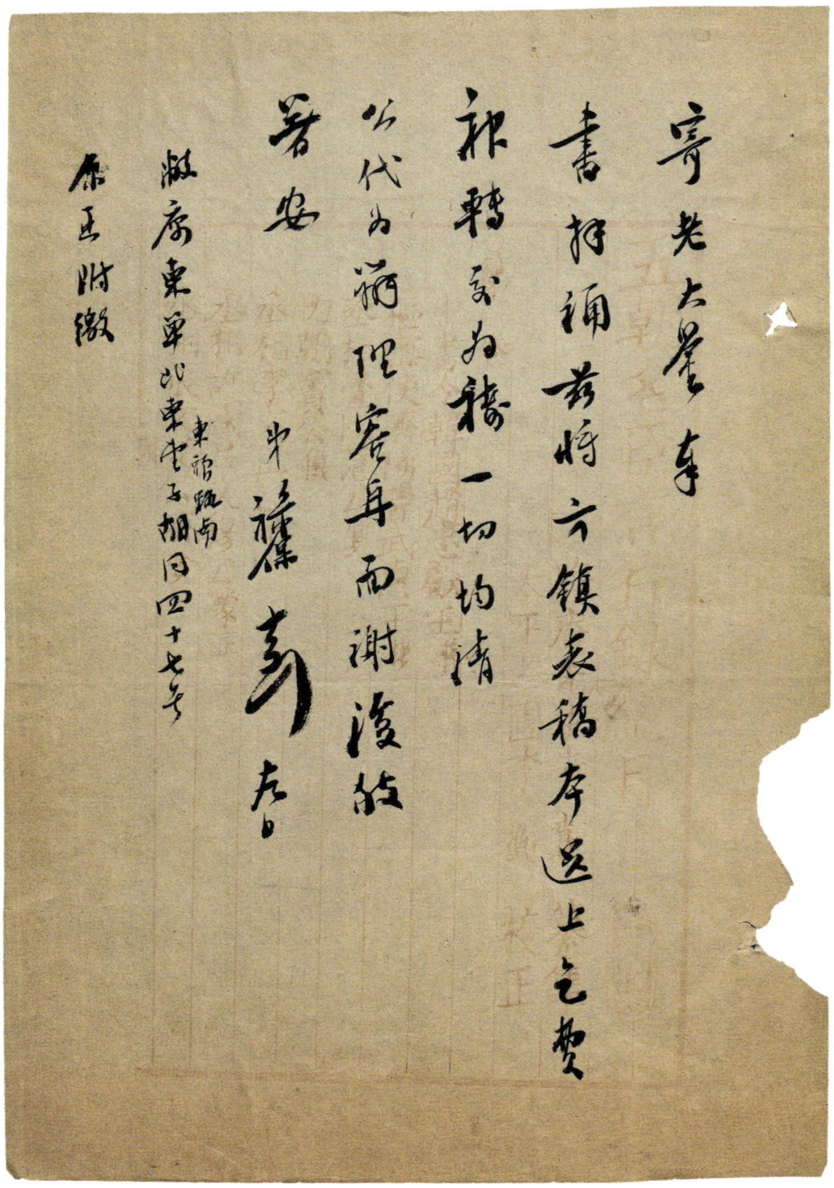

寄老大鑒：

奉書拜誦。兹將《方鎮表》稿本送上，乞費神轉交爲禱。一切均請公代爲辦理，容再面謝。復敬

暑安

弟禄保頓首　十九日

敝寓東單北東堂子胡同（東頭路南）四十七號

原函附繳

固圍齋珍藏扇面

章鈺贈吳豐培

張留侯在漢李鄴侯在
唐詩人中之竹
也畫竹要當從此等處
悟入若區區於
篆隸楷草間求之陋已
竹非草非木不
果不華別具宇宙中靈
秀挺拔之氣可
謂能自樹立不傍門戶

張留侯在漢，李鄴侯在唐，皆人中之竹也。畫竹要當從此等處悟入，若區區於篆隸楷草間，求之陋已。竹非草非木，不果不華，別具宇宙中靈秀挺拔之氣。可謂能自樹立，不傍門户者矣。竹之爲物，薄而用，可重也，毫之可以文，鏃之可以武。當其未用，灑然於塵埃，亦可以風世而厲俗也。

井東居士畫竹題語。壬申初伏日爲玉年世侄雅屬。

霜根學人章鈺記。

鈐印朱文『霜根學人』、白文『茗理簃』。

强運開贈吴豐培

其魚隹可，有鱮有鱺，
衆多隹魚，
有鯆有鮊。小魚散散，
白魚皪皪。漫漫
出游，或黃或白。
玉年大兄雅屬，即希正
之。
漁叟强運開書舊作重編
石鼓文。鈐印白文『臣
印運開』。

吴燕紹書扇面

江南之山，連障
造天，既抱紫霞，亦漱絳烟。金荆
嘉樹，涵雲宅仙，姱節詎及，幽意孰傳。
竦枝碧澗，臥根石林，日月斷免，霧雨恒陰。
緑秀八照，丹實四臨，公子不至，山客徒尋。
伊南有材，匪桂匪椒，下貫金壤，上籠赤霄。
盤簿廣結，捎瑟曾喬，七年乃識，非日終朝。
異木之生，疑竹疑草，攢叢石徑，森蓯山道。
煙岫相珍，雲豁共寶，不華不縟，何避工巧。
桐梓舊麗，松栝稱奇，焉如茲品，獨秀青崖。
群木斂望，雜草不窺，長入煙氣，永參鸞螭。
木貴冬榮，樫實寒色，停黛峰頂，插翠石側。
碧葉菴藹，頳柯翕艶，方陋筠價，遠笑荊棘。
惟園有桃，惟山有叢，丹藹驚露，紫榮繞風。
引霧如電，映煙成虹，伊春之秀，
迺華之宗。

吴燕紹書扇面

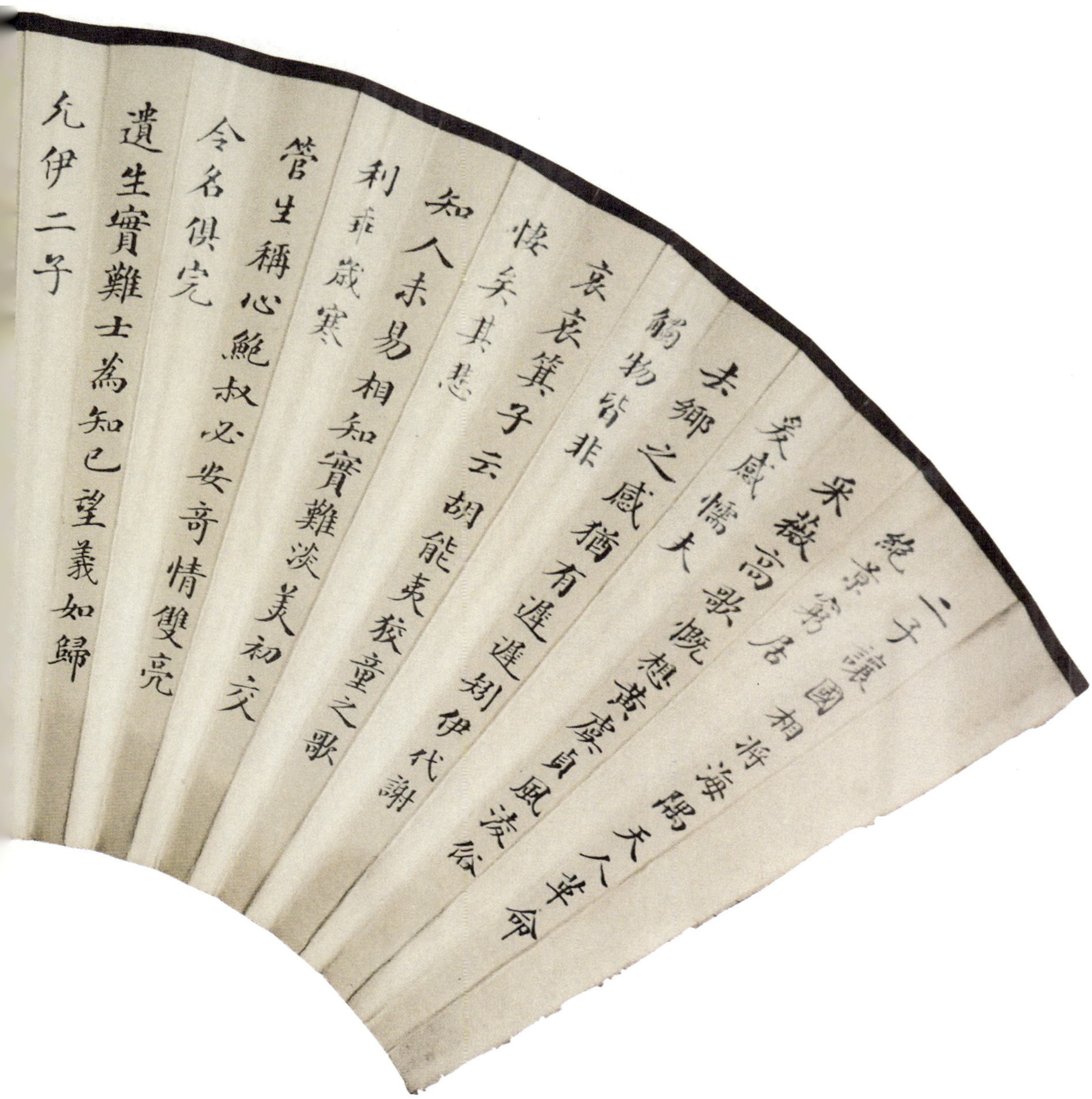
二子讓國相將海隅天人革命
絶景窮居
采薇高歌慨想黄虞貞風淩俗
爰感懦夫
去鄉之感猶有遲遲剡伊代謝
觸物皆非
哀哀箕子云胡能夷狡童之歌
悽矣其悲
知人未易相知實難淡美初交
利乖歲寒
管生稱心鮑叔必安奇情雙亮
令名俱完
遺生實難士爲知己望義如歸
允伊二子

二子讓國，相將海隅，天人革命，絶景窮居。采薇高歌，慨想黄虞，貞風凌俗，爰感懦夫。

去鄉之感，猶有遲遲，矧伊代謝，觸物皆非。哀哀箕子，云胡能夷，狡童之歌，悽矣其悲。

知人未易，相知實難，淡美初交，利乖歲寒。管生稱心，鮑叔必安，奇情雙亮，令名俱完。

遺生實難，士爲知己，望義如歸，允伊二子。程生揮劍，愳茲餘恥，令德永聞，百代見紀。

恂恂舞雩，莫曰匪賢，俱映日月，共餐至言。慟由才難，感爲情牽，回也早夭，賜獨長年。

進德修業，將以及時，如彼稷契，孰不願之。嗟乎二賢，逢世多疑，候詹寫志，感鵩獻辭。

易代隨時，迷變則愚，介介若人，特爲貞夫。德不百年，污我詩書，逝然不顧，被褐幽居。

汪鸞翔贈吴豐培

寒林烟岫，仿董北苑五墨法。玉年年世講兄雅正，癸未四月，公巖汪鸞翔，時年七十有三。

鈐印白文『鸞』、朱文『翔』。左下角鈐朱印『公巖』。

戴陳霖贈吴豐培

長安市上多詞
豪，書墻畫壁喧啾
嘈。此石何幸勒諫疏，孤
亭尤立星辰高。
公生有膽死有節，兩疏萬言言瀝血。
造物特爲忠藎留，紛紛尾續徒饒舌。
張君勁鐵筆一枝，惜不鎸公臨死詩。腥
雲漉漉壁上噴，丹心更令魂魄褫。
古來神物難磨泐，印識平原琴信國。況
此鋤奸骨鯁存，淋漓尚潑客城墨。
我顧污亭地盈尺，以鐵鑄賊仆亭側。賊
身朽盡疏不滅，戟手詈賊恨填咽。
録沈文節公賦楊忠愍公諫草亭落成詩，
忠愍兩疏遺墨，观者跋尾殆徧，文節延
張受之刻疏。何子貞太史紀其事，勒石
於亭之西壁。亭經十閲月而藏事。
己卯年秋月奉
玉年仁兄先生之屬。
弟戴陳霖。
鈐印朱文『雨農』。

陳漢第贈吴豐培

仿南田草衣。辛未夏似，玉年仁世兄清鑑。伏廬陳漢第，時同客北平。

鈐印白文『陳漢第』、朱文『伏廬五十後作』。

潘昌煦贈吴豐培

城東捲地黄埃，一過大通橋，見水頓覺心曠神怡，故二閘泛舟，都人目爲勝游之一。昔汪訒庵郎中《招水曹同人春日泛舟即事詩》云：『夾岸修楊緑帶煙，蹇驢解挽橛頭船。鄉情暫釋塵襟爽，灰洞原來别有天。葛衣疏爽水風涼，弭楫時聞杏子香。蘆葉蕭蕭蛙閣閣，恍疑睡起魏家塘。』余和詩云：十里迴塘愛倚橈，柳絲扇雪落輕颸。塵中暫領江鄉趣，如泛煙波廿四橋。寺指雙林鼓枻遲，一灣清淺路逶迤。筆床茶竈安排好，艇子呼來似總宜。戊申視東城，因公再泛，繪圖記事，同年韋約軒題句。

玉年世仁兄大雅正之。

潘昌煦。

鈐印。

潘昌煦贈吳豐培

蓋聞二儀有像顯覆載
以含生四
時無形潛寒暑以化物
是以窺天
鑑地庸愚皆識其端明
陰洞陽賢
哲罕窮其數然而天地
苞乎陰陽
而易識者以其有像也

蓋聞二儀有像，顯覆載以含生。四時無形，潛寒暑以化物。是以窺天鑒地，庸愚皆識其端，明陰洞陽，賢哲罕窮其數，然而天地苞乎陰陽而易識者，以其有像也。陰陽處乎天地而難窮者，以其無形也。故知像顯可徵，雖愚不惑，形潛莫睹，在智猶迷，況乎佛道崇虛乘幽控寂，弘濟萬品，典御十方。

玉年世仁兄雅正。

潘昌煦。

鈐印白文『潘昌煦印』。

陶洙贈吴豐培

深院春無限，香風吹绿漪。

玉妃清夢醒，花雨薄胭脂。

玉年仁兄雅屬，戊寅六月，陶洙。

右中鈐印白文『有容乃大』，左下角鈐印白文『陶洙』。

張允中贈吳豐培

新梳一尺緑雲鬟，嚼蕊餐花盡日閒。阿母爲嫌塵世窄，智瓊無奈憶人間。弱河風静浪千層，一朵青霞自可乘。拍手笑呼鼂伯子，同游翠水采秋菱。清瑟閑彈五十絃，雲心飛響瀉流泉。無人解聽紫霞曲，鶴唳鸞吟月滿天。珠館春寒鎖玉屏，落花飄著上清衣。金盆曉漱寒瓊水，灑向人間作雨飛。瑶樹離離月色明，偶隨煙駕宿三清。華間一夢誰驚醒？北斗迴環夜有聲。碧苑青林一半開，尋常移得麗農山。曉來怪底雲衣濕，添却窗前緑玉鬟。閒采雲山紫葛花，露苗煙蕊月初斜。饑時白石和泉煮，飽向峰頭漱曉霞。雲林洞口晝冥冥，鶴睡瑶扉静不扃。莫道往來煙路遠，碧天只隔水晶屏。紅霞爛爛染衣裳，回首滄溟路更長。爲覓董君相借問，不知杏子幾時黄。青林紫草伴長春，不識人間有笑顰。欲取水中龍子戲，湔衣因到玉溪濱。雲箋五色展青箱，詔寫瑶鐫向碧堂。龍篆芝書人不識，墨花飛出滿天香。騎羊拂袖上綏山，朱草紅蕤滿路斑。折得金桃未曾食，東風笑待赤烏還。鬱鬱紅雲鎖翠樓，玉璫敲户暫來游。階前白鵠閒教舞，狼藉芝花曉未收。金尾毰毸鳳哺雛，滿衣紅露落如珠。靈香只在闌干外，雲母屏空看似無。冰裳染得萬峰青，瓊樹風高吹夢醒。碧海水邊洗明月，滿天星斗冷冥冥。靈壽青童偶共携，翠龍雲冷卧前溪。紅霞蒸透桃花樹，

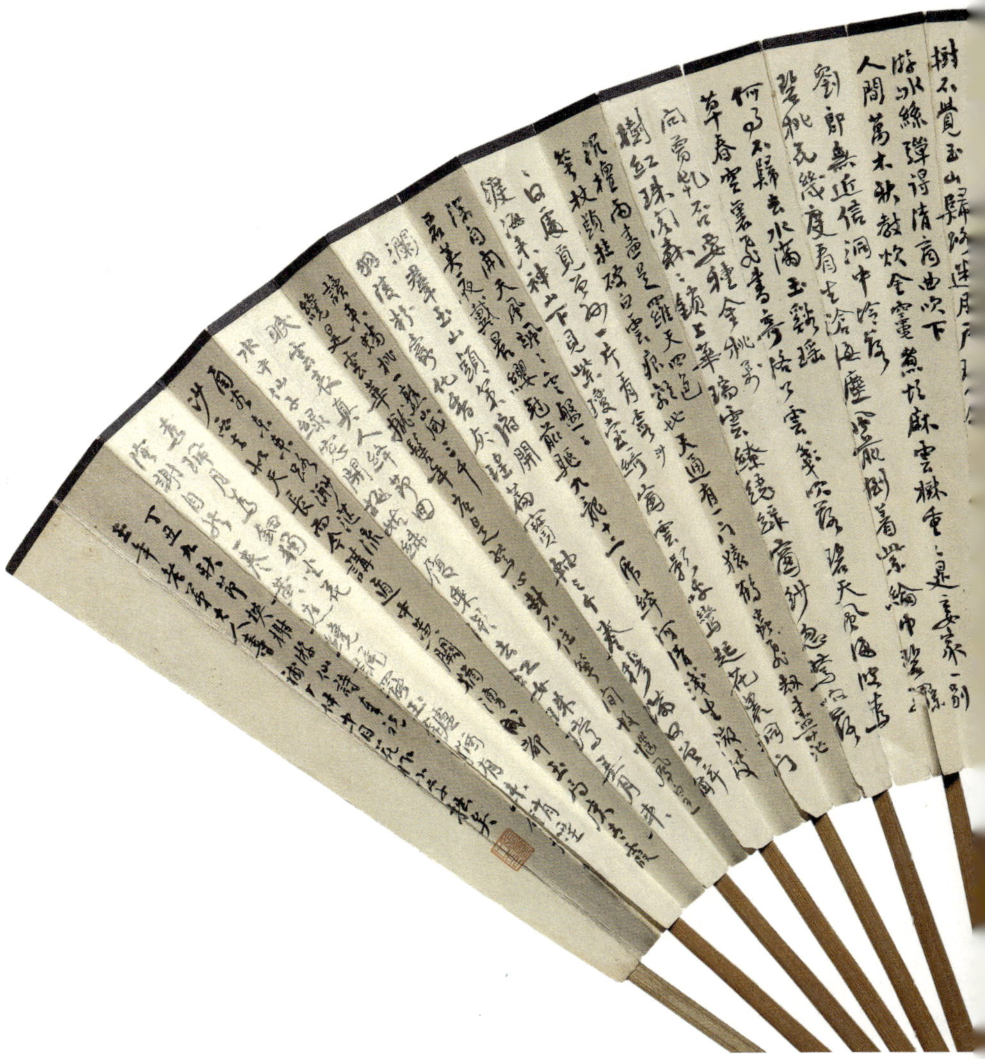

不覺玉山歸路迷。月户珠簾上玉鈎，青琴仙子夜深游。冰絲彈得清商曲，吹下人間萬木秋。教炊金竈煮胡麻，雲樹重重是妾家。一别劉郎無近信，洞中冷落碧桃花。幾度看生滄海塵，風前倒着紫綸巾。碧騾何事不歸去？水滿玉溪瑶草春。空裏飛書寄洛公，雲箋吹落碧天風。海波爲問曾乾否，要種金桃萬樹紅。珠閣深深鎖上華，瑞雲繚繞緑窗紗。忽驚吹落沉檀雨，盡是羅天四色花。杖頭拄破白雲痕，離地天通有一門。猿鶴蟲沙飛劫盡，茫茫何處覓曾孫。一片青霞渡海來，神山下見紫瓊臺。綺窗雲影呼鸞起，花裏洞門深自開。天風颯颯雲盤盤，麗英夜戴晨纓冠。前驅九龍十二虎，絳河清淺生微瀾。群玉山頭策府開，羽陵粉蠹化香灰。瑶篇寶軸三千卷，穆滿何曾解讀來？蟠桃一熟歲三千，纔是雲華攏髻年，應是驚心封不住，華間故惱鳳皇眠。雲表真人絳節回，水中仙子緑窗開。梅姑繡履乘潮去，江女珠瑠弄月來。函谷東來路渺茫，流沙西去似天長。而今講道中黄闕，猶湧成都玉局床。青霞爲佩月爲鈿，獨坐花陰謝自然。一卷黄庭纔誦罷，玉爐猶有未銷煙。丁丑九秋，節樊榭游仙詩奉祝玉年老弟大人壽。

補厂仲弟目花作小字，拙矣。

鈐印朱文『張允中印』，右上鈐印朱文『强』。

陳吳善蔭贈吳豐培

仿南田草衣。壬申九月，玉年世兄雅屬。歸陳吳善蔭。

鈐印白文『陳吳善蔭』、朱文『茂庭』。

周作人贈吳豐培

翩翩三青鳥，毛色奇可憐。朝爲王母使，暮歸三危山。我欲因此鳥，具向王母言。在世無所須，惟酒與長年。夸父誕宏志，乃與日競走。俱至虞淵下，似若無勝負。神力既殊妙，傾河焉足有。餘迹寄鄧林，功竟在身後。

民國乙酉夏日寫陶公詩應玉年兄雅屬。

作人。

鈐印朱文『作人』。

汪希董贈吴豐培

歲寒清侶。

玉年世仁兄雅屬。癸酉新秋作於保陽，弟汪希董。

鈐印白文『古吴汪孟舒』。

張仲良贈吴豐培

乙酉春日仿廉州法，玉年先生法正。張仲良。

鈐印朱文『張仲良』。

黄孝紓贈吴豐培

蒼雪圖，撫大滌子法。

庚年先生屬，己卯匑厂黃孝紓。

鈐印朱文『頵士之鉩』。

王羽儀贈吴豐培

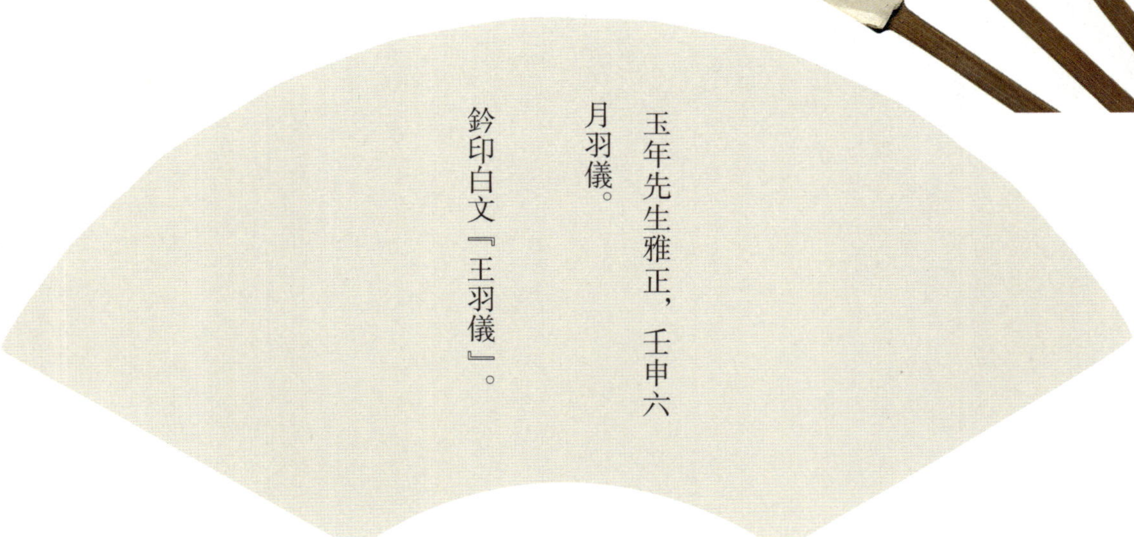

玉年先生雅正，壬申六月羽儀。

鈐印白文『王羽儀』。

顧廷龍贈吳豐培

椎鑿何年巧匠成，摩沙題字尚分明。江東此日非無我，獨秀如何竟讓卿。玉年吾兄法正。顧廷龍。

鈐印朱文『起潛』。

徐北汀贈吴豐培

玉年仁兄雅正

壬午秋日，北汀徐熹寫於渺蓴廬。

鈐印白文『徐熹』、朱文『北汀』。左下角鈐『渺蓴廬』印。

劉文興贈吳豐培

書來海上勸休兵，已見金輪逐火精。醮絶絳樓無鶴淚，朝空丹扆有孤鳴。羽袍士尚傳三洞，介幘人誰報六更。一代興亡真大夢，陳橋驛畔見青蜓。

右元陳孚詩一首，移奉

玉年大兄教正。

文興妄涂。

鈐印朱文『劉□』。

劉文興贈吴豐培

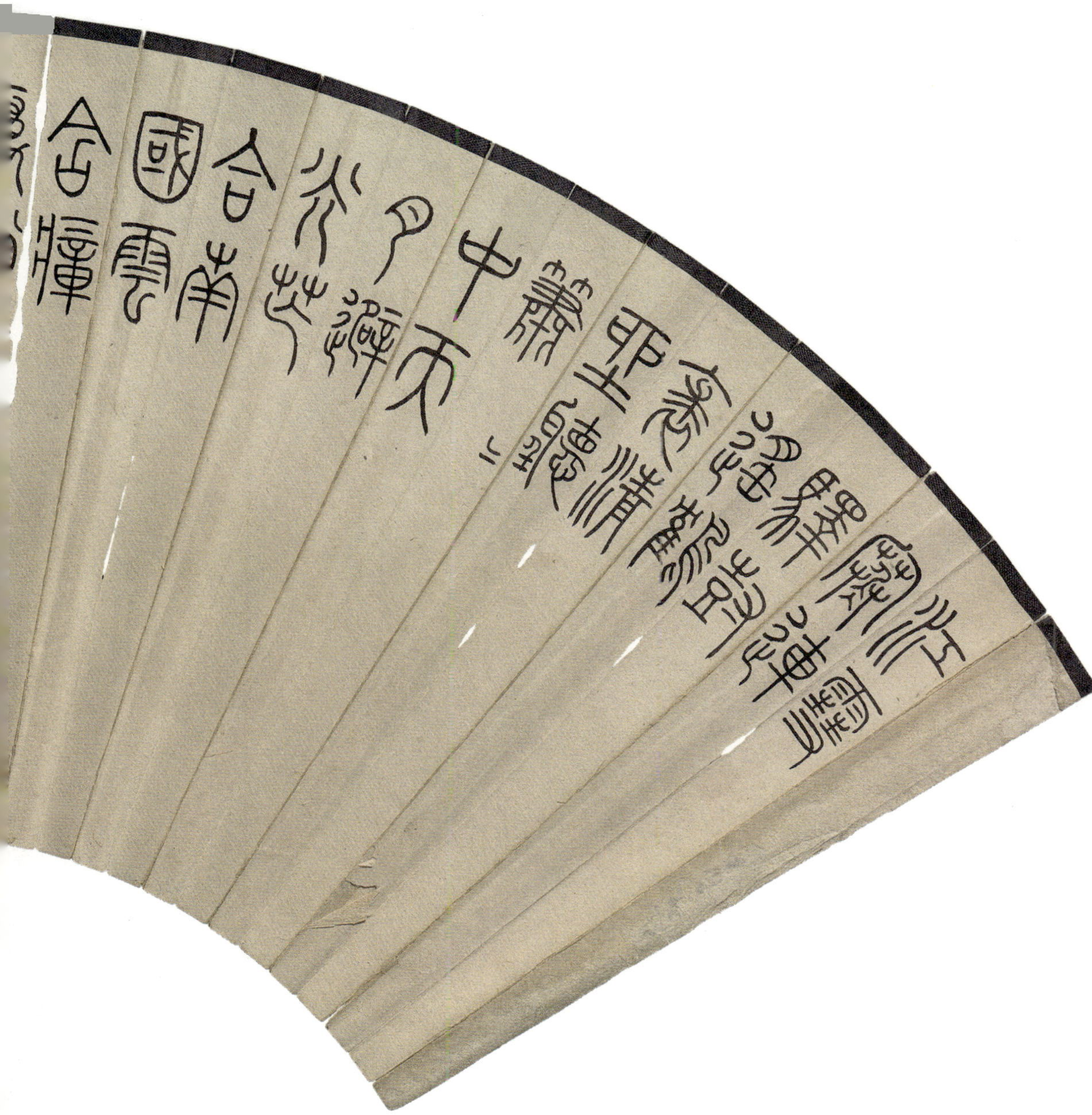

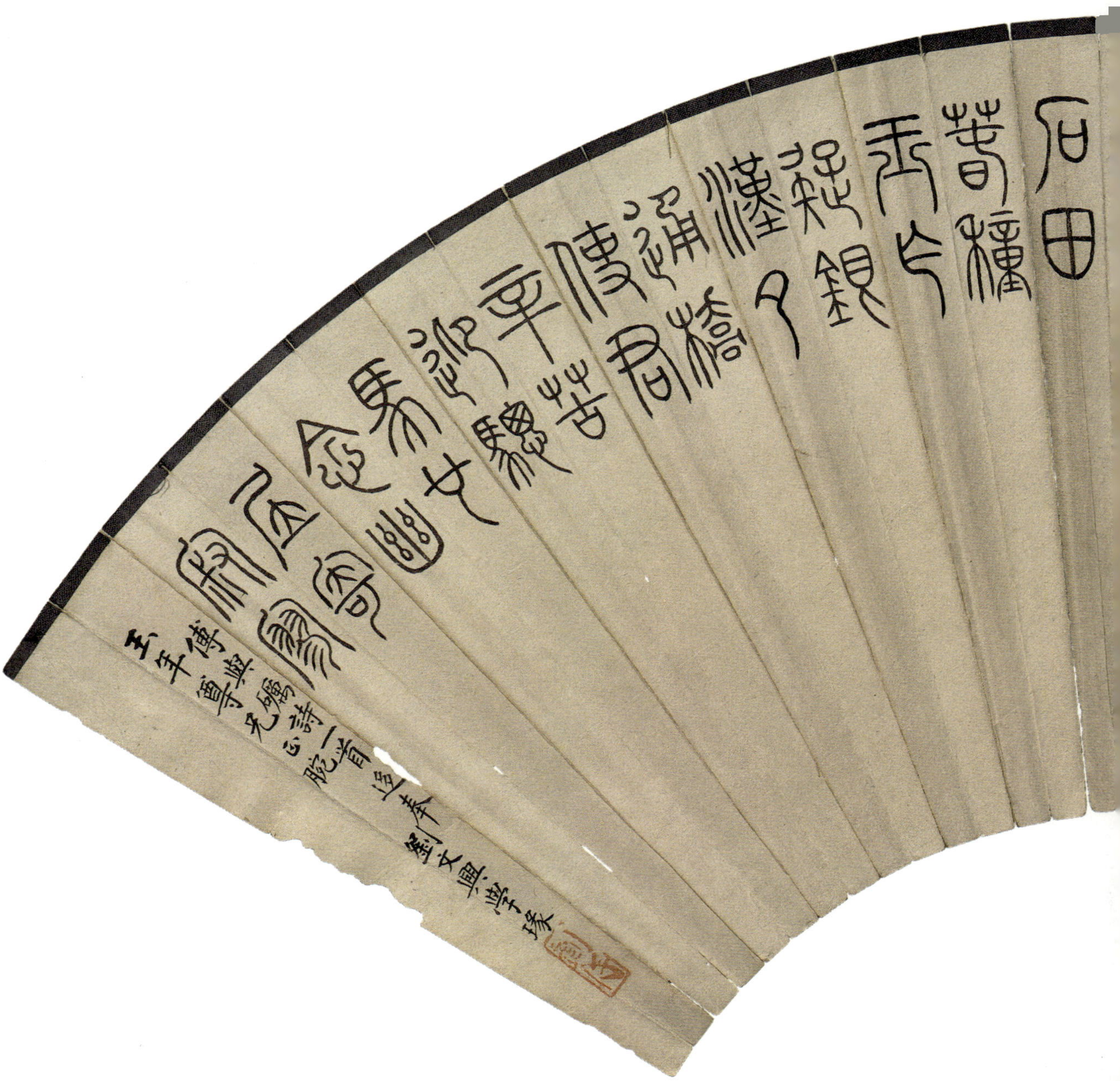

江雪寒連驛樹遥，鶴裘清坐聽蕭蕭。中天月避光芒合，南國雲含瘴癘消。因憶石田春種玉，乍疑銀漢夕通橋。使君辛苦迎驄馬，也念幽居寄寂寥。

傅與礪詩一首，逡奉玉年尊兄正腕。劉文興學瑑。鈐印朱文『劉□』。

劉蕙孫贈吳豐培

永遵黃帝初祖德匝於虞，虞帝始祖德匝於新。歲在大梁龍集戊辰，直定。

玉年大兄教正，厚滋學莽衡。鈐印白文『厚滋』。

劉蕙孫贈吳豐培

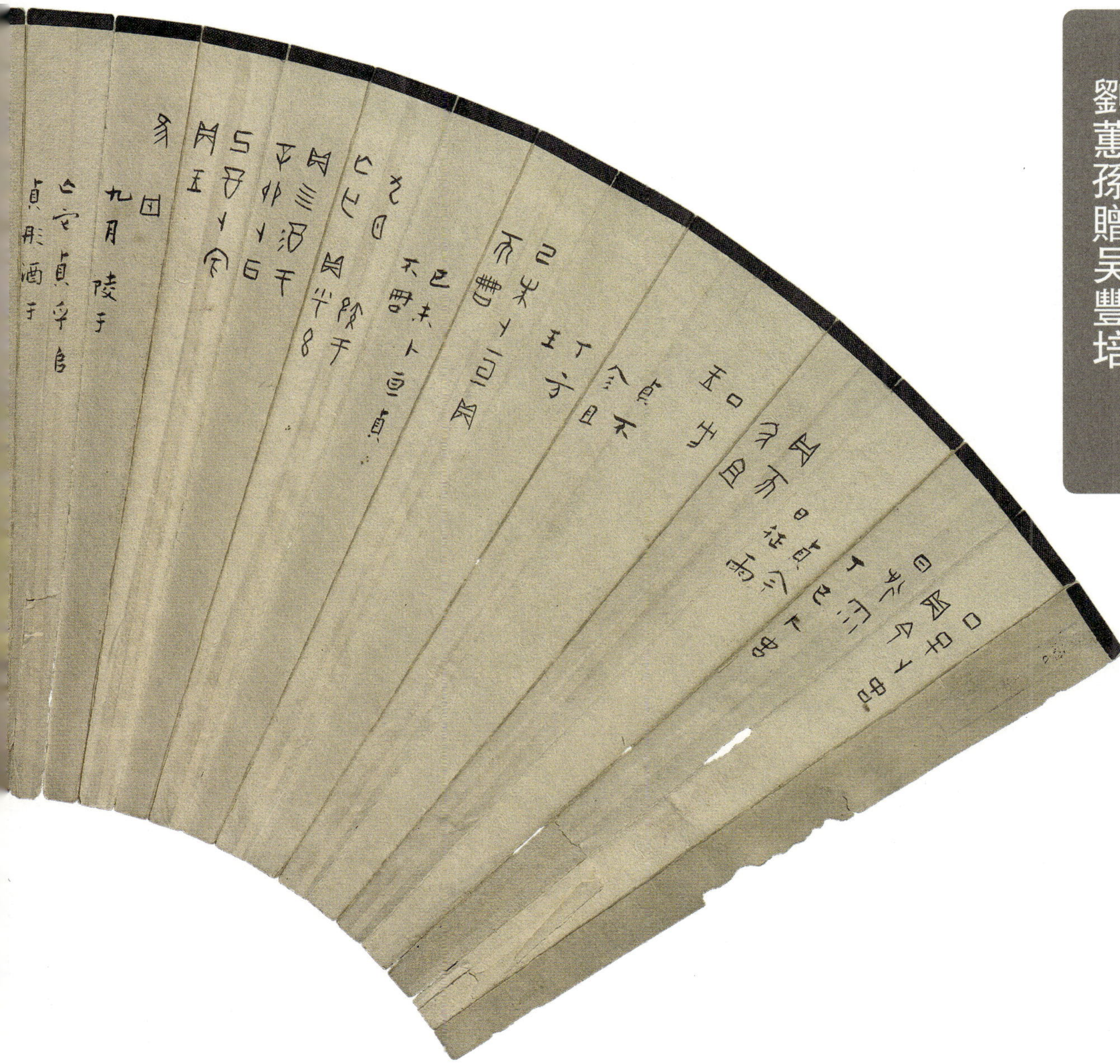

丁巳卜，古貞，今日征雨。

貞不多，且丁方王。

己未卜，亘貞，不𠕋。

九月陵于亡，它貞，孚𠂤貞

彤酒于。辛卯卜亘。己酉卜，賓貞，

王佳囚。

中从于子漁。

丁巳卜，賓，御子戠于父乙。

㱿貞，王擘曰：戊其酉卜，㱿貞，

戊它其。

來不其兄，貞兄。

父之于卜，亘貞。丙午。

殷契卜辭九則，録呈玉年大

兄正是。學小弟劉厚滋塗。鈐

印朱文『厚滋』。

張堯民贈吴燕紹

寄荃太世丈教正。

張堯民。

鈐印白文『堯民』。

王曾思贈吳豐培

羣賢畢至少長咸集
此地有崇山峻嶺茂林脩
竹又有清流激湍暎帶左
右引以為流觴曲水列坐
其次雖無絲竹管弦之盛
一觴一詠亦足以暢叙幽
情是
日也天朗氣清

群賢畢至，少長咸集，此地有崇山峻嶺，茂林修竹。又有清流激湍，映帶左右。引以爲流觴曲水，列坐其次。雖無絲竹管弦之盛，一觴一詠，亦足以暢敘幽情。是日也，天朗氣清，惠風和暢，仰觀宇宙之大，俯察品類之盛，所以游目騁懷足以極視聽之娛，信可樂也。

夫人之相與俯仰一世，或取諸懷抱，悟言一室之內；或因寄所託，放浪形骸之外。

戊寅閏七月録，應

玉年仁兄世大人雅屬。

弟王曾思。

鈐印朱白文『曾思印』。

啓功贈吴豐培

向亂道在陳十七處，可取和，及未？寒光旦夕以惡詩奉呈。花卉想已盛矣。修中計已到官，黻頓首。盛製珍藏，榮感。日夕爲相識拉出，遂未得，前見寒光之作，固所願也，一兩日面納，次黻頓首。臘白十五斤謹上納，知彼無，故以致此後過時矣。門中康勝芾頓首再拜。

玉年世叔教正。

啓功。

鈐印白文『啓功之印』。

启功赠吴豐培

擬柯博士法。

元白再筆。

鈐印朱文『元伯』。

姚鑾贈吴豐培

嘗讀杜荀鶴詩，其亂後逢村叟曰：『經亂衰翁居破村，村中何事不傷魂。因供寨木無桑柘，爲著鄉兵絶子孫。還似平陵徵賦税，未嘗州縣略安存。至於鷄犬皆星散，日落前山獨倚門。』山中寡婦曰：『夫因兵死守蓬茅，麻苧衣衫鬢髮焦。桑柘廢來猶納税，田園荒後尚徵苗。時挑野菜和根煮，旋斫生柴帶葉燒。任爾深山更深處，也應無計避征徭。』然方之今日，始其非寓言也。

庚年仁兄雅教。

姚鑒。

鈐印朱文『姚鑒』。

晏翰贈吴豐培

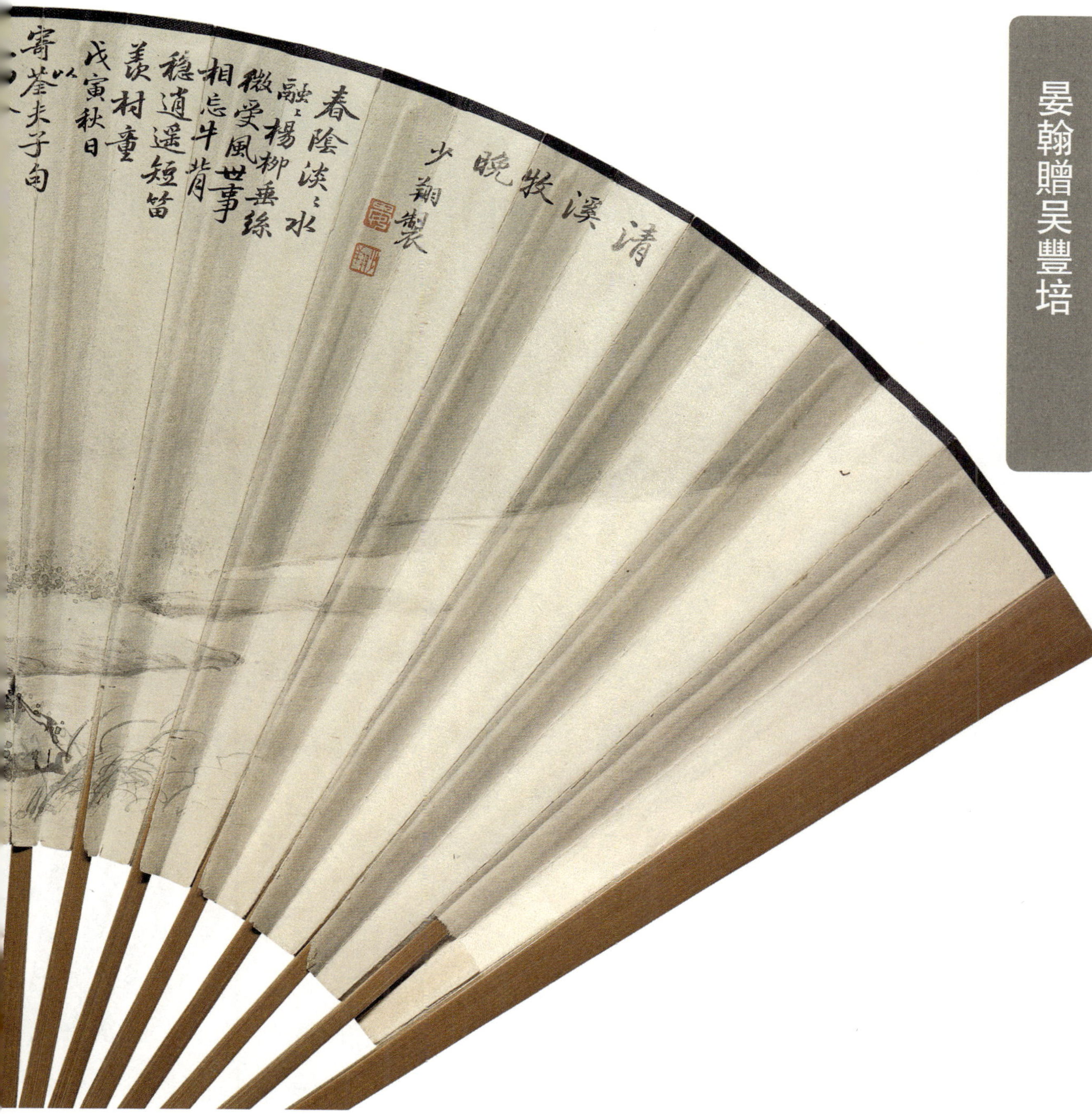

清溪牧晚，少翔製。

鈐印白文『晏』，朱文『少翔』。

春陰淡淡水融融，楊柳垂絲微受風。世事相忘牛背穩，逍遥短笛羨村童。

戊寅秋日以寄荃夫子句寫奉玉年仁兄世大人雅正，世小弟晏翰。

鈐印白文『少翔』。

珠光閣主人曦贈吳豐培

鈐印朱文『珠光閣』。

詞要清空，不要質實，清空則古雅峭拔，質實則凝澀晦昧。姜白石詞如野雲孤鶴，去留無迹。吴窗詞如七寶樓臺，眩人眼目，碎拆下來，不成片段。此情清空質實之説。夢窗聲聲慢云，檀欒金碧，婀娜蓬萊，游雲不蘸芳洲。前八字恐亦太澀。如唐多令云：『何處合成愁，離人心上秋，縱芭蕉不雨也颼颼。都道晚凉天氣好，有明月，怕登樓，前事夢中休，花空烟水流，燕辭歸客尚淹留。垂柳不縈裙帶住，謾長是繫行舟。』此詞疏快郤不質實，如是者集中尚有，惜不多耳。白石詞如疏影暗香等曲，不惟清空，又且雅淡，讀之使人神觀飛越。右録《詞源》一則。以應玉年先生大雅之屬，珠光閣主人寫。

鈐印白文『曦』。

何繼賢贈吴豐培

戊辰初夏，寫爲
玉年兄屬正。
繼賢繪。
鈐印朱文『繼賢』。
閑章白文『貽笑大方』。

宫音贈吴豐培

豐培先生八十壽辰。
一九八八年秋節，宮音。
鈐印朱文『宮』。

王閑贈吴豐培

玉年先生正之。丙子夏日，王閑寫。
鈐印朱文『閑』。

延竹南贈吳豐培

十年騎馬燕山道，飛花如雪著烏帽。清江不復泛扁舟，況見繁枝插晴昊。楊丞拈筆寫江郵，滿卷荒寒共郊島。金盤玉露錦成團，胡蝶東家怨春早。掀蓬圖。黄州江上霜月白，蘇子泛舟携二客。虬龍虎豹木石間，玉宇瓊樓歸未得。主家遺玦珊瑚鈎，丹青一幅千金酬。惆悵圖窮見黄鶴，白雲千載空悠悠。赤壁圖。千巖萬壑明積雪，老樹長蘿挂孤月。下有老僧眠破廬，穴隙窺書嗤凍鶻。何如出門歷瓊田，翻身夜入通明天。手把瑶笈招飛仙，人間畫裏那能傳。映雪圖。曉日朱方得元鶴，一直衝風上寥廓。横翔八表覽九州，下視山川間城郭。清溪縈繞千萬尋，金銀宮闕檜森森。商山紫雲何處好，惟覺蕭臺秋氣深。溪山圖。碧玉參天是蜀山，舊曾飛度歷孱顔。松風上接空歌外，蘿月長懸合景間。試劍丹崖秋隼疾，濯纓清澗夜龍閒。君家虛靖歸來日，冉冉蓬壺爲憶還。蜀山圖。每愛商公寫蜀山，蒼崖直下竹林間。錦城雨後江沙白，劍閣霜餘木葉殷。何處楊雄池畫墨，誰家杜甫月臨闗。鈎鰲海上天空闊，待得仙槎一往還。仝上。古寺深沉壓巨鼇，畫圖重見記遊遨。曉城宮闕煙花合，夜壑風濤樹木高。雨静卧波雙劍影，天清歸路一鴻毛。東都九老名猶在，瀟灑誰同白苧袍。香山圖。群仙玉殿早朝回，獨向空山步紫苔。雪色羽毛千仞

下，天門風露九重開。碧梧空老人間實，瑶草元非世上材。真侶相求寥廓去，徐行更待鳳凰來。步鶴圖。

偶然戴笠過前山，天賜高人一日閒。薄有神情留卷裏，漸無名姓在人間。毛公吟罷尨眉古，薛保圖成鶴羽還。無限好懷今總得，松雲千叠爲誰關。戴笠圖。

春江聚網萬魚急，漁人相歡魚相泣。負薪深山何處樵，利害相乘不相及。海鷗冥冥秋影微，黄葉江南一棹歸。人間得失兩無迹，不廢山水含清暉。捕魚圖。

霜寒水净已無魚，漁者縱横網不疏。羹食盡供晨市遠，炊烟猶待晚歸餘。已知漠漠濠梁異，豈盡洋洋鄭沼如。萬里江湖春雨闊，海鷗不去小舟虚。仝上。

楊柳生烟草色薰，川原錦綉動成群。百年海宇無征戰，一幅圖書有見聞。日夕吹笳歸别部，天寒潼乳奉將軍。當時校獵誰能賦，白髮楊雄思若雲。百馬圖。

晉人筆法成中絶，奇崛縱横見米家。手畫斷崖分鐵石，意求古木帶雲霞。龍髯解出空中雨，鴻毛能留雪裏沙。近日尚書高彦敬，高懷尤足共清華。古木圖。

錦屏圍暖坐衰翁，妻子相看笑語同。翡翠鴛鴦元是畫，櫻桃楊柳詎非空。清朝優老容歸早，野寺宜閒見歲豊。兜率有天何異此，葛巾吟唱白蓮風。重屏圖。

虞伯生詩，録爲玉年世兄拂暑。

竹南延增。鈐印。

吴呈岩贈吴豐培

老驥伏櫪，志在千里。
烈士暮年，壯心不已。
豐培先生八十壽辰，請
正。
吴呈岩　鈐印白文□喦。
外甥汝申撰句。

馬起甌贈吴豐培

王廉州仿惠崇筆，參以己意。

閩侯馬起甌，時在燕客寓。

鈐印朱文『少』、白文『逸』。

段蕙君贈吴豐培

仿東莊筆。玉年先生教正。己卯夏日蕙君。

鈐印朱文『叚』『蕙君』。

陸增煒贈吴豐培

紀行來本，蘭生有芬。
克岐有兆，
綏御有勛。利器不覯，
魚不出淵，
國之良幹。
玉年仁兄正隸，陸增煒。
鈐印朱文『彤士』。

程定夷贈吴燕紹

梅在雪中開，花光常爛熳。我自守歲寒，不爲東風賺。

程定夷畫

寄荃我兄姻大人教正。

鈐印朱文『程定夷印』，右下角鈐印朱文『青冰館』。

程定夷贈吴豐培

兩岸月橋花半吐，紅透肌膚，暗把遊人誤。盡道武陵溪上路，不知迷入江南去。

自是冰霜真態度，何事枝頭，點點燕支污，莫非東風嫌淡素，問花花又嬌無語。

庚午閏月

玉年姻世大兄屬正。

程定夷作。

鈐印朱文『程定夷印』，鈐印白朱文『程定夷』。

楊思康贈吴豐培

少年之人號懷素，草書天下稱獨步。墨池飛出北溟魚，筆鋒殺盡中山兔。八月九月天氣涼，酒徒辭客滿高堂。樹麻素娟排數箱，宣州石硯墨色光。臨米南宮書。

玉年先生正。

楊思康。

鈐印朱文『楊思康』。

慧因贈吳豐培

五言與七言，因乎情境，
如孺子歌滄浪之水清兮，平澹
天真，於五言宜。寧戚歌滄浪之
水白石粲，豪蕩感激，於七言宜。
五言質，七言文，五言親，七言尊，
幾見田家詩而多作七言者乎，幾見
骨肉間而多作七言者乎，五言無閑
字易，有餘味難，七言有餘味易，
無閑字難，五音雜會歌謳聲，倡優俳
笑觀倚庭侍酒行解，宿昔酲厨，宰
切殺給使令，薪炭（萑葦）熟炊生，
膭膾炙蔵有所辨。
玉年先生雅正。慧因。
鈐印朱文□。

魏娜贈吴豐培

首夏猶清和，芳草亦未歇。水宿淹晨暮，陰霞屢興没。周覽倦瀛壖，況乃陵窮髮。川后時安流，天吴静不發。揚帆采石華，挂席拾海月。溟漲無端倪，虚舟有超越。仲連輕齊組，子牟眷魏闕。矜名道不足，適己物可忽。請附任公言，終然謝夭伐。束髪懷耿介，逐物遂推遷。違志似如昨，二紀及茲年。緇磷謝清曠，疲薾慚貞堅。拙疾相倚薄，還得静者便。剖竹守滄海，枉帆過舊山。山行窮登頓，小涉盡洄沿。岩峭嶺稠疊，洲縈渚連綿。白雲抱幽石，绿篠媚清漣。葺宇臨迴江，築觀基曾巔。揮手告鄉曲，三載期歸旋。且爲樹枌檟，無令孤願言。

丙子夏日書康樂公詩，玉年先生教正。

魏娜。

鈐印白文『魏娜』、朱文『兆祥』。

固園齋友朋書札

劉承幹

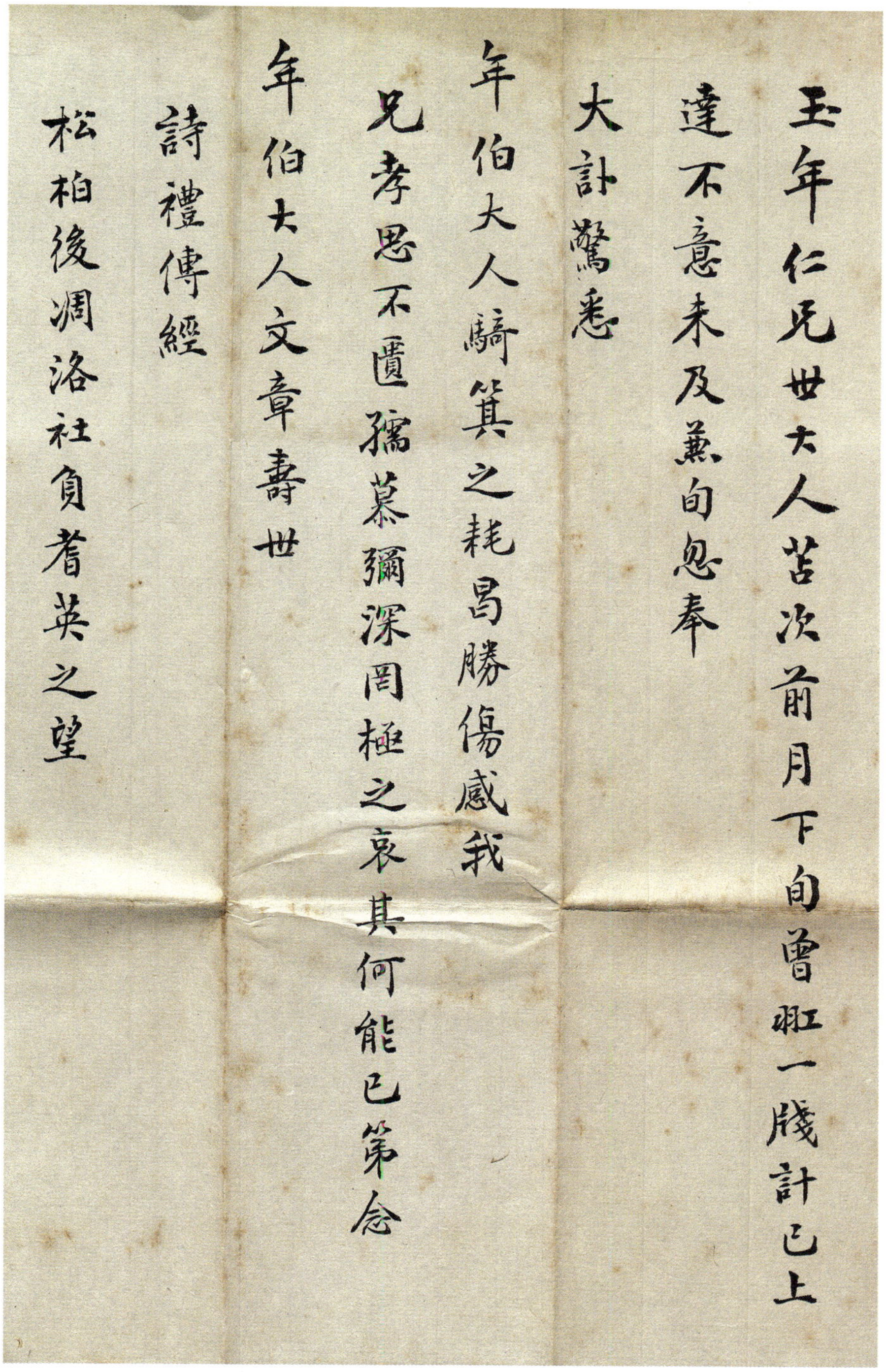

玉年仁兄世大人苫次：前月下旬曾玒一牋，計已上達。不意未及兼旬，忽奉大訃，驚悉年伯大人騎箕之耗，曷勝傷感。我兄孝思不匱，孺慕彌深，罔極之哀，其何能已。第念年伯大人文章壽世，詩禮傳經。松柏後凋，洛社負耆英之望。

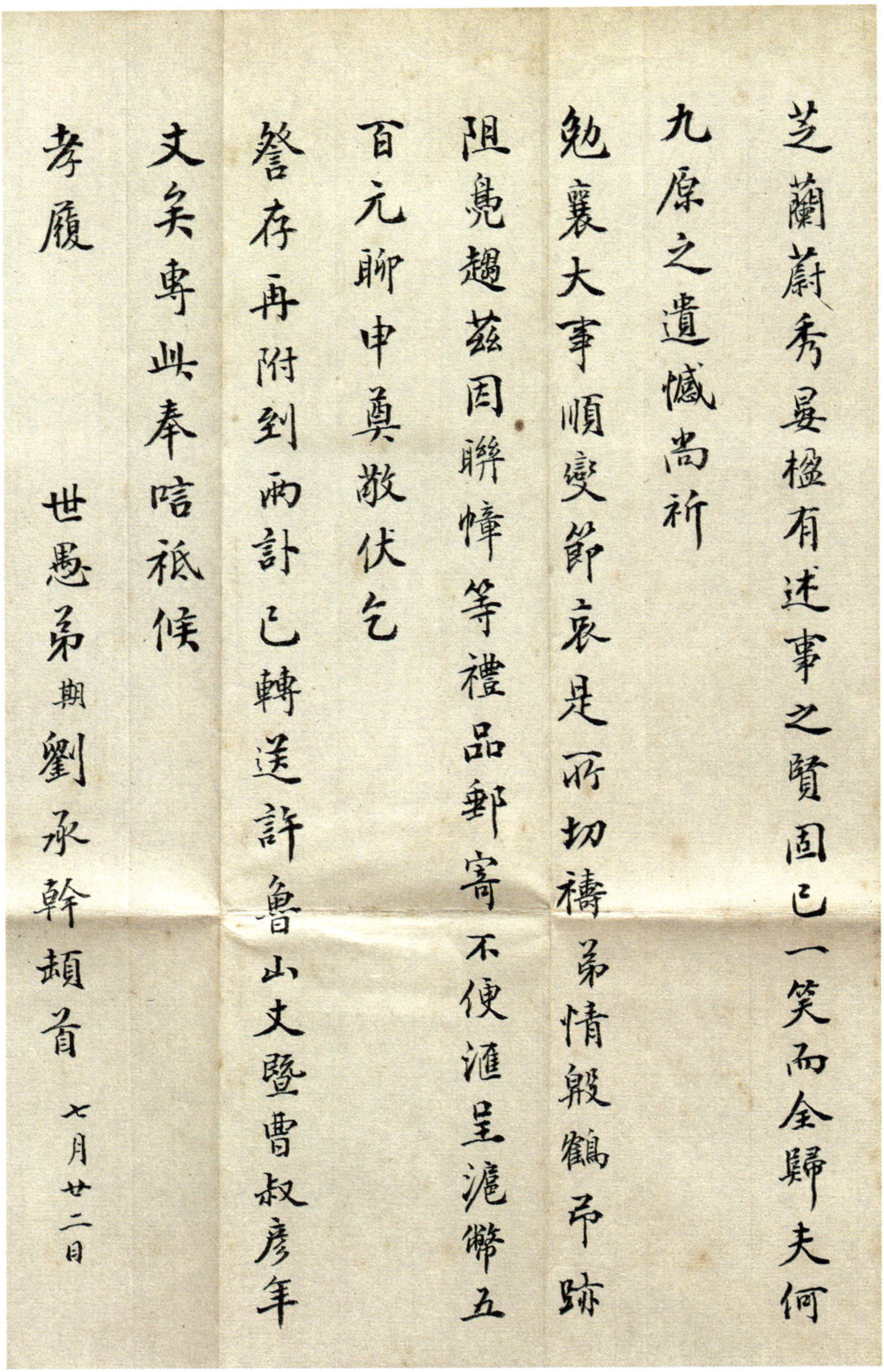

芝蘭蔚秀，晏楹有述事之賢。固已一笑而全歸，夫何九原之遺憾。尚祈勉襄大事，順變節哀，是所切禱。弟情殷鶴吊，迹阻梟趨，兹因聯幛等禮品郵寄不便，匯呈滬幣五百元，聊申奠敬，伏乞詧存。再，附到兩訃，已轉送許魯山丈暨曹叔彥年丈矣。專此奉唁，祇候

孝履

世愚弟期劉承幹頓首

七月廿二日

謝國楨

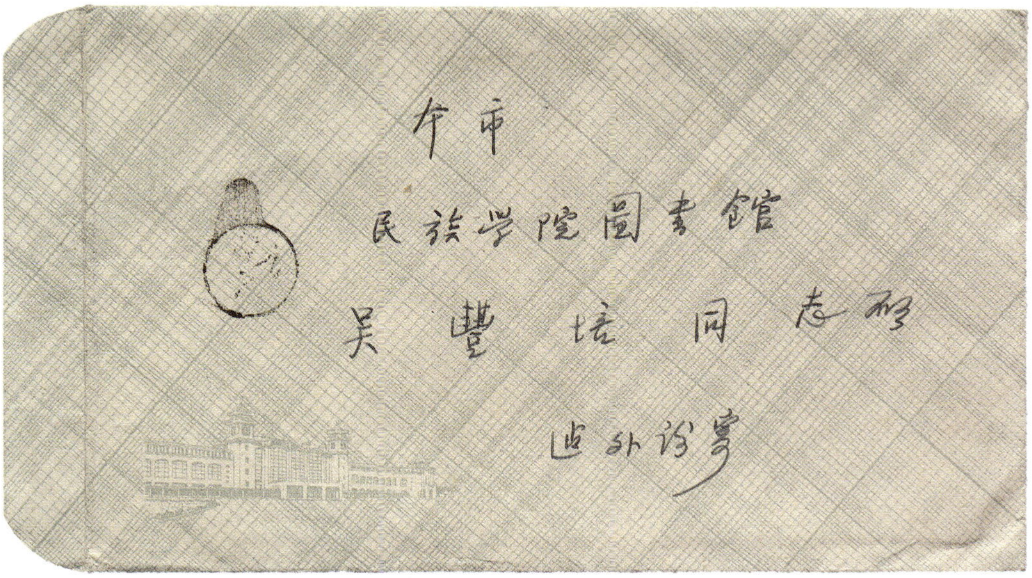

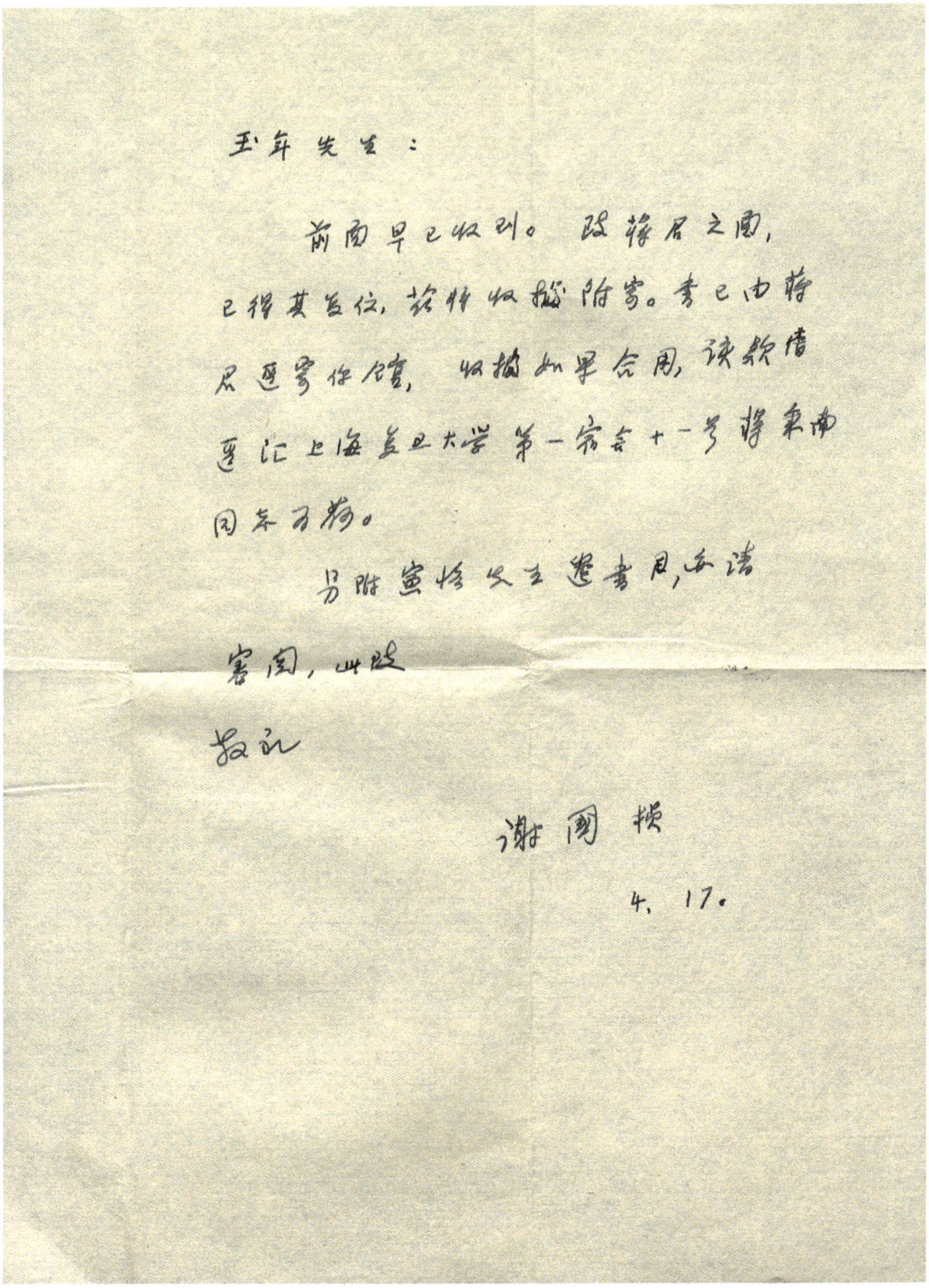

玉年先生：

前函早已收到。致蔣君之函，已得其復信，兹將收據附寄。書已由蔣君逕寄你館，收據如果合用，該款請逕匯上海復旦大學第一宿舍十一號蔣秉南同志爲荷。

另附寅恪先生遺書目，亦請審閲，此致

敬禮

謝國楨

四、十七

鈕澤全、王來蘇

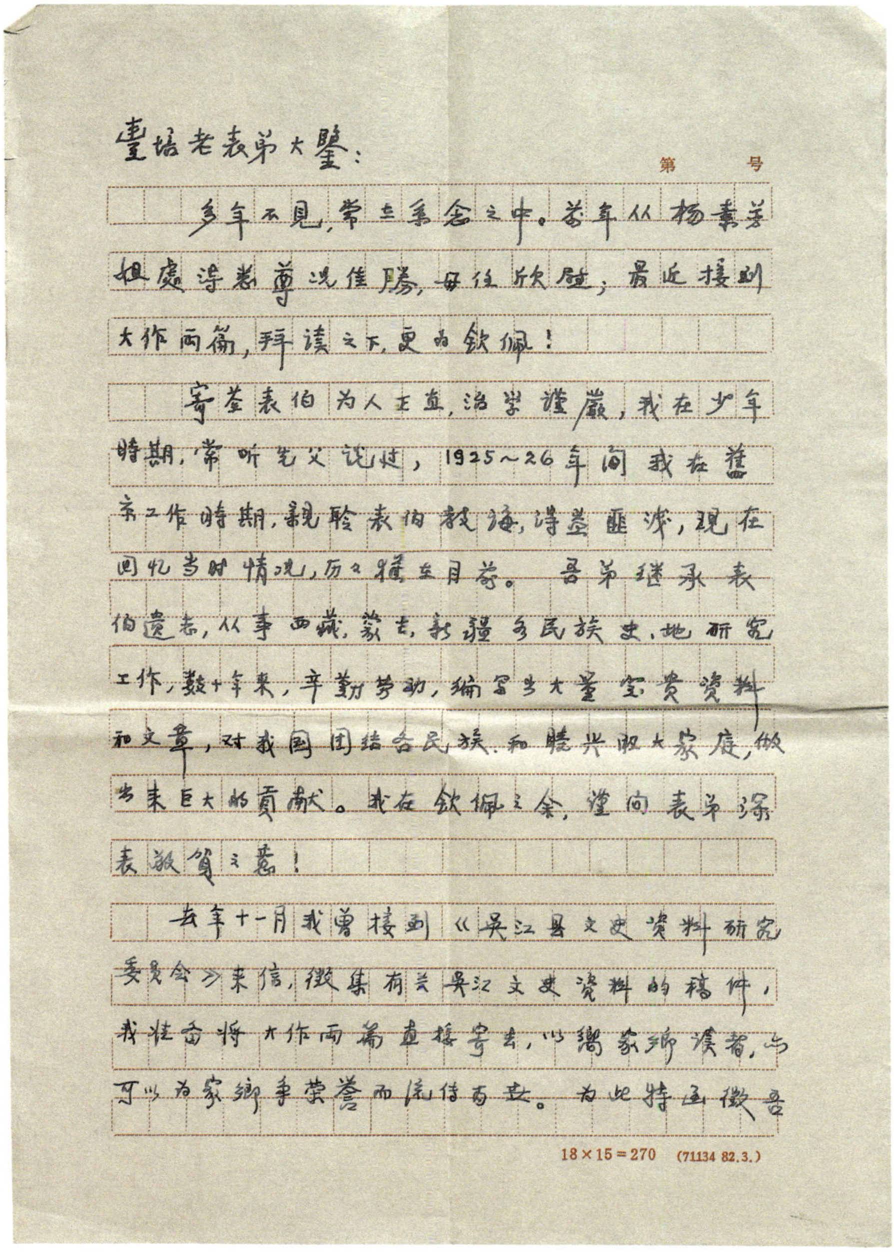
豐培老表弟大鑒：

第　号

多年不見，常在系念之中。前年从杨素芳姐處得悉尊况佳勝，毋任欣慰；最近接到大作两篇，拜读之下，更为欽佩！

寄荃表伯为人正直，治学謹嚴，我在少年時期，常听先父说过，1925～26年间我在舊京工作時期，親聆表伯教誨，得益匪浅，现在回忆当时情况，历历犹在目前。吾弟继承表伯遺志，从事西藏、蒙古、新疆各民族史、地研究工作，数十年来，辛勤劳动，编写出大量宝贵资料和文章，对我国团结各民族和睦兴旺大家庭，做出来巨大的貢獻。我在欽佩之余，謹向表弟深表敬賀之意！

去年十一月我曾接到《吴江县文史资料研究委員会》来信，徵集有关吴江文史资料的稿件，我准备将大作两篇直接寄去，以饗家鄉读者，亦可以为家鄉争荣誉而流传百世。为此特函徵吾

18×15=270　(71134 82.3.)

豐培老表弟大鑒：

多年不見，常在繫念之中。前年從楊素芳姐處得悉尊況佳勝，毋任欣慰。最近接到大作兩篇，拜讀之下，更爲欽佩！

寄荃表伯爲人正直，治學謹嚴，我在少年時期，常聽先父説過，一九二五—一九二六年間，我在舊京工作時期，親聆表伯教誨，得益匪淺。現在回憶當時情況，歷歷猶在目前。吾弟繼承表伯遺志，從事西藏、蒙古、新疆各民族史地研究工作，數十年來，辛勤勞動，編寫出大量寶貴資料和文章，對我國團結各民族和睦興旺大家庭，做出來巨大的貢獻。我在欽佩之餘，謹向表弟深表敬賀之意！

去年十一月我曾接到吳江縣文史資料研究委員會來信，徵集有關吳江文史資料的稿件，我準備將大作兩篇直接寄去，以饗家鄉讀者，亦可以爲家鄉争榮譽而流傳百世。爲此特函徵吾

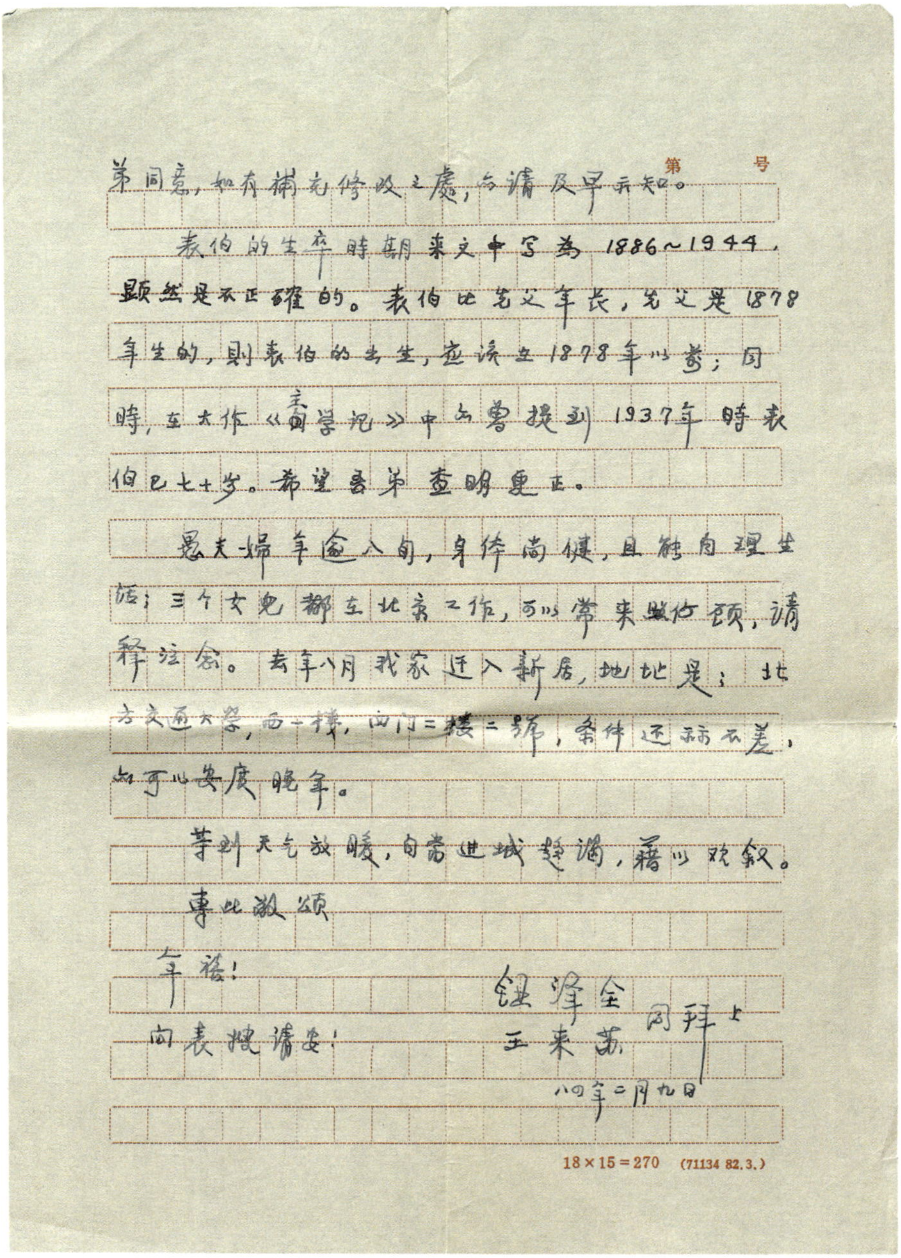

弟同意。如有補充修改之處，亦請及早示知。

表伯的生卒時期，來文中寫爲一八八六—一九四四，顯然是不正確的。表伯比先父年長，先父是一八七八年生的，則表伯的出生應該在一八七八年以前。同時，在大作《主學記》中亦曾提到一九三七年時，表伯已七十歲。希望吾弟查明更正。

愚夫婦年逾八旬，身體尚健，且能自理生活，三個女兒都在北京工作，可以常來照顧，請釋注念。去年八月，我家遷入新居，地址是：北方交通大學西一樓四門二樓二號，條件還算不差，亦可以安度晚年。

等到天氣放暖，自當進城趨謁，藉以歡敘。

專此敬頌

年禧！向表嫂請安！

鈕澤全、王來蘇同拜上

八四年二月九日

顧廷龍

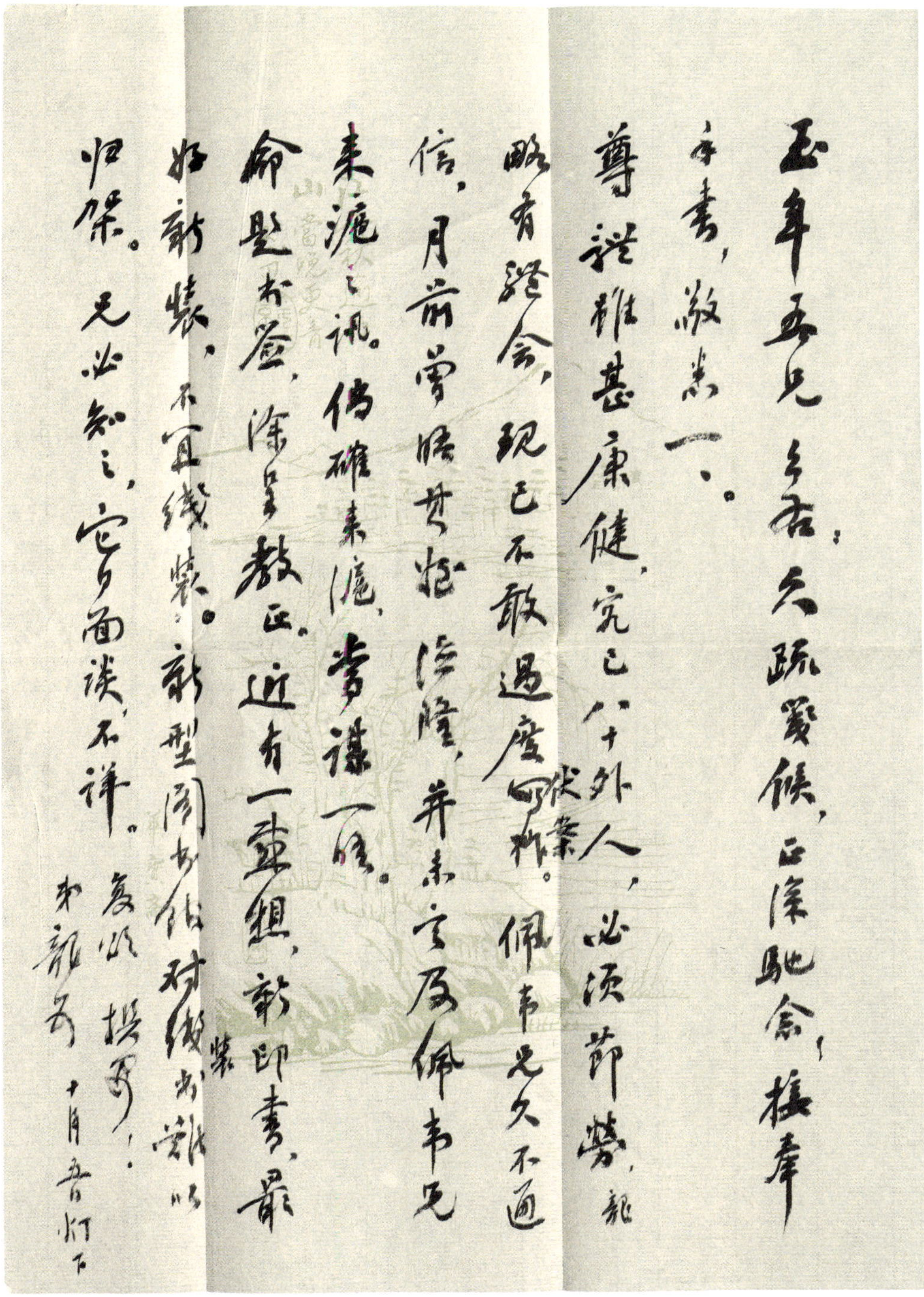

玉年吾兄台右：

久疏箋候，正深馳念。接奉手書，敬悉一一。

尊體雖甚康健，究已八十外人，必須節勞。龍略有體會。現已不敢過度伏案。佩韋兄久不通信。月前曾晤其姪德隆，並未言及佩韋兄來滬之訊。倘確來滬，當謀一晤。

命題書簽，塗呈教正。近有一感想，新印書最好新裝，不宜綫裝。新型圖書館對綫裝書難以歸架，兄必知之。它日面談，不詳。復頌

撰安

弟龍頓首

十月五日燈下

顧廷龍

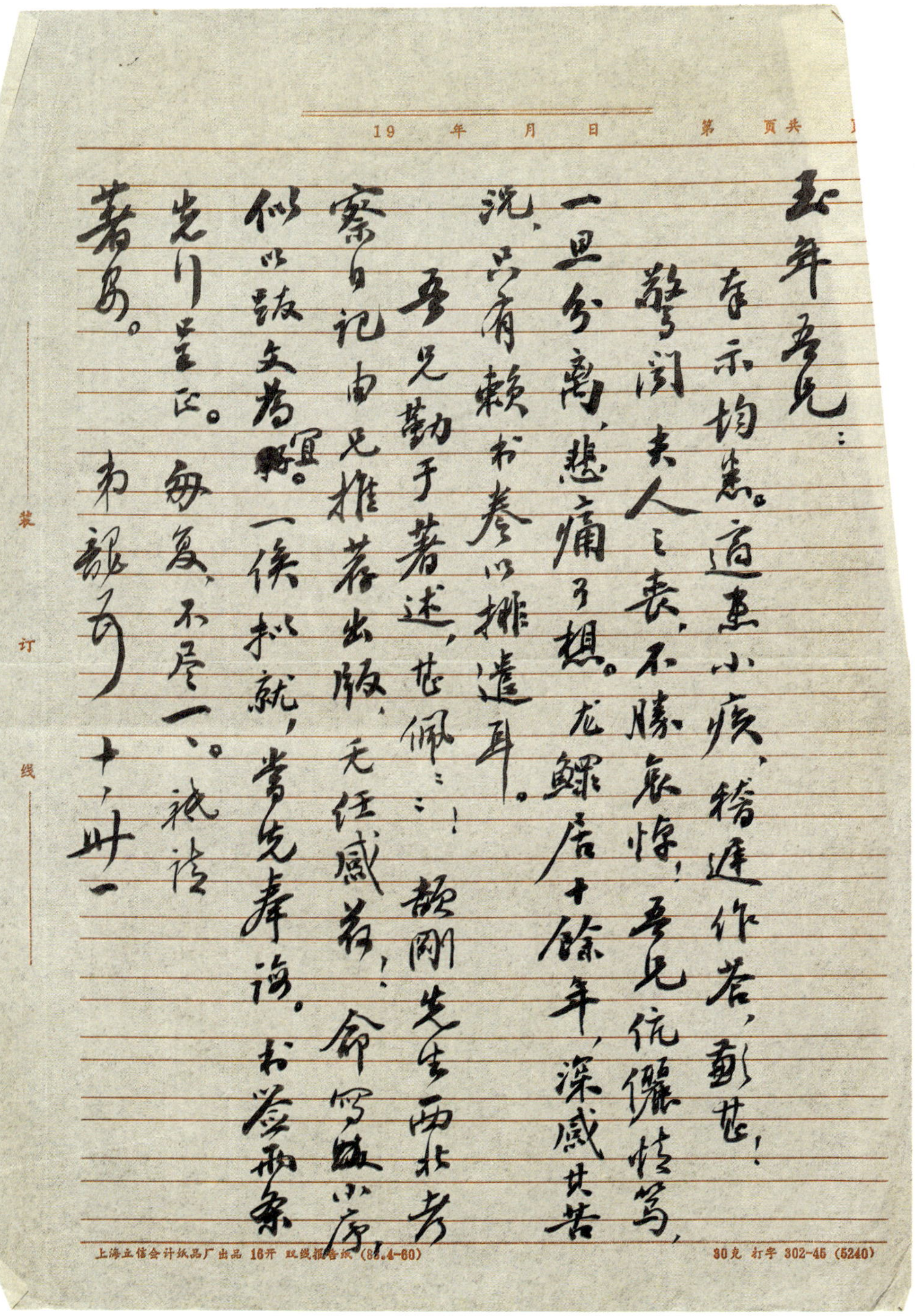

玉年吾兄：奉示均悉。適患小疾，稽遲作答，歉甚。

驚聞夫人之喪，不勝哀悼。吾兄伉儷情篤，一旦分離，悲痛可想。龍鰥居十餘年，深感其苦況，衹有賴書卷以排遣耳。

吾兄勤於著述，甚佩甚佩。頡剛先生《西北考察日記》由兄推薦出版，無任感荷！命寫小序，似以跋文爲宜。一俟擬就，當先奉誨。書簽兩條，先行呈正。匆復，不盡一一。衹請

著安

弟龍頓首

十月卅一

顧廷龍

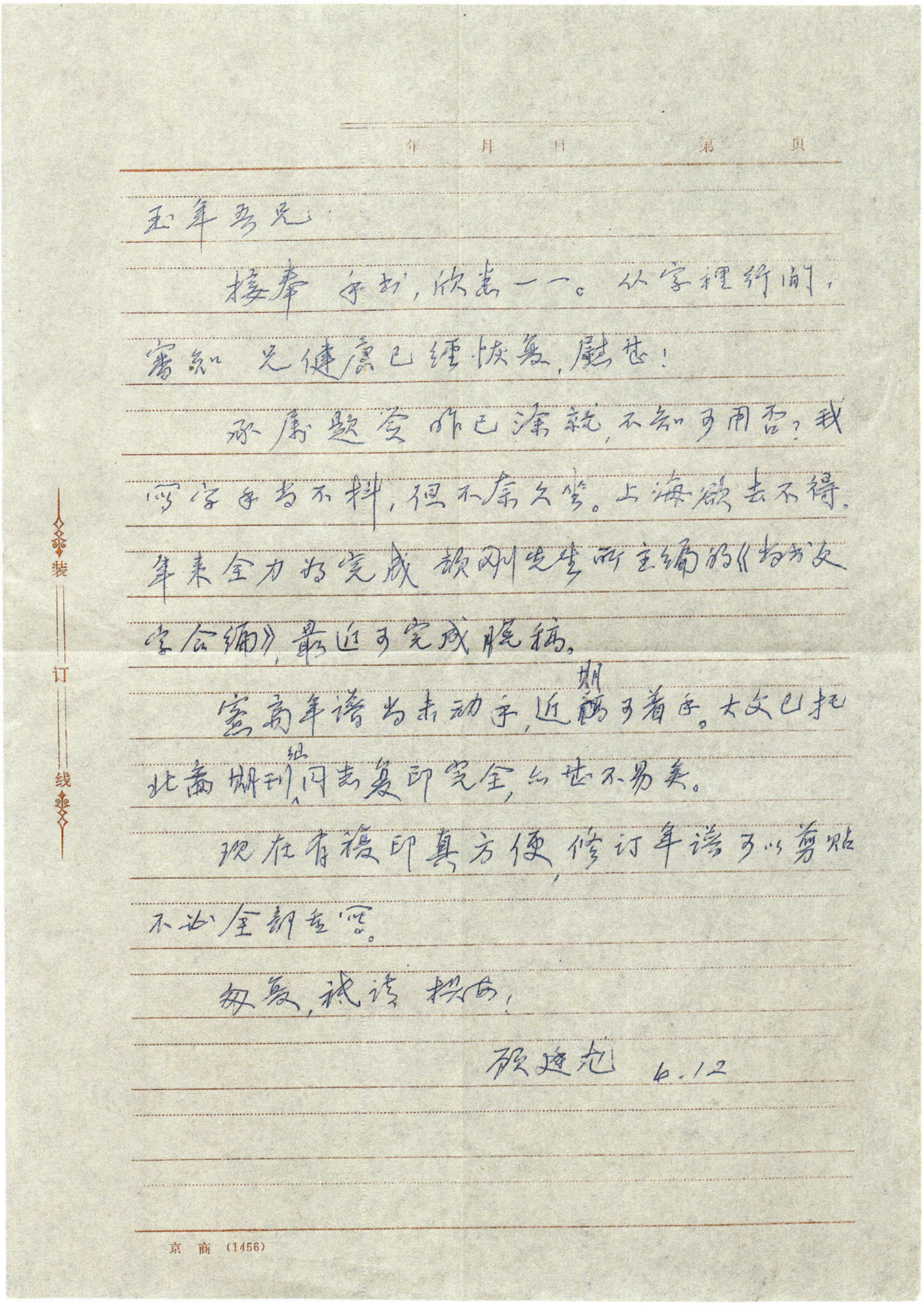

玉年吾兄：

接奉手書，欣悉一一。從字裏行間，審知兄健康已經恢復，慰甚！

承屬題簽，昨已塗就，不知可用否？我寫字手尚不抖，但不奈久坐。上海欲去不得，年來全力爲完成頡剛先生所主編的《尚書文字合編》，最近可完成脱稿。

《窓齋年譜》尚未動手，近期可著手。大文已托北圖期刊組同志複印完全，亦甚不易矣！

現在有複印真方便，修訂《年譜》可以剪貼，不必全部重寫。

匆復，祗請

撰安

顧廷龍

四、十二

顧廷龍

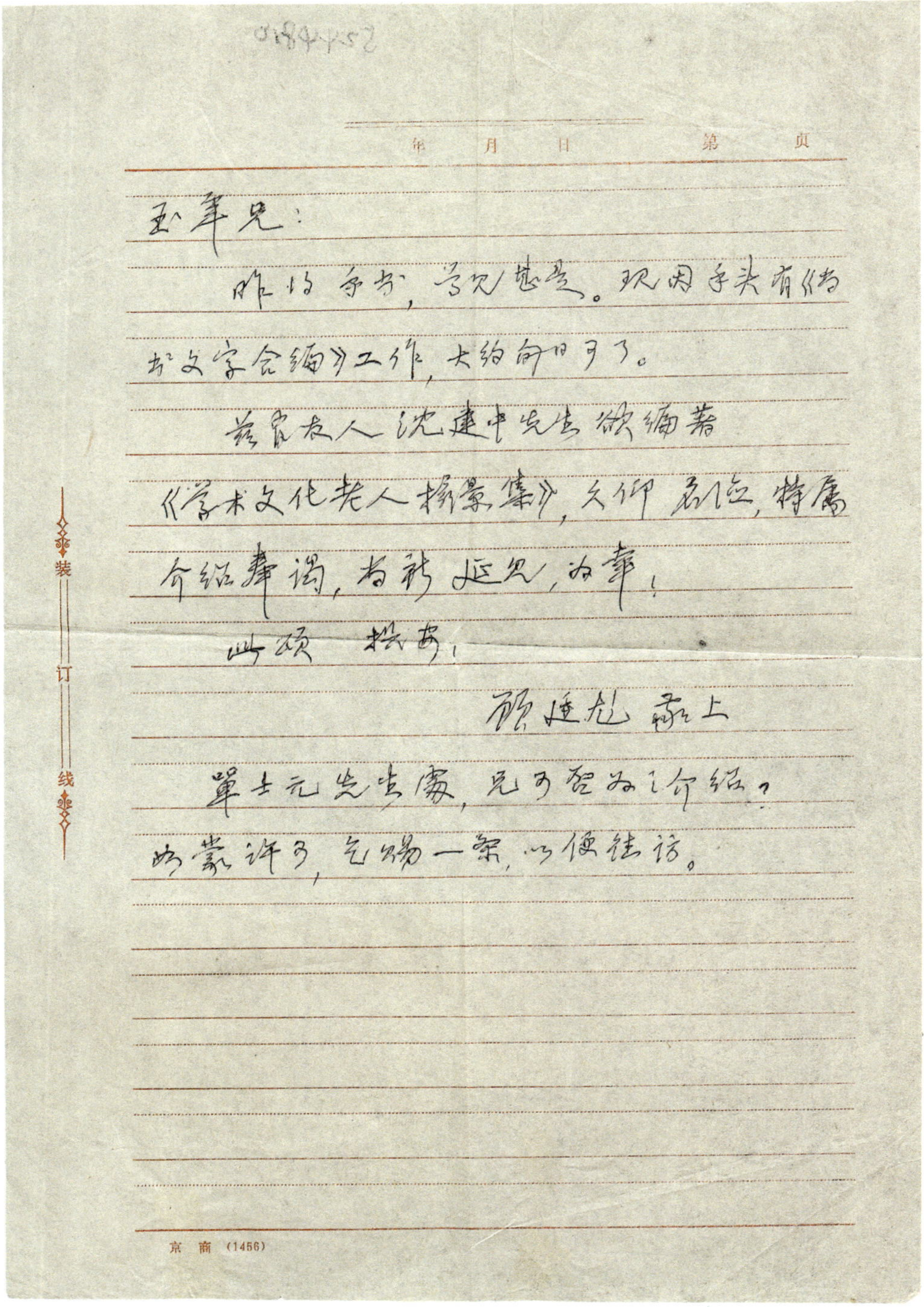

玉年兄：

昨得手書，尊見甚是。現因手頭有《尚書文字合編》工作，大約旬日可了。

茲有友人沈建中先生，欲編著《學術文化老人攝影集》，久仰名德，特屬介紹奉謁，尚祈延見爲幸！此頌

撰安

顧廷龍敬上

單士元先生處，兄可否爲之介紹？如蒙許可，乞賜一條，以便往訪。

附：顧廷龍《吴豐培邊事題跋集序》

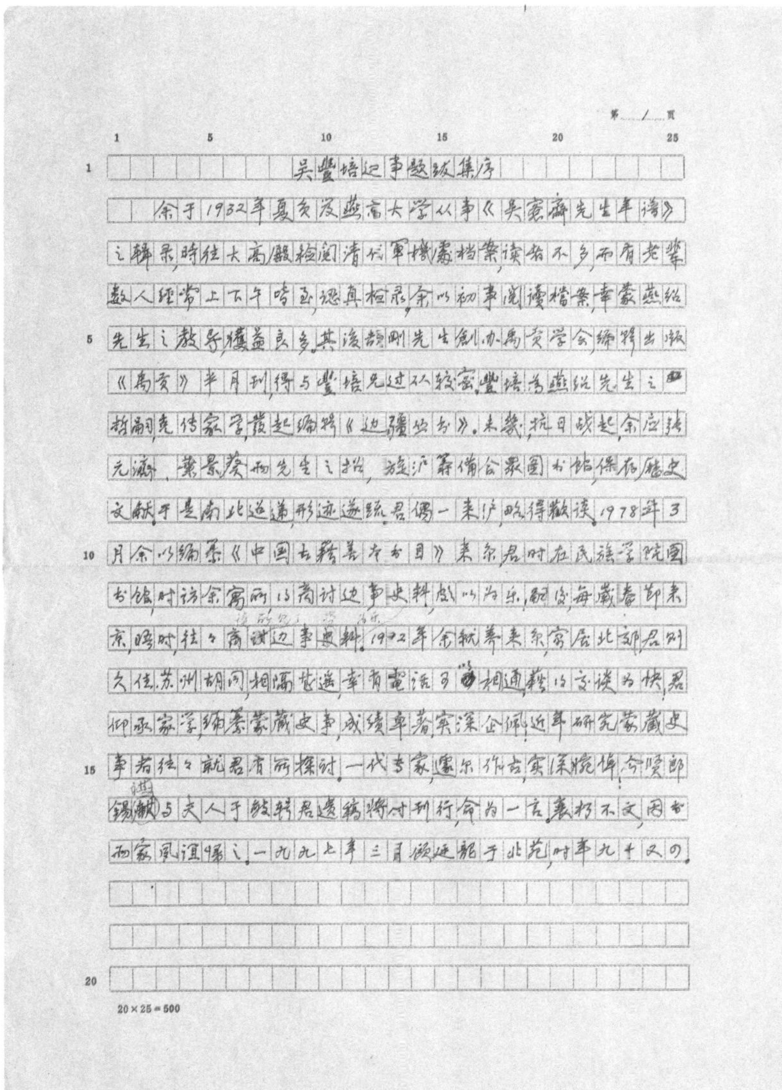

吴豐培邊事題跋集序

余於一九三二年夏負笈燕京大學，從事《吴愙齋先生年譜》之輯録，時往大高殿檢閲清代軍機處檔案，讀者不多，而有老輩數人經常上下午皆至，認真檢録。余以初事閲讀檔案，幸蒙燕紹先生之教導，獲益良多。其後頡剛先生創辦禹貢學會，編輯出版《禹貢》半月刊，得與豐培兄過從較密。豐培爲燕紹先生之哲嗣，克傳家學，發起編輯《邊疆叢書》。未幾，抗日戰起，余應張元濟、葉景葵兩先生之招，旋滬籌備合衆圖書館，保存歷史文獻。於是南北迢遞，形迹遂疏。君偶一來滬，略得歡談。一九七八年三月，余以編纂《中國古籍善本書目》來京，君時在民族學院圖書館，時訪余寓所，得商討邊事史料，頗以爲樂。嗣後，每歲春節來京，晤時往往談所見邊事資料爲樂。一九九二年余就養來京，寓屬北郊，君則久住蘇州胡同，相隔甚遥，幸有電話可以相通，藉得交談爲快！君仰承家學，編纂蒙藏史事，成績卓著，實深企佩！近年研究蒙藏史事者，往往就君有所探討。一代專家，遽爾作古，實深惋悼！今賢郎錫祺與夫人于敏，輯君遺稿，將付刊行，命爲一言。衰朽不文，因書兩家夙誼歸之。一九九七年三月顧廷龍於北苑，時年九十又四。

附：顧廷龍致吴錫祺

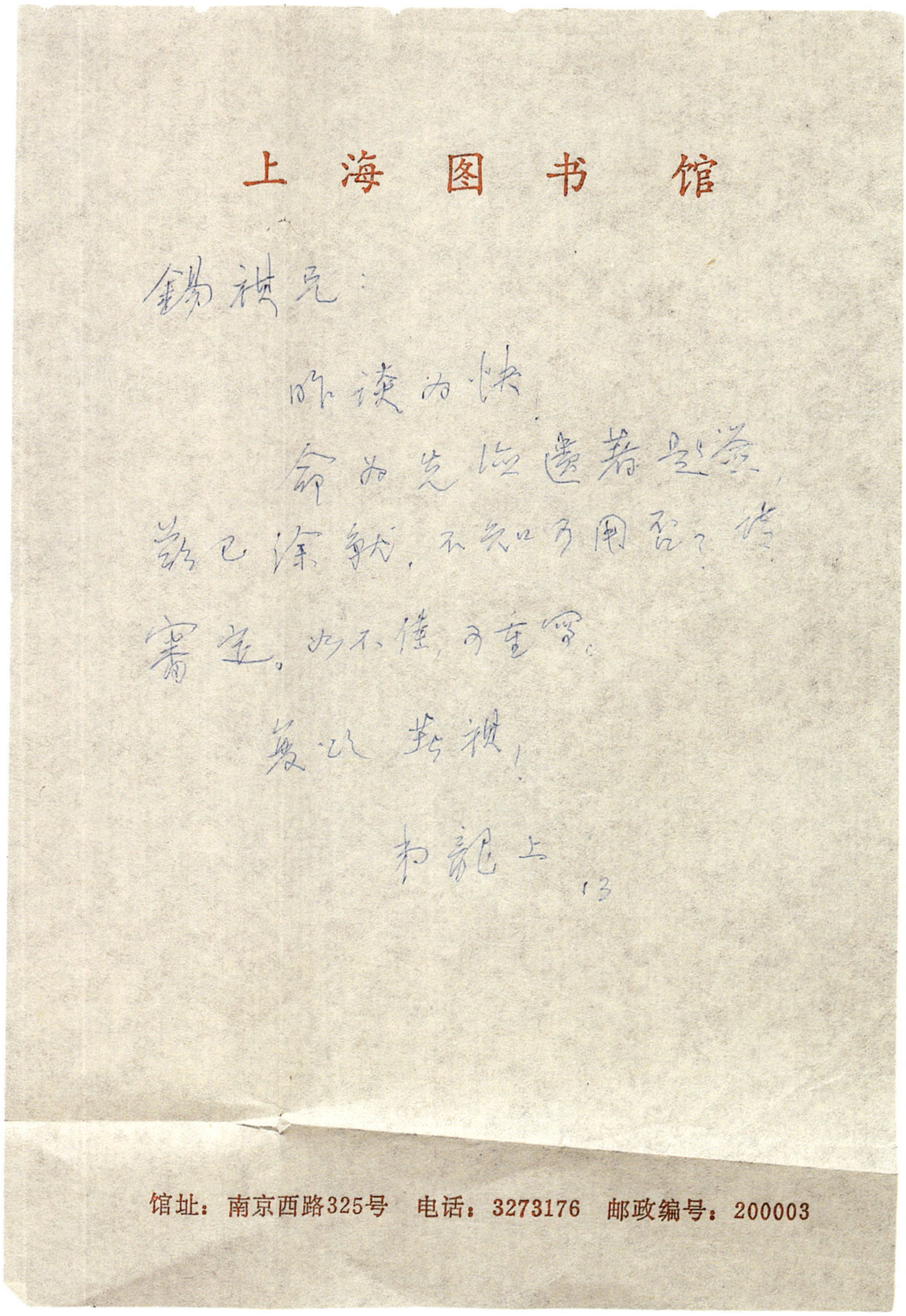
上海图书馆

錫祺兄：

昨談爲快。

命爲先德遺著題簽，茲已涂就，不知可用否？請審定。如不佳，可重寫。

復頌著祺！

弟龍上 13

馆址：南京西路325号　电话：3273176　邮政编号：200003

錫祺兄：

昨談爲快！

命爲先德遺著題簽，茲已涂就，不知可用否？請審定。如不佳，可重寫。復頌

著祺

弟龍上

十三

附：顧廷龍致吴錫祺

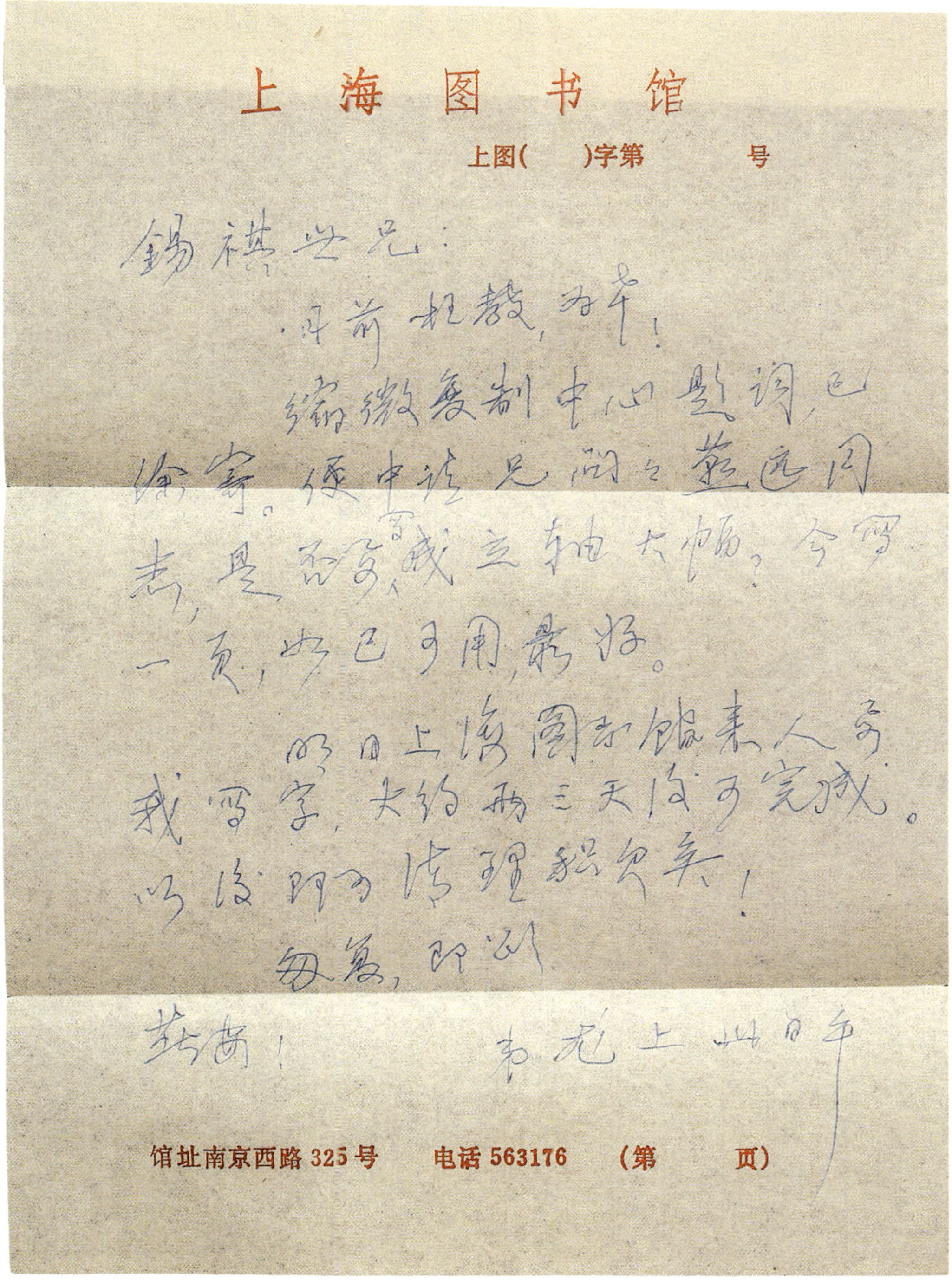

錫祺世兄：

日前枉教爲幸！

縮微複製中心題詞已塗寄。便中請兄問問燕遠同志，是否要寫成立軸大幅。今寫一頁，如已可用最好。

明日上海圖書館來人要我寫字，大約兩三天後可完成。以後即可清理積欠矣！

匆復，即頌

著安

弟龍上

卅日午

邊事題跋集
吳丰培撰
顧廷龍題

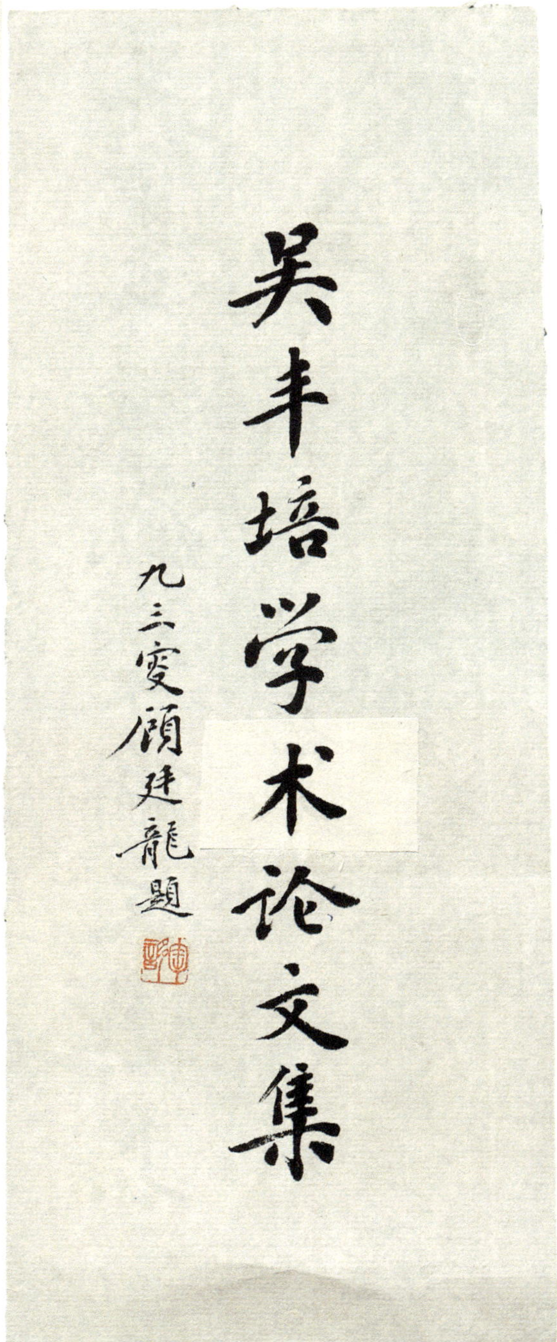
吳丰培学术论文集
九三叟顧廷龍題

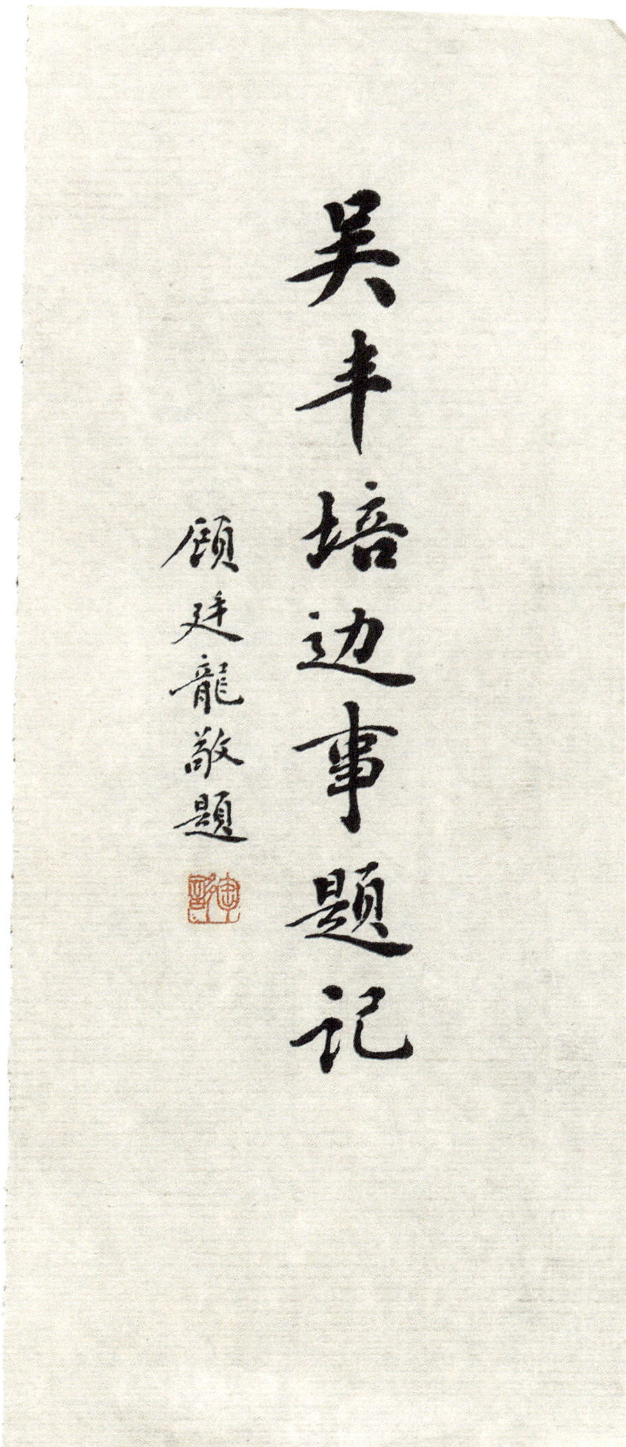
吴丰培边事题记

顧廷龍敬題

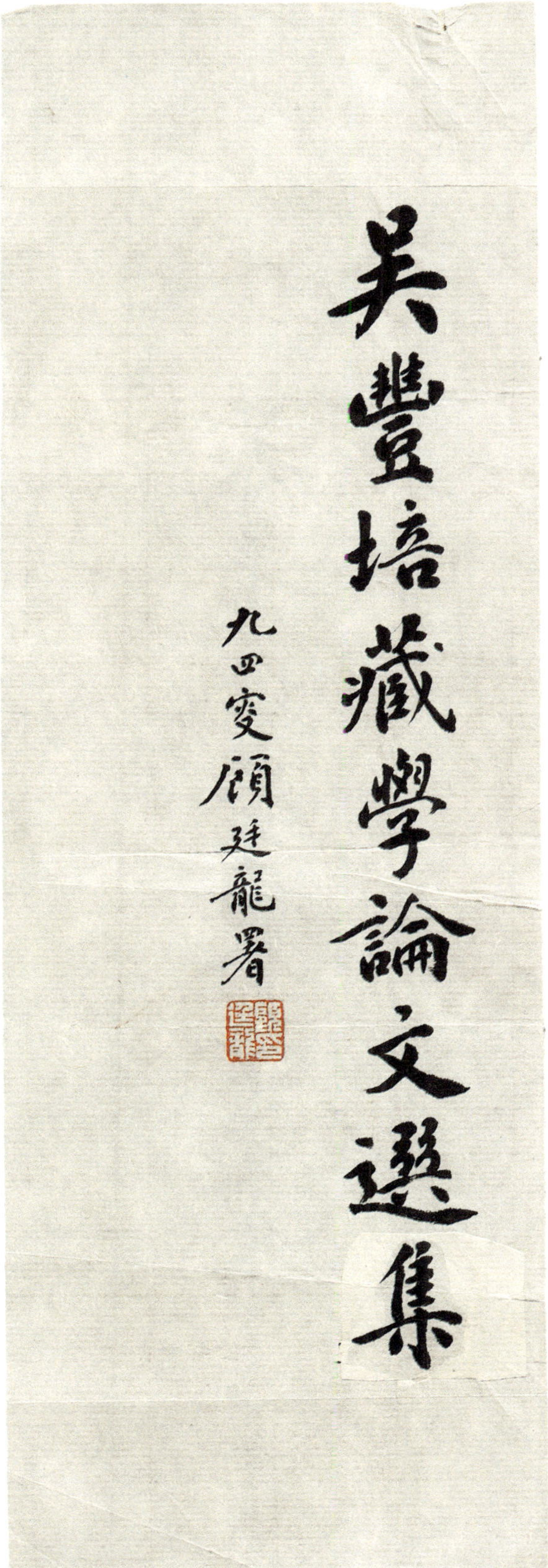
吴豐培藏學論文選集

九四叟顧廷龍署

朱士嘉

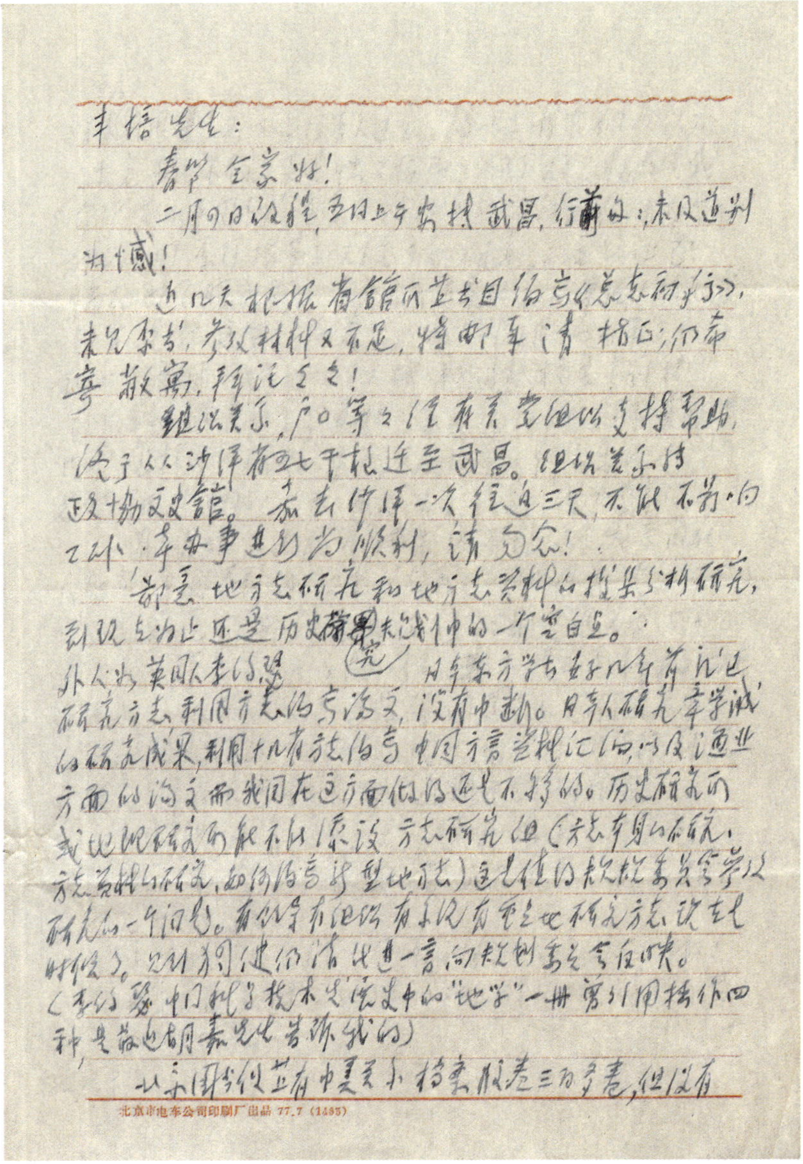

豐培先生：

春節全家好！

二月四日啓程，五日上午安抵武昌，行前匆匆，未及道別爲憾！

近幾天根據省館所藏書目編寫《總志初稿》，未見原書，參考資料又不足，特郵奉請指正；仍希寄敝寓，拜託拜託！

組織關係、户口等等經有關黨組織支持幫助，終於從沙洋省五七幹校遷至武昌。組織關係轉政協文史館。嘉去沙洋一次往返三天，不能不影響工作，幸辦事進行尚順利，請勿念！

鄙意地方志研究和地方志資料的搜集分析研究，到現在爲止還是歷史研究規劃中的一個空白點。外國人如英國人李約瑟、日本東方學者好幾年前就已研究方志利用方志編寫論文，没有中斷。日本人研究章學誠的研究成果，利用十幾省方志編寫中國方言資料彙編，以及漁業方面的論文，而我國在這方面做的還是不夠的。歷史研究所或地理研究所能不能添設方志研究組（方志本身的研究，方志資料的研究，如何編寫新型地方志），這是值得規劃委員會參考研究的一個問題。有領導有組織有系統有重點地研究方志現在是時候了。見到獨健仍請代進一言向規劃委員會反映（李約瑟中國科學技術發展史中的『地學』一册曾引用拙作四種，是最近胡嘉先生告訴我的）。

北京圖書館藏有中美關係檔案膠卷三百多卷，但没有

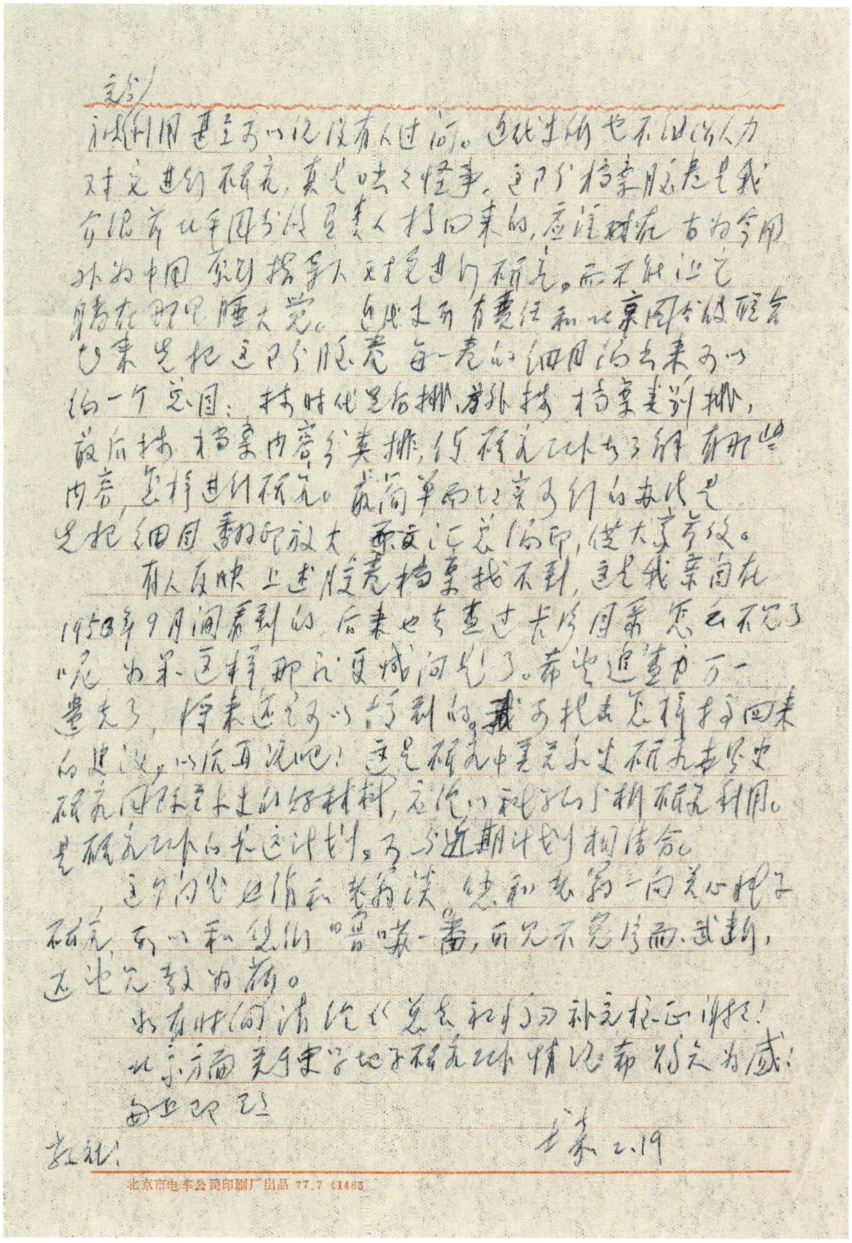

被充分利用甚至可以説没有人過問。近代史所也不組織人力對它進行研究，真是咄咄怪事。這部分檔案膠卷是我介紹前北平圖書館負責人搞回來的，應該在古爲今用外爲中用原則指導下對它進行研究。而不能讓它躺在那裏睡大覺。近代史所有責任和北京圖書館聯合起來先把這部分膠卷每一卷的細目編出來，可以編一個總目：按時代先後排序外，按檔案類別排，最後按檔案內容分類排，使研究工作者瞭解有哪些內容，怎樣進行研究。最簡單而切實可行的辦法是先把細目翻印放大，彙總編印，供大家參考。

有人反映上述膠卷檔案找不到，這是我親自在 1950 年 9 月間看到的，後來也去查過卡片目録，怎麽不見了呢？如果這樣那就更成問題了。希望追查?，萬一遺失了，將來還是可以搞到的。我可提出怎樣搞回來的建議。以後再説吧！這是研究中美關係史研究世界史研究國際關係史的好材料，應給以科學的分析研究利用，是研究工作的長遠計劃，可與近期計劃相結合。

這個問題也請和老翁談，您和老翁一向關心科學研究，所以和您們嚕嗦一番，所見不免片面武斷，還望見教爲荷。

如有時間，請給《總志初稿》補充校正，謝謝！

北京方面關於史學地學研究工作情況，希賜知爲感！

匆上即致

敬禮

士嘉

二、十九

朱士嘉

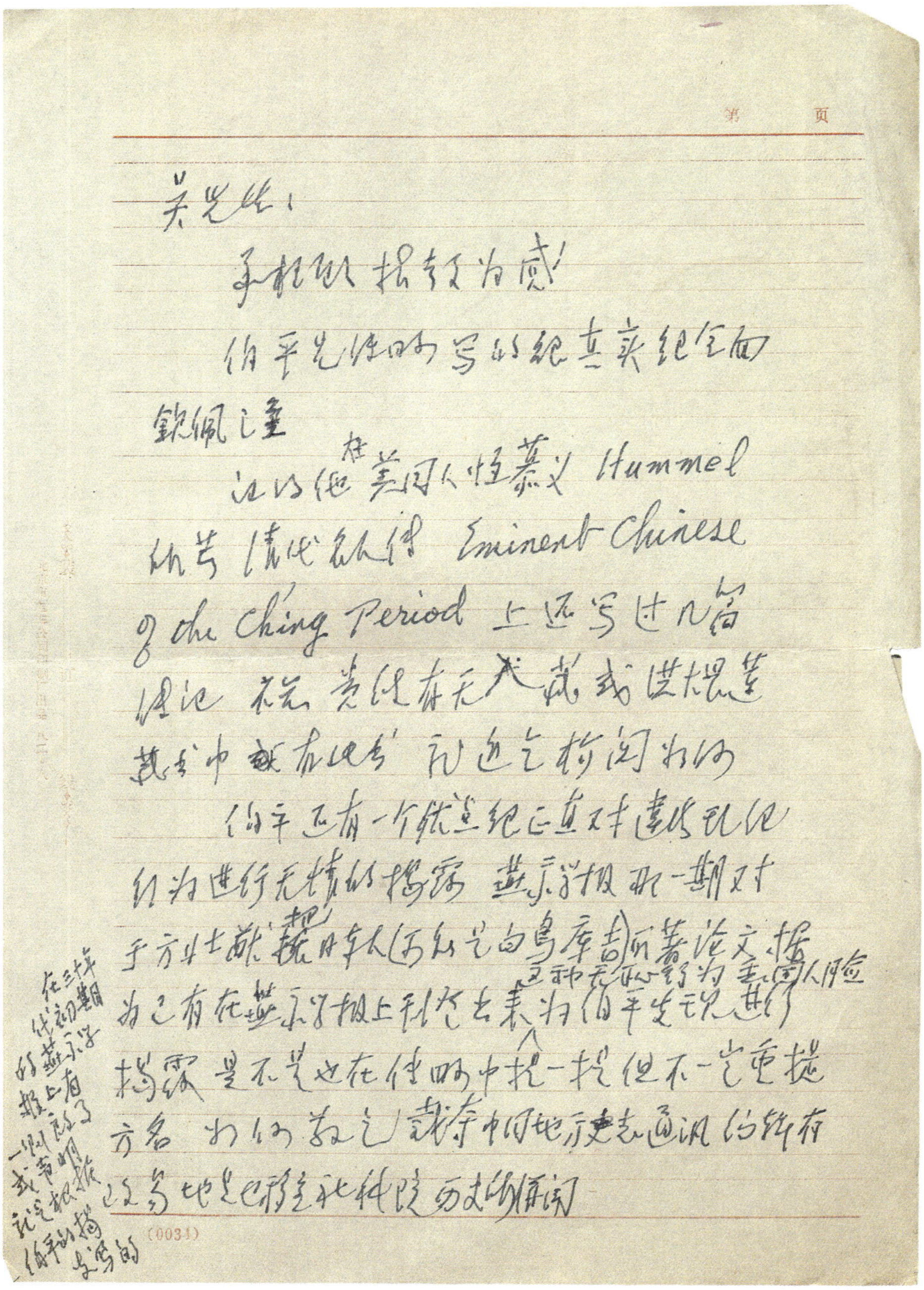

吴先生：

承枉顧指教爲感。伯平兄傳略寫得很真實、很全面，欽佩之至。記得他在美國人恒慕義（Hummel）所著《清代名人傳》（Eminent Chinese of the ching Period）上還寫過幾篇傳記，不知貴館有無入藏，或洪煨蓮藏書中有此書，就近乞檢閱，如何？

伯平還有一個優點，很正直，對違法亂紀行爲進行無情的揭露。《燕京學報》那一期對於方壯猷把日本人（可能是白鳥庫吉）所著論文據爲己有，在《燕京學報》上刊登出來（這種無恥行爲丢國人臉），爲伯平發現，進行揭露，是不是也在傳略中提一提，但不一定重提方名。如何，敬乞裁奪（在三十年代初期的《燕京學報》上有一則啓事或聲明，就是根據伯平的揭發寫的）。《中國地方史志通訊》編輯有改易，地點也移至社科院歷史所。並聞。

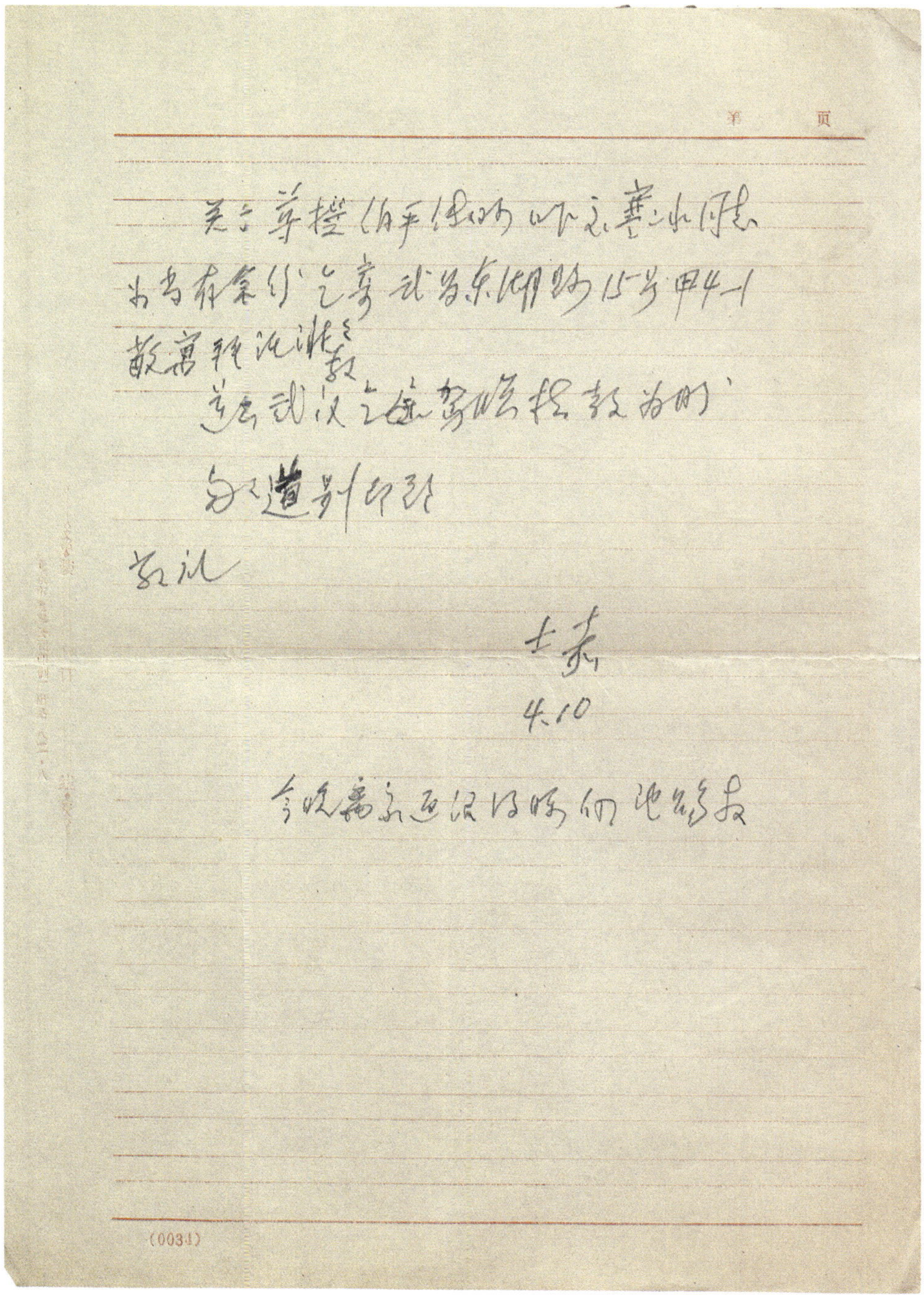

關於尊撰伯平傳略，昨交寒冰同志。如尚有餘份，乞寄武昌東湖路十五號甲四—一敝寓。拜託謝謝。

道去武漢，敬乞駕臨指教爲盼。匆匆道別。即

頌

敬禮

士嘉

四、十

今晚離京返漢，得暇仍望賜教。

朱士嘉

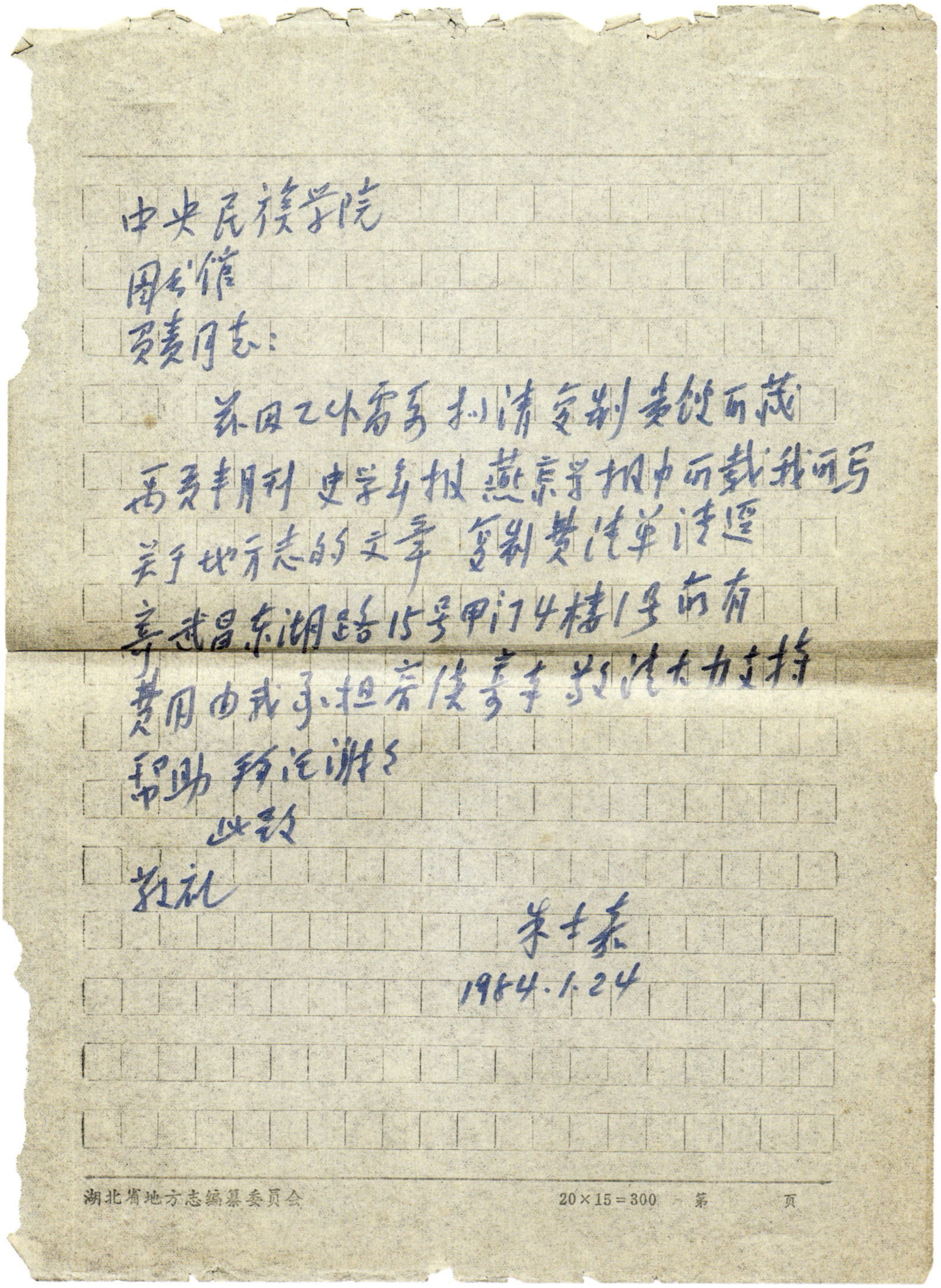
中央民族学院
图书馆
负责同志：
兹因工作需要拟请复制贵馆所藏
禹贡半月刊 史学年报 燕京学报中所载我所写
关于地方志的文章 复制费清单请迳
寄武昌东湖路15号甲门4楼1号 所有
费用由我承担 容续寄奉 敬请大力支持
帮助 拜托谢谢
此致
敬礼
朱士嘉
1984.1.24

湖北省地方志编纂委员会　20×15=300　第　页

中央民族學院圖書館負責同志：

兹因工作需要，擬請複製貴館所藏《禹貢》半月刊、《史學年報》《燕京學報》中所載我所寫關於地方志的文章。複製費清單請逕寄武昌東湖路十五號甲門四樓一號，所有費用由我承擔，容續寄奉。敬請大力支持幫助，拜託謝謝。此致

敬禮

朱士嘉

一九八四、一、二十四

單士魁

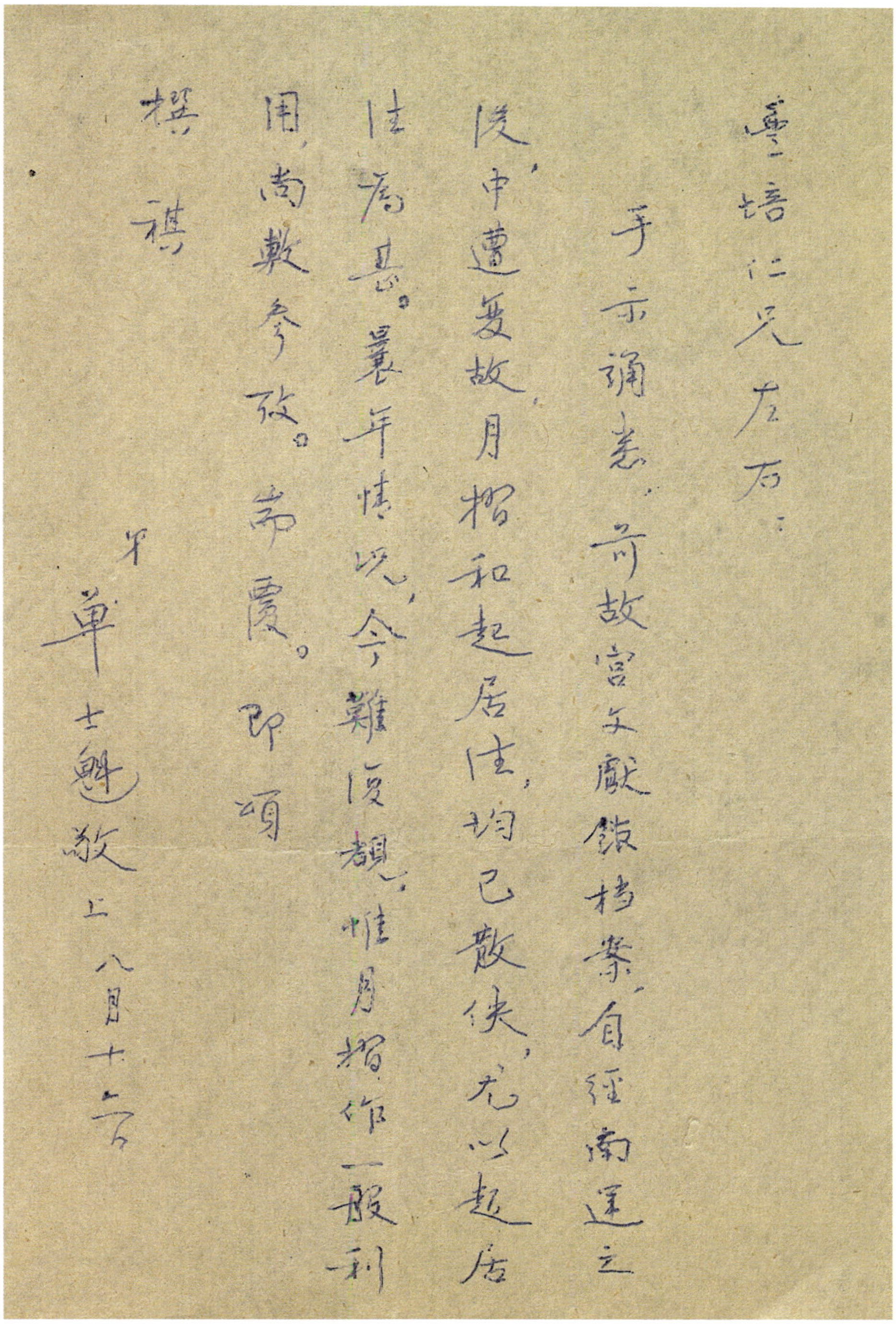

豐培仁兄左右：

手示誦悉，前故宫文獻館檔案，自經南運之後，中遭變故，月摺和起居注均已散佚，尤以起居注爲甚。曩年情況，今難復覩，惟月摺作一般刊用，尚敷參考。耑覆，即頌

撰祺

弟單士魁敬上

八月十二日

單士元

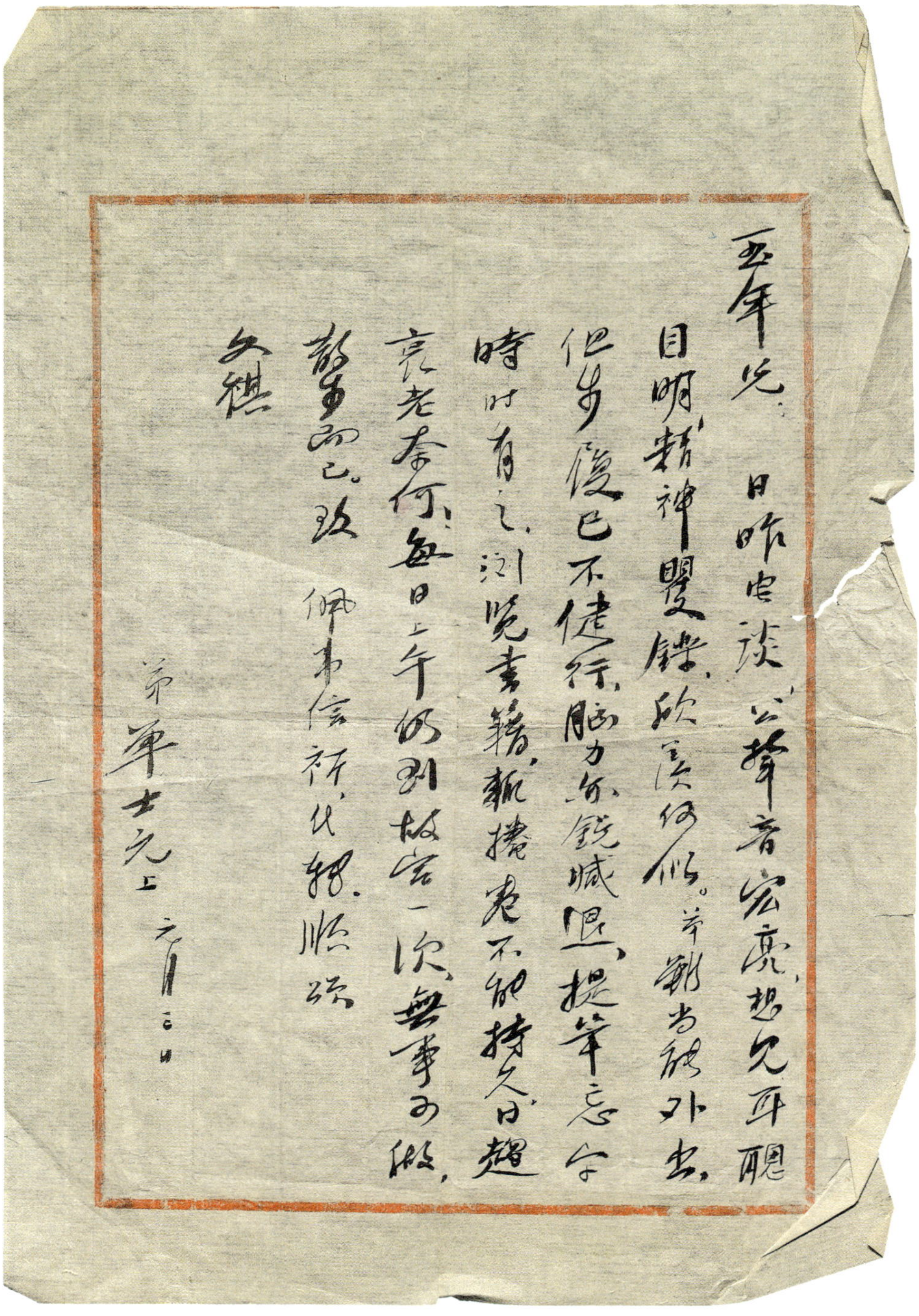

玉年兄：

日昨電談，公聲音宏亮，想見耳聰目明，精神矍鑠，欣羡何似。弟雖尚能外出，但步履已不健行，腦力亦鋭減退，提筆忘字，時時有之，瀏覽書籍，輒捲卷不能持久，日趨衰老，奈何奈何？每日上午仍到故宮一次，無事可做，散步而已。致佩韋信，祈代轉，順頌

文祺

弟單士元

上元月三日

劉蕙孫

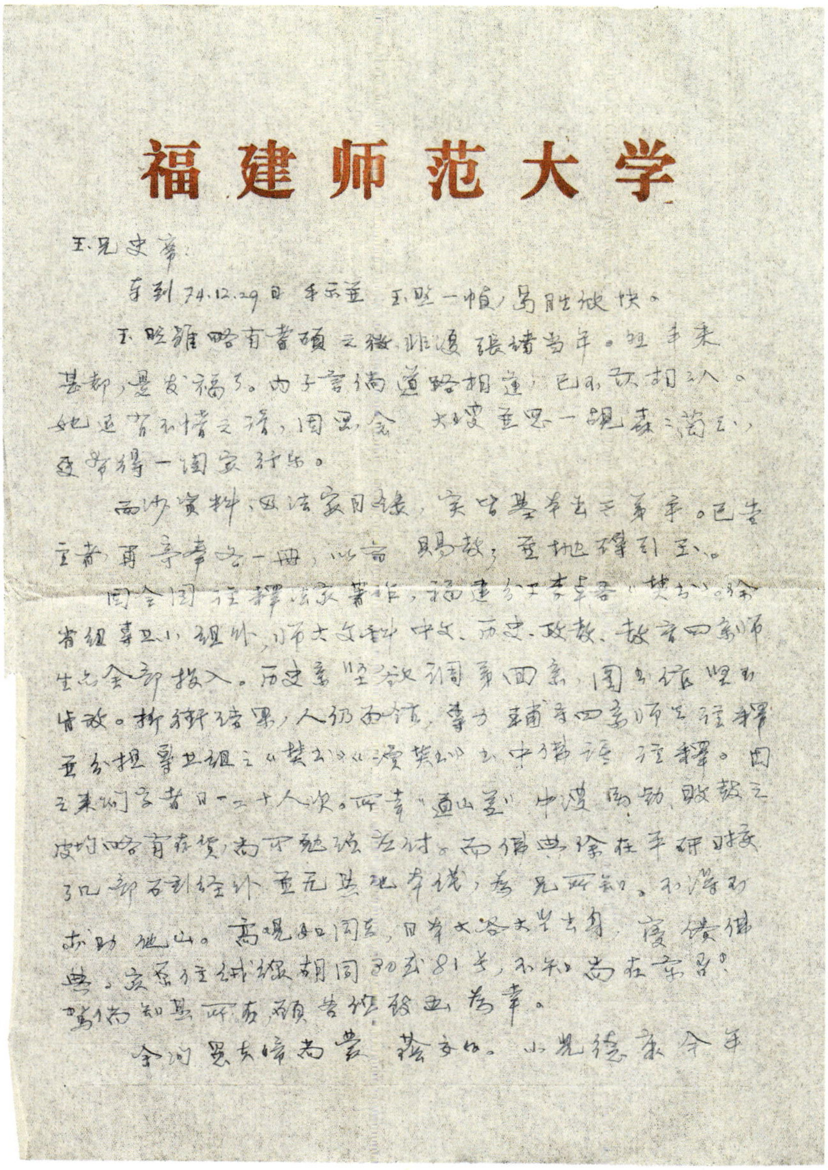
福建师范大学

玉兄史席：

奉到七四、十二、二九日手示並玉照一幀，曷勝欣快。

玉照雖略有耆碩之徵，非復張緒當年，然丰采甚却是發福了。內子言倘道路相逢，已不敢相認，她還有不情之請。因思念大嫂，並思一覯森森蘭玉，更希得一闔家行樂。

西沙資料及法家目録，實皆基本出於弟手，已告主者再寄奉各一册，以備賜教，並抛磚引玉。

因全國注釋法家著作，福建分工李卓吾《焚書》，除省組專業小組外，師大文科，中文、歷史、政教、教育四系師生亦全部投入。歷史系堅欲調弟回系，圖書館堅不肯放。折衝結果，人仍留館，專力輔導四系師生注釋，並分擔專業組之《焚書》《續焚書》書中佛語注釋，因之來問字者日一二十人次。所幸『通山益』牛溲馬勃、敗絮之皮，均略有存貨，尚可勉強應付，而佛典除在立研時校了幾部石刻經外，並無其他本錢，爲兄所知，不得不求助他山。高觀如同志，日本大谷大學出身，寢饋佛典，家原住絨綫胡同八十或八十一號，不知尚在京否？駕倘知其所在，願告俾致函，爲幸。

舍間愚夫婦尚蒙蔭安好，小兒子德康，

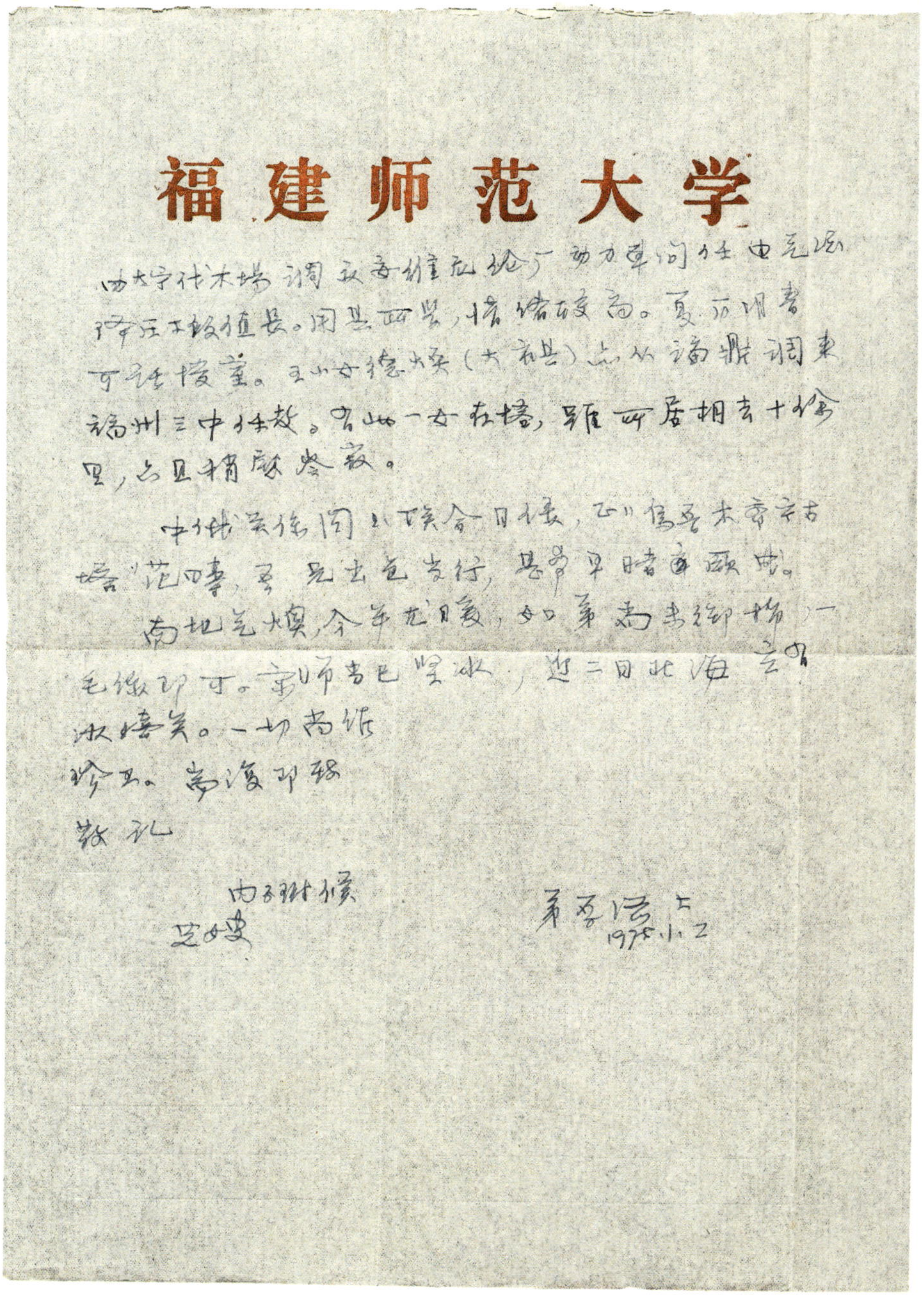

今年由大寧伐木廠調永安維尼綸廠動力車間，任電氣總降壓工段值長。用其所學，情緒較高。夏曆明春，可託授室。五小女德煥（大祺），亦從福鼎調來福州三中任教。有此一女在榕，距所居相去十餘里，亦且稍慰岑寂。

《中俄關係圖書聯合目録》，正『烏魯木齊、寧古塔』範疇，尊兄出色當行，甚希早睹厥成。

南地氣燠，今年尤暖，如弟尚未禦棉，一毛綫即可，京目前當已堅冰，近二日北海應有冰嬉矣。一切尚維珍衛。耑復，即致

敬禮

弟厚滋上

一九七五、一、二

内子附候芝嫂

劉蕙孫

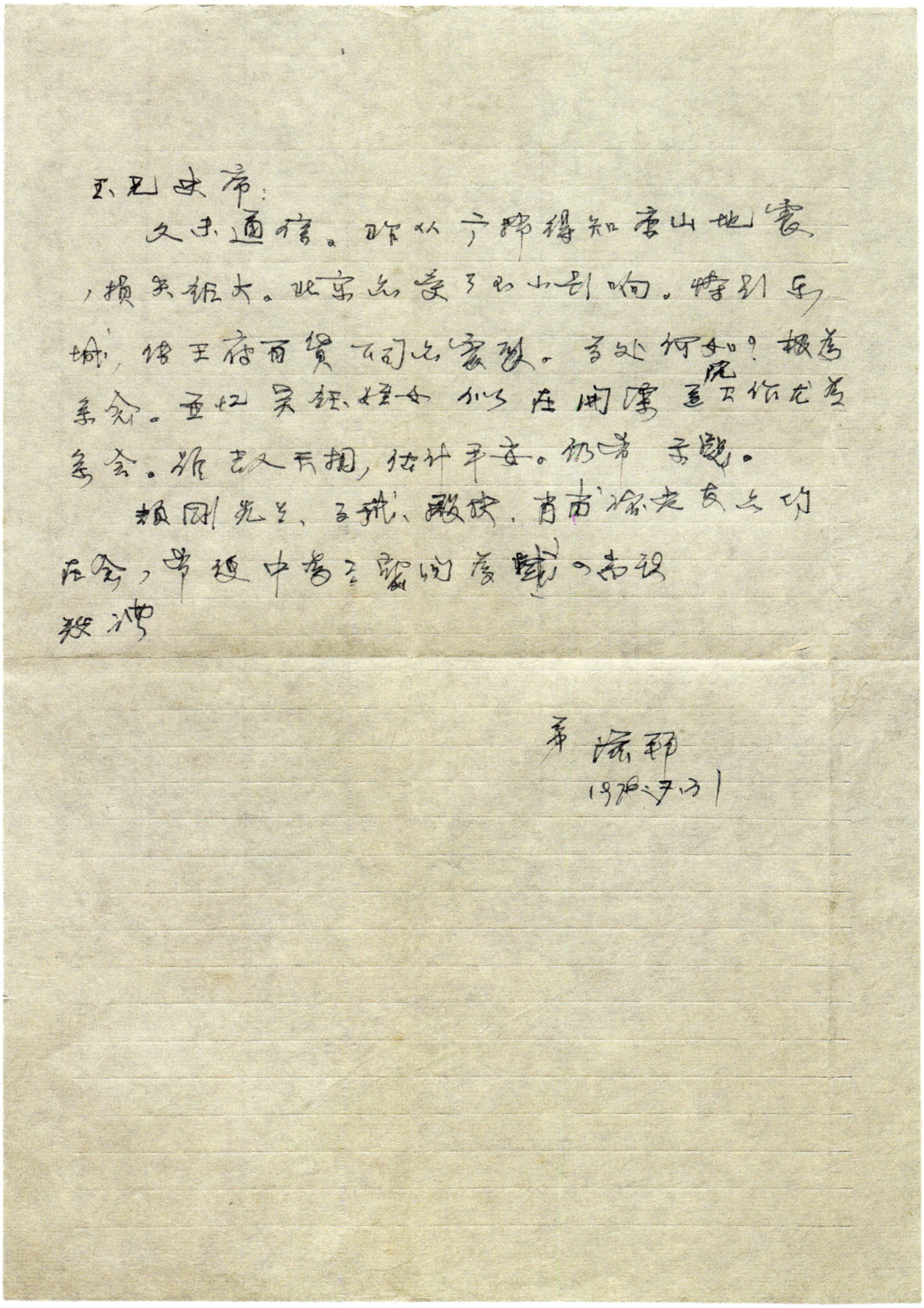

玉兄史席：

久未通信，昨從廣播得知唐山地震，損失鉅大，北京亦受了不小影響，特别東城，傳王府百貨公司亦震裂。尊處何如？極爲繫念。並憶吴鈺侄女似在開灤醫院工作，尤爲繫念，雖吉人天相，估計平安，仍希示慰。

頡剛先生，子成，殿扶，肖甫諸老友，亦均在念，希便中爲之慰問爲感。耑致

敬禮

弟滋拜

一九七六、七、三十一

劉蕙孫

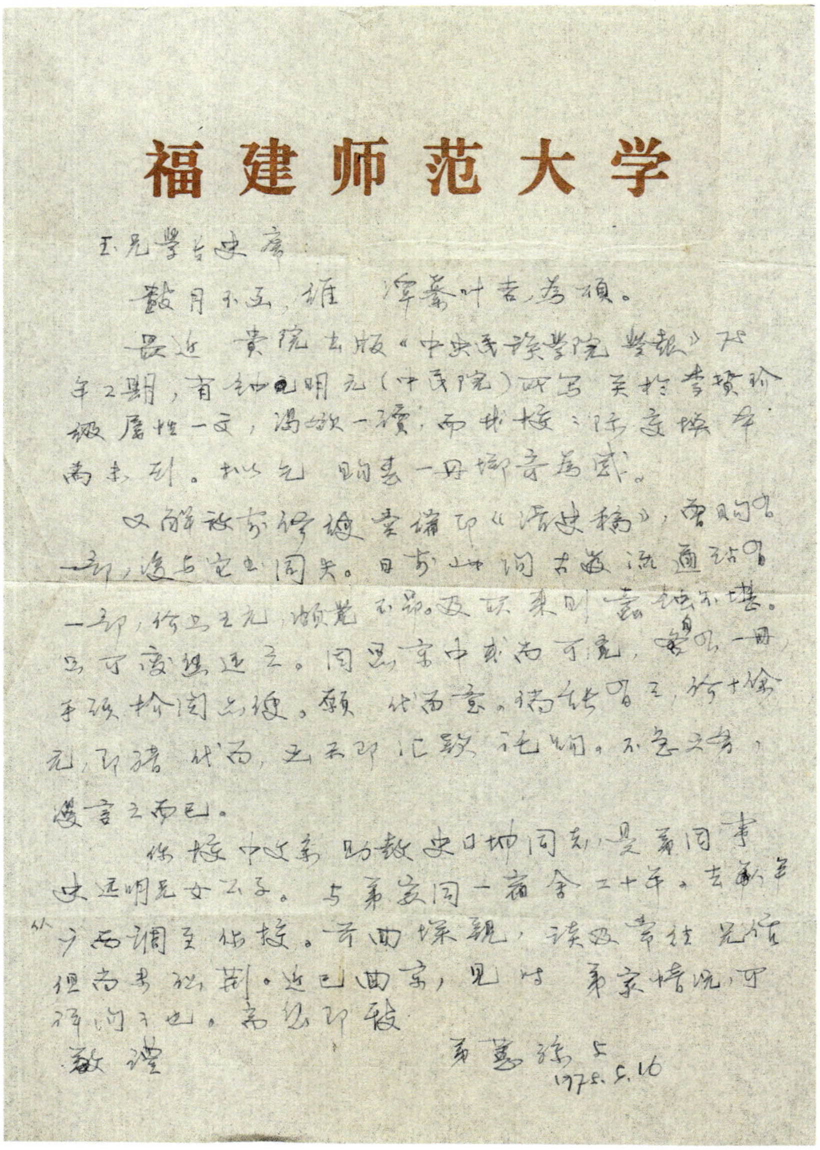

玉兄學長史席：

數月不函，維潭纂葉吉爲頌。

最近貴院出版《中央民族學院學報》七九年二期，有鍾明元（中民院）所寫，關於李贄階級屬性一文，渴欲一讀，而我校校際交換本尚未到。擬乞購惠一册，擲寄爲感。

又解放前修綆堂縮印《清史稿》，曾購有一部，後與它書同失。日前此間古籍流通站有一部，價祇五元，頗覺不昂。及所來則蠹蝕不堪。祇可廢然還之，因思京中或尚可覓，自有一册，手頭檢閲方便，願代留意。倘能有之，價十餘元，即請代留，函示即匯款託購。不急之務，漫言之而已。

你校中文系助教史國坤同志，是弟同事史遠明兄女公子。與弟家同一宿舍二十年。去年從廣西調至你校，前回探親，談及常往兄館，但尚未識荆。近已回京，見時，弟家情況，可詳問之也。耑懇，即致

敬禮

弟蕙孫上

一九七九、五、十六

劉蕙孫

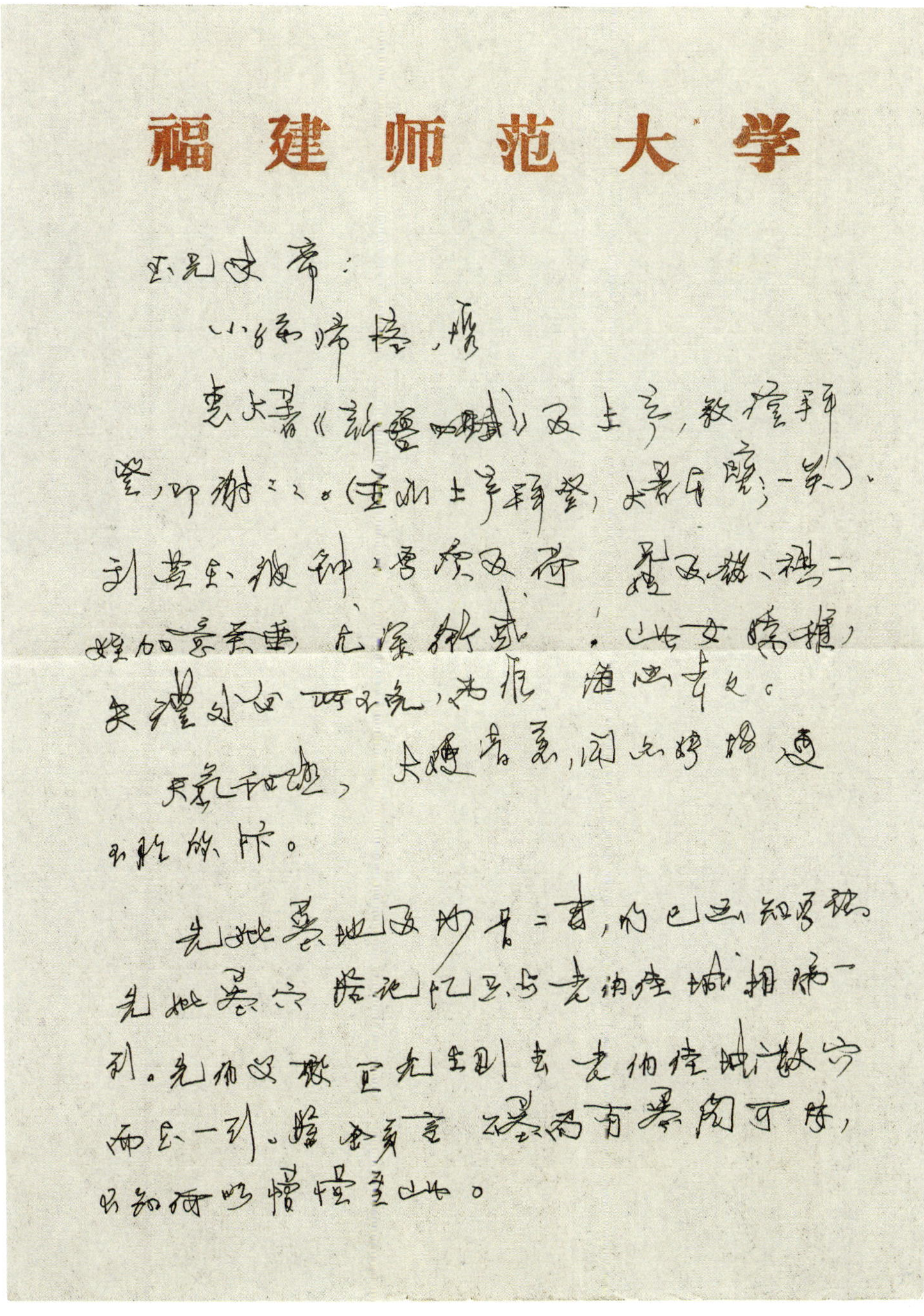

玉兄史席：

小孫歸榕，携惠大著《新疆四賦》及土産，敬登拜登，即謝謝謝謝（並非土産，拜登大著奉覽，一笑）。劉燕在彼，鍾鍾厚凛爲荷，兄、嫂及銘祺二侄加意關垂，尤深銜感。此女嬌稚，失禮處必所不免，尚惟海涵幸之。

天氣和熱，大嫂清恙聞亦好轉，更不勝欣忭。

先妣墓地及抄書二事，均已函知厚祜。先妣墓穴，據記憶祇與老伯佳城相隔一列。先伯父敦宜先生，則去老伯佳城數穴而在一列。據舍弟言，公墓尚有墓圖可按，不知何以懵懂至此。

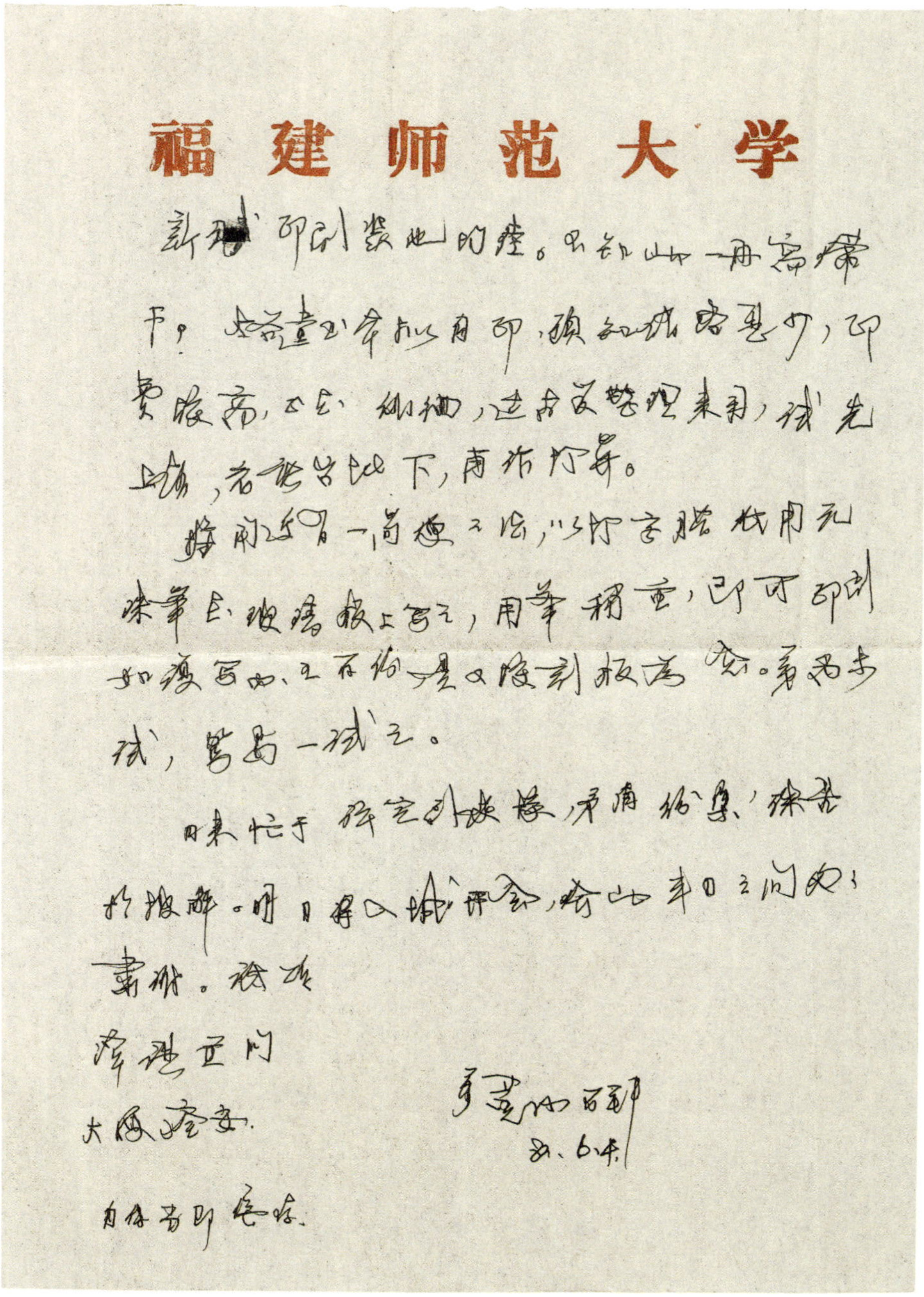

福建师范大学

《新賦》印刷裝池均佳。不知此一册需幣若干？《太谷遺書》本擬自印，顧知銷路甚少，印費較高，正在徘徊，適古籍整理來約，試先上報，看能否批下，再作打算。

據聞近有一簡便之法，以打字蠟紙用圓珠筆在玻璃板上寫之，用筆稍重，即可印刷，如複寫四五百份，是又較刻版爲愈。弟尚未試，盍曷一試之。

日來忙於評定副教授，矛盾紛集，殊苦於推辭。明日將入城開會，偷此半日之閑，匆匆肅謝。祇頌

潭祺，並問

大嫂痊安

弟蕙孫百拜

八二、六、四

劉蕙孫

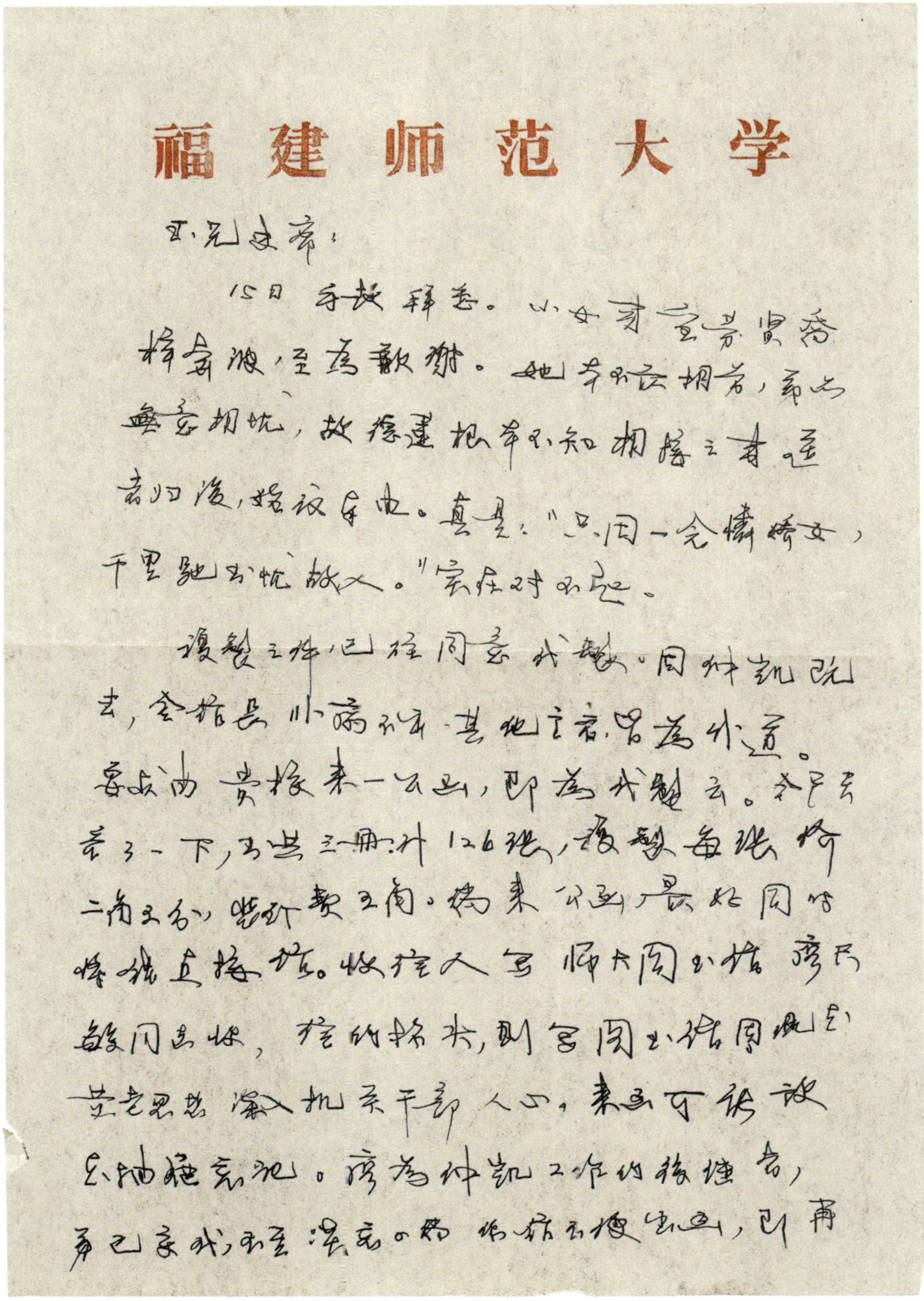

玉兄史席：

十五日手教拜悉，小女事宜勞賢喬梓奔波，至爲歉謝。她本不欲相勞，弟亦無意相擾，故德蓮根本不知相接之事，送者歸後，始議奉電。真是『祇因一念憐嬌女，千里馳書擾故人』。實在對不起。

複製之件已經同意代製。因仲凱既去，金館長臥病不出，其他言者皆爲外道。要求由貴校來一公函，即爲代製云。今早去看了一下，書共三册，計一百二十六張，複製爲每張價二角五分，裝訂費五角。倘來公函，最好同時將錢直接給。收信人寫師大圖書館廖天敏同志收。因信的抬頭，則寫圖書館。因現在黄老思想深入機關幹部人心，來函可能放在抽屜忘記。廖爲仲凱工作的後繼者，弟已交代，不至淡忘。倘你館不便出函，即再

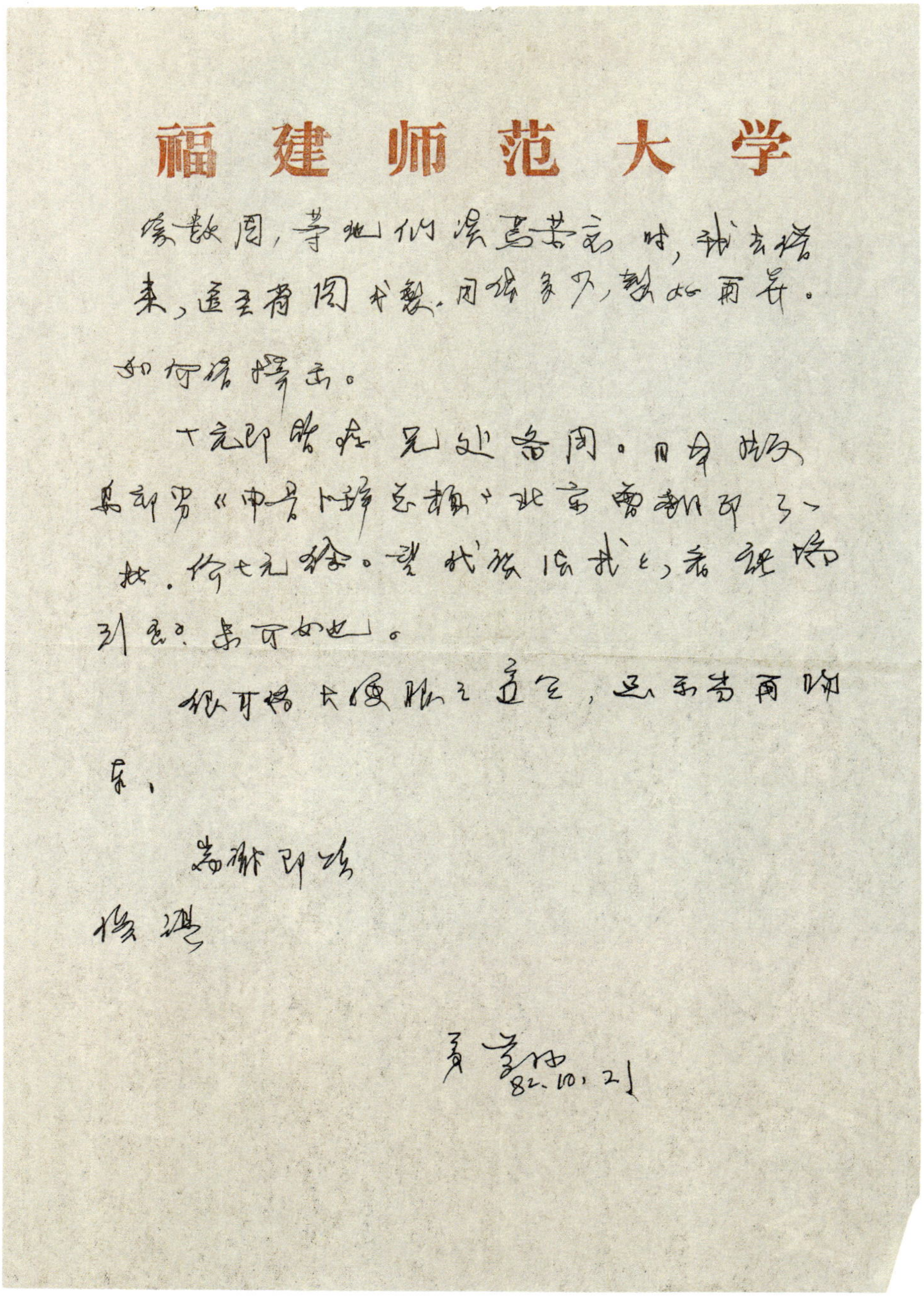
福建师范大学

緩數周，等他們淡焉若忘時，我去借來，送至省圖代製，用錢多少，製好再算。如何請擇出。

十元即暫存兄處備用。日本版島部男《甲骨卜辭總類》北京曾翻印了一批，價七元餘，望代設法找找，看能搞到否？未可知也。

銀耳倘大嫂服之適合，函示當再購奉。

尚謝即頌

撰祺

弟蕙孫

八二、十、二十一

劉蕙孫

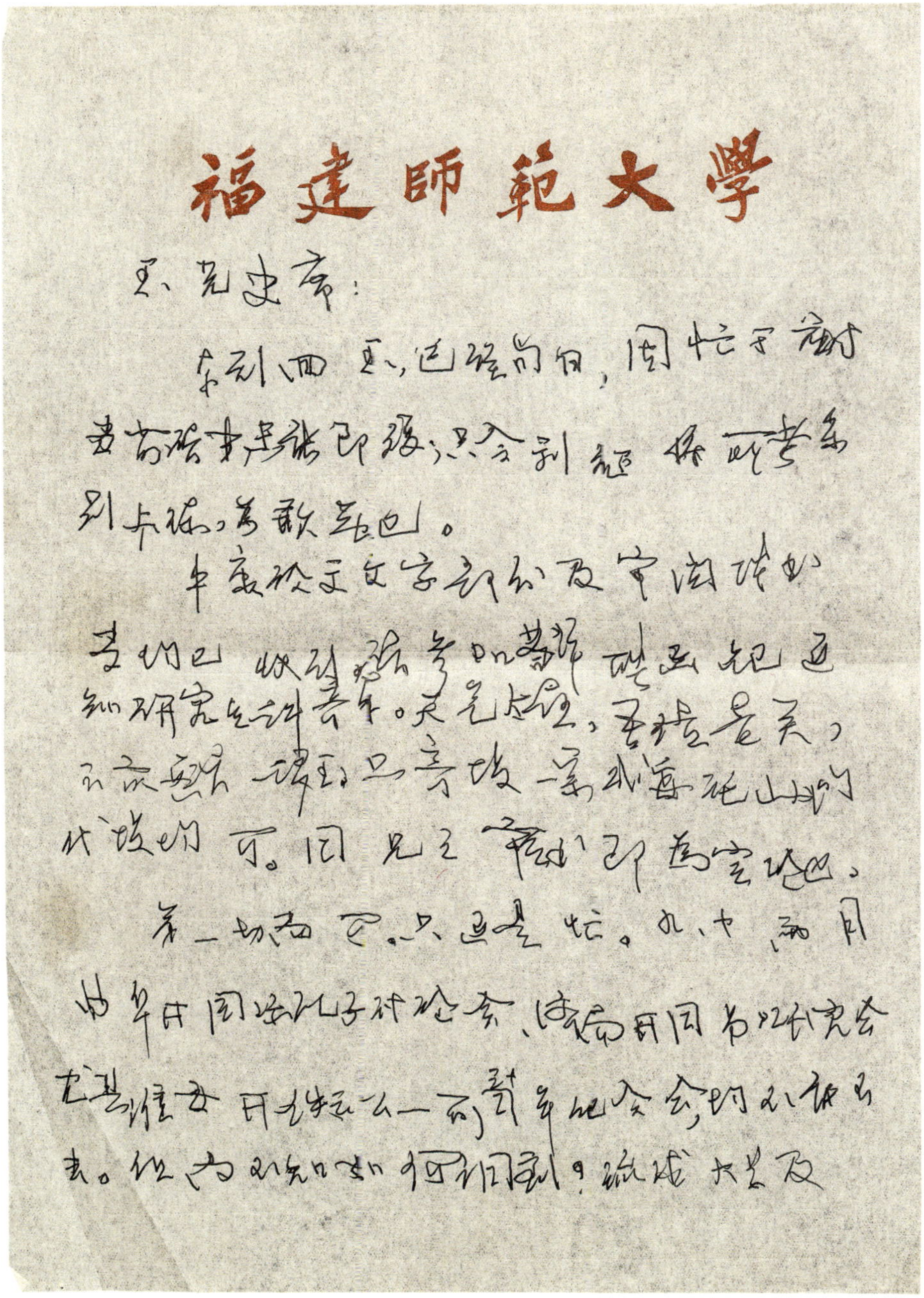

玉兄史席：

奉到回函，已經旬日，因忙於應付當前諸事，未能即覆，只令劉征將所考系别上陳，爲歉甚也。

牛康論文文字部分及審閲聘書當均已收到，請參加答辯聘函今已通知研究生科寄奉。天氣太熱，吾輩老矣，不敢邀求移玉，只旁投一票或委託此間代投均可。因兄之審定書即爲定論也。

弟一切尚可，只還是忙。九、十兩月曲阜開國際孔子討論會、濟南開周易研究會，尤其淮安開鐵雲公一百三十周年紀念會均不能不去。但尚不知如何調劑。琉球大學及

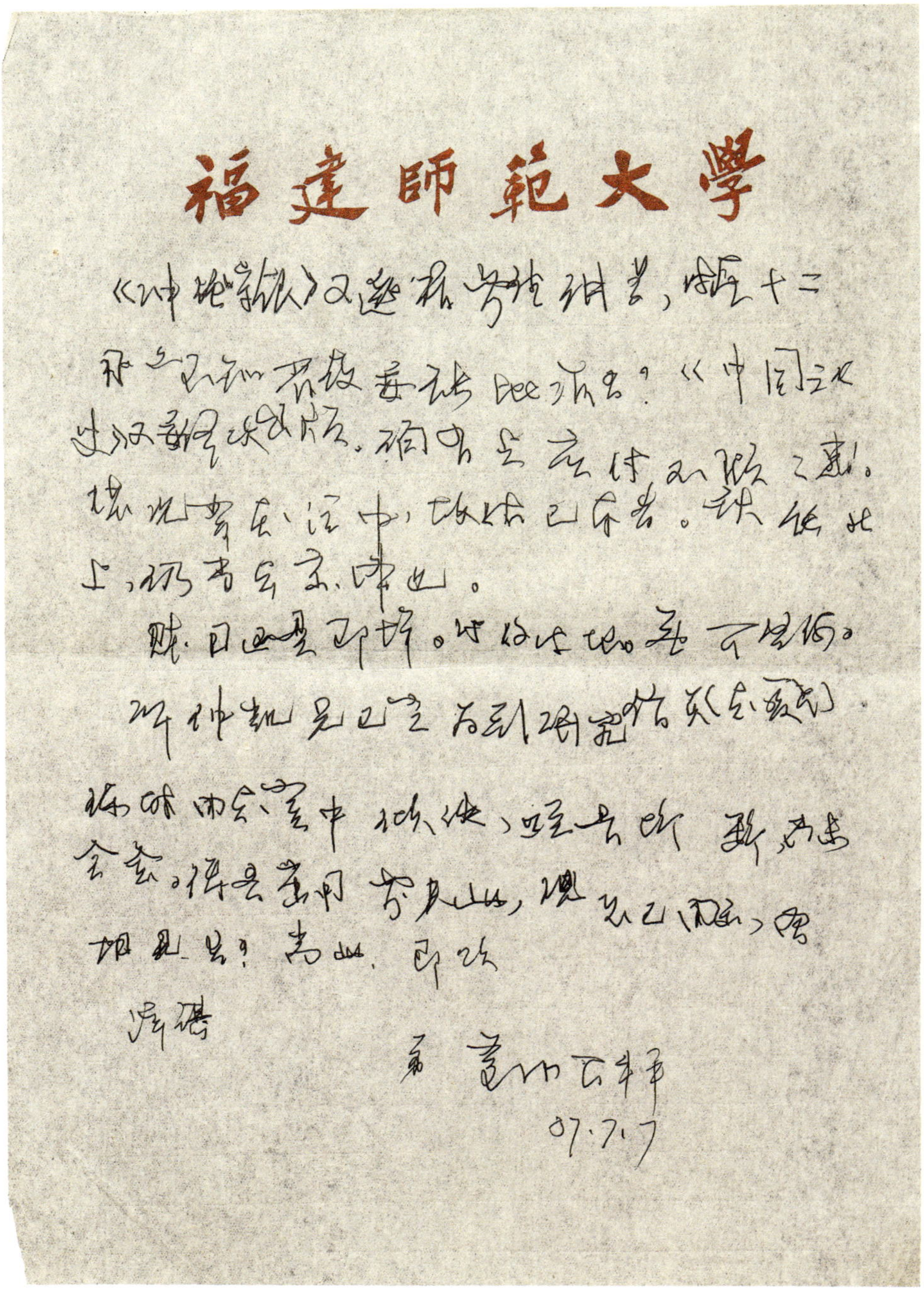

《沖繩時報》又邀請前往講學，時在十二月，亦不知省教委能批准否？《中國文化史》又要修改出版，確有點應付不暇之感。賤況常在記中，故姑以奉告。秋後北上，仍當去京洛也。

賤目還是那樣，時好時壞，無可奈何。

許仲凱兄已定爲副研究館員（在廈門）。陳樹田在室中傾跌，以至骨折斷，尚未痊癒。傅吾康月前來此，現想已回京，曾相見否？耑此即頌

潭祺

弟蕙孫百拜

八七、七、七

劉蕙孫

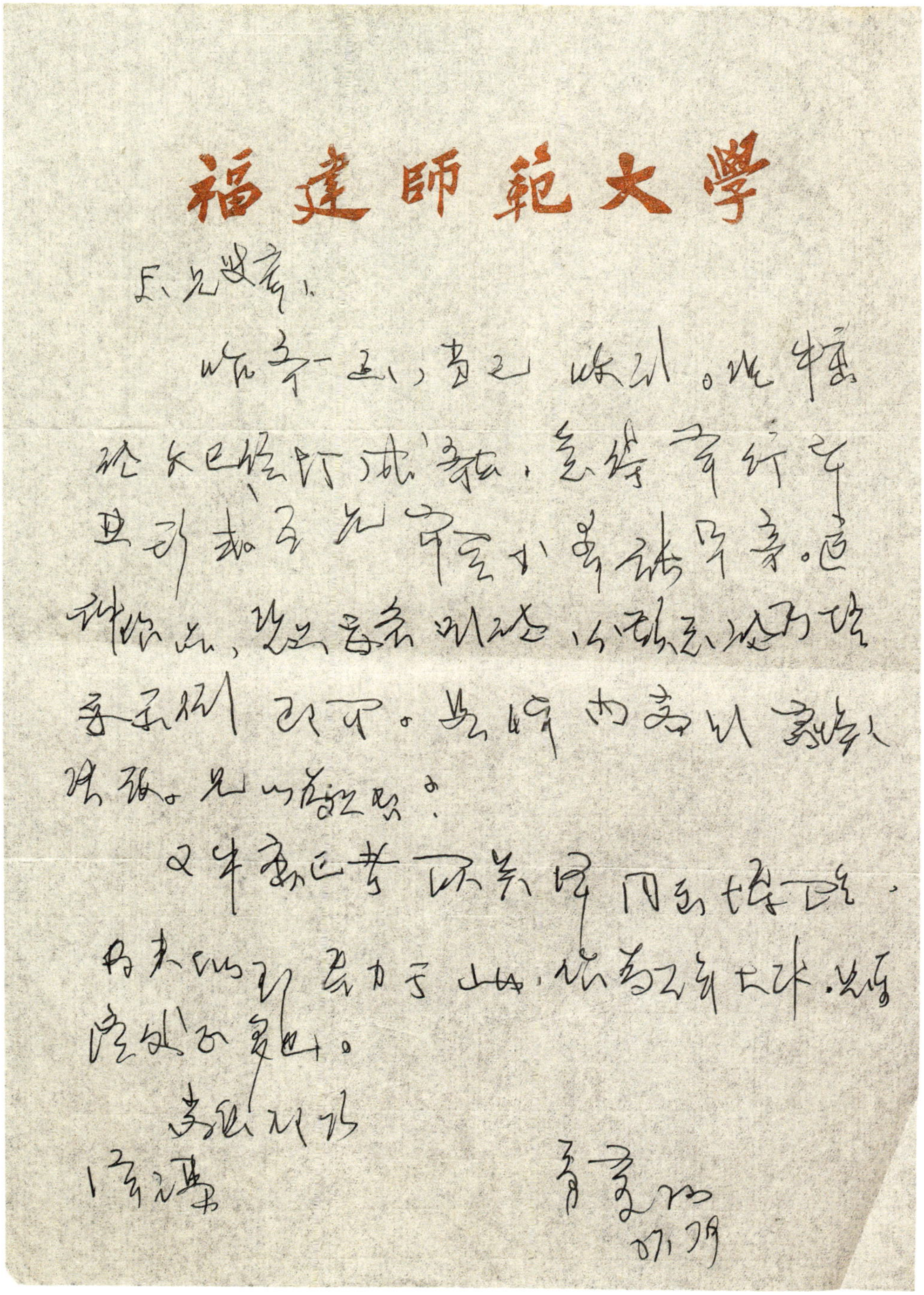

玉兄史席：

昨寄一函，當已收到。現牛康論文已經打成寄去，急待舉行畢業形式，玉兄審定書希能早寄。這種作品，恐只要看到題、分類、總論及提要示例即可。具體內容行家慢慢□□。兄以爲然否？

又牛康已考取吳澤同志博士生，將來擬即盡力與此作爲百年大計。恐□□處正多也。

耑此即頌

潭祺

弟蕙孫

八七、七、九

劉蕙孫

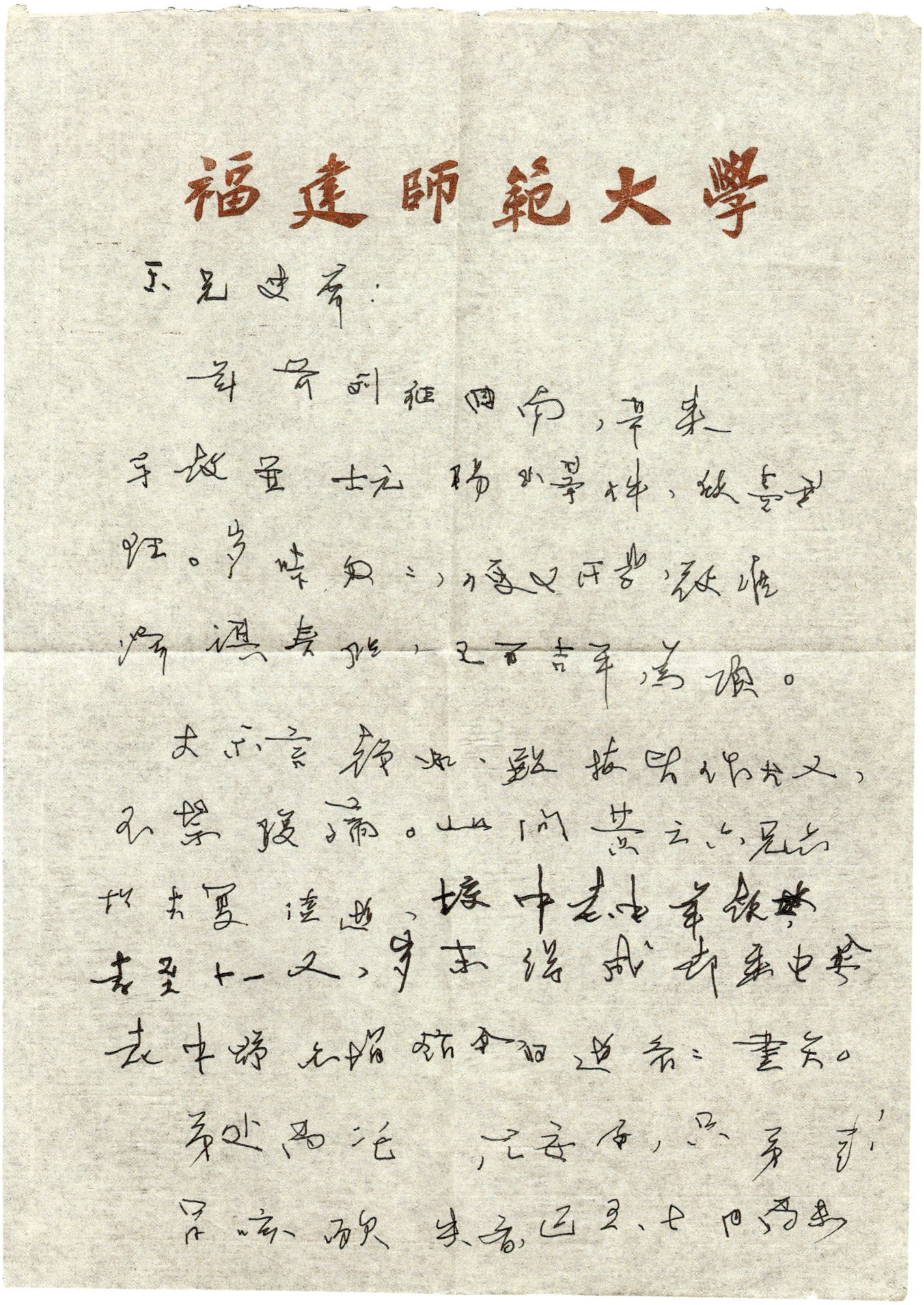

玉兄史席：

年前劉征回南，帶來手教並士元賜書等件，欣喜若狂。歲時匆匆，便又開學，敬惟潭祺春佳，萬事吉祥，爲頌。

大示言静如、殿扶皆做古人，不禁傷痛。此間黄雲六兄亦於去夏溘逝，校中老中年辭世者至十一人。歲末得成都來電徐老中舒亦捐館入歸道山，看看盡矣。

弟處尚託兄安康，衹弟感冒咳嗽、失音已五、七日，尚未

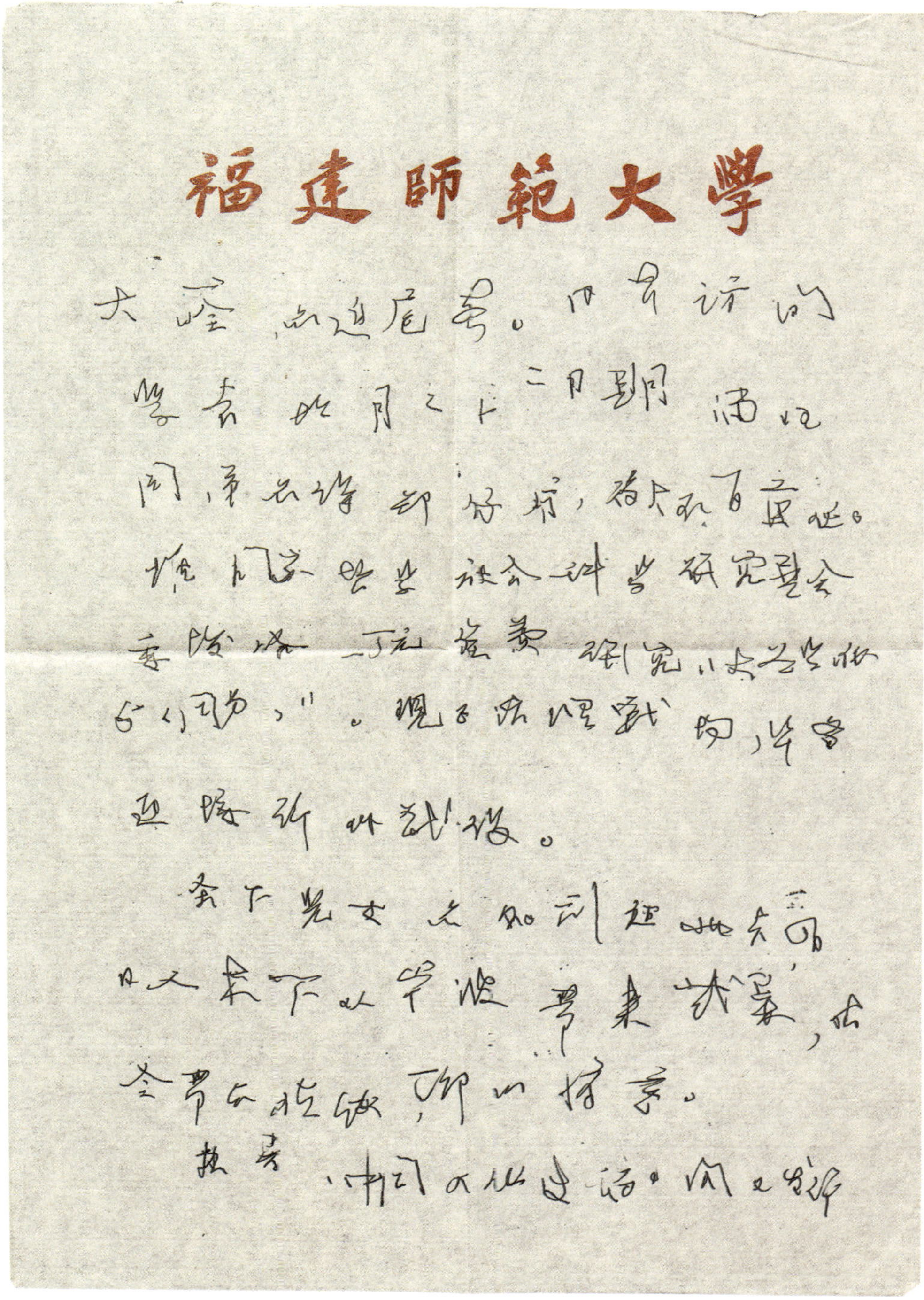

福建師範大學

大痊，亦近尾聲。日本訪問學者此月二十二日期滿歸國，弟亦將卸仔肩，福大不再兼任。惟國家哲學社會科學研究基金會委撥給一萬元經費，研究太谷學派與《周易》。現正清理戰場，準備迎接新的戰役。

舍下兒女亦知劉征北去，有日人木下從寧波帶來紫菜，姑令帶去佐餐，聊以薄意。

拙著《中國文化史稿》聞又發行，

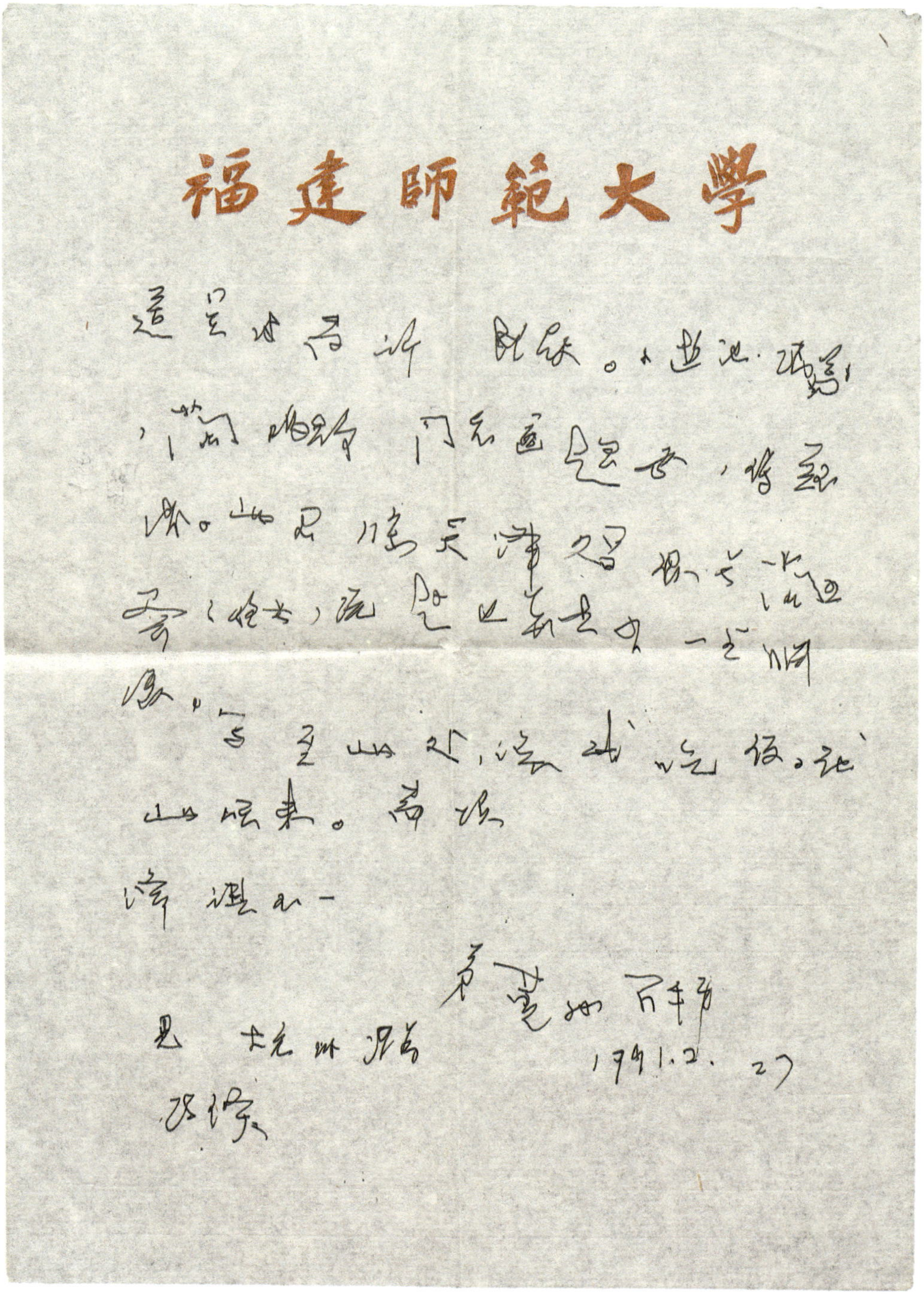

遵呈時尚祈指教。《遊記補篇》藺鴻静同志應趨辦，得至不錯。此君係天津文昌銀號藺五爺之侄女，説起也算是有一點淵緣。

寫至此處，讓我吃飯。就此結束。耑頌

潭祺不一。

見士元代爲致候。

弟蕙孫百拜

一九九一、二、二十七

劉蕙孫

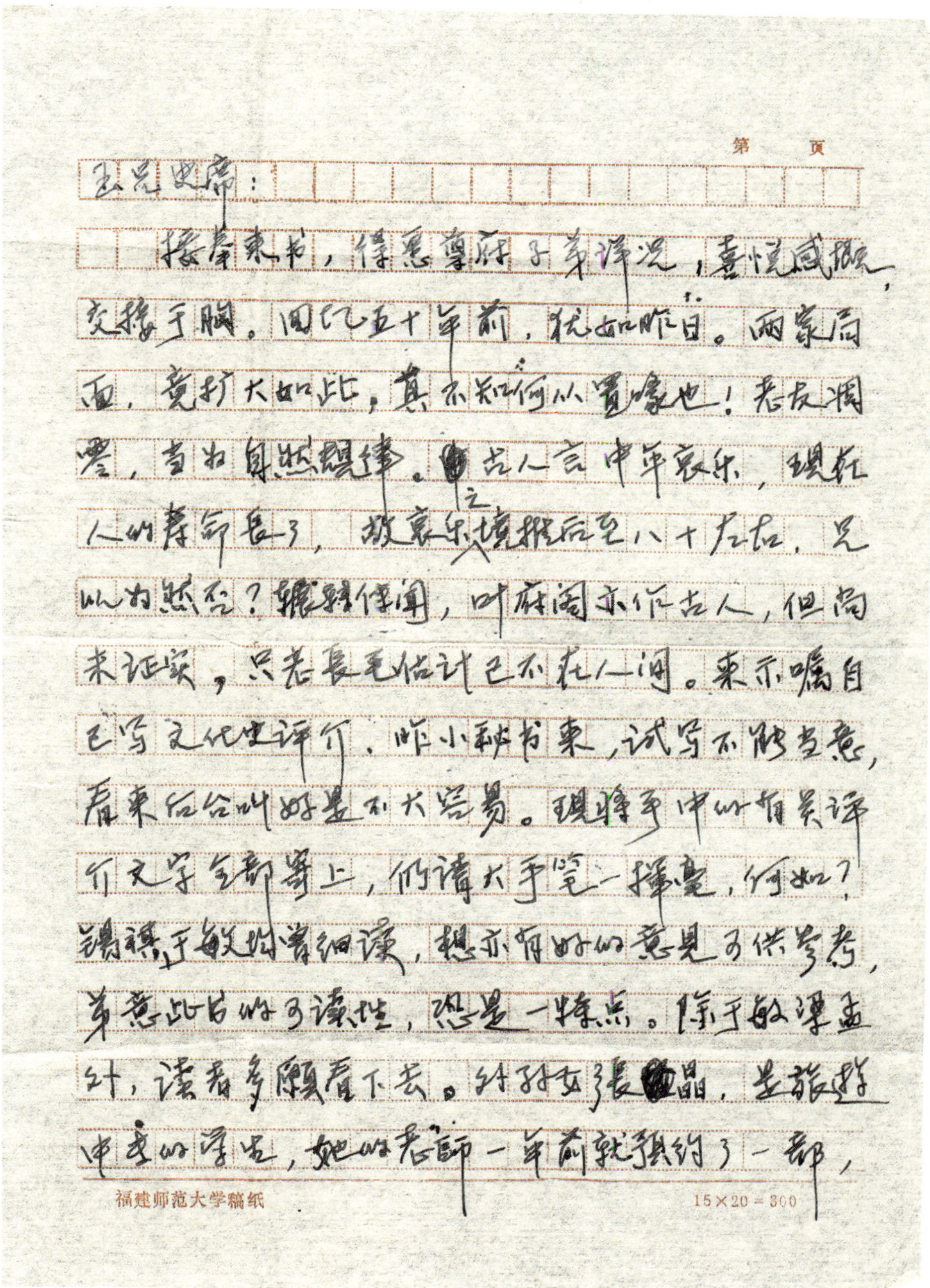

玉兄史席：

接奉來書，得悉尊府子弟詳況，喜悦感慨，交接於胸。回憶五十年前，猶如昨日。兩家局面，竟擴大如此，真不知何從置喙也！老友凋零，當爲自然規律。古人云中年哀樂，現在人的壽命長了，故哀樂之境推後至八十左右，兄以爲然否？輾轉傳聞，葉府閤亦作古人，但尚未證實，只老長毛估計已不在人間。來示囑自己寫文化史評價，昨小秘書來，試寫不能當意，看來後臺叫好是不大容易。現將手中的有關評介文字全部寄上，仍請大手筆一揮毫，何如？錫祺、于敏均曾細讀，想亦有好的意見可供參考，弟意此書的可讀性，恐是一特點。除于敏梁孟外，讀者多願看下去。外孫女張晶，是旅遊中專的學生，她的老師一年前就預約了一部，

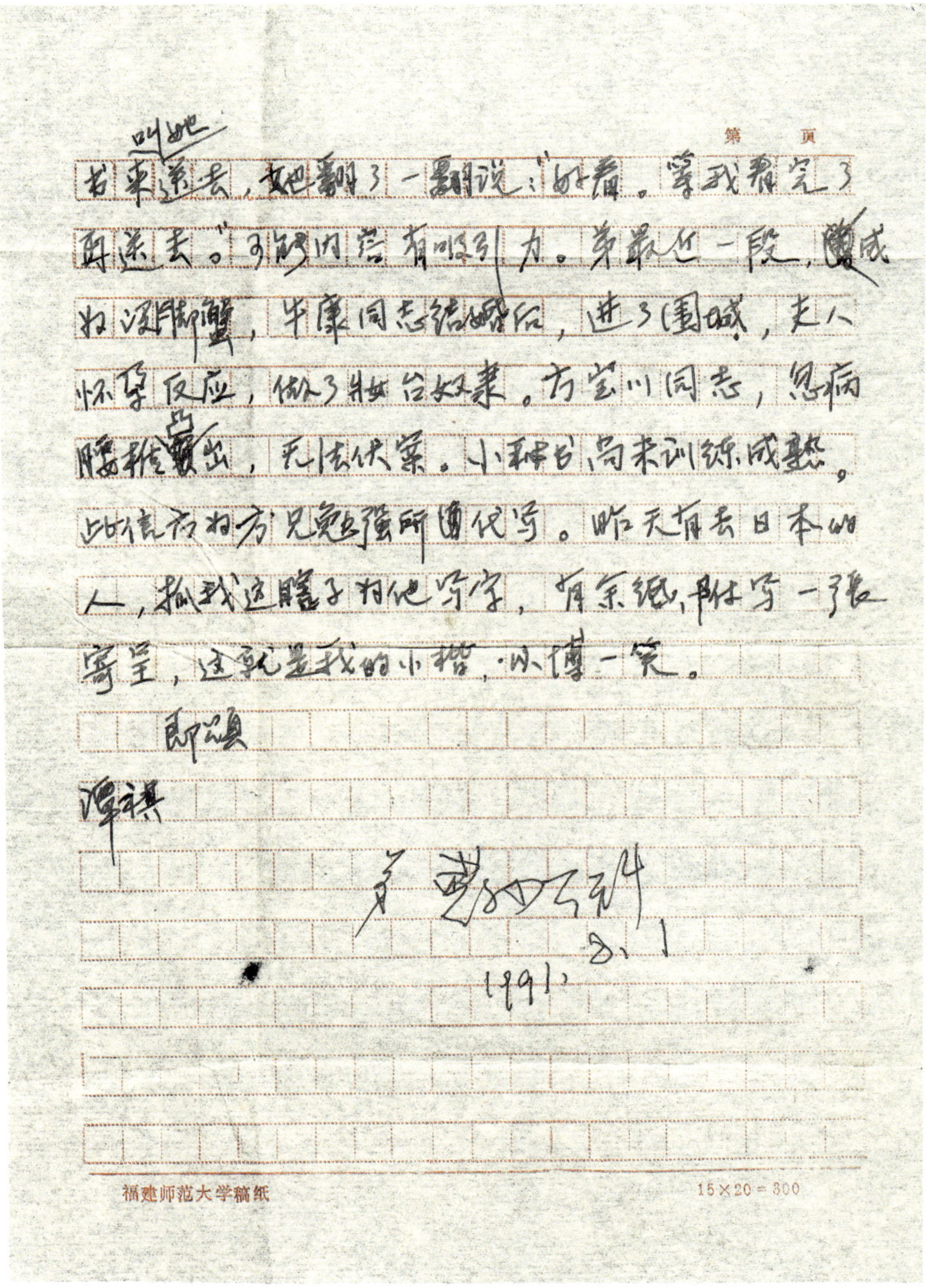

書來叫她送去，她翻了一翻說：『好看。等我看完了再送去。』可能内容有吸引力。弟最近一段，成爲没腳蟹，牛康同志結婚後，進了圍城，夫人懷孕反應，做了妝臺奴隸。方寶川同志，忽病腰椎凸出，無法伏案。小秘書尚未訓練成熟。此信方爲方兄勉强所代寫。昨天有去日本的人，抓我這瞎子爲他寫字，有餘紙，附寫一張奇呈，這就是我的小楷，以博一笑。

即頌

潭祺

弟蕙孫百拜

一九九一、八、一

劉蕙孫

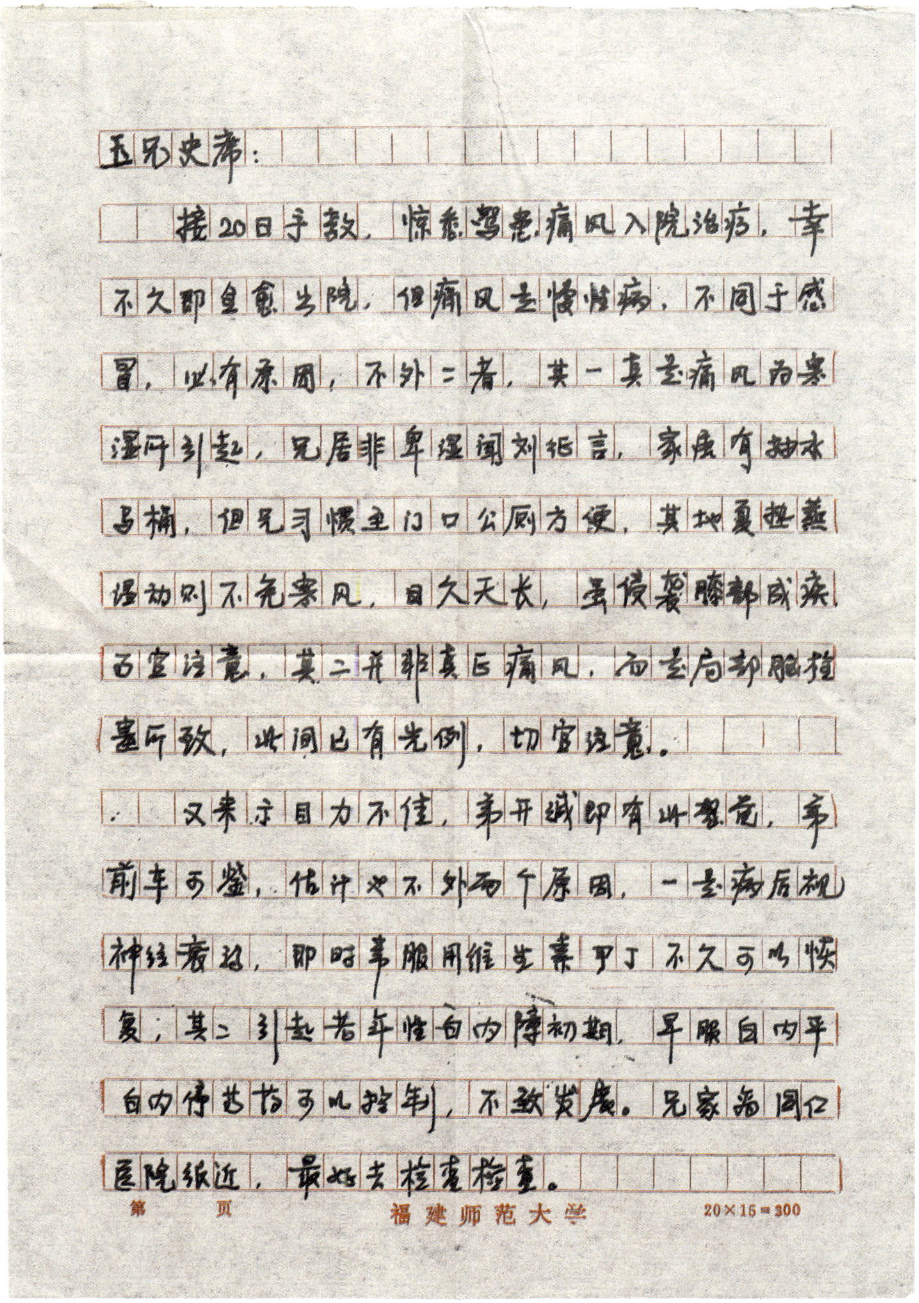

玉兄史席：

接20日手教，惊悉驾患痛风入院治疗，幸不久即痊愈出院，但痛风是慢性病，不同于感冒，必有原因，不外二者，其一真是痛风为寒湿所引起，兄居非卑湿，闻刘征言，家虽有抽水马桶，但兄习惯至门口公厕方便，其地夏热蒸湿动则不免寒风，日久天长，虽侵袭膝部成疾，事宜注意，其二并非真正痛风，而是局部脑栓塞所致，此间已有先例，切宜注意。

又来示目力不佳，弟开缄即有此感觉，弟前车可鉴，估计也不外两个原因，一是病后视神经衰弱，即时常服用维生素甲丁，不久可以恢复；其二引起老年性白内障初期，早服白内平、白内停等药可以控制，不致发展。兄家离同仁医院很近，最好去检查检查。

第　页　福建师范大学　20×15＝300

玉兄史席：

接二十日手教，驚悉駕患痛風入院治療，幸不久即痊愈出院，但痛風是慢性病，不同於感冒，必有原因，不外二者，其一真是痛風爲寒濕所引起，兄居非卑濕，聞劉征言，家雖有抽水馬桶，但兄習慣至門口公廁方便，其地夏熱蒸濕動則不免寒風，日久天長，雖侵襲膝部成疾，事宜注意；其二並非真正痛風，而是局部腦栓塞所致，此間已有先例，切宜注意。

又來示目力不佳，弟開緘即有此感覺，弟前車可鑒，估計也不外兩個原因，一是病後視神經衰弱，即時常服用維生素甲丁，不久可以恢復；其二引起老年性白內障初期，早服白內平、白內停等藥可以控制，不致發展。兄家離同仁醫院很近，最好去檢查檢查。

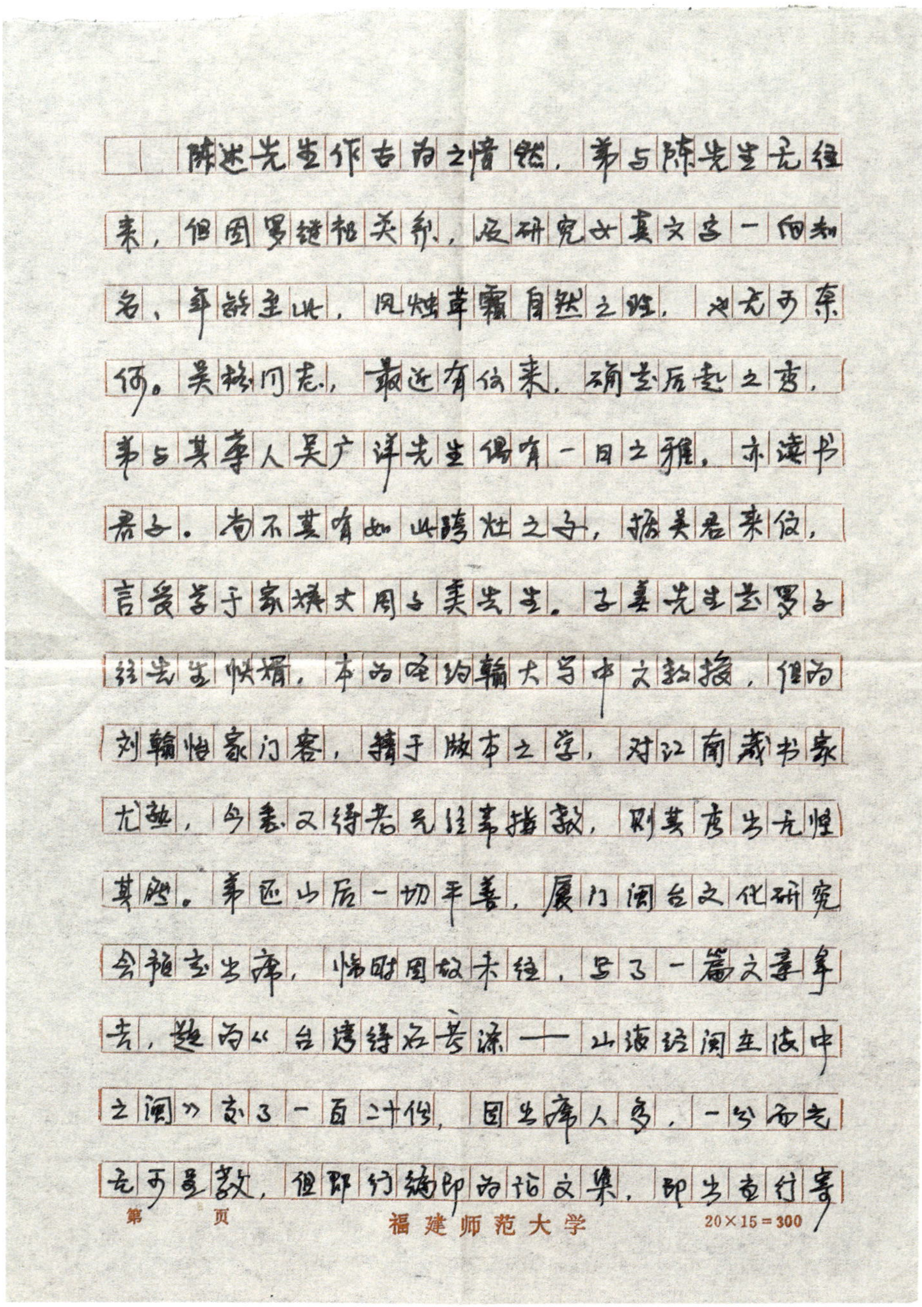

陳述先生作古爲之惜然，弟與陳先生無往來，但因羅繼祖關係，及研究女真文字一向知名，年齡至此，風燭草霜自然之理，也無可奈何。吳格同志，最近有信來，確是後起之秀，弟與其尊人吳廣洋先生偶有一日之雅，亦讀書君子。尚不（知）其有如此跨灶之子，據吳君來信，言受學於家姨丈周子美先生。子美先生是羅子經先生快婿，本爲聖約翰大學中文教授，但爲劉翰怡家門客，精於版本之學，對江南藏書家尤熟，今悉又得老兄經常指教，則其秀出無怪其然。弟還山後一切平善，廈門閩臺文化研究會預定出席，臨時因故未往，寫了一篇文章拿去，題爲《臺灣得名考源——山海經閩在海中之閩》，交了一百二十份，因出席人多，一分而光，無可呈教，但即行編印爲論文集，即出當行寄

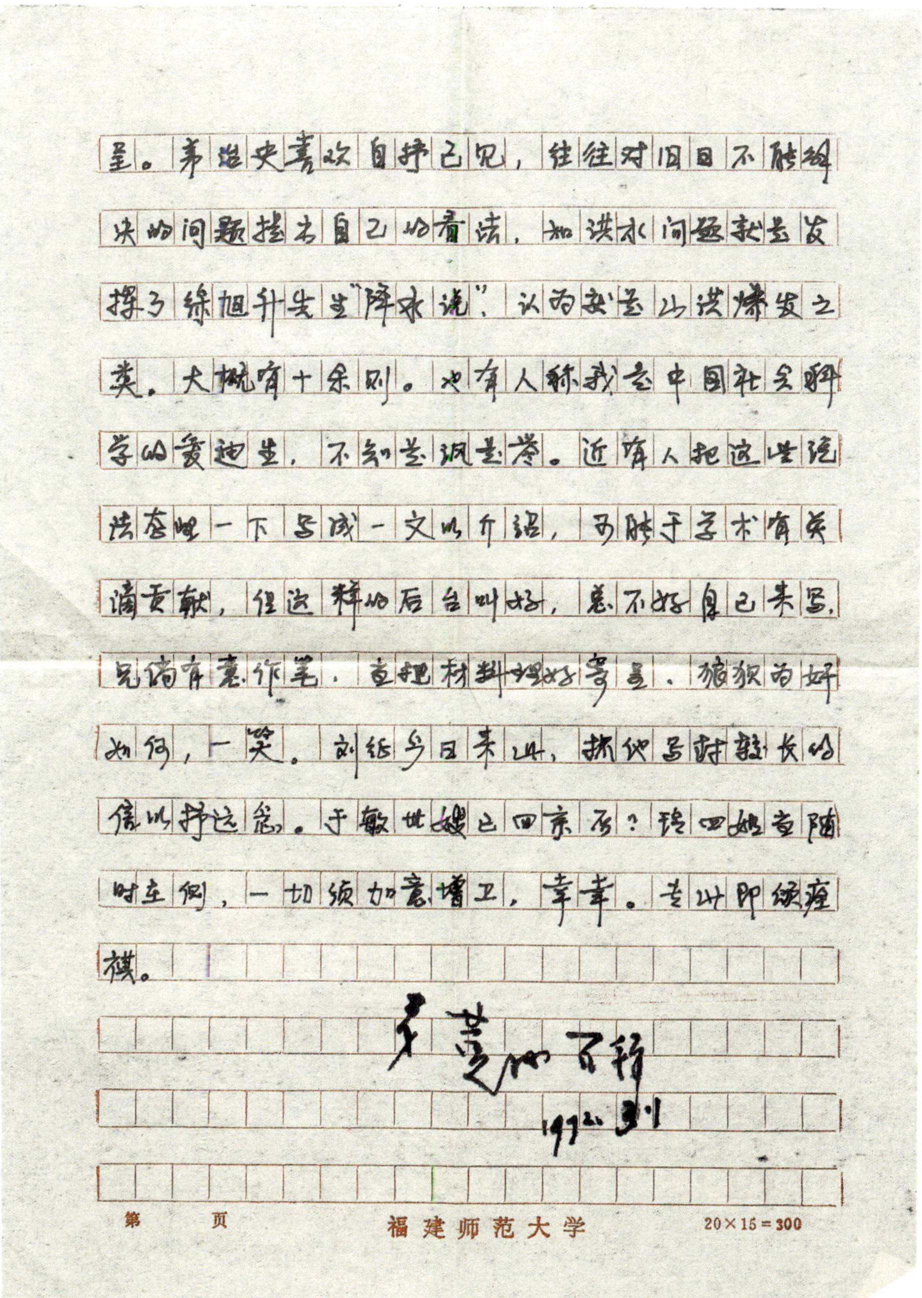
呈。弟治史喜欢自抒己见，往往对旧日不能解决的问题提出自己的看法，如洪水问题就是发挥了绿旭升先生"降水说"，认为就是山洪爆发之类。大概有十余则。也有人称我是中国社会科学的爱迪生，不知是讽是誉。近有人把这些说法整理一下写成一文以介绍，可能于学术有点滴贡献，但这样的后台叫好，总不好自己来写，兄倘有意作笔，当把材料理好寄呈，狼狈为奸如何，一笑。刘征今日来此，抓他写封较长的信以抒远念。于敏世嫂已回京否？玲四姐当随时在侧，一切须加意增卫，幸幸。专此即颂痊祺。

弟蕙孙百拜

1992.3.1

第　页　福建师范大学　20×15=300

呈。弟治史喜歡自抒己見，往往對舊日不能解決的問題提出自己的看法，如洪水問題就是發揮了緑旭升先生『降水説』，認爲就是山洪爆發之類，大概有十餘則。也有人稱我是中國社會科學的愛迪生，不知是諷是譽。近有人把這些説法整理一下寫成一文以介紹，可能於學術有點滴貢獻，但這樣的後臺叫好，總不好自己來寫，兄倘有意作筆，當把材料理好寄呈，狼狽爲奸如何，一笑。劉征今日來此，抓他寫封較長的信以抒遠念。于敏世嫂已回京否？玲四姐當隨時在側，一切須加意增衛，幸幸。專此即頌痊祺。

弟蕙孫百拜

一九九二、三、一

劉蕙孫

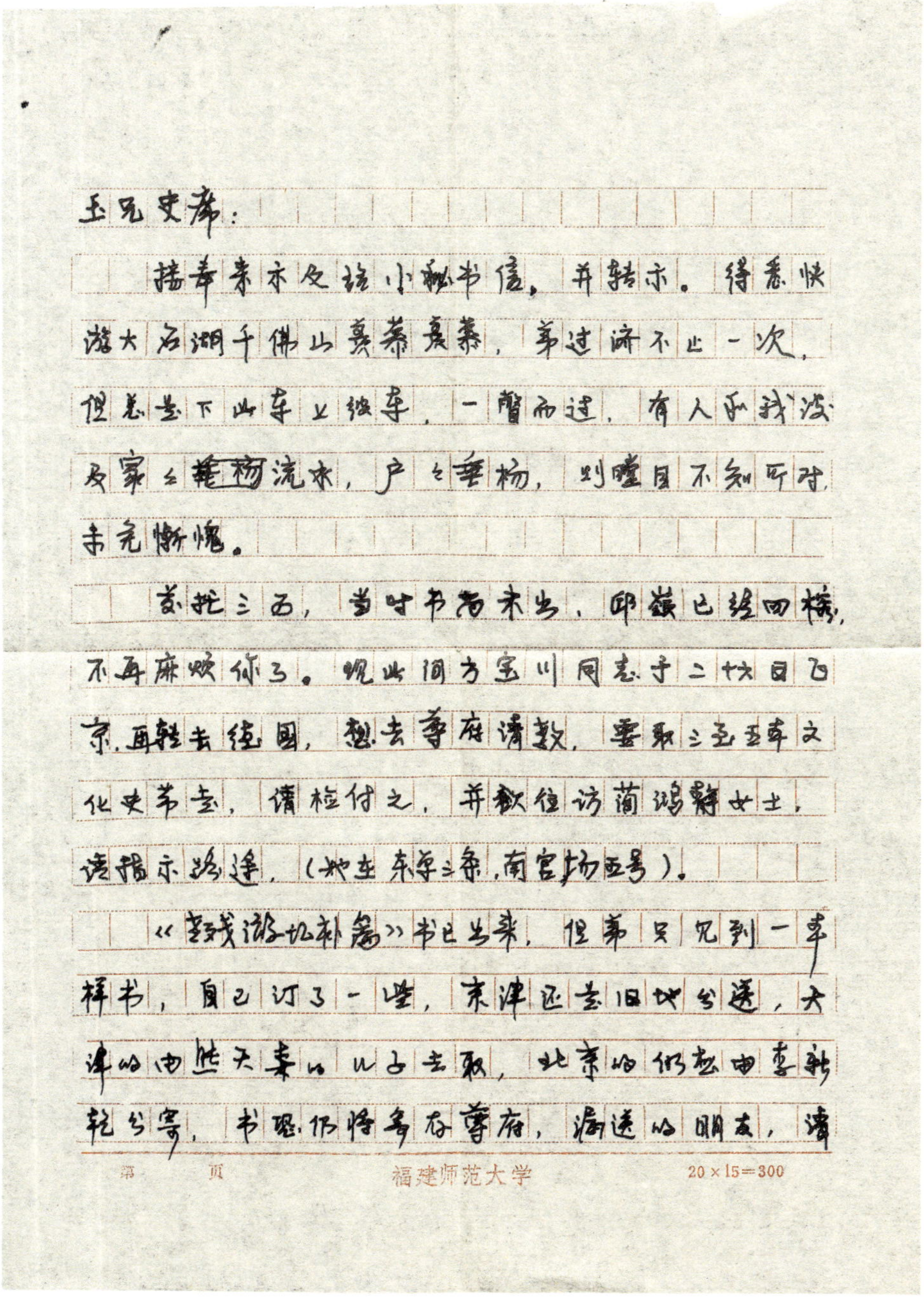
玉兄史席：

接奉来示及给小秘书信，并转示。得悉快游大明湖千佛山，羡慕羡慕，弟过济不止一次，但总是下此车上彼车，一瞥而过，有人和我谈及家家流水，户户垂杨，则瞠目不知所对，未免惭愧。

前托三事，当时书尚未出，邱岭已经回榕，不再麻烦你了。现此间方宝川同志于二十六日飞京，再转去德国，想去尊府请教，要取三至五本文化史带去，请检付之，并欲往访蔺鸿静女士，请指示路途，（她在东单三条，南宫场五号）。

《老残游记补篇》书已出来，但弟只见到一本样书，自己订了一些，京津还是旧地分送，天津的由熊天森的儿子去取，北京的仍想由李新乾分寄，书恐仍将寄存尊府，漏送的朋友，请

第　页　　福建师范大学　　20×15=300

玉兄史席：

接奉來示及給小秘書信，並轉示。得悉快遊大明湖千佛山，羡慕羡慕，弟過濟不止一次，但總是下此車上彼車，一瞥而過，有人和我談及家家流水，户户垂楊，則瞠目不知所對，未免慚愧。

前託三事，當時書尚未出，邱嶺已經回榕，不再麻煩你了。現此間方寶川同志於二十六日飛京再轉出德國，想去尊府請教，要取三至五本文化史帶去，請檢付之，並欲往訪藺鴻静女士，請指示路途（她在東單三條，南宫場五號）。

《老殘遊記補篇》書已出來，但弟只見到一本樣書，自己訂了一些，京津還是舊地分送，天津的由熊天森的兒子去取，北京的仍想由李新乾分寄，書恐仍將寄存尊府，漏送的朋友，

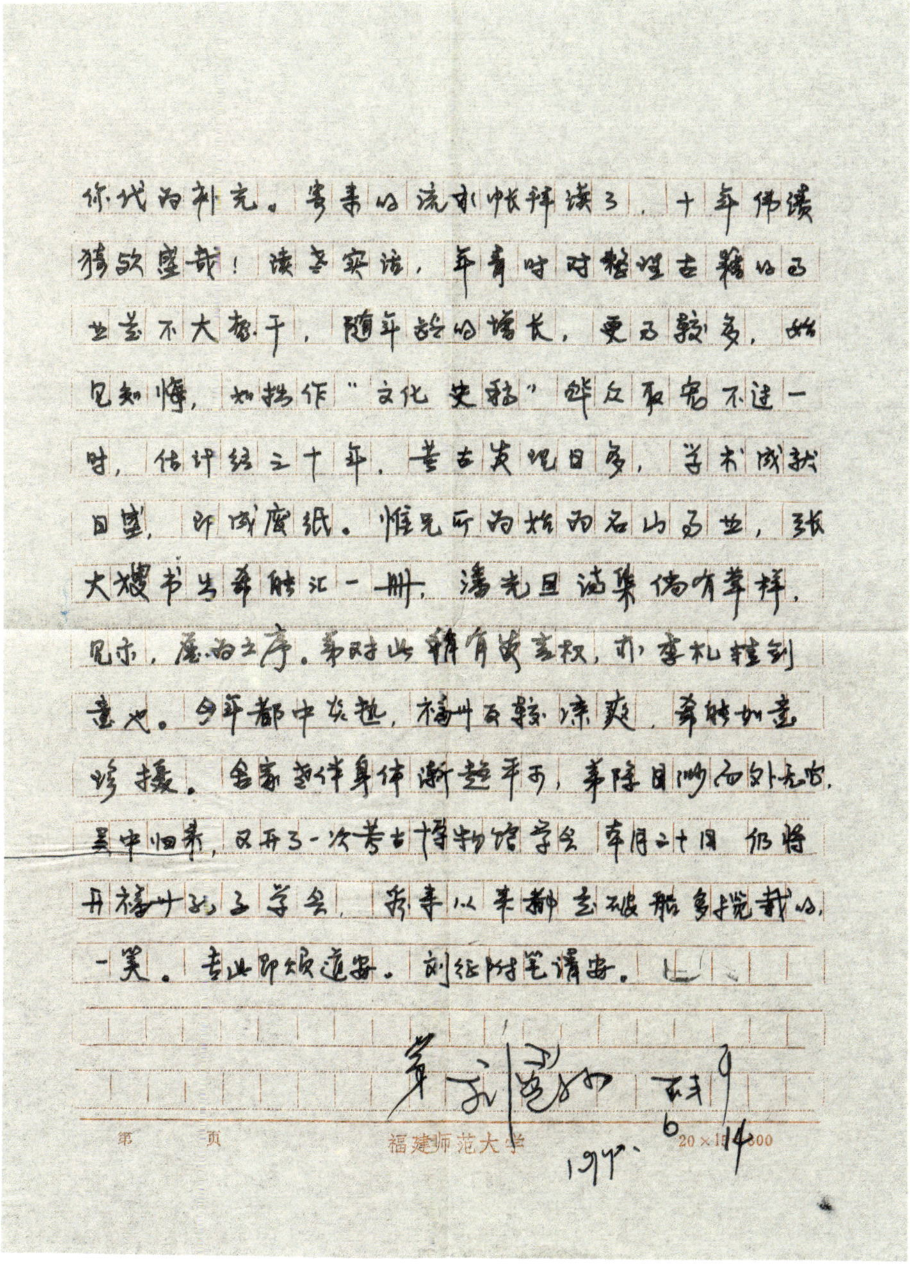

請你代爲補充。寄來的流水賬拜讀了，十年偉績猗歟盛哉！說老實話，年輕時對整理古籍的事業是不大想幹，隨年齡的增長，更事較多，始見知悔，如拙作『文化史稿』嘩衆取寵不過一時，估計經三十年，考古發現日多，學術成就日盛，即成廢紙。惟兄所爲始爲名山事業。張大嫂書出希能匯一冊，潘光旦詩集倘有草樣，見示，願爲之序。弟對此稍有發言權，亦季札掛劍意也。今年都中炎熱，福州反較涼爽，希能加意珍攝。舍家老伴身體漸趨平可，弟除目渺而外無它。吴中歸來，又開了一次考古博物館學會，本月二十日，仍將開福州孔子學會，看來從來都是破船多攬載的，一笑。專此即頌道安。劉征附筆請安。

弟劉蕙孫百拜

一九九二、六、十四

劉蕙孫

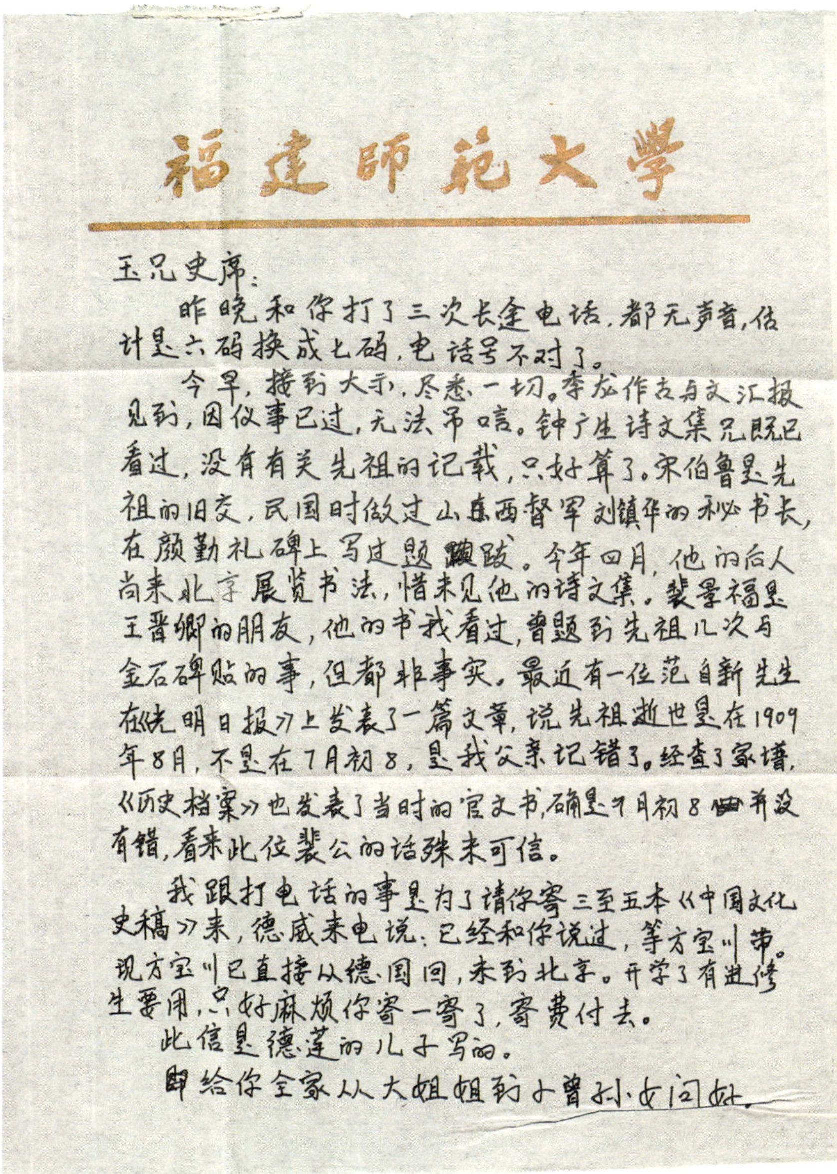

福建師範大學

玉兄史席：

昨晚和你打了三次长途电话，都无声音，估计是六码换成七码，电话号不对了。

今早，接到大示，尽悉一切。季龙作古与文汇报见到，因仪事已过，无法吊唁。钟广生诗文集兄既已看过，没有有关先祖的记载，只好算了。宋伯鲁是先祖的旧交，民国时做过山西督军刘镇华的秘书长，在颜勤礼碑上写过题跋。今年四月，他的后人尚来北京展览书法，惜未见他的诗文集。裴景福是王晋卿的朋友，他的书我看过，曾题到先祖几次与金石碑贴的事，但都非事实。最近有一位范自新先生在《光明日报》上发表了一篇文章，说先祖逝世是在1909年8月，不是在7月初8，是我父亲记错了。经查了家谱，《历史档案》也发表了当时的官文书，确是7月初8并没有错，看来此位裴公的话殊未可信。

我跟打电话的事是为了请你寄三至五本《中国文化史稿》来，德威来电说：已经和你说过，等方宝川带。现方宝川已直接从德国回，未到北京。开学了有进修生要用，只好麻烦你寄一寄了，寄费付去。

此信是德莲的儿子写的。

即给你全家从大姐姐到小曾孙小女问好。

玉兄史席：

昨晚和你打了三次長途電話，都無聲音，估計是六碼換成七碼，電話號不對了。

今早，接到大示，盡悉一切。季龍作古於《文匯報》見到，因儀式已過，無法吊唁。鍾廣生詩文集兄既已看過，没有有關先祖的記載，只好算了。宋伯魯是先祖的舊交，民國時做過山西督軍劉鎮華的秘書長，在顔勤禮碑上寫過題跋。今年四月，他的後人尚來北京展覽書法，惜未見他的詩文集。裴景福是王晉卿的朋友，他的書我看過，曾提到先祖幾次與金石碑帖的事，但都非事實。最近有一位范自新先生在《光明日報》上發表了一篇文章，説先祖逝世是在一九〇九年八月，不是在七月初八，是我父親記錯了。經查了家譜，《歷史檔案》也發表了當時的官文書，確是七月初八並没有錯，看來此位裴公的話殊未可信。

我跟打電話的事是爲了請你寄三至五本《中國文化史稿》來，德威來電説：已經和你説過，等方寶川帶。現方寶川已直接從德國回，未到北京。開學了有進修生要用，衹好麻煩你寄一寄了，寄費付去。

此信是德蓮的兒子寫的。

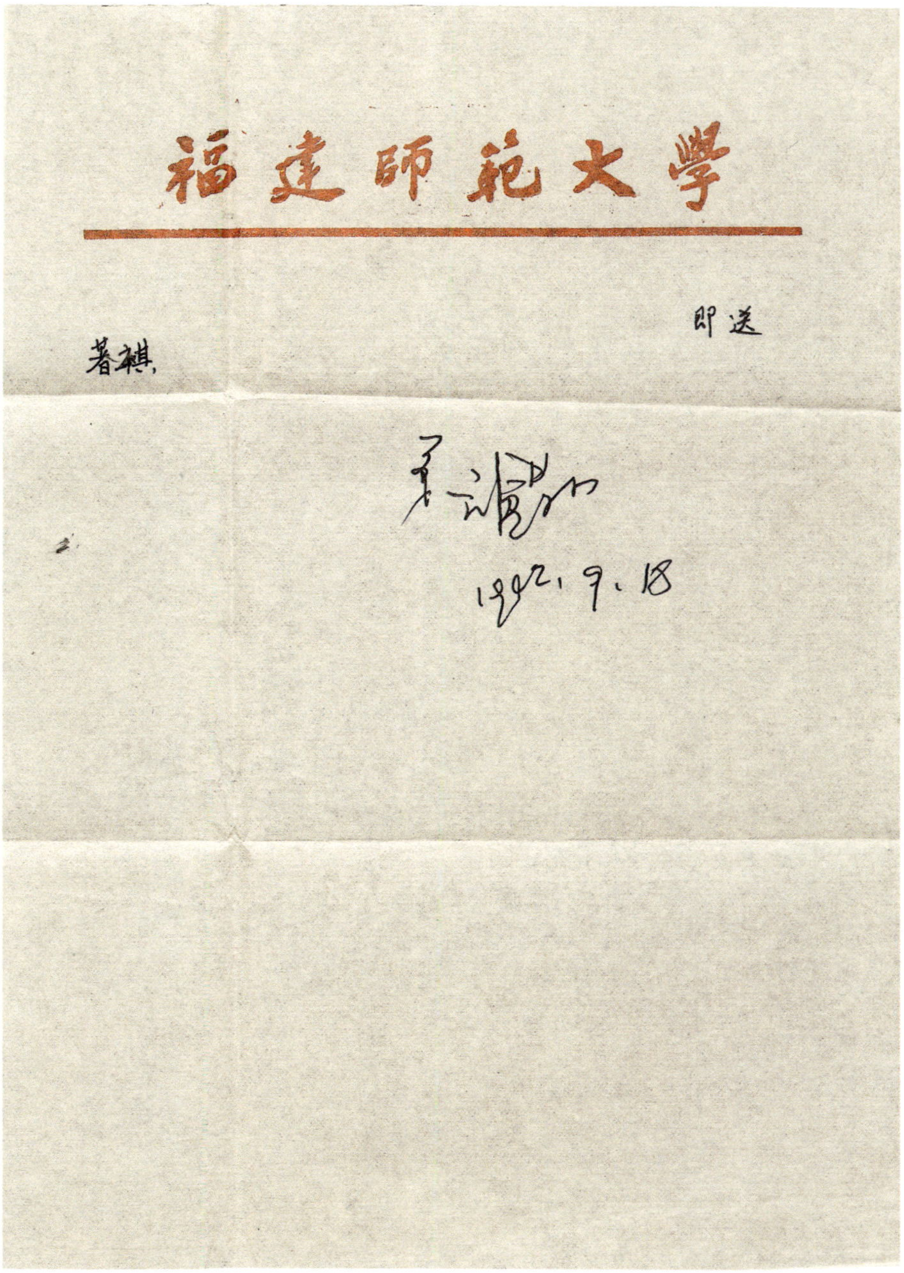

福建師範大學

即頌

著祺

1992.9.18

給你全家從大姐姐到小曾孫女問好。

即頌

著祺

弟劉蕙孫

一九九二、九、十八

劉蕙孫

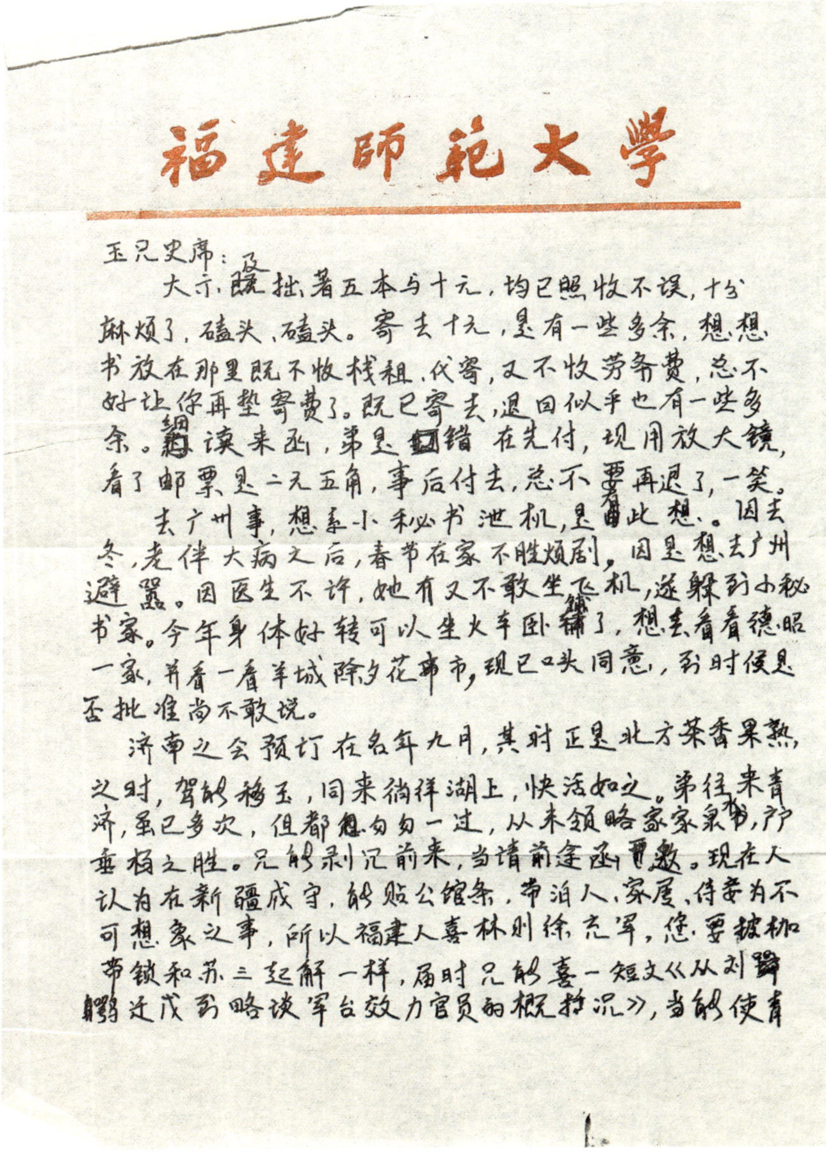

福建師範大學

玉兄史席：

大示及拙著五本与十元，均已照收不误，十分麻烦了，磕头、磕头。寄去十元，是有一些多余，想想书放在那里既不收栈租、代寄，又不收劳务费，总不好让你再垫寄费了。既已寄去，退回似乎也有一些多余。细读来函，弟是错在先付，现用放大镜，看了邮票是二元五角，事后付去，总不要再退了，一笑。

去广州事，想系小秘书泄机，是有此想。因去冬，老伴大病之后，春节在家不胜烦剧，因是想去广州避嚣。因医生不许，她又不敢坐飞机，遂躲到小秘书家。今年身体好转可以坐火车卧铺了，想去看看德昭一家，并看一看羊城除夕花市，现已口头同意，到时候是否批准尚不敢说。

济南之会预订在明年九月，其时正是北方茶香果熟之时，驾能移玉，同来徜徉湖上，快活如之。弟往来青济，虽已多次，但都匆匆一过，从未领略家家泉水，户户垂杨之胜。兄能拨冗前来，当请前途函邀。现在人认为在新疆戍守，能贴公馆条，带仆人、家属、侍妾为不可想象之事，所以福建人写林则徐充军，宁要披枷带锁和苏三起解一样，届时兄能写一短文《从刘鹗迁戍到略谈军台效力官员的概况》，当能使青

玉兄史席：

大示及拙著五本與十元，均已照收不誤，十分麻煩了，磕頭、磕頭。寄去十元，是有一些多餘，想想書放在那裏既不收棧租、代寄，又不收勞務費，總不好讓你再墊寄費了。既已寄去，退回似乎也有一些多餘。細讀來函，弟是錯在先付，現用放大鏡，看了郵票是二元五角，事後付去，總不要再退了，一笑。

去廣州事，想係小秘書泄機，是有此想。因去冬，老伴大病之後，春節在家不勝繁劇，因是想去廣州避囂。因醫生不許，她又不敢坐飛機，遂躲到小秘書家。今年身體好轉可以坐火車臥鋪了，想去看看德昭一家，並看一看羊城除夕花市，現已口頭同意，到時候是否批准尚不敢説。

濟南之會預訂在明年九月，其時正是北方茶香果熟之時，駕能移玉，同來徜徉湖上，快活如之。弟往來青濟，雖已多次，但都匆匆一過，從未領略家家泉水，户户垂楊之盛。兄能撥冗前來，當請前□函邀。現在人認爲在新疆戍守，能貼公館條，帶僕人、家屬、侍妾爲不可想象之事，所以福建人寫林則徐充軍，寧要披枷帶鎖和蘇三起解一樣，届時兄能寫一短文《從劉鶚遷戍到略談軍台效力官員的概況》，當能使青

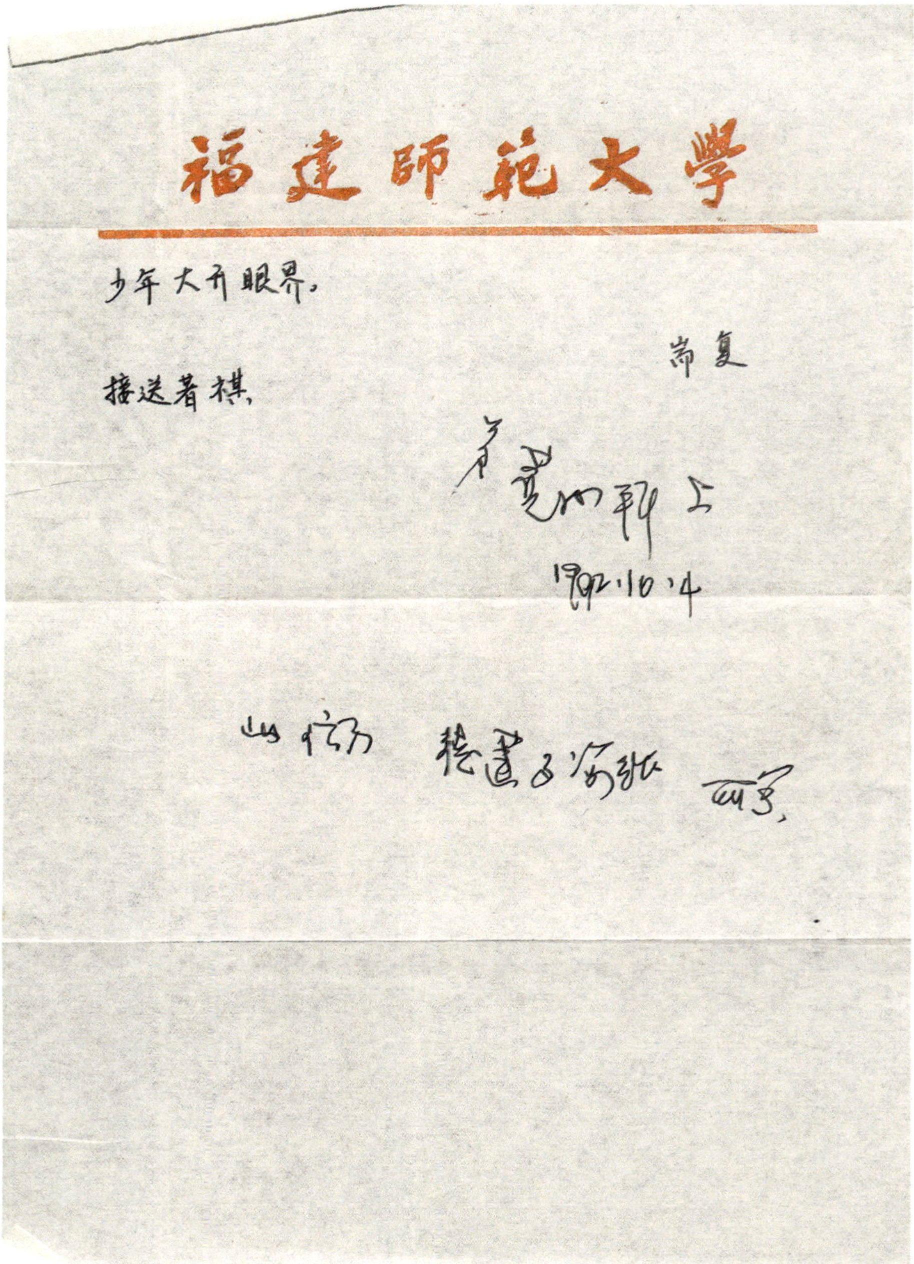

福建師範大學

少年大开眼界。

耑复

即颂著祺

弟蕙荪拜上

1992.10.4

此信乃 德莲子海鲲 所写

少年大開眼界。

耑復

即頌著祺。

弟蕙蓀拜上

一九九二、十、四

此信乃德蓮子海鯤所寫。

劉蕙孫

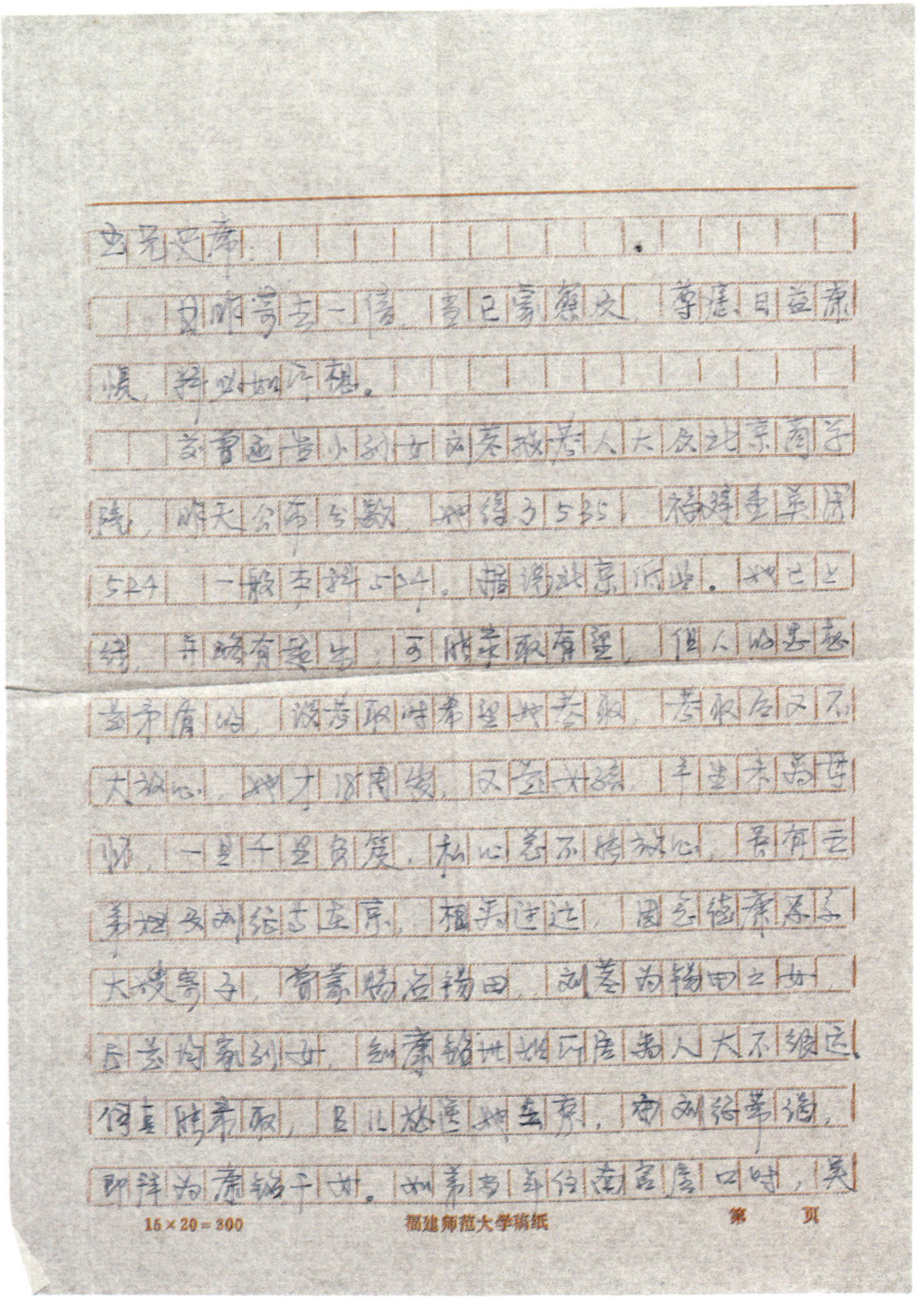

玉兄史席：

昨寄去一信，當已蒙察及，尊恙日益康復，料必如所想。

前曾函告小孫女劉苳報考人大及北京商學院，昨天公佈分數，她得了五三五，福建重點綫五二四，一般本科五〇四。據説北京低些。她已上綫，並略有超出，可能録取有望，但人的思想是矛盾的，没考取時希望她考取，考取後又不大放心，她纔十八周歲，又是女孩，平生未離母懷，一旦千里負笈，私心總不能放心，雖有五弟婦及劉征等在京，相離過遠。因念德康原係大嫂寄子，嘗蒙賜名錫田，劉苳爲錫田之女，正是均家孫女。知康銘世姐所居離人大不很遠，倘真能録取，及兒媳送她至京，由劉征帶謁，即拜爲康銘乾女。如弟當年住南官房口時，吴

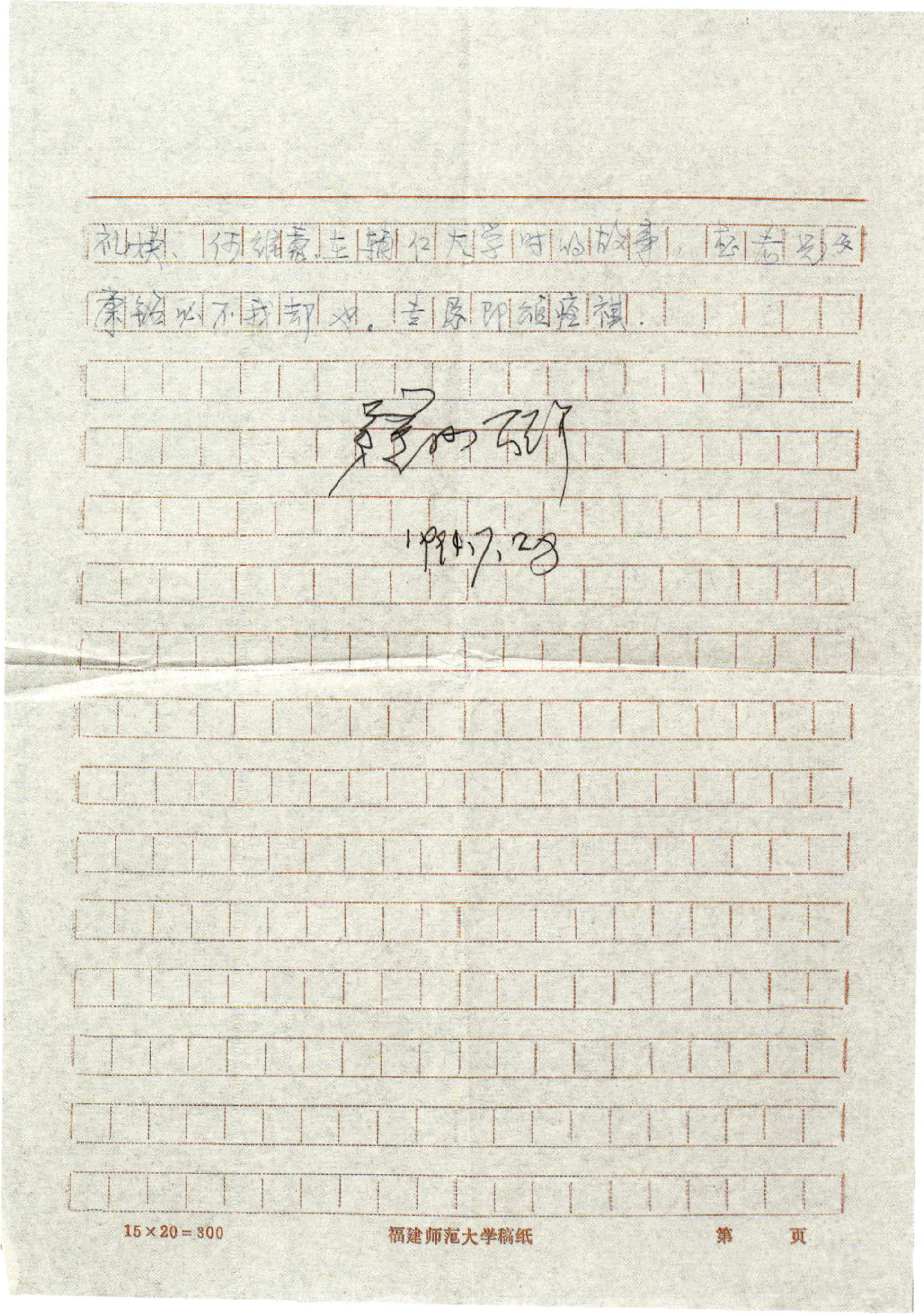

禮媖、何維蕙在輔仁大學時的故事，想老兄及康銘必不我卻也。專懇即頌痊祺。

弟蕙孫百拜

一九九四、七、二十八

劉蕙孫

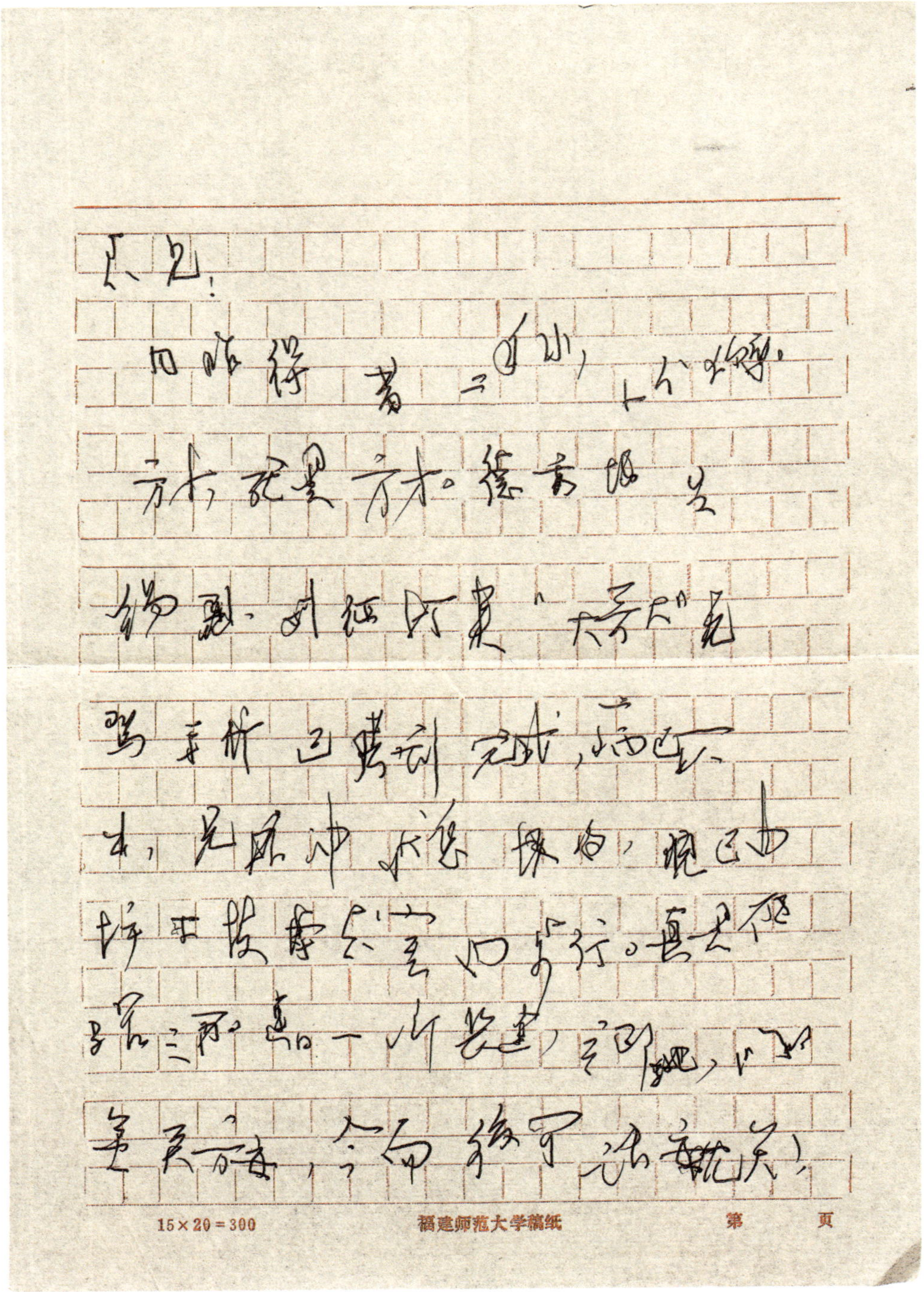

玉兄：

因昨得昔二手書，十分欣慰。方纔，就是方纔，德秀報告消息，劉征打來『大哥大』說大駕手術已勝利完成，瘤已取出，兄精神狀態還好，現已由護士扶著在室內步行。真是□□□□。連日一聽長途，立即馳問，無事方安。今而後可話安枕矣。

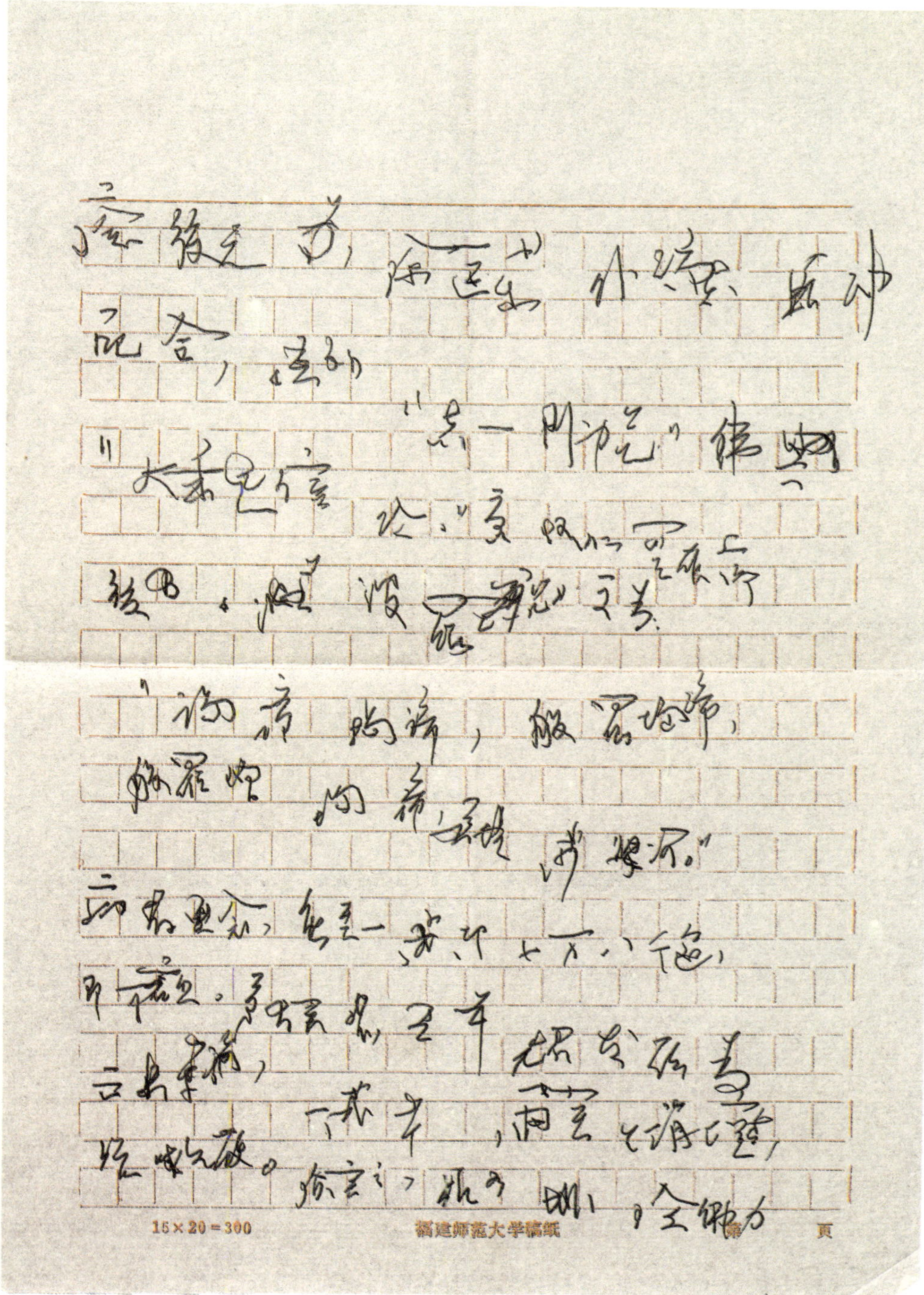

癒後之爲，除醫藥外，需在精神配合，《孟子》『志一則動氣』，佛典有大乘心經，論唐懷仁聖教序後有『般若波羅密多咒』，文爲『揭諦，揭諦，波羅揭諦，波羅僧揭諦，菩提薩婆訶』，病者默念，能至十萬八千遍，即可□然。弟□□□，五一年先君發□□□□□□……□□雖可排除佛力，

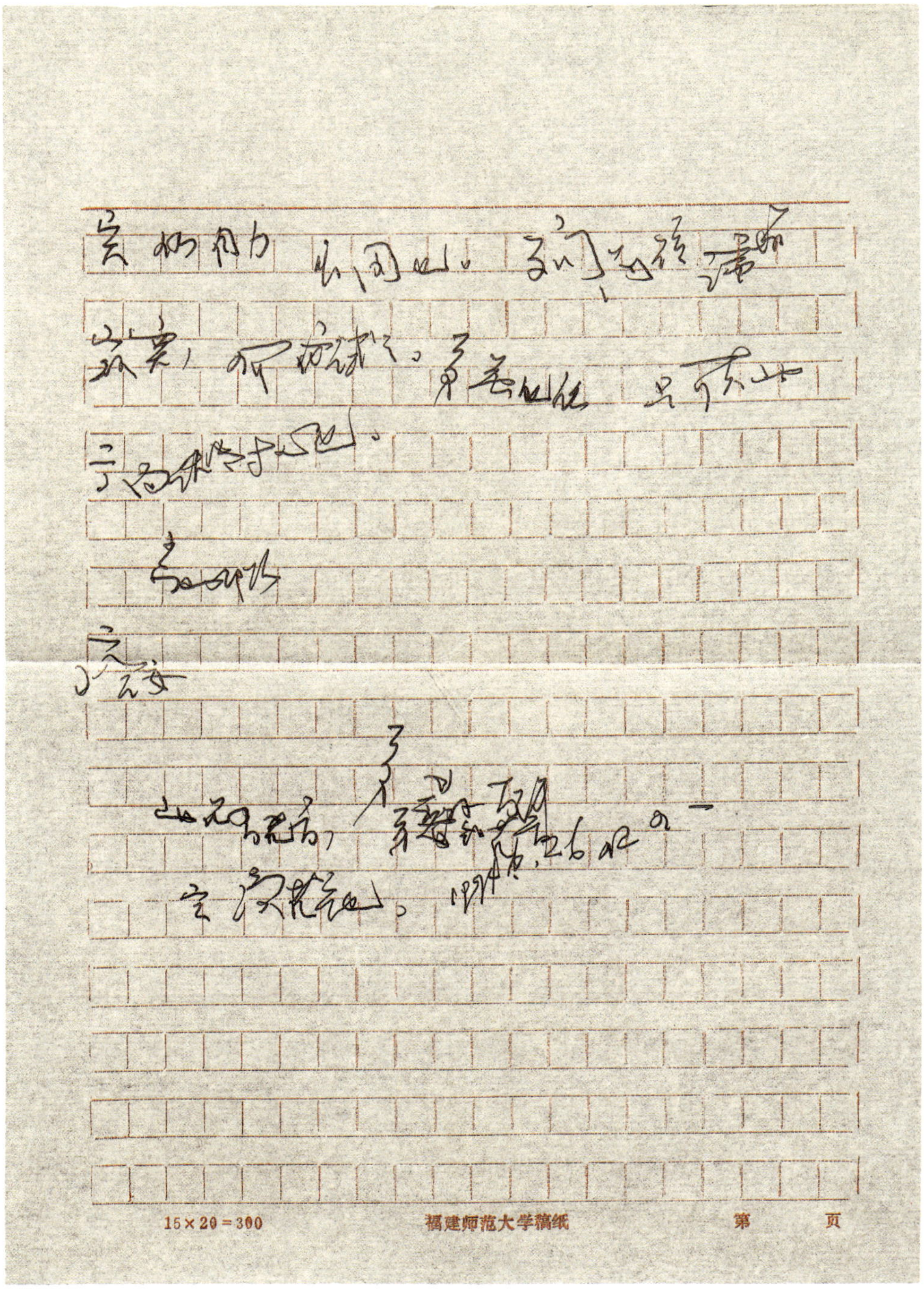

實渭自力作用也。文字簡短，病榻寂寞，何妨試之。弟無他能，只可取此方面以傳寸心也。

耑此即頌

痊安

弟蕙孫百拜

一九九四、十、二十六

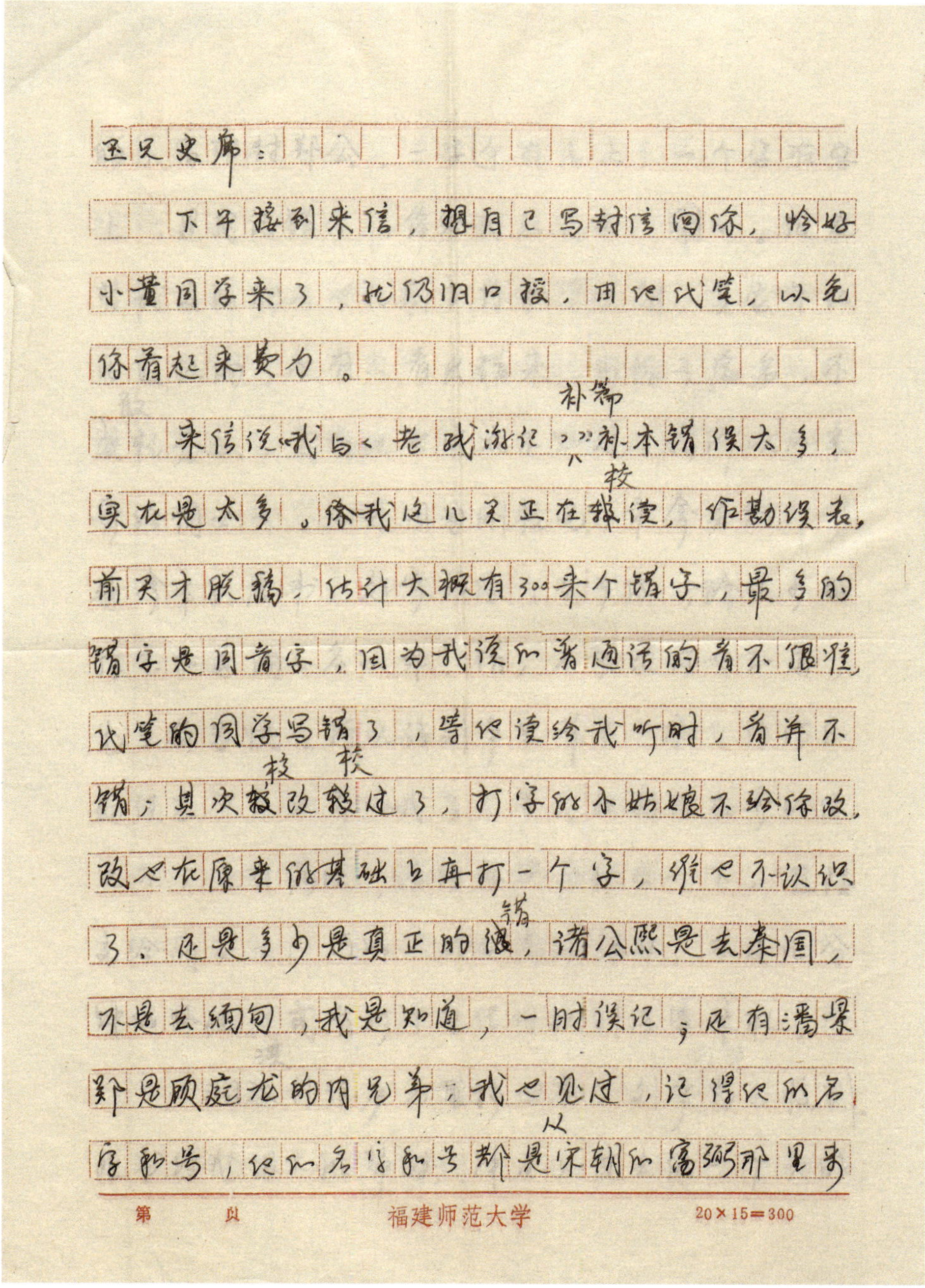

玉兄史席：

下午接到來信，想自己寫封信回你，恰好小董同學來了，就仍舊口授，由他代筆，以免你看起來費力。

來信説《我與〈老殘遊記〉補篇》補本錯誤太多，實在是太多。我這幾天正在校讀，作勘誤表，前天纔脱稿，估計大概有三百來個錯字，最多的錯字是同音字，因爲我説的普通話的音不很準，代筆的同學寫錯了，等他讀給我聽時，音並不錯；其次校改校過了，打字的小姑娘不給你改，改也在原來的基礎上再打一個字，誰也不認識了。還是多少是真正的錯，諸公熙是去泰國，不是去緬甸，我是知道，一時誤記；還有潘景鄭是顧廷龍的内兄弟，我也見過，記得他的名字和號，他的名字和號都是從宋朝的富弼那裏來

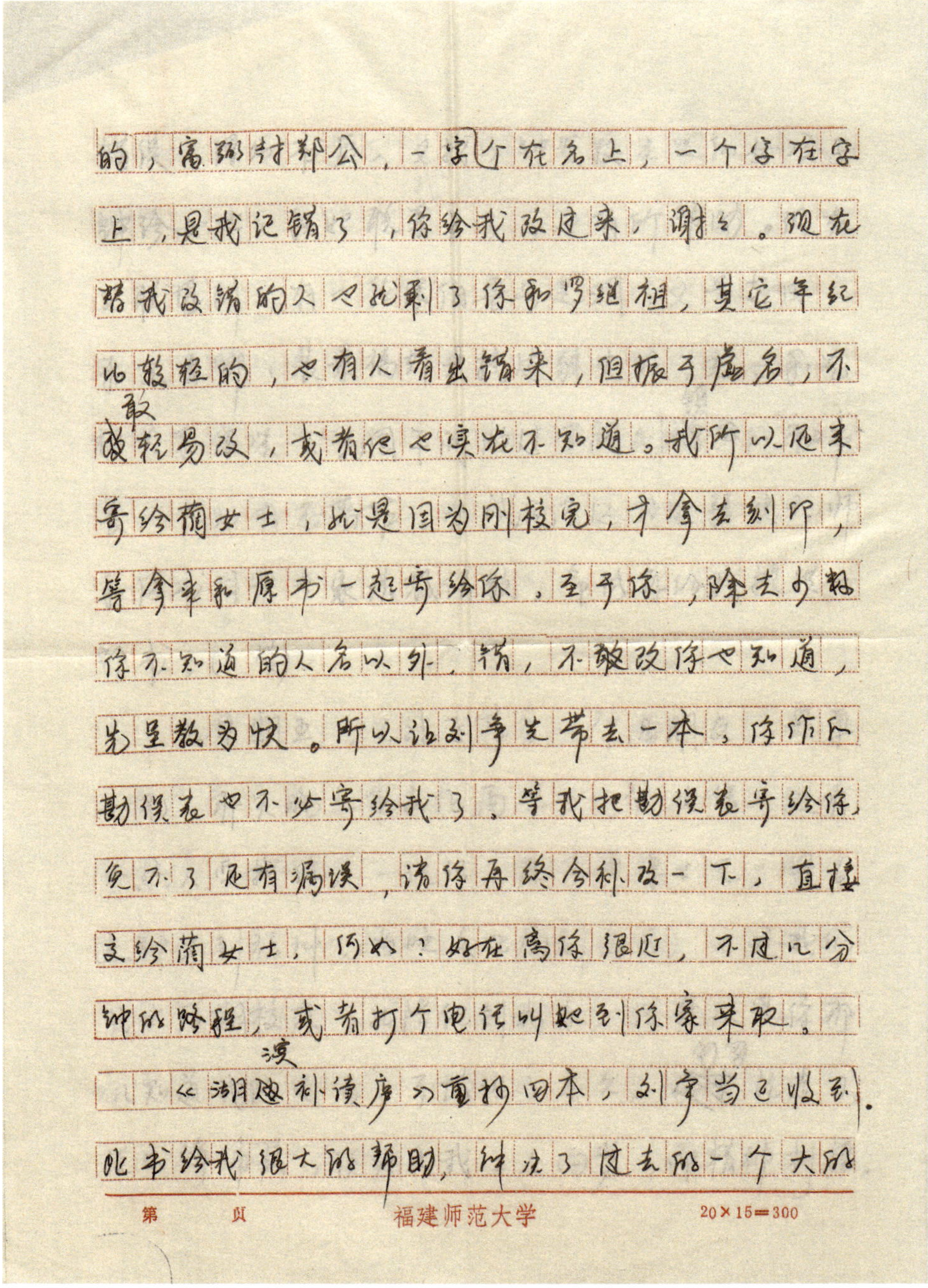

的，富弼封郑公，一字个在名上，一个字在字上，是我记错了，你给我改过来，谢谢。现在替我改错的人也就剩了你和罗继祖，其它年纪比较轻的，也有人看出错来，但振于虚名，不敢轻易改，或者他也实在不知道。我所以还未寄给蔺女士，就是因为刚校完，才拿去刻印，等拿来和原书一起寄给你，至于你，除去少数你不知道的人名以外，错，不改你也知道，先呈教为快。所以让刘争先带去一本，你作的勘误表也不必寄给我了，等我把勘误表寄给你，免不了还有漏误，请你再综合补改一下，直接交给蔺女士，何如？好在离你很近，不过几分钟的路程，或者打个电话叫她到你家来取。

《湖滨补读庐》重抄四本，刘争当已收到。此书给我很大的帮助，解决了过去的一个大的

第　页　福建师范大学　20×15=300

的，富弼封鄭公，一個字在名上，一個字在字上，是我記錯了，你給我改過來，謝謝。現在替我改錯的人也就剩下你和羅繼祖，其他年紀比較輕的，也有人看出錯來，但振於虚名，不敢輕易改，或者他也實在不知道。我所以還未寄給藺女士，就是因爲剛校完，纔拿去刻印，等拿來和原書一起寄給你。至於你，除去少數你不知道的人名外，錯，不改你也知道，先呈教爲快。所以讓劉征先帶去一本。你作的勘誤表也不必寄給我了。等我把勘誤表寄給你，免不了還有漏誤，請你再綜合補改一下，直接交給藺女士，何如？好在離你很近，不過幾分鐘的路程，或者打個電話叫她到你家來取。

《湖濱補讀廬》重抄四本，劉征當已收到。此書給我很大的幫助，解決了過去的一個大的

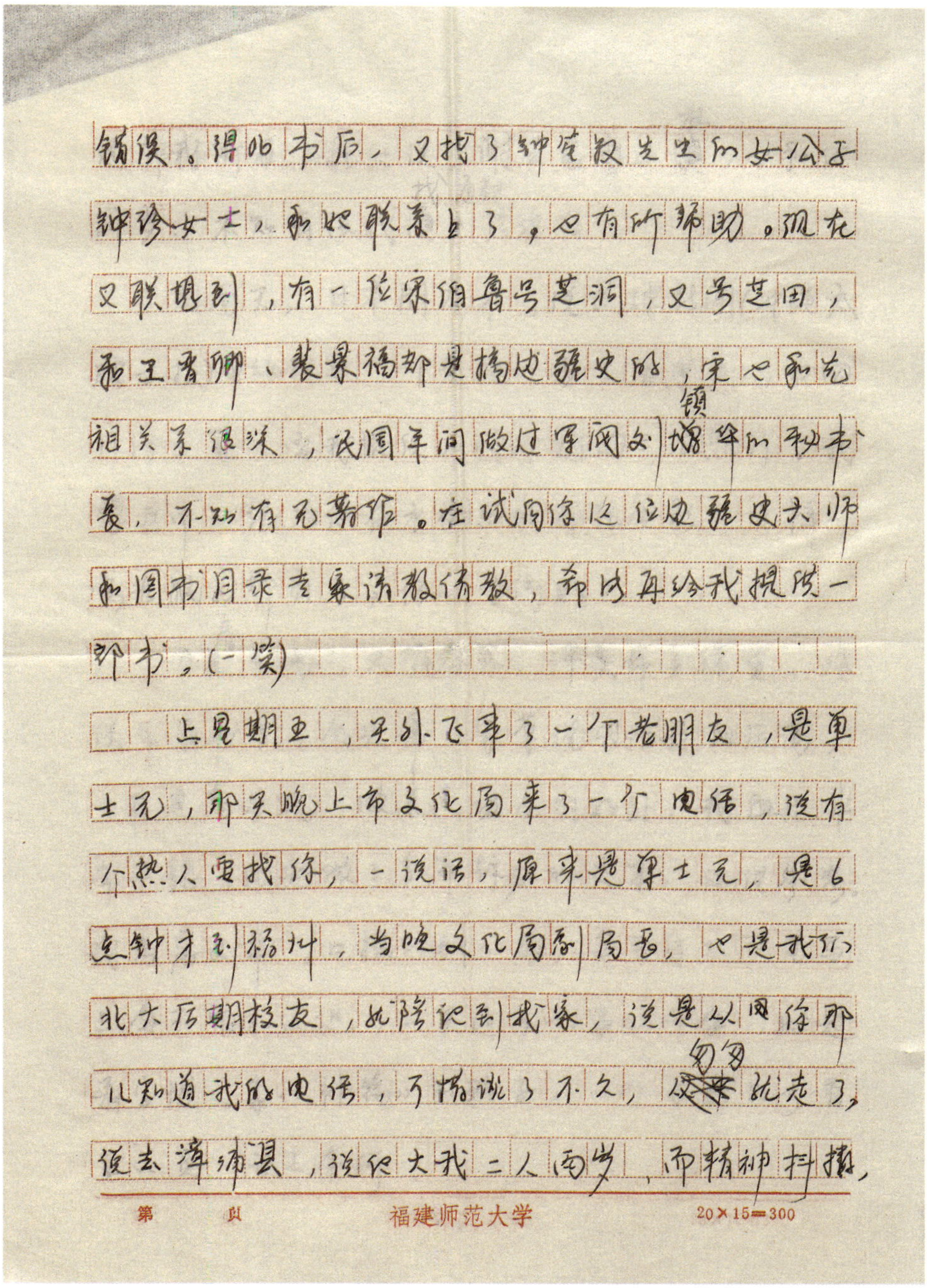

错误。得此书后，又找了钟笙叔先生的女公子钟珍女士，和她联系上了，也有所帮助。现在又联想到，有一位宋伯鲁号芝洞，又号芝田，和王晋卿、裴景福都是搞边疆史的，宋也和先祖关系很深，民国年间做过军阀刘镇华的秘书长，不知有无著作。在试向你这位边疆史大师和图书目录专家请教请教，希能再给我提供一部书。（一笑）

上星期五，天外飞来了一个老朋友，是单士元，那天晚上市文化局来了一个电话，说有个熟人要找你，一说话，原来是单士元，是6点钟才到福州，当晚文化局副局长，也是我们北大后期校友，就陪他到我家，说是从你那儿知道我的电话，可惜谈了不久，匆匆就走了，说去漳浦县，说他大我二人两岁，而精神抖擞，

第　页　福建师范大学　20×15=300

錯誤。得此書後，又找了鍾笙叔先生的女公子鍾珍女士，和她聯係上了，也有所幫助。現在又聯想到，有一位宋伯魯號芝洞，又號芝田，和王晉卿、裴景福都是搞邊疆史的，宋也和先祖關係很深，民國年間做過軍閥劉鎮華的秘書長，不知有無著作。在試向你這位邊疆史大師和圖書目録專家請教請教，希能再給我提供一部書（一笑）。

上星期五，天外飛來了一個老朋友，是單士元。那天晚上市文化局來了一個電話，說有個熟人要找你，一説話，原來是單士元，是六點鐘纔到福州，當晚文化局副局長，也是我們北大後期校友，就陪他到我家，説是從你那兒知道我的電話，可惜談了不久，匆匆就走了，説去漳浦縣，説他大我二人兩歲，而精神抖擻，

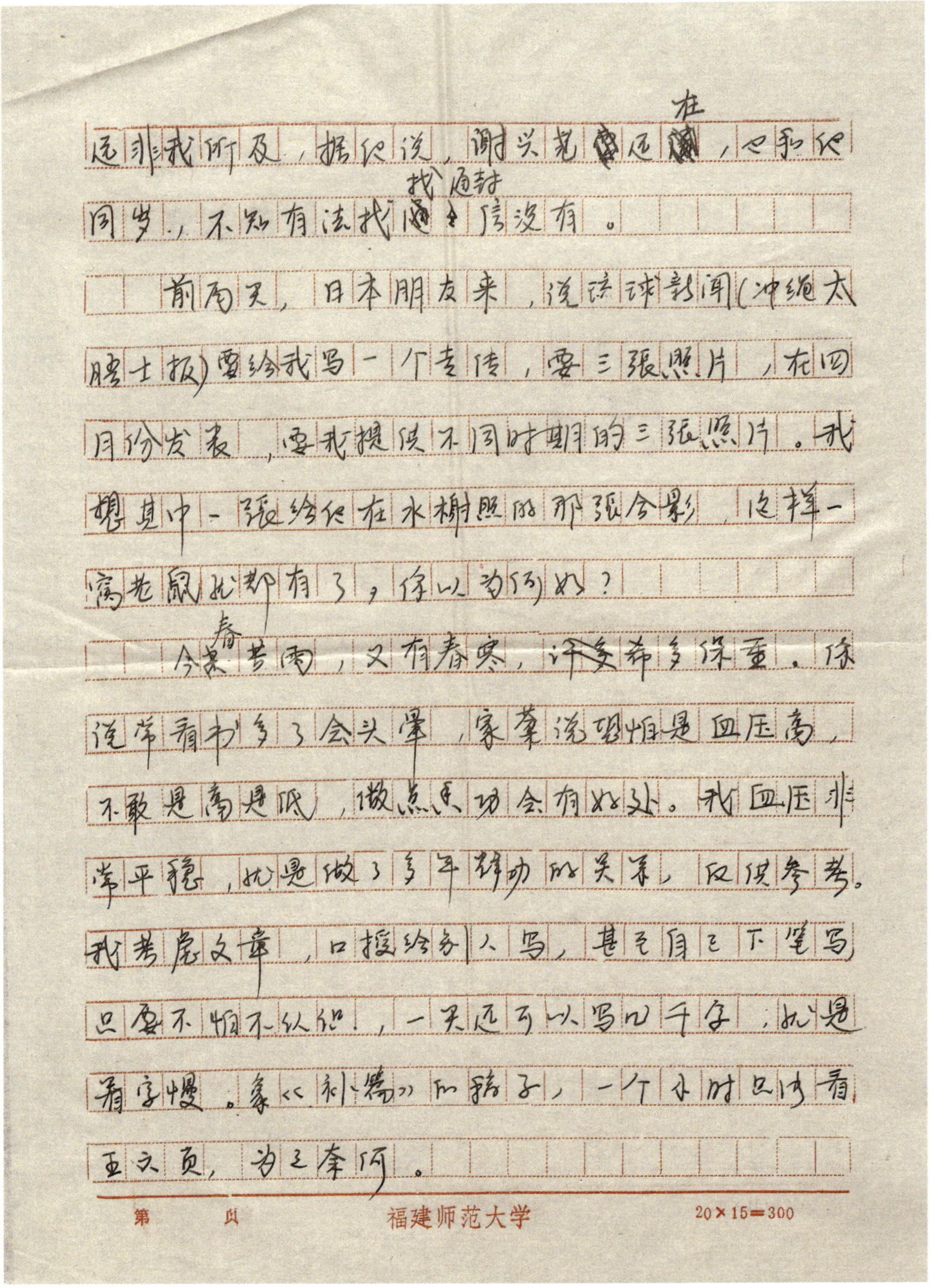

远非我所及，据他说，谢兴尧在还，也和他同岁，不知有法找找通封信没有。

前两天，日本朋友来，说琉球新闻（冲绳太晤士报）要给我写一个专传，要三张照片，在四月份发表，要我提供不同时期的三张照片。我想其中一张给他在水榭照的那张合影，这样一窝老鼠就都有了，你以为何如？

今春苦雨，又有春寒，许多希多保重。你说常看书多了会头晕，家菜说恐怕是血压高，不敢是高是低，做点香功会有好处。我血压非常平稳，就是做了多年练功的关系，仅供参考。

我考虑文章，口授给别人写，甚至自己下笔写，只要不怕不认识，一天还可以写几千字，就是看字慢。象《补篇》的稿子，一个小时只能看五六页，为之奈何。

第　页　福建师范大学　20×15＝300

遠非我所及。據他説，謝興堯還在，也和他同歲，不知有法找找通封信没有。

前兩天，日本朋友來，説琉球新聞（沖繩泰晤士報）要給我寫一個專傳，要三張照片，在四月份發表，要我提供不同時期的三張照片。我想其中一張給他在水榭照的那張合影，這樣一窩老鼠就都有了，你以爲何如？

今春苦雨，又有春寒，希多保重。你説常看書多了會頭暈，家棻説恐怕是血壓高，不管是高是低，做點香功會有好處。我血壓非常平穩，就是做了多年練功的關係，僅供參考。我考慮文章，口授給别人寫，甚至自己下筆寫，衹要不怕不認識，一天還可以寫幾千字，就是看字慢。像《補篇》的稿子，一個小時衹能看五六頁，爲之奈何。

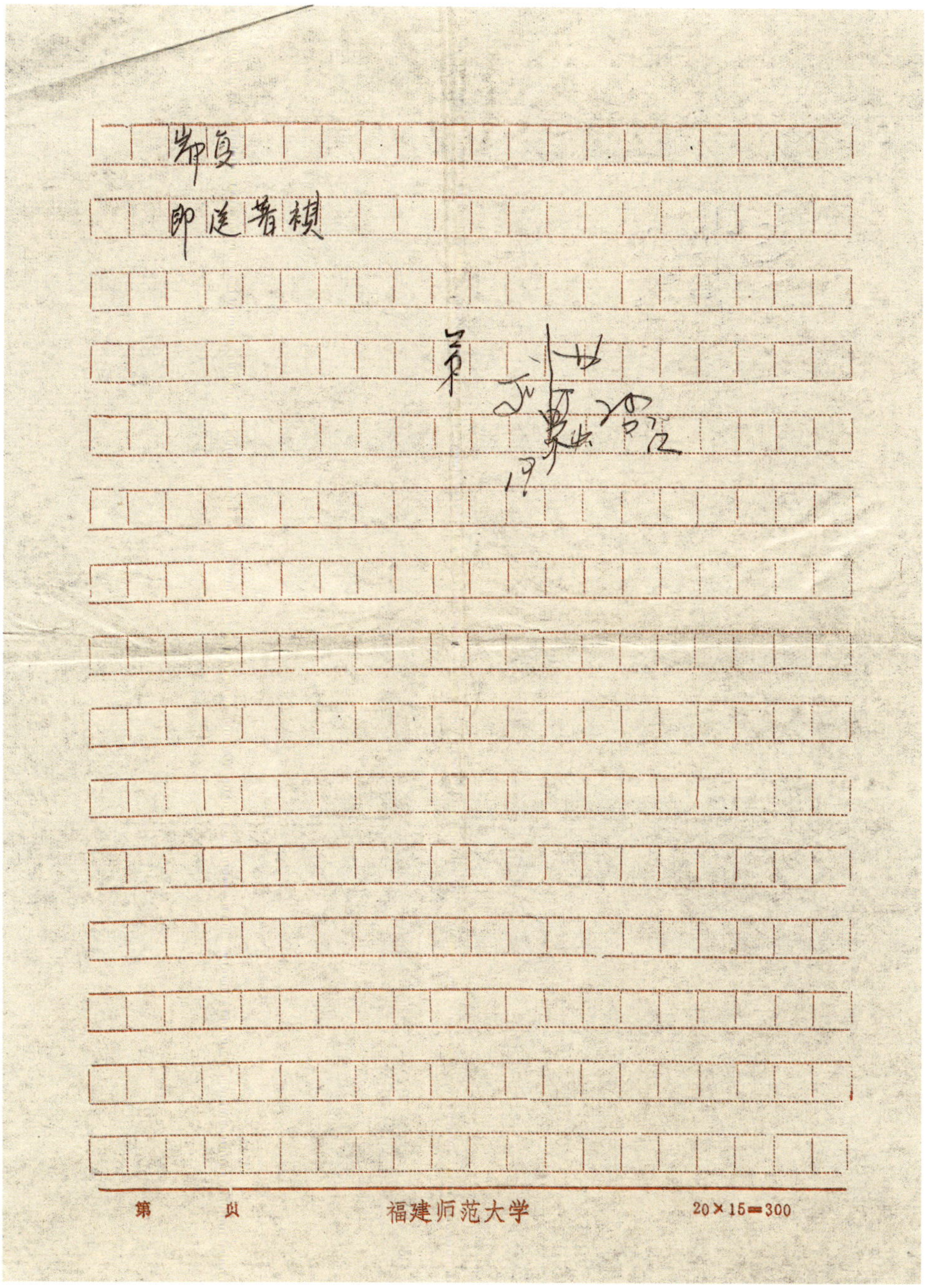

耑復
即頌著祺

弟劉蕙孫
一九九四

第　頁　福建师范大学　20×15=300

耑復
即頌著祺

弟劉蕙孫
一九九四

劉蕙孫

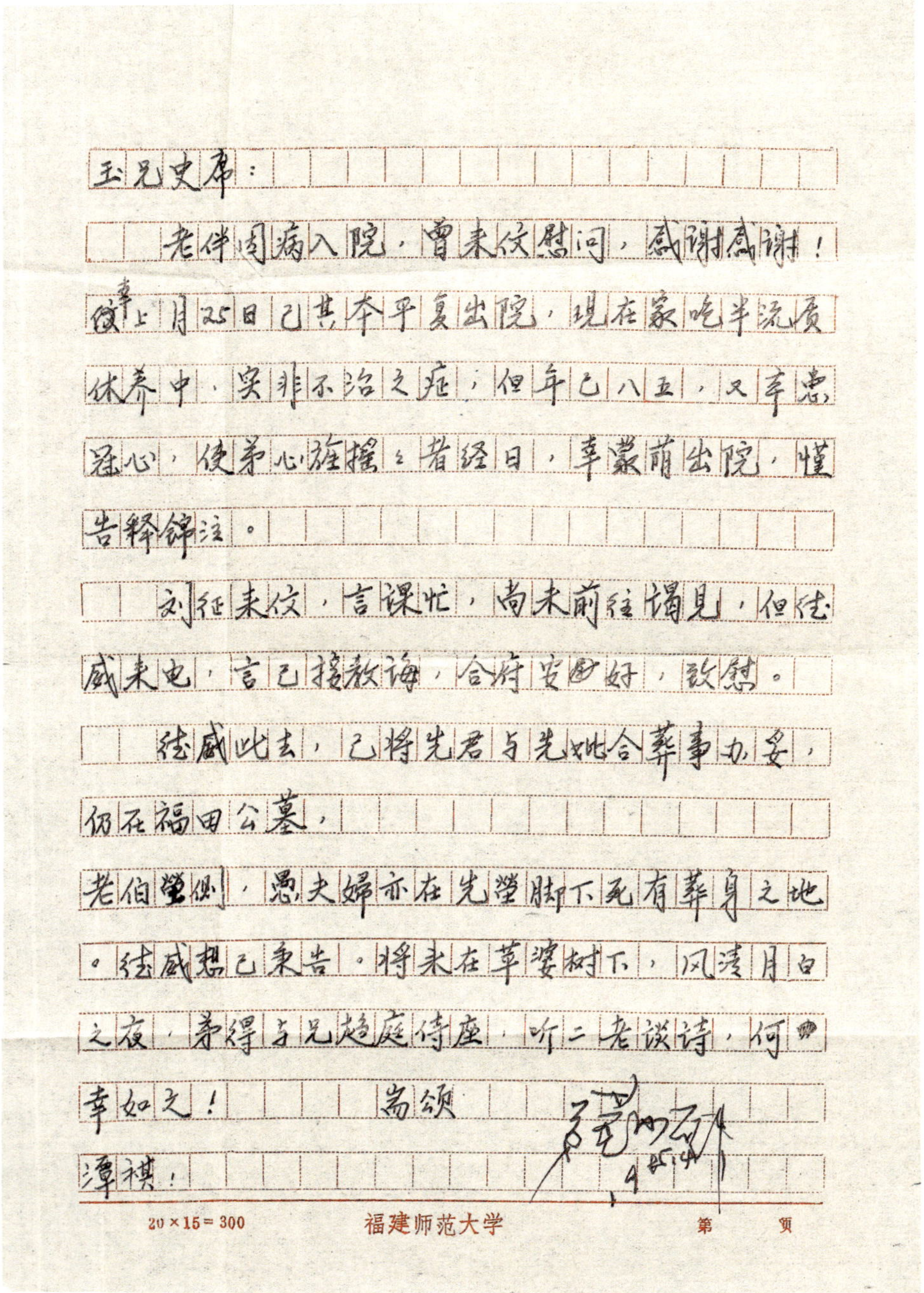
玉兄史席：

老伴因病入院，曾来信慰问，感谢感谢！幸上月25日已基本平复出院，现在家吃半流质休养中，实非不治之症，但年已八五，又本患冠心，使弟心旌摇摇者经日，幸蒙荫出院，仅告释锦注。

刘征来信，言课忙，尚未前往谒见，但德威来电，言已接教诲，合府安好，致慰。

德威此去，已将先君与先妣合葬事办妥，仍在福田公墓，老伯塋側，愚夫妇亦在先塋脚下，死有葬身之地。德威想已禀告。将来在苹婆树下，风清月白之夜，弟得与兄趋庭侍座，听二老谈诗，何幸如之！

耑颂

潭祺！

20×15=300　福建师范大学　第　页

玉兄史席：

老伴因病入院，曾來信慰問，感謝感謝！幸上月二十五日已基本平復出院，現在家吃半流質休養中，實非不治之症，但年已八五，又本患冠心，使弟心旌摇摇者經日，幸蒙蔭出院，僅告釋錦注。

劉征來信，言課忙，尚未前往謁見，但德威來電，言已接教誨，合府安好，致慰。

德威此去，已將先君與先妣合葬事辦妥，仍在福田公墓，老伯塋側，愚夫婦亦在先塋腳下，死有葬身之地。德威想已稟告。將來在蘋婆樹下，風清月白之夜，弟得與兄趨庭侍座，聽二老談詩，何幸如之！

耑頌

潭祺！

弟蕙孫百拜

一九九五、四、一

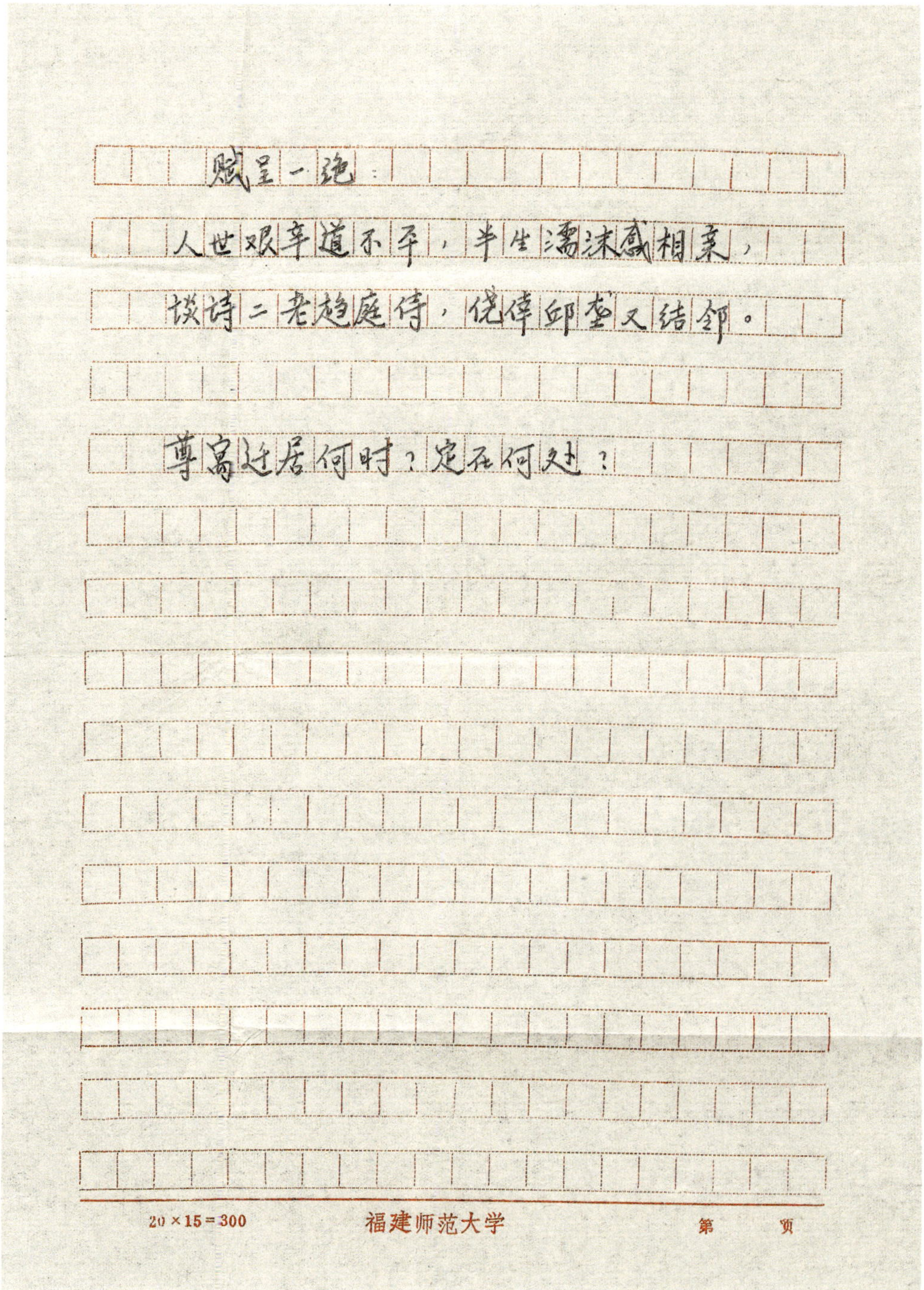
赋呈一绝：

人世艰辛道不平，半生濡沫感相亲，

谈诗二老趋庭侍，侥倖邱壟又结邻。

尊寓迁居何时？定在何处？

20×15=300　福建师范大学　第　页

賦呈一絶：

人世艱辛道不平，
半生濡沫感相親；
談詩二老趨庭侍，
僥幸邱壟又結隣。

尊寓遷居何時？定在何處？

劉蕙孫

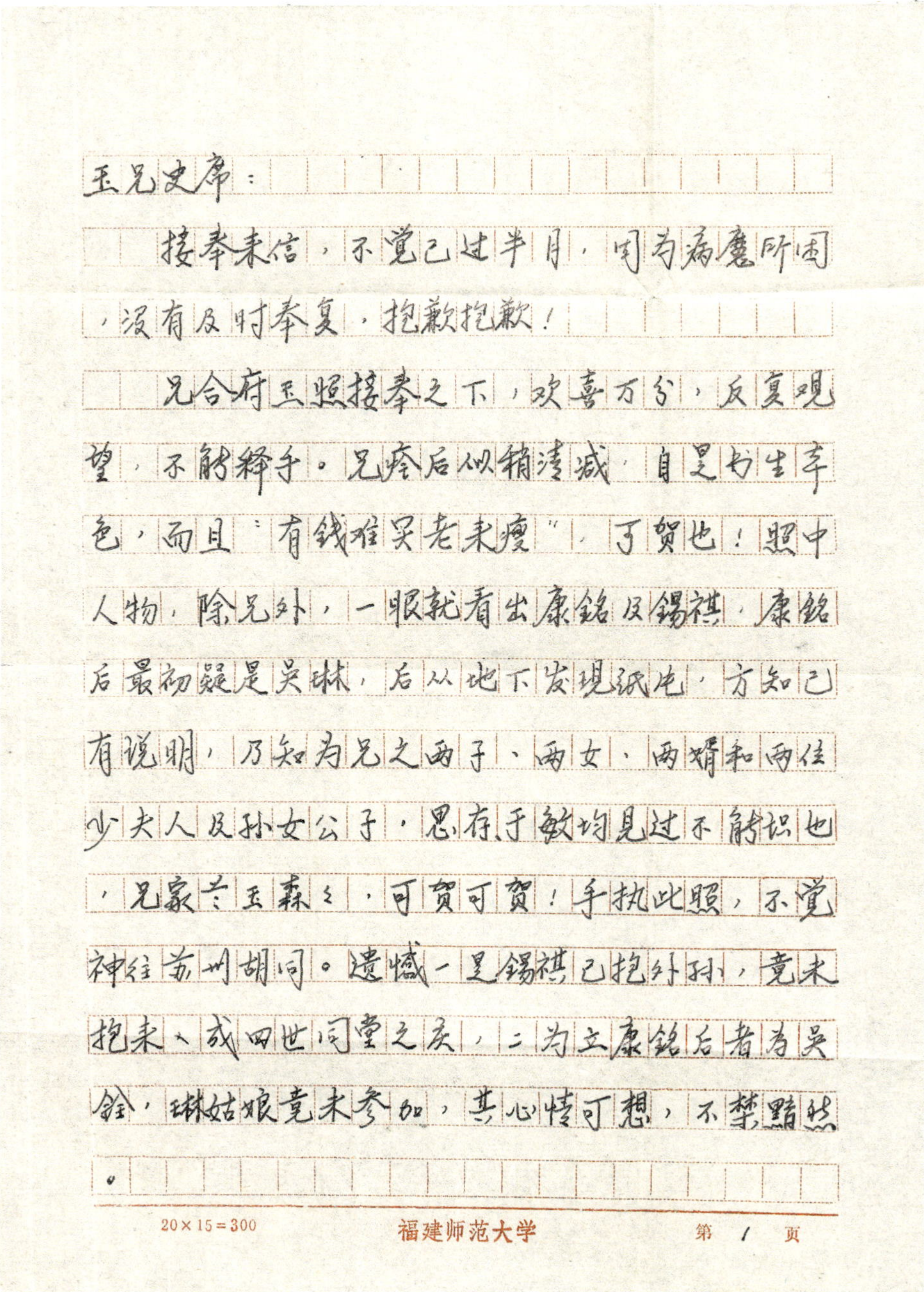
玉兄史席：

接奉来信，不觉已过半月，因为病魔所困，没有及时奉复，抱歉抱歉！

兄合府玉照接奉之下，欢喜万分，反复观望，不能释手。兄痊后似稍清减，自是书生本色，而且"有钱难买老来瘦"，可贺也！照中人物，除兄外，一眼就看出康铭及锡祺，康铭后最初疑是吴琳，后从地下发现纸片，方知已有说明，乃知为兄之两子、两女、两婿和两位少夫人及孙女公子，思存、于敏均见过不能识也，兄家兰玉森森，可贺可贺！手执此照，不觉神往苏州胡同。遗憾一是锡祺已抱外孙，竟未抱来，成四世同堂之庆，二为立康铭后者为吴铨，琳姑娘竟未参加，其心情可想，不禁黯然。

20×15=300　福建师范大学　第 1 页

玉兄史席：

接奉來信，不覺已過半月，因爲病魔所困，没有及時奉復，抱歉抱歉！

兄合府玉照接奉之下，歡喜萬分，反復觀望，不能釋手。兄痊後似稍清減，自是書生本色，而且『有錢難買老來瘦』，可賀也！照中人物，除兄外，一眼就看出康銘及錫祺，康銘後最初疑是吴琳，後從地下發現紙片，方知已有説明，乃知爲兄之兩子、兩女、兩婿和兩位少夫人及孫女公子。思存、于敏均見過不能識也，兄家藍玉森森，可賀可賀！手執此照，不覺神往蘇州胡同。遺憾一是錫祺已抱外孫，竟未抱來、成四世同堂之慶，二爲立康銘後者爲吴銓，琳姑娘竟未參加，其心情可想，不禁黯然。

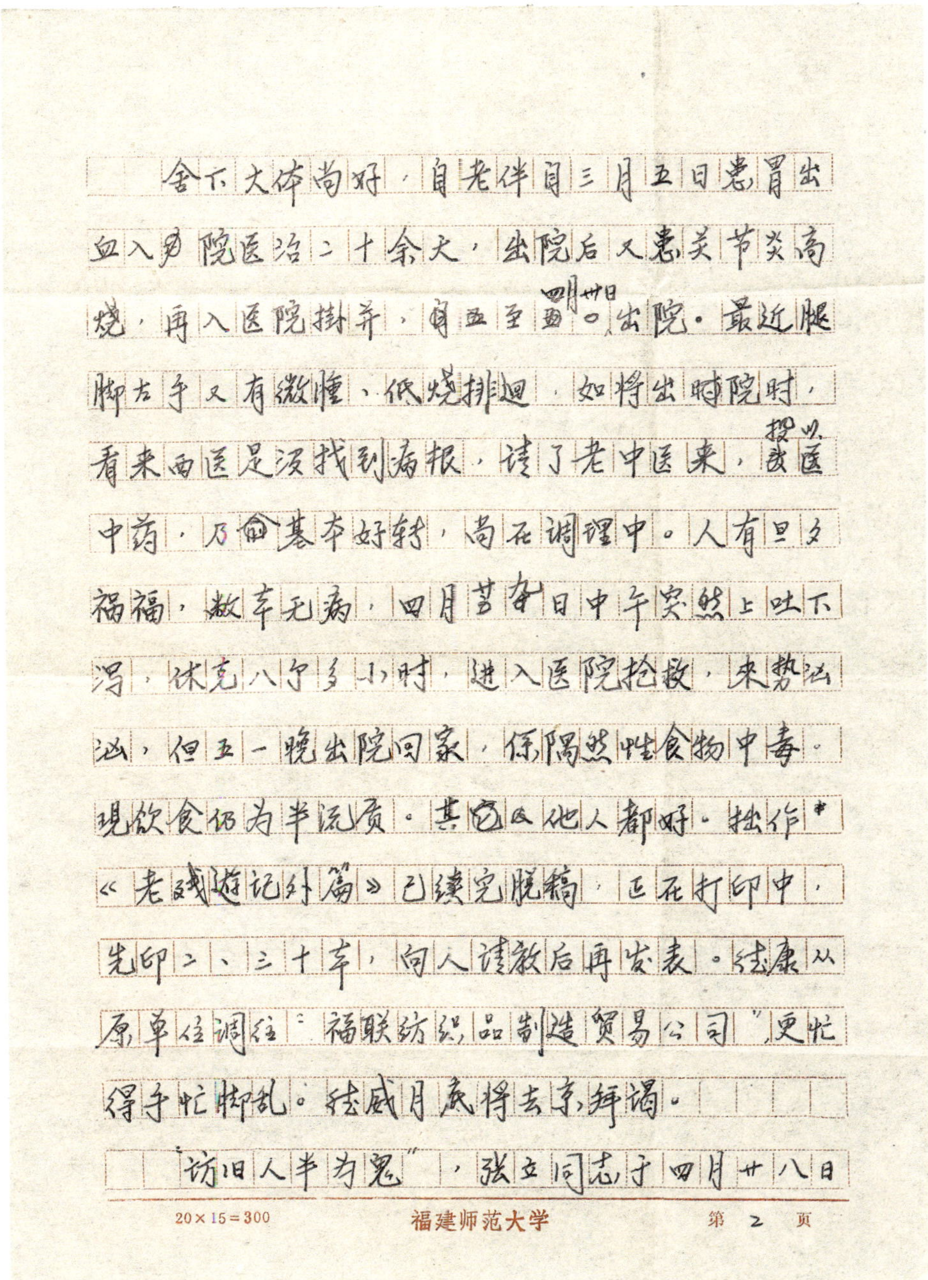

舍下大体尚好，自老伴自三月五日患胃出血入男院医治二十余天，出院后又患关节炎高烧，再入医院挂瓶，自五至四月卅日出院。最近腿脚左手又有微肿、低烧排迴，如将出院时，看来西医是没找到病根，请了老中医来，投以中药，乃基本好转，尚在调理中。人有旦夕福福，敝本无病，四月廿九日中午突然上吐下泻，休克八个多小时，进入医院抢救，来势汹汹，但五一晚出院回家，係偶然性食物中毒。现饮食仍为半流质。其他人都好。拙作《老残游记外篇》已续完脱稿，正在打印中，先印二、三十本，向人请教后再发表。德康从原单位调往"福联纺织品制造贸易公司"更忙得手忙脚乱。德威月底将去京拜谒。

"访旧人半为鬼"，张立同志于四月廿八日

20×15=300　福建师范大学　第 2 页

舍下大體尚好，自老伴自三月五日患胃出血入醫院治二十餘天，出院後又患關節炎高燒，再入醫院掛瓶，至四月卅日出院。最近腿腳左手又有微腫、低燒排迴，如將出院時，看來西醫是沒找到病根，請了老中醫來，投以中藥，乃基本好轉，尚在調理中。人有旦夕禍福，敝本無病，四月廿九日中午突然上吐下瀉，休克八個多小時，進入醫院搶救，來勢洶洶，但五一晚出院回家，係偶然性食物中毒。現飲食仍爲半流質。其他人都好。拙作《老殘遊記外篇》已續完脱稿，正在打印中，先印二三十本，向人請教後再發表。德康從原單位調往『福聯紡織品製造貿易公司』，更忙得手忙腳亂。德威月底將去京拜謁。

『訪舊人半爲鬼』，張立同志於四月廿八日作古；

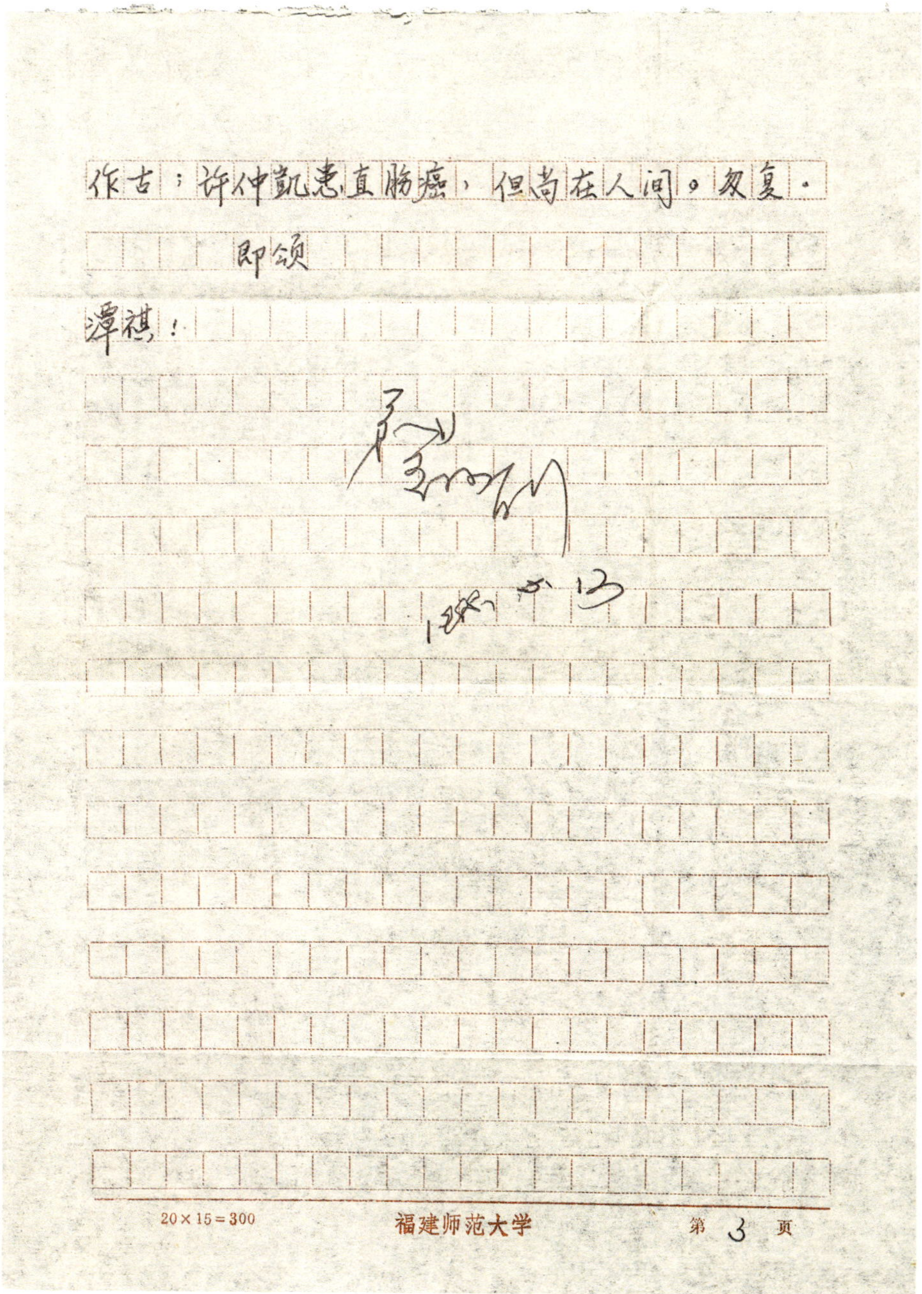

作古：许仲凯患直肠癌，但尚在人间。匆复。

即颂

潭祺！

1995.5.13

20×15＝300 福建师范大学 第 3 页

許仲愷患直腸癌，但尚在人間。匆復。

即頌

潭祺！

弟蕙孫百拜

一九九五、五、十三

劉蕙孫

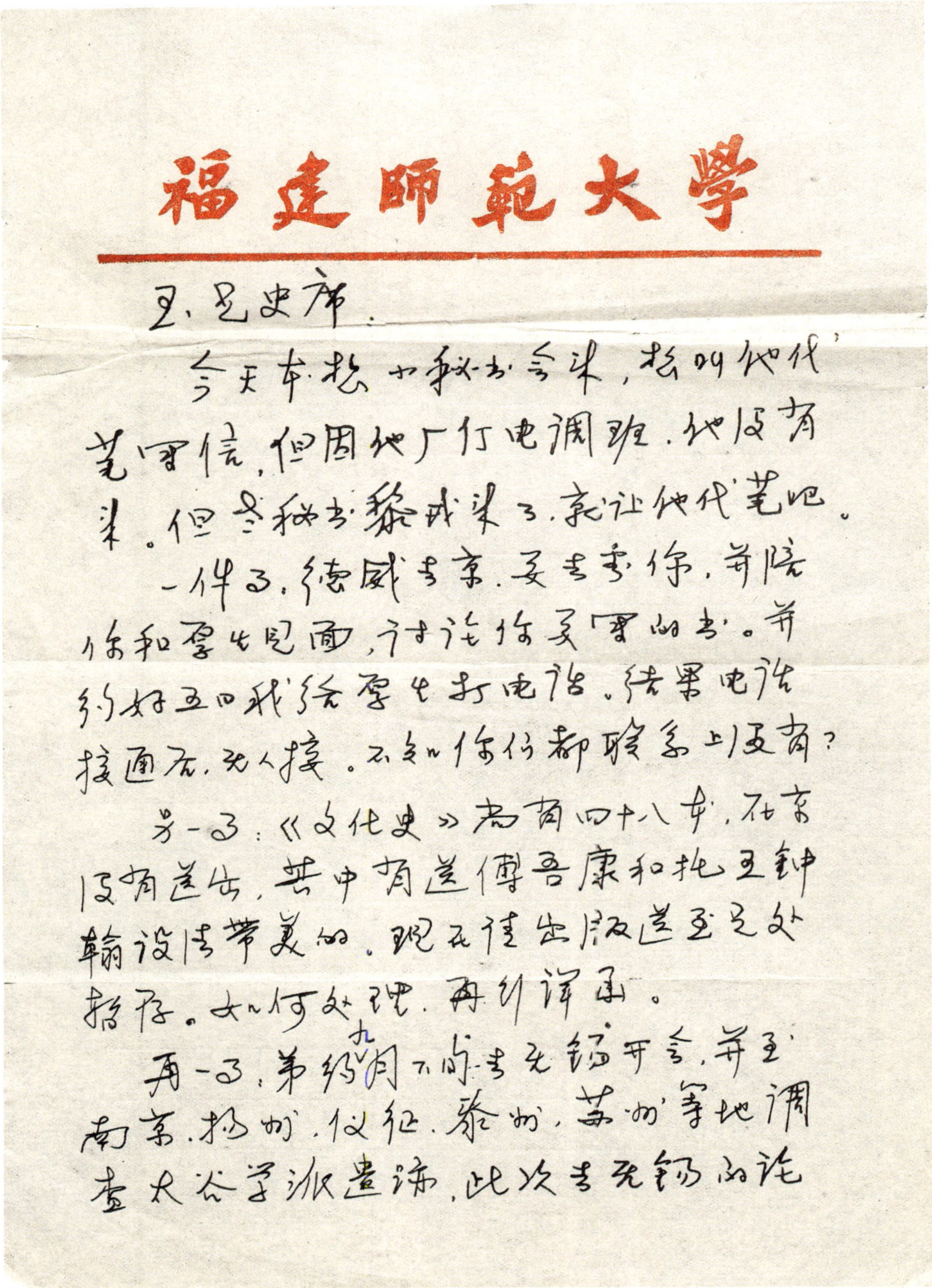

玉兄史席：

今天本想小秘書會來，想叫他代筆寫信，但因他廠停電調班，他没有來。但老秘書黎戎來了，就讓他代筆吧。

一件事，德威去京，要去看你，並陪你和厚生見面，討論你要寫的書。並約好五日我給厚生打電話。結果電話接通後，無人接。不知你們都聯繫上没有？

另一事：《文化史》尚有四十八本在京没有送出，其中有送傅吾康和託王鍾翰設法帶美的。現在請出版送至兄處暫存。如何處理，再行詳函。

再一事：弟約九月下旬去無錫開會，並至南京、揚州、儀徵、泰州、蘇州等地調查太谷學派遺迹，此次去無錫的論

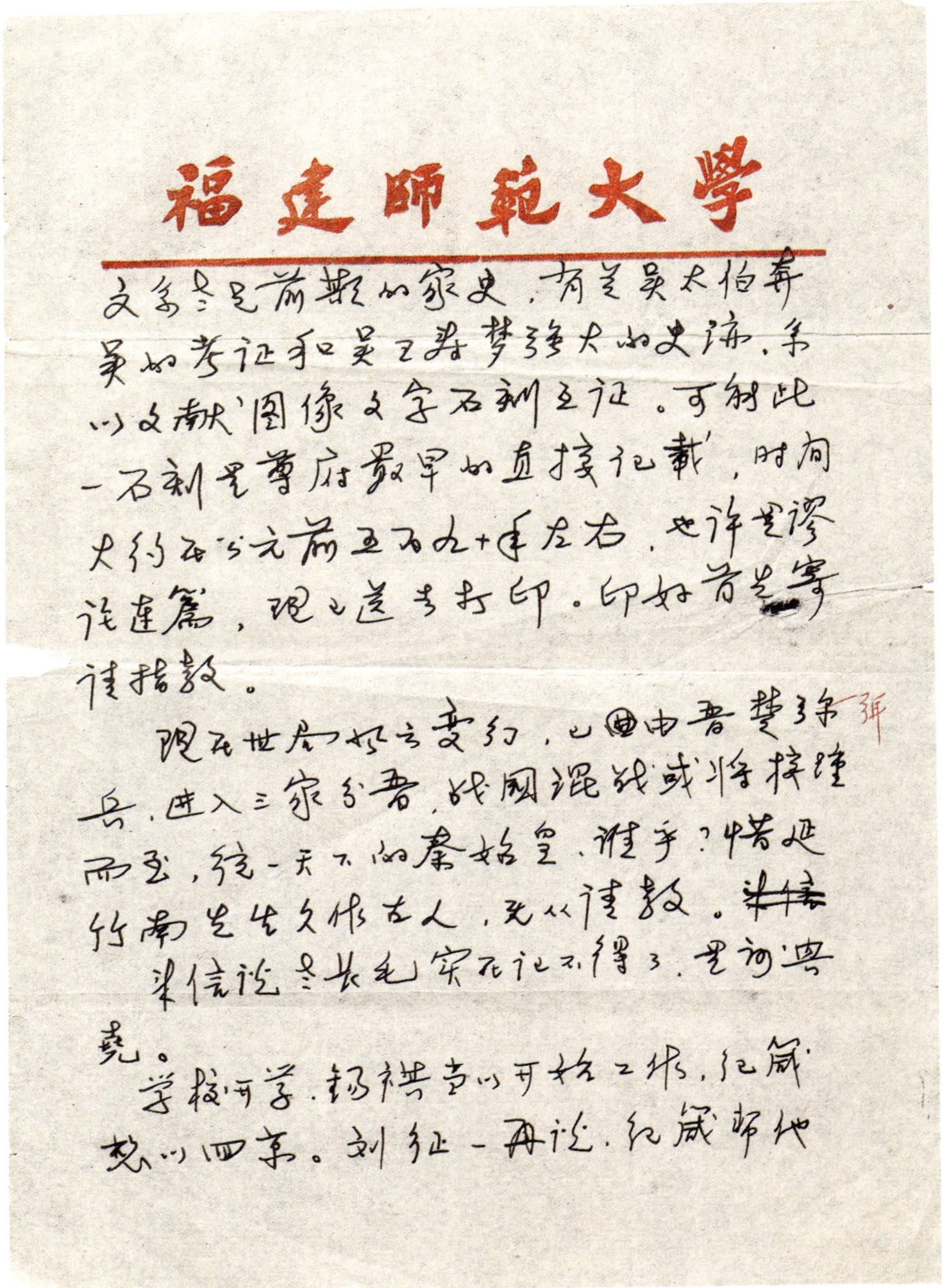

福建師範大學

文系老兄前期的家史，有关吴太伯奔吴的考证和吴王寿梦强大的史迹，系以文献图像文字石刻互证。可能此一石刻是尊府最早的直接记载，时间大约在公元前五百九十年左右，也许是谬论连篇，现已送去打印。印好首先寄请指教。

现在世局风云变幻，已由晋楚弭兵，进入三家分晋，战国混战或将接踵而至，统一天下的秦始皇，谁乎？惜延竹南先生久作古人，无从请教。

来信说老长毛实在记不得了，是谢兴尧。

学校开学，锡祺当以开始工作，纪箴想已回京。刘征一再说，纪箴帮他

文係老兄前期的家史，有關吴太伯奔吴的考證和吴王壽夢强大的史迹，係以文獻圖像文字石刻互證。可能此一石刻是尊府最早的直接記載，時間大約在公元前五百九十年左右，也許是謬論連篇，現已送去打印。印好首先寄請指教。

現在世局風雲變幻，已由晉楚彌兵進入三家分晉，戰國混戰或將接踵而至，統一天下的秦始皇，誰乎？惜延竹南先生久作古人，無從請教。

來信説老長毛實在記不得了，是謝興堯。

學校開學，錫祺當以開始工作，紀箴想已回京。劉征一再説，紀箴幫他……（後缺）

附：吴豐培《佩韋學長暨程夫人八秩雙慶壽言》

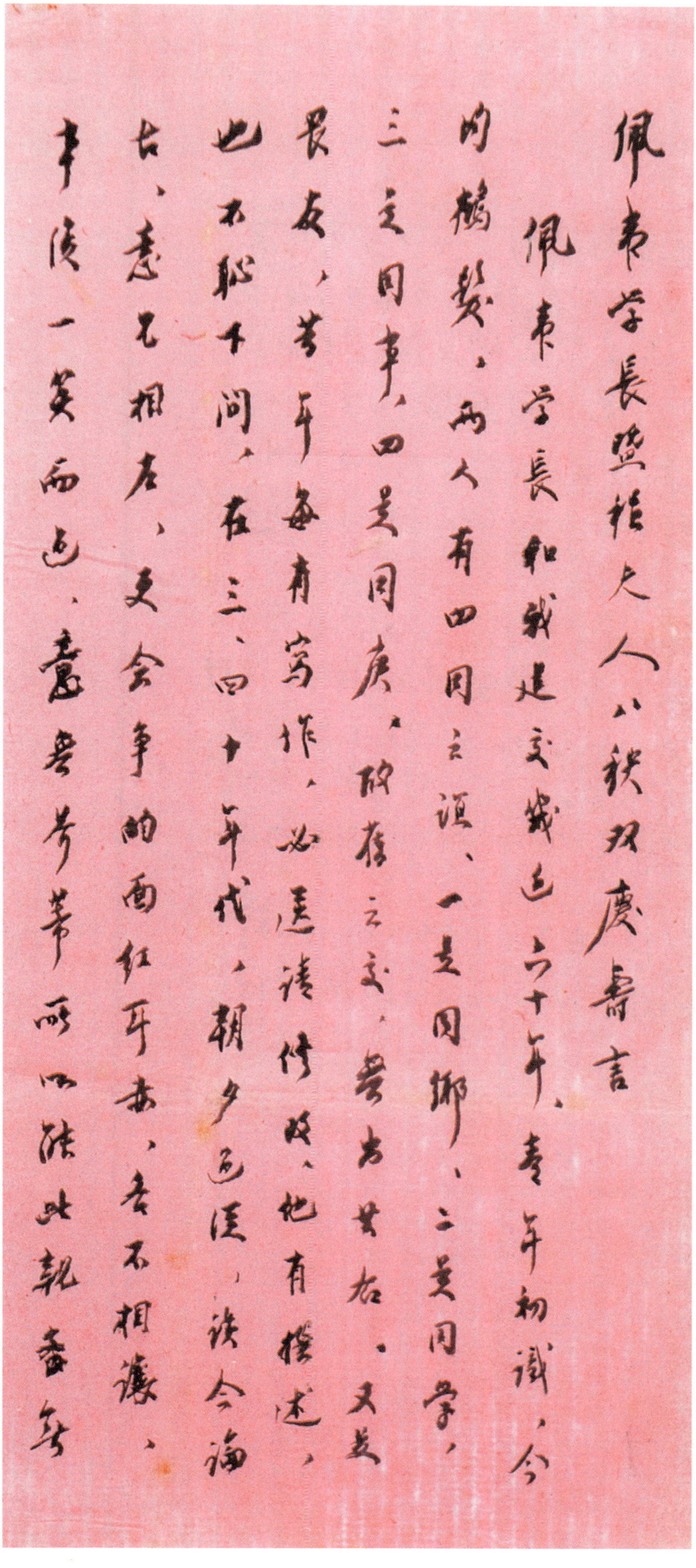

佩韋學長暨程夫人八秩雙慶壽言

佩韋學長和我建交幾近六十年，青年初識，今均鶴髮，兩人有四同之誼：一是同鄉、二是同學、三是同事、四是同庚，古舊之交，無出其右，又是畏友。昔年每有寫作，必送請修改，他有撰述，也不恥下問。在三四十年代，朝夕過從，談今論古，意見相左，争得面紅耳赤，各不相讓，事後一笑而過，意無芥蒂。所以能此親密無

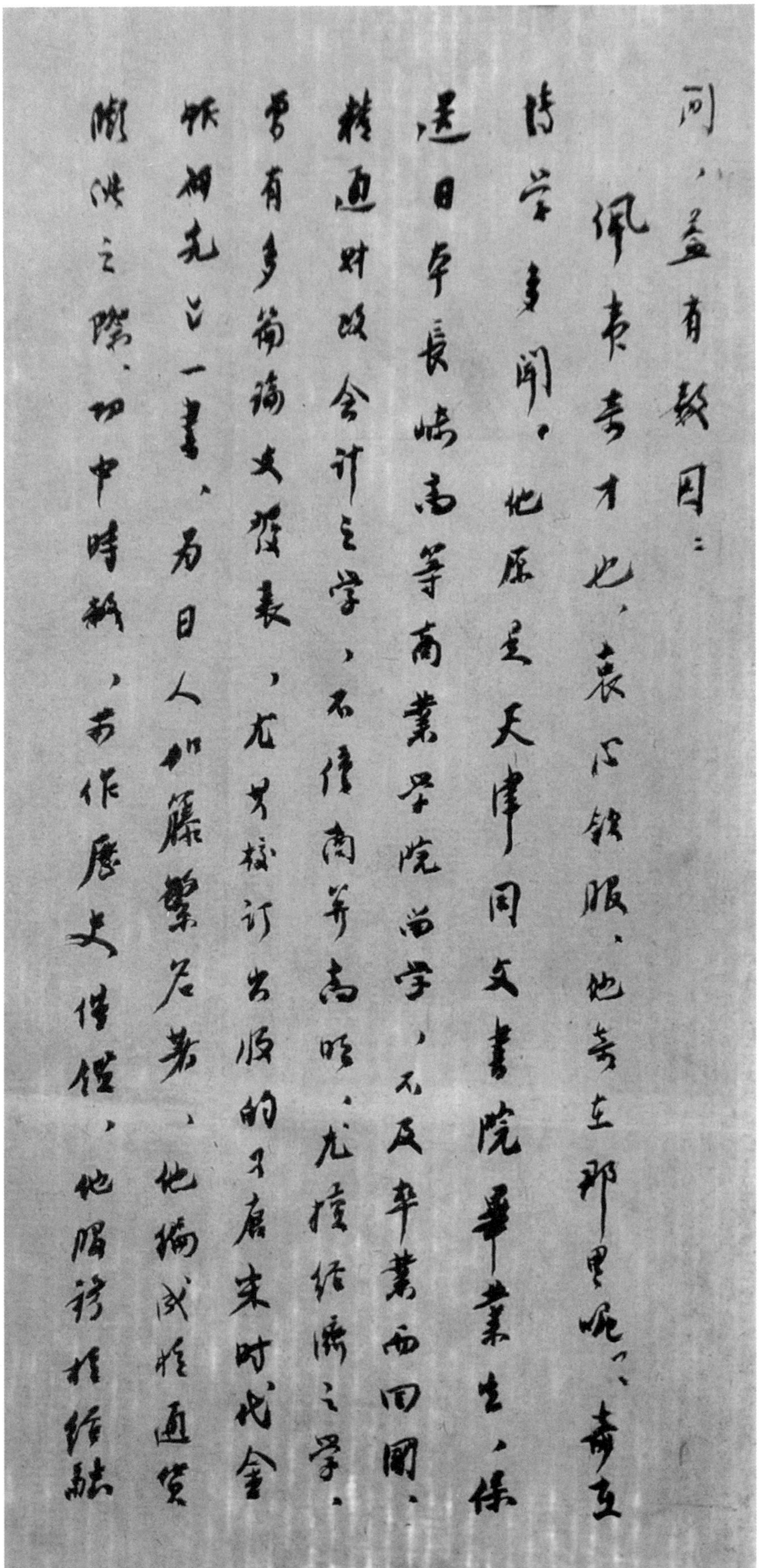

間，蓋有數因。

佩韋奇才也，衷心欽服。他奇在哪裏呢？奇在博學多聞。他原是天津同文書院畢業生，保送日本長崎高等商業學院留學，不及卒業而回國。精通財政會計之學，不僅商算高明，尤擅經濟之學。曾有多篇論文發表，尤其校訂出版的《唐宋時代金融研究》一書，爲日人加藤繁名著，他編成於通貨膨脹之際，切中時弊，可作歷史借鑒。他服務於金融

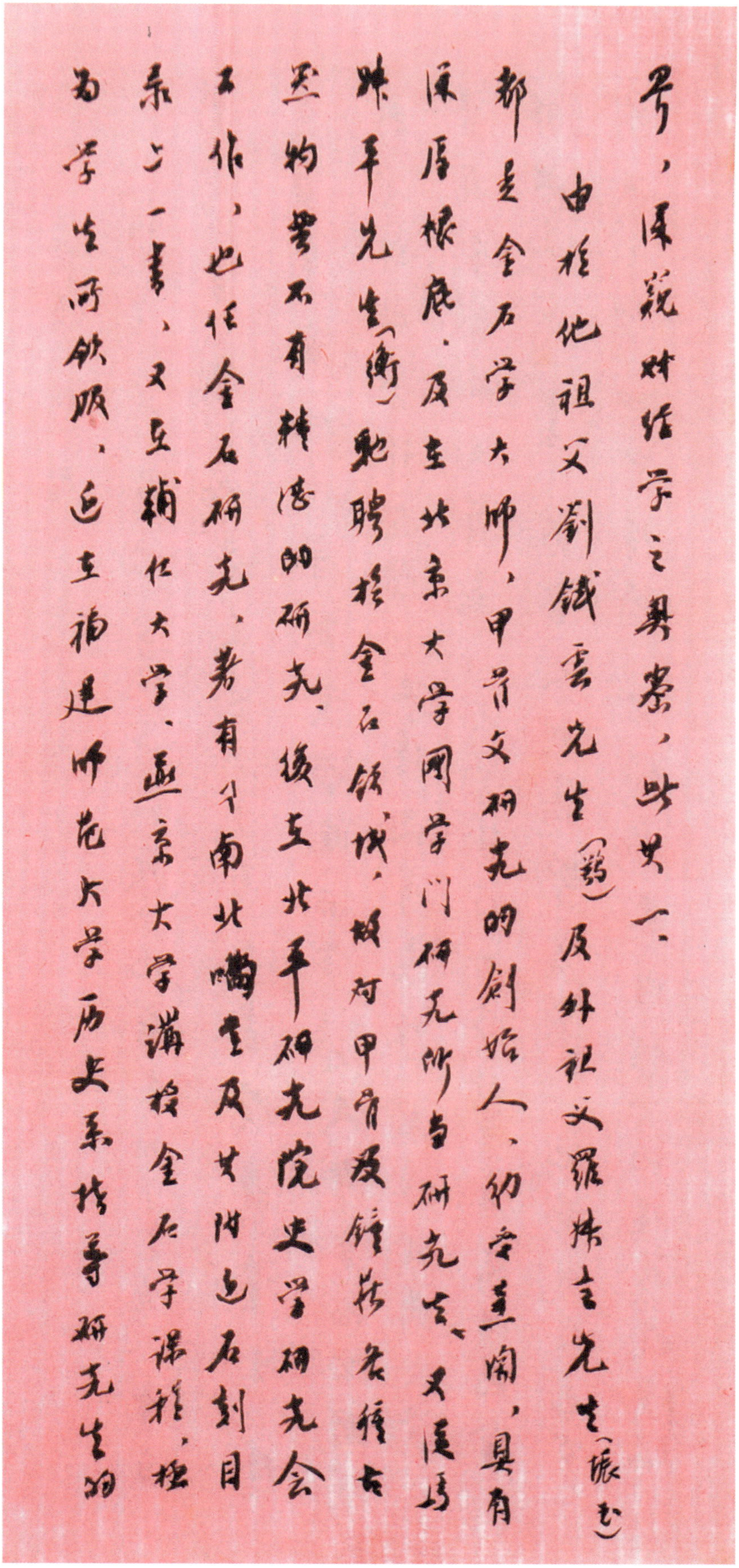

界，深窺財經學之奧密。此其一。

由於他祖父劉鐵雲先生（鶚）及外祖父羅叔言先生（振玉）都是金石學大師，甲骨文研究的創始人，幼受熏陶，具有深厚根底；及在北京大學國學門研究所當研究生，又從馬叔平先生（衡）馳騁於金石領域，故對甲骨及鐘鼎各種古器物，無不有精湛的研究；後在北平研究院史學研究會工作，也任金石研究，著有《南北響堂及其附近石刻目録》一書；又在輔仁大學，燕京大學講授金石學課程，極爲學生所欽服；近在福建師範大學歷史系指導研究生的

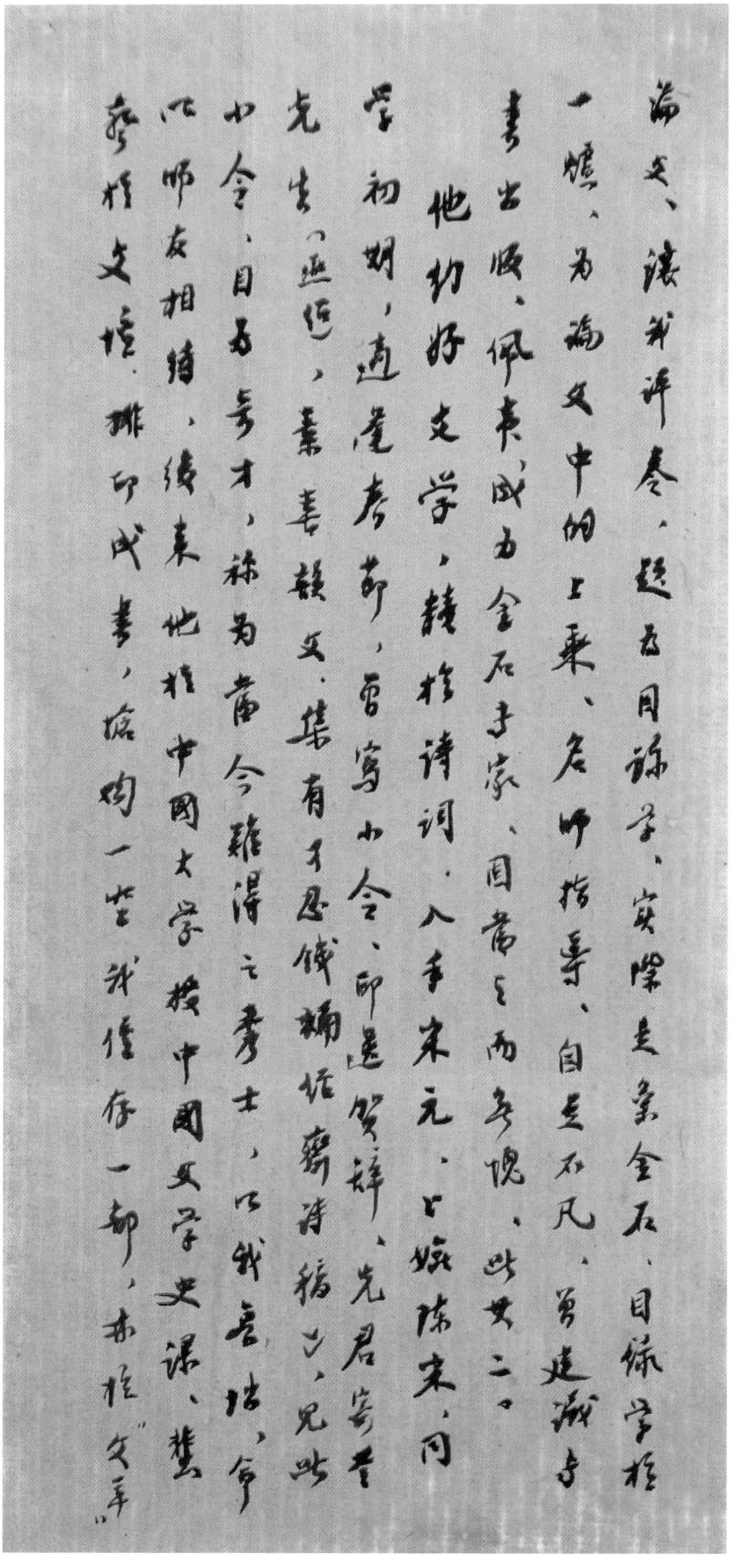

論文，讓我評卷，題爲目録學，實際是彙金石、目録學於一爐，爲論文中的上乘，名師指導，自是不凡，曾建議專書出版。佩韋成爲金石專家，固當之而無愧。此其二。

他幼好文學，精於詩詞。入手宋元、上媲陳宋。同學初期，適逢春節，曾寫小令，印送賀辭。先君寄荃先生（燕紹）素喜韻文，集有《忍饑誦經齋詩稿》，見此小令，目爲奇才，稱爲當今難得之秀士，以我魯拙，命以師友相待。後來他於中國大學授中國文學史課，蜚聲於文壇，排印成書（按指《中國文學史鈔》），搶購一空，我僅存一部，亦於『文革』

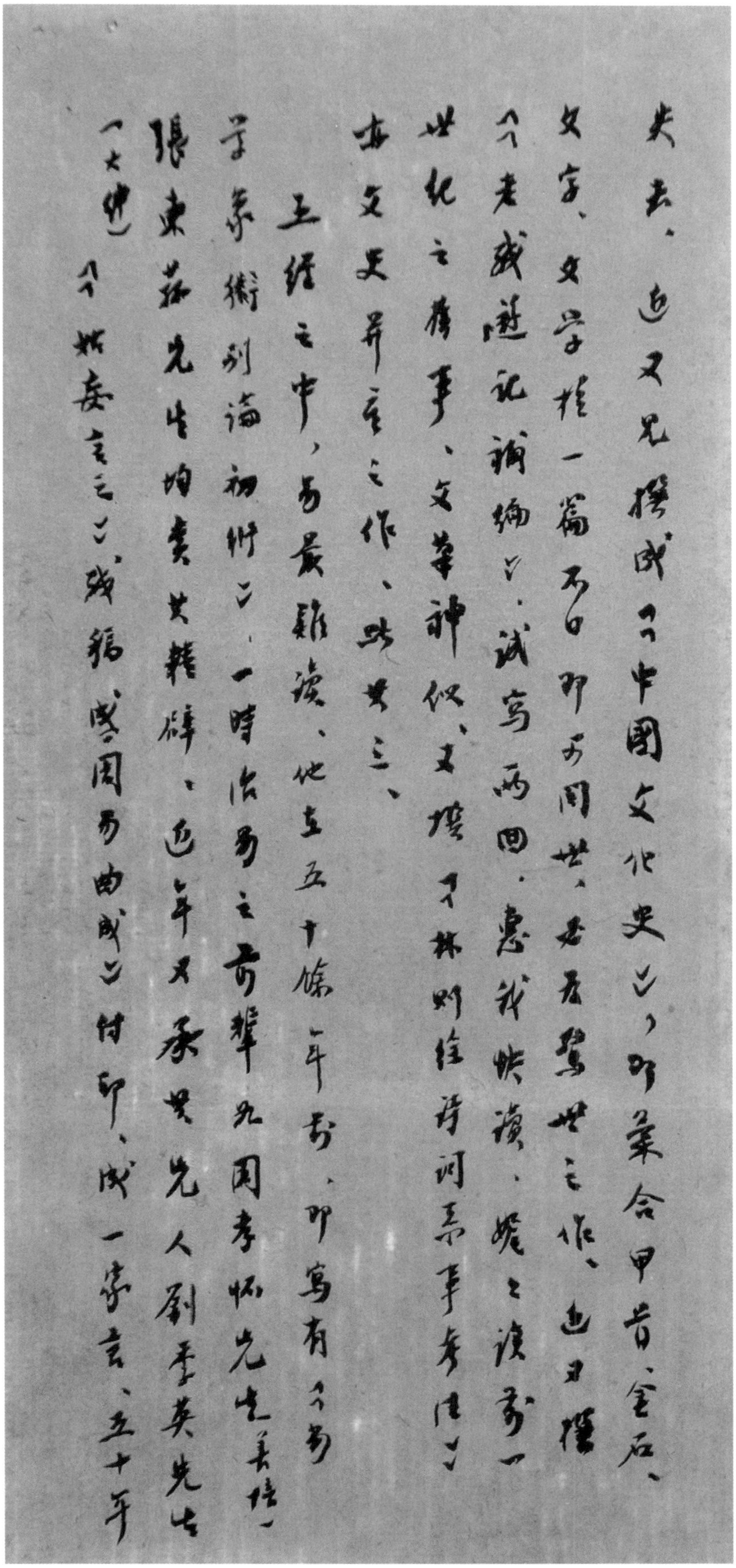

失去。近又見撰成《中國文化史》，即彙合甲骨、金石、文字、文學於一篇，不日即可問世，必爲警世之作；近又撰《老殘游記補篇》，試寫兩回，惠我快讀，娓娓讀前一世紀之舊事，文筆神似；又撰《林則徐詩詞繫事考注》，亦文史並重之作。此其三。

五經之中，《易》最難讀。他在五十餘年前，即寫有《易學象衡別論初衍》，一時治《易》之前輩如周孝懷先生（善焙）、張東蓀先生均賞其精闢。近年又承其先人劉季英（大紳）先生《姑妄言之》殘稿，成《周易曲成》付印，成一家言。五十年

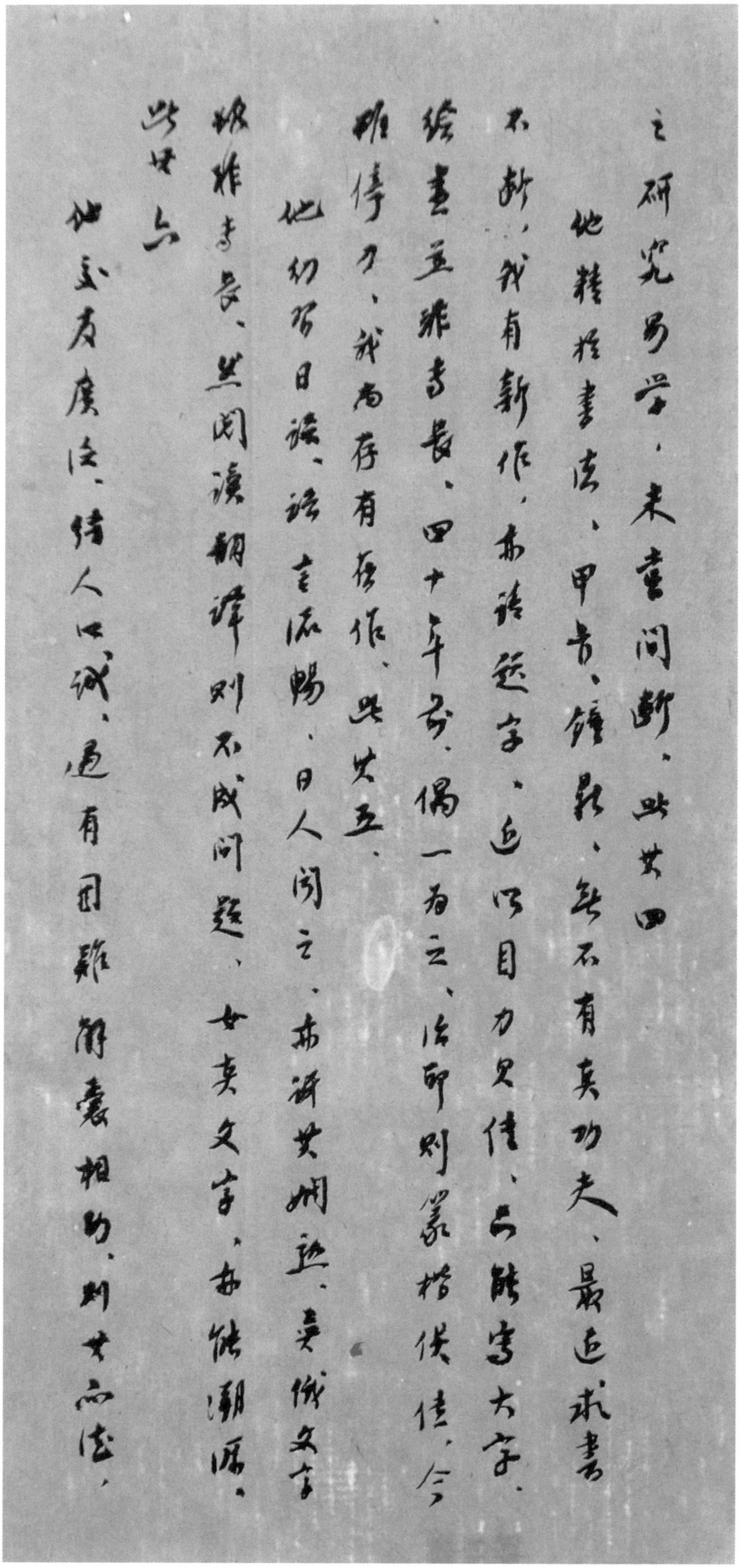

之研究《易》學，未嘗間斷。此其四。

他精於書法，甲骨、鐘鼎，無不有真功夫，最近求書不斷，我有新作，亦請題字；近以目力欠佳，只能寫大字；繪畫並非專長，四十年前偶一爲之；治印則篆楷俱佳，今雖停刀，我尚存有舊作。此其五。

他幼習日語，語言流暢，日人聞之，亦訝其嫻熟。英俄文字雖非專長，然閱讀翻譯則不成問題。女真文字，亦能溯源。此其六。

他交友廣泛，待人以誠，遇有困難，解囊相助，則其品德，

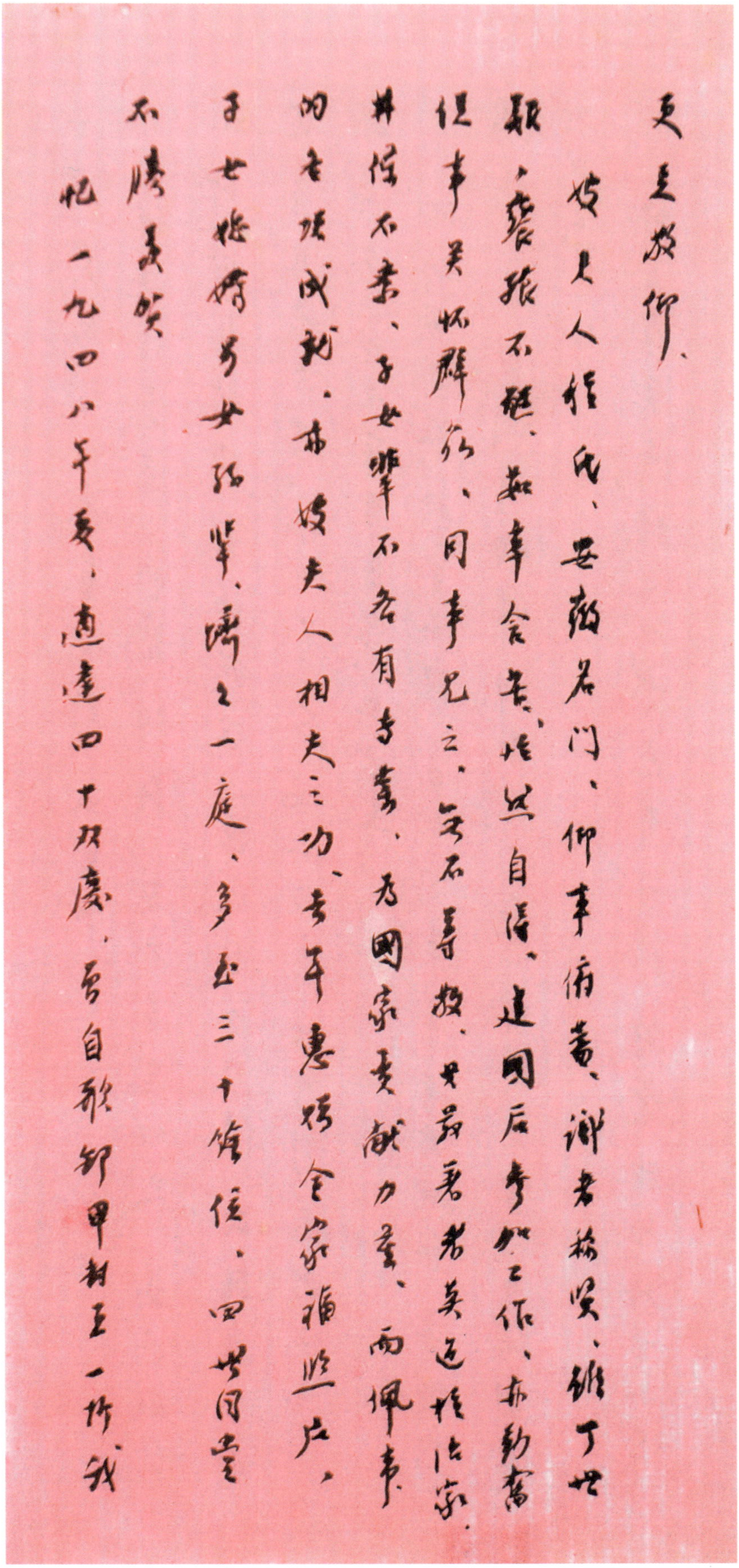

更是敬仰。

嫂夫人程氏，安徽名門，仰事俯蓄，識者稱賢。雖丁世艱，饔飧不繼，茹辛含苦，怡然自得。建國後參加工作，亦勤奮從事，關懷群衆，同事見之，無不尊敬。其最著者，莫過於治家井條不紊，子女輩無不各有專業，爲國家貢獻力量。而佩韋的各項成就，亦嫂夫人相夫之功。去年惠贈全家福照片，子女媳婿、男女孫輩，濟濟一庭，多至三十餘位，四世同堂，不勝羨賀。

憶一九四八年夏，適逢四十雙慶，曾自歌『卸甲封王』一折，

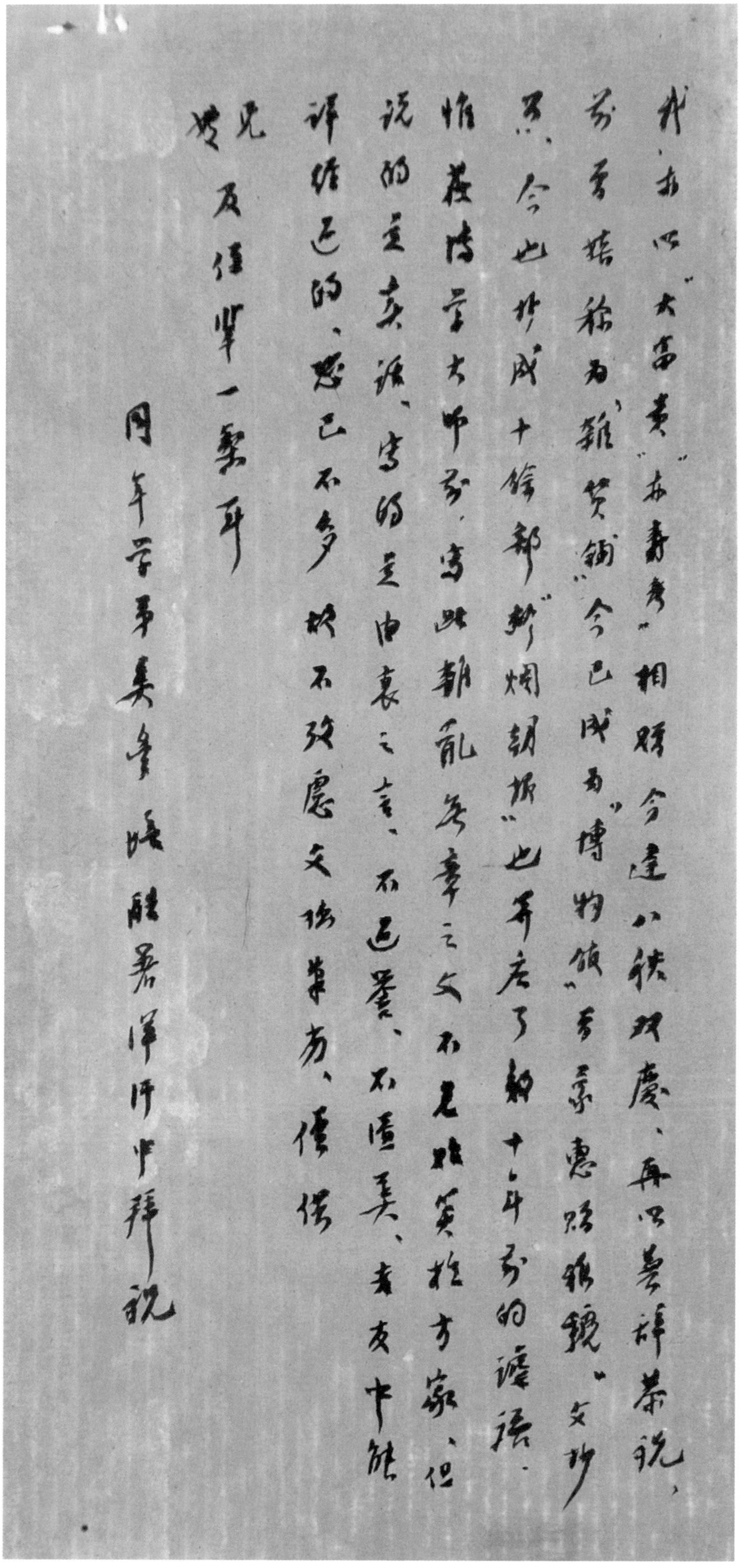

我亦以『大富貴』『亦壽考』相贈。今逢八秩雙慶，再以費辭恭祝。前曾嬉稱爲『雜貨鋪』，今已成爲『博物館』；前蒙惠贈雅號『文抄公』，今也抄成十餘部『軫爛朝報』，也算應了數十年前的讖語。惟在博學大師前寫此雜亂無章之文，不免貽笑於方家，但說的是實話，寫的是由衷之言，不過譽，不溢美。老友中能詳經過的恐已不多，故不考慮文拙筆劣，僅供兄嫂及侄輩一粲耳。

同年學弟吴豐培酷暑揮汗中拜祝

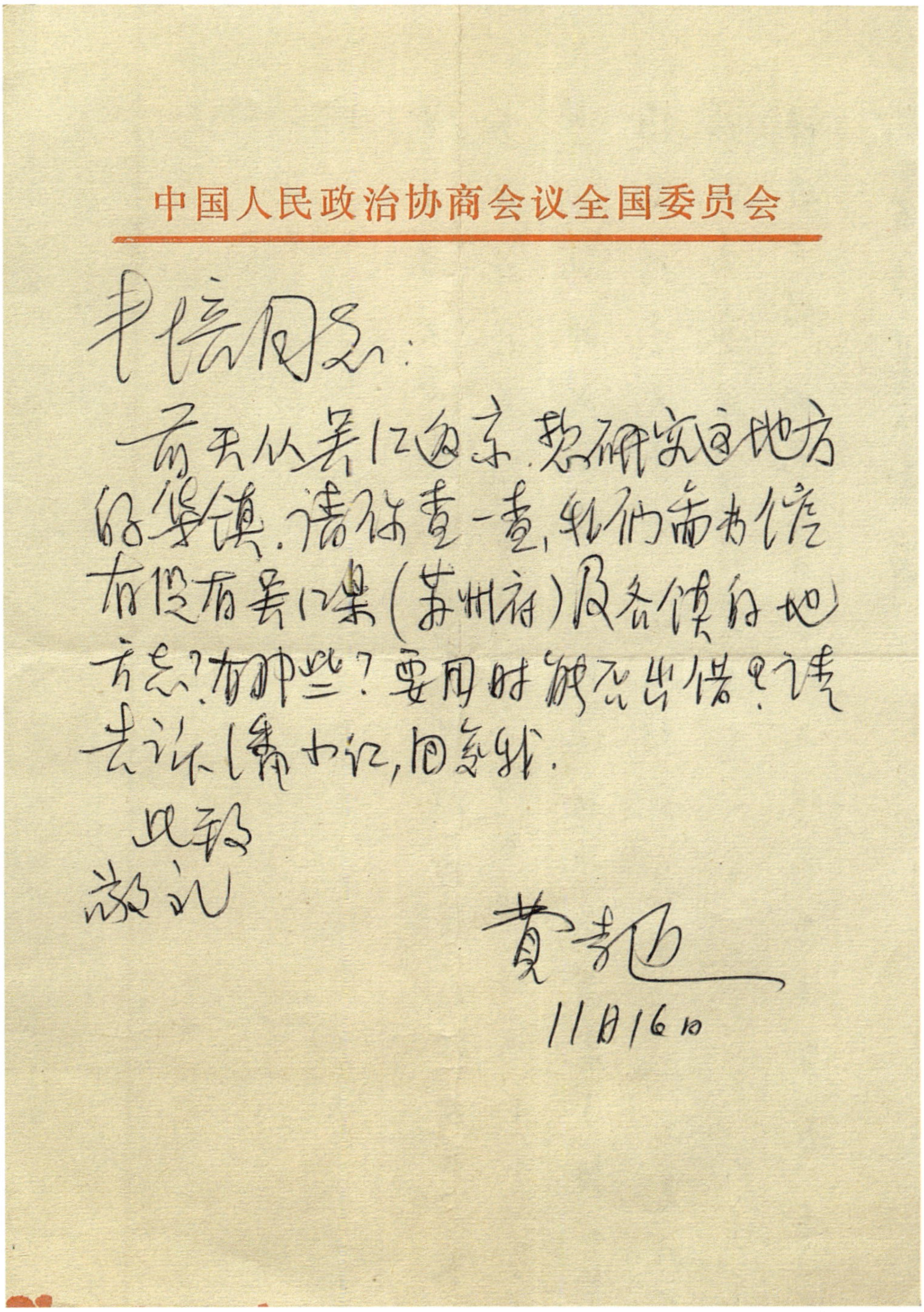

中国人民政治协商会议全国委员会

丰培同志：

前天从吴江返京，想研究这地方的集镇，请你查一查，我们图书馆有没有吴江县（苏州府）及各镇的地方志？有那些？要用时能否出借？请告诉潘小红，回复我。

此致

敬礼

费孝通

11月16日

豐培同志：

前天從吴江返京，想研究這地方的集鎮，請你查一查，我們圖書館有沒有吴江縣（蘇州府）及各鎮的地方志？有那些？要用時能否出借？請告訴潘小紅回復我。

此致

敬禮

費孝通

十一月十六日

譚其驤

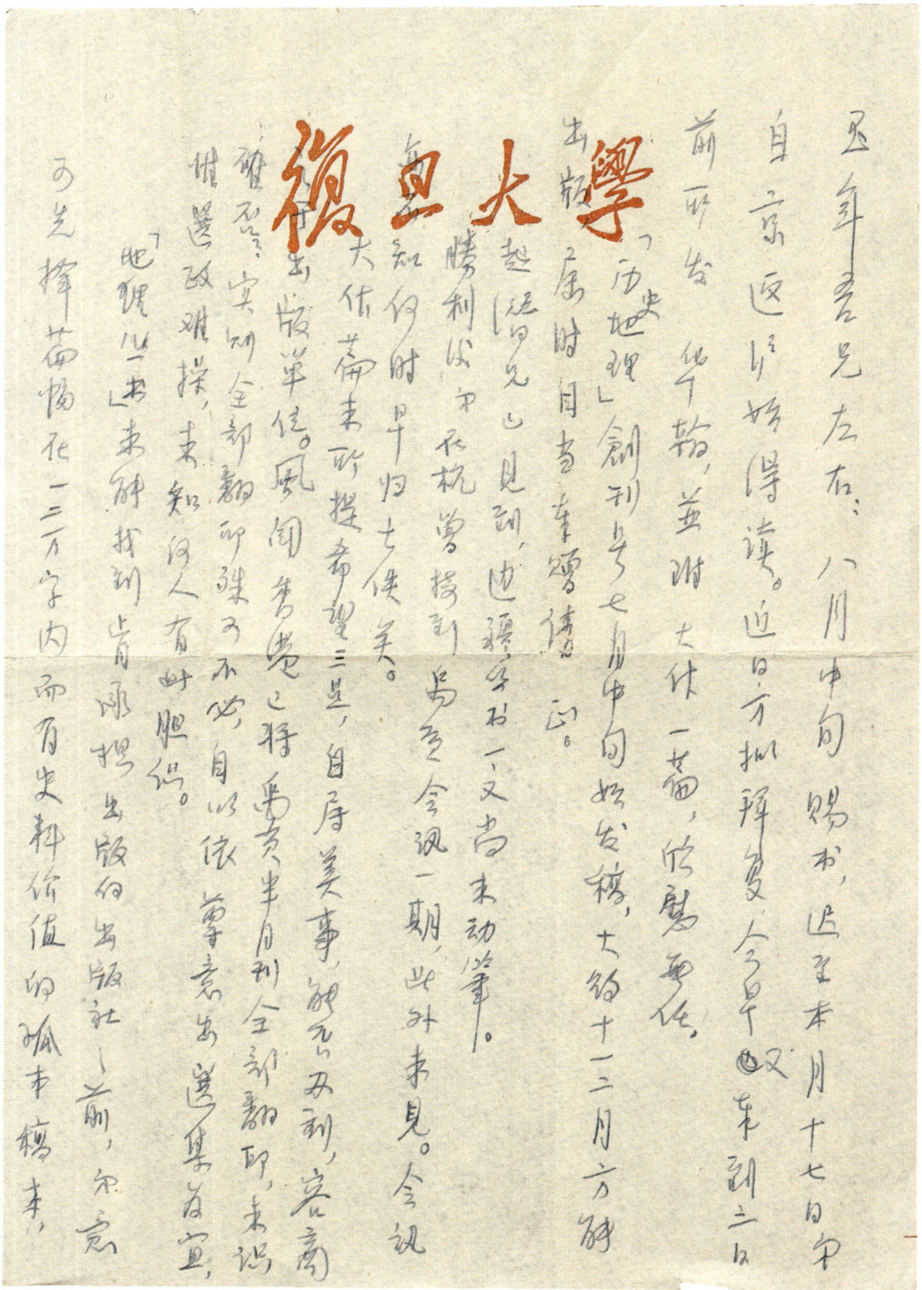

玉年吾兄左右：

八月中旬賜書，遲至本月十七日弟自京返滬始得讀。近日方擬拜復，今早又奉到三日前所發華翰，並附大作一篇，欣慰無任。《歷史地理》創刊號七月中旬始發稿，大約十一二月方能出版，屆時自當奉贈請正。起潛兄已見到，《邊疆叢書》一文尚未動筆。勝利後弟在杭曾接到《禹貢會訊》一期，此外未見。《會訊》亦不知何時早歸亡佚矣。大作篇末所提希望三點，自屬美事，能否辦到，容商之於出版單位。風聞香港已將《禹貢》半月刊全部翻印，未識確否？實則全部翻印殊可不必，自以依尊意出選集爲宜，惟選政難操，未知何人有此膽識。『地理叢書』未能找到肯承擔出版的出版社之前，弟意可先擇篇幅在一二萬字内而有史料價值的孤本、稿本，

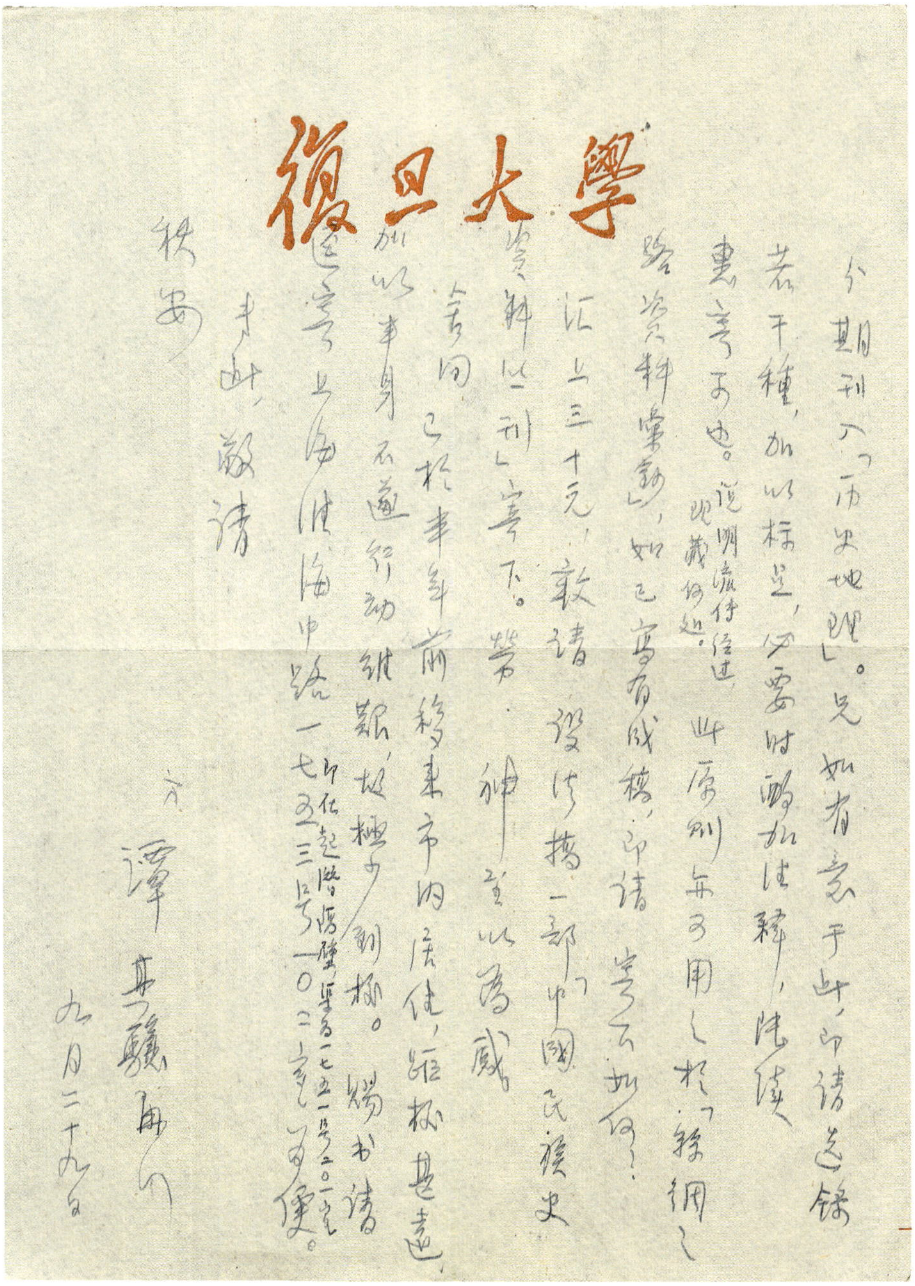

分期刊入《歷史地理》。兄如有意於此，即請選録若干種加以標點，必要時酌加注釋，陸續惠寄可也（説明流傳經過，現藏何處）。此原則亦可用之於『絲綢之路資料彙鈔』，如已寫有成稿，即請寄下如何？

匯上三十元，敢請設法搞一部『中國民族資料叢刊』寄下。勞神至以爲感。

舍間已於半年前移來市內居住，距校甚遠，加以半身不遂，行動維艱，故極少到校。賜書請徑寄『上海淮海中路一七五三號一〇二室』爲便（即在起潛隔壁，渠爲一七五一號二〇一室）。

專此，敬請

秋安

弟譚其驤再拜

九月二十九日

華忱之

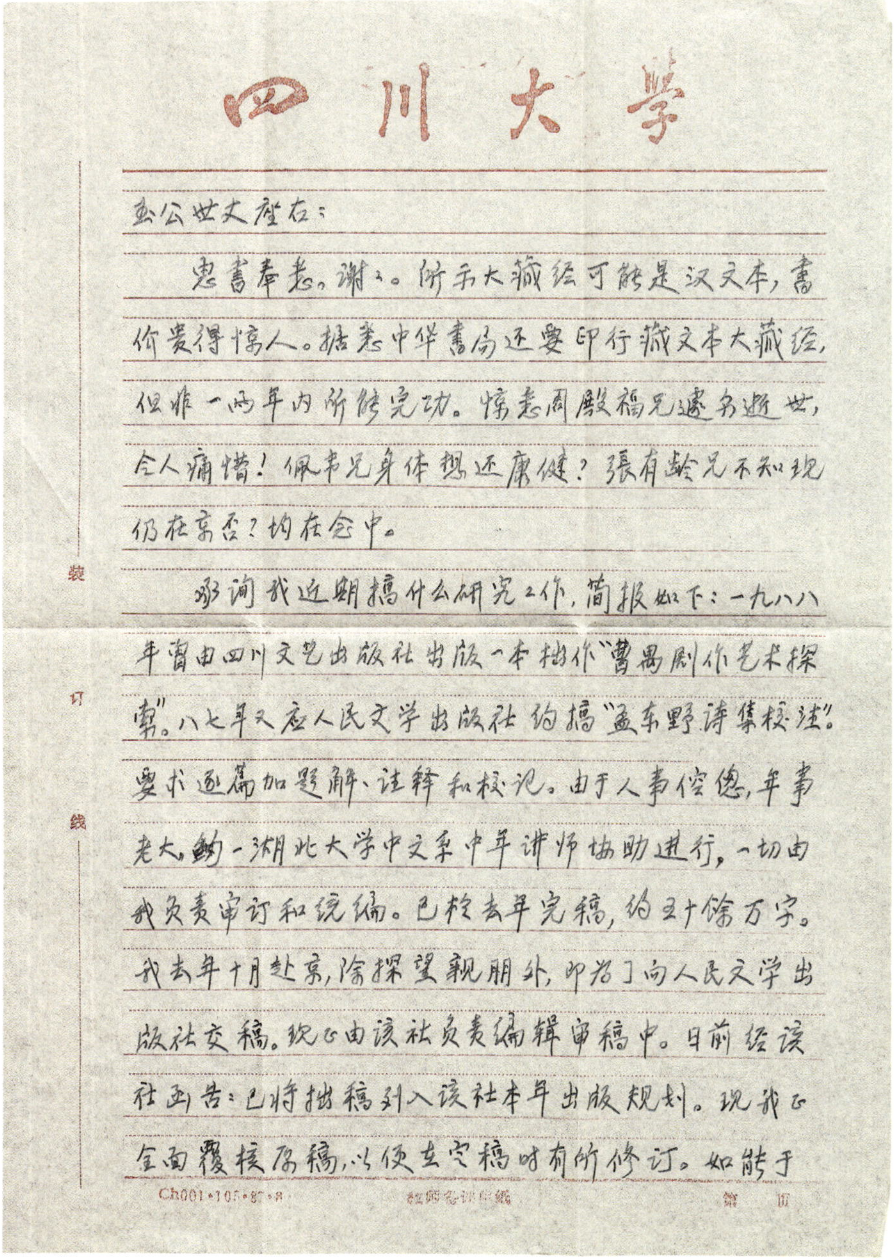

四川大学

玉公世丈座右：

惠书奉悉，谢谢。所示大藏经可能是汉文本，书价贵得惊人。据悉中华书局还要印行藏文本大藏经，但非一两年内所能完功。惊悉周殿福兄遽尔逝世，令人痛惜！佩韦兄身体想还康健？張有龄兄不知现仍在京否？均在念中。

承询我近期搞什么研究工作，简报如下：一九八八年曾由四川文艺出版社出版一本拙作"曹禺剧作艺术探索"。八七年又应人民文学出版社约稿"孟东野诗集校注"。要求逐篇加题解、注释和校记。由于人事倥偬，年事老大，约一湖北大学中文系中年讲师协助进行。一切由我负责审订和统编。已於去年完稿，约五十余万字。我去年十月赴京，除探望亲朋外，即为了向人民文学出版社交稿。现正由该社负责编辑审稿中。日前经该社函告：已将拙稿列入该社本年出版规划。现我正全面覆核原稿，以便在定稿时有所修订。如能于

装 订 线

Ch001•105•87•8　教师备课用纸　第　页

玉公世丈座右：

惠書奉悉，謝謝。所示《大藏經》可能是漢文本，書價貴得驚人。據悉中華書局還要印行藏文本《大藏經》，但非一兩年內所能完功。

驚悉周殿福兄遽爾逝世，令人痛惜！佩韋兄身體想還康健？張有齡兄不知現仍在京否？均在念中。

承詢我近期搞什麽研究工作，簡報如下：一九八八年曾由四川文藝出版社出版一本拙作《曹禺劇作藝術探索》。八七年又應人民文學出版社約稿《孟東野詩集校注》，要求逐篇加題解、注釋和校記。由於人事倥傯，年事老大，約一湖北大學中文系中年講師協助進行，一切由我負責審訂和統編。已於去年完稿，約五十餘萬字。我去年十月赴京，除探望親朋外，即爲了向人民文學出版社交稿，現正由該社負責編輯審稿中。日前經該社函告：已將拙稿列入該社本年出版規劃。現我正全面覆校原稿，以便在定稿時有所修訂。如能於

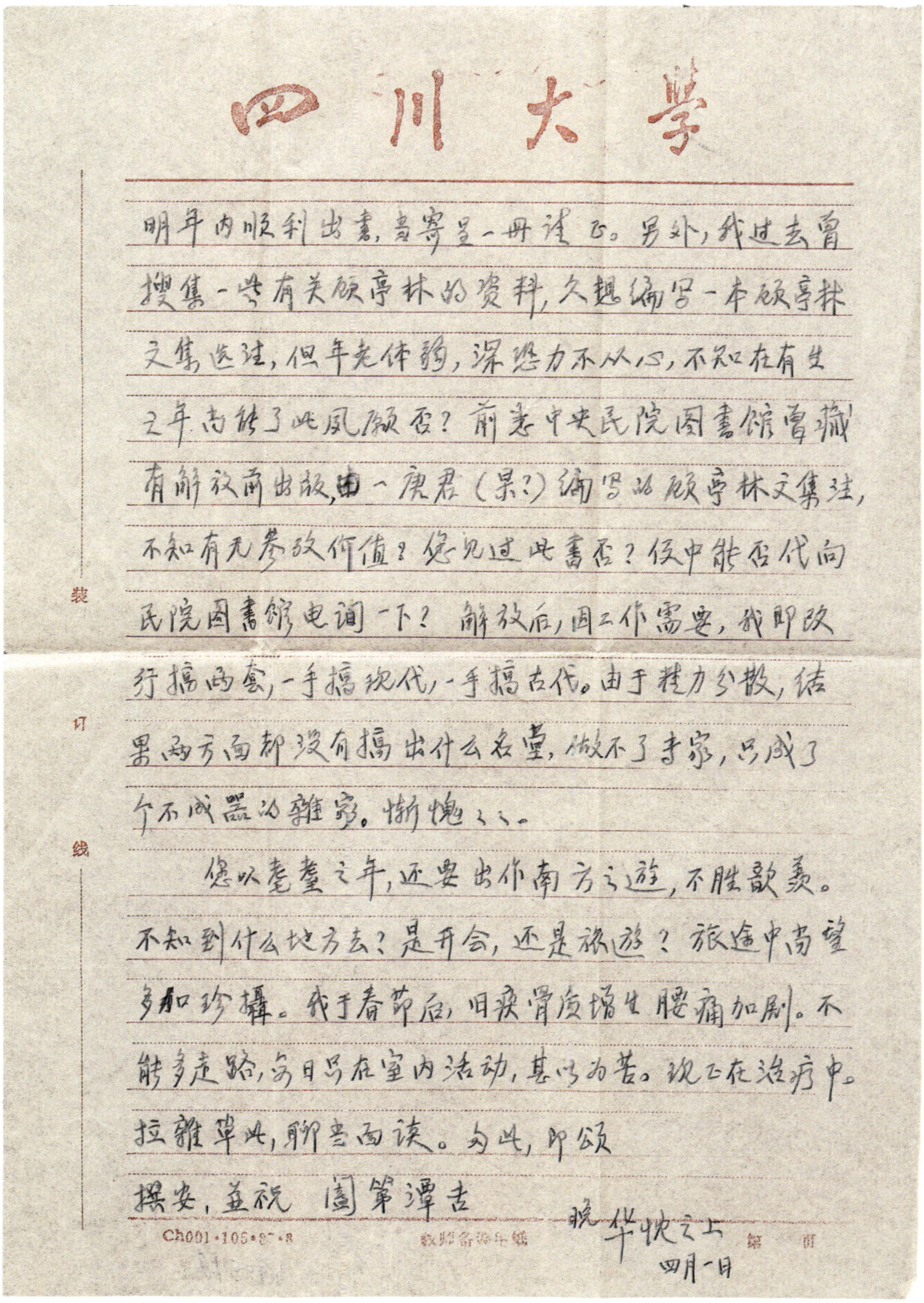
四川大學

明年内顺利出书，当寄呈一册请正。另外，我过去曾搜集一些有关顾亭林的资料，久想编写一本顾亭林文集选注，但年老体弱，深恐力不从心，不知在有生之年尚能了此夙愿否？前悉中央民院图书馆曾藏有解放前出版，由一唐君（呆？）编写的顾亭林文集注，不知有无参考价值？您见过此书否？便中能否代向民院图书馆电询一下？解放后，因工作需要，我即改行搞两套，一手搞现代，一手搞古代。由于精力分散，结果两方面都没有搞出什么名堂，做不了专家，只成了个不成器的杂家。惭愧～～。

您以耄耋之年，还要出作南方之游，不胜歆羡。不知到什么地方去？是开会，还是旅游？旅途中尚望多加珍摄。我于春节后，旧疾骨质增生腰痛加剧。不能多走路，每日只在室内活动，甚以为苦。现正在治疗中。拉杂草此，聊当面谈。匆此，即颂

撰安，并祝 阖第潭吉

晚 华忱之上

四月一日

明年内順利出書，當寄呈一册請正。另外，我過去曾搜集一些有關顧亭林的資料，久想編寫一本《顧亭林文集選注》，但年老體弱，深恐力不從心，不知在有生之年尚能了此夙願否？前悉中央民院圖書館曾藏有解放前出版，由一唐君（呆？）編寫的《顧亭林文集注》，不知有無參考價值，您見過此書否？便中能否代向民院圖書館電詢一下？解放後，因工作需要，我即改行搞兩套，一手搞現代，一手搞古代。由於精力分散，結果兩方面都没有搞出什麽名堂，做不了專家，衹成了個不成器的雜家。慚愧慚愧。

您以耄耋之年，還要出作南方之遊，不勝歆羡。不知到什麽地方去？是開會，還是旅游？旅途中尚望多加珍攝。我於春節後，舊疾骨質增生，腰痛加劇，不能多走路，每日衹在室内活動，甚以爲苦。現正在治療中。拉雜草此，聊當面談。匆此，即頌

撰安，並祝闔第潭吉。

晚華忱之上

四月一日

華忱之

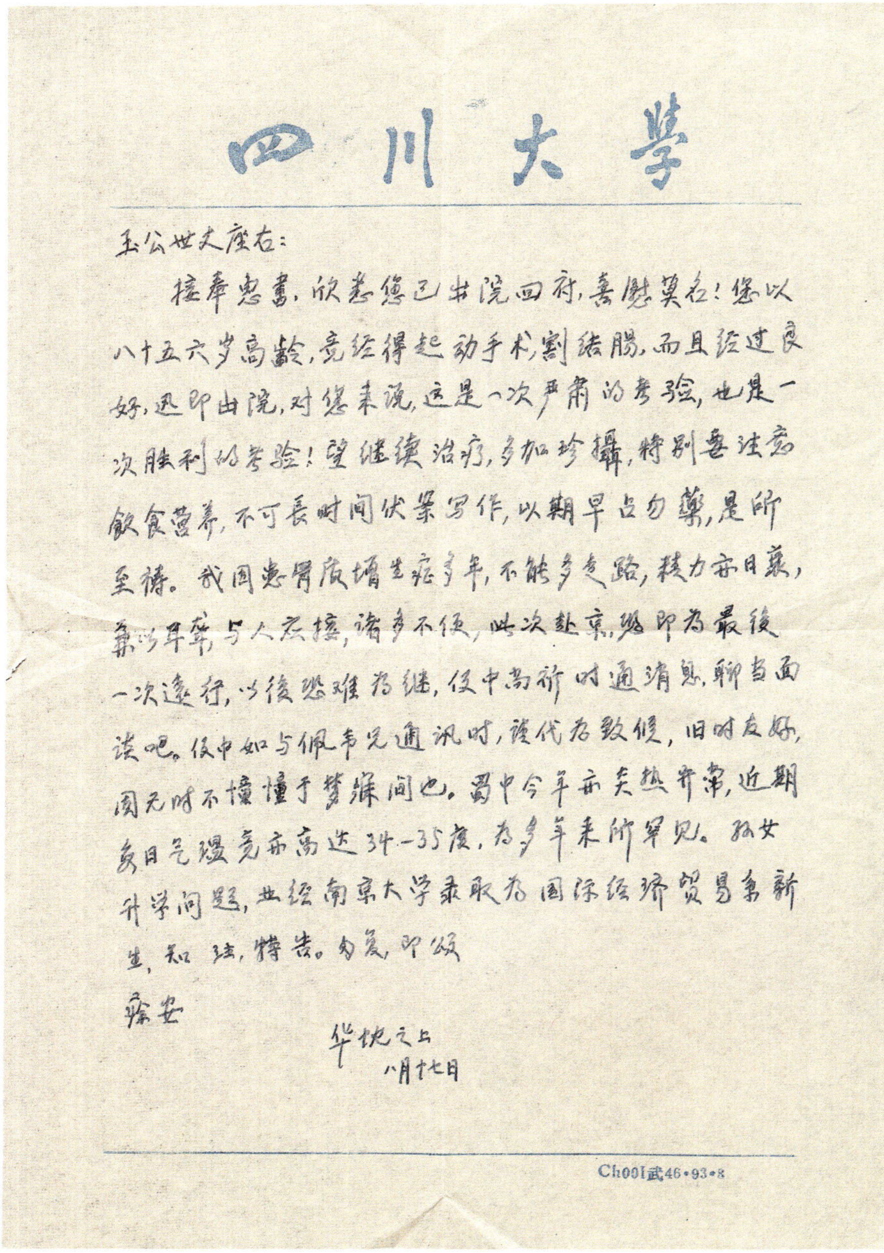

玉公世丈座右：

接奉惠書，欣悉您已出院回府，喜慰莫名。您以八十五六歲高齡，竟經得起動手術，割結腸，而且經過良好，迅即出院，對您來説，這是一次嚴肅的考驗，也是一次勝利的考驗！望繼續治療，多加珍攝，特别要注意飲食營養，不可長時間伏案寫作，以期早占勿藥，是所致禱。我因患骨質增生症多年，不能多走路，精力亦日衰，兼以耳聾，與人應接諸多不便，此次赴京，恐即爲最後一次遠行，以後恐難爲繼。便中尚祈時通消息，聊當面談吧！便中如與佩韋兄通訊時，請代爲致候，舊時友好，因無時不憧憧於夢寐間也。蜀中今年亦炎熱異常，近期每日氣温竟亦高達三十四至三十五度，爲多年來所罕見。孫女升學問題，業經南京大學録取爲國際經濟貿易系新生。知注，特告。匆復，即頌

痊安

華忱之上

八月十七日

華忱之

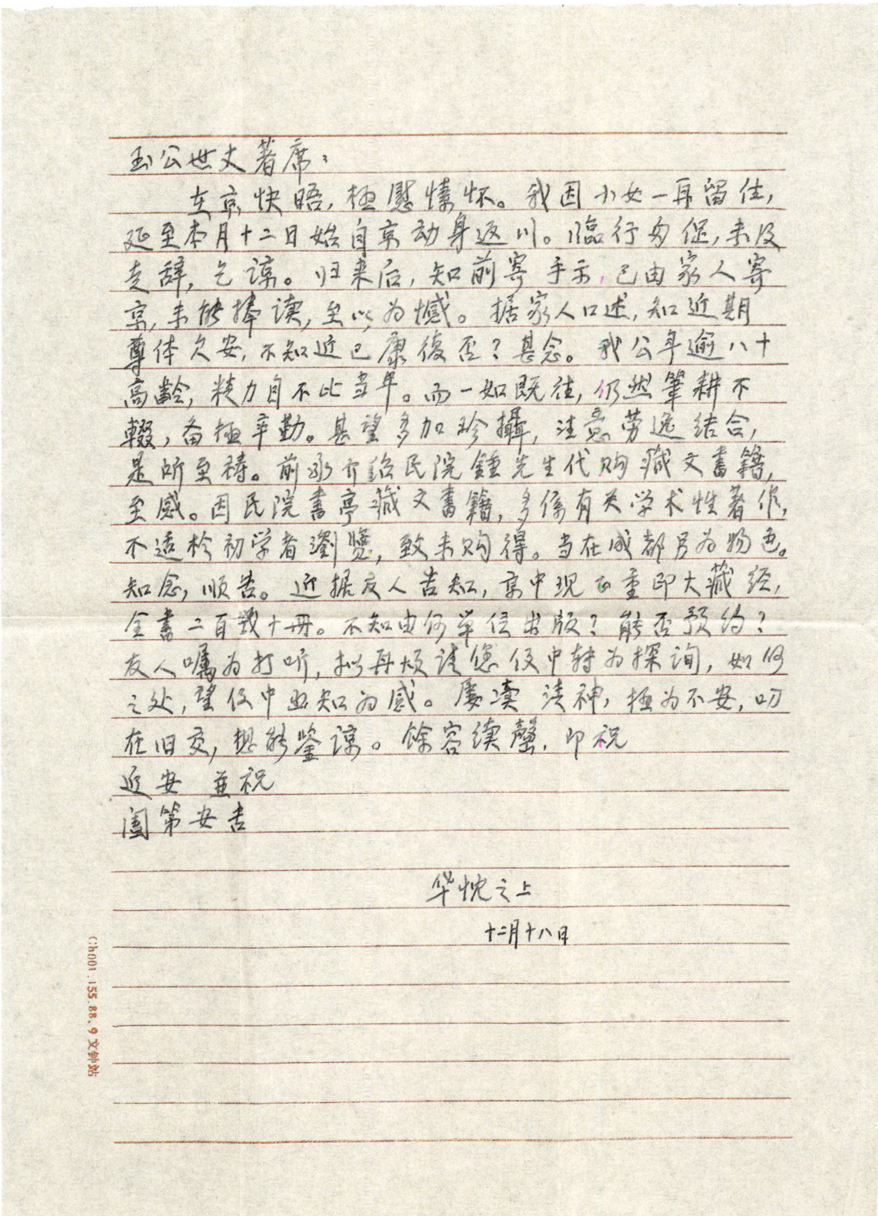

玉公世丈著席：

在京快晤，極慰愫懷。我因小女一再留住，延至本月十二日始自京動身返川，臨行匆促，未及走辭，乞諒。歸來後，知前寄手示，已由家人寄京，未能捧讀，至以爲憾。據家人口述，知近期尊體欠安，不知近已康復否？甚念。我公年逾八十高齡，精力自不比當年。而一如既往，仍然筆耕不輟，備極辛勤。甚望多加珍攝，注意勞逸結合，是所至禱。前承介紹民院鍾先生代購藏文書籍，至感。因民院書亭藏文書籍，多係有關學習性著作，不適於初學者瀏覽，致未購得。當在成都另爲物色。知念，順告。近據友人告知，京中現正重印《大藏經》，全書二百幾十册。不知由何單位出版？能否預約？友人囑爲打聽，擬再煩請您信中轉爲探詢，如何之處，望信中函知爲感。屢瀆清神，極爲不安，叨在舊交，想能鑒諒。餘容續罄，即祝

近安，並祝

閫第安吉

華忱之上

十二月十八日

附：華忱之致吴錫祺

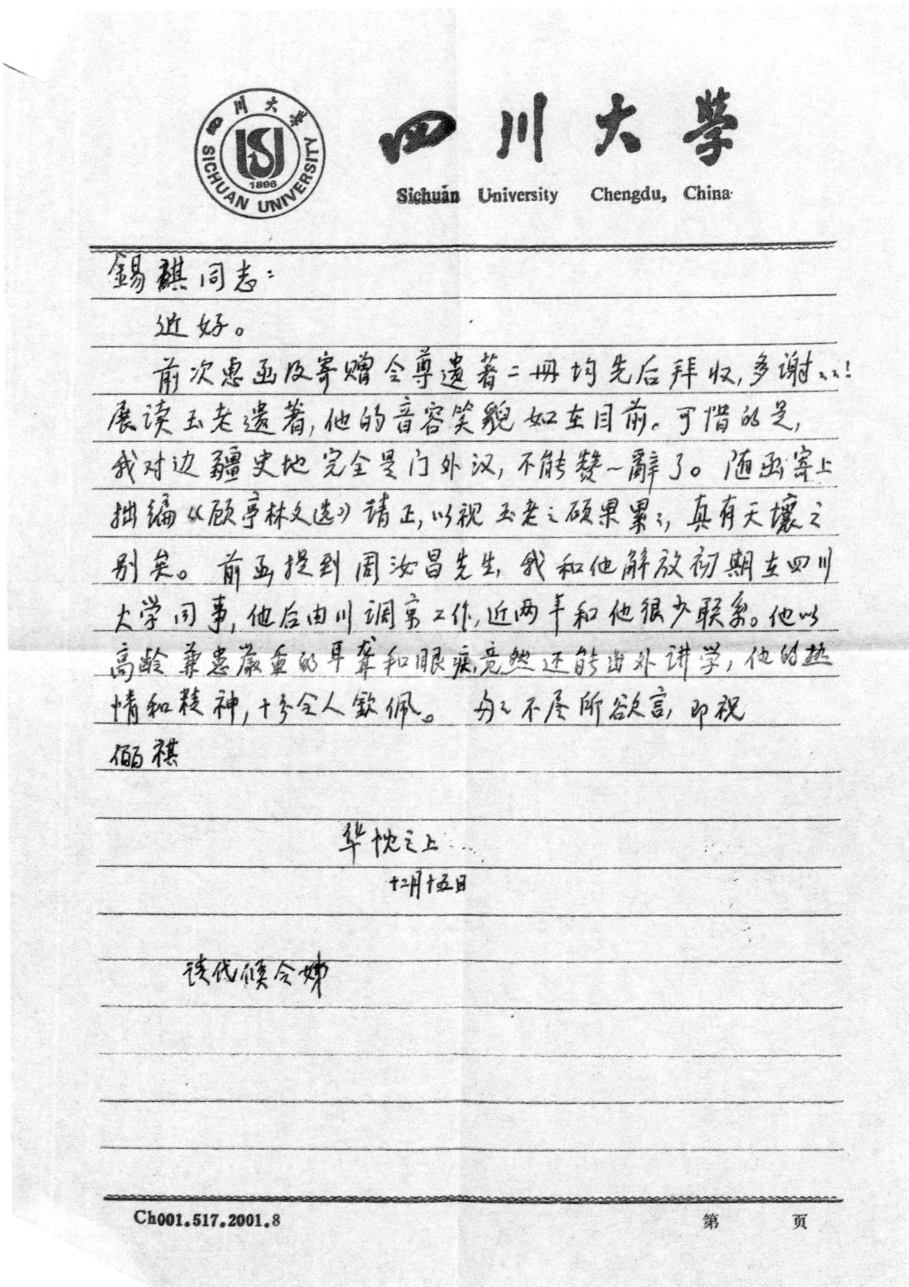
四川大學
Sichuan University Chengdu, China

锡祺同志：

近好。

前次惠函及寄赠令尊遗著二册均先后拜收，多谢多谢！展读玉老遗著，他的音容笑貌如在目前。可惜的是，我对边疆史地完全是门外汉，不能赞一辞了。随函寄上拙编《顾亭林文选》请正，以视玉老之硕果累累，真有天壤之别矣。前函提到周汝昌先生，我和他解放初期在四川大学同事，他后由川调京工作，近两年和他很少联系。他以高龄兼患严重的耳聋和眼疾，竟然还能出外讲学，他的热情和精神，十分令人钦佩。匆匆不尽所欲言，即祝

俪祺

华忱之上

十二月十五日

请代候令姊

Ch001.517.2001.8　第　页

錫祺同志：近好。

前次惠函及寄贈令尊遺著二册，均先後拜收，多謝，多謝！展讀玉老遺著，他的音容笑貌如在目前。可惜的是，我對邊疆史地完全是門外漢，不能贊一辭了。隨函寄上拙編《顧亭林文選》請正，以視玉老之碩果累累，真有天壤之別矣！前函提到周汝昌先生，我和他解放初期在四川大學同事，他後由川調京工作，近兩年和他很少聯繫。他以高齡兼患嚴重耳聾和眼疾，竟然還能出外講學，他的熱情和精神十分令人欽佩。匆匆，不盡所欲言。即祝

儷祺

華忱之上　十二月十五日

請代候令姊

附：華忱之致吴康銘

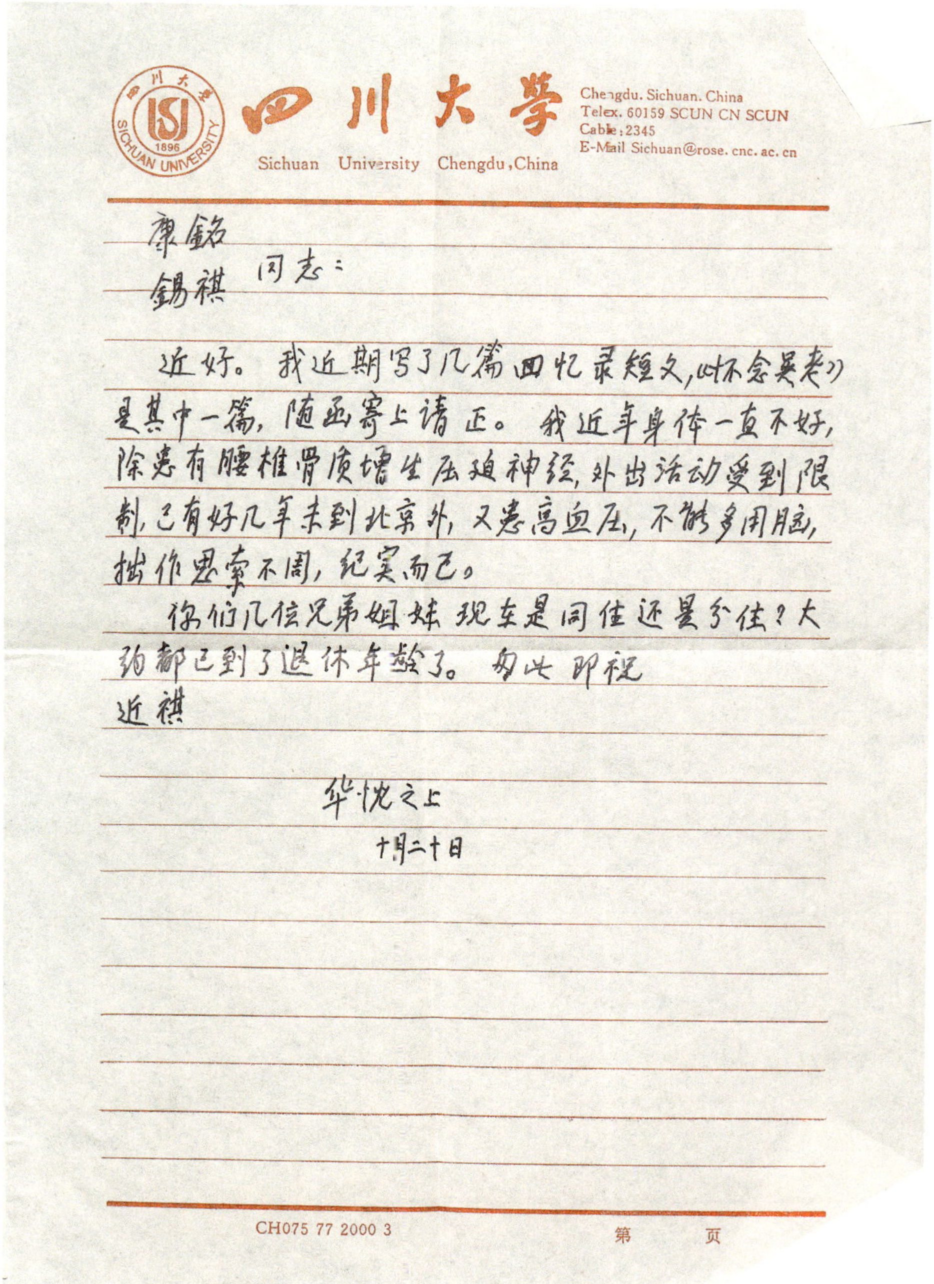
四川大學 Sichuan University Chengdu, China
Chengdu. Sichuan. China Telex. 60159 SCUN CN SCUN Cable: 2345 E-Mail Sichuan@rose.cnc.ac.cn

康銘
錫祺 同志：

近好。我近期写了几篇回忆录短文，《怀念吴老》是其中一篇，随函寄上请正。我近年身体一直不好，除患有腰椎骨质增生压迫神经，外出活动受到限制，已有好几年未到北京外，又患高血压，不能多用脑，拙作思索不周，纪实而已。

你们几位兄弟姐妹现在是同住还是分住？大约都已到了退休年龄了。匆此 即祝
近祺

华忱之上
十月二十日

CH075 77 2000 3 第 页

康銘、錫祺同志：

近好。我近期寫了幾篇回憶録短文，《懷念吴老》是其中一篇，隨函寄上請正。我今年身體一直不好，除患有腰椎骨質增生壓迫神經，外出活動受到限制，已有好幾年未到北京外，又患高血壓，不能多用腦，拙作思索不周，紀實而已。

你們幾位兄弟姐妹，現在是同住還是分住？大約都已到退休年齡了。匆此，即祝
近祺

華忱之上
十月二十日

附：華忱之《懷念吴豐培先生》

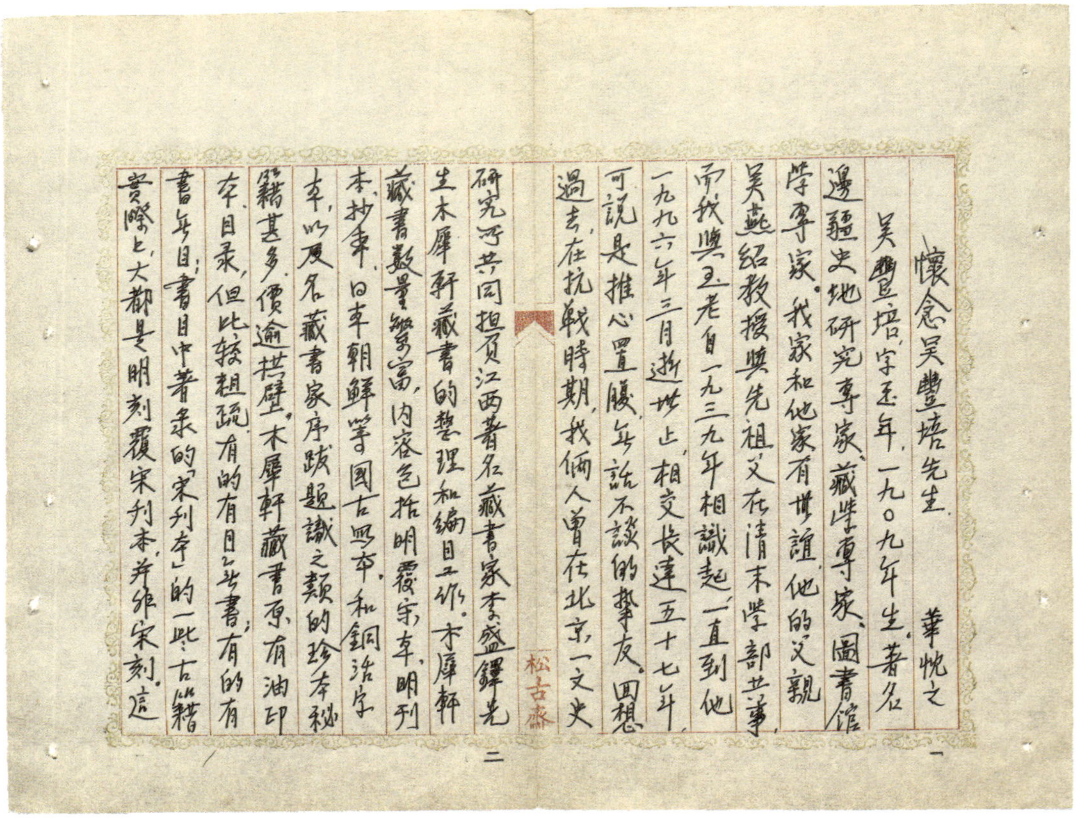

懷念吴豐培先生

華忱之

吴豐培，字玉年，一九〇九年生，著名邊疆史地研究專家、藏學專家、圖書館學專家。我家和他家有世誼，他的父親吴燕紹教授與先祖父在清末學部共事，而我與玉老自一九三九年相識起，一直到他一九九六年三月逝世止，相交長達五十七年，可說是推心置腹，無話不談的摯友。回想過去，在抗戰時期，我倆人曾在北京一文史

一

研究所共同担負江西著名藏書家李盛鐸先生木犀軒藏書的整理和編目工作。木犀軒藏書數量繁富，内容包括明覆宋本、明刊本、抄本、日本、朝鮮等國古寫本、和銅活字本，以及名藏書家序跋題識之類的珍本秘籍甚多，價逾拱璧。木犀軒藏書原有油印本目录，但比較粗疏，有的有目無書，有的有書無目；書目中著录的「宋刊本」的一些古籍實際上，大都是明刻覆宋刊本，并非宋刻。這

二

松古齋

吴豐培，字玉年，一九〇九年生。著名邊疆史地研究專家、藏學專家、圖書館學專家。我家和他家有世誼，他的父親吴燕紹教授與先祖父在清末學部共事，而我與玉老自一九三九年相識起，一直到他一九九六年三月逝世止，相交長達五十七年，可説是推心置腹，無話不談的摯友。回想過去，在抗戰時期，我們兩人曾在北京一文史研究所共同擔負江西著名藏書家李盛鐸先生木犀軒藏書的整理和編目工作。木犀軒藏書數量繁富，内容包括明覆宋本、明刊本、鈔本、日本、朝鮮等國古寫本和銅活字本，以及名藏書家序跋題識之類的珍本秘籍甚多，價逾拱璧。木犀軒藏書原有油印本目録，但比較粗疏，有的有目無書；有的有書無目，書目中著録的『宋刊本』的一些古籍，實際上，大都是明刻覆宋刊本，並非宋刻。這

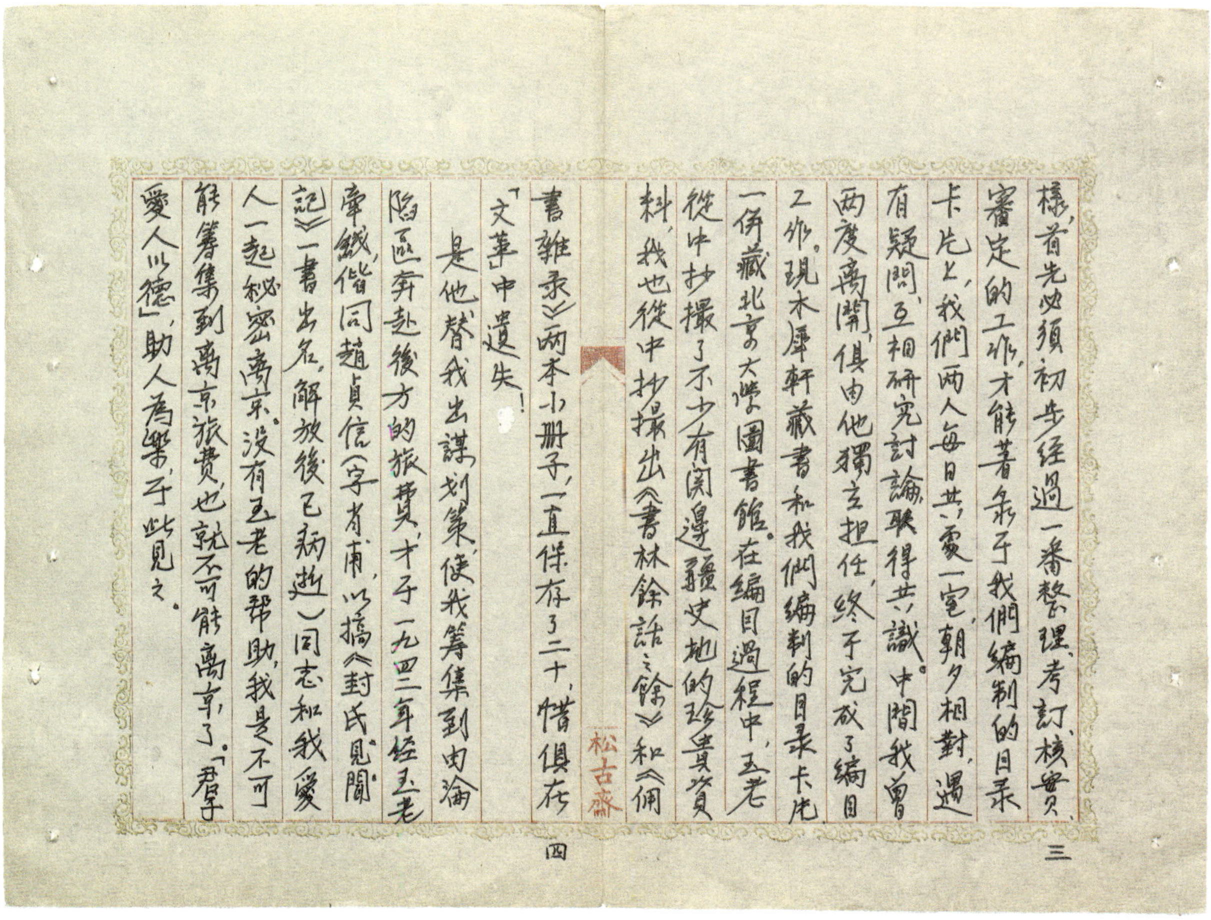

樣，首先必須初步經過一番整理、考訂、核實、審定的工作，才能著录于我們編制的目录卡片上。我們兩人每日共處一室，朝夕相對，遇有疑問，互相研究討論，取得共識。中間我曾兩度離開，俱由他獨立担任，終于完成了編目工作。現木犀軒藏書和我們編制的目录卡片一併藏北京大學圖書館。在編目過程中，玉老從中抄撮了不少有關邊疆史地的珍貴資料，我也從中抄撮出《書林餘話之餘》和《俑

松古齋

三

書雜录》兩本小册子，一直保存了二十，惜俱在「文革」中遺失！

是他替我出謀划策，使我籌集到由淪陷區奔赴後方的旅費，才于一九四二年經玉老牽綫，偕同趙貞信（字肖甫，以搞《封氏見聞記》一書出名。解放後已病逝）同志和我愛人一起秘密離京。沒有玉老的帮助，我是不可能籌集到離京旅費，也就不可能離京了。「君子愛人以德」，助人為樂，于此見之。

四

樣，首先必須初步經過一番整理、考訂、核實、審定的工作，纔能著録於我們編製的目録卡片上。我們兩人每日共處一室，朝夕相對，遇有疑問，互相研究討論，取得共識。中間我曾兩度離開，俱由他獨力擔任，終於完成了編目工作。現木犀軒藏書和我們編製的目録卡片，一併藏北京大學圖書館。在編目過程中，玉老從中鈔撮了不少有關邊疆史地的珍貴資料；我也從中鈔撮出《書林餘話之餘》和《俑書雜録》兩本小册子，一直保存了二十年，惜俱在『文革』中遺失！

是他，替我出謀劃策，使我籌集到由淪陷區奔赴後方的旅費，纔於一九四二年經玉老牽線，偕同趙貞信（字肖甫，以搞《封氏聞見記》一書出名。解放後已病逝）同志和我愛人一起秘密離京。没有玉老的幫助，我是不可能籌集到離京旅費，也就不可能離京了。『君子愛人以德』，助人爲樂，於此見之。

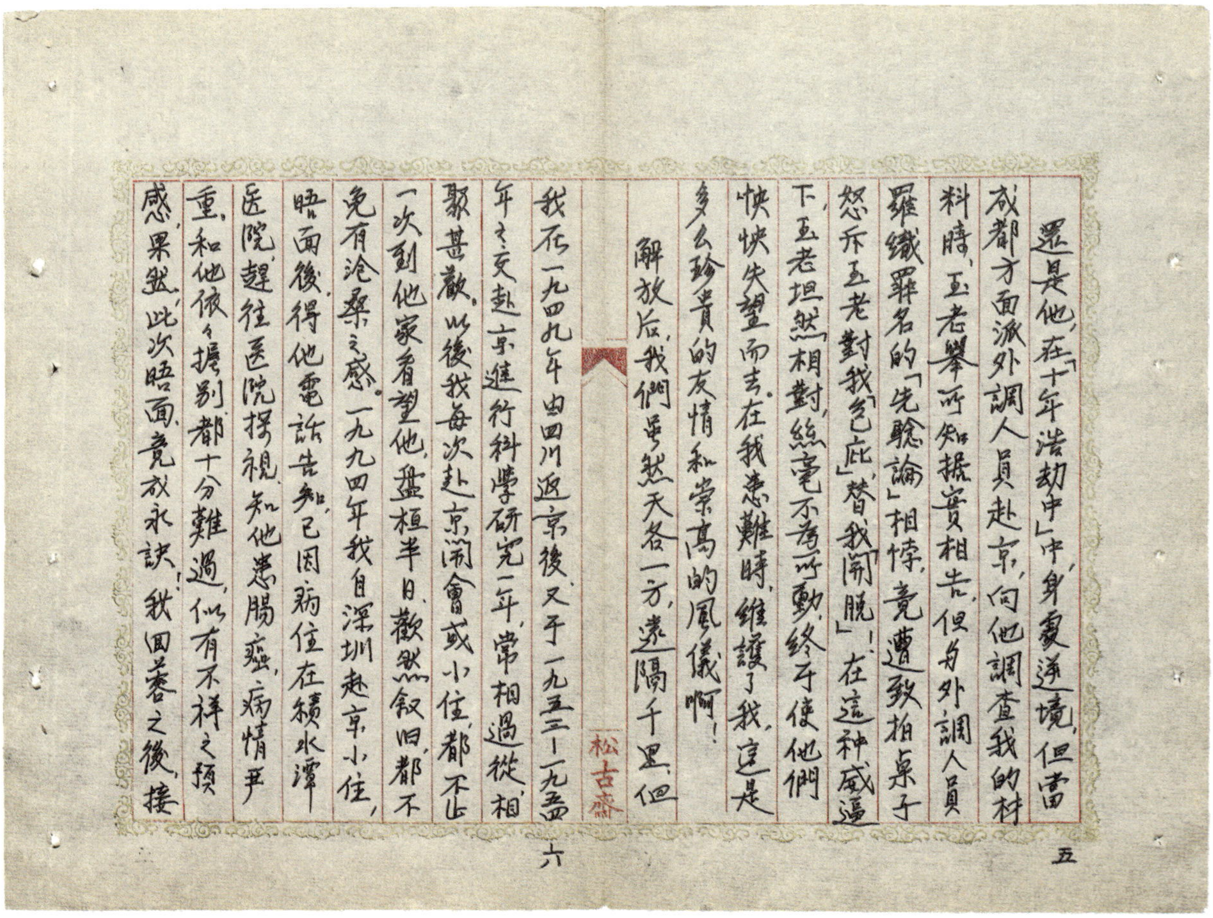

還是他，在『十年浩劫』中，身處逆境，但當成都方面派外調人員赴京，向他調查我的材料時，玉老據所知據實相告，但與外調人員羅織罪名的『先驗論』相悖，竟遭致拍桌子怒斥玉老對我『包庇』，替我『開脱』！在這種種威逼下，玉老坦然相對，絲毫不爲所動，終於使他們怏怏失望而去。在我患難時，維護了我，這是多麼珍貴的友情和崇高的風義啊！

解放後，我們雖然天各一方，遠隔千里，但我在一九四九年由四川返京後，又於一九五三—一九五四年之交赴京進行科學研究一年，常相過從。相聚甚歡。以後我每次赴京開會或小住，都不止一次到他家看望他，盤桓半日，煥然敘舊，都不免有滄桑之感。一九九四年我自深圳赴京小住，晤面後，得他電話告知，已因病住在積水潭醫院，趕往醫院探視，知他患腸癌，病情嚴重。和他依依握別，都十分難過，似有不祥預感，果然，此次晤面，竟成永訣！我回蓉之後，接

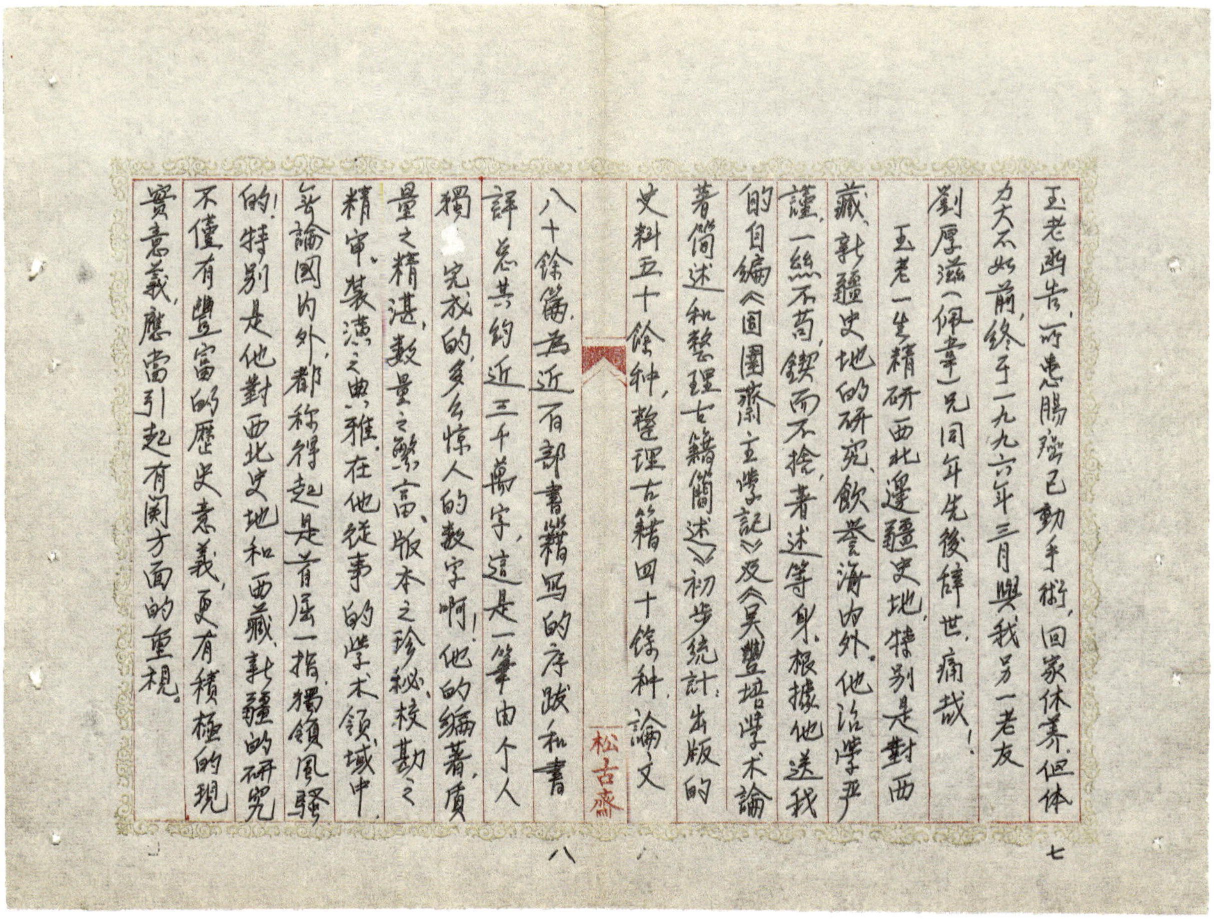

玉老函告，所患腸癌已動手術，回家休養，但體力大不如前。終於一九九六年三月與我另一老友劉厚滋（佩韋）兄同年先後辭世，痛哉！

玉老一生精研西北邊疆史地，特別是對西藏、新疆史地的研究，飲譽海內外。他治學嚴謹，一絲不苟，鍥而不捨，著述等身。根據他送我的自編《固圉齋主學記》及《吳豐培學術論著簡述和整理古籍簡述》初步統計：出版的史料五十餘種，整理古籍四十餘種，論文八十餘篇，爲近百部書籍寫的序跋和書評總共約近三千萬字，這是一筆由個人獨力完成的多麼驚人的數字啊！他的編著，質量之精湛、數量之繁富、版本之珍秘、校勘之精審，裝潢之典雅，在他從事的學術領域中，無論國內外，都稱得起是首屈一指，獨領風騷的！特別是他對西北史地和西藏、新疆的研究，不僅有豐富的歷史意義，更有積極的現實意義，應當引起有關方面的重視。

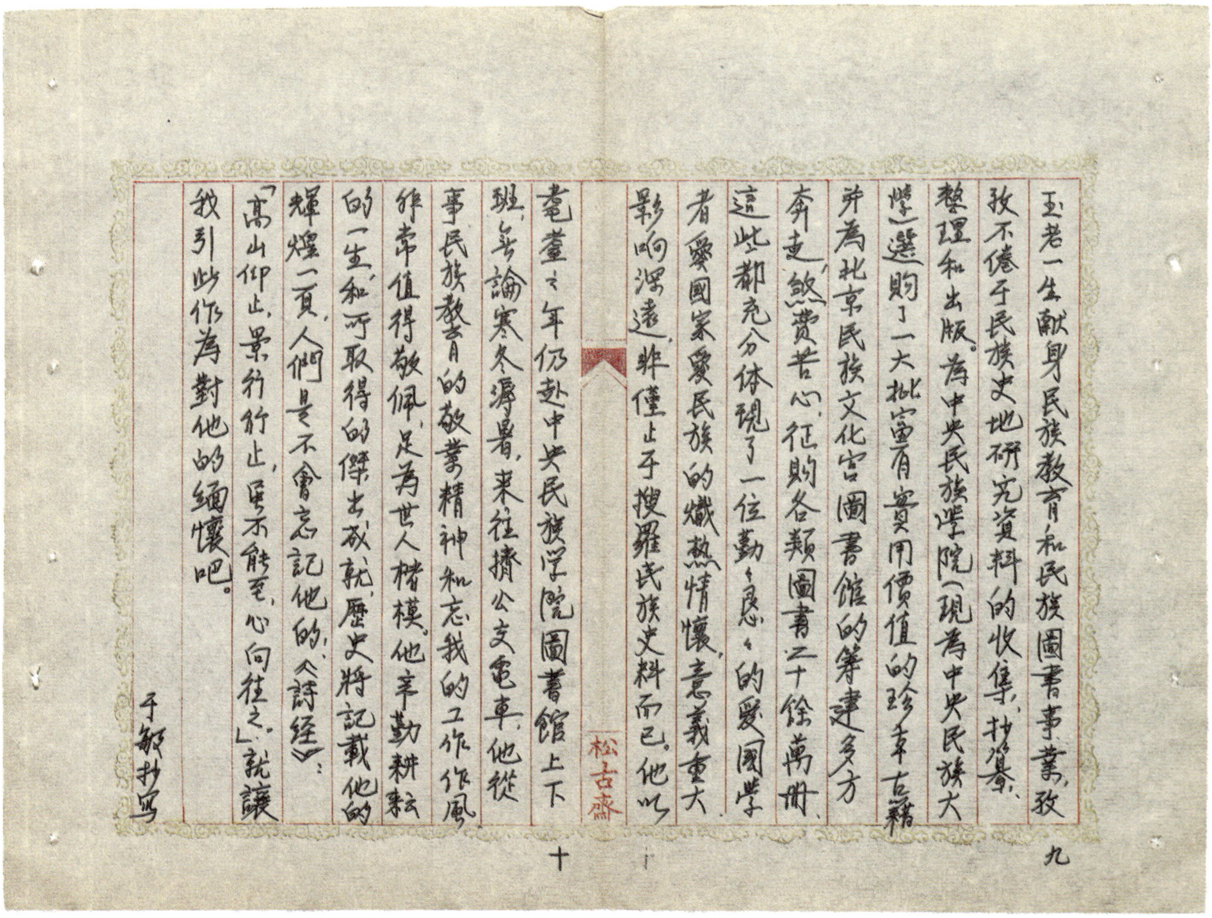
玉老一生獻身民族教育和民族圖書事業，孜
孜不倦于民族史地研究資料的收集、抄纂、
整理和出版。為中央民族學院（現為中央民族大
學）選購了一大批富有實用價值的珍本古籍，
并為北京民族文化宫圖書館的籌建多方
奔走，煞費苦心，征購各類圖書二十餘萬册，
這些都充分体現了一位勤勤懇懇的愛國學
者愛國家愛民族的熾熱情懷，意義重大
影响深遠，非僅止于搜羅民族史料而已。他以
九
耄耋之年仍赴中央民族學院圖書館上下
班，無論寒冬溽暑，來往擠公交電車，他從
事民族教育的敬業精神和忘我的工作作風
非常值得敬佩，足為世人楷模，他辛勤耕耘
的一生和所取得的傑出成就，歷史將記載他的
輝煌一頁，人們是不會忘記他的，《詩經》：
「高山仰止，景行行止，雖不能至，心向往之。」就讓
我引此作為對他的緬懷吧。
于敏抄寫
十
松古齋

玉老一生獻身民族教育和民族圖書事業，孜孜不倦於民族史地研究資料的收集、抄纂、整理和出版。爲中央民族學院（現爲中央民族大學）選購了一大批富有實用價值的珍本古籍；並爲北京民族文化宫圖書館的籌建多方奔走，煞費苦心，徵購各類圖書二十餘萬册，這些都充分體現了一位勤勤懇懇的愛國學者愛國家，愛民族的熾熱情懷，意義重大，影響深遠，非僅止於搜羅民族史料而已。他以耄耋之年仍赴中央民院圖書館上下班，無論寒冬溽暑，來往擠公交電車，他從事民族教育的敬業精神和忘我的工作作風，非常值得敬佩，足爲世人楷模。他辛勤耕耘的一生和所取得的傑出成就，歷史將記載他的輝煌的一頁，人們是不會忘記他的！《詩經》：『高山仰止，景行行止，雖不能至，心向往之。』就讓我引此作爲對他的緬懷吧。

于敏抄寫

陰法魯

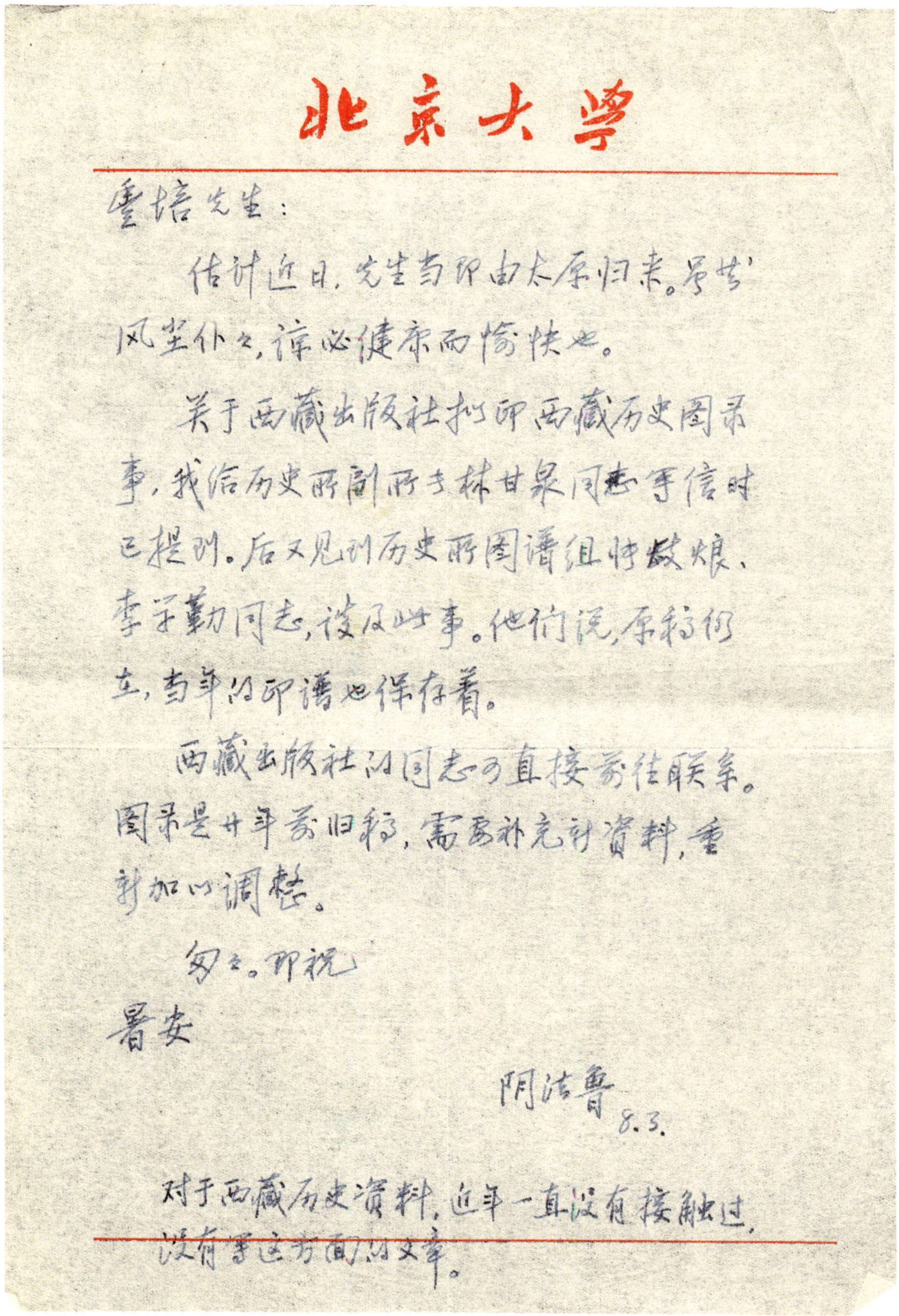

北京大學

豐培先生：

估计近日，先生当即由太原归来。虽然风尘仆仆，谅必健康而愉快也。

关于西藏出版社拟印西藏历史图录事，我给历史所副所长林甘泉同志写信时已提到。后又见到历史所图谱组张政烺、李学勤同志，谈及此事。他们说，原稿仍在，当年的印谱也保存着。

西藏出版社的同志可直接前往联系。图录是廿年前旧稿，需要补充新资料，重新加以调整。

匆匆，即祝

暑安

阴法鲁

8.3.

对于西藏历史资料，近年一直没有接触过，没有写这方面的文章。

豐培先生：

估計近日，先生當即由太原歸來。雖然風塵僕僕，諒必健康而愉快也。

關於西藏出版社擬印西藏歷史圖録事，我給歷史所副所長林甘泉同志寫信時已提到。後又見到歷史所圖譜組張政烺、李學勤同志，談及此事，他們説，原稿仍在，當年的印譜也保存著。

西藏出版社的同志可直接前往聯繫。圖録是廿年前舊稿，需要補充新資料，重新加以調整。

匆匆，即祝

暑安

陰法魯八、三

對於西藏歷史資料，近年一直没有接觸過，没有寫這方面的文章。

劉厚生

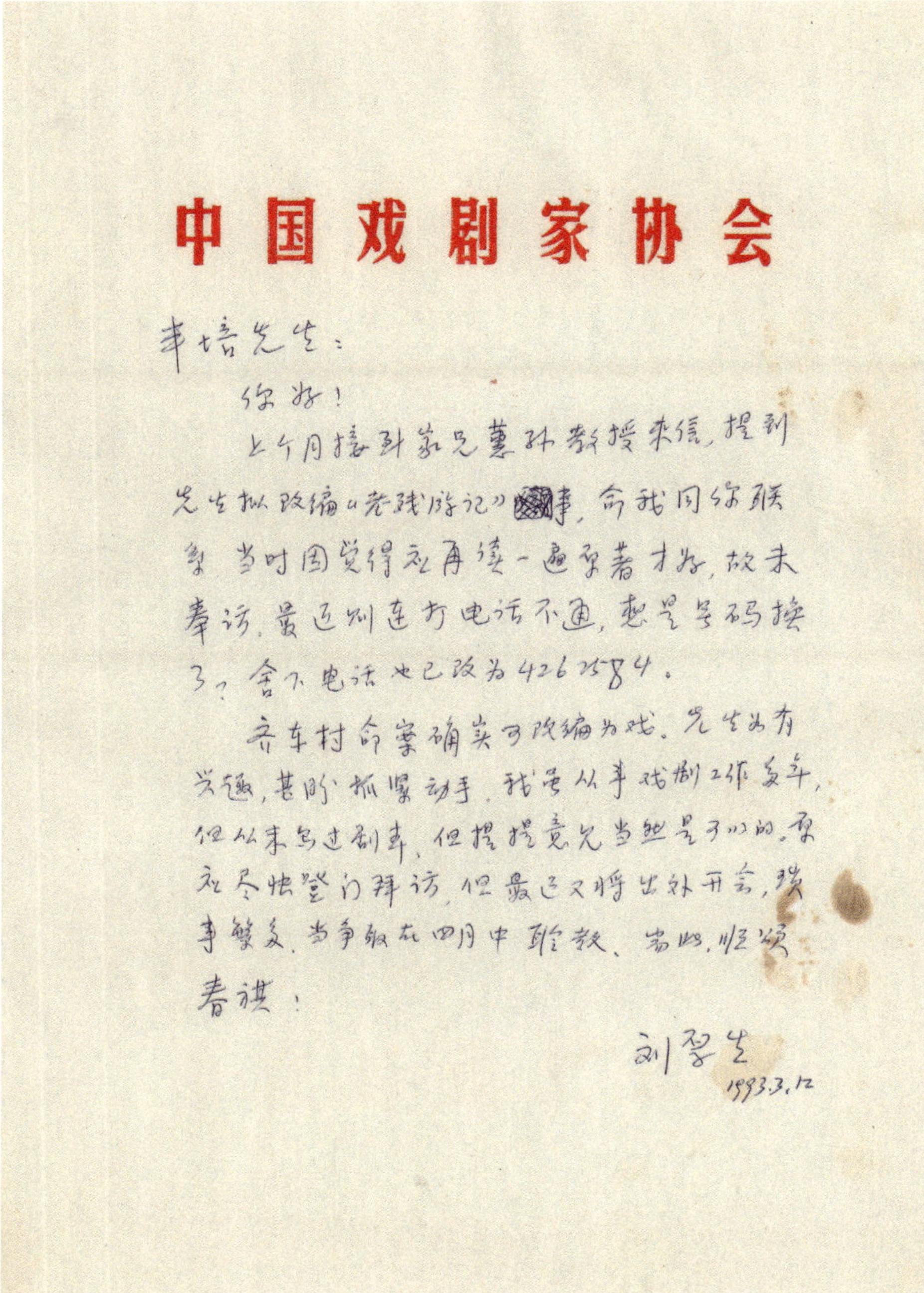
中国戏剧家协会

丰培先生：

你好！

上个月接到家兄蕙孙教授来信，提到先生拟改编《老残游记》事，命我同你联系。当时因觉得应再读一遍原著才好，故未奉访。最近则连打电话不通，想是号码换了？舍下电话也已改为4262584。

齐东村命案确实可改编为戏。先生如有兴趣，甚盼抓紧动手。我虽从事戏剧工作多年，但从未写过剧本，但提提意见当然是可以的。原应尽快登门拜访，但最近又将出外开会，琐事繁多，当争取在四月中聆教。耑此，顺颂

春祺！

刘厚生

1993.3.12

豐培先生：

你好！

上個月接到家兄蕙孫教授來信，提到先生擬改編《老殘遊記》事，命我同你聯繫，當時因覺得應再讀一遍原著纔好，故未奉訪，最近則連打電話不通，想是號碼換了？舍下電話也已改爲四二六二五八四。

齊東村命案確實可改編爲戲。先生如有興趣，甚盼抓緊動手。我雖從事戲劇工作多年，但從未寫過劇本，但提提意見當然是可以的。原應儘快登門拜訪，但最近又將外出開會，瑣事繁多，當争取在四月中聆教。耑此，順頌

春祺

劉厚生

一九九三、三、十二

王堯

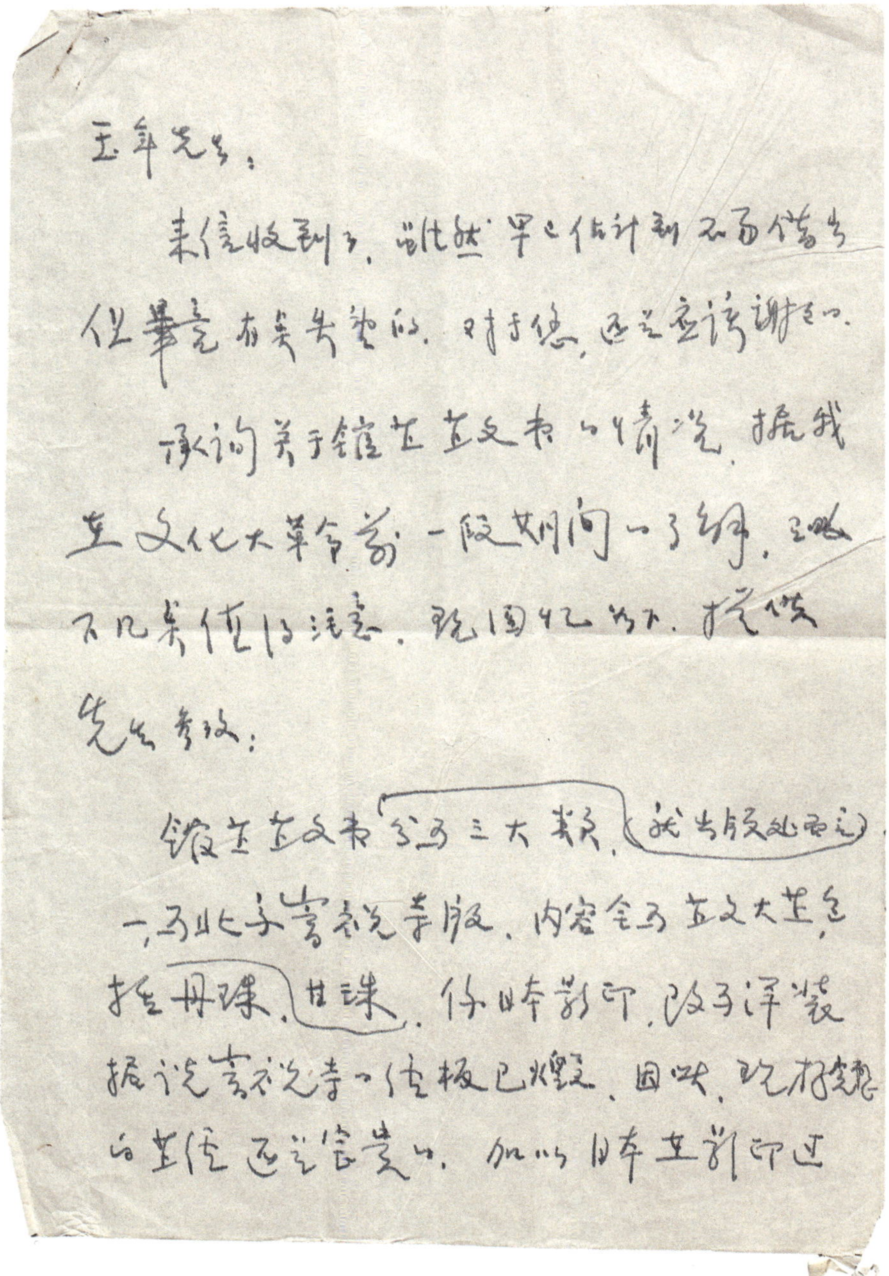

玉年先生：

來信收到了，雖然早已估計到不易借出，但畢竟有點失望的，對於您，還是應該謝謝的。

承詢關於館藏藏文書的情況，據我在文化大革命前一段期間的瞭解，有以下幾點值得注意。現回憶如下，提供先生參考。

館藏藏文書（就出版處而言）分爲三大類：一爲北京嵩祝寺版，內容全爲藏文大藏，包括甘珠、丹珠。係日本影印，改爲洋裝。據説嵩祝寺的經板已毁，因此現存完整的藏經還是寶貴的。加以日本在影印過

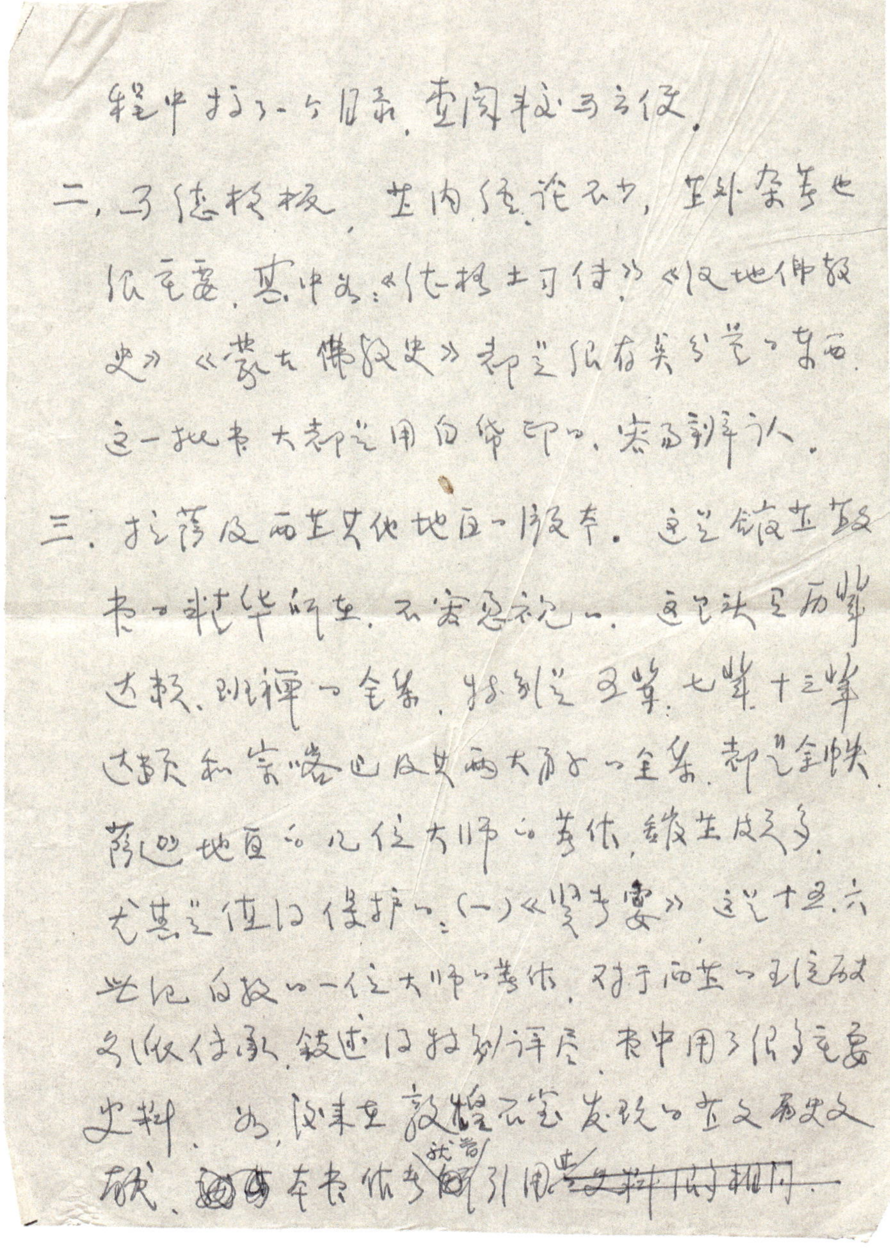
程中搞了一个目录，查阅较为方便。

二，为德格版，藏内经论不少，藏外杂著也很重要，其中如《德格土司传》《汉地佛教史》《蒙古佛教史》都是很有点分量的东西。这一批书大都是用白纸印的，容易辨认。

三，拉萨及西藏其他地区的版本。这是馆藏的精华所在，不容忽视的。这里头有历辈达赖、班禅的全集，特别是五辈、七辈、十三辈达赖和宗喀巴及其两大弟子的全集，都是全帙。萨迦地区的几位大师的著作，馆藏颇多。尤其是值得保护的：(一)《贤者宴》，这是十五、六世纪白教的一位大师的著作，对于西藏的王统历史、各派的传承，叙述得特别详尽，书中用了很多重要史料。如后来在敦煌石室发现的藏文历史文献，本书作者就曾引用过。

程中搞了一個目録，查閲較爲方便。二爲德格版，藏内經論不少，藏外雜著也很重要，其中如《德格土司傳》《漢地佛教史》《蒙古佛教史》都是很有點分量的東西，這一批書大都是用白紙印的，容易辨認。三拉薩及西藏其他地區的版本。這是館藏的藏文書的精華所在，不容忽視的。這裏頭有歷輩達賴、班禪的全集，特别是五輩、七輩、十三輩達賴和宗喀巴及其兩大弟子的全集，都是全帙。薩迦地區的幾位大師的著作，館藏頗多，尤其是值得保護的：（一）《賢者宴》，這是十五、六世紀白教的一位大師的著作，對於西藏的王統歷史，各派的傳承，叙述得特别詳盡。書中用了很多重要史料。如後來在敦煌石室發現的藏文歷史文獻，本書作者就曾引用過。

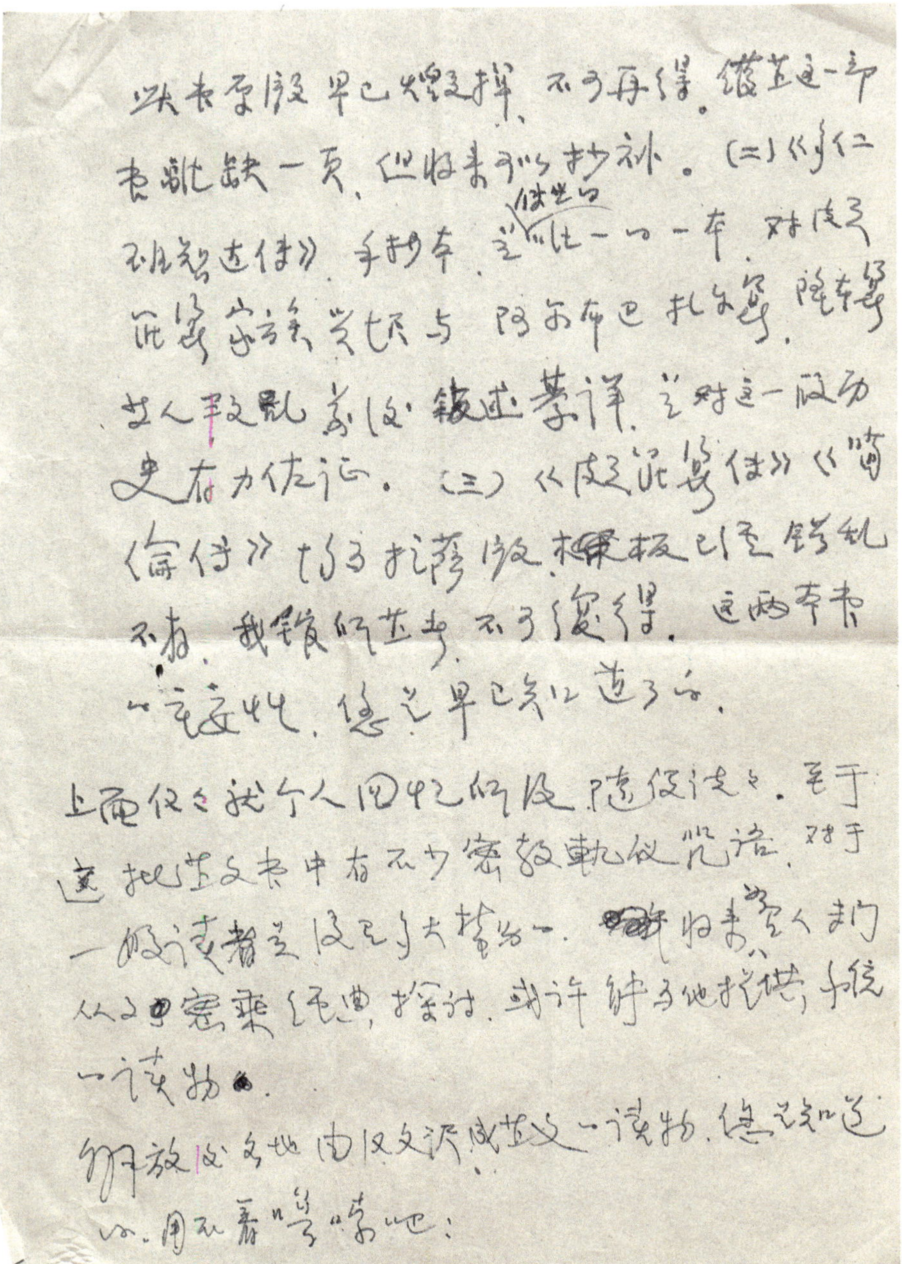

此书原版早已毁掉，不可再得。馆藏这一部书虽缺一页，但后来可以抄补。(二)《多仁班智达传》手抄本，是传世的唯一的一本。对颇罗鼐家族兴起与阿尔布巴札尔鼐、隆布鼐等人叛乱前后叙述甚详，是对这一段历史有力佐证。(三)《颇罗鼐传》《噶伦传》均为拉萨板，木板已经错乱不存，我馆所藏者不可复得。这两本书的重要性，您是早已知道了的。

上面仅仅就个人回忆所及，随便说说。至于这批藏文书中有不少密教轨仪咒语，对于一般读者是没有多大帮助的。将来如有人专门从事密乘经典探讨，或许能为他提供系统的读物。

解放后各地由汉文译成藏文的读物，您是知道的，用不着啰嗦吧！

此書原版早已毀掉，不可再得，館藏這一部書雖缺一頁，但後來可以抄補。（二）《多仁班智達傳》手抄本，是傳世的唯一的一本。對頗羅鼐家族興起與阿爾布巴札爾鼐、隆布鼐等人叛亂前後敘述甚詳，是對這一段歷史的有力佐證。（三）《頗羅鼐傳》《噶倫傳》均爲拉薩板，木板已經錯亂不存，我館所藏者不可復得，這兩本書的重要性，您是早已知道了的。

上面僅僅就個人回憶所及隨便説説。至於這批藏文書中有不少密教軌儀咒語，對於一般讀者是没有多大幫助的。將來如有人專門從事密乘經典探討，或許能爲他提供系統的讀物。

解放後各地由漢文譯成藏文的讀物，您是知道的，用不著囉嗦吧！

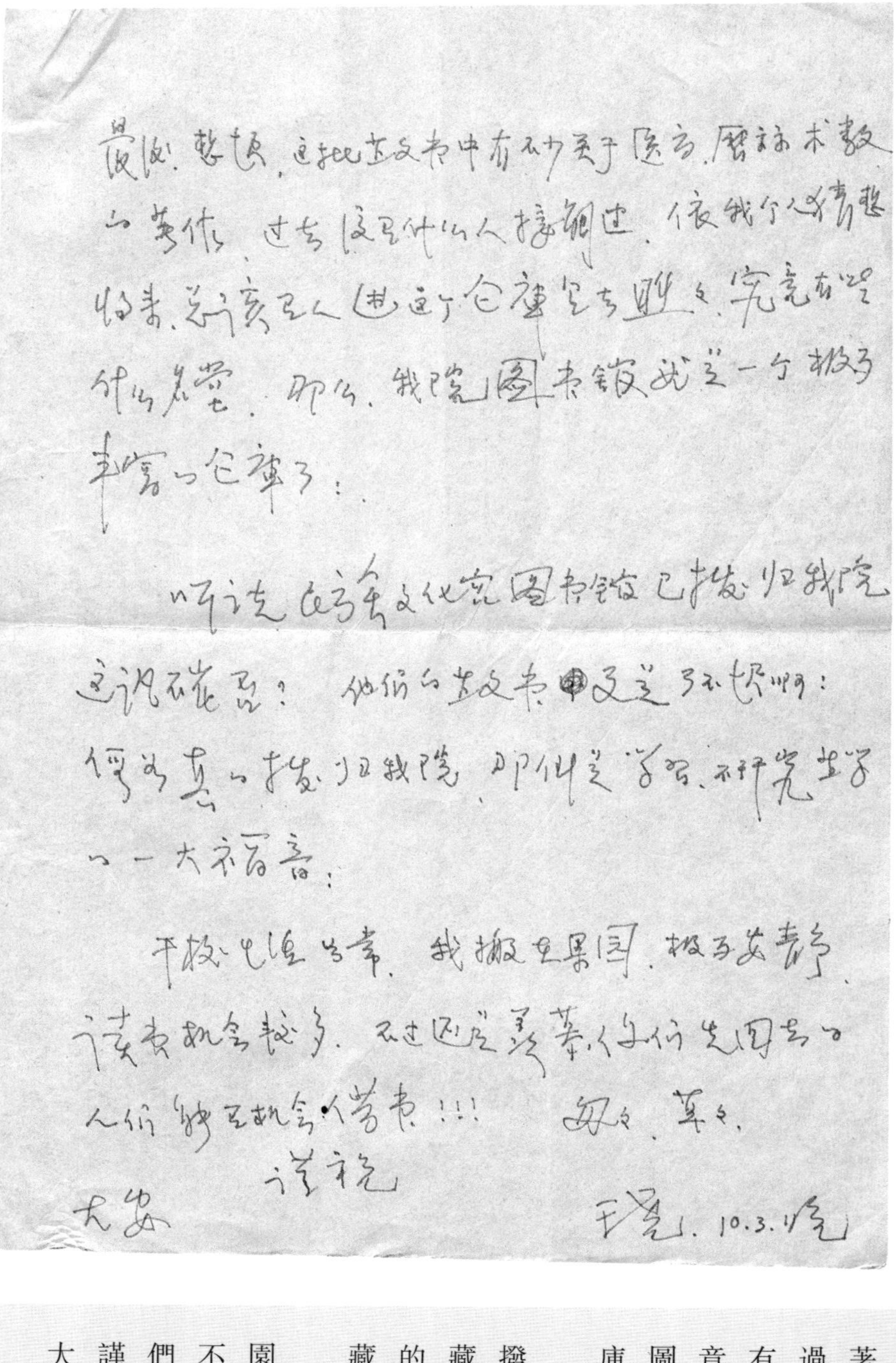

最後想起，這批藏文書中有不少關於醫方、曆算術數的著作，過去没有什麼人接觸過，依我個人猜想，將來總該有人進這個倉庫裏去瞧瞧，究竟有些什麼名堂，那麼，我院圖書館就是一個極爲豐富的倉庫了。

聽説民族文化宫圖書館已撥歸我院，這訊確否？他們的藏文書更是了不起啊！假如真的撥歸我院，那倒是學習研究藏學的一大福音！

幹校生活如常，我搬在果園，極爲安静，讀書機會較多，不過還是羡慕你們先回去的人們能有機會借書!!! 匆匆草草，

謹祝

大安

王堯

十、三晚

王堯

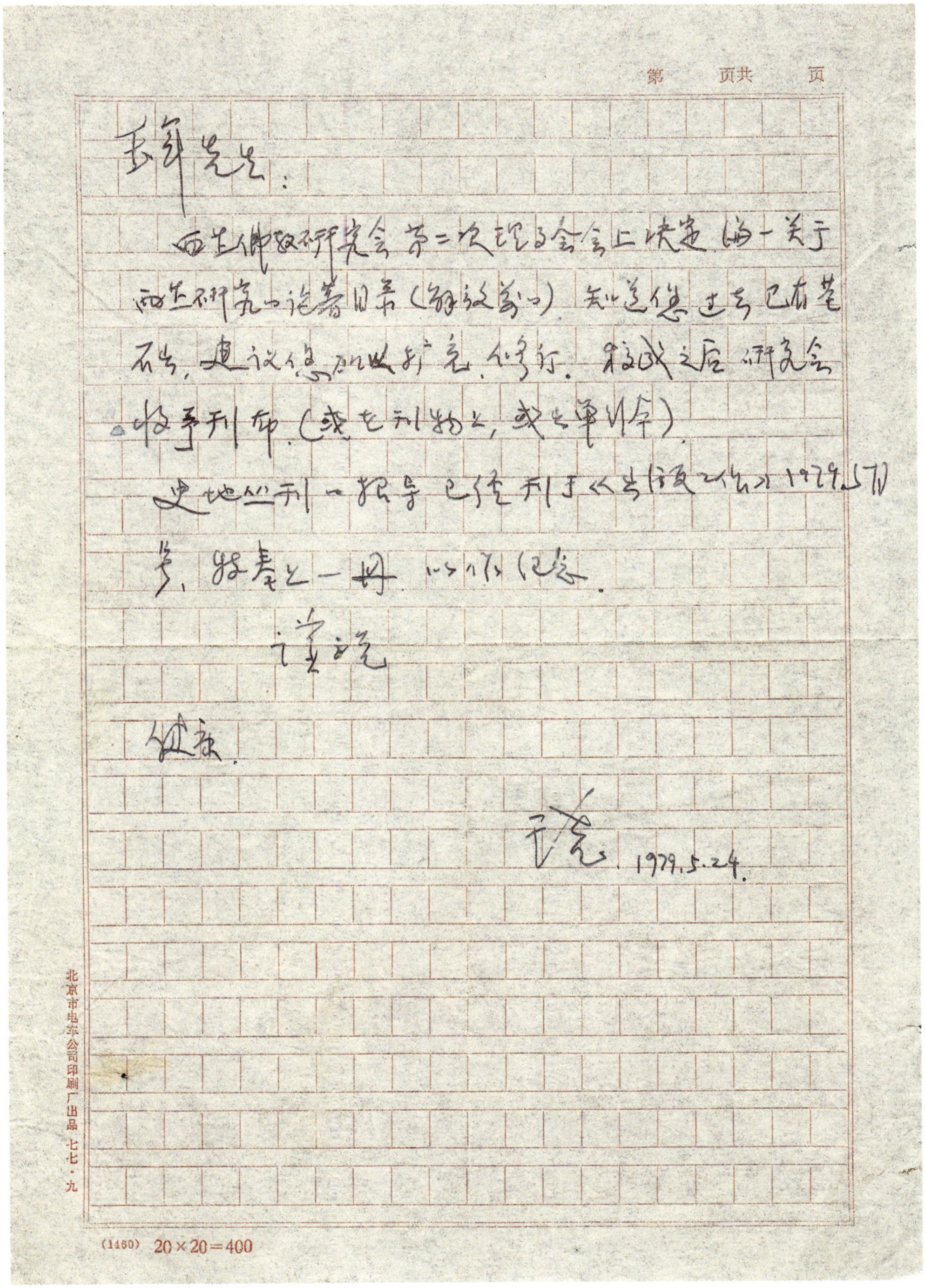

玉年先生：

西藏佛教研究會第二次理事會會上決定編一關於西藏研究的論著目録（解放前的），知道您過去已有基礎，建議您加以擴充、修訂，稿成之後研究會將予刊佈（或在刊物上，或出單行本）。

史地叢刊的報道已經刊於《出版工作》一九七九、五月號，特奉上一册以作紀念。

謹祝

健康

王堯

一九七九、五、二十四

王堯

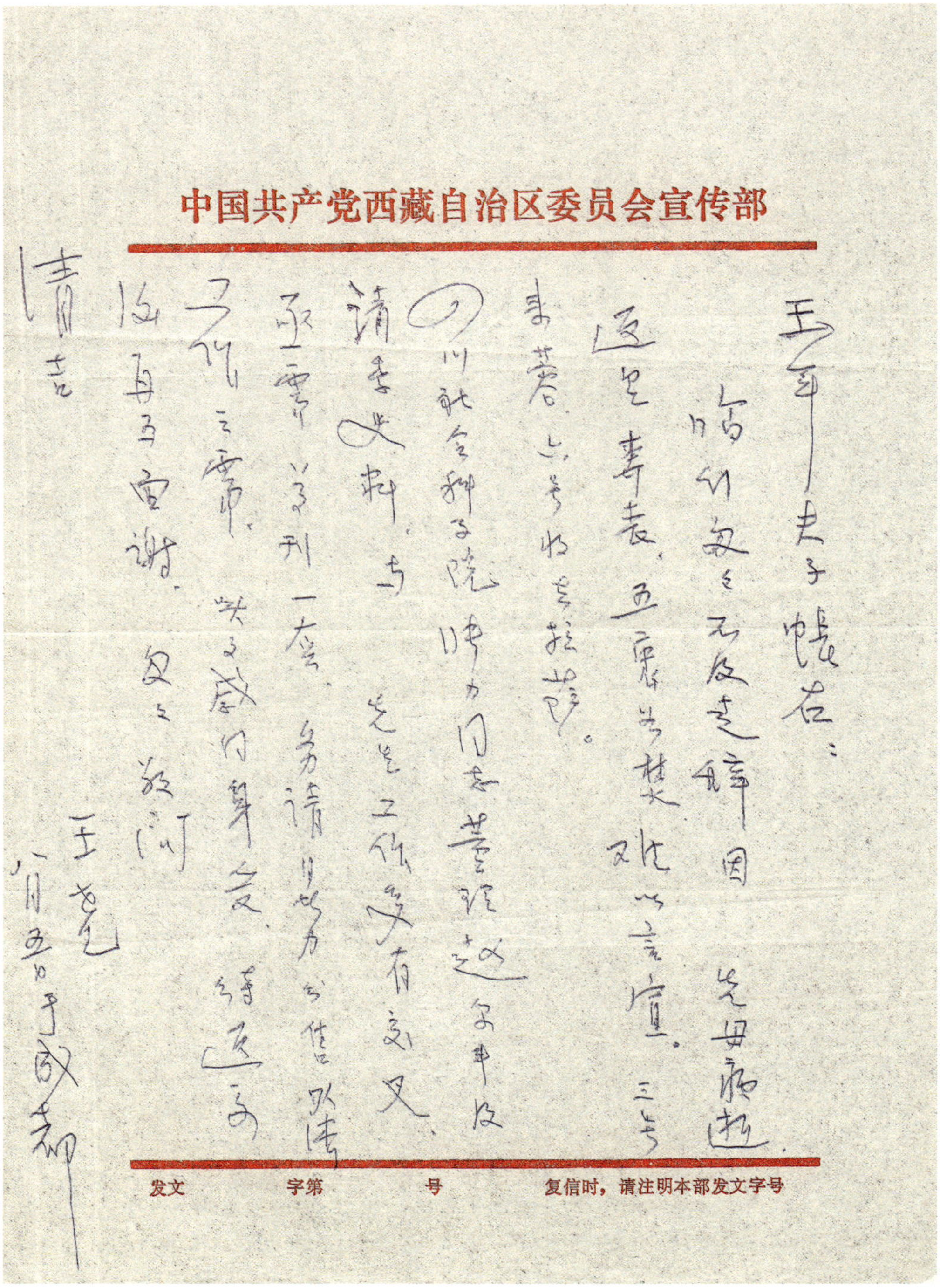

玉年夫子帳右：

　　臨行匆匆不及走辭，因先母病逝，返里奔喪，五衷如焚難以言宣。三號來蓉，六號將去拉薩。

　　四川社會科學院張力同志整理趙爾豐及清季史料，與先生工作多有交叉，亟需尊刊一套，務請鼎力分售以濟工作之需，此事感同身受，待返京後再爲面謝。

匆匆敬問

清吉

王堯

八月五日於成都

張力

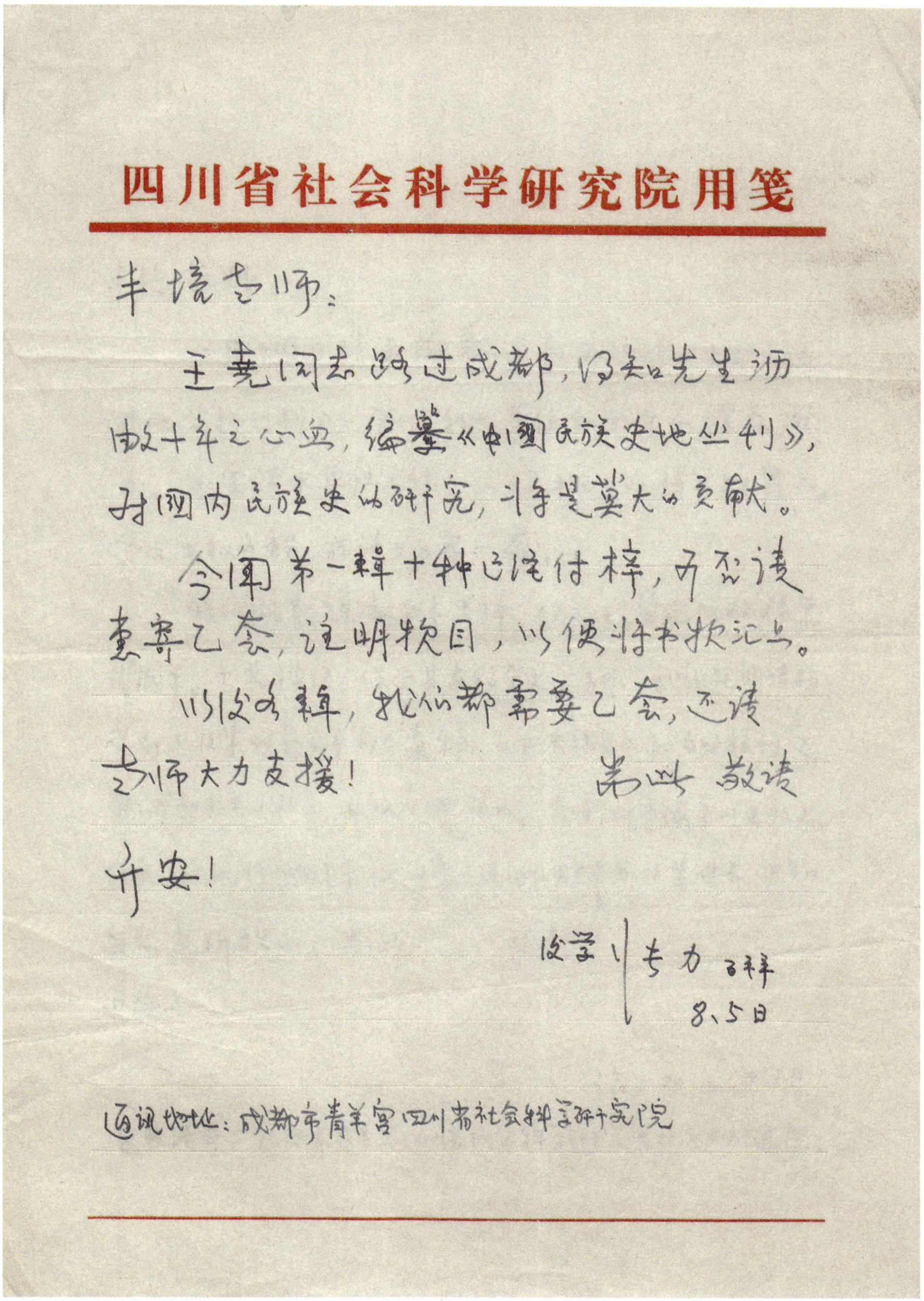

豐培老師：

王堯同志路過成都，得知先生歷數十年之心血，編纂《中國民族史地叢刊》，對國内民族史的研究，將是莫大的貢獻。

今聞第一輯十種已經付梓，可否請惠寄一套，注明款目，以便將書款匯上。

以後各輯，我們都需要一套，還請老師大力支援！

耑此敬請

升安

後學張力　百拜

八、五日

通訊地址：成都市青羊宫四川省社會科學研究院

張力

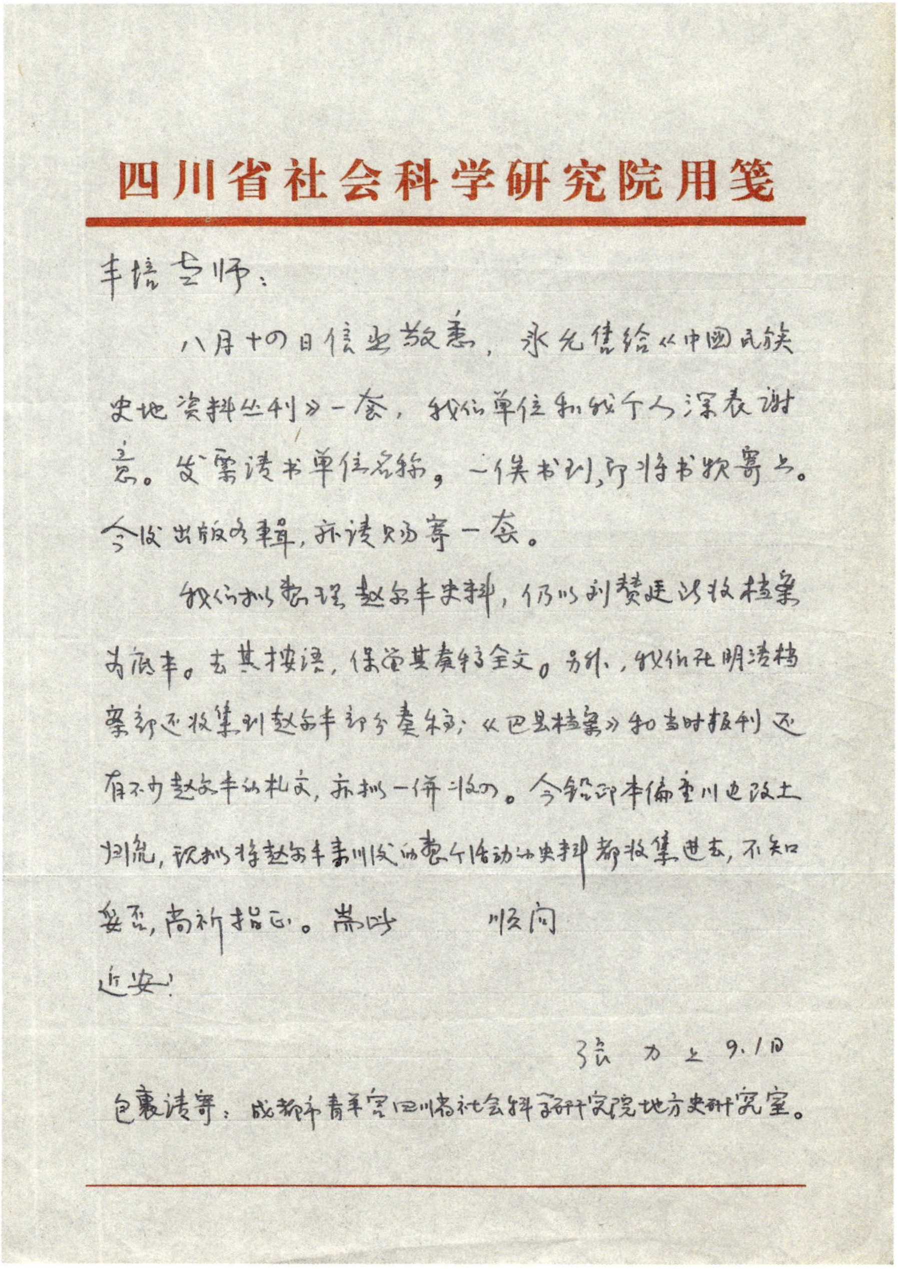

豐培老師：

八月十四日信函敬悉，承允售給《中國民族史地資料叢刊》一套，我們單位和我個人深表謝意。發票請書單位名稱，一俟書到，即將書款寄上。今後出版各輯，亦請賜寄一套。

我們擬整理趙爾豐史料，仍以劉贊廷所收檔案爲底本。去其按語，保留其奏稿全文。另外，我們在明清檔案部還收集到趙爾豐部分奏稿；《巴縣檔案》和當時報刊還有不少趙爾豐的札文，亦擬一併收入。今鉛印本偏重川邊改土歸流，現擬將趙爾豐來川後的整個活動的史料都收集進去，不知妥否，尚祈指正。耑此

順問

近安！

張力上

九、一日

包裹請寄：成都市青羊宫四川省社會科學研究院地方史研究室。

吴振千

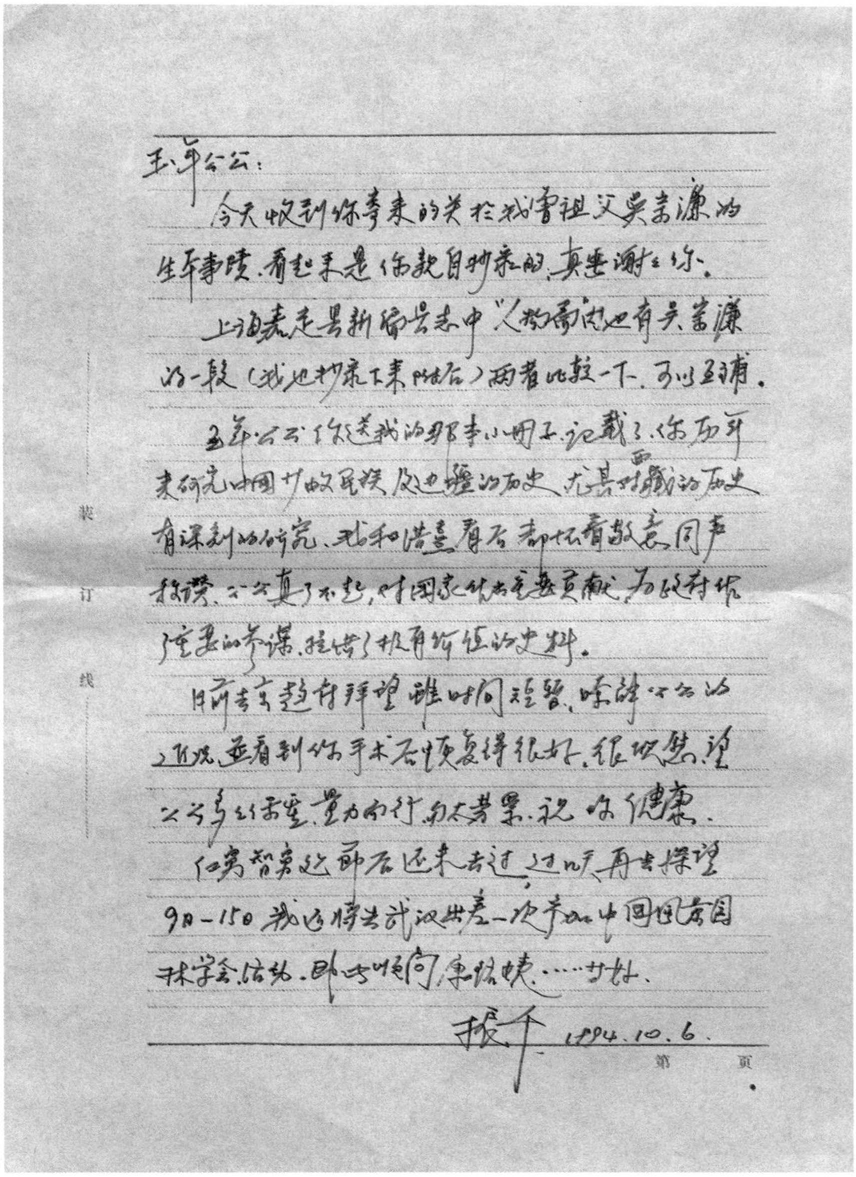

玉年公公：

今天收到你寄來的關於我曾祖父吴宗濂的生平事迹，看起來是你親自抄録的，真要謝謝你。

上海嘉定縣新編縣志中『人物篇』內也有吴宗濂的一段（我也抄録下來附後）兩者比較一下，可以互補。

玉年公公你送我的那本小册子，記載了你歷年來研究中國少數民族及邊疆的歷史，尤其是對西藏的歷史有深刻的研究，我和洪熹看後都懷著敬意同聲稱讚，公公真了不起，對國家作出重要貢獻，爲政府作了重要的參謀，提供了極有價值的史料。

日前去京趙府拜望雖時間短暫，瞭解公公的近況，並看到你手術後恢復得很好，很欣慰。望公公多多保重，量力而行，勿太勞累，祝你健康。

任舅智舅處節後還未去過，過幾天再去探望。九日至十五日我還將去武漢出差一次，參加中國風景園林學會活動。即此順問康銘姨……等好。

振千　一九九四、十、六

吴宗濂

吴宗濂（1856－1933）字挹清，号景周，今嘉定县人。幼年丧父，家境清寒，由母殷氏作女红抚养长大。学龄时，由舅父殷不濂接至家中延师与诸表兄弟共读。清光绪二年（1876年）进上海广方言馆，后入北京同文馆学法语和俄语。毕业后任京汉铁路法文翻译。后经总理各国事务衙门保奏，候选中书、特科中书、擢同知府候补道，旋调入外务部。光绪九年，随李鸿章出访俄订立边界条约。光绪十一年起，任驻英和驻俄使馆翻译。光绪十六年，任驻英钦差龚心湛随员。是时著有《随轺笔记》，其中记有孙中山伦敦蒙难事件，尤其对西方文化介绍记述颇详。光绪二十三年回国，就职于芦汉铁路稽查部。清光绪二十八年，任驻法使馆秘书。光绪二十九年，任驻西班牙使馆代办。后升外务部左参政、右丞。继任英、法、比、奥、德五国留学生监督。清宣统元年（1909），奉派出使意大利钦差大臣。辛亥革命后，继续留任，改称公使。

吴宗濂在西欧诸国使馆工作时，孙中山曾委托其在英、法、意大利、比利时等国募集巨款，建设三大铁路干线。

装　订　线

第　　页

吴宗濂忠实履行孙中山手订筹款原则：一、事权不落外人之手，不碍主权；二、用中国铁路总公司名义而不用国家名义借外债。

民国3年（1914年）回国，任大总统府外交谘议。民国5年，任外交部特派吉林交涉员。民国7年，当选为"安福国会"参议员。民国13年，任浦口商埠督办。民国14年任上海法租界市政会议委员。民国17年，任国民政府侨务委员会委员。卸任后，居北京。后居上海，谋得法租界公董局董事一职，维持晚年生活。

吴宗濂除著有《随轺笔记》4卷外，还曾译著《德国陆军考》《法语锦囊》《桄谱》等书。

嘉定县志　1992年

装订线

第　页

劉毅政

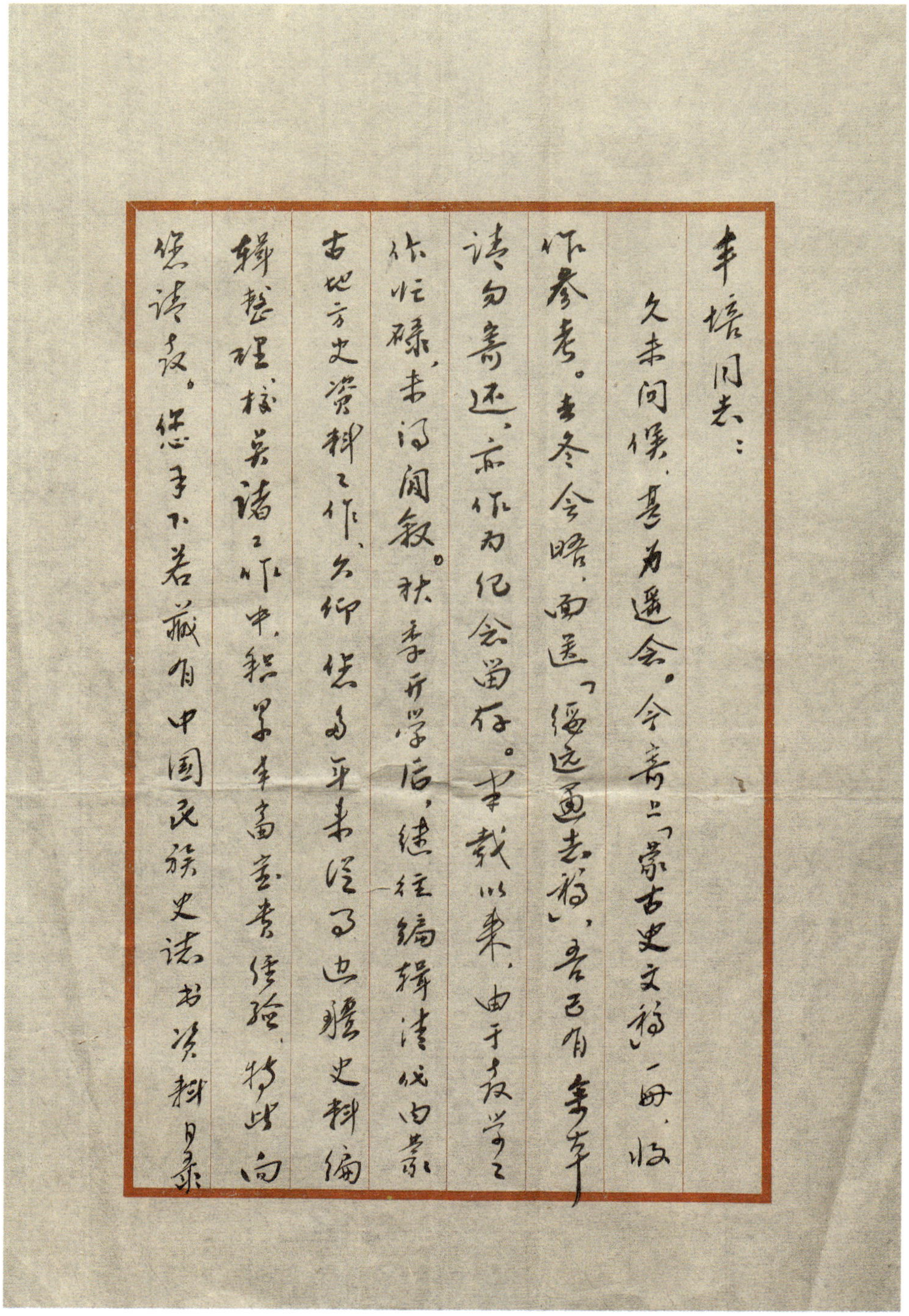

豐培同志：

久未問候，甚爲遥念。今寄上《蒙古史文稿》一册，收作參考。去冬會晤，面送《綏遠通志稿》，吾已有餘本，請勿寄還，亦作爲紀念留存。半載以來，由於教學工作忙碌，未得問敘。秋季開學後，繼往編輯清代內蒙古地方史資料工作，久仰您多年來從事邊疆史料編輯整理校點諸工作中，積累豐富寶貴經驗，特此向您請教。您手下若藏有中國民族史志書資料目録，

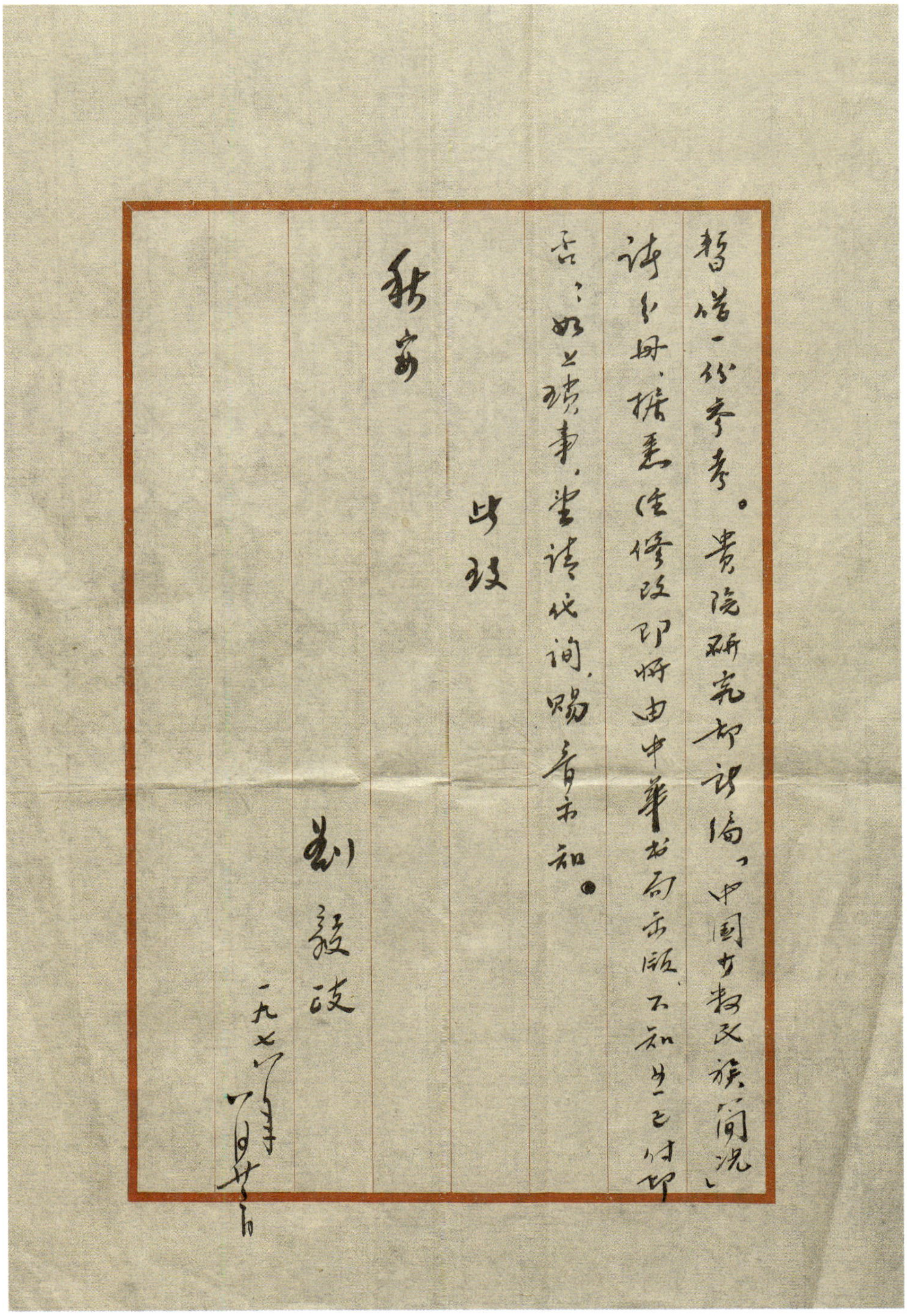

暫借一份參考。貴院研究部所編『中國少數民族簡況』諸分册，據悉經修改即將由中華書局出版，不知業已付印否？如上瑣事，望請代詢，賜音示知。

此致

秋安

劉毅政

一九七八年八月廿二日

盛代儒

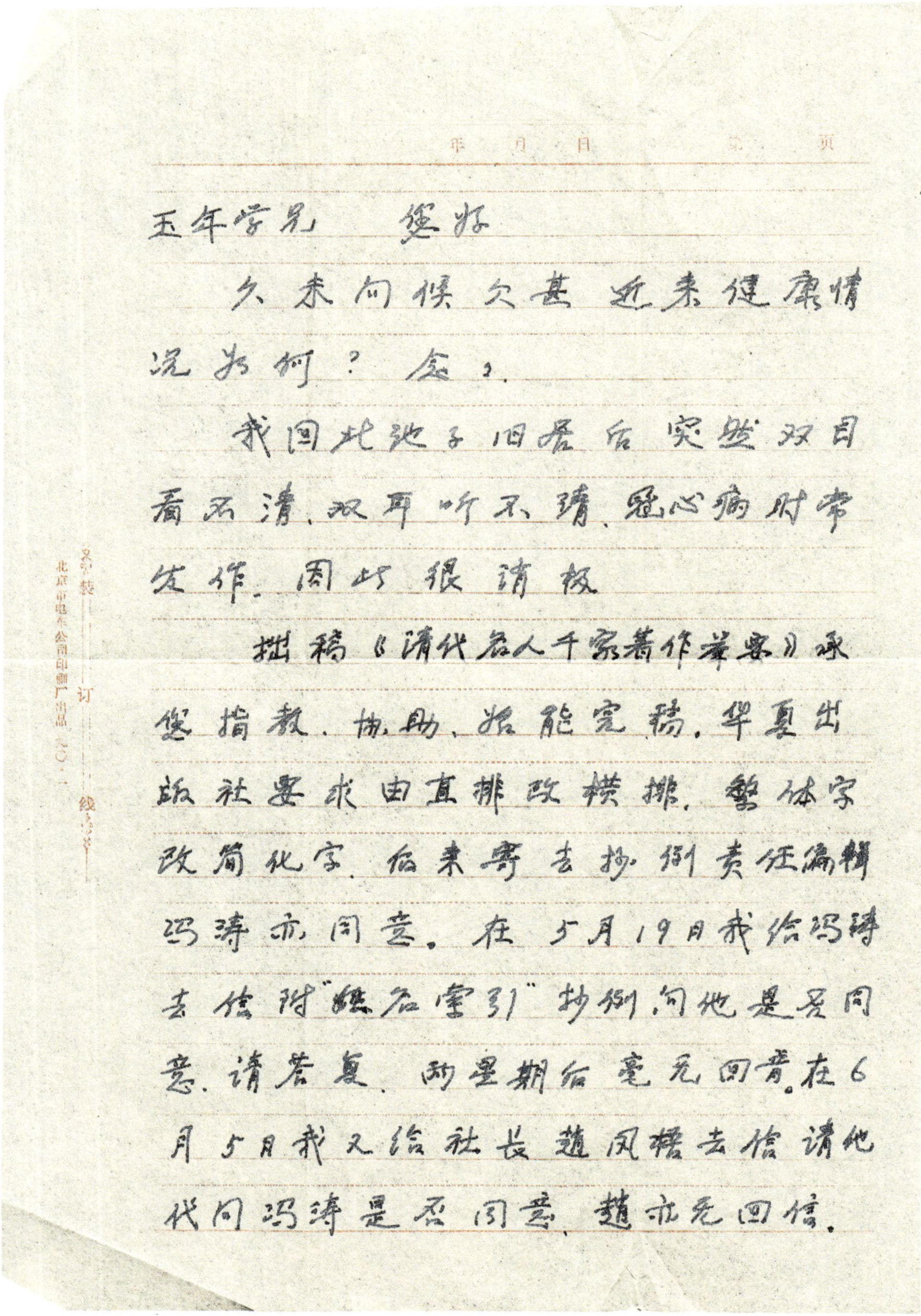
玉年学兄　您好

久未问候欠甚　近来健康情况如何？念念。

我回北池子旧居后　突然双目看不清、双耳听不清、冠心病时常发作。因此很消极

拙稿《清代名人千家著作举要》承您指教、协助、始能完稿。华夏出版社要求由直排改横排。繁体字改简化字。后来寄去抄例责任编辑冯涛亦同意。在5月19日我给冯涛去信附"姓名索引"抄例问他是否同意。请答复。两星期后毫无回音。在6月5日我又给社长赵凤梧去信请他代问冯涛是否同意。赵亦无回信。

玉年學兄：

您好！久未問候，欠甚。近來健康情況如何？念念。

我回北池子舊居後，突然雙目看不清，雙耳聽不清，冠心病時常發作，因此很消極。

拙稿《清代名人千家著作舉要》承您指教協助，始能完稿。華夏出版社要求由直排改橫排，繁體字改簡化字。後來寄去抄例，責任編輯馮濤亦同意。在五月十九日我給馮濤去信，附『姓名索引』抄例，問他是否同意，請答復。兩星期後竟無回音。在六月五日我又給社長趙鳳梧去信，請他代問馮濤是否同意，趙亦無回信。

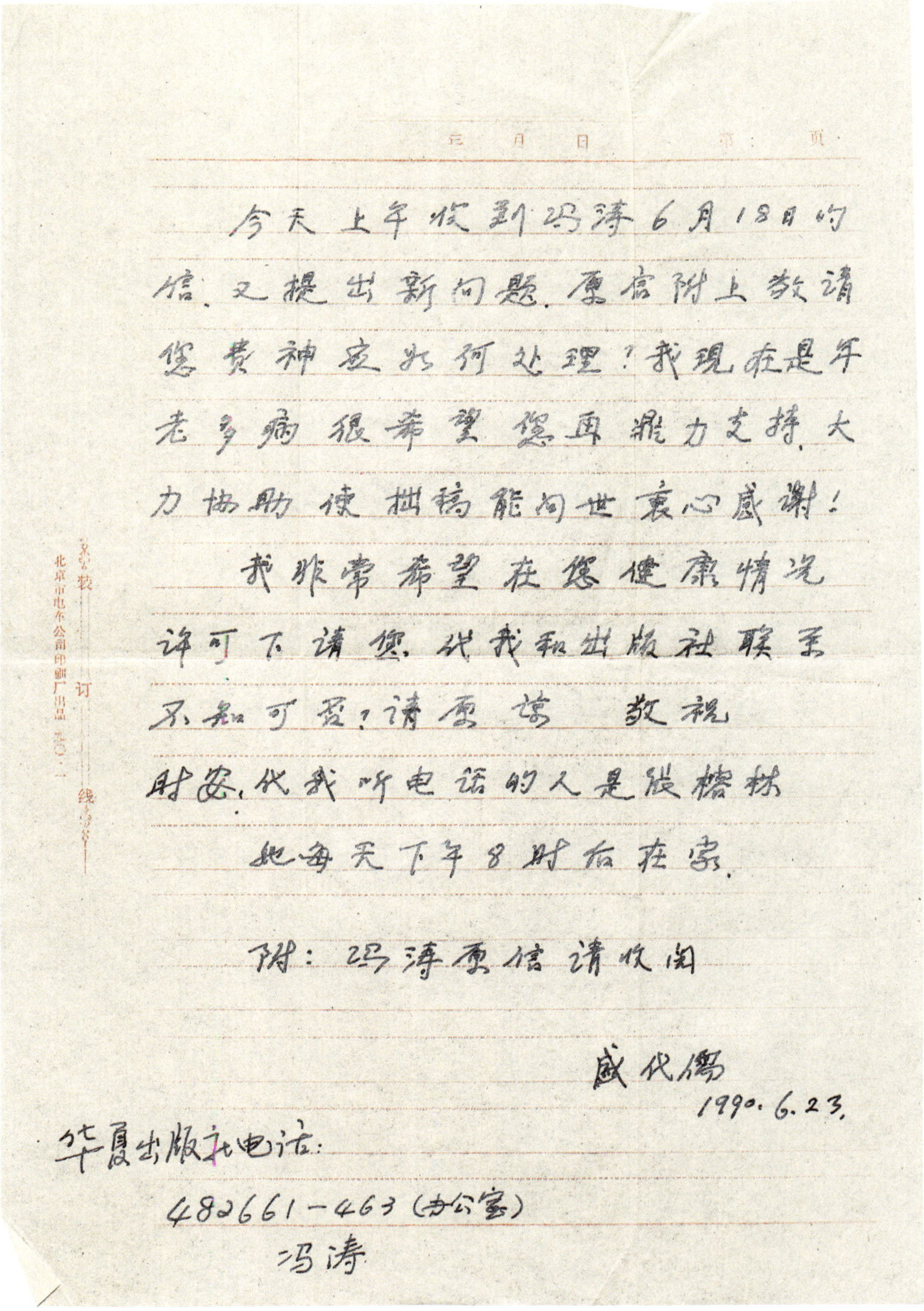

年　月　日　第　页

今天上午收到冯涛6月18日的
信、又提出新问题。原信附上敬请
您费神应如何处理？我现在是年
老多病很希望您再鼎力支持、大
力协助使拙稿能问世衷心感谢！

我非常希望在您健康情况
许可下请您代我和出版社联系
不知可否？请原谅　敬祝
时安。代我听电话的人是张榕林
她每天下午8时后在家。

附：冯涛原信请收阅

盛代儒
1990.6.23.

华夏出版社电话：
482661-463（办公室）
冯涛

北京市电车公司印刷厂出品　装订线

今天上午收到馮濤六月十八日回信，又提出新問題。原信附上，敬請您費神，應如何處理？我現在是年老多病，很希望您再鼎力支持，大力協助，使拙稿能問世，衷心感謝！

我非常希望在您健康情況許可下，請您代我和出版社聯繫，不知可否？請原諒。敬祝

時安

代我聽電話的人是張榕林，她每天下午八時後在家。

附：馮濤原信，請收閲。

盛代儒

一九九〇、六、二三

華夏出版社電話：

482661-463（辦公室）馮濤

盛代儒

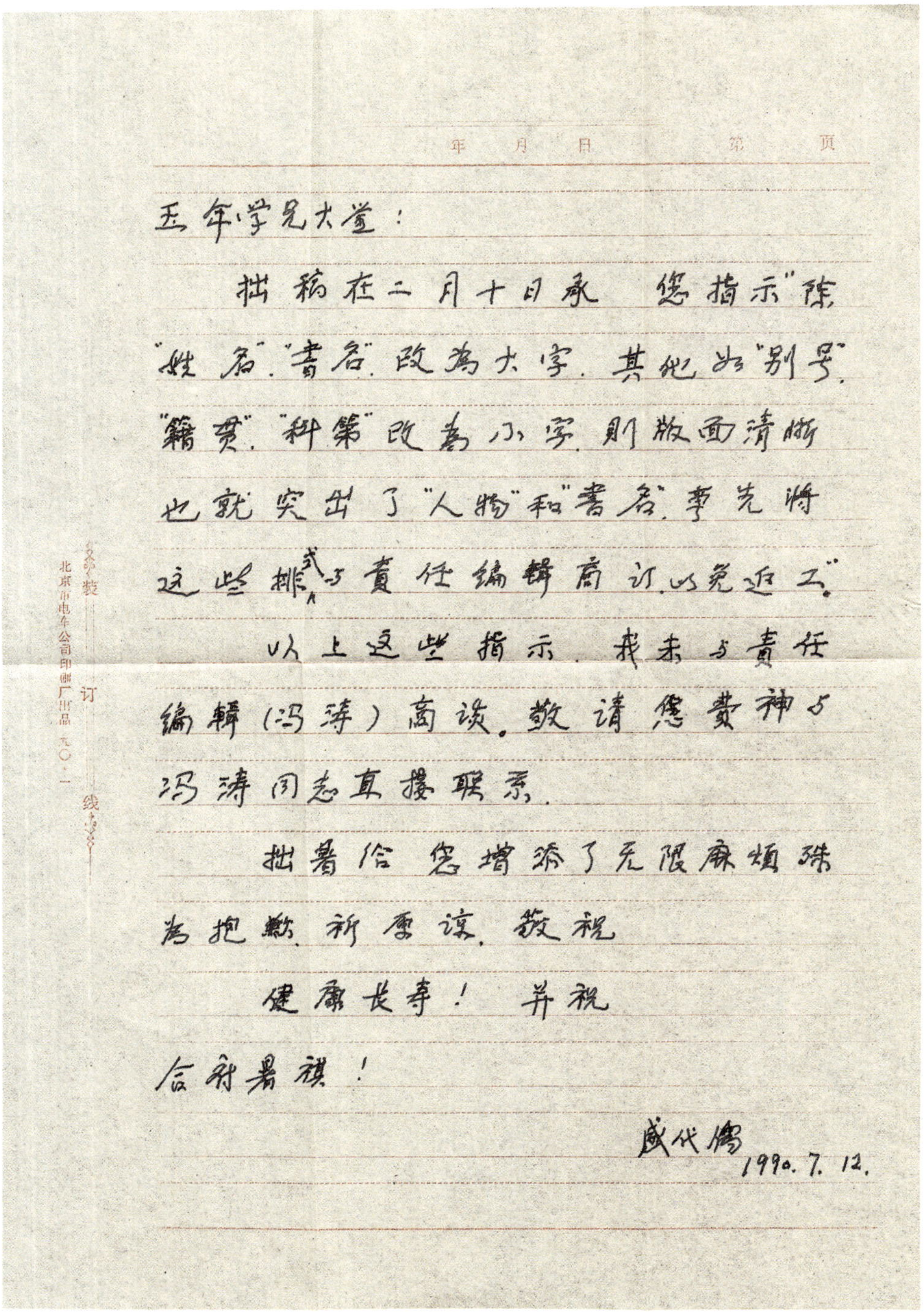

年　月　日　　第　页

玉年学兄大鉴：

拙稿在二月十日承　您指示"除"姓名""书名"改为大字，其他如"别号""籍贯""科第"改为小字，则版面清晰，也就突出了"人物"和"书名"。事先将这些排式与责任编辑商订，以免返工。

以上这些指示，我未与责任编辑（冯涛）商谈，敬请您费神与冯涛同志直接联系。

拙著给您增添了无限麻烦，殊为抱歉，祈原谅。敬祝

健康长寿！并祝

合府暑祺！

盛代儒

1990.7.12.

北京市电车公司印刷厂出品 九〇·一

玉年學兄大鑒：

拙稿在二月十日承您指示，除『姓名』『書名』改爲大字，其他如『別號』『籍貫』『科第』改爲小字，則版面清晰，也就突出了『人物』和『書名』。事先將這些排式與責任編輯商訂，以免返工。

以上這些指示，我未與責任編輯（馮濤）商談，敬請您費神與馮濤同志直接聯繫。

拙著給您增添了無限麻煩，殊爲抱歉，祈原諒。敬祝健康長壽！並祝合府暑祺！

盛代儒

一九九〇、七、十二

盛代儒

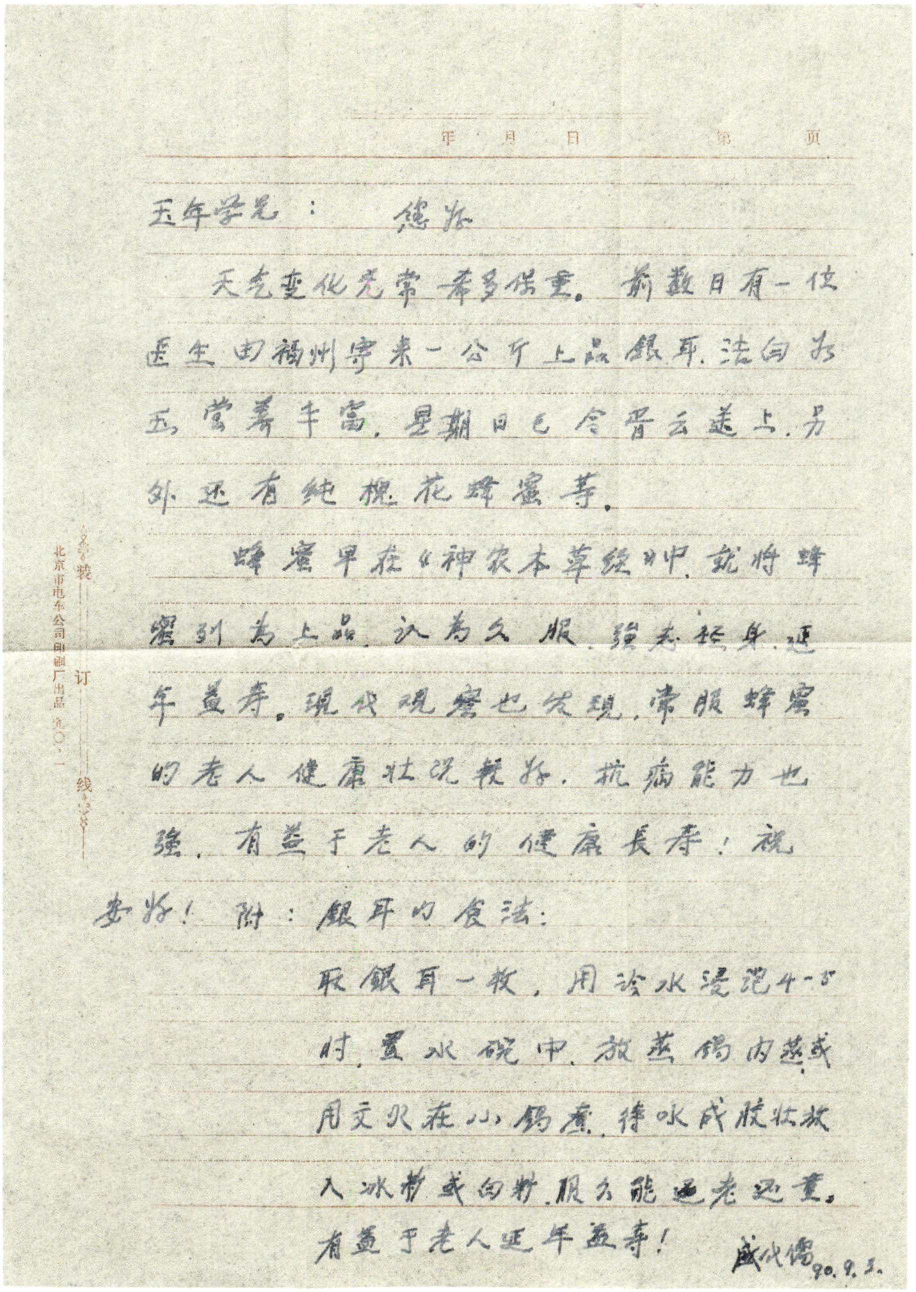
年 月 日 第 页

玉年学兄： 您好

天气变化无常，希多保重。前数日有一位医生由福州寄来一公斤上品银耳，洁白如玉，营养丰富，星期日已令胥云送上。另外还有纯槐花蜂蜜等。

蜂蜜早在《神农本草经》中，就将蜂蜜列为上品，认为久服，强志轻身，延年益寿。现代观察也发现，常服蜂蜜的老人健康状况较好，抗病能力也强，有益于老人的健康长寿！祝安好！ 附：银耳的食法：

取银耳一枚，用冷水浸泡4-5时，置水碗中，放蒸锅内蒸或用文火在小锅煮，待水成胶状放入冰糖或白糖，服久能返老还童，有益于老人延年益寿！

盛代儒 90.9.3.

装 订 线 北京市电车公司印刷厂出品 九〇、一

玉年學兄：您好！

天氣變化無常，希多保重。前數日有一位醫生由福州寄來一公斤上品銀耳，潔白如玉，營養豐富，星期日已令胥雲送上，另外還有純槐花蜂蜜等。

蜂蜜，早在《神農本草經》中就將蜂蜜列爲上品，認爲久服强志經身，延年益壽。現在觀察也發現，常服蜂蜜的老人健康狀況較好，抗病能力也强，有益於老人的健康長壽！祝安好！

附：銀耳的食法：

取銀耳一枚，用冷水浸泡四至五時，置水碗中，放蒸鍋内蒸，或用文火在小鍋煮，待水成膠狀，放入冰糖或白糖。服久能返老還童，有益於老人延年益壽。

盛代儒

九〇、九、三

附：吴豐培致盛代儒

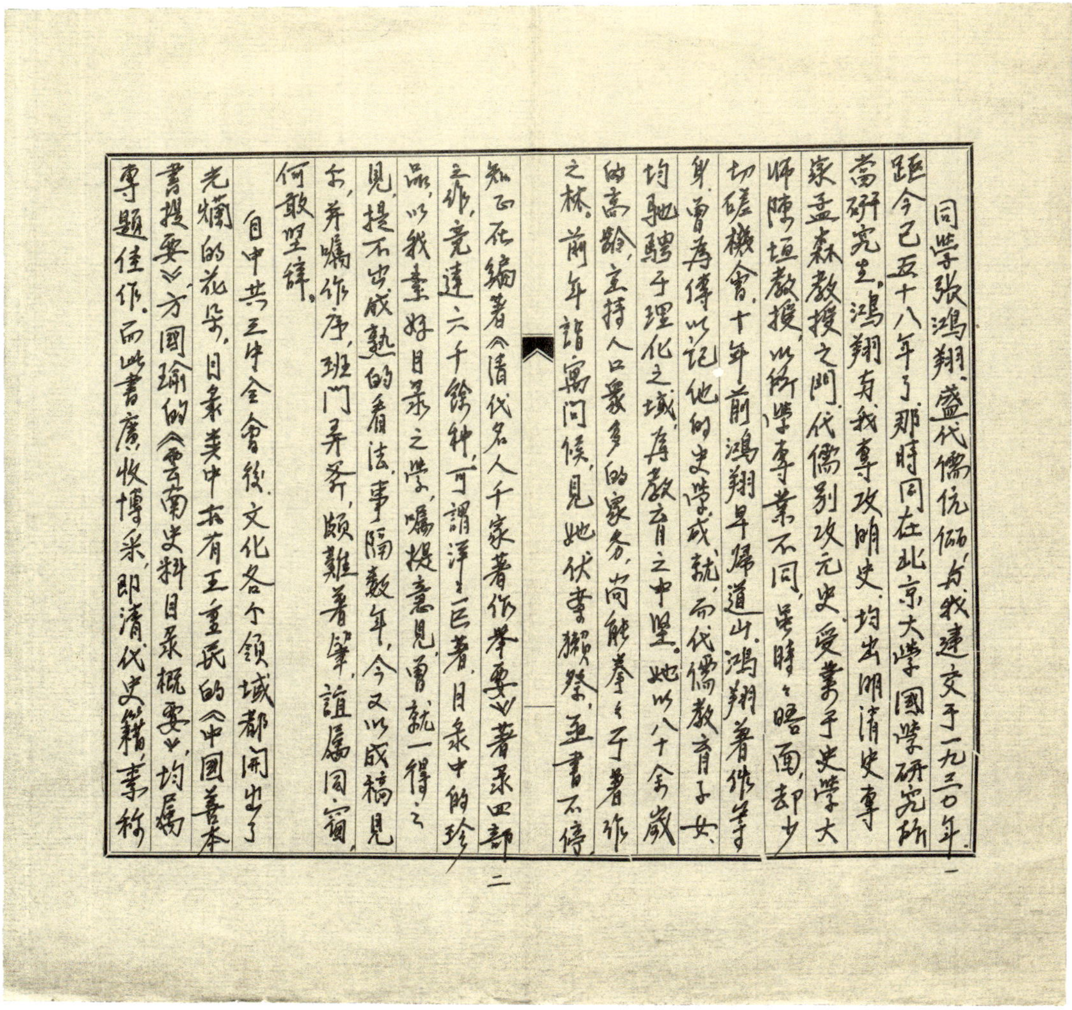

同學張鴻翔、盛代儒伉儷，與我建交于一九三〇年。距今已五十八年了。那時同在北京大學國學研究所當研究生。鴻翔與我專攻明史，均出明清史專家孟森教授之門。代儒別攻元史，受業于史學大師陳垣教授。以所學專業不同，雖時時晤面，却少切磋機會。十年前鴻翔早歸道山。鴻翔著作等身，曾為傳以記他的史學成就。而代儒教育子女，均馳騁于理化之域，為教育之中堅。她以八十余歲的高齡，主持人口衆多的家務，尚能拳拳于著作之林。前年詣寓問候，見她伏案獺祭，亟書不停，知正在編著《清代名人千家著作舉要》，著錄四部之作，竟達六千餘種，可謂洋洋巨著。目錄中的珍品，以我素好目錄之學，囑提意見。曾就一得之見，提不出成熟的看法。事隔數年，今又以成稿見示，并囑作序。班門弄斧，頗難著筆。誼屬同窗，何敢堅辭。

自中共三中全會後，文化各个領域都開出了光爛的花朵，目錄類中亦有王重民的《中國善本書提要》、方國瑜的《雲南史料目錄概要》，均屬專題佳作，而此書廣收博采，即清代史籍素稱

二

《清代名人千家著作舉要》序

——致盛代儒

同學張鴻翔、盛代儒伉儷，與我建交於一九三〇年。距今已五十八年了，那時同在北京大學國學研究所當研究生，鴻翔與我專攻明史，均出明清史專家孟森教授之門，代儒別攻元史，受業於史學大師陳垣教授，以所學專業不同，雖時時晤面，却少切磋機會。十年前鴻翔早歸道山。鴻翔著作等身，曾爲傳以記他的史學成就，而代儒教育子女，均馳騁於理化之域，爲教育之中堅。他以八十餘歲高齡，主持人口衆多的家務，尚能拳拳於著作之林。前年詣寓問候，見她伏案獺祭，亟書不停，知正在編著《清代名人千家著作舉要》，著録四部之作，竟達六千餘種，可謂洋洋巨著。目録中的珍品，以我素好目録之學，囑提意見，曾就一得之見，提出不成熟的看法。事隔數年，今又已成稿見示，並囑作序。班門弄斧，頗難著筆，誼屬同窗，何敢堅辭。

自中共三中全會後，文化各個領域都開出了光（燦）爛的花朵，目録類中亦有王重民的《中國善本書提要》、方國瑜的《雲南史料目録概要》，均屬專題佳作。而此書廣收博采，即清代史籍，素稱

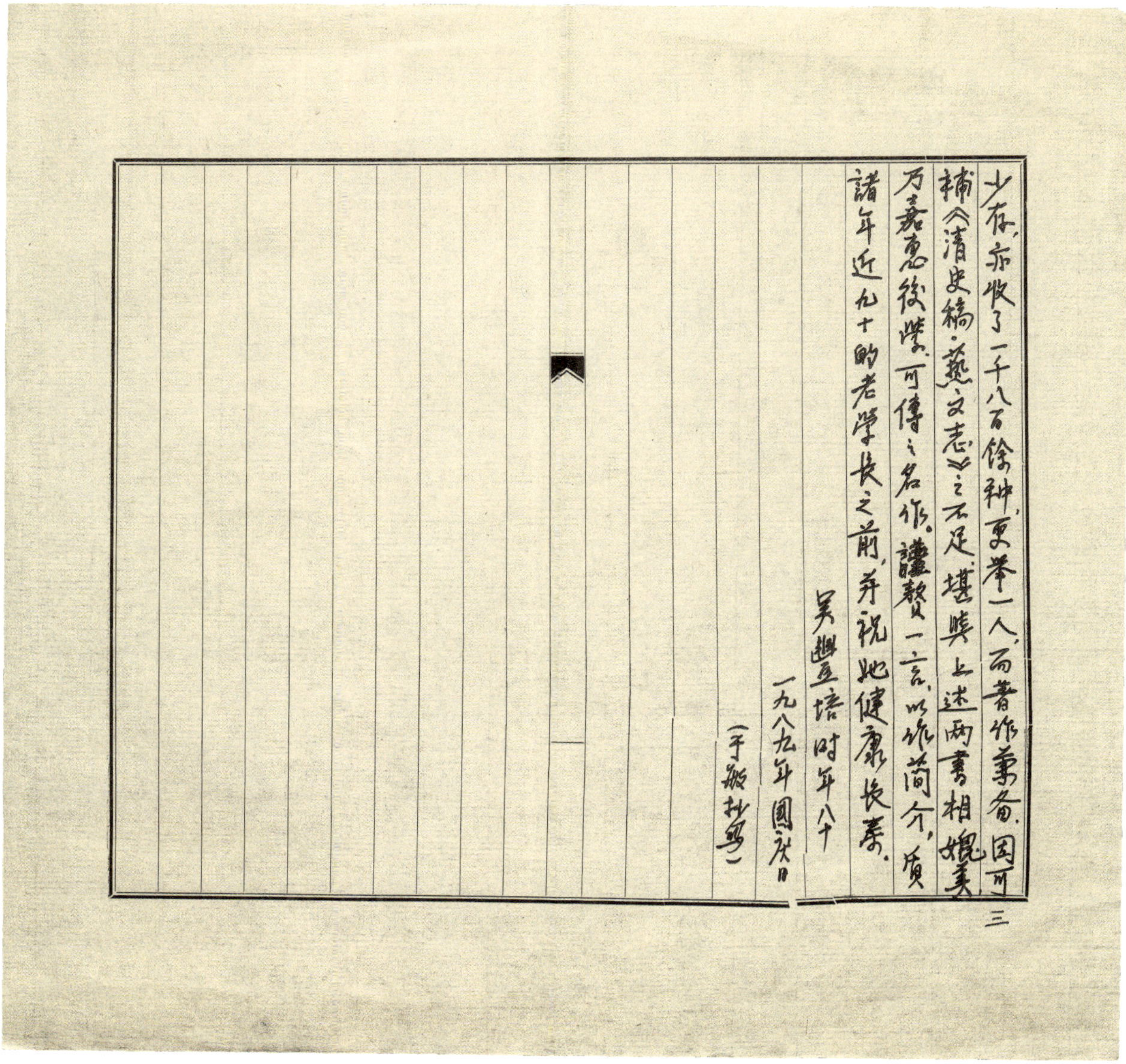

少存，亦收了一千八百餘種，更舉一人而著作兼備，因可補《清史稿・藝文志》之不足，堪與上述兩書相媲美，乃嘉惠後學，可傳之名作。謹贅一言，以作簡介，質諸年近九十的老學長之前，並祝她健康長壽。

吴豐培

時年八十，一九八九年國慶

高增德

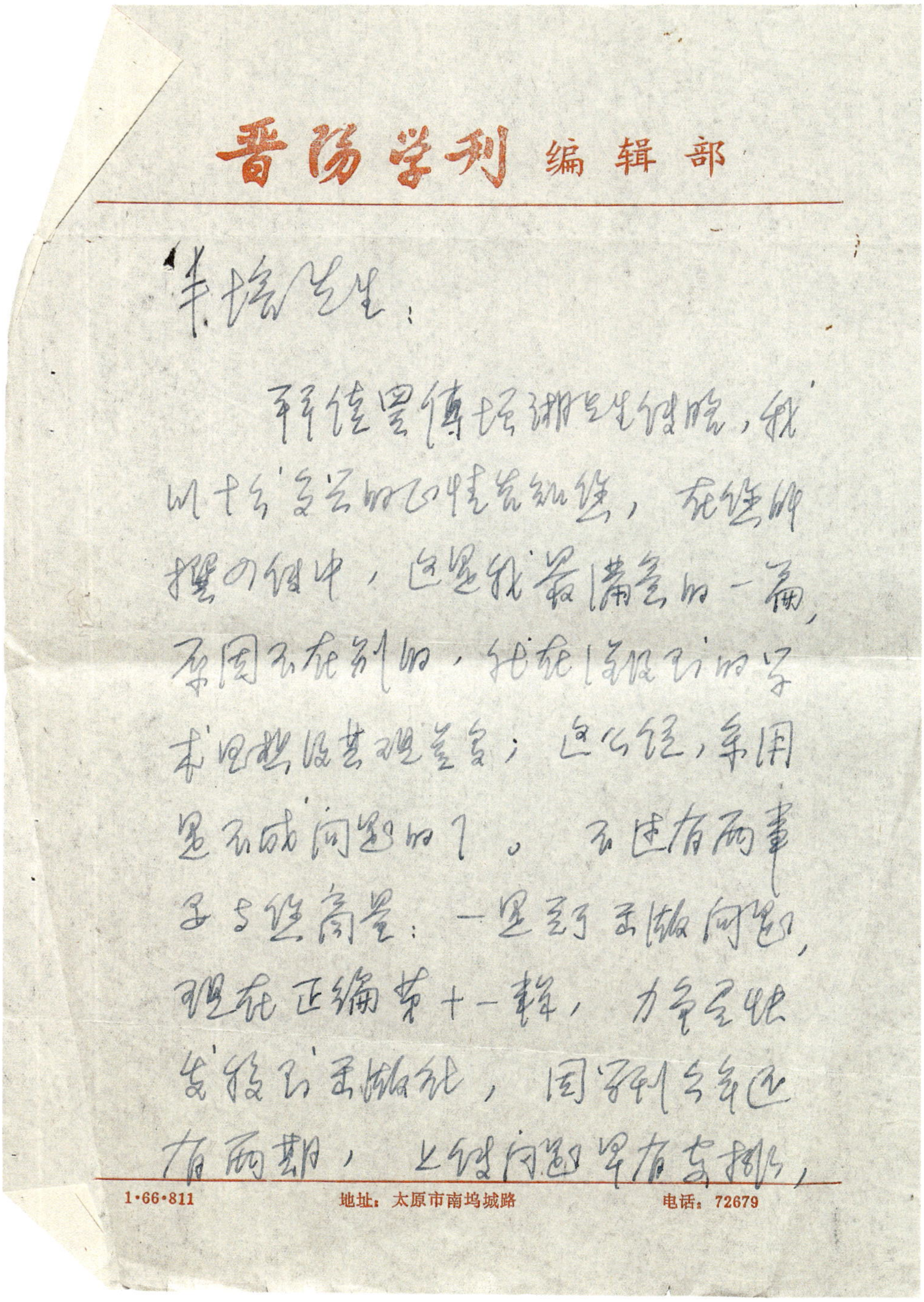
晋阳学刊编辑部

丰培先生：

拜读罢傅增湘先生传略，我以十分高兴的心情告知您，在您所拟的四传中，这是我最满意的一篇，原因不在别的，就在涉及到的学术思想及其观点多；这么说，采用是不成问题的了。不过有两事要与您商量：一是关于出版问题，现在正编第十一辑，力争尽快发稿到出版社，因学刊今年还有两期，上传问题早有安排，

1·66·811　地址：太原市南坞城路　电话：72679

豐培先生：

拜讀罷傅增湘先生傳略，我以十分高興的心情告知您，在您所擬的四傳中，這是我最滿意的一篇。原因不在别的，就在涉及到的學術思想及其觀點多；這麼説，采用是不成問題的了。不過有兩事要與您商量：一是關於出版問題，現在正編第十一輯，力争儘快發稿到出版社，因學刊今年還有兩期，上傳問題早有安排，

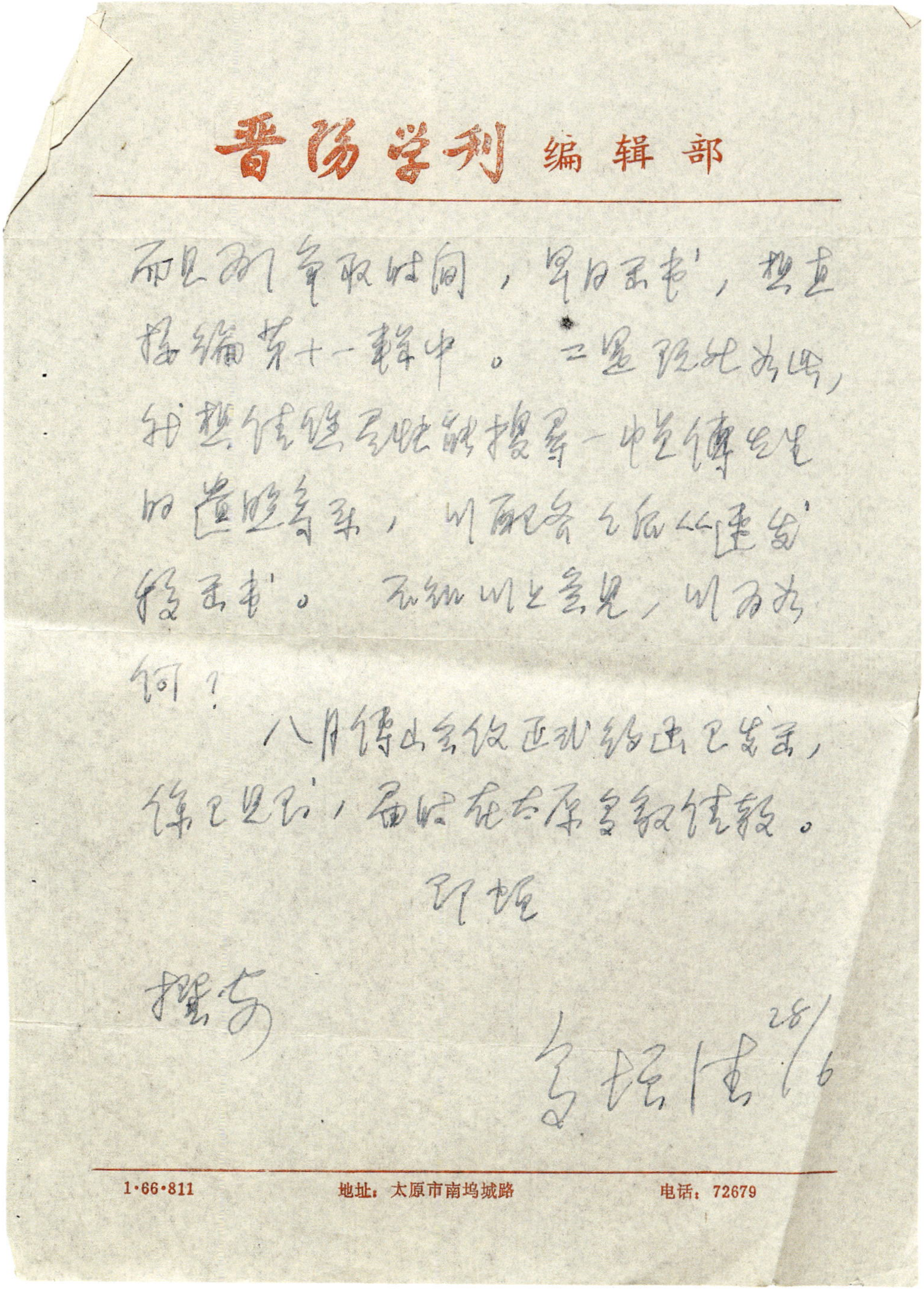

而且爲了争取時間，早日出書，想直接編第十一輯中。二是既然如此，我想請您儘快能搜尋一幀傅先生的遺照寄來。以配齊之後，從速發稿出書。不知以上意見，以爲如何。

八月傅山會議正式約函已發出，諒已見到，届時在太原多敘請教。

即頌

撰安

高增德

六、二十八

人物介紹

倭仁（一八〇四—一八七一），烏齊格里氏，字艮峰，蒙古正紅旗人，晚清理學家。道光九年（一八二九）進士，選庶吉士，授編修，歷中允、侍講、侍讀。同治帝之師，曾任副督統、工部尚書、文淵閣大學士。十年，進文華殿大學士，以疾再乞休。尋卒，贈太保，謚文端，入祀賢良祠。所著輯爲《倭文端公遺書》。

殷兆鏞（一八〇六—一八八三），字序伯，號譜經，吴江平望鎮人。清道光二十年（一八四〇）進士，選爲翰林院編修，入上書房。曾主持湖北、陝西等省鄉試和京城會試，歷官大理寺少卿、禮部左侍郎。咸豐八年（一八五八）英法聯軍攻陷大沽，進犯天津，他屢次上書力主抗戰，抨擊主和諸臣，嚴詞反對外國公使駐京、內地通商、傳教等和議條款。咸豐九年，殷兆鏞代理兵部侍郎，十年英法聯軍焚燒圓明園，兆鏞奏疏數千言，反對議和、主張抗戰；十一年，兆鏞回籍奔母喪，時值太平軍克蘇杭進軍上海，他與江浙士紳聯名，呈請借助洋兵鎮壓，恢復蘇常各城，並要求借鑒洋人治軍方法。光緒七年（一八八一）殷兆鏞因病乞歸，兩年後病逝於蘇州蕭家巷新第玉尺堂。著有《松陵詩徵》《齋莊中正堂詩集》《三尺堂詩文集》。

卞寶第（一八二四—一八九三），字頌臣，江蘇儀徵人。咸豐元年（一八五一）舉人，任刑部主事。同治擢順天府丞、河南布政使、福建巡撫。光緒間任湖南巡撫，擢閩浙總督，兼船政大臣、福建學政等職。

潘祖蔭（一八三〇—一八九〇），字在鍾，小字鳳笙，號伯寅，亦號少棠、鄭盦，吴縣（今江蘇蘇州）人，清代書法家、藏書家。潘世恩孫，咸豐二年一甲三名進士，探花，授編修。光緒間官至工部尚書。通經史，精楷法，藏金石甚富，有《攀古樓彝器圖釋》。輯有《滂喜齋叢書》《功順堂叢書》，著《芬陀利室詞》等。

張曜（一八三二—一八九一），字企青，號郎齋、亮臣，祖籍浙江上虞，寄籍順天大興。他在河南固始興辦團練，抵禦捻軍和太平天國，因軍功屢次擢升，咸豐七年（一八五七）任河南布政史（藩台）二品大員，同治九年（一八七〇）授廣東陸路提督。十九世紀六七十年代，新疆的庫車、伊犁等地相繼爆發了反清叛亂事件，先後建了五個割據政權。張曜在收復新疆，鞏固建設西北邊陲中立下功勳。光緒十年（一八八四）法國軍隊威脅京畿，張曜奉命率軍入衛，事定後授廣西巡撫，賞兵部尚書。光緒十二年調山東巡撫，賞加太子少保，後專治黃河，平定水患，不辭勞瘁，死於任上，享年六十，詔封太子太保，謚勤果公。

費延釐（一八三四—一八九三），字芸舫，費元熔子。從小與兄長費延慶在父親身邊學習。太平天國波及江南時，他隨母親回到吴江，寓居在黎里周壽恩堂。咸豐九年己未（一八五九）舉人，同治四年乙丑科（一八六五）進士，選庶吉士，授翰林院編修。十二年任河南學政，整頓師風，把研習經書、古籍作爲學校的主課，光緒五年（一八七九）出任福建鄉試同考官，後升任詹事府。後辭官歸里。當時，震澤（今屬吴江）的吴仁傑（字望雲）、新陽（今屬昆山）的朱以增先後辭官歸里，一起被稱爲『吴中三高』。喜歡搜集古人名作，好詩文。

任蘭生（一八三七—一八八八），字畹香，號南雲，吴江人。任蘭生曾五應童子試，均落榜未取，二十一歲入皖軍，因功授奬，升爲九品官職，同治三年（一八六四），二十七歲的任蘭生捐爲正五品同知候選，後投安徽巡撫喬松年麾下，被委任前敵營務處，因辦事得力，策劃機宜，深得在前綫與捻軍作戰的安徽布政使英翰的賞識和重用，事詳《清史列傳》。

吴仁傑（一八三七—？）字望雲，吴治謨（字花南）之子。同治三年（一八六四）順天榜舉人，四年乙丑科進士，選庶吉士，授春坊贊善。光緒二年（一八七六）以國子監祭酒任江西學政。五年任滿，得兵部尚書協辦大學士沈桂芬賞識，謂他有守有爲，可任大事。正在提升之際，吴仁傑却以疾乞休，因之沈桂芬嘆曰：『高不可攀，有郭林之風』，送行者數千人。歸里，主講笠澤書院。與同郡翰林院編修費延釐及昆山朱以增被稱作『吴中三高』。

徐郙（一八三八—一九〇七），字壽蘅，號頌閣，嘉定人。同治元年狀元。同治六年出任江西學政，九年任侍讀學士，後授兵部侍郎。光緒八年，出任安徽學政。十一年回京之後歷任禮部左侍郎、左都御史、兵部尚書等職。光緒二十六年拜協辦大學士、禮部尚書。工詩，善書畫。

吴恢傑（一八三九—一八八〇），字蓮衣，吴治謨次子，貢生。曾爲張曜軍中幕僚。

汪鳴鑾（一八三九—一九〇七），字柳門，號郎亭，一作郋亭，錢塘人，僑寓吴門。清末大臣，著名的藏書家。他是吴大澂的姨表兄弟，曾樸的岳父，《孽海花》中唐卿的原型。同治四年進士，歷任陝甘、江西、山東、廣東學政，歷任工部侍郎、吏部侍郎。五城團防大臣，總理各國事務衙門大臣，授光禄大夫。甲午後反對簽訂《馬關條約》，反對割讓臺灣及澎湖列島，與翁同龢分别奔走於各國使節處以期廢止割地條款，終未成。罷歸，任杭州書院教席，一九〇七年去世，葬於花山。

王樹人（一八四三—一九〇八），又名文鋭，字元賓，號雨田，别號雲崖山人、霞浦。工書能詩，善花鳥，景致清勁，色彩明麗。

龐鴻文（一八四五—一九〇九），晚清官員，文學家，字伯絅，號絅堂，江蘇常熟人。龐鍾璐長子，畫家龐薰琹祖父，光緒二年（一八七六）進士，改庶吉士，授翰林院編修。殫精於學，詞賦駢偶，敏捷偉麗，爲衆所推服。益復研討經史，旁及經世之務。歷典廣西、雲南試，分校乙酉秋闈，庚寅春闈。任湖北學政，甄拔不繩一格，而訓迪後進，尤以行誼爲先。後遷國子司業，旋擢太常少卿、通政司副使，時值政變，鴻文知事不可爲，遂以疾歸。家居十年，辦學堂，講實業，卒以衆論參差，不能展其志。爲《常昭合志稿》五十卷。所著詩、古文詞若干卷。

張人駿（一八四六—一九二七），字千里，晚清重臣，直隸豐潤（今屬河北）人，進士出身，歷任山東布政使，漕運總督，山西巡撫，兩廣總督等職。一九〇九年改任兩江總督。張佩綸之侄，博學多才。著有《張人駿墨迹選》《張人駿家書日記》等。

張佩綸（一八四八—一九〇三），字幼樵，一字繩庵，又字簣齋，直隸豐潤（今屬河北）人，少年就學時，反應敏捷，數千字文章一揮而就。同治九年舉人，十年中進士，十二年授編修，光緒元年大考翰詹時，名列二等第三，擢升侍講，充日講起居注官。因目睹外患日深，『纍疏陳經國大政』，慷慨好論天下事。旋丁內憂，入李鴻章幕。一八八二署都察院左副都御史，針對法國侵略越南和覬覦中國邊疆事，上奏數十篇，主張抗法。中法戰爭初起，主戰，受命以三品卿銜會辦福建海疆事宜，兼署船政大臣。一八八四年七月十五日法軍艦侵入馬尾後不加戒備，福建水師覆滅，馬尾船廠被毀，與福建船政大臣何如璋被革職遣戍，一八八八年獲釋復入李鴻章幕協辦文書，掌管機要文件。李鴻章將次女李經璹許配給他。張佩綸藏書甚豐，學問淵博，著有《澗于集》《澗于日記》《簣齋書目》。子張志沂（一八九六—一九五三），孫女張愛玲。

胡玉縉（一八五九—一九四〇），字綏之，江蘇元和（蘇州）人。近現代文學家、學者。早歲畢業於正誼學院，光緒十四年（一八八八）任江陰學古堂齋長。光緒十七年（一八九一）中舉。光緒二十六年（一九〇〇）任福建興化教諭。光緒二十九年（一九〇三）入湖廣總督張之洞幕僚。次年東渡日本，考察政學。光緒三十二年補學部主事，升員外郎，光緒三十四年（一九〇八）任禮學館纂修。後任京師大學堂講習。入民國，曾任北京大學、北京高等師範學校教授。抗日戰争後返里，專事著述，致力於目録學研究，半生精力用於《四庫全書總目提要》研究，編著《四庫全書總目提要補證》六十卷等。此外，他是位藏書家，藏書甚豐。著有《甲辰東遊日記》《説文舊音補注》《許廎學林》《許廎經籍題跋》等。

章鈺（一八六四—一九三七），字式之，號茗簃，一字堅孟，號汝玉，晚號霜根老人、全貧居士。藏書室名四當齋。江蘇長州（今蘇州）人。近代藏書家、校勘學家。光緒二十九年（一九〇三）進士。官至一等秘書、事務司主管，兼京師圖書館編修。辛亥革命後寓居天津，以收藏、著述爲業。一九一四年任清史館纂修，晚年移住北平。一九三七年五月九日逝世，享年七十三歲。著有《四當齋集》《宋史校勘記》《錢遵王讀書敏求記校正》。

强運開（一八六七—一九三五），字夢漁，江蘇溧陽人。附貢生。民國初任國務院秘書等職。金石學大家，善金石篆刻，精通石鼓文。著《石鼓釋文》《説文古籀三補》《重編石鼓文》等。

金祖澤（一八六七—一九四一），字硯君，晚號鈍髯，鄉人私謚貞静先生。少孤，勤奮力學，十五歲即補縣學生，試高等廪膳。名聞當世，工古文詞。擅書法，邑中碑刻多爲其書。曾任吴江縣勸學所總董，諮議局議員，江蘇省議會秘書長。著有《毅遠堂詩文集》。

吴燕紹（一八六八—一九四四），字寄荃，號侮遲，晚自號固圉叟，江蘇吴江（今屬蘇州）人。吴璋（全孝翁）十五世孫。吴恢傑子。光緒十七年辛卯（一八九一）舉人，二十年甲午恩科進士，授內閣中書。利用值夜班將內閣發出的邊務章奏悉數鈔録，勤於搜集邊事掌故。光緒三十二年調任理藩部主事，編纂從明萬曆十一年（一五八三）至清宣統三年（一九一一）有關邊疆地區的聖訓、起居注、上諭、奏章、軍機、密檔等各類原始資料的史料長編《清代蒙藏回部典彙》。民國初任蒙藏事務處幫辦，擔任《蒙藏回白話報》總編纂，撰《清史稿·西藏篇》。後任北京大學史學系講師。編纂《西藏史地大綱》等。

汪鸞翔（一八七一—？），字公巖，號鞏庵，廣西桂林人。求學廣雅書院，朱一新弟子。曾執教於清華大學，是清華校歌作者。一九五二年被聘爲中央文史館館員。

曾樸（一八七二—一九三五），字孟樸，筆名東亞病夫。清光緒舉人，民國江蘇省議員，政務廳長。近代著名文學家，創辦了《小説林》社、真美善書店。著有《孽海花》《魯男子》等。

戴陳霖（一八七二—一九六〇），字雨農，浙江海鹽人。留法。一九一三年十二月任駐歐各國大使，一九二六年任北京政府外交部編纂處處長。一九二八年去職。一九四九年後，經沈鈞儒推薦任中共央文史館館員。

陳漢第（一八七五—一九四九），字仲恕，號伏廬，浙江餘姚人，舉人。辛亥革命時任浙江都督府秘書長、總統府秘書，一九一三年任國務院秘書長、參政院參政、清史館編纂。晚年寓居上海，擅畫花卉及枯木竹石。

潘昌煦（一八七七—一九五八），字由笙，江蘇吴縣（今屬蘇州）人。光緒二十四年（一八九八）進士。留學日本，回國後歷任翰林院編修、國史館協修、武英殿協修。民國初任大總統府顧問，後任燕京大學法律系教授，清華大學政治學教授。一九四九年後任蘇州市人民代表，著《芯盧遺集》五卷。

陶洙（一八七八—一九六一），字心如，江蘇武進人。工山水、花卉，不拘一格，均俊逸秀雅。近代藏書家、紅學家。

費朴安（一八七九—一九二七），字璞安、朴盦，吴江松陵人。光緒三十年（一九〇四）留學日本，回國後從事教育事業。四子爲費孝通。

張允中（一八八一—一九六〇），名致和，號補夢庵主，浙江紹興人。民國年間北京著名收藏家，精擅文物鑒定和修復，書法精湛，善作小行草。

劉承幹（一八八一—一九六三），字貞一，號翰怡，浙江南潯嘉業堂主人，著名藏書家。父劉錦藻，清朝光緒二十年（一八九四）進士，與吴燕紹同年。

吴善蔭（一八八二—一九五九），浙江錢塘人。陳漢第夫人。畫家，善花卉。曾任香山慈幼院董事，後辦北京慈善會。晚年定居上海，一九五三年入上海文史館。

周作人（一八八五—一九六七），原名櫆壽，字星杓，又名起孟，筆名遐壽，號知堂。魯迅之弟。浙江紹興人，現代著名作家。歷任北京大學東方文學系教授，燕京大學文學系主任、客座教授等職。一九四九年後任人民出版社特約譯者。

汪孟舒（一八八七—一九六九），字希董。清末民國琴家、書畫家、收藏家。師從葉詩夢學琴，琴藝高超，著有《琴學遺著》《編年考存琴書簡表》。

張仲良（一八八七—一九六六），元和（今蘇州）人。出身書香門第，與過雲樓顧家交厚。自幼性喜繪畫，山水花鳥皆能，旁及古文辭。結識龐元濟、吴湖帆、錢鏡塘等，有豐富的鑒别經驗。

繆禄保（一八八七—？），字子壽，一字石渠。繆荃孫之子。江南高等學堂預科畢業，欽賜拔貢生。曾任農工商部主事、總務司行走、民國政府税務總局次長。袁世凱稱帝後，辭職閒居北京。

黄孝紓（一九〇〇—一九六四），字頵士，號匑厂、匑庵，别號輔唐山民、灌園客、天茶翁，福建閩縣（今閩侯）人。父黄石蘇，光緒中葉以翰林轉御史，歷官皖魯。幼習庭訓，少治經學，喜考據，精訓詁，亦善畫。隨父隱居青島，同居濱海一樓，朝夕相慰（劉承幹《匑厂文稿序》）。一九二四年鬻畫上海，旋主劉承幹嘉業堂十年。著《匑厂文稿》六卷，《黄山谷詩選注》。

謝國楨（一九〇一—一九八二），字剛主，晚號瓜蒂庵主，河南安陽人，著名歷史學家、文獻學家、版本目録學家、金石學家、藏書家。一九二六年考入清華國學研究院，師從梁啓超等先生。先後任職於國立北平圖書館、中央大學等。一九四九年後執教於南開大學，後調中國科學院哲學社會科學部（後改中國社會科學院）。一九八一年聘爲國務院古籍整理規劃領導小組顧問。著有《明季奴變考》《清初東北流人考》《南明史略》《清開國史料考》《晚明史籍考》等。

王羽儀（一九〇二—　），浙江長興人。一九二五年畢業於上海南洋大學。後赴美普渡大學攻讀機械工程專業，獲碩士學位。回國後在鐵路部門從事技術工作。自幼愛好國畫，從師王蒙白學習寫意花鳥、山水、人物等。早年所作花鳥信箋，曾被榮寶齋木刻印行，並爲魯迅、鄭振鐸合作《北平箋譜》所採用。一九三七年遊歷長江三峽及西南各地，繪山水畫，偶以寫意筆法作風俗畫。有代表作《舊京風俗百圖》。

鈕澤全（一九〇二—一九八五），江蘇吴江（今屬蘇州）人。民國十三年（一九二四）上海交通大學畢業，任職津浦鐵路。一九四九年任教於北方交通大學。鈕澤全曾祖父鈕巽溪（西疇）夫人乃王賦梅之次女，而賦梅之三女乃吴寄荃祖父吴治謨的夫人。

顧廷龍（一九〇四—一九九八），號起潛，江蘇蘇州人。著名古籍版本學家、目録學家、書法家。曾任上海圖書館館長等職，長期致力於古典文獻學、版本學和目録學的研究。主編《中國古籍善本書目》，著有《説文廢字廢義考》等。

朱士嘉（一九〇五—一九八九），字蓉江，江蘇無錫人。一九二四年考入燕京大學歷史系，並繼續考取同校碩士生，於一九三二年獲碩士學位，留校任圖書館中文編目部主任，兼輔仁大學歷史系講師。一九三五年編輯出版《中國地方志綜録》，引起國内外史地學界及圖書館的關注。一九四二年九月進入美國哥倫比亞大學研究院攻讀博士學位。一九五〇年回國，任職於武漢大學歷史系，兼任圖書館館長。

單士魁（一九〇五—一九八六），曾用名單秉彝，北京人。明清檔案專家、清史專家，研究館員。早年肆業於民國大學國文系，曾任職於故宫博物院文獻館。一九八〇年以後在中國第一歷史檔案館任研究館員。主持或編輯《文獻叢編》《史料旬刊》《戊戌變法檔案史料》《義和團檔案史料》等。

單士元（一九〇七—一九九八），北京人，文博專家。一九三三年畢業於北京大學研究所國學門。曾任職於故宫博物院，中國營造學社編纂兼中法大學教授。一九四九年後，歷任故宫博物院建築研究室主任、副院長。是第五、六届全國政協委員。長期致力於文物研究和保護工作，對古代建築和明清歷史檔案研究較深，著有《故宫史話》《清代起居注考》《明代建築大事年表》《清代建築大事年表》等。

徐北汀（一九〇八—一九九三），又名渺蕁、徐熹、森翁。江蘇吴江（今屬蘇州）人。擅長中國畫。師從清代畫家吴觀岱。一九三一年於上海『白馬畫社』賣畫課徒爲生。一九三九年任北平大學文學院藝術研究會國畫導師，又任北京市工藝美術學校教授。代表畫作《溪山攬勝圖卷》《歸遊情話圖卷》《雨後飛瀑》。著有《中國山水畫法》。

劉蕙孫（一九〇九—一九九六），原名厚滋、字佩韋，室名雙燕盧、水心草堂、莫愁精舍。江蘇鎮江人，民盟成員，教授。一九二九—一九三一年留學日本長崎高等商業學校，一九三一年回國，考入北京大學研究所國學門，師從著名金石學專家馬衡教授。先後任北平研究院史學研究所編輯，私立北平中國大學國學系講師，副教授，輔仁大學史學系講師，燕京大學國學系講師，杭州之江大學中文系教授。後任福建師大歷史系教授、博士生導師，校學術委員。著有《中國文化史稿》《劉蕙孫論學文集》《老殘遊記補編》等。

吴豐培（一九〇九—一九九六），字玉年、庚年，祖籍江蘇吴江，生於北京。現代藏學家、邊疆史地研究專家、圖書館學專家，一九三〇年考取北京大學國學門研究所研究生，師從著名明清史專家孟森、朱希祖教授，專攻明史。一九三五年畢業後任北平研究院史學研究會編輯。抗戰爆發後，先後在中國大學、輔仁大學、北京大學、北京師範大學任講師、副教授、研究員。編纂出版《清季籌藏奏牘》《清代西藏史料》（第一輯）及《邊疆叢書》等六種。一九四九年後，調中央民族學院任教及圖書館從事研究工作，先後任副教授、教授、研究館員。還兼任《中國地方志集成》編輯指導委員會委員。國家教委民族學科文獻信息中心、中國社會科學研究院邊疆史地研究中心、全國圖書館文獻縮微中心、西藏社會科學院漢文文獻編輯室等單位的學術顧問。著有《吴豐培邊事題跋集》《吴豐培藏學研究論叢》等。

張堯民（一九一〇—一九七九），山東萊陽人。一九三二年考入北京匯文學院。一九四九年後在中共中央統戰部、社會主義學院等處工作。

費孝通（一九一〇—二〇〇五），費樸安第四子，江蘇蘇州人。民國二十四年（一九三五）畢業於清華大學社會人類學系。入英國倫敦大學經濟政治學院，完成博士論文《中國農民的生活》。曾任中央民族學院副院長、中國社會科學院社會學研究所所長等。獲『赫胥黎獎章』，倫敦大學經濟政治學院榮譽院士。著有《鄉土中國》等。

劉文興（一九一〇—？），字詩孫，後改思生，齋名『食舊德』，江蘇寶應人。劉寶楠侄孫。曾任輔仁大學研究所編輯、中國大學講師等職。著有《劉端臨先生年譜》《劉楚楨先生年譜》等。

王曾思（一九一一—一九四九），北洋外交官，中國駐法公使館一等秘書。一九三八年任北京特別市公署參事。

譚其驤（一九一一—一九九二），字季龍，浙江嘉善人，中國歷史地理學家，是中國歷史地理學科的主要奠基人和開拓者之一。先後任教於輔仁、北京、燕京、清華、浙江、暨南等大學。一九四九年後，歷任復旦大學教授，中國歷史地理研究所所長，中國科學院地學部委員，國務院學位委員會第一屆學科評議組成員，國務院古籍整理出版規劃小組成員，國家歷史地圖集編委會副主任兼總編輯。主持編纂《中國歷史地圖集》等。

啓功（一九一二—二〇〇五），姓愛新覺羅，字元白（元伯），號苑北居士。滿族。當代著名書法家、教育家、古典文獻學家、鑒定家、紅學家、詩人、國學大師。曾任北京師範大學教授，博士生導師。又任國家文物鑒定委員會主任委員，中央文史館館長，中國佛教學會、故宮博物院、國家博物館顧問，西泠印社社長。主要著作有《啓功全集》二十卷。

姚鑒（一九一三—一九七九），字太堅，姚華第四子，貴州貴陽人。考古學家、金石學家。清華大學畢業後，進入東京帝國大學文學院學習。歸國後，歷任北京大學文科研究所考古組主任等職。一九四九年後任中國歷史博物館研究館員。撰有《營子古之壁畫》《從考古學上所見之東北文化》《日本南畫卷》等。

華忱之（一九一四—二〇〇二），北京人。一九三七年清華大學中文系畢業。歷任厦門大學中文系副教授，華西協和大學教授、系主任，四川大學中文系教授。整理有《顧亭林文選》《孟東野詩集》。

晏少翔（一九一四—二〇一四），又名翰，山東歷城（今濟南）人。一九三〇年參加『湖社畫會』，次年入輔仁大學美術系。一九三四年畢業於北平古物陳列所國畫研究院研究生班，得黄賓虹、張大千等親授。一九三七年組建『雪廬畫社』，攻工筆花鳥、古典人物。一九五六年受聘於魯迅美術學院。

陰法魯（一九一五—二〇〇二），山東肥城人。北京大學中文系教授，著名的古典文學專家，音樂史、舞蹈史專家。

珠光閣主人（一九一七—一九九〇），冠夢碧之號，又名家瑞，字泰隆。天津人。一九四九年後，任教於天津教育學院、天津大學，天津文史館館員。中華詩詞學會顧問，天津市老年詩詞研究所所長。著有《夕秀詞》。

劉厚生（一九二一—　），江蘇鎮江人，著名戲劇理論家、活動家。曾任中國戲劇家協會秘書長、書記處書記、副主席等職。著有《劉厚生戲曲長短文》《話劇情緣》《戲邊散札》《劇苑情緣》等。

王堯（一九二八—二〇一五），江蘇漣水人。曾任奧地利維也納大學、德國波恩大學、加拿大多倫多大學客座教授。後任中央民族大學藏學教授、北京大學兼職教授、中國佛教文化研究所特邀研究員。著有《吐魯番金石録》《宗喀巴評傳》《西藏文史考信集》等。

何繼賢（一九二八— ），號老繼，廣東番禺（今廣州）人。現代篆刻家。擅篆刻。香港友聲印社社員、香港書法協會顧問。有《何繼賢篆刻選》《繼賢印存》等。

吴振千（一九二九—二〇一六），上海嘉定人。一九四六年考入復旦大學農學院園藝系。一九八二年五月任上海市園林管理局副局長，一九八三年任上海市園林管理局局長兼總工程師，兼上海市緑化委員會副主任及緑化辦公室主任。著有《情緣園林——我的園林人生》《童年的回憶》。

劉毅政（一九二九— ），天津薊縣人。一九五六年北京大學歷史系畢業。內蒙古師範大學歷史系教授，著有《蒙古族通史》《成吉思汗研究文集》等。

宫音（一九三七— ），江蘇省美術協會會員，高級工藝美術師，吴門畫苑高級美術師，蘇州書畫院副院長。師從徐紹清先生（吴湖帆入室弟子）研習工筆花鳥畫，後專攻寫意花鳥畫，尤擅寫意牡丹，在蘇州享有『宫牡丹』之譽。

王閑：字堅廬，王壽昌之女。何振岱的學生。有《王閑詩詞書畫集》存世。

王憲成：字仲文，常熟人。清道光二十五年（一八四五）進士，官至户部給事中。著有《桐華仙館詞》。

田洪都：燕京大學教授、圖書館館長。

延增：字竹南。書法家。

任艾生：字友濂，任蘭生弟，吴江人。清代書畫名家。其故居爲『田灘浪任氏宅』，在其兄『退思園』南面。嗜書畫、碑版，收藏甚富，工楷書，意在歐虞之間。晚年失聰，自號半聾，乃學寫花卉。與吴昌碩、陸恢等名流俱有交往。花姬即任氏繼室華婉若，字花卿，無錫人。能詩。

全慶（?—一八八二），葉赫那拉氏，字小汀，尚書那清安子。道光九年（一八二九）進士，選庶吉士，授編修，遷侍講，擢侍讀學士。歷少詹事、大理寺卿。光緒元年（一八七五），授內閣學士。復歷禮部侍郎、左都御史、刑部尚書、協辦大學士。五年，加太子少保。六年，拜體仁閣大學士。七年，致仕，食全俸。八年，卒。謚文恪，晉贈太子太保，入賢良祠。

吴治謨（?—一八六〇），字花南，室號忍饑誦經齋。諸生。吴璋十三世孫。父吴鳴鏞，安徽六安州訓導，入祀六安三賢祠。

吴莀堂：名燮，吴璋十世孫。年七十餘無家室，宿食紫陽書院。後輩輕薄，視莀堂如怪物，無與言者。

吴燕廈：字斯千，江蘇吴江（今屬蘇州）人，吴仁傑之子。娶曾葭（曾樸二妹）爲妻。曾任庫倫大臣幫辦。抗日戰争中常熟淪陷後，避難途中死於海安。

汪元方（？—一八六七），字友陳，號嘯庵，安徽歙縣人。道光十三年（一八三三）進士，選庶吉士，授編修。歷任奉天府府丞、鴻臚寺卿、太僕寺卿通政使、左副都御史、禮部右侍郎、實録館副總裁。同治五年（一八六六）任軍機大臣。翌年十月卒。贈太子少保，謚文端。

汪開祉：字岳霖，蘇州人。晚清著名文人，蘇州私立學堂創辦人。

邵承裕：順天府大興人。府貢生，報捐通判，曾任鄭州知府。

姚錫爵：祖籍安徽歙縣，後遷杭州仁和。舉人。其子姚文倬爲光緒十五年（一八八九）進士，進翰林院，任編修。

馬起颾：字少逸，福建閩侯人。久居北京，與啓功、溥雪齋、胡佩衡、周懷民、何鏡涵等過從甚密。曾任北京服務學院美術教授。擅畫山水。

袁福倫：渡橋袁氏，蘇州望族。

袁鎮圭：字詩亭，福倫胞弟。

莊人寶，字質可，號肩百，又號堅伯，震澤人。清同治三年（一八六四）舉人。官杭州知府。

陸迺普：清同治間歷署陝州直隸州知州，安徽安廬滁和道。辭官後居蘇州婁門内，著《陸氏先德録》一卷。始祖陸暐，明嘉靖萬曆時人，世居吴江，至迺普爲十世。

陸增煒：清光緒二十四年（一八九八）進士。

高增德，山西省社科院學術史專家。二十世紀八十年代主持《晉陽學刊》時，開闢『中國現代社會科學家傳略』欄目，開現代學術史研究與現代學者自傳整理之先河。編纂《中國現代社會科學家傳略》等。

孫金彪：字少襄，元和人，世居盛澤。幼善騎射，咸豐庚申之變，金彪議辦團練，因積纍軍功在陝甘擢升記名提督。同治七年（一八六八）隨張曜統嵩武軍西征。光緒三十一年（一九〇五）卒於永州任上。

崔穆之（?—一八八九），字清如，號肅堂，茌平人。咸豐八年（一八五八）中舉人，十年中進士。同治元年（一八六二）散館授編修，不久升任河南監察御史。同治十年任兵科給事中。

程定夷：字祖福，浙江錢塘（今杭州）人。書畫收藏家。與吴湖帆、褚德彝、周慶雲相熟。一九一〇年上海書畫研究會成員，一九一二年任中華實業聯合會副會長。曾藏王羲之《上虞帖》等，有《程定夷書畫集》等。

馮恩崐：字伯岩、伯年，浙江餘姚人。光緒二十年（一八八四）第二甲二十六名進士。

費壽康：字兼卿，震澤人。工山水，雅秀天然。《海上墨林》有傳。

瑞常（?—一八七二），石爾德特氏，字芷生，號西樵，蒙古鑲紅旗人。道光十二年（一八三二）進士，選庶吉士，授編修。二十四年連擢光禄寺卿、内閣學士。二十五年遷兵部侍郎，兼鑲紅旗漢軍副都統。同治十年（一八七一）拜文淵閣大學士，管理刑部。十一年卒。贈太保，謚文端，入祀賢良祠。

楊思康：民國書法家。工篆刻，治印見《齊白石手批師生印集》，又有書法條幅見存。

黎元熙：廣西靈川人。光緒二十年（一八八四）甲午恩科進士三甲第五十名。

錢錫庚：字覺蓮，江蘇吴江（今屬蘇州）人。清光緒三年丁丑（一八七七）科進士，工部主事。

譚廷襄（?—一八七〇），字竹崖，浙江山陰（今紹興）人。道光十三年（一八三三）進士，翰林院庶吉士。歷任順天府尹、刑部侍郎、尚書等職。光緒九年卒。追贈太子少保。謚端恪。

吴江吴氏家族世系簡表

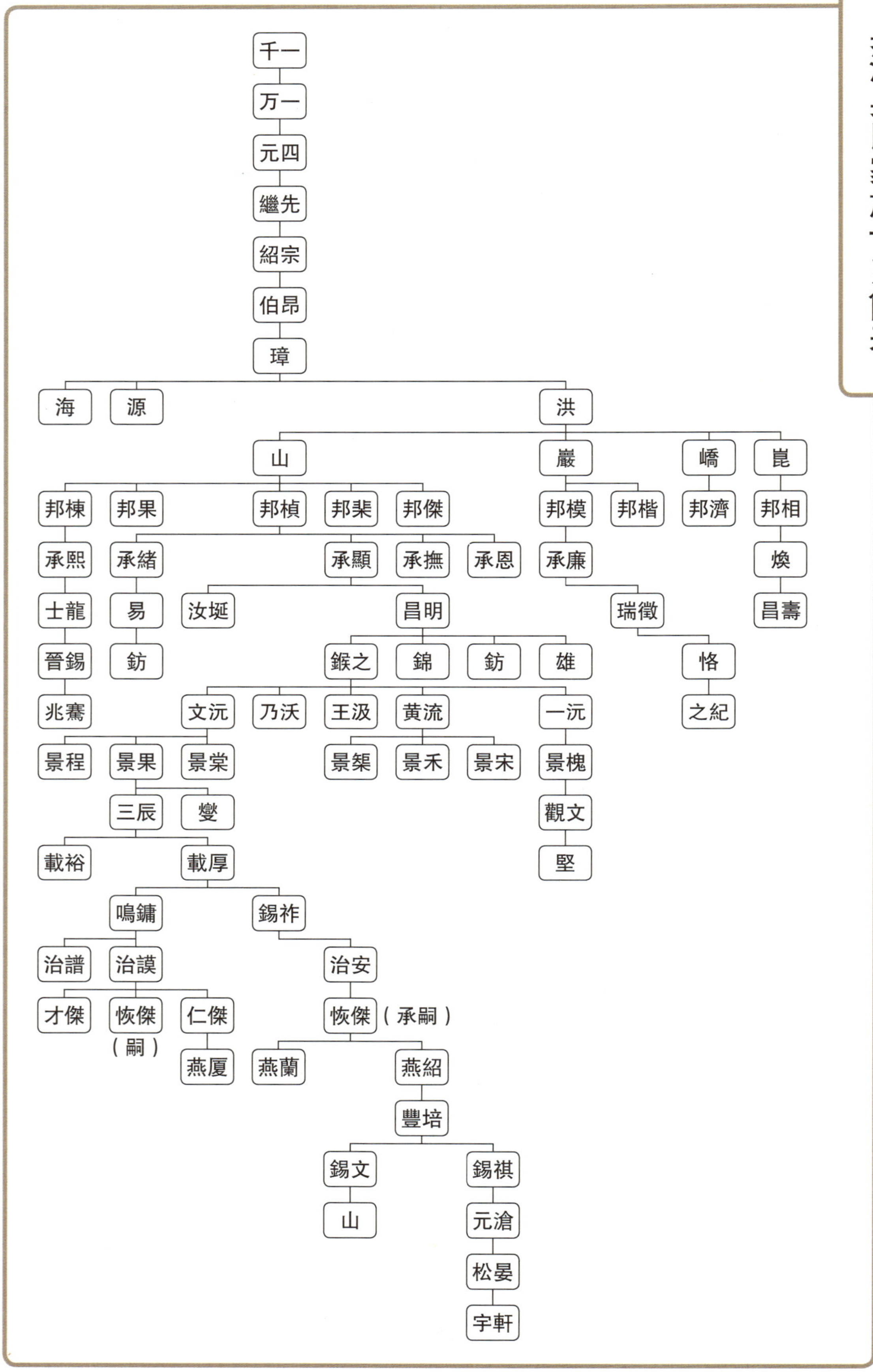
千一
万一
元四
繼先
紹宗
伯昂
璋
海
源
洪
山
巖
嶠
崑
邦棟
邦果
邦楨
邦棐
邦傑
邦模
邦楷
邦濟
邦相
承熙
承緒
承顯
承撫
承恩
承廉
煥
士龍
易
汝埏
昌明
瑞徵
昌壽
晉錫
鈁
鋑之
錦
鈁
雄
愘
兆騫
文沅
乃沃
王汲
黄流
一沅
之紀
景程
景果
景棠
景榘
景禾
景宋
景槐
三辰
燮
觀文
載裕
載厚
堅
鳴鏞
錫祚
治譜
治謨
治安
才傑
恢傑
（嗣）
仁傑
恢傑（承嗣）
燕廈
燕蘭
燕紹
豐培
錫文
錫祺
山
元滄
松晏
宇軒